Notarum explicatio.
Archiepiscopatus
Episcopatus
Academiæ
Parlamenta.
PARS
ARTOIS
HAIN HAULT
PICAR DIE
FRANCE
Paris
Champaigne
REMI
Reims
Verto duni
Loraine
Metz
Trier
Lutzenburg
Zweibrucken
Strasburg
ALSATIA
Basel
BEAUSSE
Orleans
Bassigny
Langres
Chastillon
BOURGUN DIA
Dijon
Besançon
Bourgun Comita
Dole
RAURACI
SUITS
Elvetii
Zurich
Lucern
CHER LANT
Losanna
Geneve
Alpes Montes
BERRY
Bourges
Nevers
BOURBON
LIMOSIN
AUVEGNE
Clermont
FOREST
LIONNOIS
Lion
SAVOYE
Grenoble
DAUPHINE
Valence
Vivaret
VELLAY
Segalauni
Rhodes
Albigois
Alby
LANGUEDOC
GEVODAN
Gallia Narbonensis
Avignon
Arles
PROVENCE
Aix
Marseille
Toulon
Nice
PIEDMONT
Turin
Italia Gallica PARS
ITALIA
LOMBARDIA
Milan
Pavia
Savona
Genua
Narbona
Carcassone
Montpellier
MARIS MEDITERRANEI PARS
A.D.

WELTATLAS DER ALTEN KULTUREN

FRANKREICH

Aus dem Englischen
übertragen von
Gertraude Wilhelm
Redaktion: Angelika Franz
Korrektur, Register:
Angelika Möhring
Entwurf des Schutzumschlags:
Ludwig Kaiser
Herstellung: Dieter Lidl, München
Satz: Josef Fink GmbH, München

Projektleitung: Graham Bateman
Redaktion: Michael March
Landkarten: Olive Pearson,
Sarah Rhodes
Bildredaktion: Linda Proud
Design: Adrian Hodgkins
Produktion: Clive Sparling

Redaktionelle Beratung:
Professor Jacques Le Goff

EIN ANDROMEDA BUCH

Druck und Bindung:
Heraclio Fournier SA, Vitoria

Printed in Spain

ISBN 3-88472-207-7

Frontispiz:
Szenen aus der Französischen Revolution
von Le Sueur, 18. Jh., Gouache.
Musée Carnavalet, Paris
(Photos: Jean-Loup Charmet)

Photo Umschlagvorderseite:
The Robert Harding Picture Library, London

WELTATLAS DER ALTEN KULTUREN

FRANKREICH

von John Ardagh
und Colin Jones

Christian Verlag

INHALT

Dritter Teil: Frankreich heute

Vierter Teil: Die Regionen Frankreichs

Alle Texte stammen von John Ardagh, außer denen, die mit * gekennzeichnet sind und von Colin Jones (mit zusätzlichen Beiträgen von Ann Hughes-Gilbey ** und Dorothy Erskine ***) verfaßt wurden.

CHRONOLOGISCHE ÜBERSICHT

	500	700	900	1100	1200	1300	1400	1500
FRANKREICH UND SEINE INTERNATIONALEN BEZIEHUNGEN	**482 - ca. 560** Chlodwig I. und seine Nachfolger verbreiten den Machtbereich der Franken über Gallien und darüber hinaus	**Seit dem 8. Jh.** Expansion der Franken **768 - 814** Errichtung des Karolingerreiches **ca. 800 - 911** Angriffe und Niederlassungen der Wikinger **838 - 842** Arabische Überfälle **843** Vertrag von Verdun: Gründung des Westfrankenreiches	**917 - 927** Überfälle der Magyaren **1066** Eroberung Englands durch die Normannen: Anfang des anglonormannischen Reiches **1096 - 1270** Kreuzzüge	**1154 - 1259** Angevinisches Reich in England (Heinrich II. und Heinrich III.)	**1214** Schlacht bei Bouvines **1259** Vertrag von Paris: von englischen Besitzungen in Frankreich verbleibt nur Guyenne (Aquitanien)	**1337 - 1453** Hundertjähriger Krieg gegen England **1346** Schlacht bei Crécy **1356** Schlacht von Poitiers **1360** Vertrag von Brétigny: starke englische Expansion in Südfrankreich	**1415** Schlacht bei Azincourt **1429** Jeanne d'Arc nimmt am Hundertjährigen Krieg teil **1453** Ende des Hundertjährigen Krieges: nur Calais bleibt in englischer Hand **1494 - 1559** Italienische Kriege	**1515** Schlacht bei Marignano **1525** Schlacht bei Pavia **1534 - 1535** Expeditionen von Jacques Cartier in Kanada **1559** Vertrag von Cateau-Cambrésis beendet Italienische Kriege
INNENPOLITISCHE ENTWICKLUNGEN	MEROWINGER **482 - 751** **482 - 511** Chlodwig I. **482 - ca. 560** Gründung des Frankenreiches **511 - 751** Reich unter den Merowingern aufgeteilt **639 - 751** Die *rois fainéants* und die Hausmeier **687** Hausmeier Pippin II. von Heristal	KAROLINGER **751 - 987** **751** Pippin der Kurze setzt den Merowinger Childerich III. ab und begründet die Karolingerdynastie **768 - 814** Karl der Große **888** Odo, ein »Robertiner«, wird zum König gewählt	**911** Normandie an Wikinger (»Normannen«) abgetreten **922 - 987** Politische Rivalität zwischen Karolingern und Robertinern (»Kapetingern«) KAPETINGER **987 - 1328** **987** Wahl des »Robertiners« Hugo Capet zum König	**1108 - 1137** Ludwig VI., der Dicke **1137 - 1180** Ludwig VII. **1180 - 1223** Philipp II. August	**1226 - 1270** Ludwig IX., der Heilige **ca. 1250** Parlament von Paris konstituiert **1285 - 1314** Philipp IV., der Schöne. Ausbildung der Staatsbürokratie	**1302** Erste Versammlung der drei Stände VALOIS **1328 - 1589** **1337 - 1453** Hundertjähriger Krieg gegen England **1358** Aufstand in Paris, Anführer Etienne Marcel	**1422 - 1461** Karl VII. **1429** Karl VII. und Jeanne d'Arc heben Belagerung von Orléans auf: Karl in Reims gekrönt **1477** Tod Karls des Kühnen, Herzog von Burgund **1491** Karl VIII. heiratet Anna von der Bretagne	**Spätes 15. bis 16. Jh.** Renaissancemonarchie **1515 - 1547** Franz I. **1562 - 1598** Religionskriege BOURBONEN **1589 - 1792** **1589** Heinrich von Navarra folgt auf Heinrich III. als Heinrich IV. und beendet Hugenottenkriege **1589 - 1610** Heinrich IV.
RELIGION UND KULTUR	**498 oder 506/508** Chlodwigs I. Taufe	**716 - 754** Bonifatius christianisiert Germanien **732** Karl Martell besiegt Araber **754** Pippin II. von Papst Stephan II. in Reims gekrönt **8. bis 10. Jh.** »Karolingische Renaissance« **779 - 801** Einsetzung des Zehnten **800** Krönung Karls des Großen zum Kaiser des Heiligen Römischen Reiches durch Papst Leo III.	**910** Gründung des Benediktinerklosters Cluny **Spätes 10. bis frühes 11. Jh.** Gottesfriedenbewegungen **1095** Synode von Clermont: Papst Urban II. ruft zum Kreuzzug auf **1096 - 1099** Erster Kreuzzug **Spätes 10. bis Mitte 12. Jh.** Romanische Kunst und Architektur	**Um 1100** *Rolandslied* **1147 - 1149** Zweiter Kreuzzug **1189 - 1192** Dritter Kreuzzug »Renaissance des 12. Jahrhunderts« **Mitte des 12. bis 16. Jh.** Gotische Architektur	**1202 - 1204** Vierter Kreuzzug **1209 - 1229** Albigenser Kreuzzug **1217 - 1221** Fünfter Kreuzzug **1228 - 1229** Sechster Kreuzzug **1244** Fall von Montségur, letzte Albigenserfestung **1248 - 1254** Siebenter Kreuzzug **1270** Achter Kreuzzug. Tod Ludwigs IX. in Tunis **1297** Heiligsprechung Ludwigs IX.	**1307** Philipp IV., der Schöne, verhaftet die Tempelritter (Prozeß **1310 - 1314**) **1309 - 1378** Päpste residieren in Avignon	**1431** Jeanne d'Arc in Rouen verbrannt **1438** Pragmatische Sanktion von Bourges **Spätes 15. bis 16. Jh.** Renaissance: italienische Einflüsse auf Kunst, Musik, Architektur usw.	**1516** Konkordat von Bologna mit dem Papst **um 1520 bis 1540** Verbreitung des Luthertums in einigen Städten **1539** Edikt von Villers-Cotterêts: Französisch als offizielle Staatssprache **1560 - 1598** Religionskriege **1572** Bartholomäusnacht **1598** Edikt von Nantes gewährt religiöse Toleranz
GESELLSCHAFT UND WIRTSCHAFT	**6. bis 7. Jh.** Fortlaufender Verfall des Stadtlebens nach dem Sturz des Römischen Reiches und den Barbareneinfällen Erste Herausbildung feudaler Bindungen	**9. und 10. Jh.** Große Wirtschaftskrise verursacht durch Überfälle der Wikinger, Araber und Magyaren Feudalismus und Leibeigenschaft entstehen **877** Karl der Kahle macht Lehen erblich		**ca. 1100 - ca.1300** Periode mittelalterlichen Wohlstands: städtisches Wachstum, Bevölkerungsanstieg, breitere wirtschaftliche Fächerung		**1315 - 1316** Große Hungersnot **1347 - 1352** Pest (blieb bis 1720 in Frankreich präsent) **1358** Jacquerie – großer Bauernaufstand in Nordfrankreich **14. und 15. Jh.** Wirtschaftskrise wegen Bevölkerungsrückgang und Schäden durch Kriege und Hungersnöte		**16. Jh.** Wachsen der Städte, Entstehung des Kapitalismus, die »Preisrevolution«

1600	1700		1800		1900		
1618 - 1648 Dreißigjähriger Krieg: Frankreich ab **1635** aktiv beteiligt **1659** Pyrenäenvertrag mit Spanien **1688 - 1815** »Zweiter Hundertjähriger Krieg« gegen England: militärische Konflikte in Europa und den Kolonien **1689 - 1715** Kriege unter Ludwig XIV.	**1756 - 1763** Siebenjähriger Krieg: Frankreich verliert Kanada **1778 - 1783** Französische Beteiligung am amerikanischen Unabhängigkeitskrieg **1792 - 1815** Französische Revolutions- und Napoleonische Kriege		**1815** Wiener Kongreß: Frankreich verliert den Großteil seiner Kolonien **1830** Beginn des französischen Engagements in Algerien: Gründung eines »zweiten Reiches« **1859** Italienischer Krieg: Annektion Savoyens und Nizzas	**1870** Französisch-preußischer Krieg: Verlust von Elsaß und Lothringen **Spätes 19. Jh.** Große Kolonialgewinne	**1914 - 1918** Erster Weltkrieg **1919** Vertrag von Versailles: Elsaß und Lothringen zurückgewonnen **1939 - 1945** Zweiter Weltkrieg **1940** Frankreich von Deutschland besiegt: Waffenstillstand; Vichy-Regierung **1954** Schlacht von Dien Bien Phu: Frankreich verliert Indochina	**1954** Beginn des algerischen Aufstands **1956** Unabhängigkeit für Marokko und Tunesien **1956** Suezkrise **1958** Algerienkrise führt zum Ende der Vierten Republik und der Gründung der Fünften **1960** Dekolonisierung Schwarzafrikas **1962** Abkommen von Evian gewährt Algerien die Unabhängigkeit **1966** Militärischer Austritt aus der NATO	FRANKREICH UND SEINE INTERNATIONALEN BEZIEHUNGEN
1614 Letzte Versammlung der Generalstände vor 1789 **1624 - 1642** Kardinal Richelieu leitender Minister **1643 - 1661** Kardinal Mazarin leitender Minister **1648 - 1652** Die Fronde **1661 - 1715** Alleinherrschaft Ludwigs XIV. (König seit 1643)	**1715 - 1774** Ludwig XV. **1789** Französische Revolution: Konstituierende Nationalversammlung **1791** Gesetzgebende Versammlung ERSTE REPUBLIK **1792 - 1804** **1792** Sturz Ludwigs XVI.: Gründung der Ersten Republik **1792 - 1794** Nationalkonvent; Schreckensherrschaft	**1795 - 1799** Das Direktorium **1799 - 1804** Konsularregierung unter Leitung von Napoleon Bonaparte	ERSTES KAISERREICH **1804 - 1815** **1814** Sturz Napoleons; **1815** die »Hundert Tage« RESTAURATION **1814/1815 - 1830** **1814/1815 - 1824** Ludwig XVIII. **1824 - 1830** Karl X. JULI-MONARCHIE **1830 - 1848** Louis Philippe ZWEITE REPUBLIK **1848 - 1852** **1851** Charles-Louis Bonaparte Präsident auf Lebenszeit	ZWEITES KAISERREICH **1852 - 1870** **1852** Staatsstreich von Charles-Louis Bonaparte: Kaiser als Napoleon III. **1870** Sturz Napoleons III. DRITTE REPUBLIK **1870 - 1940** **1870/1871** Pariser Kommune **1875** Verfassungsgesetze **1886 - 1889** Boulangismus **1894 - 1906** Dreyfus-Affäre	**1920** Kongreß von Tours: Gründung der französischen Kommunistischen Partei **1936 - 1938** Volksfront ETAT FRANÇAIS (VICHY-REGIERUNG) **1940 - 1944** **1940** Ende der Dritten Republik nach der militärischen Niederlage gegen die Deutschen: Philippe Pétain Chef der Vichy-Regierung **1944** Befreiung: Gründung einer Provisorischen Regierung	VIERTE REPUBLIK **1944 - 1958** **1944 - 1946** Provisorische Regierung **1946** Vierte Republik gegründet FÜNFTE REPUBLIK **1958 - heute** **1958** Ende der Vierten Republik: Charles de Gaulle Präsident der Fünften Republik **1968** Maiunruhen **1969** Georges Pompidou löst de Gaulle ab **1974** Valéry Giscard d'Estaing zum Präsidenten gewählt **1981** François Mitterrand zum Präsidenten gewählt	INNENPOLITISCHE ENTWICKLUNGEN
Spätes 16. bis 17. Jh. Gegenreformation **1631** Gründung der *Gazette de France* durch Renaudot **Nach 1640** Anwachsen des Jansenismus **1661 - 1682** Bau von Schloß Versailles **17. Jh.** Triumph des Klassizismus **1685** Aufhebung des Ediktes von Nantes	**18. Jh.** Aufklärung **1790/1791** Zivilverfassung für den Klerus **1793/1794** Antichristliche Bewegung unter der Schreckensherrschaft		**1801** Konkordat zwischen Napoleon und Papst Pius VII. stellt katholische Kirche wieder her **1804** Napoleonischer Code civil **Frühes 19. Jh.** Romantik in Literatur, Musik, Kunst **1881** Louis Pasteur entwickelt Impfstoff gegen Milzbrand	**Nach 1882** Jules Ferry führt Bildungsreformen ein **1895** Kinoaufführung durch Louis Jean Lumière	**1905** Trennung von Kirche und Staat **Nach 1918** Dada und Surrealismus **Nach 1945** Existentialismus **Seit 1960** Strukturalismus und Poststrukturalismus **1977** Eröffnung des Centre Pompidou in Paris		RELIGION UND KULTUR
1620 - 1670 Große Unruhen in der Provinz wegen ökonomischer Probleme und des Aufbaus des absolutistischen Staates **1662 - 1683** Colbert, Finanzminister Ludwigs XIV., führt merkantilistische Wirtschaftspolitik ein	**1720** Letztes Auftreten der Pest in Frankreich (Marseille) **18. Jh.** Anfänge der »Demographischen Revolution«: beispielloser und ungehinderter Bevölkerungsanstieg; Sinken der Sterblichkeitsziffer; Anfänge umfassender Empfängnisverhütung	**1789 - 1799** Größere Sozialgesetzgebung durch die Revolutionären Versammlungen eingeführt; Abschaffung des Feudalismus; Abschaffung der Arbeitervereinigungen; Einführung des metrischen Systems usw. **1792 - 1815** Revolutions- und Napoleonische Kriege stören ernsthaft die Wirtschaft und bewirken eine Abkehr vom Kolonial- und internationalen Handel	**1806 - 1814** Kontinentalsperre **1842** Baubeginn größerer Eisenbahnlinien **ca. 1850 - ca. 1870** Enormes Wirtschaftswachstum **1864, 1888** Arbeitervereinigungen legalisiert **1870 - 1880** Wirtschaftlicher Niedergang:	Agrarpreise fallen (bis Ende des Jh.s); Beschleunigung der Landflucht **Spätes 19. bis 20. Jh.** Wachsende Besorgnis über Frankreichs überalterte Bevölkerung	**1929 - 1938** Weltwirtschaftskrise **1936 - 1938** Sozialreformen unter der Volksfront **1940 - 1944** Reaktionäre Sozialpolitik und Maßnahmen gegen die Gewerkschaften unter der Vichy-Regierung **Nach 1945** Hoher Anstieg der Geburtenrate **1945** Verstaatlichungsprogramm	**1947** Monnet-Plan **1948** Marshall-Plan **1951** Schuman-Plan für Europäische Gemeinschaft für Kohle und Stahl **1957** Vertrag von Rom zur Gründung der Europäischen Wirtschaftsgemeinschaft **1981 - 1983** Unter Mitterrand radikale Sozial- und Wirtschaftsreformen **Nach 1983** Mitterrand schränkt Sozialvorhaben ein: wachsende Massenarbeitslosigkeit	GESELLSCHAFT UND WIRTSCHAFT

VORWORT

Jeder gebildete Mensch hat zwei Heimatländer: sein eigenes und Frankreich. Dieses geflügelte Wort mag zwar übertrieben sein, doch war Frankreich zweifellos über Jahrhunderte der Brennpunkt der europäischen Zivilisation und übte eine einzigartige Faszination aus. Die Franzosen mögen zuweilen schwierig erscheinen, streitbar und egozentrisch, aber sie besitzen ein ausgeprägtes Stilgefühl, finden Geschmack am guten Leben (ihre Küche und ihre Weine sind anerkanntermaßen die besten) und haben Freude an geistvollen Ideen. Ihre intellektuellen und künstlerischen Leistungen hatten den weltweit größten Einfluß auf andere Kulturen. Frankreich war viele Jahrhunderte ein Königreich, dann der Mittelpunkt eines Kolonialimperiums und spielt heute als Republik eine führende Rolle in der Europäischen Gemeinschaft, indem es den Weg zu einer stärkeren Integration einschlägt.

Der *Weltatlas der alten Kulturen Frankreich* setzt sich zum Ziel, dieses Vermächtnis aus der Sicht der Vergangenheit wie der Gegenwart zu erforschen. Der erste Teil widmet sich der Geographie Frankreichs, das sich durch landschaftliche Schönheit und Vielfalt auszeichnet und sowohl dem nördlichen wie dem südlichen Europa angehört. Sein Erscheinungsbild ist ausgewogen, es besitzt ein mildes Klima, und sein fruchtbarer Boden ermöglicht eine ungewöhnlich ertragreiche und vielseitige Bewirtschaftung.

Der zweite Teil schildert die Geschichte Frankreichs von den Höhlenbewohnern der prähistorischen Periode bis zu den prosperierenden 90er Jahren des 20. Jahrhunderts und behandelt all die bedeutenden Ereignisse, die diesen langen Zeitraum ausfüllen: die römische Kolonisierung, der Hundertjährige Krieg mit England, die Regierungszeit Ludwigs XIV., des »Sonnenkönigs«, die Französische Revolution, die Ära Napoleons und die beiden Weltkriege. Er zeigt auf, wie die verschiedenen Volksstämme Frankreichs von den Herrschern in Paris zu einem zentralistischen Staatswesen verschmolzen wurden und analysiert sowohl die Ursachen für die lange währende Feindschaft mit England und mit Deutschland als auch, wie ehemalige Gegner heute zu engen Partnern wurden. Über den politischen Aspekt der Geschichte hinaus ist die soziale, ökonomische und kulturelle Entwicklung Gegenstand dieses Abschnitts.

Der dritte Teil widmet sich zunächst der französischen Gesellschaft von heute sowie den Nachkriegskonflikten zwischen Wandel und Tradition. Einerseits hat die Modernisierung der Wirtschaft die Gesellschaft verändert, andererseits blieben alte Strukturen und Anschauungen bestehen. Untersucht wird die bestimmende Rolle des Staates und sein jüngster Machtschwund. Mehrere Abschnitte behandeln das Verwaltungssystem, die sich wandelnden Klassenverhältnisse und Familienbeziehungen, die Emanzipation der Frau, Veränderungen im Erziehungswesen und in der Stellung der katholischen Kirche sowie die Öffnung Frankreichs gegenüber Europa und der Welt (trotz eines entgegenwirkenden Aufkommens von Rassismus). Aber auch der französische Lebensstil wird diskutiert in einem Abschnitt über Kochkunst, Urlaubsaktivitäten, Wohnverhältnisse sowie die sozialen Folgen des Übergangs von der Agrar- zur Industriegesellschaft, als nach dem Zweiten Weltkrieg Millionen von Bauern in die Städte zogen und das Leben in den Ballungszentren mit all seinen Problemen bewältigen mußten. Das zweite Kapitel von Teil drei analysiert die Kultur und das Geistesleben in Frankreich aus historischer Perspektive und im Kontext der Gegenwart – die Rolle des Staates als Schirmherr der Künste, die erst neuerdings erfolgende kulturelle Erschließung der Regionen von Paris aus, die Entfaltung der darstellenden Künste trotz Nachlassens der Kreativität, die französische Einstellung zur Kultur und die Rolle der Intellektuellen, die Wiedergeburt der Musik sowie die Ursachen für die Mittelmäßigkeit des französischen Fernsehens.

Teil vier befaßt sich mit den französischen Regionen und stellt ihren erstaunlichen Wirtschaftsaufschwung nach dem Krieg dar, das Entstehen eines neuen Regionalbewußtseins besonders in Gebieten wie der Bretagne, dem Languedoc und dem Elsaß und die neuen Reformen, die der Regierung vor Ort mehr Macht auf Kosten der Zentralgewalt einräumen. Im Anschluß daran werden Geschichte, Kultur, Wirtschaft und Landschaft der einzelnen Regionen untersucht.

In jedem Kapitel finden sich illustrierte Beiträge, die Spezialthemen näher beleuchten. Eine Vielzahl von Karten veranschaulicht das gesamte geographische, historische, ökonomische und gesellschaftliche Spektrum Frankreichs.

Den Text zu diesem Buch haben wir gemeinsam verfaßt: Colin Jones war im wesentlichen für den historischen Teil bis 1945 verantwortlich, während John Ardagh den größten Teil der übrigen Kapitel verfaßte. Colin Jones dankt Keith Cameron, John Critchley und Linda Hurcombe für ihre wertvolle Unterstützung beim Durchlesen des Textes und Jonathan Barry, David und Susan Braund, Simon Burnell, Malcolm Cook, Nigel Mills und Malyn Newitt für die Lösung verschiedener diffiziler Probleme. Kelsey und Blanche Jones waren sehr hilfreich bei der chronologischen Übersichtstabelle.

John Ardagh
Colin Jones

ERSTER TEIL

DIE GEOGRAPHIE FRANKREICHS

DAS LAND UND SEINE BEWOHNER

Der geographische Raum
Frankreich ist bezeichnenderweise das einzige Land in Europa, das geographisch gleichermaßen zum Norden wie zum Süden gehört und sowohl eine Atlantik- wie eine Mittelmeerküste hat. Diese Situation sagt vieles über seinen Charakter, seine Geschichte und seine Bevölkerung aus. Boden und Landschaft, Klima und Vegetation sind ungeheuer vielfältig, sie gleichen einander aus und schaffen eine gewisse Harmonie, jenes Maßvolle und Milde, das Frankreich ausmacht. Sogar seine äußere Form ist gefällig, ein klares Sechseck (die Franzosen sprechen oft von ihrem Land als *l'hexagone*). Alle seine Grenzen sind natürlich: entweder Meere, hohe Berge oder ein breiter Fluß (Rhein), nur der Nordosten, wo es an Belgien stößt, bildet eine Ausnahme. Nach westeuropäischen Maßstäben ist es ein ziemlich großes Land, fast so groß wie Großbritannien und die heutige Bundesrepublik Deutschland zusammengenommen. Es ist relativ dünn besiedelt, besonders im Vergleich zu den Niederlanden oder Italien.

Im Norden und Westen ist das Land ziemlich flach, Osten, Mitte und Süden sind zumeist hügelig oder gebirgig. Die ältesten Gebirge sind nicht etwa die sehr hohen wie die Alpen und die Pyrenäen, sondern die niedrigeren: Ardennen, Vogesen und das Zentralmassiv, die vor etwa 250 Millionen Jahren entstanden. Das bewaldete Plateau der Ardennen besteht aus Schiefergestein und reicht nach Belgien hinein. Die ebenfalls dicht bewaldeten, enger begrenzten Vogesen erheben sich bis auf 1424 Meter und fallen im Osten steil zur Rheinebene hin ab, im Süden weisen sie abgerundete Gipfel aus kristallinem Gestein auf. Das ausgedehnte Zentralmassiv, das weite Teile der südlichen Mitte Frankreichs einnimmt, besteht im Norden aus kristallinen Felsplateaus, erloschenen Vulkanen in der Mitte und Kalk- und Granitmassiven im Süden. Seine höchsten Gipfel sind die vulkanischen *puys* südlich von Clermont-Ferrand mit dem 1886 Meter hohen Puy de Sancy. Südlich davon erstreckt sich das weite Kalkplateau der Causses. Es wird von der Tarnschlucht und anderen tiefen, gewundenen Flußtälern durchschnitten, während südöstlich der Causses sich die wilden Granit- und Schiefer-Hochflächen der Cevennen erheben, an deren steilen Südhängen sich Kiefern- und Kastanienwälder hochziehen. Schließlich verläuft das Armorikanische Gebirge, das hauptsächlich aus Granit besteht, mitten durch die Bretagne und die südliche Normandie, wo mit 417 Metern seine höchste Erhebung und die der westfranzösischen Ebene liegt.

Unter den viel jüngeren Gebirgen, die ins Tertiär und Quartär datieren (65 bis zwei Millionen Jahre), formen die Pyrenäen eine lange, natürliche Barriere zwischen Frankreich und Spanien mit dem 3404 Meter hohen Pico de Aneto direkt jenseits der spanischen Grenze. Die französi-

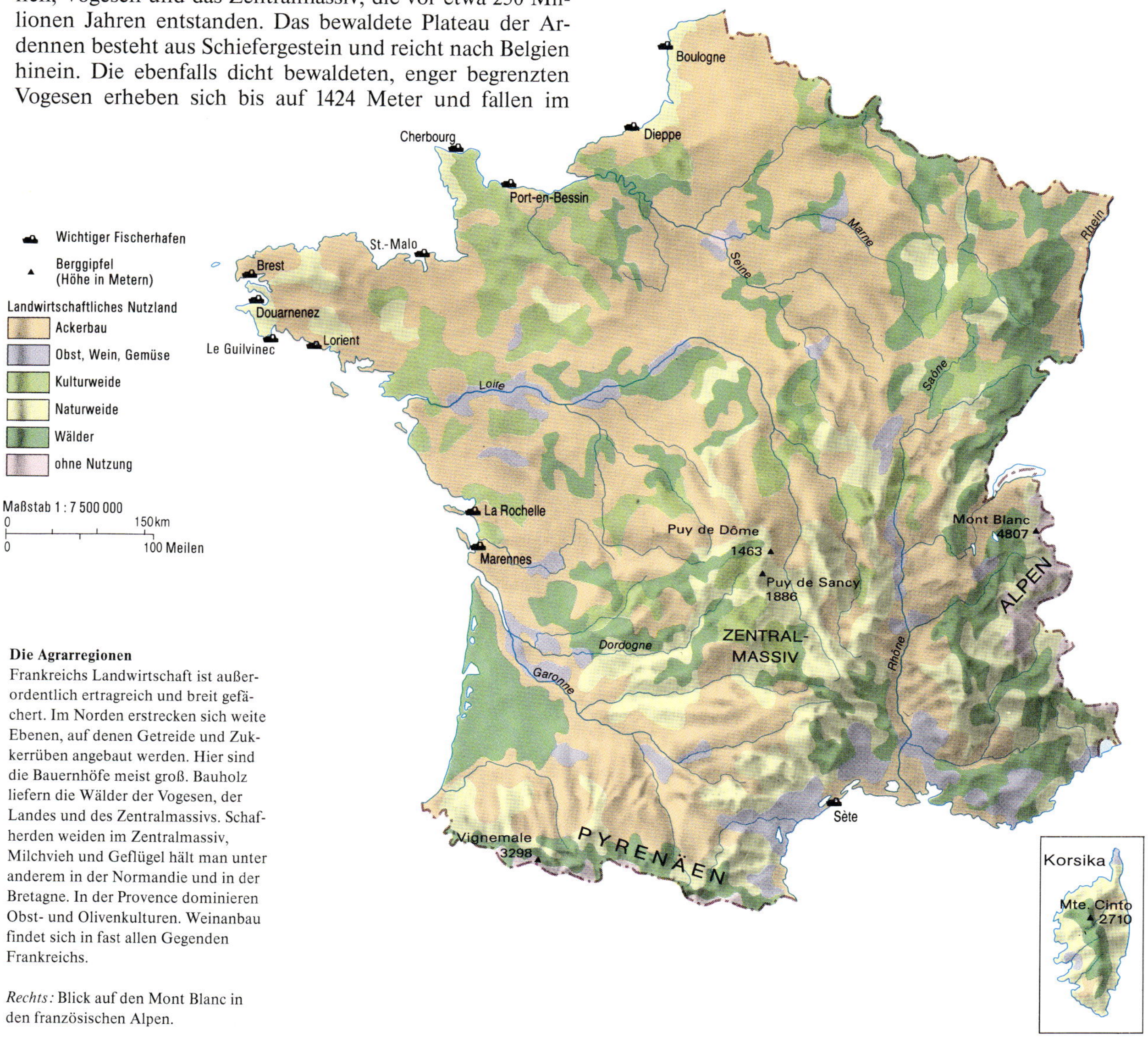

Die Agrarregionen
Frankreichs Landwirtschaft ist außerordentlich ertragreich und breit gefächert. Im Norden erstrecken sich weite Ebenen, auf denen Getreide und Zuckerrüben angebaut werden. Hier sind die Bauernhöfe meist groß. Bauholz liefern die Wälder der Vogesen, der Landes und des Zentralmassivs. Schafherden weiden im Zentralmassiv, Milchvieh und Geflügel hält man unter anderem in der Normandie und in der Bretagne. In der Provence dominieren Obst- und Olivenkulturen. Weinanbau findet sich in fast allen Gegenden Frankreichs.

Rechts: Blick auf den Mont Blanc in den französischen Alpen.

schen Alpen bilden nur den westlichen Teil der großen Alpenkette, doch steht dort ihr höchster Berg, der Mont Blanc (4807 Meter). Hier befinden sich auch die beiden größten Gletscher Europas und ganzjährig von Schnee bedeckte Regionen. Die hohen Berge der Zentralalpen sind kristalline Gesteine, während der niedrigere Jura, der entlang der Schweizer Grenze in nordöstlicher Richtung verläuft, aus aufgefaltetem Kalkstein besteht. Er bildet eine Reihe von Sätteln, die von tiefen Tälern durchschnitten sind, und steigt mit dem Crêt de la Neige auf 1723 Meter an.

Zwischen diesen verschiedenen Bergketten und Küstenlandschaften liegen mehrere Ebenen. Die bedeutendste, das Pariser Becken, formt sich aus niedrigen, fruchtbaren Hochflächen, die zu der Kalksteinmulde abfallen, in der Paris liegt. Nach Norden und Osten erstrecken sich die Kreideschwellen der östlichen Normandie, der Picardie und der Champagne. Die breite Ebene des sehr fruchtbaren Loiretales ist von den flachen kristallinen Plateaus des Anjou und den Kreideplateaus der Touraine eingefaßt. Das Aquitanische Becken im Süden wird von der Garonne und ihren Nebenflüssen durchzogen, die vom Zentralmassiv kommen; es umfaßt auch die große Sandfläche der Landes, die im 19. Jahrhundert künstlich in einen Kiefernwald verwandelt wurde. Im Osten tritt die Rhône, dort, wo sie sich dem Meer nähert, in eine weite, von felsigen Kalksteinhügeln durchzogene Ebene ein; das enge, mit Reben bedeckte Flachland des Languedoc zwischen den Cevennen und dem Meer wird von den *garrigues*, steinigen, von Büschen bedeckten Vorbergen, begrenzt, und die fruchtbare Ebene des Roussillon quetscht sich zwischen das Meer und die östlichen Vorberge der Pyrenäen.

Vier Hauptflüsse mit ihren Einzugsgebieten erreichen durch diese Ebenen das Meer. Die in der Schweiz entspringende Rhône fließt durch den Genfer See und Lyon zu ihrem Delta bei Marseille. Ihre Nebenflüsse sind Isère, Drôme und Durance, die die Schmelzwasser der Alpen aufnehmen, und Saône; manchenorts wird sie für Wasserkraftwerke und andere industrielle Zwecke nutzbar gemacht. Die Garonne hat ihre Quelle in den Pyrenäen und erreicht über Toulouse und Bordeaux den Atlantik. Sie wird gespeist von Tarn, Lot und Dordogne, hat starke Strömungen und wird für die Schiffahrt nur bedingt genutzt. Die Loire, Frankreichs längster Fluß (1020 Kilometer), entspringt im Zentralmassiv, Cher, Indre, Mayenne und andere Nebenflüsse vereinigen sich mit ihr: Je nach Niederschlagsmenge im Oberlauf ist sie ein manchmal langsamer und friedlicher, dann wieder schneller Fluß, der über sein Bett treten kann. Die Seine, die sich gut für die Schiffahrt eignet, nimmt die Zuflüsse von Yonne, Marne und Oise auf. Ab Paris erreicht sie in windungsreichem Lauf bei Le Havre den Ärmelkanal. Der gewaltige Rhein fließt nicht durch Frankreich, bildet aber eine über 200 Kilometer lange Grenze zu Deutschland. Er nimmt andere große Flüsse auf, die in Frankreich entspringen: die Maas und die Mosel.

Die französischen Küstenlinien sind abwechslungsreich. Im äußersten Norden ist das Cap Griz Nez bei Calais das höchste einer Reihe von Kalkkliffen, die sich – abwechselnd mit Sandküsten – bis in die östliche Normandie fortsetzen. In der westlichen Normandie und in der Bretagne ist die Küste zerrissener und voll wilder Kaps aus Granit, aber auch da gibt es Sandbuchten. Frankreichs lange Westküste ist im wesentlichen flach, an manchen Stellen auch sumpfig, mit vielen vorgelagerten Inseln. Die Küste westlich von Bordeaux weist einen breiten, sich lang hinziehenden Strand mit feinem Sand auf, den hohe Dünen abschirmen. Am Mittelmeer hat die Côte Vermeille an der spanischen Grenze zerklüftete rötliche Felsen. Die flache Küste des Languedoc ist von Lagunen durchsetzt, die einst Brutstätte von Moskitos waren. Heute sind sie saniert, und es entstanden dort große, neue Ferienzentren. Die Camargue im Rhônedelta ist mit ihren Lagunen und Sümpfen, in denen viele Vögel und andere Tiere heimisch sind, eine Re-

GROSSBRITANNIEN
Straße von Dover
Calais
Cap Gris Nez
Brüssel
BELGIEN
Lille
Isle of Wight
50°
Ärmelkanal
Ardennen
Alderney
Guernsey
Sark
Kanal-Inseln
Jersey
Cotentin
Le Havre
Rouen
Oise
Reims
Marne
Maas
Paris
Ile d'Ouessant
Brest
ARMORIKANISCHES GEBIRGE
Mayenne
Seine
48°
Rennes
Sarthe
Orléans
Loire
Yonne
Angers
Belle Ile
Loire
Tours
Nantes
Ile de Noirmoutier
Indre
Cher
Ile d'Yeu
Saône
Poitiers
Allier
Vienne
46°
Ile de Ré
FRANKREICH
Crêt de la
Ile d'Oléron
Sioule
Limoges
Puy de Dôme
1463
Clermont-Ferrand
Loire
Lyon
Pointe de Grave
Angoulême
Puy de Sancy
1886
St.-Etienne
Golf von Biscaya
Périgueux
Isère
Bordeaux
Dordogne
ZENTRALMASSIV
Garonne
Drôme
Rhône
Les Landes
Lot
Causses
44°
Agen
Cevennen
Tarn
Adour
Toulouse
Montpellier
Camargue
Bayonne
Canal du Midi
Pau
Marseille
PYRENÄEN
Golfe du Lion
Vignemale
3298
Aneto
3404
ANDORRA
Côte Vermeille
42°
Ebro
SPANIEN
MITTELMEER
Douro
3°
0°
3°

Frankreichs physikalische Merkmale Frankreich hat die Form eines Sechsecks (die Franzosen nennen es deshalb oft *l'hexagone*: Sechseck). Außer im Nordosten bilden Meere oder Gebirge seine natürlichen Grenzen. Höchstes Gebirge sind die Alpen (entlang der italienischen Grenze), gefolgt von den Pyrenäen an der Grenze zu Spanien. Drei große Flußläufe sind nach Westen ausgerichtet: Seine, Loire und Garonne. Die Rhône mündet in das Mittelmeer, und der Oberrhein bildet einen Teil der deutsch-französischen Grenze.

Ganz oben: Diese ebene Landschaft mit kultivierten Feldern ist typisch für das nördliche und westliche Flachland. Einst waren die Felder meist parzelliert wie auf diesem Bild. Um sie maschinell bearbeiten zu können, wurden sie aber inzwischen fast überall durch Zusammenlegung vergrößert.

Oben: Kreidefelsen und breite Strände kennzeichnen die Küste der Normandie, während die der Bretagne felsiger und zerklüfteter ist. Der größte Teil der Westküste verläuft nach Süden zu flach und gleichmäßig.

gion von besonderer Eigenart und ungewöhnlichem Reiz. Der Küstenabschnitt zwischen Marseille und der italienischen Grenze ist außerordentlich schön und weist üppigen Pflanzenwuchs auf, doch er ist auch stark urbanisiert und vom Tourismus überschwemmt, vor allem sein östliches Stück, die berühmte Côte d'Azur (Riviera).

Die Unterschiedlichkeit der agrarischen Nutzung dieser mit einer ungewöhnlich reichen und vielfältigen Landwirtschaft gesegneten Nation ist zum Teil durch Bodenbeschaffenheit und Klima bedingt. In der gewellten Heckenlandschaft *(bocage)* des Nordwestens sind kleine Felder durch Hecken und Unterholz abgeteilt. Hier, in der Bretagne, widmet man sich der Schweinezucht, der Geflügelhaltung und der Milchproduktion sowie dem Gemüseanbau; in der Normandie stehen Viehzucht, Milchwirtschaft und Apfelanbau im Vordergrund. Auf den weiten Ebenen des Pariser Beckens sind die Felder viel größer und offener, hier kultiviert man Getreide und Zuckerrüben. Früchte und Gemüse werden am Mittellauf der Loire, der unteren Rhôneebene und in den beiden Charente-Departements an der Westküste angepflanzt. Im Zentralmassiv, wo die Felder durch niedrige Steinwälle unterteilt sind, wird Schafzucht betrieben. Im Süden, wo der Sommer oft heiß und der Boden trocken ist, sind viele Hanglagen zur Vermeidung von Erosion terrassiert. Abgesehen vom äußersten Norden und Nordwesten wird in allen Gebieten Frankreichs Wein angebaut.

Klima und Bevölkerung

Aufgrund seiner geographischen Lage am westlichen Rand Europas überschneiden sich in Frankreich drei Klimazonen: die atlantische, die kontinentale und die mediterrane. Sie vereinigen sich zu einem Klima, das unterschiedlich, aber zumeist gemäßigt ist, mit ausreichenden Niederschlägen für die Landwirtschaft. Besonders in der Bretagne bringen die Westwinde vom Ozean viel Feuchtigkeit, doch auch milde Winter. Diese Westwinde sind in ganz Frankreich vorherrschend; nahezu das ganze Jahr über wirken sich die atlantischen Tiefdruckgebiete aus. Nur im Osten herrschen durch den kontinentalen Einfluß größere Temperaturschwankungen mit eisigen, aber klaren Wintern und heißen, oft stürmischen Sommern. Am Mittelmeer sind die Sommer über lange Perioden heiß und trocken, was die Gefahr von Waldbränden mit sich bringt; die Winter sind ziemlich mild, doch kann von Norden ein kalter, heftiger Wind, der Mistral, auftreten.

Diese Unterschiede im Klima, in der geographischen Beschaffenheit und in der Agrarwirtschaft helfen, die Verschiedenartigkeit im Wesen der französischen Bevölkerung zu erklären. Im allgemeinen gilt: impulsiv und emotional im heißen Süden, freundlich und gelassen auf den gemäßigteren Ebenen und in den weinanbauenden Gebieten, ernsthafter und zurückhaltender in den Gebirgsregionen und nördlichen Gegenden. Rassische Unterschiede sind ebenfalls bedeutsam, denn obgleich sie sich sehr bewußt sind, daß sie einer Nation angehören, sind die Franzosen aufgrund von zahllosen Einwanderungen unterschiedlicher Herkunft. In römischer Zeit waren die meisten Einwohner Gallier, ein Volk keltischen Ursprungs, das aus Mitteleuropa kam. Sie vermischten sich mit den Römern, woraus die heute als Romanen bezeichneten Bewohner hervorgingen, obgleich die Entwicklung viel komplexer ist. An der Peripherie Frankreichs leben viele Menschen, die ganz und gar keine Romanen sind. Die zu beiden Seiten der spanischen Grenze wohnenden Basken mit ihrer eigenen, seltsam anmutenden Sprache existierten lange vor den Galliern. Die Bretonen, ebenso von den Galliern unterschieden, sind Kelten, die von England und Irland kamen. Die Normannen stammen von skandinavischen Einwanderern ab, die flämische Minderheit im Norden ist nahezu identisch mit den flämischen Belgiern, während die Elsässer ein alemannisches Volk sind, eng verwandt mit den Badensern

Rechts: Diese gepflegten Weingärten befinden sich im Elsaß. Hier gedeihen fruchtige Weißweine hoher Güteklasse. Für gute Weine ist dies eine verhältnismäßig nördliche Lage, aber die Reben werden im Westen durch die Vogesen geschützt. Die Weingärten der Champagne liegen sogar noch weiter im Norden. Der größte Teil des französischen Weins, einschließlich der riesigen Mengen an billigem Tafelwein, stammt jedoch aus den südlichen zwei Dritteln des Landes.

Das Klima
Fast überall in Frankreich ist das Jahresklima relativ gemäßigt und sonnig, so daß die Landwirtschaft ungewöhnlich hohe Erträge erzielt und eine breite Palette von Feldfrüchten aufweist. Regen und Schnee *(unten)* fallen nicht im Übermaß, doch gibt es große regionale Unterschiede. Pyrenäen, Alpen und andere Gebirge führen zur Freude der Skifahrer im Winter Schnee. Die Bretagne, die westliche Normandie und Teile des Zentralmassivs haben ebenfalls Winter mit heftigen Niederschlägen, und in der Bretagne und den westlichen Pyrenäen treten im Frühling und Herbst plötzliche Schauer auf. Im Sommer regnet es in Ostfrankreich überdurchschnittlich viel – zum Verdruß der Urlauber in den Alpen und Vogesen. Im Mittelmeergebiet sind die Sommer heiß und trocken, was die Gefahr von Waldbränden erhöht. Das Loiretal, das Pariser Bekken und die angrenzenden Regionen weisen während des ganzen Jahres nur mäßige Regenfälle auf, die aber zur Bewässerung der sehr fruchtbaren Anbaugebiete ausreichen.
Die Temperaturangaben *(unten rechts)* zeigen deutlich, daß das Klima Frankreichs sowohl dem nördlichen wie dem

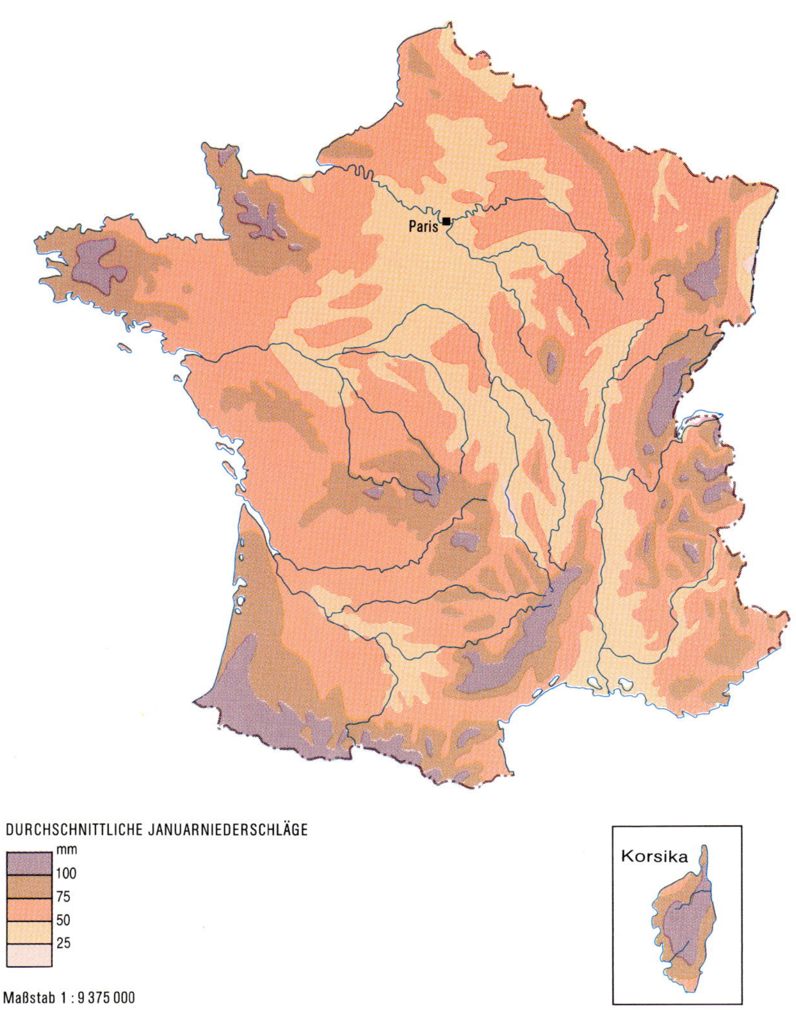

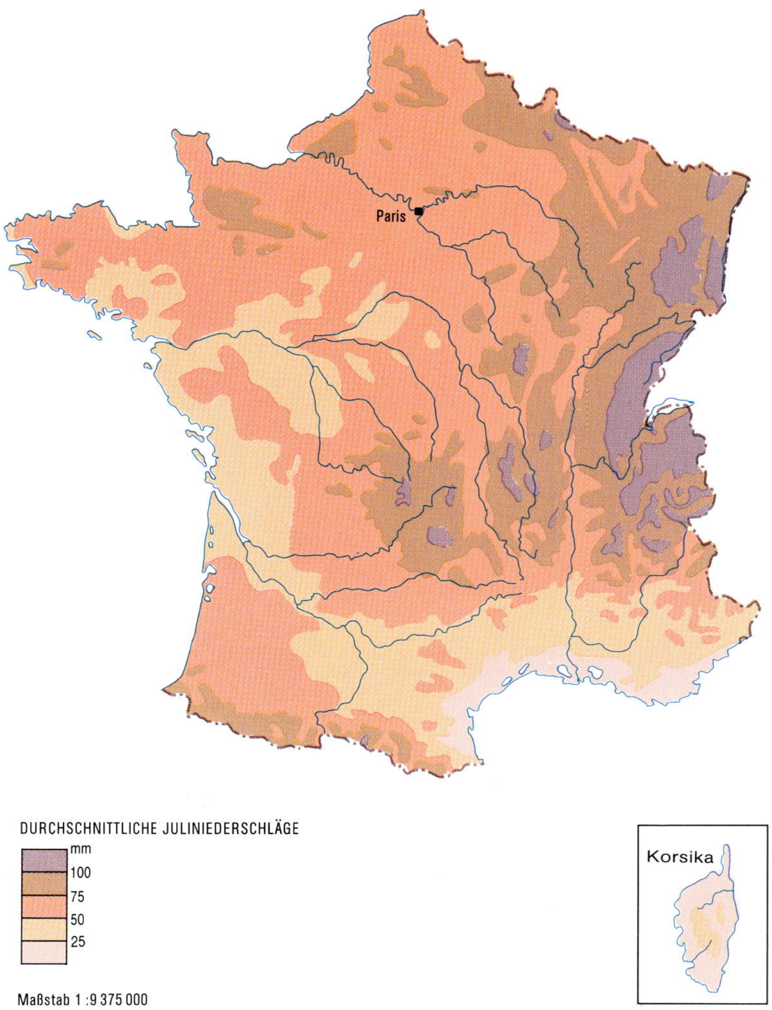

südlichen Europa zuzurechnen ist und auch am milden Seeklima des Atlantiks sowie dem rauheren Kontinentalklima Anteil hat. Im Winter sinken die Temperaturen in den höhergelegenen Gegenden Ostfrankreichs beträchtlich, während es an der Atlantikküste ziemlich warm bleibt. An der Mittelmeerküste bleiben die Temperaturen im Winter relativ hoch – trotz des kalten Mistrals, der aus dem Norden weht. Wenn es in Paris im November friert, sind in Marseille die Straßencafés noch gut besucht.

und den Deutsch-Schweizern. Außer den Normannen haben alle diese Minderheiten ihre Regionalssprachen (so wie auch die Provenzalen, die Bewohner des Languedoc und die Korsen), selbst wenn sich im täglichen Gebrauch größtenteils das Französische durchgesetzt hat. Kurzum, obgleich der Druck des Zentralismus die Franzosen zu einer politischen Nation zusammengefügt hat, bleibt das Gefühl der regionalen Identität ungeheuer lebendig.

Der Standort der wichtigsten urbanen Zentren hing von örtlichen Bodenschätzen oder Handelsrouten oder beidem ab. Paris war in früher Zeit in einem fruchtbaren Becken gegründet worden, an einer Stelle, wo die Seine bis zum Meer leicht schiffbar war. Mitten in der nördlichen Ebene gelegen, war es lange der Magnet des zentralisierten Frankreich und ist stetig gewachsen. Mit seinen Vororten ist es bei weitem die größte urbane Konzentration. Das dicht bevölkerte Gebiet um Lille im Norden, anfangs aufgrund seiner strategischen Handelsposition durch die Nähe zu England und den Niederlanden entstanden, entwickelte sich dann, als man daran ging, seine Kohlegruben auszubeuten, zu einem bedeutenden Industriezentrum. In gleicher Weise nützte der Norden von Lothringen seine Kohle- und Eisenerzressourcen als Grundlage für seine Industrie. Lyon wurde aufgrund seines günstigen Standortes am Zusammenfluß von Rhône und Saône eine wichtige Handels- und Industriestadt. Zwei Großstädte westlich und östlich der Rhône liegen weit von Handelsstraßen entfernt: Saint-Etienne gründete seinen Aufstieg auf der Schwerindustrie, die sich auf seine Kohlegruben stützte; Grenoble hingegen verdankte seine erstaunliche Nachkriegsentwicklung der Energiewirtschaft durch Wasserkraftwerke und der Anziehungskraft seiner alpinen Umgebung auf die Touristen.

Noch mehr erklärt die Zugkraft des Tourismus das urbane Wachstum an der Côte d'Azur um Nizza. Marseille, weiter im Westen, hat eine ideale Lage an der Rhônemündung und ist Frankreichs bedeutendster Mittelmeerhafen. Einige andere größere Städte haben ländliches Hinterland, entwickelten sich aber als regionale Hauptstädte oder als Handelszentren: Toulouse an der Garonne, die historische Hauptstadt des Languedoc; Bordeaux nahe der Mündung desselben Flusses am Atlantik, die Hauptstadt der Aquitaine; Nantes am Unterlauf der Loire, die frühere Hauptstadt der Bretagne; und Straßburg am Rhein, die Hauptstadt des Elsaß. Seit dem Zweiten Weltkrieg tendiert Frankreichs Bevölkerung auffallend dazu, sich zu den Küsten hin zu verschieben, vorzugsweise nach dem Süden, während eine breite Schneise durch die Mitte, die schon von jeher dünn besiedelt war, eine immer stärkere Abwanderung erfährt.

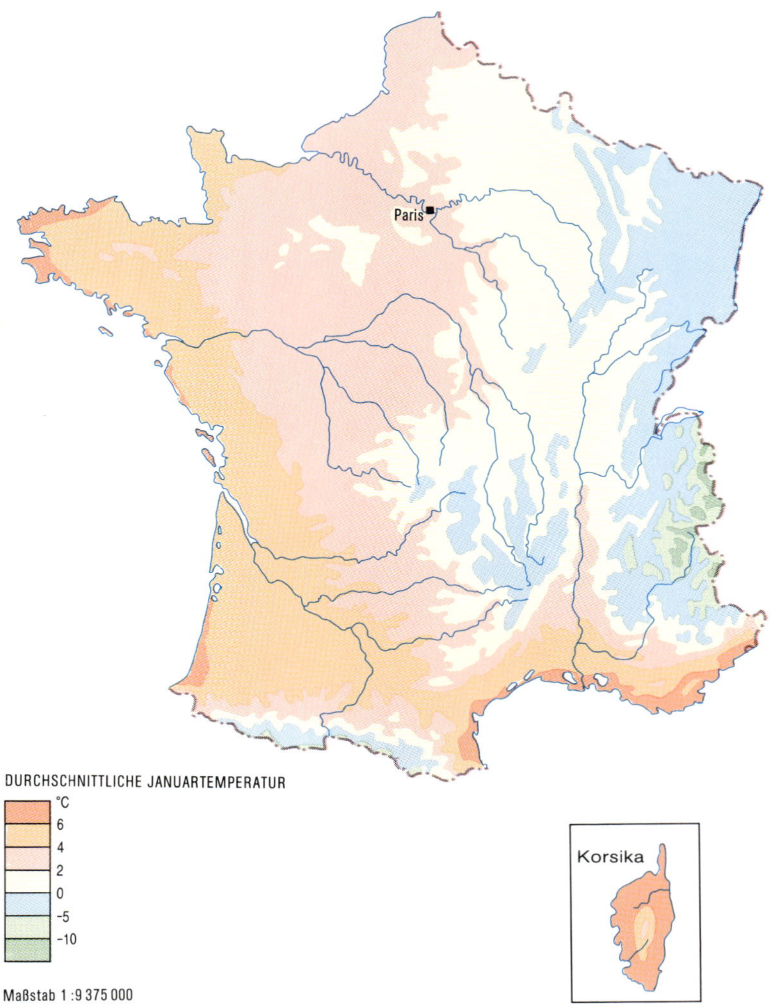

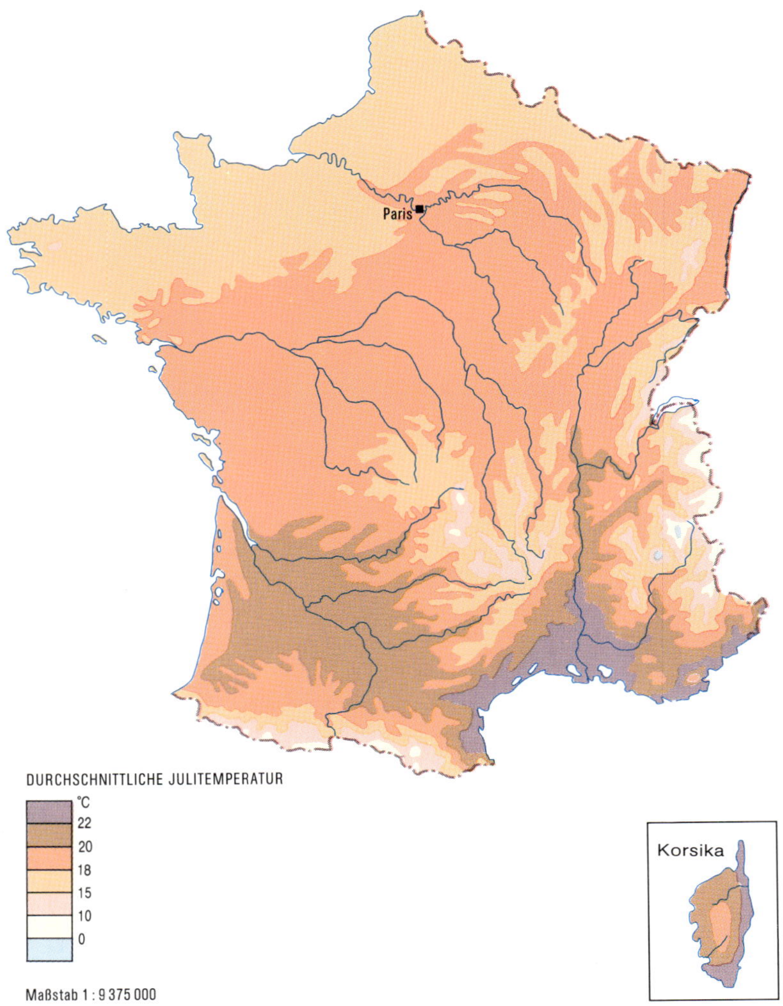

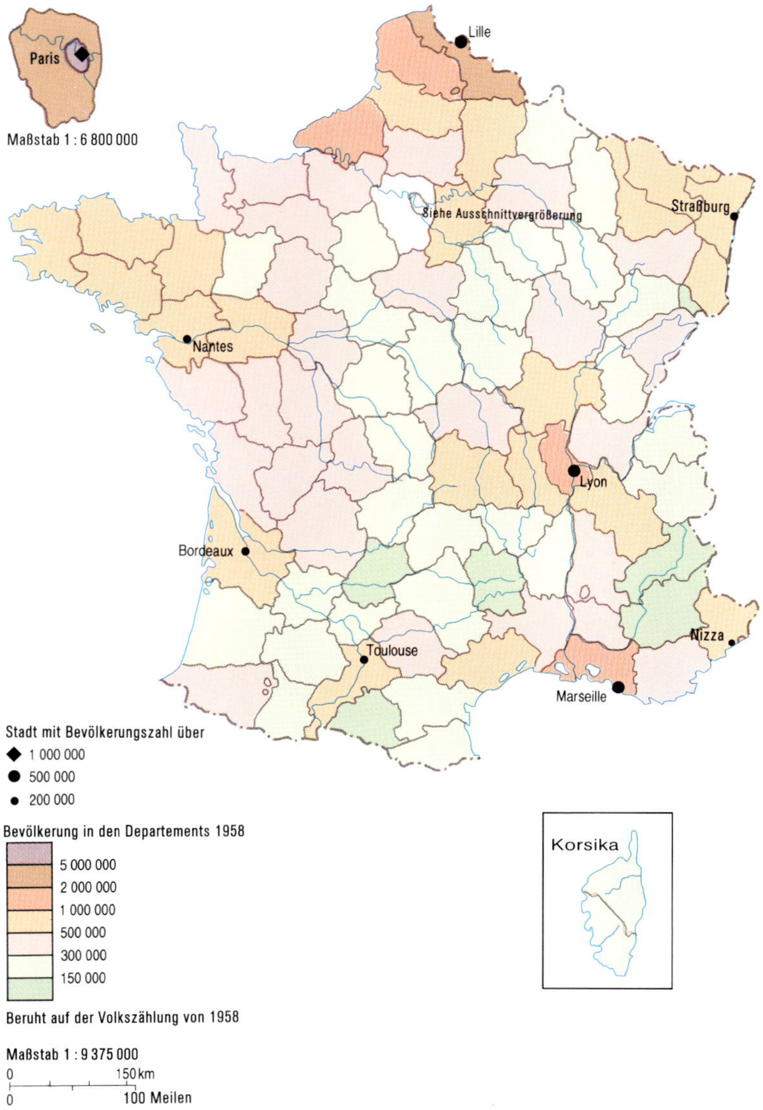

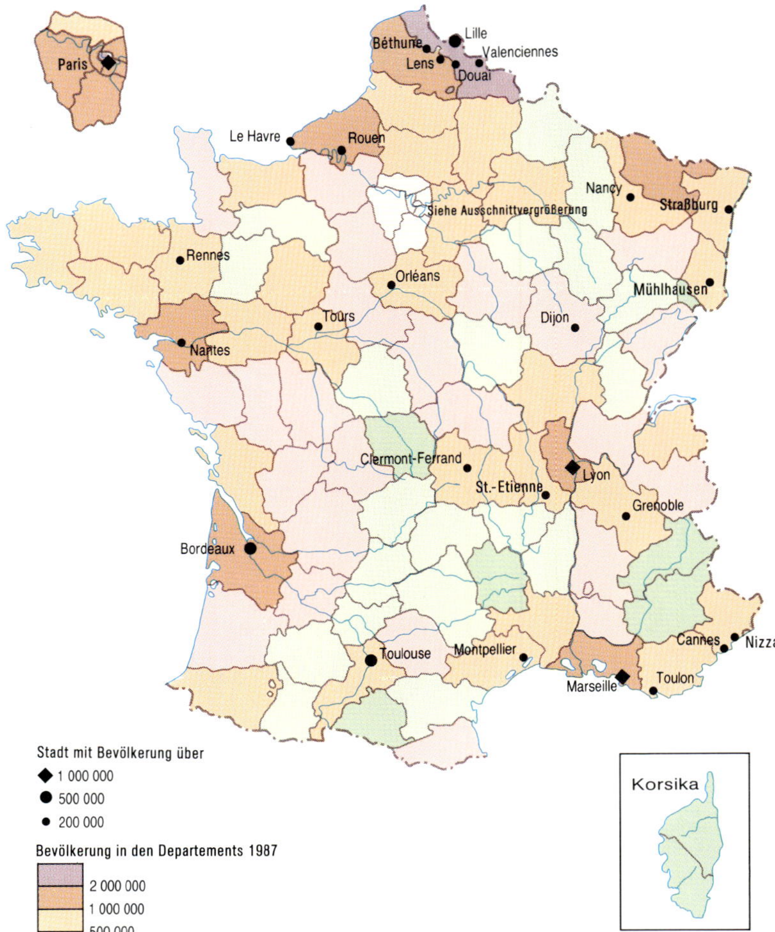

Bevölkerungszahlen

Die Bevölkerungszahl des französischen Mutterlandes lag 1958 bei 48,5 Millionen *(links)* und war bis 1987 auf 55,8 Millionen *(rechts)* angewachsen. Der Anstieg ist teils auf Einwanderung, teils auf natürliches Wachstum zurückzuführen. Es kam in diesem Zeitraum zu erheblichen Verschiebungen. Die Landflucht, die schon vor 1958 begann, brachte den Städten einen enormen Zuzug; viele vergrößerten sich um das Doppelte oder Dreifache. Das Wachstum von Paris und seinen Vororten verlangsamte sich indes seit den frühen 70er Jahren, was zum Teil der offiziellen Dezentralisierungspolitik zu verdanken ist. Während 1954 bis 1962 der Zuzug in die Pariser Region per Saldo 700000 betrug, kam es 1972 bis 1982 zu einem Wegzug von 291000. Der leichte Anstieg der Einwohnerzahl ist auf die hohe Geburtenrate der ethnischen Minderheiten zurückzuführen. Die größte Bevölkerungsdichte findet sich an den Rändern Frankreichs, dagegen sind weite Strecken im Landesinneren nur dünn besiedelt. Dieser Trend setzt sich fort.
(Die schwarzen Symbole auf dieser Karte verweisen auf Ballungsräume, nicht auf Kommunen. Die Stadt Lyon hat zum Beispiel nur 418000 Einwohner, während der Ballungsraum 1,2 Millionen zählt.)

Links: Der neue Museumskomplex für Wissenschaft und Industrie von La Villette (im Vordergrund) gehört zu den näheren Vororten von Paris. Die hohen Wohnblöcke rings um Paris zeugen von dem schnellen Wachstum während der ersten Jahrzehnte nach dem Krieg.

ZWEITER TEIL

DIE HISTORISCHE ENTWICKLUNG

FRANKREICH VOR DEN FRANKEN

Frankreich und die Franzosen

Wo und wie hat die Geschichte Frankreichs und der Franzosen ihren Anfang genommen? Der Begriff Nation ist erst in der Neuzeit entstanden, und es wäre irreführend, die Aufmerksamkeit ausschließlich auf die Herausbildung des französischen Nationalstaates zu lenken. Im Verlauf der Geschichte wählten sich verschiedene Völker – Kelten, Griechen, Römer, Franken, Skandinavier, Juden, Spanier, Portugiesen, Algerier und viele andere – den in etwa sechseckigen Raum, der heute Frankreich heißt, und trugen zu der Kultur bei, die jetzt als typisch französisch gilt. Innerhalb dieses Sechsecks *(l'hexagone)*, das von den Pyrenäen, vom Mittelmeer, den Alpen, dem Rhein und dem Atlantik begrenzt wird, haben blühende regionale Traditionen lange einer politischen und kulturellen Vereinigung entgegengewirkt. Damit ist die Geschichte Frankreichs sowohl die Chronik einer politischen Zentralisation wie auch eines Regionalismus mit lokalen Bräuchen und kulturellen Besonderheiten.

Die neolithische Revolution

Die ersten Hominiden (menschenartige Wesen) traten in Frankreich während der Eiszeit wahrscheinlich zwischen einer Million bis 700000 Jahre vor unserer Zeit auf. Sie waren Vorfahren des *Homo sapiens sapiens*, der erst nach 40000 v. Chr. erschien. Der *Homo sapiens sapiens* ähnelte vermutlich dem Cro-Magnon-Menschen (dessen Schädel und kräftige Kieferknochen – auf 30000 v. Chr. datiert – 1868 in der Dordogne entdeckt wurde) und zeichnete sich durch Gewandtheit und Spannkraft aus, Eigenschaften, die ihn überleben ließen. Er wohnte in Höhlen und versammelte sich mit anderen zu Gruppen, um mit Steinbeilen und Felsbrocken bewaffnet die riesigen prähistorischen Tiere (Mammut, Nashorn usw.) in Fallen zu locken und zu erlegen. Diese Tiere traten in der subarktischen Tundra Nordeuropas in Herden auf. Im Gegensatz zu ihrer einfachen Lebensweise brachten die Menschen dieser Zeit eine lebendige und ausdrucksvolle Kunst hervor, wie wir sie in der Höhlenmalerei von Lascaux und anderen Fundstätten in der Dordogne und in den Pyrenäen sehen. Als die Eiszeit zu Ende ging (etwa 10000 v. Chr.), wurden größere Räume unbewohnbar. Die Erwärmung der Atmosphäre beschleunigte die Zerstörung der großen europäischen Tundra, die zunehmend von Wald bedeckt wurde. Die Tierwelt, der sie Lebensraum geboten hatte, starb aus. Jäger, die von den wandernden Herden ihre Existenz bestritten, wandten jetzt ihr Augenmerk auf die Tiere des Waldes. Die Jäger des Mesolithikums (10000–6000 v. Chr.) konnten Wildschweine, Rehwild, Vögel oder Kaninchen erlegen. (Dieselbe Auswahl an Tieren hatten übrigens die Jäger im Visier, die an den sonntäglichen Jagdausflügen in der Dritten Republik teilnahmen, wie sie Jean Renoirs Filmklassiker *La règle du jeu/Die Spielregel*, 1939 berühmt machte.)

Die Veränderung der Tierpopulationen in Frankreich gefährdete die Existenz der Jäger und Sammler und war möglicherweise der Grund, daß sie zu einer eher seßhaften Lebensweise übergingen. »Die neolithische Revolution« (Jungsteinzeit) bedeutete den Wandel von der nomadischen Existenzform zu primitiven landwirtschaftlichen Gemeinschaften, die Steinwerkzeuge benutzten und von Ackerbau und Viehhaltung lebten. Die landwirtschaftlichen Methoden haben sich natürlich seit jener Frühzeit einschneidend verändert, aber der vorwiegend ländliche Charakter des Lebens im »Hexagon« blieb. Noch 1945 war ein Drittel der arbeitenden Bevölkerung Frankreichs in der Landwirtschaft beschäftigt, verglichen mit nur fünf Prozent in Großbritannien, 20 Prozent in den Niederlanden und 23 Prozent in Westdeutschland. Stärker als andere Nationen war Frankreich stets mit der Scholle verbunden.

Einwanderung und kulturelle Einflüsse aus Gebieten im Osten, wo sich die Landwirtschaft bereits durchzusetzen begann, beschleunigten die Entwicklung in Frankreich. Gegen 6000 v. Chr. wurde in einer Region an der provenzalischen Küste zum erstenmal die Landwirtschaft als Lebensform eingeführt. Die Bewohner hielten sich Schafe, Ziegen und Schweine, bauten Getreide an, benutzten ein breites Sortiment an Werkzeugen aus Holz und Knochen und stellten eine besondere Töpferware her. Um 4500 v. Chr. geriet Nordfrankreich vom Osten her unter einen Einfluß, der zu einer völlig separaten Veränderung führte. Sie beruhte auf kultureller Nachahmung und Anpassung, war aber auch durch militärische Eroberung bedingt. Für die Menschen nach der Eiszeit waren Landwirtschaft und die damit verbundene seßhafte Lebensweise sinnvoll und brauchten nicht mit Gewalt durchgesetzt zu werden.

Diese Veränderungen erfolgten jedoch nur langsam. Es dauerte zweieinhalb Jahrtausende oder mehr – von etwa 6000 v. Chr. bis zur Chassey-Kultur 3800–2700 v. Chr. –, bevor die Landwirtschaft zur vorherrschenden Existenzform in Frankreich wurde. Doch selbst dann gab es noch große regionale und kulturelle Abweichungen, wie sie in verschiedenen Bestattungsbräuchen und Töpferstilen dieser Periode sichtbar werden. Beispielsweise bauten die Bewohner der armorikanischen Halbinsel übergroße Steingräber und -denkmäler. Diese bretonische Kultur der Dolmen, Menhire und Steinreihen *(alignements)*, die über einen Zeitraum von zwei Jahrtausenden errichtet wurden, beschwört seit langem ein Gefühl des Mysteriums und der Großartigkeit. Spätere Generationen haben daher diese Megalithen den Druiden, Römern, Zauberinnen und – erst kürzlich – außerirdischen Wesen zugeschrieben.

Die neolithische Revolution zog sich in Frankreich nicht nur über einen längeren Zeitraum hin – sie blieb auch unvollendet. Sie bedeutete nicht das Ende des Jagens und Sammelns, doch was einst eine Lebensform war, wurde jetzt zu einer *ressource d'appoint*, zu einem nützlichen Zusatzerwerb. Der Anteil des Wildes, das an den Feuerstellen der neolithischen Bauern verzehrt wurde, nahm ständig ab – von etwa 60 Prozent aller Fleischnahrung um 3500 v. Chr. bis zu zehn Prozent oder weniger um das 1. Jahrtausend v. Chr. –, aber es verschwand niemals völlig. Ebenso ernährten sich die Menschen weiterhin von Beeren, Pilzen, Haselnüssen und anderen in den Wäldern gesammelten Pflanzen. Wald, Ackerland und Weide waren die drei wesentlichen Bestandteile, die das Ökosystem der traditionellen französischen Landkultur ausmachten.

Eine wichtige Folge der neolithischen Revolution war die Bevölkerungszunahme. In Gesellschaften von Jägern und Sammlern übersteigt die Bevölkerungsdichte selten zwei Personen pro Quadratkilometer und bleibt damit weit unter der von agrarischen Gemeinschaften. Das Bevölkerungswachstum vom 5. bis zum 1. Jahrtausend v. Chr. ist auch auf die Wanderung aus dem Osten zurückzuführen, wo die landwirtschaftliche Revolution bereits stattgefunden hatte und wo die daraus resultierende Zunahme der Bevölkerung die wirtschaftlichen Ressourcen wahrscheinlich über Gebühr beanspruchte und damit die nach Westen gerichtete Bewegung auslöste. Die Zuwanderer brachten neue Tech-

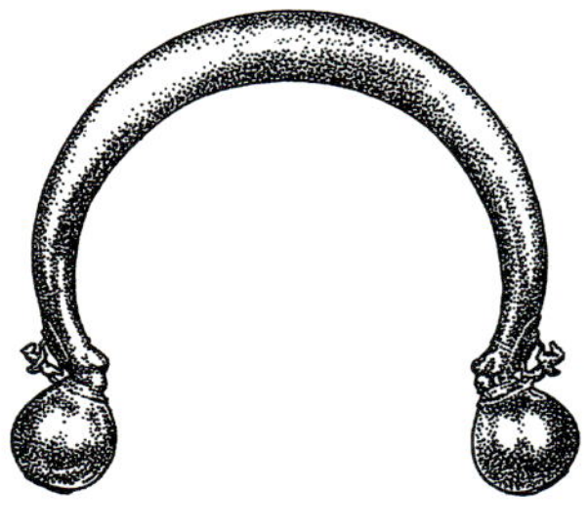

Oben: Ein goldenes Diadem aus dem Grab einer Fürstin in Vix im Burgund. Das 27 Zentimeter breite und 480 Gramm schwere Schmuckstück ist das kostbarste Stück einer Sammlung von Artefakten, die an diesem Fundort seit 1953 entdeckt wurden. Es ist wahrscheinlich skythischen (südrussischen) Ursprungs und wird in die Eisenzeit datiert.

Rechts: Die Venus von Laussel. Diese Steinrelieffigur aus der Zeit von etwa 19000 v. Chr. fand man in einer Höhle in Laussel (Dordogne). Die dicke oder vielleicht schwangere Frau hebt das Horn eines Wisents an ihr Gesicht.

Unten: Die nur 20 mal 15 Kilometer große Region um Carnac (Morbihan) in der Bretagne besitzt die größte Ansammlung megalithischer Objekte in Europa. Zur Carnac-Kultur gehören die Steinreihen von Kermario aus dem späten Neolithikum, die eine Fläche von 1120 mal 120 Metern einnehmen. Ihr eigentlicher Zweck ist nicht bekannt; wahrscheinlich hatten sie eine religiöse Funktion.

niken und neue Kulturformen mit. Die Glockenbecherkultur zum Beispiel, die von 2000 v. Chr. an aufkam, war berühmt wegen des erstmaligen Gebrauchs von Kupfer – anfangs eine Luxusware, die zur Verzierung und für einige Rüstungen verwendet wurde. Etwa ab 1800 v. Chr. verschmolzen die Bewohner Mitteleuropas Kupfer mit Zinn, um eine festere und widerstandsfähigere Legierung, nämlich Bronze, herzustellen. Diese Entwicklungen bezeichneten den Beginn des Metallzeitalters in Europa – der Bronzezeit (1800–700 v. Chr.), auf die die Eisenzeit (700 v. Chr. bis zum Ende des Jahrtausends) folgte.

Bronze- und Eisenzeit

Die Gemeinschaften der Bronze- und Eisenzeit waren wohlhabender als ihre Vorgänger. Dies traf besonders auf die Menschen seit etwa 1250 v. Chr. zu (wahrscheinlich waren sie Vorfahren der Kelten, die sich in ganz Frankreich seit dem 7. Jahrhundert v. Chr. festsetzten). Aus Mitteleuropa stammend, entwickelten sie schwere Pflüge mit Pflugscharen aus Metall, wodurch sich der Umfang des bebaubaren Landes vergrößerte, und mit der Einführung des Fruchtwechsels erhöhte sich die Produktivität des Getreideertrags. Sie praktizierten auch eine besondere Bestattungsform, indem sie ihre Toten auf »Urnenfeldern« einäscherten. Darüber hinaus verraten keltische Grabstätten eine eindrucksvolle materielle Kultur. Beispielsweise enthielt das Grab einer Fürstin aus der Eisenzeit, das in Vix im Burgund entdeckt wurde und etwa 500 v. Chr. zu datieren ist, einen vierrädrigen Wagen, viele persönliche Gegenstände und ein prächtiges Golddiadem. Solch kostbare Beigaben beweisen die Existenz einer gesellschaftlichen Hierarchie und die Entstehung einer Kriegerkaste oder einer Aristokratie, die über ein Vermögen verfügte, das die meisten Mitglieder der Gesellschaft nicht erwerben konnten. Die Kultur der Bronze- und Eisenzeit gründete auf Krieg und Eroberung, und die soziale Hierarchie spiegelte diese Werte wider. Namentlich die keltischen Gallier waren schreckenverbreitende Krieger, die seit dem 6. Jahrhundert v. Chr. ein gefährliches Arsenal an Eisenwaffen besaßen. Sie zeigten ihre tätowierten Körper und kämpften nackt. Oft enthaupteten sie ihre Kriegsopfer und hängten die abgeschlagenen Köpfe an die Mähnen ihrer Pferde, um sie dann zu Hause in Salzlake aufzubewahren.

Die Gesellschaft der Bronze- und Eisenzeit bestand neben Bauern und Kriegern auch aus einer Schicht von Kunsthandwerkern, die Luxusgegenstände herstellten und oft im Gefolge der Kriegsherren zu finden waren. Besonders berühmt wurden die Gallier wegen ihrer hohen Kunstfertigkeit auf dem Gebiet der dekorativen Metallbearbeitung. Um 600 v. Chr. wurde mit Massilia (Marseille) eine griechische Kolonie gegründet, die den Handel auf einem verzweigten Verkehrsnetz belebte und die Erzeugnisse der höherentwickelten Gesellschaften des Nahen Ostens zugänglich machte. Luxusartikel des Mittelmeers wie Juwelen, verzierte Töpferware und Wein wurden gegen Zinn, Kupfer, Eisen, Getreide, Salz, Sklaven und wahrscheinlich auch Wurstwaren aus Europa eingetauscht. (Eingepökeltes Schweinefleisch hatte den Galliern bereits einen Ruf als ausgezeichnete Metzger eingetragen.)

Die Ausbreitung des Handels und Handwerks trug zur frühen urbanen Entwicklung bei. Zunächst entstanden Siedlungskomplexe, die meist zu klein und unauffällig waren, um als Städte gelten zu können. Im Süden baute man seit dem 7. Jahrhundert v. Chr. befestigte Siedlungen auf hochgelegenen Standorten. Einige unter ihnen wie Massilia und die Städte Entremont (bei Aix-en-Provence) und Ensérune in der Region Béziers entwickelten sich zu größeren Zentren. Doch die überwiegende Mehrheit der Bewohner Galliens lebte noch in Dörfern oder abgelegenen Weilern und arbeitete als Bauern, obwohl auch sie sich jetzt eines größeren Wohlstands erfreuten. Ein großer Teil des gesamten in Frankreich je kultivierten Landes (bis zu einer Höhe von 2000 Metern) ist höchstwahrscheinlich seit den letzten Jahrhunderten v. Chr. bestellt worden. Überdies war die Bevölkerungsdichte einiger Gebiete – besonders der hochgelegenen – vermutlich ebenso groß wie heute. Als im späten 1. Jahrhundert n. Chr. Gallien unter römische Herrschaft fiel, mochte es im Vergleich zu Griechenland und Rom sozial und ökonomisch rückständig sein, aber es entbehrte keiner kulturellen und demographischen Dynamik.

Die Gallier und ihre Religion

Die Gallier maßen dem religiösen und spirituellen Leben eine große Bedeutung bei. Sie beteten zu einer Erdgöttin und verschiedenen anderen Gottheiten. Auch pflegten sie das Andenken ihrer Ahnen, die sie in Heiligtümern verehrten, wo sie rituelle Menschen- und Tieropfer durchführten. Die Heiligtümer galten wie Quellen, Brunnen und Höhlen, zu denen die Gallier eine tiefe religiöse Beziehung hatten, als Übergangszonen zu einer anderen Welt.

Das religiöse Leben der Gallier lag in den Händen der Druiden. Der Mensch des 20. Jahrhunderts kommt nicht umhin, an die französische Comicserie *Asterix* zu denken, in der die Druiden teils als Priester, teils als Gelehrte und Philosophen folkloristisch dargestellt sind. Sicherlich spielten sie eine wichtige Rolle in der gallischen Gesellschaft, bestimmten und entschieden, was Recht und Sitte war, schlichteten Streitfälle und hatten religiöse Funktionen. Druiden stammten aus allen Schichten der Gesellschaft und mußten sich einer langen Lehrzeit unterwerfen. Es heißt, daß die Druiden Galliens eine Jahresversammlung an einer rituellen Stätte (vermutlich in der Nähe von Or-

Höhlenkunst

Unten: Die berühmtesten und eindrucksvollsten Zeugnisse prähistorischer Höhlenkunst finden sich in der Höhle von Lascaux nahe Montignac in der Dordogne. Sie wurde 1940 zufällig von vier Jungen entdeckt, die nach einem entlaufenen Hund suchten. Die Höhle enthält neben mehreren Galerien die berühmte »Halle der

Erst vor wenig mehr als einem Jahrhundert wurden die prähistorischen Höhlenmalereien und -zeichnungen entdeckt. Anfangs hatte man sie als müßige Kritzeleien von Schafhirten abgelehnt oder als schlaue Fälschungen eingeschätzt, doch mittlerweile sind sie als hervorragende Zeugnisse einer Kultur anerkannt.

Höhlenkunst findet sich vorwiegend in einem französisch-kantabrischen Gebiet im Nordosten Spaniens, den Pyrenäen und der Dordogne, erstreckt sich aber im Norden bis zum Pariser Becken, im Osten bis zur Rhône und im Süden bis Gibraltar. Sie wurde in über 100 Höhlen entdeckt und umfaßt eine Spanne von 20 Jahrtausenden – also den Zeitabschnitt von etwa 30 000 bis 10 000 v. Chr. Die letzten Höhlenkünstler stehen somit den Menschen des 20. Jahrhunderts zeitlich näher als ihren frühesten Vorgängern. Am kunstvollsten sind die Bilder in der Höhle von Lascaux.

Die Höhlenkunst widmet sich in ihren Darstellungen hauptsächlich der Tierwelt; Pflanzenformen sind selten, und menschliche Figuren tauchen noch seltener auf. Entsprechend der Jäger- und Sammler-Gesellschaft, die diese Bilder schuf, gehört der Ehrenplatz den großen Tieren: Bison, Auerochsen, Moschusochsen, Pferde, Rotwild, Steinböcke sowie Rentier, Nashorn und Mammut.

Der Zweck dieser außerordentlichen künstlerischen Leistung ist nur schwer zu ermitteln. Die Bilder können kaum als Dekoration der Feuerstellen angesehen werden. Viele befinden sich weit weg von der Höhlenöffnung (in einigen Fällen über einen Kilometer entfernt) an Stellen, die praktisch unzugänglich sind und in ständiger Dunkelheit liegen. Die primitiven, mit Tierfett betriebenen Lampen, die die Menschen der damaligen Zeit verwendeten, können nur einige der Bilder in ein trübes Licht getaucht haben. Eine religiöse Interpretation erscheint daher wahrscheinlicher. Die Orte mögen für ein magisches Ritual vor der Jagd gedient haben – viele der Tierbilder zeigen Speere, Lanzen und sogar Jäger – oder vielleicht für Initiationsriten.

Unten links: Zwar sind Handsilhouetten in der Höhlenkunst recht verbreitet, aber Darstellungen von Menschen kommen nicht häufig vor und sind weit weniger realistisch und detailliert als die Tierzeichnungen. Dieses Bild thematisiert wohl die Jagd: Der Wisent wird mit heraushängenden Eingeweiden gezeigt.

Unten Mitte: Fries schwimmender Hirsche. Als Farben für die Höhlenmalereien dienten Ocker, verbrannte Knochen und Manganoxide, die mit der Hand oder auch mit primitiven Pinseln aufgetragen wurden. Auch Ritzzeichnungen waren sehr verbreitet. Wie oft in der Höhlenkunst überdecken diese Bilder bedenkenlos ältere Darstellungen.

Unten rechts: Wie der *Fries schwimmender Hirsche* befindet sich diese vorzügliche Lascaux-Malerei, die sogenannte *Große Schwarze Kuh*, etwa drei Meter über dem Boden. Dazu muß ein einfaches Gerüst errichtet worden sein, um dem Künstler oder den Künstlern die Arbeit zu ermöglichen. Das Bild verrät ein beachtliches technisches Können und eine ruhige Hand.

Stiere« (»Rotunde«), die 17000 Jahre alt ist. Diese erstaunliche Ansammlung prähistorischer Tiere wurde in den typischen Gelb-, Braun-, Rot- und Schwarztönen gemalt. Einige Bilder verraten einen gewissen Sinn für Bewegung und Perspektive.
Lascaux wurde allmählich ein Opfer des Massentourismus. Fast 20 Jahrtausende war die Höhle intakt geblieben, aber zwei Jahrzehnte, in denen die Besucherströme hindurchzogen, hatten zu so schweren Schäden geführt, daß sie 1963 geschlossen werden mußte.

léans) mitten im Wald des Stammes der Carnuten abhielten – ein treffliches Beispiel für die gallische Einheit, die ansonsten wenig sichtbar war.

Zur Zeit der römischen Invasion besaß Gallien anscheinend eine einheitliche Agrarwirtschaft mit einer für alle maßgeblichen Lebensweise und religiösen Weltsicht. Unter der Oberfläche gab es jedoch größere regionale Unterschiede. »Gallien ist in drei Teile geteilt«, stellte Julius Caesar fest, aber der große römische Feldherr war nicht ganz im Recht. Er bezog sich dabei nur auf das Territorium, das die Römer nach der Haartracht seiner Bewohner naserümpfend »langhaariges Gallien« *(Gallia Comata)* nannten – den nördlichen Teil der »Provinz« (*Gallia Narbonensis*, wie sie später hieß), die seit 125–121 v. Chr. formell unter römischer Herrschaft war und das breite Küstengebiet von der Provence über das untere Languedoc bis zum Roussillon umfaßte. Diese Mittelmeerregion, die Hannibal mit seinen Elefanten durchquerte, als er 218 v. Chr. Rom angriff, war lange mit der italienischen Halbinsel verbunden gewesen: Die *Via Domitia*, die die Verbindung mit dem römischen Spanien herstellte, wurde eine bedeutende Handelsstraße. Von den drei nördlichen Teilen, die Caesar erwähnte, unterschied sich das keltische Gallien *(Gallia Celtica)* ethnisch bis zu einem gewissen Grad von dem eher iberisch beeinflußten Aquitanien *(Gallia Aquitania)* im äußersten Südwesten und von dem mehr germanischen belgischen Gallien *(Gallia Belgica)* im Nordosten.

Jedes der vier Gebiete bildete ein Patchwork von oft noch weiter in Untergruppen zerfallenen Stämmen, die eine ganz kleine »natürliche« geographische und ethnische Region oder *pagus (pays)* bewohnten. Die herkömmliche Form der politischen Struktur war die Erbmonarchie, aber bei einigen südlichen und zentralen Stämmen (besonders bei den Arvernern, Äduern und Helvetiern) hatte eine einflußreiche Aristokratie das Königtum ersetzt. Die Beziehungen innerhalb der Stämme wie auch zwischen ihnen bestimmte ein System von Abhängigkeits- und Hörigkeitsverhältnissen. Mächtige streitbare Stämme wie die Arverner im Zentralmassiv drückten kleineren Gruppen ihren Willen auf und zwangen sie zu Geiselstellungen und Tributzahlungen. Lange bevor die Römer Gallien eroberten, suchten sie Freunde und Verbündete unter diesen Stammesverbänden, beeinflußten sie kulturell und verunsicherten sie politisch.

Als Gallien in den Gallischen Kriegen (58–51 v. Chr.) unter direkte römische Herrschaft fiel, zerstörte Julius Caesar kein stabiles »politisches« System, sondern eine Struktur, die auf Stammesfehden und Rivalitäten gegründet war. Vercingetorix, der große Kriegsheld der Arverner, dessen Niederlage bei der Belagerung von Alesia 52 v. Chr. den Widerstand der gallischen Stämme faktisch beendete, besaß anscheinend ein Gefühl für »nationale« Einheit, aber hier handelte es sich wohl mehr um den letzten Versuch eines verzweifelten Spielers als um das Programm eines erfolgreichen Politikers. Vom Augenblick an, als Caesar in Gallien militärisch intervenierte – vorgeblich um die Äduer, die Verbündeten Roms, vor dem Angriff ihrer Nachbarn, den Helvetiern, zu schützen –, vermochte er zu herrschen, indem er einen gallischen Stamm gegen den anderen ausspielte. Obwohl noch weit vom Ende der gallischen Einheit entfernt, zeigte Alesia nur die tiefen Gräben, die bereits bestanden.

Das römische Gallien

Die römische Eroberung Galliens brachte eine politische Konsolidierung des Landes, wie sie vorher gefehlt hatte. Von 31 v. Chr. an legte Kaiser Augustus die Grenzen der drei gallischen Gebiete fest, und 43 n. Chr. wurde Lugdunum (Lyon) zu ihrer Hauptstadt. Es wurde zur Stätte einer gallischen Versammlung, die jährlich tagte, sowie zum Zentrum eines effizienten Straßennetzes. Darüber hinaus errichteten die Römer eine befestigte Grenze am

Rhein – den Limes –, der die Trennungslinie zwischen der römischen und der germanischen oder »barbarischen« Welt markierte.

Für die Gallier begann eine Zeit des Wohlstandes, weil sie nach den Worten des griechischen Autors Strabo »aufhörten zu kämpfen und anfingen zu arbeiten«. Die *pax romana* gestattete es, daß das Wirtschaftspotential der gallischen Provinzen genutzt wurde. Anfangs kam es zu einigen Aufständen gegen die Römer, aber sie blieben meist lokal begrenzt. Da die Gallier nun im allgemeinen nicht mehr von den Auswirkungen der inneren Unordnung und der Stammesfehden betroffen waren, vermehrten sie ihren materiellen Besitz in hohem Maße. Der Übergang zum Status einer römischen Provinz vollzog sich, ohne daß regionale Machtstrukturen gestört wurden, da jede Provinz in *civitates* unterteilt war, in geographische Einheiten, die weithin die großen Stammesverbände gelten ließen. Neue Formen der lokalen Selbstverwaltung – gewählte Richter, Versammlungen usw. – erlaubten der einheimischen Oberschicht, ihre Macht und ihr Ansehen zu wahren. Sie trug jetzt die Toga und bekannte sich eher zur römischen Religion (die seit dem 4. Jahrhundert christlich war) als zum gallischen Druidentum. Diese lokalen Eliten zahlten gewissenhaft Steuern und Abgaben an Rom und erlangten durch ihre Stellung innerhalb des Imperiums beträchtliche Vorteile. Das Römische Reich in Gallien wurde weitgehend von Galliern und nicht von Römern regiert. Erstaunlich wenige Verwaltungsbeamte aus Italien überquerten die Alpen, und die es taten, integrierten sich harmonisch. So wurde die *pax romana* für Gallier durch Gallier bewahrt.

Als sich in Gallien Städte entwickelten, übernahmen die lokalen Führungsschichten auch den urbanen Lebensstil der Römer. Julius Caesar hatte gallische Siedlungen vorgefunden, die aus einfachem Lehmfachwerk errichtet waren: Mehrere Jahrhunderte römischer Herrschaft ließen unzählige Bauwerke aus Stein, Ziegel und Marmor entstehen. Öffentliche Gebäude (Forum, Rathaus usw.) und Freizeiteinrichtungen (zum Beispiel Theater und Bäder) bildeten den architektonischen und gesellschaftlichen Mittelpunkt jeder Stadt. Das Ausmaß der Bauwerke war ohne Präzedens und sollte es für mehr als ein Jahrtausend bleiben. Im Theater in Autun konnten 33000 Zuschauer Platz finden, in den Theatern von Arles und Nîmes jeweils über 20000 – jeweils mehr, als die Einwohnerzahl der Städte ausmachte. Die Wasserversorgung für die öffentlichen Bäder und Gebäude sowie für die privaten Haushalte übertraf den Bedarf vieler moderner Städte. Dazu waren umfangreiche technische Arbeiten nötig, wofür der Pont du Gard nahe Nîmes ein Beispiel ist.

Gallien verdankte es der Leistungsfähigkeit seiner Landwirtschaft, daß es sich trotz rascher Urbanisierung selbst ernähren konnte. Das römische Gallien stützte sich auf die Bauern, die in unabhängigen Dorfgemeinschaften lebten oder zu den Villen der galloromanischen Oberschicht gehörten. Sie profitierten von regionalen oder internationalen Handelsbeziehungen und einem hervorragenden Versorgungsnetz. In der Region des heutigen Paris aß man frische Austern aus der Nordsee, während die Gänseleberpastete an den Tafeln der Reichen in Rom von Gänsen stammte, die man den weiten Weg von so entfernten Orten wie Boulogne auf römischen Straßen hergetrieben hatte.

Die »barbarischen« Invasoren

Die Sicherheit, deren sich Gallien als Teil des Römischen Reiches erfreute, währte bis zum 3. Jahrhundert n. Chr. Von da an unternahmen germanische Stämme am Limes immer häufiger Überfälle. Im Jahr 275 plünderten Franken aus dem Nordosten und Alemannen, die das Elsaß angriffen, 60 bis 70 Städte und verursachten regionale Unruhen und Aufstände.

Der römische Kaiser Diokletian (284–305) verstärkte die militärische Verteidigung, konnte aber das Problem nicht

Links: Grabstein aus der zweiten Hälfte des 1. Jahrhunderts n. Chr. Der Tote steht zwischen seiner Mutter und seinem Vater. Die römische Grabmalkunst war sehr ausdrucksstark und beabsichtigte, das Leben des Verstorbenen darzustellen und mitunter zu verherrlichen.

Unten links und rechts: Die beiden Seiten einer römischen Münze aus der kaiserlichen Prägestätte in Lyon (Lugdunum). Die Vorderseite stellt den Kaiser Tiberius dar; als Datierung wird die Zeit zwischen 9 und 14 n. Chr. angenommen.

Die Rückseite zeigt einen Lyoner Altar, der dem imperialen Kult Roms und des Augustus (auf der Münze ROMETAUG) geweiht ist. Geflügelte Siegesfiguren flankieren den Altar.

lösen. In der Tat steckte das Reich in wirtschaftlichen Schwierigkeiten, die die Römer zwangen, einen Kompromiß mit den »barbarischen«, das heißt den germanischen Stämmen zu suchen. Im Grunde gab es nicht genug Männer, die die Feldarbeit verrichten und in der Armee dienen konnten. Die Behörden siedelten daher Germanen innerhalb des Reiches an. Vom 3. Jahrhundert an schufen sie *laeti* – Siedlungen germanischer Kriegsgefangener und Flüchtlinge in entvölkerten Gebieten. Später führten sie das System der *foederati* ein, das ganzen Stämmen unter ihren Führern die Niederlassung erlaubte, sofern diese als Gegenleistung Militärdienst leisteten. Im Jahr 406 wuchs der Einfluß der Germanen im Reich, als Stammesverbände gewaltsam den Rhein überschritten, um sich niederzulassen, ohne vorher mit den Galloromanen eine Vereinbarung getroffen zu haben. »Ganz Gallien erfüllte der Rauch einer einzigen Leichenverbrennung« – so beschrieb ein galloromanischer Bischof die blutigen Ereignisse jenes Jahres. Die Wandalen und Alanen marschierten auf ihrem Weg nach Spanien und Afrika durch französisches Territorium. Die Alemannen fielen im Elsaß ein, die Burgunder ließen sich südlich davon nieder. Die Westgoten drangen bereits nach Aquitanien vor, wo sie 418 das erste germanische Königreich errichteten.

Das römische Heer, das einst den römischen Lebensstil am nachdrücklichsten durchgesetzt hatte, erwies sich als unfähig, die Überfremdung Galliens durch die Germanen aufzuhalten. Römische Truppen bestanden oft aus Germanen und handelten im Einvernehmen mit anderen Germanen: Attila und die Hunnen wurden 451 bei Troyes von einer römischen Armee besiegt, zu der Franken, Burgunder und Westgoten gehörten. Als 476 das Weströmische Reich (mit der Entthronung des römischen Kaisers Romulus Augustus durch den germanischen König Odoaker) zu Ende ging, war das römische Gallien bereits unter den neuen Germanenreichen aufgeteilt.

Das römische Gallien
Das römische Gallien läßt sich mit einem Fleckerlteppich vergleichen. Innerhalb der Verwaltungsgrenzen, die die Römer für Gallien festlegten, gab es viele lokale Einteilungen und Untergruppen. Da anscheinend ethnische Abweichungen in der schematischen Darstellung des römischen Galliens bestanden, wurden germanische, belgische, iberische und armorikanische (bretonische) Stämme um den keltischen Kern gruppiert. Doch auf einer anderen Ebene existierte weiterhin ein enges Beziehungssystem der Stämme untereinander. Auch sozialökonomische Unterschiede spielten eine Rolle: Manche Gebiete waren weniger auf die Villa (landwirtschaftliche Anlage) ausgerichtet als andere; andere Regionen pflegten besondere Zweige der landwirtschaftlichen oder industriellen Produktion und stellten zum Beispiel Wein her oder förderten Zinn. Ein weiterer gravierender Kontrast bestand zwischen Stadt und Land: Im Vergleich mit den kulturell hochstehenden römischen Städten, die das hervorragende Straßennetz verknüpfte, waren die ländlichen Gebiete oft primitiv.

Provinzhauptstadt
ABALLO Historischer Name
Avallon Heutiger Name
Reichsgrenze
Provinzgrenze
Römerstraße
Schiffbarer Fluß
Legionärslager
Frühe Veteranenkolonie
Flottenstützpunkt
Theater oder Odeon
Amphitheater oder Arena
Mehrzweckgebäude
0°
4°
8°
52°
50°
48°
46°
44°
42°
GERMANIA
GERMANIA INFERIOR
GERMANIA SUPERIOR
BELGICA
LUGDUNENSIS
AQUITANIA
NARBONENSIS
ALPES GRAIAE ET POENINAE
ALPES COTTIAE
ALPES MARITIMAE
ZENTRAL-MASSIV
PYRENÄEN
VOGESEN
SCHWARZ-WALD
TAUNUS
JURA
ALPEN
Ärmelkanal
MITTELMEER
Bodensee
Genfer See
Neuenburger See
Comer See
Lago Maggiore
Großer Sankt Bernhard
Kleiner Sankt Bernhard
Mt. Genèvre Pass
Menapii
Morini
Atrebates
Nervii
Ubii
Eburones
Caleti
Ambiani
Bellovaci
Suessiones
Remi
Treveri
Vangiones
Nemetes
Mediomatrici
Triboci
Leuci
Unelli
Esuvii
Lexovii
Eburovices
Aulerci
Diablintes
Carnutes
Senones
Parisii
Meldi
Tricasses
Lingones
Sequani
Rauraci
Helvetii
Cenomanni
Andecavi
Turoni
Bituriges
Aedui
Pictones
Santones
Lemovices
Segusiavi
Allobroges
Averni
Helvii
Vellavi
Petrocorii
Cadurci
Nitiobroges
Gabali
Ruteni
Voconti
Salluvii
Arecomici
Volcae
Tectosages
Elusates
Tarbelli
Bigeriones
Auscii
Consoranni
Convenae
Vivisci
LUGDUNUM BATAVORUM Valkenburg
TRAIECTUM Utrecht
FORUM HADRIANI Voorburg-Arentsburg
NOVIOMAGUS Nimwegen
VETERA Xanten
NOVAESIUM Neuss
DIVITIA Deutz
COLONIA AGRIPPINA Köln
TEUDURUM Tüdden
IULIACUM Jülich
BONNA Bonn
RIGOMAGUS Remagen
ANTUNNACUM Andernach
CONFLUENTES Koblenz
AQUAE MATTIACAE Wiesbaden
MOGUNTIACUM Mainz
BINGIUM Bingen
NOVIOMAGUS Neumagen
AUGUSTA TREVERORUM Trier
BORBETOMAGUS Worms
LOPODUNUM Ladenburg
NOVIOMAGUS Speyer
TABERNAE Rheinzabern
AQUAE Baden-Baden
SUMELOCENNA Rottenburg
ARGENTORATE Straßburg
ARAE FLAVIAE Rottweil
ATUATUCA Tongeren
OROLAUNUM Arlon
Buzenol
DIVODURUM Metz
TULLUM Toul
NASIUM Naix
GRANDIS Grand
NOVIOMAGUS Nijon
ANDEMATUNNUM Langres
GESORIACUM Boulogne
CASTELLUM NENAPIORUM Cassel
TARVENNA Thérouanne
TURNACUM Tournai
NEMETACUM Arras
CAMARACUM Cambrai
BAGACUM Bavai
AUGA Eu
Ribemont-sur-Ancre
SAMAROBRIVA Amiens
Liffremont
Estrées-sur-Noye
AUGUSTA VIROMANDUORUM Vermand
RIBODI MONS Ribemont
Vendeuil
MINIATIACUM Nizy
NOVIODUNUM Soissons
DUROCORTORUM Reims
DUROCATALAUNI Châlons-sur-Marne
CORIALLUM Cherbourg
VALONIA Valognes
IULIOBONA Lillebonne
ROTOMAGUS Rouen
St. André-sur-Cailly
Lyons-la-Forêt
NUCERIAE Noyers-sur-Andelys
CAESAROMAGUS Beauvais
Genainville
AUGUSTOMAGUS Senlis
AUGUSTODURUM Bayeux
VIDUCASSES Vieux
NOVIOMAGUS Lisieux
BRIVODURUM Briare
PISTAE Pitres
MEDIOLANUM Evreux
Vieil-Evreux
Arnières
Château-bleau
MELORORUM CIVITAS Meaux
LUTETIA Paris
COROBILIUM Corbeil
DUROCASSES Dreux
SEII Sées
AUTRICUM Chartres
LEGEDIA Avranches
NOVIOCUNUM Jublains
SUINDINUM Le Mans
AGEDINCUM Sens
Sceaux-du-Gâtinais
AUGUSTOBONA Troyes
Verdes
CENABUM Orléans
Bonnée
Triguières
Areines
Bouzy
AUTESSIODURUM Auxerre
Aubigné
IULIOMAGUS Angers
St.-Gemmes
CAESARODUNUM Tours
Gennes
Petit-Mars
La Bréil
NAMNETUM
MALVAE Mauves
TASCIACA Thésée
INTERAMNIS Entrains
Champallement
ABALLO Avallon
ALESIA Alise-Ste.-Reine
DIBIO Dijon
BESONTIO Besançon
AUGUSTA RAURICORUM Augst
EPOMANDUODURUM Mandeure
VINDONISSA Windisch
Alléans
AVARICUM Bourges
Bois de Compierre
Arleuf
AUGUSTODUNUM Autun
BIBRACTE Beuvray
CAVILLONUM Chalon-sur-Saône
TINURTIUM Tournus
DECETIA Decize
AVENTICUM Avenches
EBURODUNUM Yverdon
VIVISCUS Vevey
NOVIODUNUM Nyons
GENEVA Genf
OCTODURUM Martigny
SEGORA Bressuire
Vandeuvre
GABATTUM Levroux
Drevant
Vieux-Poitiers
LIMONUM Poitiers
ARGENTOMAGUS Argenton
Sanxay
Civaux
RAURANUM Rom
AQUAE NERI Néris-les-Bains
VOROGIUM Vouroux
Montjouer
CASINOMAGUS Chassenon
AUGUSTORITUM Limoges
AUGUSTONEMETUM Clermont-Ferrand
FORUM SEGUSIAVORUM Feurs
GERGOVIA Gergovie
Moignt
LUGDUNUM Lyon
VIENNA Vienne
Briord
BOUTAE Annecy
AXIMA Aime
DARANTASIA Moutiers
AUGUSTA PRAETORIA Aosta
MEDIOLANUM Mailand
VERCELLAE Vercelli
SEGUSIO Susa
AUGUSTA TAURINORUM Turin
Moulin du Fâ
NOVIORIGUM Royan
MEDIOLANUM Saintes
Thénac
Les Bouchareal
ICULISMA Angoulême
Tintignac
BLAVIA Blaye
BURDIGALA Bordeaux
VESUNNA Périgueux
UXELLODUNUM Puy d'Issolu
CULARO Grenoble
VALENTIA Valence
DEA AUGUSTA VOCONTIORUM Die
BRIGANTIO Briançon
EBURODUNUM Embrun
ALBA AUGUSTA Alba
ANDERITUM Javols
DIVONA Cahors
VASATES Bazas
AGINNUM Agen
Castelnau-Montratier
Cadayrac
SEGODUNUM Rodez
ALBA Apt
VASIO Vaison
ARAUSIO Orange
CARPENTORATE Carpentras
SEGUSTERO Sisteron
DINIA Digne
SANITIUM Senez
VINTIUM Vence
ALBITIMILIUM Ventimiglia
CEMENELUM Cimiez
NICAEA Nizza
ANTIPOLIS Antibes
FORUM IULII Fréjus
UCETIA Uzès
TARASCO Tarascon
AVENNIO Avignon
CABELLIO Cavaillon
GLANUM St.-Rémy
AQUAE SEXTIAE Aix-en-Provence
NEMAUSUS Nîmes
ARELATE Arles
MASSILIA Marseille
LUTEVA Lodève
BAETERRAE Béziers
AGATHE Agde
NARBO Narbonne
CARCASO Carcassonne
Bram
TOLOSA Toulouse
VIRDUNUM Verdun
LACTORA Lectoure
ELUSA Eauze
ELIMBERRIS Auch
AQUAE TARBELLICAE Dax
LAPURDUM Bayonne
AQUAE CONVENARUM Bagnères-de-Bigorre
LUGDUNUM CONVENARUM St.-Bertrand-de-Comminges
RUSCINO Castel Roussillon
Maas
Schelde
Aisne
Seine
Marne
Mosel
Rhein
Main
Neckar
Sarthe
Loire
Vilaine
Vienne
Cher
Creuse
Yonne
Doubs
Saône
Rhône
Allier
Dordogne
Garonne
Lot
Tarn
Adour
Durance
Maßstab 1:4 000 000
0
150 km
100 Meilen

Römische Städte in Gallien

Das erstaunlichste und bleibendste Charakteristikum der römischen Kolonisierung Galliens waren die städtischen Strukturen, die die Eroberer schufen. Nach römischem Maßstab waren die gallischen Städte allerdings nicht sehr groß. Auf dem Höhepunkt des Imperiums besaß Rom 700 000 Einwohner, Alexandria, Antiochia und Karthago je etwa 200 000. Doch die größten Städte in Gallien – Autun, Lyon, Narbonne, Nîmes, Reims und Trier – hatten nur 20 000 bis 30 000 Einwohner. In Paris (Lutetia) wohnten rund 8000 Menschen, in den meisten anderen Städten 5000 bis 6000. Der Prozeß der Stadtentwicklung war nicht gleichmäßig über Gallien verteilt. In der Mitte, im Westen und Nordwesten des Landes gab es weniger und nicht so beeindruckende Städte wie im stark romanisierten Süden und Osten. Dennoch gingen von dieser städtischen Lebensweise, die für die Gallier neu war, große Impulse aus. Rom war das Modell, nach dem die Planer die neuen Stadtanlagen gestalteten, so daß in Gallien meist das klassische Schema von Privathäusern und öffentlichen Gebäuden das Bild bestimmte – Forum, Kurie und Basilika (die Gebäude für Justiz und Verwaltung), Kapitol, Tempel, Bäder, Theater usw. Römische Städte dieser Periode repräsentierten eine eindrucksvollere materielle Kultur als jede andere Epoche vor dem Industriezeitalter.

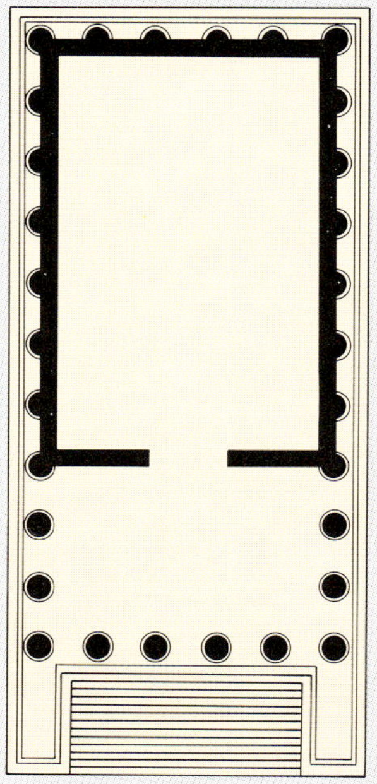

Links: Kopf des Octavianus (des späteren Kaisers Augustus), gefunden in Arles (Arelate).

Unten: Eine Rekonstruktion der großen Landvilla in Estrées-sur-Noye im Departement Somme. An der oberen Schmalseite ist ein Herrenhaus zu sehen, der Hof davor wird von Hütten und Speichern gesäumt. Solche Villen waren für die wirtschaftliche Entwicklung des römischen Gallien ebenso typisch wie die großen Städte, zum Beispiel Nîmes und Arles. Wieviele Landvillen zur selben Zeit bewohnt waren, ist schwer zu sagen, aber es scheint, daß besonders die ländlichen Gegenden Nordgalliens eine relativ hohe Bevölkerungsdichte aufwiesen.

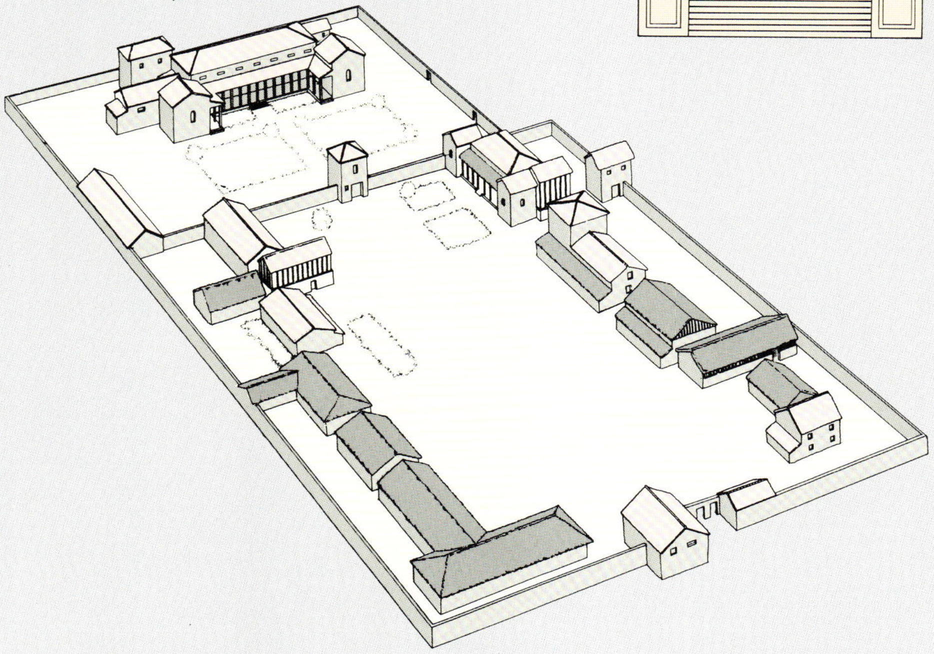

Oben: Das berühmte Maison Carrée in Nîmes (Nemausus). Der Tempel wurde 16 v. Chr. erbaut und Kaiser Augustus geweiht. Er befindet sich auf der Südseite des Forums, mißt 26 mal 13 Meter und ist 15 Meter hoch; sein Vorbild war der Apollo-Tempel in Rom. Der Grundriß befindet sich *Mitte links.*

Ganz oben: Der Aquädukt Pont du Gard über den Fluß Gardon nördlich von Nîmes in Südfrankreich wurde im 1. Jahrhundert n. Chr. erbaut. Mit ihm ist eine der besten technischen Leistungen der Römer erhalten geblieben. Er ist 49 Meter hoch und 270 Meter lang und versorgte die Stadt mit Wasser aus dem etwa 24 Kilometer entfernten Uzès. Jeder Einwohner erhielt täglich 400 Liter Wasser – viel mehr als das heutige System leistet.

Oben: Ein römisches Mosaik in Nîmes. Solche Mosaiken waren von hohem künstlerischen Rang.

Oben: Das im 1. Jahrhundert n. Chr. erbaute Amphitheater in Arles bot Platz für 20000 Besucher. Wie das im nahegelegenen Nîmes im gleichen Stil errichtete Amphitheater *(rechts)* fanden hier sicherlich die unterschiedlichsten Darbietungen statt, darunter Gladiatoren- und Tierkämpfe (Tierkäfige wurden unter der Mitte der Arena ausgegraben). Der Kaiserkult war in Nîmes besonders ausgeprägt, worauf die zentrale Stellung weist, die eine Statue des Kaisers Augustus einnimmt. Die römischen Bauwerke und Monumente waren trotz ihrer über Jahrhunderte unerreichten Größe und technischen Könnens vorrangig auf Wirkung ausgerichtet. Die Funktion war der symbolischen Größe hintangestellt, mit der sich die nachfolgenden Generationen identifizierten. Das Amphitheater in Nîmes blieb auch deshalb so gut erhalten, weil spätere Generationen es auf verschiedene Weise nutzen konnten. Im Mittelalter besetzten illegale Siedler das Bauwerk. Es wurde zu einer befestigten Wohnanlage, als sich die Stadt aufgrund demographischen Niedergangs und germanischer Einfälle drastisch verkleinerte.

Oben: Dieser erst 1835 entdeckte Venuskopf ist 37 Zentimeter hoch und stellt vermutlich eine Kopie der Venus vom Kapitol in Rom dar.

VOM MITTELALTER BIS ZUR REVOLUTION

Die Dynastie der Merowinger

Der Limes, der seit dem 1. Jahrhundert v. Chr. die Grenzen des Römischen Reiches festlegte, hatte nur noch wenig Bedeutung, als die Abwehrhaltung und Isolierung durch mehr Kontaktnahme und Kommunikation zwischen Germanen und Galloromanen ersetzt wurde. Ohne Zweifel hatten die germanischen Stämme, die im 5. Jahrhundert in Gallien eingedrungen waren, bereits lange vor ihren verhängnisvollen Einfällen ihre Kultur dem römischen Lebensstil angepaßt. Als Gegenmaßnahme gegen die drohende Gefahr hatten sich die Stämme zu Konföderationen zusammengeschlossen. Ein solcher Verband war der der Franken, ein »Stammeshaufe«, der seit der Mitte des 4. Jahrhunderts die Grenze überschritten hatte. Die herrschende Gruppe, die salischen Franken, wurden von der Dynastie der Merowinger regiert, die von dem halblegendären Merowech abstammten und die Haare lang trugen. Merowechs Enkel Chlodwig regierte von 482 bis 511 als König und legte die Fundamente des fränkischen Staates durch eine Reihe blutiger Feldzüge und rücksichtsloser Gewalttaten. Im Jahr 486 besiegte er Syagrius, den König von Soissons und Befehlshaber des letzten Außenpostens des Römischen Reiches. In der Folge ging er noch aus anderen Schlachten siegreich hervor: Im Jahr 500 schlug er die Burgunder bei Dijon, 507 eroberte er das Westgotenreich. Die von Chlodwig eingeleitete Expansion setzten seine Söhne fort, die 536 Burgund unterwarfen, 537 den Ostgoten die Provence abnahmen und Feldzüge in Mitteldeutschland und auf der italienischen Halbinsel führten. Als Chlodwig 507 nach seinem Sieg über die Westgoten in Toulouse weilte, erhielt er einen Brief von Papst Anastasius, der ihm die Titel »Konsul« und »Augustus« verlieh. Sein imperialer Ehrgeiz veranlaßte ihn, eine neue Hauptstadt zu wählen: Paris. Hier starb er 511 als erster und berühmtester der »langhaarigen Könige«.

Chlodwig starb als katholischer Christ. Er war unter dem Einfluß seiner Gemahlin, der burgundischen Prinzessin Chlothilde, bekehrt worden. Höchstwahrscheinlich spielten bei seinem Glaubenswechsel vorwiegend politische Gründe eine Rolle, denn das Christentum bildete eine Brücke zwischen der Dynastie der Merowinger und der galloromanischen Bevölkerung. Die Franken verdankten einen großen Teil ihres anhaltenden Erfolges solchen Strategien schlauer Anpassung. Da sie selbst nur eine winzige Minderheit waren – wahrscheinlich nicht mehr als 150000 bis 200000 –, waren dem, was sie mit Gewalt erreichen konnten, Grenzen gesetzt. So wurden die mit Chlodwig verknüpften salischen Gesetze den Galloromanen nicht aufgezwungen. Für sie galt nach wie vor römisches Recht. Die alten Einteilungen in *civitates* und *pagi* (Plural von *pagus*) behielt man bei, und die Stellung eines Grafen auf der Ebene einer *civitas* (Singular von *civitates*) wurde häufig von einem Vertreter der lokalen Oberschicht besetzt. Die Franken erkannten auch die Notwendigkeit, die Kirche der Galloromanen auf ihre Seite zu ziehen. Die Bischöfe spielten in der regionalen Verwaltung eine wichtigere Rolle als die meisten Grafen, mit denen sie oft verwandtschaftlich verbunden waren. Das schon bestehende Diözesansystem wurde aufrechterhalten. Es wahrte die Verbindung mit der klassischen Antike und sollte bis 1790 dauern. Danach reorganisierten die Vertreter der Französischen Revolution die Kirchengeographie Frankreichs.

Unter der Oberfläche des mächtigen Frankenreiches zeigten sich jedoch bald tiefe Risse. Aufgrund von Erbstreitigkeiten blieb das von Chlodwig gegründete Reich in den zwei Jahrhunderten bis 687 nur kurzfristig vereint. Fast während des gesamten 6. Jahrhunderts war das Territorium von der Familie der Merowinger dreigeteilt: in Austrasien im Nordosten, das großräumige westdeutsche Länder einschloß, in der Mitte und im Westen entstand Neustrien und im Südosten Burgund. Aquitanien und die Provence befreiten sich allmählich von der fränkischen Kontrolle, die nie sehr stark gewesen war. Die Aufteilung begünstigte Familienzwiste und dynastische Machtkämpfe. Die Herrscher

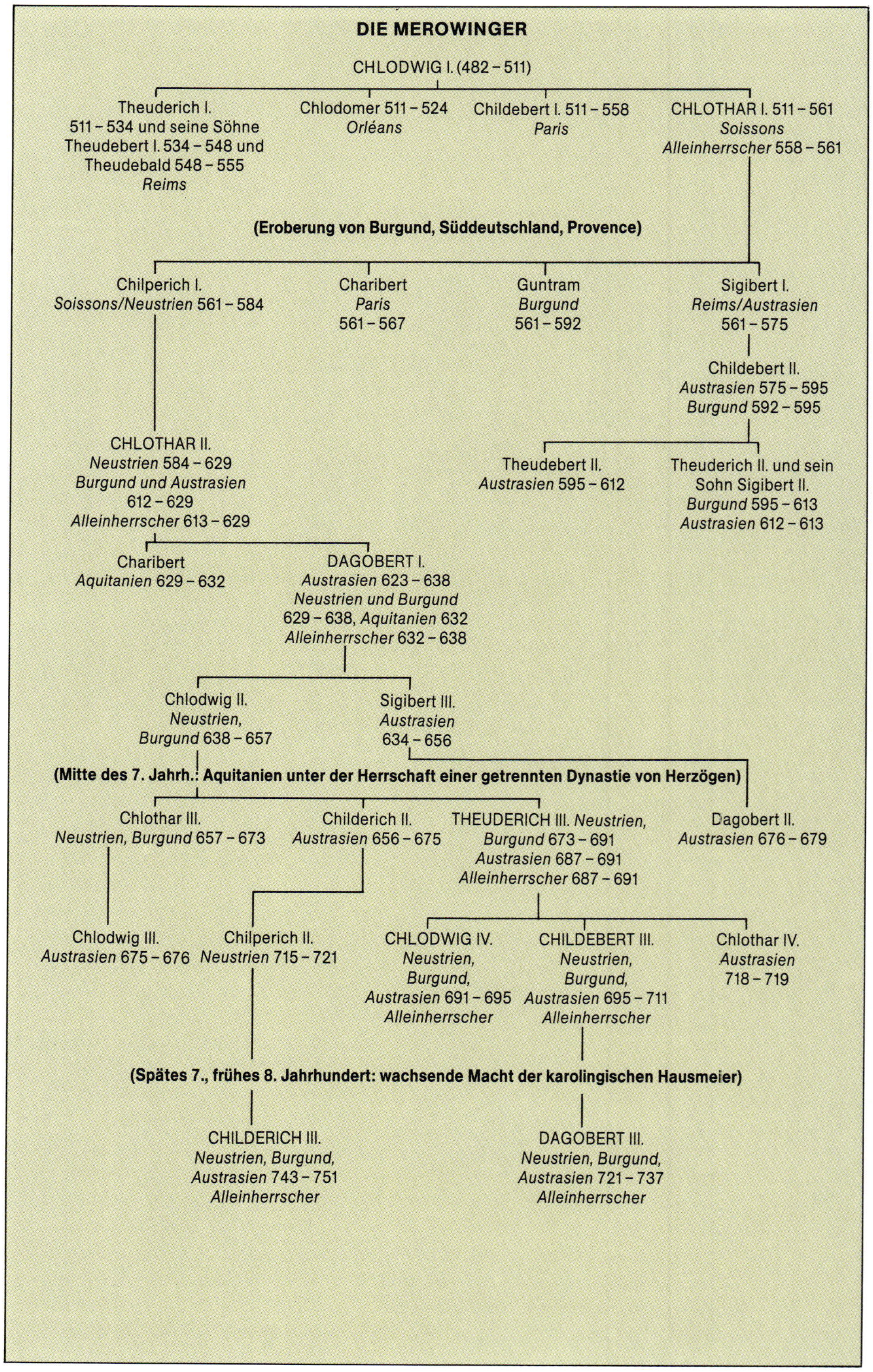

Die Christianisierung Frankreichs
Das Kernland des von den Merowingern errichteten Frankenreichs lag im Nordosten, wo der größte Teil von Chlodwigs Erbe an die untergegliederten Königreiche Neustrien, Austrasien und Burgund verteilt wurde. Aquitanien löste sich im 7. Jahrhundert immer mehr, während die entlegenen Gebiete im Süden und Westen gewöhnlich nur die Oberherrschaft der Merowinger anerkannten. Die alten *civitas*-Grenzen des Römischen Reichs gaben den Rahmen für diese wechselnden politischen Einheiten. Sie entsprachen oft den Diözesangrenzen; kirchliche Einrichtungen wie die Klöster spielten im Machtapparat der Merowinger eine entscheidende Rolle.

selbst hielten sich mehr und mehr am Rand solcher Konflikte, da die Macht an die Hausmeier der königlichen Hofverwaltung überging. Die Stellung des Hausmeiers (Majordomus) war hochbedeutsam, da aus ihren Besitzungen der größte Teil des Einkommens der Herrscher stammte. Aus den Reihen der Hausmeier Austrasiens kam die wohlhabende und einflußreiche Familie der Arnulfinger, die auch Karolinger hießen, weil der Name Karl (Karolus) in der Familie häufig vorkam. Im Jahr 687 besiegte der Karolinger Pippin II. von Heristal die Streitmacht Neustriens in der Schlacht bei Tertry und vereinigte die nordfränkischen Länder unter seiner Herrschaft als Hausmeier. Das Ende der Dynastie der Merowinger war bereits abzusehen.

Die Karolinger

Obwohl ihre karolingischen Nachfolger und die meisten späteren Historiker die langhaarigen Könige als *rois fainéants* (»nichtstuende Könige«) abschrieben, hatten sie unter sehr ungünstigen wirtschaftlichen und politischen Umständen den mächtigsten Staat in Westeuropa geschaffen. Der Zusammenbruch des Römischen Reiches hatte die westliche Wirtschaft ernstlich zerrüttet. Es kam immer wieder zu Hungersnöten – der Chronist Gregor von Tours erzählt 585 von Bauern, die Mehl aus Traubenkernen und Haselstrauchkätzchen zubereiten mußten – sowie zu Seuchen und Durchfallepidemien. Die Atmosphäre von Unsicherheit und Zukunftsangst beeinträchtigte die Durchsetzung der Autorität. Die Karolinger des frühen 8. Jahrhunderts konnten auf den Leistungen der Merowinger nur durch wiederholte Feldzüge aufbauen, mit deren Beute sie ihre mächtigen Anhänger ausreichend versorgten und sich so ihrer Zufriedenheit und Loyalität versicherten. Karl Martell, der illegitime Sohn Pippins von Heristal, führte Feldzüge gegen aufrührerische nordgermanische Stämme und weitete die fränkische Macht nach Mitteleuropa aus. In den späten 20er Jahren des 8. Jahrhunderts marschierte er nach Süden, um den aquitanischen Herzog Eudes zu unterwerfen. Dort stieß er auf arabische Heere, die über die Pyrenäen aus Spanien kamen, das die streitbaren Truppen des Islam 711 mit Krieg überzogen und erobert hatten. In der Schlacht von Poitiers im Jahr 732 errang Karl Martell einen Sieg über die Araber, der ein für allemal ihr weiteres Vorrücken in Westeuropa bremste.

Es lag an der hohen Geltung, die die Merowinger noch

immer besaßen, daß Karl Martells Erbe, Pippin der Kurze (751–768), den eher kümmerlichen Merowingerprinzen als Childerich III. zum König erhob. Einen Teil dieses Ansehens verdankte die Dynastie der religiösen Ehrfurcht, die sie umgab, weil sie angeblich von einer Gottheit (Merowech) abstammte. Eine Usurpation erschien somit schwierig. Pippins Lösung des Problems war bezeichnend für die Geschichte der Monarchie in Frankreich. Nachdem er 751 die fränkischen Adligen zusammengerufen hatte, damit sie ihn zum König wählten, ließ er sich und seine Söhne Karlmann und Karl (der spätere Karl der Große) in einer religiösen Zeremonie weihen, wobei ihn sein Freund, der heilige Bonifatius, salbte. Drei Jahre später wiederholte Papst Stephan die Zeremonie und bestätigte die Absetzung Childerichs, der seinen Kopf scheren ließ – was für ein Schicksal für einen »langhaarigen König«! – und in ein Kloster verbannt wurde. Der karolingische Usurpator wurde auf diese Weise zum Erwählten Gottes und begründete damit eine Tradition des von Gott legitimierten Königtums, das bis zum 19. Jahrhundert dauerte.

Die Kirche profitierte von der Herrschaft der Karolinger, denn sie garantierten weiterhin die Stellung der Bischöfe in der Regionalverwaltung und unterstützten großzügig die Klöster. Sie erhoben einen Zehnten – eine zwischen 779 und 801 eingeführte Abgabe –, der bis zur Französischen Revolution von 1789 zu einem Eckpfeiler der Kirchenmacht wurde. Dort, wo die Karolinger die fränkische Macht ausdehnten, setzten sie die Autorität der Kirche durch, besonders im heidnischen Germanien, dessen Bekehrung zum Christentum das spezielle Anliegen des heiligen Bonifatius war. Pippin der Kurze kämpfte auch gegen die Heiden und vertrieb 759 die Araber aus der Region Narbonne. Er war ein zuverlässiger Verbündeter des Papsttums, indem er die Lombarden in Norditalien Mitte des 8. Jahrhunderts besiegte, dem belagerten Papst Stephan II. zu Hilfe kam und für ihn neue Gebiete eroberte, was zur Gründung des Kirchenstaates führte.

Links: Reiterstatuette aus Metall. Sie stellt entweder Karl den Großen dar (seit 768 König, 800–814 Kaiser) oder Karl den Kahlen (843–877 König, ab 875 Kaiser). Kleidung, Schnurrbart, Schwert und Krone verraten die Kaiserwürde. Die Figur stammt aus dem späten 9. Jahrhundert. Das Pferd wurde in der Renaissance umfassend restauriert.

Unten: Unterschrift Karls des Großen. Die Buchstaben K, R, L und S von Karolus (lateinische Form von Karl) sind um das darunterliegende A und O angeordnet. Von Karl dem Großen stammen vermutlich nur die Pinselstriche in der Mitte, denn er konnte kaum schreiben.

Karl der Große und die Renaissance der Karolinger

Das Bündnis zwischen der Dynastie der Karolinger und dem Papsttum wurde noch enger unter Pippins Sohn und Nachfolger Karl dem Großen (768–814), der die fränkische Herrschaft über die meisten christlichen Länder des Westens ausdehnte. Am Weihnachtstag des Jahres 800 krönte Papst Leo III. Karl den Großen zum Kaiser – zum ersten westlichen Kaiser seit 476. Tief erfüllt vom Charisma eines gesalbten Monarchen nahm Karl der Große seine religiösen Verpflichtungen sehr ernst und schützte die Papstherrschaft sowie die Kirche in seinem Reich. Die karolingische Renaissance, zu der Karl der Große beitrug, war wesentlich von der Religion inspiriert. Bei vielen Geistlichen war das Interesse an der klassischen Antike wiedererwacht. Es handelte sich um eine künstlerische Erneuerung, die sich auf die Kunst und Architektur der Kirche, auf die Auslegung der Bibel und Illumination von Handschriften konzentrierte. Hierzu gehörten auch pädagogische Bestrebungen, die sich einen besser ausgebildeten Klerus zum Ziel setzten. In vieler Hinsicht war jedoch das Christentum bei der karolingischen Führungsschicht wenig mehr als ein Firnis, der eher atavistische Instinkte verdeckte. Selbst eine so charismatische Erscheinung wie Karl der Große, der dynamisch war, über 1,80 Meter maß und 72 Jahre alt wurde – ein Alter, das nur wenige seiner Untertanen erreichten oder überschritten –, bewahrte den Lebensstil eines Kriegsherrn und stand an der Spitze einer Aristokratie, die Krieg und Jagd der antiken Kultur vorzog.

Der neue Kaiser war wahrhaftig kein Römer. Obgleich der Titel seinem Selbstgefühl schmeichelte, hätte sich Karl der Große in einer Toga sehr unwohl gefühlt. Nach dem Bericht seines Biographen Einhard zog er die fränkische »Landestracht« (Obergewand und Beinkleider) vor. Die Macht des Römischen Reiches gründete sich auf ein einheitliches Beamtentum, eine Berufsarmee und überall gültige Gesetze. Karl der Große verfügte über nichts dergleichen. Seine zahlreichen Erlasse oder »Kapitularien« sind allgemein bekannt – und wurden allgemein mißachtet. Er reformierte die Verwaltung, um eine einheitliche Klasse von Gefolgsleuten zu schaffen, darunter in der Regionalverwaltung Bischöfe und Grafen (sie waren dem Kaiser und den Bischöfen verantwortlich). Sie wurden von sogenannten Königsboten (den *missi dominici*) überwacht, die dem Kaiser persönlich Bericht erstatteten. Mit einem solch stark dezentralisierten System konnte jedoch der Machtbereich nur dadurch aufrechterhalten werden, indem Karl der Große regelmäßig Inspektionsreisen und Kriegszüge unternahm. Seit den Tagen Karl Martells bis zur Krönung Karls des Großen hatte es alljährlich Feldzüge gegeben. Als nach 800 die dynamischen frühen Jahre seiner Herrschaft in eine eher defensive letzte Phase übergingen, spitzten sich die Probleme des Reiches zu.

Die Auflösung des Reiches

Das Land sah sich in den Jahren nach der Herrschaft Karls des Großen nicht nur inneren Problemen ausgesetzt, sondern wurde auch wieder von außen bedroht. Zwischen 838 und 842 unternahmen die Sarazenen von Nordafrika aus Angriffe gegen den Midi. Es handelte sich um eine letzte Welle barbarischer Einfälle, wie sie schon bei der Entstehung der fränkischen Macht stattgefunden hatten. Seit den letzten Jahren des 8. Jahrhunderts begannen die Wikinger die Westküste heimzusuchen. In den 30er Jahren des 9. Jahrhunderts weiteten sie ihre Angriffe auf den Norden und ab 859 auch auf den Südwesten aus. Die Zerstörung und wirtschaftliche Zerrüttung, die die Normannen *(normands)* verursachten, war erheblich und sprang auf Ostfrankreich über, nachdem dort im frühen 10. Jahrhundert die Magyaren mehrmals eingedrungen waren.

Mit diesen äußeren Gefahren konfrontiert, konnte das Reich nicht wieder zur Politik der Ausplünderung zu-

Oben: Juwelenbesetzter Talisman, der angeblich Karl dem Großen gehörte. (Der Stil weist aber eher ins späte 9. Jahrhundert.) Die Brosche wurde mit einer Kette um den Hals getragen. Sie ist aus einer Phiole gefertigt, in der man eine heilige Reliquie aufbewahren konnte.

Die Normannen

Um das Jahr 800 tauchten in großer Zahl Wikinger als Seeräuber auf. Große, nicht seßhafte Horden aus Dänemark und Norwegen wandten sich der Piraterie zu. Man traf sie von Kiew im Osten bis Grönland im Westen. Im 9. Jahrhundert landeten sie mit ihren Langbooten an den Küsten Frankreichs und plünderten die Gegend.

Schließlich begannen die Wikinger sich anzusiedeln, zuerst auf den schottischen Inseln und auf Grönland, im frühen 10. Jahrhundert dann auch in Nordfrankreich. Nach einer schweren Niederlage im Jahr 911 schloß Rollo mit dem französischen König Karl dem Einfältigen einen Vertrag. Er erhielt mit seiner Gruppe Siedlungsland und die Region um Rouen als Herzogtum, nahm als Gegenleistung den christlichen Glauben an und versprach, das Gebiet gegen Angriffe zu schützen. Bereits in der zweiten Hälfte des Jahrhunderts integrierten sich die Wikinger in die einheimische fränkisch-galloromanische Bevölkerung. Die Mitglieder von Rollos Clan heirateten fränkische Prinzessinnen, nahmen christliche Namen an und begannen, der Kirche ihren Schutz anzubieten – aus den Wikingern oder Nordmännern wurden die Normannen.

Im Jahr 1066 fiel der Herzog der Normandie in England ein, schlug König Harald in der Schlacht von Hastings und übernahm die Macht. Die Nachkommen der Piraten, die kaum zwei Jahrhunderte zuvor die Küsten Frankreichs auf ihren Raubzügen heimgesucht hatten, gründeten einen mächtigen anglo-normannischen Staat, der lange Zeit eine Bedrohung für die französische Dynastie darstellte.

Unten links: Die Kirche Saint-Germain-des-Prés in Paris. Am Ostertag 845 plünderte eine Wikingerflotte Paris und reparierte ihre Schiffe mit den Holzbalken, die sie dieser ältesten Kirche der Stadt entnommen hatten. In den Jahren 856, 861 und 885/886 kam es zu erneuten Überfällen auf die Stadt. »Es gibt keine Straße«, schrieb ein zeitgenössischer Chronist, »die nicht mit den Leichen erschlagener Christen bedeckt ist.«

Unten: Die befestigten Burgen der Normannen prägen die Landschaft. Der Donjon (Hauptturm) der Burg in Falaise über dem Fluß Aure stammt aus dem frühen 11. Jahrhundert.

Oben: Der Teppich von Bayeux wurde von Bischof Odo von Bayeux gegen Ende des 11. Jahrhunderts in Auftrag gegeben. Er stellt die Eroberung Englands durch Wilhelm, den Herzog der Normandie, dar. Die Szene zeigt den Typ der Langboote, die 1066 das Invasionsheer über den Ärmelkanal brachten.

rückkehren, die während der Zeit der Merowinger und frühen Karolinger die entscheidende Rolle gespielt hatte. Dynastische Streitigkeiten schufen neue Probleme. Im Jahr 817 sorgte Ludwig der Fromme (813–840), der Nachfolger Karls des Großen, für große Aufregung unter seinen Kindern, als er ankündigte, daß das Reich nach seinem Tod aufgeteilt werden würde. Daraufhin führten sie von 830 bis zum Tod ihres Vaters Krieg gegen ihn, und 840 bekriegten sie sich sogar untereinander. Schließlich wurde 843 im Vertrag von Verdun eine Dreiteilung des großen Karolingerreiches vereinbart, wobei Karl der Kahle (840/843–877) das Westfrankenreich, sein Bruder Ludwig der Deutsche (833 bis 837 und 840/843–876) das Ostfrankenreich und der dritte Bruder, Lothar I. (840/843–855), das Mittelreich und den

Kaisertitel erhielt. Beim Tod Lothars I. kam es zu einer weiteren Teilung.

Durch den Vertrag von Verdun wurden die Territorien, die später in etwa Frankreich und Deutschland werden sollten, definitiv getrennt. Zum Mittelreich gehörte zudem auch Lothringen, das bis in unser Jahrhundert zu einem Zankapfel zwischen beiden Staaten wurde. Der Vertrag von Verdun war aber weit davon entfernt, »die Geburt einer Nation« zu repräsentieren, und die Schaffung des Westfrankenreiches war im wesentlichen nur die Behelfslösung eines familiären Problems, obwohl es sich auf das Vermächtnis des keltischen, galloromanischen und merowingischen Gallien gründete. Die Länder bildeten ein sprachliches und ethnisches Flechtwerk: Reisende, die aus dem Norden ins Baskenland kamen, behaupteten, seine Bewohner bellten wie Hunde, wenn sie sprachen. Die Rhône stellte noch immer eine Grenze dar: Die Provence, die Dauphiné, die Freigrafschaft (Franche-Comté), der Jura und der Lyonnais hatten ihre eigenen Herrscher und gehörten nicht zum Westfrankenreich. Im Süden war die stärker das Latein bewahrende *langue d'oc* üblich und galt noch weithin das römische Recht, während im Norden das Gewohnheitsrecht nach fränkischen Traditionen vorherrschte und die *langue d'oïl* gesprochen wurde, ein mit germanischen Wörtern durchsetzter französischer Dialekt. Den Bewohnern des Westfrankenreiches war nur eines gemeinsam: ein Herrscher, dem der Treueeid zu leisten war. In den nächsten anderthalb Jahrhunderten bis zum Ende der Karolingerdynastie 987 traten regionale Unterschiede noch deutlicher hervor, da die Zentralgewalt unter neuen Belastungen zerfiel.

Der Niedergang der Zentralgewalt wurde in der Regierungszeit Karls des Kahlen (840/843–877) besonders auffällig. Die prekäre Wirtschaftslage angesichts der ständigen Normanneneinfälle machte Gebietserweiterungen unmöglich und zwang Karl dazu, seine Gefolgsleute durch die Vergabe eigenen Landes zu entlohnen, wodurch er seine Macht und Prosperität schmälerte. Der Adel profitierte von Karls Verlegenheit und von der Unfähigkeit seiner Nachfolger, die Kontrolle zurückzugewinnen. Das System der Königsboten *(missi dominici)*, das unter Karl dem Großen eingeführt wurde, löste sich Mitte des 9. Jahrhunderts auf, da seine Nachfolger es nicht mit der gleichen Energie durchsetzten wie er. Mit dem Titel des erblichen Grafen wurde eine neue Tradition geschaffen, und als die Grafen ab 877 ihre Finanzen nicht mehr der Zentralregierung zur Genehmigung unterbreiteten, wandelten sie ihren Status eines Staatsbeamten in den eines erblichen Territorialfürsten um.

Bereits 888 hatte die Dynastie der Karolinger viel von ihrem Ansehen eingebüßt, weil sie die Normannengefahr nicht zu bannen vermochte. Folglich beschloß in jenem Jahr eine Versammlung des Reichsadels einen aus ihren Reihen zum König zu wählen, denn sie erkannten, daß ein Herrscher fähig sein muß, ein Heer im Felde zu befehligen. Sie wählten Odo, den Grafen von Paris und Sohn eines Gefolgsmannes Karls des Kahlen, der 885 Paris hervorragend gegen die Normannen verteidigt hatte. Während des nächsten Jahrhunderts wechselte die Macht zwischen einer Linie der »Robertiner« (Odos Vater war Robert der Tapfere) und den letzten Karolingern, was das Ende der Königsmacht bedeutete. »Du hast so viele Partner und Gleichge-

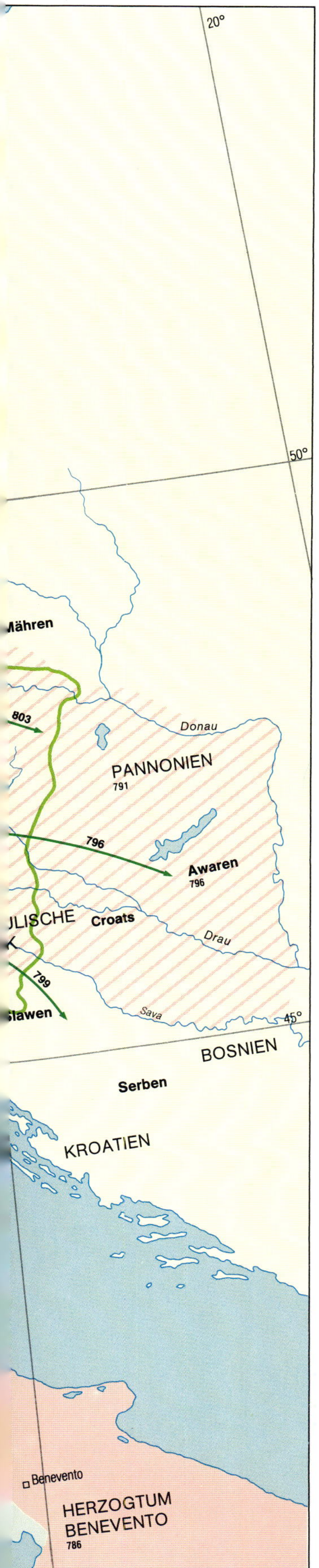

Oben: Lothar, der 954–986 regierte, war einer der letzten Karolingerherrscher Frankreichs. Seine Regierungszeit wurde von der aufsteigenden Macht der Robertiner (Kapetinger) überschattet.

Das Karolingerreich
Das Karolingerreich war die ehrgeizigste und ausgedehnteste übernationale Staatsgründung seit dem Römischen Reich. Vier Jahrzehnte wurde es durch die schier unerschöpfliche Energie Karls des Großen zusammengehalten, der sich seit 800 mit dem Kaisertitel schmücken konnte. Danach aber war der Zerfall unvermeidlich. Durch den Vertrag von Verdun im Jahr 843 wurde es dreigeteilt, aber die Randgebiete waren bereits an Ostrom (Venedig und Süditalien) und die Slawen verlorengegangen. Eine der grundlegenden Leistungen Karls des Großen war die Verbreitung klösterlicher Zucht, pädagogischer Reformen und christlicher Frömmigkeit – dieses Vermächtnis erwies sich als dauerhafter.

DIE KAROLINGER UND ROBERTINER

Pippin I. † um 640

Ansegisel ⚭ Begga

Pippin II. (Pippin von Heristal) † 714
Hausmeier: Austrasien 679, Neustrien 687

Karl Martell † 741
Hausmeier 714

Pippin III. (Pippin der Kurze)
Hausmeier 741
setzt Childerich III. ab und
wird König PIPPIN I. 751–768

KARL I., DER GROSSE 768–814
KAISER 800

Karlmann 768–771

LUDWIG I., der Fromme 813–840
KAISER

LOTHAR I.
Lotharingien
KAISER 840/843–855

LUDWIG II.
KAISER 855–875

Pippin I. von Aquitanien
814–838

Pippin II. von Aquitanien
838–848

Ludwig II., der Deutsche
Ostfranken 833–837,
840/843–876

KARL III., der Dicke
König von Frankreich
884–888
KAISER 884–887

KARL II., der Kahle
Westfranken: König von Frankreich 840/843–877
KAISER 875–877

Ludwig II., der Stammler
König von Frankreich 856–879

Ludwig III.
König von Frankreich
879–882

Karlmann
König von Frankreich
879–884

Karl III., der Einfältige
König von Frankreich
893–923 (gefangen 922–929)

Ludwig IV., der Überseeische
König von Frankreich 936–954

Lothar
König von Frankreich 954–986

Ludwig V.
König von Frankreich 986–987

DIE ROBERTINER/KAPETINGER

Robert der Tapfere † 866

Odo
König von Frankreich
888–898

Robert I.
König von Frankreich
922–923

Emma
⚭ RUDOLF
König von Frankreich
923–936

Hugo der Große
† 956

HUGO CAPET
erster Kapetingerkönig
987–996

⚭ = verheiratet mit
† = gestorben

stellte im Reich«, sagte Bischof Hincmar von Reims seinem Herrscher im ausgehenden 9. Jahrhundert, »daß Du mehr dem Namen nach regierst als in Wirklichkeit.« Im 10. Jahrhundert entstanden Fürstentümer, die sich fast völlig der monarchischen Aufsicht entzogen. Hierzu gehörten die Bretagne und die Normandie der Wikinger im Westen, Flandern im Norden sowie Aquitanien und Burgund im Süden. Der Spaltungsprozeß reichte bis in das traditionelle Kernland der fränkischen Macht: Maine und Anjou zum Beispiel erlangten zwischen 940 und 970 einen unabhängigen Status. Als Hugo Capet von der Linie der Robertiner 987 zum König gewählt wurde, war Frankreich ein Patchwork kleiner Staaten, und die königliche Domäne beschränkte sich auf ein kleines Stück Land in der Ile-de-France mit einem Umfang von nur etwa 200 mal 100 Kilometern. Die Anfänge der Kapetingerdynastie konnten kaum unter einem ungünstigeren Stern stehen.

Oben: Eine Buchmalerei aus einer Handschrift des 15. Jahrhunderts, der *Chronik von Saint-Denis,* zeigt Hugo Capet mit einem seiner Bischöfe. Hugo Capet von der Robertiner-Linie, seit 956 Herzog von Frankreich, war der erste König der Kapetinger. Er wurde 987 gewählt. Man weiß nicht viel über ihn, außer daß er offensichtlich besonderen Nachdruck auf den heiligen Charakter der Königswürde legte.

Oben: Die Signatur von Hugo Capet auf einem Diplom vom 20. Juni 989.

Die Entwicklung des Feudalismus

Der Übergang von der zentralen zur regionalen Gewalt war ein entscheidendes Merkmal des Feudalsystems. Der Angelpunkt des Feudalismus stellte Bindungen persönlicher Loyalität und Abhängigkeit dar, zu denen unter den Merowingern und Karolingern besondere Abmachungen über den Landbesitz hinzukamen. Sie hatten ihren Gefolgsleuten gegen einen Lehenseid Land geschenkt, wofür der Untergebene - später Vasall genannt - seinem Herrn Dienstleistungen schuldete. Im Lauf der Zeit zog die Landschenkung - oder das Lehen, wie es dann hieß - eine zusätzliche Übergabe richterlicher und politischer Macht nach sich. Dabei wurde Militärdienst als Gegenleistung vorausgesetzt. Angesichts der Lage der europäischen Wirtschaft waren solche Landschenkungen ein wertvolles Instrument, Gefolgsleute für ihre Dienste zu belohnen. Auch die veränderte Kriegsführung spielte eine Rolle. In den muslimischen Invasionen des 8. Jahrhunderts hatte sich die gepanzerte schwere Kavallerie als schlagkräftigste Truppe erwiesen. Der Unterhalt berittener Krieger war jedoch so kostspielig, daß die Herrscher den Rittern Landschenkungen machen mußten, um deren Ausgaben zu decken. Die herrschende Feudalschicht war auf diese Weise die militärische Elite (oft Abkömmlinge von regionalen Beamten der Karolinger), die von den auf ihrem Land wohnenden Bauern Abgaben erhoben. Das führte häufig zu Dienstleistung und Abhängigkeit, womit die feudale Beziehung zwischen Herr und Vasall bewußt nachvollzogen wurde. Da die Zentralgewalt zu schwach war, um die Bauern gegen äußere Bedrohungen zu verteidigen, und angesichts wiederholter Invasionen fremder Eindringlinge, war die bäuerliche Bevölkerung immer geneigter, Schutz bei ihren regionalen und lokalen Kriegsherren zu suchen. Aus diesem Übereinkommen erwuchs das System der Rittergüter. Ländereien der Adligen wurden von Hörigen (abhängigen Bauern) bearbeitet, die ihrerseits erbliche Lehen besaßen, auch wenn sie unter der richterlichen, politischen und militärischen Autorität ihres Feudalherrn standen.

Der Lehenseid, durch den sich Einzelpersonen als Vasallen an einen Herrn banden, nahm die Form einer Huldigung an, bei der die Hände des Vasallen zwischen die des Herrn gelegt wurden. Auf dem Höhepunkt des Feudalsystems verpflichteten sich Vasallen als Gegenleistung für den Schutz und die Hilfe ihres Herrn, ihn in den Krieg zu begleiten (und wenn möglich, bewaffnete Gefolgsleute mitzubringen), Rat zu erteilen, wenn sie darum ersucht wurden, den Gerichtshof ihres Feudalherrn zu besuchen und eine Reihe von Hilfeleistungen zu geben, zu denen das Feudalsystem verpflichtete: beispielsweise das Lösegeld für einen Herrn aufzubringen, wenn er gefangengenommen wurde. Abhängigkeiten durchzogen die gesamte Feudalgesellschaft: So konnte der Herr eines Vasallen - ein Graf zum Beispiel - der Vasall eines anderen Herrn sein - eines Herzogs oder vielleicht sogar eines Königs. Damit war die Durchsetzung der Zentralgewalt außerordentlich schwierig. Dem Monarchen wurden nur begrenzte Kontakte mit den Mitgliedern der großen Feudalparteien gestattet, die von mächtigen Gutsherren kontrolliert wurden. Diese Territorialfürsten fanden es aber andererseits oft schwierig, ihren Willen widerspenstigen Burgvögten aufzuzwingen, die sich hinter den befestigten Mauern mittelalterlicher Burgen verschanzten. Diese Gesellschaftsstruktur verfestigte sich, und um 1000 gab es sehr wenig freie Bauern in Frankreich und kaum Grundbesitz ohne einen Feudalherrn und damit verbundene Lehenspflichten. Die Konventionen, die den Lebensstil der Feudalherren regelten, wurden immer komplizierter und entwickelten sich zu einem verfeinerten Ehrenkodex ritterlichen Verhaltens. Der Unterschied zwischen Ehre und persönlichem Ehrgeiz verwischte sich jedoch oft. Aus chevaleresken Streitigkeiten wurden allmählich bösartige Privatfehden, Beutezüge und terroristische Aktionen. Wenn zwei Ritter miteinander kämpfen, »geht das Strohdach des armen Mannes in Flammen auf«, bemerkte der heilige Petrus Damiani (1007–1072).

Die Rolle der Kirche

Streitbarkeit und Aggressivität, wie sie für die Feudalordnung bezeichnend waren, reflektierten die seit dem frühen 11. Jahrhundert vertretene Anschauung, daß die Gesellschaft die Summe dreier Stände sei: den ersten bildeten die Beter *(oratores)*, den zweiten die Krieger *(bellatores)* und den dritten die Arbeiter *(laboratores)*. Diese Dreiteilung, die bis zur Französischen Revolution von 1789 intakt blieb, beleuchtet die Rolle der Kirche als feudale Institution. Ernennungen von seiten der Kirche, die den größten Einfluß und das höchste Ansehen brachten, gingen an die Adelsfamilien, und zwischen einem Fünftel und einem Drittel des feudalen Grundbesitzes gehörte der Kirche. Selbst die Zeremonie und der Ritus wurden vom Feudalismus geprägt: Der weitverbreitete Brauch, die Fürsprache von Heiligen zu erbitten, entsprach dem Ersuchen um feudalen Schutz. Das Zusammenlegen der Hände beim Gebet wiederholte die Geste bei der Huldigung. Die Durchsetzung der Kirchenautonomie war ein langwieriger und unvollkommener Prozeß, der sich in Etappen vollzog. Hierzu gehörten die monastische Reformbewegung, die nach 910

Das Rittertum

Das Rittertum war die Lebensform der *chevaliers* (Ritter), jener Männer zu Pferde, die das Rückgrat des Feudalsystems bildeten. Der feststehende Begriff umfaßt das ehrenhafte Verhalten der Ritterelite entsprechend ihrem Standesethos. In der Praxis war in ihren Handlungen aber oft wenig von Ehrbarkeit zu erkennen.

Der ritterliche Verhaltenskodex entwickelte sich im Laufe der Zeit, von Bedeutung waren jedoch immer die literarischen Muster. Das *Rolandslied* (um 1100) beschreibt zum Beispiel das Auftreten von Roland, dem Paladin Karls des Großen, in der Schlacht von Roncesvalles 778 gegen die spanischen Muslime. Roland gab ein bewundernswertes und ungeheuer einflußreiches Vorbild ab für Mut und Treue zu seinem Herrn, seinen Mitkämpfern und zu Gott. Unerfüllbare Liebe und unwandelbares Bekenntnis zu der gewählten adligen Dame war ein Element, das durch die Troubadourlyrik des 12. Jahrhunderts hinzukam, als die Konventionen der höfischen Liebe die tugendhafte Werbung um die Frau als Teil des Ritterideals forderten. Geschichten von König Artus und der Tafelrunde, vor allem im Werk von Chrétien de Troyes (um 1135–1190), beschrieben detailliert diese Tendenz. Solche literarischen Modelle idealisierten eine Vergangenheit, der die Gegenwart nicht mehr entsprach. Sehnsucht nach einem Goldenen Zeitalter war ein Thema der Ritterliteratur.

Die Kirche versuchte den Ritterkodex zu ihrem eigenen Vorteil zu nutzen, indem sie die Kreuzzugsidee propagierte. Sie bildete den Rahmen für internationale Beziehungen und die Unterdrückung von internen abweichenden Meinungen im 11. bis 14. Jahrhundert: Die Kreuzzüge boten die Gelegenheit zu heldenhaftem und altruistischem Verhalten, aber auch zu entsetzlichen Grausamkeiten.

Links: Eine Buchmalerei aus *Le livre des tournois du Roi René* (14. Jahrhundert) zeigt auch ein weibliches Publikum bei der Betrachtung einer Ausstellung von Helmen und Bannern vor einem Turnier. Die Turniere waren spektakuläre Ereignisse mit symbolischem Charakter.

Unten rechts: Das Lanzenstechen bei den Turnieren stellte eine Form des Wettstreits und der Kampfesfreude dar. Für den Ritter war es eine Übung in der Reitkunst und in der Kriegsführung, und er lernte dabei die Regeln und Praktiken des Rittertums. Es war gefährlich und manchmal tödlich. Die Damen der Ritter beobachteten das Schicksal ihrer Favoriten von einer Tribüne aus.

Unten links: König Artus und die Ritter der Tafelrunde haben eine Vision vom Heiligen Gral. Die Suche nach dem Gral – vermutlich der Kelch, den Christus beim letzten Abendmahl benutzte – war eines der bedeutendsten Symbole des ritterlichen Ideals. Es verband sich mit dem Inbegriff vom Ritter, der nach geistiger Vollkommenheit strebt. Der Gral wird zum erstenmal (um 1180) bei Chrétien de Troyes erwähnt und ist durch die Legenden, die sich um König Artus weben, bekannt.

von Cluny ausging, die Gottesfriedensbewegung im 10. und 11. Jahrhundert, die die feudale Gewalt und Rechtlosigkeit begrenzen wollte, und die im späten 11. Jahrhundert von Papst Gregor VII. (1073–1085) in Gang gesetzte Kampagne zur Verringerung des Laieneinflusses in der Kirche.

Das erneuerte geistliche Ansehen, das die Kirche bei der Laiengesellschaft als Ergebnis dieser Reformen besaß, zeigte sich in den Kreuzzügen, die vom 11. bis zum 13. Jahrhundert dauerten. Das Kreuzfahrerideal war in hohem Maße eine christianisierte Form des Rittertums. Pilgerreisen ins Heilige Land waren seit etwa 1070 durch die Einfälle der seldschukischen Türken in das Oströmische Reich nicht mehr durchführbar. Auf einem Kirchenkonzil in Clermont im Jahr 1095 forderte Papst Urban II. einen Kreuzzug gegen die Ungläubigen. Der erste Kreuzzug wurde somit in der Mitte Frankreichs proklamiert, und dank der mitreißenden Predigten Peters des Einsiedlers (1050–1115) im Midi fand sich sofort breite Unterstützung. In der aktivsten Phase der Kreuzzüge nahm vielleicht die Hälfte des französischen Adels an ihnen teil. Als vorrangige Kreuzzugsmacht unter den Nationen stellten die Franzosen auch die Vorhut im Widerstand gegen die muslimische Herrschaft in Spanien und Portugal und spielten eine führende Rolle bei der Zerschlagung der albigensischen Häresie in Südfrankreich im frühen 13. Jahrhundert. Dieses religiöse Engagement des französischen Adels entsprach den materiellen Interessen der nacheinander regierenden Kapetinger. Die Kreuzzüge gewöhnten die Feudalherren an die Führung der Kapetinger und trugen zur Ausbildung gemeinsamer Wertvorstellungen und zur Solidarität mit dem König bei. Das Ansehen der Dynastie wurde zudem vergrößert, als ihr frömmster Vertreter, Ludwig IX. (1226–1270), auf einem Kreuzzug in Nordafrika starb; er wurde 1297 heiliggesprochen. Die Verlagerung ritterlicher Aktivität von Frankreich weg auf den Kampf gegen die Ungläubigen verringerte auch die Gewalttätigkeit im eigenen Land, gestattete aber dennoch den

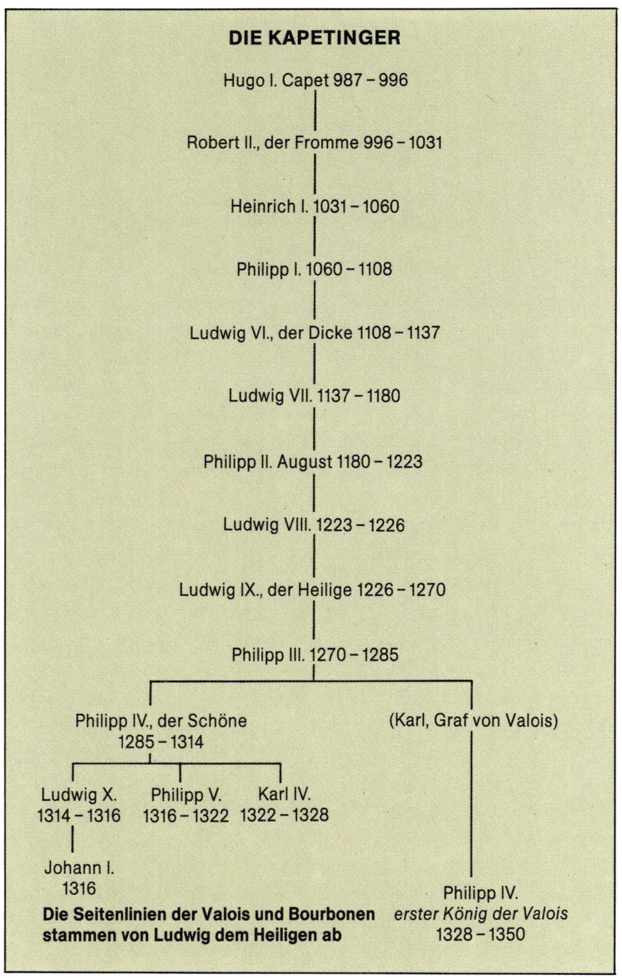

Oben: Der erste Kreuzzug stand unter der Führung von Gottfried von Bouillon (um 1061–1100). Die französische Monarchie und der Adel spielten in den Kreuzzügen zwischen dem 11. und 13. Jahrhundert eine entscheidende Rolle. Gottfried war der erste Herrscher im zurückeroberten Jerusalem, den ihm angetragenen Königstitel lehnte er jedoch ab. Er war ein beispielhafter Kreuzritter, der den Ehrenkodex der Ritter hochhielt.
Die Historiker unterscheiden gewöhnlich acht Kreuzzüge, die sich jedoch in Wirklichkeit oft überschnitten: erster Kreuzzug (1096–1099); zweiter (1147–1149); dritter (1189 bis 1192), unter der gemeinsamen Führung von Philipp II. August, Kaiser Friedrich I. Barbarossa und Richard I. Löwenherz von England; vierter (1202 bis 1204), als Konstantinopel geplündert wurde; fünfter (1217–1221); sechster (1228–1229); siebenter (1248–1254) und achter (1270), die beide von Ludwig dem Heiligen angeführt wurden, der 1270 in Tunis starb.

Adligen, die Politik der Ausplünderung fortzusetzen, die sie so angemessen fanden. »Bevor die Christen zu den Ländern jenseits des Meeres aufbrachen«, schrieb Guibert de Nogent (1053–1130?), »war das Königreich Frankreich ein Opfer fortwährender Unruhe und Feindseligkeiten …«

Charismatische Könige

Die Kirche, deren Interessen die Kapetinger so ernsthaft verteidigten, spielte eine bedeutsame Rolle beim Aufstieg dieser Dynastie, wobei der sakrale Charakter des Königtums besonders hervorgehoben wurde. Wie bei den Karolingern war die Krönung eines Kapetingers eine religiöse Zeremonie. Der König wurde mit geweihtem Öl gesalbt, und daher hieß es, daß er durch »die Gnade Gottes« herrsche. Darüber hinaus besaßen die Kapetingerkönige seit der Regierung Roberts des Frommen (996–1031) angeblich wunderwirkende Fähigkeiten. Insbesondere sollen sie in der Lage gewesen sein, Skrofeln (»das Königsübel«) durch die Kraft der königlichen Berührung zu heilen.

Die Kapetinger besaßen also Charisma in der wahren Bedeutung des Wortes, und kein Feudalherr konnte sich darin mit ihnen vergleichen. Doch die Aura der Heiligkeit bedeutete nicht gleichzeitig weltliche Macht. Allerdings war wohl das Weiterbestehen der Kapetinger nach 987 eher ihrer Schwäche als ihrer Stärke zuzuschreiben: Keinem konnte anscheinend zugemutet werden, sie abzulösen! Die Rolle, die sie als Oberherren der großen Territorialfürsten spielten, verlieh ihnen einen Rest von Autorität, aber nur als eine Art feudaler Schiedsrichter. Indessen erfreute sich die Dynastie in mancher Hinsicht glücklicher Umstände, die ihre potentiellen Rivalen nicht aufweisen konnten. Die Lage ihrer Territorien im Mittelpunkt eines großen Verkehrsnetzes in Nordfrankreich erwies sich als beachtlicher Vorteil. Die Böden dieses Gebietes gehörten überdies zu den ertragreichsten in ganz Frankreich. Das Glück begleitete die Kapetinger sogar ins Hochzeitsbett: Mit Hugo Capet an der Spitze hatten sechs aufeinanderfolgende Herrscher einen männlichen Erben. Hugo führte den Brauch ein, den Erben zu Lebzeiten des Königs zu krönen, wodurch die Tradition des Wahlkönigtums und der teilbaren Erbschaft, die das letzte Jahrhundert der Karolingerdynastie bestimmten, abgeschafft werden konnte.

Besonders unter Ludwig VI., dem Dicken (1108–1137), Ludwig VII. (1137–1180) und Philipp II. August (1180–1223) erhielten die hohen Ansprüche des kapetingischen Königtums eine größere Berechtigung. Bei der Durchsetzung ihrer Autorität verhielten sich diese Herrscher mehr wie schlaue Bauern denn wie orientalische Despoten. Sie gin-

Das Frankreich der Kapetinger
Ursprünglich auf einen schmalen Landstreifen mit dem Zentrum Paris begrenzt, ließen sich die Kapetinger Zeit und verwandten beharrliche Anstrengungen darauf, ihre Dynastie zu entwickeln. Im frühen 14. Jahrhundert, als sich der bedrohliche anglo-normannische Staat herausbildete, stellten sie eines der machtvollsten politischen Systeme in Europa dar. Bei diesem Aufstieg spielte die Kirche eine bedeutende Rolle. Der geographische Machtbereich der Kapetinger entspricht etwa dem Raum, den in der Kunstgeschichte der gotische Stil abdeckt, der mit der Dynastie besonders verbunden war. Die Zentralisierung ging nur stückchenweise und unregelmäßig voran, und die Apanagen, die Ludwig VIII. und Ludwig IX. ihren Söhnen gaben, wirkten der zentralisitischen Tendenz eher entgegen.

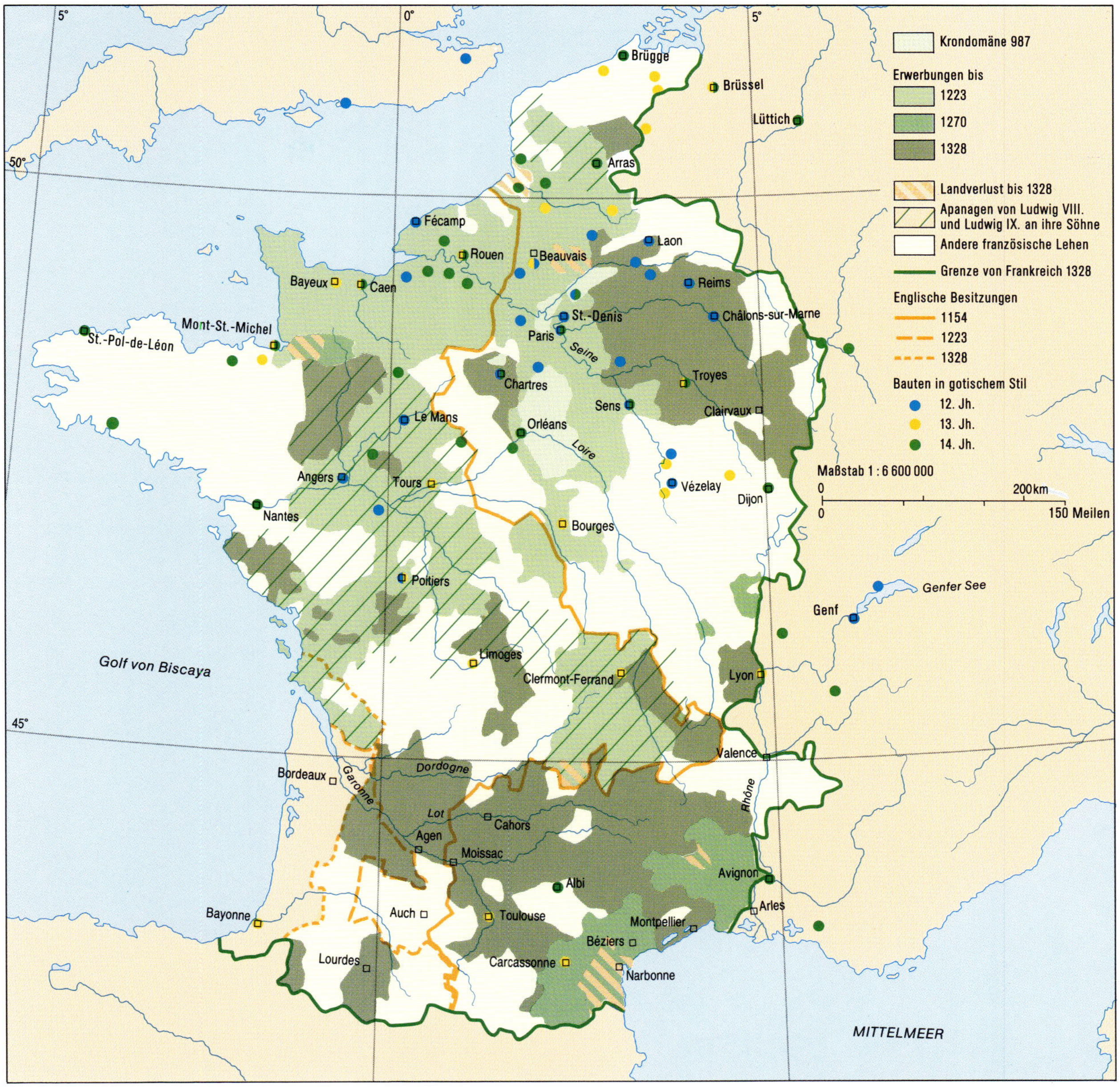

gen vorsichtig mit ihren begrenzten Mitteln um und erweiterten schrittweise und bedachtsam ihre Herrschaft, namentlich unter dem klugen Rat des Abtes Suger von Saint-Denis (etwa 1080–1151). Zuerst stärkten sie auf ihrem eigenen Land ihre Autorität gegenüber störrischen Burgvögten und lokalen Vasallen, danach bemühten sie sich, die Kontrolle über die Territorialfürsten auszudehnen. Das größte Hindernis bildeten die Herzöge der Normandie, deren Macht so groß geworden war, daß sie sich im Anschluß an die normannische Invasion im Jahr 1066 über ganz England erstreckte. Dieses Problem spitzte sich seit der Mitte des 12. Jahrhunderts zu. Im Jahr 1152 trennte sich Ludwig VII. von seiner königlichen Gemahlin Eleonore von Aquitanien, die daraufhin Heinrich Plantagenet, den Grafen von Anjou, heiratete. Er wurde zuerst Herzog der Normandie, dann beendete seine Krönung als König Heinrich II. von England eine Zeit der Anarchie in diesem Land. Heinrichs Angevinisches Reich erstreckte sich im Westen Frankreichs von der Somme bis zu den Pyrenäen – ein Gebiet, das größer als die Länder des Königs von Frankreich war.

Es war vor allem Philipp II. August, der die angevinische Macht auf dem französischen Festland unterminierte und die Oberhoheit der Kapetinger wiederherstellte, indem er gegen Heinrichs Sohn, Richard I. Löwenherz von England (1189–1199), auftrat, der mit ihm zusammen auf dem dritten Kreuzzug gekämpft hatte. Im Jahr 1202 machte Philipp seine Autorität als Suzerän (Oberherr) von Richards Nachfolger, Johann I. Ohneland, geltend und erklärte ihn zum »verbrecherischen Vasallen«, weil er nicht vor seinem Hof erschien, um sich den Anklagen zu stellen. In Feldzügen gegen Johann eroberte Philipp 1204 die Normandie und Poitou sowie 1205 Touraine und Anjou. Die Expansion der Kapetinger in Nordfrankreich Ende des 12. Jahrhunderts, besonders in Artois und in der Picardie, rief so große lokale Feindschaft hervor, daß sich die Grafen von Flandern und Boulogne mit dem König von England und dem deutschen Kaiser zu einer Koalition gegen die Kapetinger zusammenschlossen. Philipp zwang jedoch 1214 in der berühmten Schlacht bei Bouvines seine aufrührerischen Vasallen zum Rückzug. Die folgenden Jahrzehnte verliefen für Frankreich weiterhin günstig. Im Frieden von Paris von 1259 wurde ein Kompromiß erzielt: Heinrich III. von England erkannte die kapetingische Annektion aller früheren englischen Besitzungen mit Ausnahme der Guyenne (Aquitanien) an und erhielt dafür von den Kapetingern wichtige Zugeständnisse.

Durch eine Mischung aus Gewalt, Täuschung und Diplomatie hatte Philipp II. August den Einflußbereich der Kapetinger beträchtlich vergrößert. Neben Feldzügen gegen die Engländer im Westen und Südwesten stießen er und seine Nachfolger, Ludwig VIII. (1223–1226) und Ludwig IX., der Heilige (1226–1270), bis nach Südfrankreich vor, wo die Irrlehre der Katharer (Albigenser) – ihr Manichäismus stellte Satan mit Gott gleich – im 12. Jahrhundert Fuß gefaßt hatte. Im Jahr 1208 rief Papst Innozenz III. öffentlich zu einem Kreuzzug gegen die Albigenser auf. Philipp II. August unterstützte insgeheim Simon IV., Graf von Montfort (um 1160–1218), der 1209 eine Truppe von Adligen in den Süden gegen den Grafen von Toulouse, den Schutzherrn der Katharer, führte. Dieser interne Kreuzzug wurde mit außerordentlicher Grausamkeit geführt und endete damit, daß de Montfort 1215 den Grafen von Toulouse ablöste. Ludwig VIII. erntete 1226 die Früchte dieses Sieges, als Toulouse unter seine Herrschaft kam. Die Kapetingerdynastie hatte auf diese Weise ihre Macht bis an die Nordsee, den Atlantik und das Mittelmeer ausgedehnt.

Die Staatsverwaltung

Die Entwicklung eines staatlichen Verwaltungsapparates stärkte die Autorität des Königtums erheblich. Ludwig IX., der Heilige, und besonders Philipp IV., der Schöne (1285 bis 1314), schufen die Grundlage eines staatlichen Beamtentums. Organe der Zentralgewalt (ein Schatzmeister, eine straffere Hofhaltung und ein Beraterstab, eine einheitliche Währung usw.) wurden eingeführt, und besoldete königliche Beamte – die *baillis* (im Süden die *sénéchaux*) – wurden zur Überwachung der Lokalverwaltung und des Gerichtswesens entsandt. In neuen königlichen Appellationsgerichten *(parlements)* vertraten Rechtsspezialisten mit Universitätsausbildung, sogenannte »Legisten«, Rechtsnormen, die denen der Feudalherren überlegen waren. Das erneuerte Interesse am klassischen Altertum führte zur Weiterentwicklung des römischen Rechts und insbesondere zu einem Souveränitätsbegriff, der aus dem König nicht nur einen feudalen Oberherrn machte, sondern auch einen Erben des römischen Imperiums, einen Kaiser in seinem eigenen Land, der für das ganze Herrschaftsgebiet die Gesetze erließ. Eine solche Machtfülle stieg wohl Philipp dem Schönen zu Kopf, als er die Autorität der Kirche angriff und die Residenz des Papstes in Avignon unterstützte. Im Jahr 1307 verhaftete er die Führer des Kreuzzugsordens, die Tempelherren, die einflußreiche internationale Bankiers geworden waren. Nach einem berüchtigten Schauprozeß ließ er sie hinrichten und beschlagnahmte ihren Besitz.

Eine weitere administrative Neuerung bestand darin, daß Philipp 1302 eine Versammlung der Vertreter der drei Stände einberief – *oratores*, *bellatores* und *laboratores* –, um die Staatsangelegenheiten zu erörtern. Diese Institution gab dem Herrscher vor allem die Möglichkeit, die Ansichten des Volkes zu sondieren und ein Agentennetz zu unterhalten. Sie war eine Vorläuferin der Generalstände des 15. Jahrhunderts, einer Einrichtung, die wirklich für die Nation repräsentativ war. Sie bezeugte auch das Vorhandensein einer unreflektierten »Volksmeinung«, die als Symptom einer differenzierteren Wirtschaft entstand.

Gesellschaftliche und demographische Veränderungen

Die Periode vom späten 12. bis zum frühen 14. Jahrhundert zeitigte glänzende soziale und ökonomische Fortschritte. Das Ende der normannischen und magyarischen Einfälle trug ebenso zur wirtschaftlichen Stabilität bei wie eine allgemeine Verbesserung der politischen Situation in Europa. Gleichzeitig belebte der Erwerb von Edelmetallen aus Westafrika und dem Vorderen Orient den kommerziellen Sektor der europäischen Wirtschaft. Auch technologische Verbesserungen spielten eine Rolle. Die Einführung des Kummets, der Hufeisen und schwerer, mit Rädern versehener Pflüge erhöhten die Produktivität des Bodens, während Wasser- und Windmühlen neue mechanische Kraftquellen darstellten.

Eines der auffälligsten Merkmale der Wirtschaftsexpansion dieser Jahre war eine beträchtliche Zunahme der Bevölkerung. Die Einwohnerzahl auf dem Gebiet des heutigen Frankreich vergrößerte sich von 16 Millionen im 9. Jahrhundert auf 22 Millionen im Jahr 1328 – eine Zahl, die bis zum 18. Jahrhundert nicht übertroffen wurde. Einerseits gab der Zuwachs den Bauern den Anreiz, mehr Nahrungsmittel zu erzeugen; andererseits gestatteten die zusätzlichen Arbeitskräfte in einer arbeitsintensiven Ökonomie eine Erhöhung der Produktion. Indem man Waldgebiete oder Ödland urbar machte, wurde mehr Land kultiviert, vor allem die Zinsterziensermönche spezialisierten sich auf umfassende Rode- und Weidewirtschaft. Unternehmer warben Siedler für die neuen Gemeinden. In Südfrankreich ritten Herolde umher und taten mit Trompeten kund, daß Bauernfamilien Neuland erhalten konnten.

Oben: Das königliche Siegel von Philipp II. August (1180–1223). Die Lilie, die seit 1147 mit der Kapetingerdynastie assoziiert wird, blieb das königliche Wappen Frankreichs. Anläßlich seiner Krönung trug Philipp II. August ein dunkelblaues Gewand mit goldenen Lilien. Man nannte es den »kosmischen« Mantel, weil es an die Sterne vor dem Hintergrund des Firmamentes erinnerte.

Oben: Das Siegel des Templerordens. Die Templer leisteten zwar das mönchische Gelübde, lebten aber als Soldaten. Sie verteidigten die heiligen Orte im Osten und schützten die Pilger. Im späten 12. Jahrhundert weckte ihr wachsender Reichtum die Begehrlichkeit von Philipp dem Schönen (1285 bis 1314). Er ließ die Pariser Templer verhaften und beschlagnahmte ihr Vermögen. Nach einem Schauprozeß, in dem man sie der Teufelsverehrung und der Sodomie beschuldigte, wurden 54 Templer in den Jahren 1310–1314 auf dem Scheiterhaufen verbrannt.

Links: Montségur, 1200 Meter über dem Meer in den Vorbergen der Pyrenäen gelegen, war die letzte große Bastion der häretischen Albigenser. Die heute verfallene Burgfestung fiel im Jahr 1244 nach langer Belagerung. 200 Katharer wurden nach ihrer Gefangennahme auf dem Scheiterhaufen verbrannt. Der Kreuzzug gegen die Albigenser war Teil einer weitreichenden Strategie, durch die Südfrankreich unter die Herrschaft der Kapetinger gebracht wurde.

Oben: Der Papstpalast in Avignon. Das Papsttum hatte seit 1309 seinen Sitz in Avignon, wo der mächtige Philipp der Schöne seinen Einfluß geltend machte. Bis 1378 residierten sieben französische Päpste in der Stadt, die sie dem sumpfigen und malariaverseuchten Rom vorzogen. Das große abendländische Schisma, das die Kirche von 1378 bis 1417 in zwei rivalisierende Papsttümer spaltete, festigte den päpstlichen Status der Stadt. Die Photographie zeigt den zweiten der beiden aneinandergrenzenden Papstpaläste. Er wurde zwischen 1352 und 1362 erbaut. Die Stadt und die benachbarte Grafschaft Venaissin blieben bis zur Französischen Revolution in der Hand der Päpste.

Nutznießer dieses Wirtschaftsaufschwungs war oft die gesellschaftliche Führungsschicht, die einen Großteil des Überschusses der Bauern abschöpfte. Doch kam die Konjunktur auch etlichen Bauern zugute, besonders jenen, die vor ihren Feudalherren in die neuen Dörfer flohen oder für den expandierenden Getreidemarkt produzierten. Auf den großen Gütern zahlten die Bauern ihre Abgaben mehr und mehr in Naturalien oder Geld, da die feudalen Frondienste *(corvées)* zurückgingen. Der Feudalherr wurde weniger zu einem Produzenten als zu einem Rentier – einem bloßen Empfänger von Pachtgebühren und Abgaben –, obgleich er umfassende Machtbefugnisse über seine Bauern hatte. Diese Veränderungen wirkten sich auch auf das Erscheinungsbild des Landes aus. In Nord- und Nordostfrankreich baute man auf großen Feldern Getreide an, und das Leben der Bauern spielte sich zunehmend im Dorf ab. Die damals bestehenden 30 000 Dörfer bildeten seit jener Zeit den Rahmen für das französische Landleben.

Die wirtschaftliche Expansion verursachte auch eine Konjunktur im urbanen Bereich. Zwischen 1100 und 1300 sahen sich die französischen Städte nicht mehr von Invasionen bedroht und vergrößerten ihre Einwohnerzahl in einem seit der Römerzeit nicht gekannten Ausmaß. Obwohl die Städte noch eine deutlich ländliche Atmosphäre hatten – grüne Felder und Stallgerüche waren nie weit entfernt –, beherbergten sie viele Handwerker und Angehörige des tertiären Sektors (Rechtsanwälte, Kaufleute, Dienstleistungsberufe), die von den verbesserten Chancen eines internationalen Handels profitierten. Zum Beispiel boten die Messen in der Champagne, die in vier Städten stattfanden und sich über einen Zeitraum von sechs Wochen hinzogen, einen Rahmen für den Umschlag von Tuchen aus den beiden fortgeschrittensten Manufakturgebieten des mittelalterlichen Europas – Norditalien und Flandern – sowie für andere regionale Spezialitäten wie spanisches Leder, skandinavische Holzwaren und Pelze, orientalische Gewürze – und dazugehörige Dienstleistungen wie Bankgeschäfte.

Der beachtliche Aufschwung der Städte fiel mit dem Höhepunkt des mittelalterlichen Feudalismus zusammen. Oft wuchsen die Städte im Schatten der Burgwälle oder Klostermauern. Viele Feudalherren sorgten persönlich für die Gründung von Städten und Messen, denn diese waren eine Grundlage des Reichtums und konnten für Zölle und andere Abgaben benutzt werden. Die Einkünfte ließen sich dann dazu verwenden, dem gewohnten Lebensstil nachzugehen, den die Zwänge von Mode, Jagd und Turnieren immer kostspieliger machten. Doch bald drängten die Städte auf ihre Unabhängigkeit. Vereinigungen von Stadtbewohnern, die durch einen Eid der Brüderlichkeit verbunden waren – eine Geste, die im Gegensatz zum Unterwerfungsakt feudaler Huldigung stand –, strebten nach dem Recht auf Selbstverwaltung und Selbstverteidigung. Da diese oft auf Kosten ihres Herrn gingen, ergaben sich heftige Machtkämpfe. Die Feudalschicht sah sich gezwungen, ihre Privilegien nicht mehr für selbstverständlich zu halten, denn das

Chartres

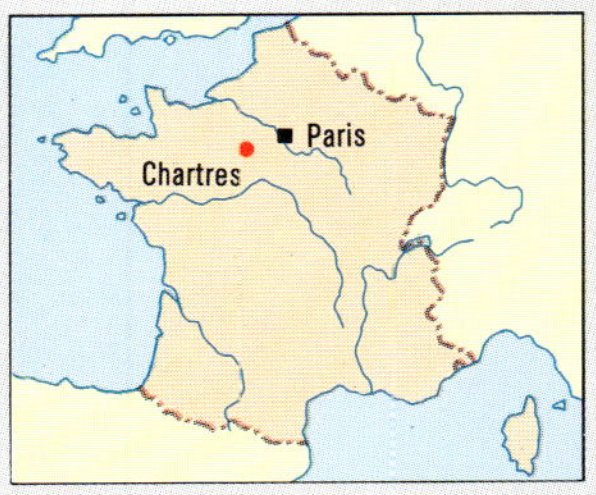

Die gotische Kathedrale in Chartres gehört zu Frankreichs berühmtesten, schönsten und bedeutendsten Bauwerken. Der gotische Spitzbogen erschien zum erstenmal nach 1132 im Neubau der Abteikirche von Saint-Denis unter Abt Suger, dem Ratgeber Ludwigs VII. Doch an der Westfassade der Kathedrale in Chartres wurde er 1145 weit vollendeter ausgeführt. Die Bauarbeiter, die hier tätig waren, zogen weiter nach Sens (dessen 1170 vollendete Kathedrale als erste durchgängig in gotischem Stil erbaut war) und anderen Zentren.

Ein Feuer in Chartres im Jahr 1194 machte einen umfangreichen Wiederaufbau nötig, der 1220 abgeschlossen war. Von dem ursprünglichen Bau blieben nur die Krypta, die Basis der Türme und die Westfassade erhalten.

Die Architektur der Kathedrale von Chartres fand so großen Beifall, daß sie oft nachgeahmt wurde. Der gotische Stil, den sie verkörperte, wurde bis zum 15. Jahrhundert ein internationales Schlagwort. In ganz Europa entstanden gotische Kirchenbauten, von Uppsala bis Famagusta, in ganz Norditalien, im Rheinland, in Böhmen und in Ungarn.

1 Schiff
2 Gang
3 Scheidbögen
4 Triforium
5 Lichtgaden
6 Pfeiler
7 Kapitell
8 Dienst
9 Auskehlung an der Arkade
10 Rippengewölbe
11 Kreuzgewölbe
12 Stützpfeiler
13 Strebepfeiler
14 Holzdach

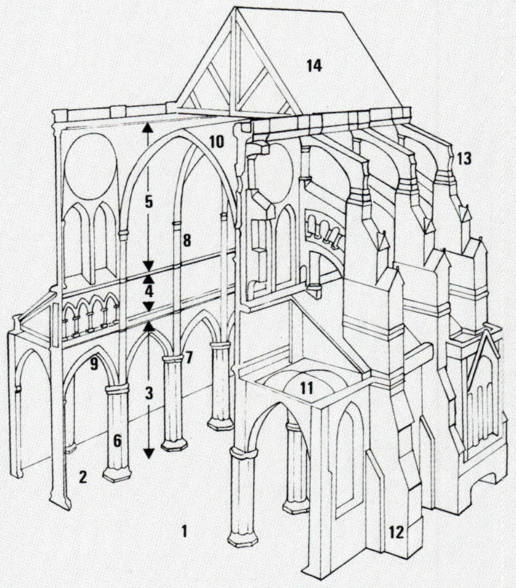

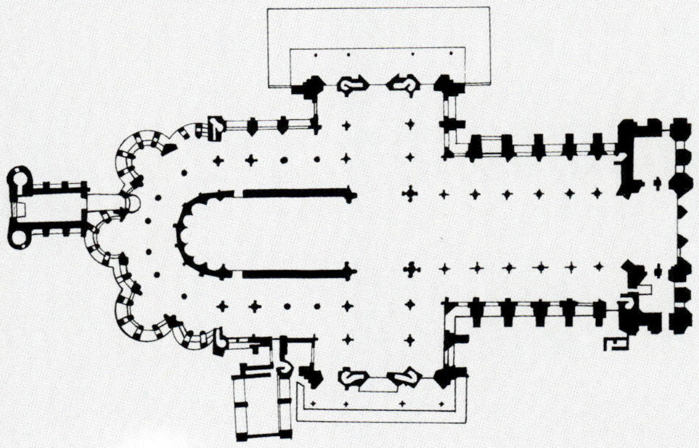

Links und Mitte links: Die bunten Glasfenster zeigen Bildhauer und Steinmetzen *(Mitte links)* sowie Tischler, Zimmerleute und Stellmacher *(links)* in dem Fenster des heiligen Julianus, dem Gastfreundlichen. Die Kathedrale von Chartres besitzt heute 173 bunte Glasfenster – darunter einige, die aus dem ersten Wiederaufbau um 1150 stammen. Sie bedecken eine Glasfläche von 2500 Quadratmetern und sind wegen ihres unnachahmlichen Blautons berühmt. Viele bilden nicht nur Heiligenszenen ab, sondern wie hier auch Geschäftsleute und Handwerker der Stadt. Eine große Zahl der bunten Glasfenster in der Kathedrale wurden von den städtischen Gilden und Vereinigungen aus Dank für den Nutzen, den die Stadt durch den Bau hatte, finanziert. Denn ihr architektonischer Ruhm und ihre spirituelle Ausstrahlung machten die Kathedrale zu einem bedeutenden Pilgerziel, was die Wirtschaft der Stadt zum Blühen brachte.

Oben: Schnitt durch die Kathedrale. Die Verwendung des Spitzbogens und des Rippengewölbes brachte eine neue Flexibilität des Baugefüges. Sie ließen die Architekten Ecken leichter bewältigen, weil dadurch die Verwendung von Mauerwerk reduziert werden konnte. Die stützenden Strebepfeiler ermöglichten es zudem, die Raumform auf den Skelettrahmen zu beschränken. Die Wände bestanden hauptsächlich aus Glas und wurden nur von zarten Bündelpfeilern gestützt. Die Vertikale wurde betont, und die Höhe verlieh dem Bau Eleganz.

Unten: Die Skulptur aus der linken Nische der nördlichen Vorhalle zeigt, wie Flachs gekämmt wird. Die gotische Plastik ist frei und ausdrucksvoll, die Figuren wurden vollplastisch und raumgreifend ausgeführt. Die Darstellung ist naturalistisch und verbindet oft irdische und religiöse Thematik.

Unten: In der rechten Nische der nördlichen Vorhalle verkörpert eine ungezwungen sitzende allegorische Plastik (um 1230) den Monat Februar. Die Figur wärmt ihre Füße am Feuer. In den Vorhallen und Portalen der Kathedrale befinden sich 2000 Plastiken.

Bürgertum stellte bereits eine ernstzunehmende Herausforderung dar.

Die herkömmliche Dreiteilung der Gesellschaft war nun überholt. Obschon die militärischen und kirchlichen Eliten noch immer die Führungsschicht bildeten, war der Begriff des Dritten Standes, der die übrige Gesellschaft umfaßte, nicht mehr passend für die verschiedenen Gruppen, die ihn ausmachten. Das öffentliche Recht nahm zunehmend Rücksicht auf die pluralistische Struktur der mittelalterlichen Gesellschaft. Einzelne Provinzen und Städte besaßen ihre eigenen Rechte und Privilegien, einschließlich des Rechts, sich eigene Statuten zu geben. Unabhängige Gilden entstanden, in denen die städtischen Manufakturen organisiert waren; ähnliche Institutionen gab es für Kaufleute und Rechtsanwälte wie auch für Diener der Kirche (zum Beispiel Mitglieder der Domkapitel). Frankreich wurde zu einer »Gesellschaft der Orden«, die sich aus verschiedenen Korporationen zusammensetzte.

Kultur und Bildungswesen

Die wachsenden Ansprüche der französischen Gesellschaft spiegeln sich in der kulturellen Entwicklung wider. Auf dem Gebiet der Architektur dominierten in dieser Periode Kathedrale und Burg, also Bauwerke, die für den Ersten und Zweiten Stand typisch sind. Die klassische, aus Stein errichtete Burg wurde als feudale Residenz und befestigter Adelssitz seit dem späten 12. Jahrhundert üblich. Gotische Kathedralen ersetzten seit etwa der gleichen Zeit die im romanischen Stil erbauten Kirchen, jenem Stil, der nach Raoul Glaber, einem Mönch, der im 11. Jahrhundert lebte, Frankreich »mit einem weißen Talar neuer Kirchen« versehen hatte. Die gotische Kirche war ein urbanes Ereignis von höchster Bedeutung mit nicht immer glücklichen ökonomischen Folgen. So führten zum Beispiel die Bemühungen der Stadt Beauvais, das höchste gewölbte Dach in Europa zu errichten, zu dem aufsehenerregenden Einsturz im Jahr 1284 und dürften damit wohl die wirtschaftliche Entwicklung der Stadt beeinträchtigt haben. Vermutlich war noch nie in der Geschichte eine unterentwickelte Gesellschaft in der Lage, so viele Bauwerke von so geringem wirtschaftlichem Nutzen planmäßig auszuführen.

Die architektonischen Glanzleistungen des gotischen Stils sind die am besten bekannten Beispiele für einen Kulturdynamismus, der als »Renaissance des 12. Jahrhunderts« bezeichnet wird. Wie die karolingische Renaissance des 9. Jahrhunderts zeigte sie ein erneuertes Interesse an der Literatur und Kultur des klassischen Altertums und insbesondere eine Faszination für die weltliche Gelehrsamkeit der Antike. Im 13. Jahrhundert lernte man die Werke des Aristoteles kennen und machte sich mit den Spuren der alten Kultur in der jüdischen und arabischen Welt vertraut, die sich Europa seit den Kreuzzügen erschlossen hatte. Nördlich der Alpen sammelten sich Schüler um einzelne Lehrer, die oft mit Domschulen verknüpft waren. Solche Schulen erwarben in Paris, Chartres und anderen Städten die Rechte als Bildungszentren und nahmen allmählich den Status von »Universitäten« an.

Mit der Entwicklung des staatlichen Beamtentums eröffneten sich durch das Rechtswesen und die königliche Verwaltung alternative Laufbahnen zum Kirchendienst und weckten den Bedarf nach einem Universitätsstudium. Die Lehrer standen auf der Höhe des Wissens ihrer Zeit, und die jungen Studenten, die sich von ihnen angezogen fühlten, waren eine kosmopolitische, ungebundene und stürmische Schar, besonders in Paris, das wegen seiner ausgezeichneten Wissenschaftler, wie dem geistvollen Dialektiker Petrus Abaelard (1079–1142), berühmt war. Zu Anfang begrüßte die Kirche die Universitäten als potentielle Streiter gegen die Häresie, doch manche ihrer Vertreter waren mißtrauisch gegenüber diesem intellektuellen Milieu, »wo nichts voll erkannt ist, bis es durch Argumente zerfetzt ist«, um Robert de Sorbon (1201–1274) zu zitieren, den Begrün-

der des Kollegs für arme Studenten, das später zur Sorbonne wurde. Als Thomas von Aquin (1225–1274), ein Mitglied des Dominikanerordens und der größte Denker der Kirche Mitte des 13. Jahrhunderts, nach Paris ging, hatte er unter anderem auch die Absicht, die intellektuelle Bewegung in den Bahnen der Orthodoxie zu halten. Aquin vereinte die Philosophie des Aristoteles mit dem Dogma der Kirche, womit er die Grundlage für die religiöse Orthodoxie bis zum Beginn der modernen Naturwissenschaft legte.

Aquins Lehrtätigkeit an der Universität Paris stellte die glanzvolle Krönung der französischen Kulturleistungen im Hochmittelalter dar. Frankreichs Gotik hatte Europa erobert, seine Universitäten waren in Europa führend. Um seinen Reichtum, seinen Lebensstil und sein politisches System wurde es sehr beneidet; bedingt durch die Größe seines Territoriums übertraf die Einwohnerzahl alle rivalisierenden Staaten. Selbst der Wechsel der Dynastie im Jahr 1328, als der letzte Kapetinger, Karl IV. (1322–1328), keinen männlichen Erben hatte und der Thron an die Seitenlinie der Valois überging, konnte das Reich nicht erschüttern. Allein die Tatsache, daß der Anspruch der Valois sich gegen den Eduards III., König von England, durchsetzte, offenbarte die Anfänge einer nationalistischen Gesinnung innerhalb der Führungsschicht. »Die Franzosen malten sich nicht ohne innere Erregung die Idee aus, daß sie England untertan wären«, berichtete ein Pariser Mönch. Und ein italienischer Zeitzeuge stellte fest: »In der ganzen Christenheit hat der König von Frankreich keinen Ebenbürtigen.« Doch Mitte des 14. Jahrhunderts wurden Anzeichen eines gesellschaftlichen und politischen Niedergangs erkennbar.

Gesellschaftlicher und wirtschaftlicher Niedergang

»A fame, bello et peste, libera nos, Domine« (Von Hunger, Krieg und Pest befreie uns, oh Herr). Diese mittelalterliche Litanei führt die drei gesellschaftlichen Bedrängnisse auf, die Frankreichs wirtschaftlicher Expansion entgegenwirkten. Das Bevölkerungswachstum hing von der Steigerung der Lebensmittelversorgung ab, die aber ihre Grenzen hatte. Besonders Neuland, das unter den Pflug kam, brachte nicht die nötigen hohen Erträge; eine Aufteilung der Bauernhöfe bis unter die Existenzmöglichkeit wurde vorgenommen. Von Mißernten ausgelöste regionale Nahrungsmittelknappheit trat immer öfter auf und wuchs sich zu Hungersnöten aus, die ganz Europa, wie die in den Jahren 1315 bis 1316, in Mitleidenschaft zogen. Durch periodisch wiederkehrende Mißernten verursachte hohe Getreidepreise beeinträchtigten wiederum die Wirtschaftssektoren des Handels und Gewerbes, und seit 1310 waren die Messen in der Champagne im Niedergang. Versorgungsmängel lösten soziale Unruhen wie die großen Aufstände gegen die Feudalherrschaft in Flandern zwischen 1323 und 1328 aus. 1347 trat die Pest nach einer Pause von sieben Jahrhunderten wieder in Europa auf, wodurch die alte Ordnung einen weiteren verheerenden Schlag erhielt. Der Schwarze Tod, der in den späten 30er Jahren zuerst in Zentralasien auftauchte, folgte den Seidenstraßen nach Westen, bevor Genueser Schiffe ihn 1347 nach Südfrankreich trugen. Nur wenige Regionen wurden nicht von ihm heimgesucht. Nach dem zeitgenössischen Chronisten Froissart verlor Frankreich zwischen 1347 und 1349 ein Drittel seiner Bewohner, und diese Schätzung ist wahrscheinlich keine Übertreibung. »Die Welt geht dem Ende zu«, bemerkte ein anderer Chronist über seine unglückliche Zeit, als die Jagd auf Juden für die verzweifelte Suche nach Sündenböcken symptomatisch war. Bis zum 18. Jahrhundert blieb die Pest eine Bedrohung, die immer im Hintergrund lauerte.

Der Menschenverlust brachte der Wirtschaft weiteren Stillstand und Rückgang. Es wurde sehr schwer, eine Ar-

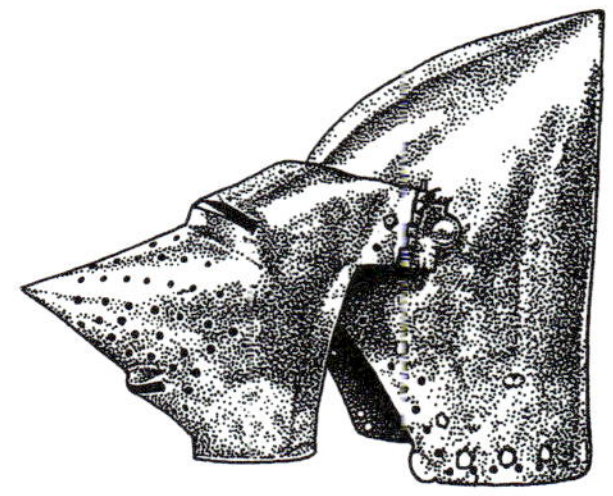

Oben: Helm aus dem späten 14. Jahrhundert.

Links: Als Karl VI. (1380–1422) im Jahr 1392 seine Truppen in die Bretagne führte, ritt er in plötzlicher geistiger Umnachtung gegen seine eigenen Männer und warf die Lanze gegen sie. Es war dies der erste Anfall einer Geisteskrankheit, die ihn bis zu seinem Tod periodisch heimsuchte und Frankreich innen- wie außenpolitisch schwächte. Gegenseitiger Streit brach wieder auf, besonders im Burgund und im Armagnac. Durch den Vertrag von Troyes (1420) mußte Karl praktisch der Aufteilung seines Reiches zwischen Burgund und England zustimmen, als der englische König Heinrich V. seine Tochter heiratete und sein Erbe wurde.

Vorhergehende Seiten: Die untere Kapelle der berühmten Sainte-Chapelle auf der Ile de la Cité in Paris. Sie wurde 1248 als Privatkapelle für Ludwig den Heiligen (Ludwig IX.) gebaut, bevor er zum Kreuzzug aufbrach. Die Residenz des Königs grenzte an die Kapelle, die errichtet wurde, um die Dornenkrone und andere Reliquien unterzubringen. Sie wurde im 19. Jahrhundert renoviert und besitzt noch viele der ursprünglichen Glasfenster aus dem 13. Jahrhundert, für die sie berühmt ist.

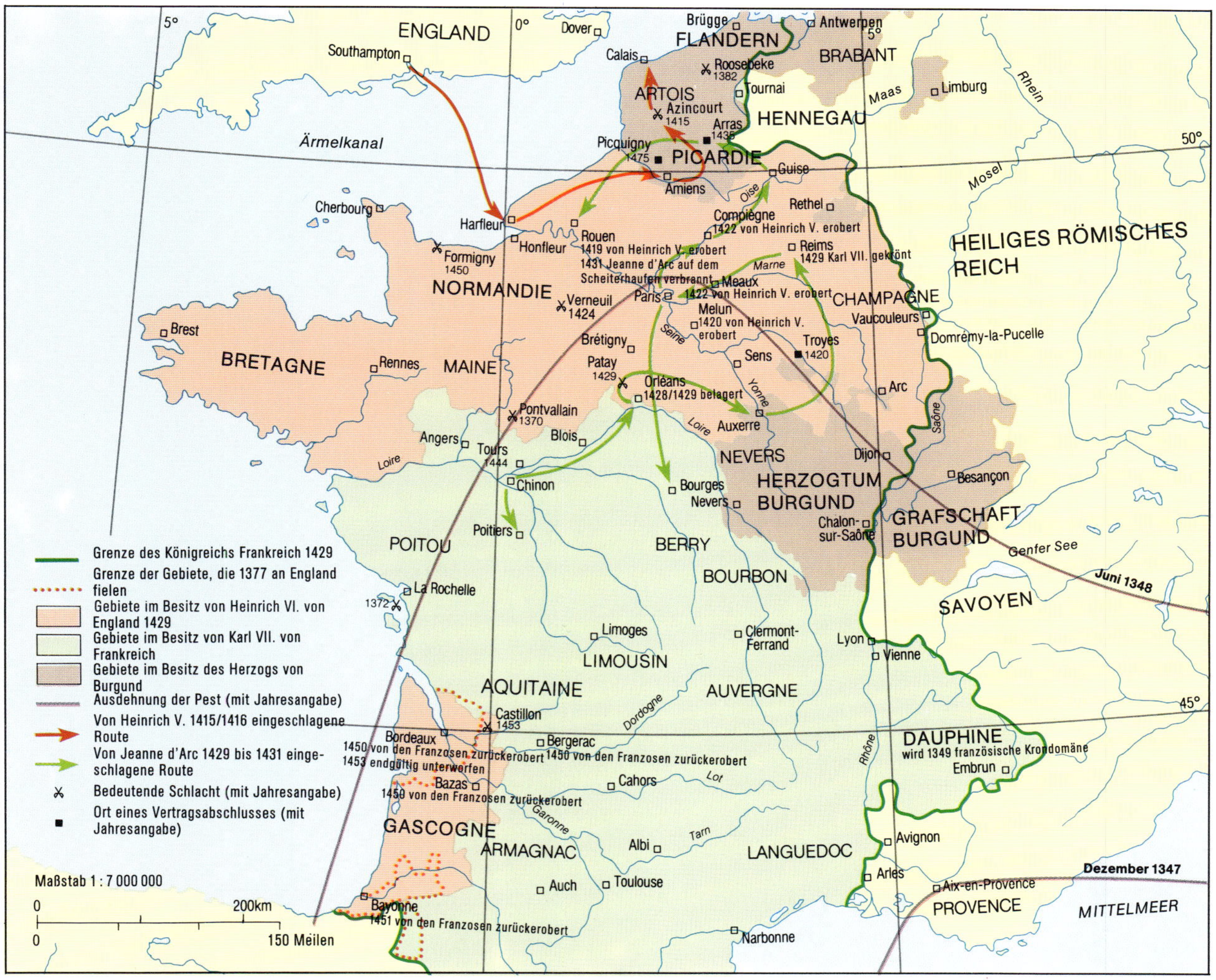

Der Hundertjährige Krieg
Das Auftreten der Pest im Jahr 1347 versetzte der wirtschaftlichen und kulturellen Stärke Frankreichs einen vernichtenden Schlag. Etwa ein Drittel der Bevölkerung starb. Die verheerende Wirkung dieser Epidemie wurde noch verschlimmert durch die zerrüttenden Folgen der Kriegsführung. Die Armeen waren zwar nicht groß, aber der zerstörerische Druck auf eine ohnehin hart getroffene bäuerliche Wirtschaft war beträchtlich, und der praktische Zusammenbruch des politischen Systems zog weitgehend Gesetzlosigkeit nach sich. Die Engländer hatten sich 1377 von ihrem kleinen Stützpunkt im Südwesten, in der Gascogne, ausgebreitet, so daß der Norden gänzlich von der anglo-burgundischen Macht beherrscht wurde. Das Schicksal der Valoisdynastie war nie gefährdeter als im Jahr 1429, kurz bevor Jeanne d'Arc auftrat. Ihr triumphaler Vormarsch machte den Franzosen wieder Mut und ebnete den Weg für die Rückeroberungen durch Karl VII. Am Ende des 15. Jahrhunderts beschränkte sich Englands kontinentaler Besitz auf Calais, und die Versuche der Burgunder, einen Pufferstaat zwischen Frankreich und Deutschland einzurichten, wurden vereitelt.

beit zu finden, und die Städte litten unter Massenarmut. Es hieß, daß in Metz 1419 ein Mann vier Prostituierte für den Preis von einem Ei haben konnte. Auf dem Land scheiterten die Versuche der Gutsherren, ihre Bauern für die Unkosten der Krise aufkommen zu lassen. Tatsächlich konnten jedoch manche der überlebenden Bauern von der größeren Mobilität und den höheren Löhnen profitieren. Die Herren glichen ihre Einbußen aus, so gut sie konnten, aber im ganzen schwächte die Krise die grundbesitzende Klasse und bedeutete das Ende der Großgrundbesitzer.

Der Hundertjährige Krieg

Um die Verluste zu kompensieren, griffen viele Adlige zum herkömmlichen Mittel der Beutezüge. Demzufolge litt Frankreich vom frühen 14. bis zur Mitte des 15. Jahrhunderts unter einem Zustand fast ununterbrochener Kriegsführung: dem Hundertjährigen Krieg gegen England. Der Krieg begann 1337 als feudaler Zwist, als Philipp VI. (1328–1350), der erste Monarch des Hauses Valois, das Herzogtum Aquitanien konfiszierte, das Eduard III. von England gehörte. Eduard führte ein Heer über den Ärmelkanal, um sein Recht zu verteidigen und auch, um seine Anwartschaft auf den französischen Thron geltend zu machen, auf den er durch seine Mutter legalen Anspruch hatte. Das folgende Jahrhundert immer neuer Kriege und unsicherer Friedensschlüsse wird markiert durch einige der bekannteren Ereignisse in der Nationalgeschichte Englands wie Frankreichs: die glänzenden Heldentaten englischer Bogenschützen bei Crécy (1346), Poitiers (1356) und Azincourt (1415) und den französischen Widerstand, der durch die Persönlichkeit der Jeanne d'Arc (um 1412–1431) namentlich bei der Belagerung von Orléans (1429) inspiriert wurde.

Der Hundertjährige Krieg bedeutete jedoch mehr als eine Auseinandersetzung zwischen aufsteigenden Nationen. Er war auch ein Bürgerkrieg der zynischsten Art, da feudale Vasallen durch die Unterstützung des Königs von England persönliche Vorteile suchten. Das trickreiche Machtstreben der Parteien von Armagnac und Burgund, vor allem zwischen 1390 und 1410, war besonders verwerflich. Die englischen Heere waren zusammen mit ihren französischen Verbündeten immer vergleichsweise klein – höchstens 40 000 Mann –, und der Gegner mußte relativ wenig Gefallene beklagen. Bewaffnete Banden schlugen jedoch mit ihren Raubzügen Schneisen der Zerstörung, wo immer sie auftauchten, und verschlimmerten dadurch die schwerwiegenden demographischen und sozialen Probleme nur noch.

Im Jahr 1453 gestand England seine Niederlage durch einen Friedensvertrag, der nur Calais in englischer Hand beließ. Nachdem sie kritische Zeiten überstanden hatte, wurde die Dynastie des Hauses Valois durch den Sieg beträchtlich gestärkt. Mitte des 14. Jahrhunderts fiel die Forderung des führenden Pariser Kaufmanns Etienne Marcel nach repräsentativer Regierung mit der Jacquerie (1358) zusammen, einem Bauernaufstand in Nordfrankreich, den militärische Beutezüge ausgelöst hatten. Die Jacquerie wurde blutig niedergeschlagen, und es gab über 20 000 Tote unter den Bauern. Der italienische Humanist Petrarca beschrieb das Frankreich jener Zeit als »einen Ruinenhaufen«. Nach Azincourt (1415) standen Frankreichs Sterne wiederum schlecht, als Karl VI. (1380–1422) gezwungen wurde, den Engländer Heinrich V. als seinen Erben anzuerkennen. Karl VII. (1422–1461), auf neurotische Weise unsicher, was seine Thronansprüche anging – man nannte ihn spöttisch »König von Bourges« –, wurde erst durch Jeanne d'Arc von seinem Recht überzeugt, und es erwies sich, daß er und sein Sohn Ludwig XI. (1461–1483) die Architekten von Frankreichs Wiederaufstieg und der Neugestaltung seiner Regierung werden sollten.

Jeanne d'Arc

Der außergewöhnliche Lebensweg der Jeanne d'Arc machte sie zu einer der bekanntesten, freilich auch am wenigsten verstandenen Persönlichkeiten der französischen Geschichte. Erst in jüngerer Zeit, 1920, wurde sie heiliggesprochen, und es dauerte bis zum 19. Jahrhundert, daß der französische, rechtsgerichtete Nationalismus die »Jungfrau von Orléans« als Symbolfigur in Anspruch nahm. Frühere Generationen hatten Schwierigkeiten, sie einzuordnen.

Jeanne wurde um 1412 als eines von fünf Kindern einer nicht ganz unbemittelten Bauernfamilie in Domrémy in Lothringen geboren. Sie war dreizehn, als sie zum erstenmal die Stimmen der Heiligen Michael, Katharina und Margarethe hörte, die ihr sagten, was sie zu tun habe. Ihr Ruf eilte ihrem Auftritt in Chinon im Februar 1429 voraus, wo Karl VII. den möglichen Verlust seines Königreichs an die Engländer beklagte. Jeanne erkannte Karl inmitten einer Gruppe von Höflingen und überzeugte ihn von ihrem göttlichen Auftrag, die Engländer aus Frankreich zu vertreiben. Sie überredete ihn, ihr das Kommando über eine Armee anzuvertrauen, um die englische Belagerung von Orléans aufzuheben, was ihr auch gelang. Die Engländer wurden bis in die Gegend nördlich der Loire zurückgetrieben, wodurch ihre Aura der Unbesiegbarkeit ernstlich Schaden erlitt. Mit Hilfe von Jeanne kam Karl nach Reims. Seine Krönung an diesem traditionellen Ort machte ihn zum König »von Gottes Gnaden« und stärkte sein Ansehen.

Jeannes Rolle am Hof wurde aber zunehmend unsicherer, als jene, die auf Verhandlungen mit den Engländern drängten, den Sieg über die kriegsbefürwortende Gruppe errangen, mit der sie identifiziert wurde. Man nahm sie gefangen, und die Burgunder, die noch Verbündete der Engländer waren, lieferten sie an diese aus. Die Engländer stellten sie in Rouen als Hexe vor Gericht. Trotz heldenhafter Verteidigung wurde sie zuerst zu lebenslänglichem Gefängnis, dann zum Tod auf dem Scheiterhaufen verurteilt. Das Urteil wurde 1431 vollstreckt, nachdem es Karl VII. nicht gelungen war, sie loszukaufen.

Jeannes Angewohnheit, in Männerkleidung aufzutreten, sowie ihr Anspruch, in göttlichem Auftrag zu handeln, trugen dazu bei, sie als Ketzerin und Zauberin schuldig zu sprechen – Vorwürfe, die durch falsche Zeugenaussagen bekräftigt wurden. Ihr Tod belegt eine wachsende Intoleranz gegenüber unorthodoxen Verhaltensweisen und religiösen Ansichten im spätmittelalterlichen Europa. In Frankreich war diese Tendenz besonders stark ausgeprägt. Die Tempelritter waren 1310 wegen angeblich sodomistischer Orgien und Teufelsverehrung angeklagt worden, und auch Juden und Leprakranken wurde widernatürliches Verhalten unterstellt. Ähnliche Beschuldigungen und Angriffe richteten sich gegen die ketzerischen Waldenser in den Alpen. Die zunehmende Verfolgung solcher Dissidenten nach Jeannes Tod zeigt die wachsende Zahl der Hexenprozesse.

Rechts: Jeanne ist eine der wenigen historischen Gestalten, die jedes folgende Zeitalter nach seiner Vorstellung porträtierte. Diese kriegerisch gewappnete Jeanne von einem anonymen französisch-flämischen Künstler erscheint in einer Gedichthandschrift (um 1455) von Karl von Orléans.

Unten: Der Hundertjährige Krieg begann als ein Krieg der Ritter, die nach ritterlichem Kodex kämpften. Zur Zeit von Jeanne d'Arc änderte sich die Technik der Kriegsführung rasch. Englands Bogenschützen hatten die Blüte der französischen Ritterschaft getötet. Mit der Entdeckung des Schießpulvers tauchte auf den Schlachtfeldern schwere Artillerie auf, wie es diese Buchmalerei aus dem 15. Jahrhundert zeigt.

Oben: Das früheste Porträt von Jeanne d'Arc und das einzige, das zu ihren Lebzeiten entstand. Es wurde im Mai 1429 in ein Register des Großen Gerichtshofs, dem Parlament von Paris, gestrichelt, in dem die Befreiung des lange belagerten Orléans aufgezeichnet ist.

Rechts: Diese Buchmalerei aus einem Stundenbuch zeigt eine Totenwache. Die Teufel aus der Hölle bereiten den Seelen der Sünder ein schreckliches Schicksal. Im späten Mittelalter traten Hölle und Teufel zunehmend ins Bewußtsein, und beide wurden von Malern und Theologen phantasievoll dargestellt. Frauen hielt man besonders anfällig für die Schmeicheleien des Teufels, und so fanden Jeannes Richter es einfacher zu glauben, daß ihre Stimmen eher teuflischen als göttlichen Ursprungs seien.

Oben: Diese Buchmalerei zeigt eine Hexe auf ihrem Besen. Angst vor dem Teufel und seinen Machenschaften, verbunden mit einer allgemeinen Frauenfeindlichkeit unter den männlichen Geistlichen, die dem Zölibat verpflichtet waren, veranlaßte diese, Zehntausende von Frauen unter der Beschuldigung der Hexerei und des Verkehrs mit dem Teufel in den Tod zu schicken.

Wiederaufbau und Expansion

Entscheidend für die Wiederherstellung Frankreichs waren militärische und finanzielle Reformen. Der Vorteil, den bewaffnete Infanteristen auf dem Schlachtfeld gegenüber der Kavallerie hatten, beleuchtete die Unangemessenheit der alten feudalen Aushebung und zwang die Herrscher, auf bezahlte Söldner zurückzugreifen. Zwischen 1439 und 1445 wurde eine rudimentäre Berufsarmee aufgestellt, die sogenannten *compagnies d'ordonnance.* Gleichzeitig legte Karl VII. den Grundsatz fest, daß die Armee durch direkte Besteuerung *(taille royale)* unterhalten werden sollte. Ein stehendes Heer, finanziert durch königliche Besteuerung und unabhängig von jeder repräsentativen Institution wie den Generalständen, stellte die Basis für die absolute Monarchie der frühen Neuzeit dar und sollte erst mit der Revolution von 1789 verschwinden.

Auch andere Merkmale des zukünftigen Absolutismus wurden unter Karl VII. und Ludwig XI. vorweggenommen. Der Monarch richtete neue Steuerbezirke ein, die sogenannten *généralités*, und erhielt eine extensive Kontrolle über die Ernennungen zum höheren Klerus durch die Pragmatische Sanktion von Bourges (1438), die später durch das Konkordat von Bologna (1516) modifiziert wurde. Ein neugebildeter königlicher Rat, geführt von Staatssekretären und *maîtres des requêtes* (Berichterstatter) – und nicht von feudalen Würdenträgern –, gestaltete die Politik des Staates. Um die monarchische Idee zu fördern, befolgte der König ein aufwendiges Zeremoniell, führte Turniere durch und förderte die Künste, die die Dynastie verherrlichten. Das »Renaissance-Königtum« des beginnenden 16. Jahrhunderts hatte seine Wurzeln in dieser frühen Periode.

Mehr als ein Jahrhundert lang hatte Frankreich expandiert. Der Erwerb der Dauphiné 1343 erweiterte das Reich zum erstenmal über die Rhône. Im Jahr 1453 mußten die Engländer Guyenne aufgeben, dann folgten weitere Annektionen: Alençon (1456), Besitzungen der Grafen Armagnac (1473), Burgund (1477), die Provence (1481), Länder des Hauses Anjou (1489) und die Bretagne (1491). Einer der hervorstechendsten Wesenszüge der Expansion war das zwischen zentralisierter und dezentralisierter Macht erreichte Gleichgewicht. In ganz Europa stand der König von Frankreich im Ruf absoluter Macht: Ludwig XI., so stellten die Mailänder Gesandten fest, wünschte nicht, »seine Königsherrschaft zu teilen«. Doch der König herrschte nicht einheitlich über das gesamte Reich. Einige der erworbenen Territorien durften örtliche Institutionen behalten, während entfernte Provinzen ihre eigenen ständischen Gerichte *(parlements)* erhielten wie Toulouse 1443 und Grenoble 1453. Auch lokale Stände (repräsentative Körperschaften), die leichter zu dirigieren waren als die nationalen Generalstände, wurden zugelassen: Die Bretagne zum Beispiel behielt ihre Stände, nachdem sie 1491 einverleibt wurde. In der Praxis bedeutete »Absolutismus« die Beibehaltung lokaler Verwaltungsformen und deren Inkorporierung in die »fundamentalen Gesetze des Königreichs«, Frankreichs ungeschriebener Verfassung.

Burgund, die Italienischen Kriege und die Renaissance

Die Lokalregierung wurde nur dann aufgelöst, wenn sie als Gefahr für den Staat oder als Konkurrent seiner Macht galt. Ein solcher Fall war das Herzogtum Burgund, das Johann II. (1350–1364) als halbautonomes Lehen für seinen Sohn Philipp den Kühnen schuf. Unter einer Reihe machtvoller Herzöge entwickelte das Herzogtum einen Verwaltungsapparat, der ebenso effizient war wie der der Könige von Frankreich. In einer Phase hatte es den Anschein, als ob das Herzogtum, vergrößert durch den Erwerb von Artois und Flandern, ein »Mittelreich« zwischen Frankreich und Deutschland im Sinn des Vertrags zu Verdun von 843 bilden könnte. Die Niederlage und der Tod von Karl dem Kühnen (1467–1477) in der Schlacht von 1477 beendete die burgundische Bedrohung, doch forderte das seinen Preis.

Frankreich und die Renaissance
Nach seinem Erfolg im Hundertjährigen Krieg mußte der französische Staat seine Zentralmacht, die unter dem englisch-französischen Konflikt gelitten hatte, wieder neu organisieren. Um 1500 war die Bedrohung durch eine burgundische Herrschaft aufgehoben. Der Krieg wurde statt in Frankreich im Ausland, in Italien, geführt. Dadurch war eine kulturelle Blüte möglich. Kunst und Architektur spiegelten den italienischen Renaissancestil wider. Doch der vielleicht nachhaltigste kulturelle Einfluß war die rasche Verbreitung der Druckerpresse.

Rechts: Johann I., Herzog von Berry (1340–1416), war der Sohn von König Johann II., dem Guten (1350–1364). Der Herzog beauftragte die Brüder von Limburg, das berühmte Stundenbuch zu schaffen, das als *Très riches heures du duc de Berry* bekannt ist, aus dem diese Illumination stammt. Der Herzog in Pelzkappe und blauem Gewand sitzt am Tisch.

Oben: Medaillon von Anna von der Bretagne (1477–1514). Seit 1488 war sie Herzogin der Bretagne. Sie heiratete Maximilian von Österreich, doch Karl VIII. zwang sie, diese Ehe zu annullieren und statt dessen 1491 ihn zu heiraten. Damit kam die Bretagne zum erstenmal unter königliche Herrschaft. Nach Karls Tod heiratete Anna seinen Nachfolger Ludwig XII. Die Bretagne wurde 1532 völlig in das französische Königreich integriert.

Ganz oben: Bauern bei der Apfelernte. Diese Buchmalerei stammt aus einer der Handschriften (um 1460) von Pietro de Crescenzis *Rusticon*, ein landwirtschaftliches Handbuch, das um 1305 in Italien verfaßt wurde. Die Erstausgabe des Werkes erschien 1471, und es wurde mehrfach nachgedruckt.

Außen rechts: Porträt von Jean Fouquet. Es stellt Guillaume Juvénal des Ursins (1401–1472) dar, der 1445 Kanzler von Frankreich war.

Obschon das Herzogtum Burgund Frankreich einverleibt wurde, blieb die benachbarte Franche-Comté in der Familie Karls des Kühnen, dessen Erbin Maria einen Habsburger heiratete. Hier lag die Begründung für die Rivalität zwischen den Häusern Valois und Habsburg – später zwischen den Bourbonen und den Habsburgern –, die die internationalen Beziehungen in Europa bis ins späte 17. Jahrhundert entscheidend prägte.

Der Kriegsschauplatz, auf dem diese Rivalität im 15. und 16. Jahrhundert ausgetragen wurde, war die italienische Halbinsel. Zu den französischen Erfolgen gehörten der triumphale Vormarsch Karls VIII. (1483–1498) nach Süden im Jahr 1494, dessen Belagerungsgeschütze die Mauern der Städte, die Widerstand leisteten, zerstörten, und der glänzende Sieg Franz I. (1515–1547) bei Marignano im Jahr 1515. Die Franzosen mußten hier im frühen 16. Jahrhundert den Einfluß der Habsburger bekämpfen, wenn sie die Einkreisung durch den Habsburger Kaiser Karl V., den Herrscher über Österreich, Spanien, die Franche-Comté und die Niederlande, vermeiden wollten. Im ganzen jedoch wogen die Mißerfolge der französischen Truppen auf der italienischen Halbinsel, wo sie von 1494 bis 1559 ständig präsent waren, ihre Siege auf. Zu erwähnen ist die Niederlage bei Pavia (1525), wo Franz I. gefangengenommen wurde. Aufgrund des Vertrags von Cateau-Cambrésis (1559), der die italienischen Kriege beendete, erhielt Frankreich Calais und die »Drei Bistümer« (Toul, Metz, Verdun), verlor aber alle Ansprüche auf einen Stützpunkt in Italien. Vielleicht lag der wesentlichste Aspekt der Italienischen Kriege darin, daß Frankreich überhaupt die Fähigkeit besessen hatte, eine offensive Außenpolitik zu betreiben. Die Kriege bedeuteten das Ende einer langen Periode innerer Wirren und politischer Schwäche, aber sie bezeugten auch, wie stark sich Frankreich wirtschaftlich erholt hatte.

Frankreichs verbesserte Wirtschaftslage gehörte zu einer allgemeinen europäischen Erholungsphase nach den verheerenden Auswirkungen des Schwarzen Todes und der feudalen Krisen im späten Mittelalter. Das Bevölkerungs-

wachstum beschleunigte sich und erreichte langsam wieder den Stand vor der Pestepidemie, was in vielen Städten zu Wohnraumproblemen führte und die Stadtentwicklung förderte. Die Urbanisierung ihrerseits kurbelte die Wirtschaft an. So erhöhte sich die Agrarproduktion, um die städtische Nachfrage zu befriedigen. Viele Städte verbesserten und erweiterten die Handwerksindustrien – zum Beispiel für die Verarbeitung von Seide, Leder, Metall und Glas. Gleichzeitig vermehrten sich die Gilden und Korporationen, von denen jede ihren eigenen Sitz in der Stadt hatte, und auch die Handelsbeziehungen wurden ausgedehnt.

Das frühe 16. Jahrhundert erlebte eine Revolution des Weltverkehrs. Die Entdeckung der Neuen Welt verlagerte das Zentrum des wirtschaftlichen und kulturellen Lebens in Europa vom Mittelmeer zum Atlantik. Nicht nur die Wirtschaftsbeziehungen wurden intensiviert, auch das geistige Leben erhielt größere Vielfalt. Die Erfindung des Buchdrucks führte zu einer umfangreichen Herstellung und Verbreitung von Texten jeder Art. Die Entwicklung eines öffentlichen Postnetzes ergänzte diesen Prozeß. Bezeichnenderweise wurde Französisch zur bevorzugten Verkehrssprache. Es drängte sowohl das Latein zurück, die mittelalterliche Sprache der Wissenschaft und Religion, wie auch das Provenzalische, dessen einst lebendige Literatur im 15. Jahrhundert einen Niedergang erlebte. Zu den großen Schriftstellern des 16. Jahrhunderts gehören die Humanisten Rabelais (1494–1553) und Montaigne (1533–1592). Sie pflegten ein Französisch, das das königliche Edikt von Villers-Cotterêts 1539 zur offiziellen Sprache für alle rechtsgültigen Dokumente erklärte. Als gesprochene Sprache wurde Französisch bis 1789 nur von einer Minderheit gebraucht. Die Mehrheit verwendete andere Sprachen (Deutsch, Italienisch, Spanisch, Bretonisch usw.) und eine Vielzahl lokaler *patois.* Doch jetzt im Renaissance-Zeitalter erhielt Französisch den Status der offiziellen Schriftsprache des französischen Volkes.

Die Renaissance hatte auch ihre dunkle Seite. Eines der

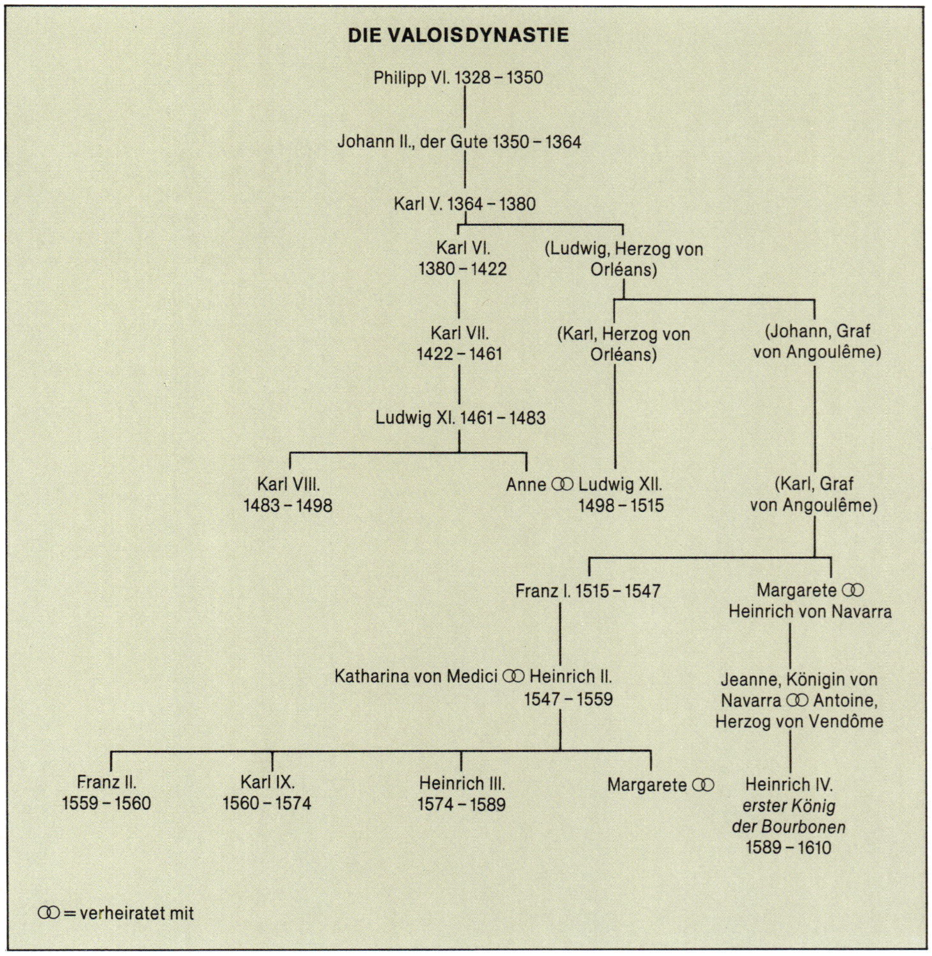

auffälligsten Merkmale der Wirtschaftsentwicklung war die Inflation. Nach heutigen Maßstäben war sie gering, und steigende Preise hatten sowohl positive wie negative Auswirkungen. Bauern und andere Grundbesitzer, die für den Markt produzieren konnten, erzielten hohe Profite, da die Lebensmittelpreise sich mit am meisten erhöhten. Die Leidtragenden aber waren jene Menschen, die zu festen Löhnen arbeiteten oder feste Pachtzinsen erhielten. Wachsende gesellschaftliche Gegensätze prägten das 16. Jahrhundert. Auf der einen Seite des sozialen Spektrums konnten große Vermögen noch weiter vergrößert werden, während auf der anderen Seite eine Vielzahl von Menschen nur das Allernotwendigste zum Leben hatte, bei Mißernten mit dem Hungertod rechnen mußte und eine wachsende Bedrohung der öffentlichen Ordnung darstellte.

Die Religionskriege

Trotz der absolutistischen Regierungsform des französischen Staates hatte die Zentralregierung weniger Macht, als ihre Sprache und ihr Anspruch vorgaben. Die Grenzen traten seit der Mitte des 16. Jahrhunderts zutage, als im Land wieder Unruhen aufflammten. Sie fanden ihre Ursache in den sozialen und ideologischen Spannungen, die der ökonomische Wandel hervorgerufen hatte. Nach sporadischen Unterdrückungsversuchen gelang es der Regierung nicht,

Links: Porträt eines anonymen Malers aus dem 17. Jahrhundert. Es stellt François Rabelais (1494 – 1553) dar, den großen Humanisten und Satiriker. Er studierte Griechisch, war Arzt und Mathematiker und wurde Pfarrer von Meudon. Am bekanntesten ist sein vielbändiges Romanwerk über Gargantua und Pantagruel. Rabelais war eine der brillantesten Persönlichkeiten der Renaissance in Frankreich.

Rechts: Heinrich II., seit 1547 König, wurde im Alter von knapp 40 Jahren 1559 beim Lanzenstechen in Paris tödlich verwundet. Dieser Stich zeigt den berühmten königlichen Chirurgen Ambroise Paré (um 1509 – 1590) bei den Vorbereitungen zur Behandlung des Herrschers, der einen Splitter von der Lanze des Grafen Montgomery im linken Auge hat.

Links: Ein Gobelin aus dem 15. Jahrhundert, der eine Badeszene darstellt. Er gehört zu einer Serie, die die Lebensweise der Adligen zeigt und im Süden der Niederlande hergestellt wurde. Sie hängt jetzt im Musée Cluny in Paris.

Die Religionskriege
Die Reformation, die 1517 durch Martin Luthers Reaktion auf die Korruption der katholischen Kirche ausgelöst wurde, verbreitete sich in den folgenden Jahrzehnten in ganz Europa und zerrüttete die religiöse Einheit der mittelalterlichen Christenheit. Ihre Wirkung auf Frankreich war unübersehbar; Sie teilte die Franzosen entschiedener als irgendeinen anderen europäischen Staat. Die religiöse Spaltung in Katholiken und Calvinisten (oder Hugenotten, wie sie hier genannt wurden) steigerte sich bald von der bloßen Polemik zum Blutvergießen. Das Massaker der Bartholomäusnacht im August 1572 in Paris und anderen Städten war nur die bekannteste Episode in einer blutigen Chronik religiöser Kämpfe. Die konfessionelle Trennung zwischen Katholiken und Hugenotten, die gegen Ende der Religionskriege 1598 einsetzte, war sehr komplex. Das umgekehrte Hufeisen der hugenottischen Festungen – vom Rhônetal und den Cevennen im Südosten durch Béarn, Bordelais und Poitou bis in die Normandie im Nordwesten – sollte die grundlegende geographische Verteilung des französischen Protestantismus bis ins 20. Jahrhundert bestätigen. Die Folgen der konfessionellen Spaltung für das französische Gemeinwesen waren schrecklich: Frankreich war als europäische Macht bis zum Dreißigjährigen Krieg (1618 – 1648) ausgeschaltet.

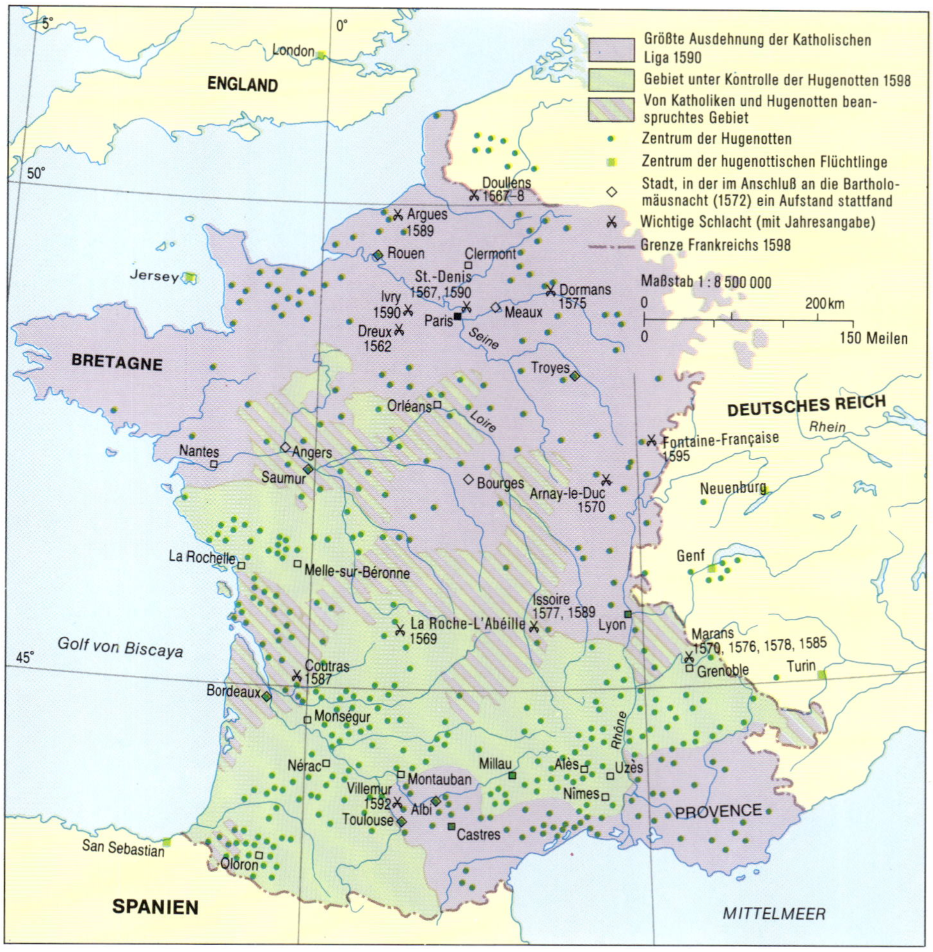

den Protestantismus daran zu hindern, sich als einflußreiche Religion einer Minderheit eine feste Position zu schaffen. Das Problem spitzte sich Mitte des 16. Jahrhunderts zu, als calvinistische Missionare von Genf aus den neuen Glauben sowohl unter den Adligen und der Bourgeoisie als auch unter Handwerkern und Städtern verbreiteten, die seit den 20er Jahren desselben Jahrhunderts die relativ wenigen Anhänger des französischen Luthertums gestellt hatten. Seit 1560 wurde in Frankreich eine besondere religiöse Geographie des Protestantismus erkennbar, darunter ungefähr 2150 sogenannte »Hugenotten«-Gemeinden. Etwa die Hälfte des Adels und ein Drittel der Bourgeoisie bekannten sich als Protestanten.

In den Religionskriegen (1560–1598), die zeitweise den Staat zu zerreißen drohten, ging es nicht nur um religiöse Streitigkeiten, sondern auch um den Widerstand der Adligen gegen die zentralisierte Staatsmacht. Der plötzliche Autoritätsschwund der Krone nach dem Tod Heinrichs II. 1559 bei einem Turnier löste den Konflikt aus. Zwei der Nachfolger Heinrichs II., Franz II. (1559–1560) und Karl IX. (1560–1574), waren minderjährig, und der dritte, Heinrich III. (1574–1589), war ein Schwächling ohne Durchsetzungsvermögen. Die dominante politische Persönlichkeit bis 1589 war ihre Mutter, Katharina von Medici, die Witwe Heinrichs II. Im Jahr 1560 wurden die Generalstände zum erstenmal seit 1484 einberufen. Dies zeigt, daß Katharina als Regentin eine gewisse Form öffentlicher Legitimierung für notwendig erachtete. Appelle zur nationalen Einheit wurden jedoch von einer Nation nicht befolgt, die mehr und mehr durch Glaubensrivalität und bald auch durch Blutvergießen gespalten war. Zwischen 1562 und 1598 kam es zu acht Religionskriegen. Wenn auch das Ausmaß der militärischen Operationen relativ gering blieb, waren die Mißstände doch beträchtlich, die der häufige Zusam-

Die Hugenotten

Der Protestantismus war in Frankreich um 1560 so stark, daß es tatsächlich möglich schien, er könne den Katholizismus als Staatsreligion ablösen. In jeder Gesellschaftsschicht fand er breite Unterstützung, so daß die französischen Protestanten – oder Hugenotten, wie sie genannt wurden – sich zu Recht Erfolgschancen ausrechneten.

Die religiösen Fragen wurden jedoch überschattet von der zunehmenden Einmischung politischer Faktionen in die Staatsgeschäfte während der Regentschaft von Katharina von Medici. Ein schwacher Monarch hätte mit allzu mächtigen Untertanen selbst in guten Zeiten Probleme gehabt, doch diese Schwierigkeiten wurden durch religiöse Rivalitäten und Intoleranz noch verstärkt. Die Serie von Religionskriegen, die bis 1598 dauerten, ging über in einen Faktionskampf zwischen der ultrakatholischen Familie der Guise, die in Ostfrankreich besonders stark war, dem protestantischen Adelsgeschlecht Montmorency mit der Basis im Zentrum und dem Hugenotten Heinrich von Navarra (dem späteren Heinrich IV.), der seinen Schwerpunkt im Südwesten hatte. Die strittigen Fragen wurden noch komplizierter durch die bewaffnete Intervention Englands, das Partei für die Hugenotten und für die katholischen Spanier ergriff.

In Wirklichkeit war das Ausmaß des tatsächlichen Kampfes ziemlich begrenzt. Doch die durch die politische und militärische Unsicherheit verursachte ökonomische Zerrüttung war beträchtlich. Mit der Zeit kam ein katholischer Standpunkt auf – der der *politiques* –, nach dem einige Konzessionen an die Hugenotten im Gegenzug zu sozialer und politischer Harmonie zu akzeptieren waren. Dieser Kompromiß erleichterte die Aufgabe Heinrichs IV., die Faktionen zusammenzubringen.

Die Gegenreformation im 17. Jahrhundert setzte die Hugenotten erneuten Repressionen aus, und zwar bereits vor 1685, als Ludwig XIV. formal die protestantische Kirche in Frankreich auflöste. Erst am Vorabend der Revolution von 1789 gewannen die französischen Protestanten wieder ein gewisses Maß an religiöser Akzeptanz.

Rechts: Miniatur von Karl IX. (1560 bis 1574). Im Jahr 1550 geboren, war Karl noch ein Kind, als er nach dem Tod seines kränklichen Bruders Franz II. (1559–1560) die Thronfolge antrat. Er wurde von seiner Mutter, Katharina von Medici, vollkommen dominiert.

Unten: Das Edikt von Nantes vom 13. April 1598. Indem Heinrich IV. den Hugenotten eine eingeschränkte Religionsfreiheit gewährte, sicherte er sich ihre Unterstützung und behielt gleichzeitig die Katholiken auf seiner Seite. Die Möglichkeit eines Konfessionsstaates war zurückgedrängt – zumindest für einige Zeit. Ludwig XIV. hob das Edikt von Nantes wieder auf.

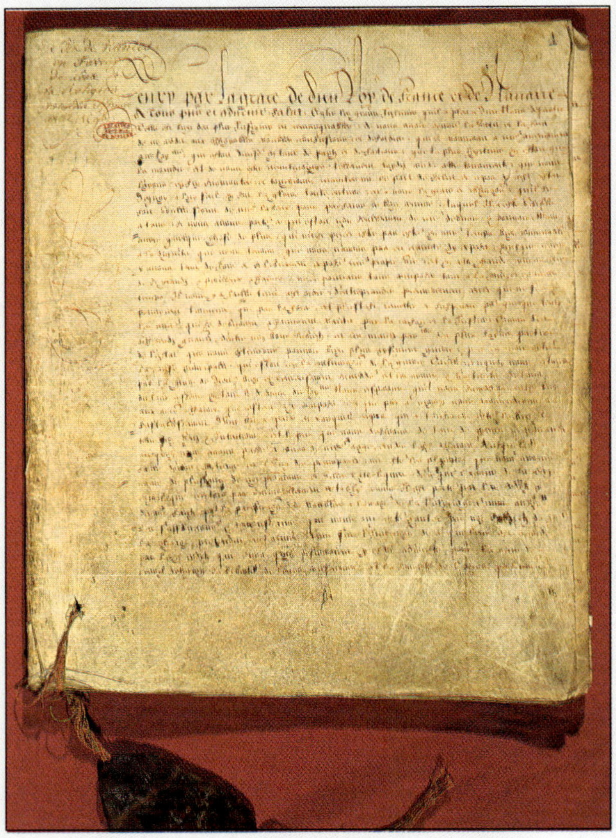

Links: Dieser Stich dokumentiert die Ermordnung von mehreren Hundert Hugenotten in Tours im Jahr 1562. Tausende von Protestanten, die in der Bartholomäusnacht 1572 in Paris massakriert wurden, stellten nur einen Bruchteil der vielen Opfer, die die Intoleranz in Glaubensfragen während der Religionskriege forderte.

Unten: Aquarell der Katharina von Medici (1519–1589). Der unerwartete Tod ihres Gemahls Heinrichs II. im Jahr 1559 brachte die italienische Prinzessin als dominierende politische Persönlichkeit ihrer Zeit ins Rampenlicht. Erwiesenermaßen gab sie den Befehl zum Blutbad der Bartholomäusnacht 1572.

Unten: Katholiken auf dem Marsch nach Paris. Der Versuch Heinrichs III. (1574–1589), den Hugenotten Zugeständnisse zu machen, veranlaßte eine massive Gegenreaktion von seiten der mächtigen Familie Guise. Sie beabsichtigten, Heinrich als König abzusetzen und die Nachfolge durch den Hugenotten Heinrich von Navarra (den zukünftigen Heinrich IV.) zu verhindern. Die von den Guise organisierte Katholische Liga erhielt von religiösen Fanatikern in der Hauptstadt große Unterstützung.

menbruch von Recht und Ordnung heraufbeschwor.

Die religiöse Intoleranz verschärfte andere Konflikte: 3000 Anhänger einer Richtung, die man als Waldenser Ketzer beschimpfte, wurden Mitte des Jahrhunderts in den Alpen getötet. Weit größer war die Zahl jener, die man seit den 80er Jahren wegen Hexerei hinrichtete, als die Hexenjagd in Frankreich ihren Höhepunkt erreichte. Das ruchloseste Beispiel für die religiöse Intoleranz war das Massaker an führenden Protestanten in der Bartholomäusnacht in Paris 1572: 2700 Anhänger dieser Glaubensrichtung in Paris und mehr als 20 000 in den Provinzstädten wurden ermordet. Solche Gewalttaten stärkten aber nur den protestantischen Widerstand. Die Monarchie konnte weder den Protestantismus ausrotten noch gelang es ihr, eine Politik der religiösen Toleranz zu verwirklichen, die für einige einflußreiche Untertanen, besonders die erzkatholische Familie der Guise, unannehmbar war: Heinrich III. ließ 1588 Heinrich Guise und dessen Bruder ermorden. »Erst jetzt«, sagte er, »bin ich König.«

Der Triumph Heinrichs III. war nur von kurzer Dauer: 1589 wurde er selber von einem katholischen Extremisten ermordet. Da er kinderlos war, ging der Thron auf Heinrich von Navarra (1589–1610) über, einen Abkömmling der Bourbonen, der von Béarn in Südfrankreich aus den Widerstand der protestantischen Gemeinschaft führte. Um die katholischen Kernlande Frankreichs zu gewinnen, vereinigte Heinrich IV. Gewalt und politisches Kalkül. Vor allem war es notwendig, Paris zu erobern, das Zentrum des bewaffneten Widerstandes und seit der Bartholomäusnacht der Herd des ultrakatholischen Fanatismus. Dies gelang durch einen meisterhaften Schachzug 1593/1594: Heinrich trat vom protestantischen zum katholischen Glauben über und erklärte: »Paris ist eine Messe wert.« Der Schritt wurde von weiten katholischen Kreisen mit Wohlwollen aufgenommen. Nach der Schreckenszeit der Sektenkämpfe, die die Katholiken durchlebt hatten, hielten sie gesellschaftliche Harmonie für wertvoller als die Errichtung eines konfessionellen Einheitsstaates. Heinrich IV. folgte dieser Einstellung im Edikt von Nantes 1598, das religiöse Toleranz gewährte. Im selben Jahr unterzeichnete er den Frieden von Vervins mit Philipp II. von Spanien, der zuvor versucht hatte, die innere Schwäche Frankreichs auszunützen.

In seiner restlichen Regierungszeit zeigte Heinrich IV. jene Verbindung von Festigkeit und Diplomatie, die ihm zu machtpolitischen Erfolgen verholfen hatte. Sein Finanzminister Sully (1560–1641) bemühte sich um einen neuen Wirtschaftsaufschwung nach der Zerrüttung der vergangenen Jahrzehnte. Aber der angebliche Wunsch Heinrichs, daß jeder Bauer ein »Huhn im Topf« haben sollte, war eher königliche Propaganda als ökonomische Politik. In Wirklichkeit war die Bauernschaft in einer schlimmen Notlage, was eine Reihe von Bauernaufständen beweist – namentlich die Croquant-Revolte (von französisch *croc* = Haken; hakenförmiges Messer) im Südwesten 1595/1596. Und die Bürde hoher Steuern verbesserte die Situation der Bauern auch nicht gerade. Für andere erschien es nach den Schrecken der Religionskriege sinnvoll, daß es die Aufgabe des Monarchen sei, das Gemeinwohl zu sichern, und Ideologen des Absolutismus, wie der große humanistische Philosoph Jean Bodin (1530–1596), sahen im König die einzige Alternative zur Anarchie.

Das Attentat auf Heinrich IV. im Jahr 1610 stürzte die neue Ordnung um. Heinrichs Nachfolger, Ludwig XIII. (1610–1643), war damals erst neun Jahre alt, so daß Heinrichs Witwe, Maria von Medici, anfangs als Regentin wirkte. Als Erwachsener erwies sich Ludwig XIII. als schwach und zögernd. Sein Sohn Ludig XIV. (1643–1715) erbte den Thron als Kind und war erst 1661 im vollen Besitz der Macht. Die Jahre von 1610 bis 1661 waren von ständigen, wenn auch letztlich erfolglosen Anstrengungen bestimmt, die zentralistischen Tendenzen rückgängig zu machen, die der erste Bourbonenkönig Heinrich IV. verwirklicht hatte.

Das Ausmaß des Widerstandes war beträchtlich. Die protestantische Gemeinschaft stellte bis in die späten 20er Jahre des 17. Jahrhunderts eine Gefahr für den Staat dar. Im Volk gärte es – es gab jedes Jahr Erhebungen und Aufstände, von den 20er Jahren bis 1648, darunter die großen Bauernaufstände der Croquants zwischen Loire und Garonne 1636/1637 und der Nu-Pieds (»Barfüßer«) in der Normandie 1639. Diese Unruhen erreichten ihren Höhepunkt im Bürgerkrieg der sogenannten Fronde (1648–1652), in dem politische Eliten gegen die absolute Monarchie kämpften. Wenn die Stärke eines Staates nach dem Grad des Widerstandes in ihm beurteilt wird, dann war Frankreich zu dieser Zeit außerordentlich schwach. Dennoch wurden trotz all dieser offensichtlichen Instabilität die Grundlagen der französischen Macht in Europa gelegt.

Staatsmacht und Verwaltung

Die Architekten, die die Fundamente des französischen Absolutismus wieder errichteten, waren die »Kardinal-Minister« Richelieu (1585–1642), der als Erster Minister den Staatsrat von 1624 bis 1642 leitete, und sein Nachfolger, der Italiener Mazarin (1602–1661). Um die Einkreisung Frankreichs durch die Habsburger zu bekämpfen, verwickelte Richelieu Frankreich in den Dreißigjährigen Krieg (1618 bis 1648), zuerst verdeckt, dann ab 1635 in offener Kriegsführung. Die französische Armee wurde wesentlich vergrößert, vor allem nach der Niederlage bei Corbie 1636 gegen die Spanier, als Paris der feindlichen Eroberung ausgesetzt war. Innerhalb von wenigen Jahrzehnten stieg die Anzahl der Soldaten von 20 000 oder 30 000 auf mehr als eine viertel Million. Der Unterhalt einer größeren Armee machte eine beispiellose Erhöhung der königlichen Besteuerung unumgänglich. Die Steuern erhöhten sich zwischen 1630 und 1648 um das Dreifache, und gegen Ende des Jahrhunderts waren sie um weitere 50 Prozent gestiegen. Die Staatsmacht wurde auch deshalb gefestigt, um die Unzufriedenheit, die solche Veränderungen hervorriefen, in Schach halten zu können.

Ein wesentlicher Faktor bei der Stärkung der Staatsmacht war die Ausweitung der Ministerialverwaltung. Führende Minister wie Richelieu und Mazarin und effiziente Beamte wie Jean-Baptiste Colbert (1619–1683), der große Finanzminister Ludwigs XIV., machten ehrgeizige kleine Fürsten zu politisch unbedeutenden Figuren. Der Rat des Königs war bereits bürokratisch zu etabliert, als daß der Prozeß hätte rückgängig gemacht werden können. Der Hochadel wurde für seine Einbuße an politischer Macht durch eine Bestätigung seines selbstgeschaffenen Status entschädigt. »Nichts ist mir teurer«, sagte Ludwig XIII., »als alles in meinen Kräften stehende zu tun, um meine Adligen zu schützen.« Zu ihnen gehörte auch eine wachsende Zahl aus der »Noblesse de Robe«, die dem Staat in der Verwaltung dienten, sowie Vertreter des älteren, militärischen »Schwertadels«. Der Adel profitierte von einer stärkeren Förderung durch den Staat und von der zunehmenden Zahl von Staatsbeamten, die von etwa 12 000 im 16. Jahrhundert schnell bis auf das Vierfache in den 60er Jahren des 17. Jahrhunderts anwuchs. Da Regierungsämter gekauft wurden, brachte diese Ausweitung dem Staat auch größere Einnahmen. Zwischen 1610 und 1630 vermehrten sich die Staatseinkünfte durch die Veräußerung von Verwaltungsstellen um das Zehnfache. Das System des Ämterkaufs wurde stärker kontrolliert, so daß bei den Stelleninhabern ein wohlbegründetes Interesse an der Stabilität des Staates geweckt wurde. Seit den 20er Jahren ernannte Richelieu besondere Beamte, die er in die Provinzen schickte, um die korrupten Käufer der Ämter zu überwachen, die sich ebenso als Privatunternehmer wie als Staatsangestellte betrachteten. Diese speziellen Beamten, die *intendants*, erhielten seit Mitte der 30er Jahre größere allgemeine Befugnisse, die später fast denen eines Vizekönigs gleichkamen. Die Intendanten waren die entscheidenden

Oben: Der Tod von Armand-Jean du Plessis, Kardinal de Richelieu (1585 bis 1642). Der große »Kardinal-Minister« war einer der Hauptarchitekten des königlichen Absolutismus. Er beherrschte von 1624 bis zu seinem Tod den Staatsrat, machte die Hugenotten gefügig, zentralisierte die Verwaltung und unterdrückte die politischen Ambitionen der großen Feudalherren. Dieses Gemälde stammt von Philippe de Champaigne (1602–1674), einem der besten Vertreter des französischen Klassizismus.

Oben links: Zeichnung des fünfjährigen Dauphins, des zukünftigen Ludwig XIII. Sie wurde von seinem Leibarzt Jean Héroard aufbewahrt, der in seinem medizinischen Tagebuch unter anderem vom Heranwachsen des Kindes und dessen sexueller Aufklärung berichtet.

Unten links: Der Italiener Jules Mazarin (1602–1661) war päpstlicher Diplomat, als Kardinal Richelieu ihn in den frühen 30er Jahren des 17. Jahrhunderts in seinen Dienst stellte. Er machte sich ihm und Ludwig XIII. bald unentbehrlich. Nach Richelieus Tod übernahm Mazarin die Leitung des Staatsrats. Als Ludwig 1643 starb, wurde er enger Vertrauter von Ludwigs Witwe, der Königin und Regentin Anna von Österreich. Sie regierte Frankreich, solange Ludwig XIV. (1637 geboren) noch minderjährig war, doch praktisch war Mazarin der wirkliche Herrscher. Zur Zeit des Bürgerkriegs, der Fronde (1648–1652), war er sehr unbeliebt, überlebte aber politisch und häufte ein riesiges persönliches Vermögen an.

Das Ancien régime

Das Ancien régime, die Bezeichnung für das Gesellschaftssystem in den Jahren vor der Französischen Revolution 1789, war eine Periode, in der Gesellschaft und Staat eng miteinander verflochten waren, zumindest in der Theorie. Die Dynastie der Bourbonen entwickelte die absolute Monarchie zum mächtigsten und angesehensten Staat Europas. Der Palast Ludwigs XIV. in Versailles fand weithin Bewunderung und wurde von aufstrebenden Autokraten in ganz Europa nachgeahmt. Die Zentralisierung in der Verwaltung durch Intendanten (vom Staat ernannte Beamte, die in die Provinz geschickt wurden, um die lokalen Beamten anzuleiten und zu kontrollieren) war begleitet von der Errichtung starker, verteidigungsfähiger Grenzen.

Obgleich nicht alle militärischen Pläne Ludwigs XIV. erfolgreich waren – die *réunions* von 1684–1697 gingen in späteren Kriegen wieder verloren –, wurde an allen Grenzen Land hinzugewonnen. Es wurde durch massive technische Militärbauten gesichert, die oft von dem Militäringenieur Vauban geplant und überwacht wurden. Darüber hinaus errichtete er neue Städte an Schlüsselstellungen der Verteidigung und befestigte andere Schwachstellen. Unter die zivilen technischen Arbeiten der Zeit fielen die Verbesserung der Straßen, der Ausbau der Häfen und eindrucksvolle Kanalanlagen. Dies alles trug dazu bei, Frankreichs wirtschaftliche Infrastruktur anzukurbeln.

Träger der staatlichen Zentralisierung bis zum Sturz des Ancien régime im Jahr 1789.

Die Gestaltung des öffentlichen Geschmacks und der öffentlichen Meinung

Das zentralisierte, im 17. Jahrhundert entstandene Beamtentum bot keine Möglichkeit zur Konsultation oder Repräsentation. Die Generalstände traten nicht mehr zusammen, und die Meinungsäußerung wurde schärfer überwacht. Richelieu handhabte die Zensur rücksichtslos. Wer von den offiziösen Ansichten abwich, fand sich in den Kerkern der Bastille wieder. Um die öffentliche Meinung zu manipulieren, ließ er zum erstenmal in Frankreich eine Zeitung erscheinen, die *Gazette de France*, die seit 1631 von seinem Günstling Théophraste Renaudot publiziert wurde.

Darüber hinaus griff er bestimmend in das öffentliche Stilempfinden ein. Seit der Zeit Richelieus war die absolute Monarchie eng mit der Förderung der Künste verbunden. Das Schloß von Versailles, das Ludwig XIV. erbauen ließ, war beispielsweise eine glanzvolle Leistung der Selbstverherrlichung, für die die größten Talente der Zeit herangezogen wurden. Zu ihnen gehörten der Architekt Louis Le Vau (1612–1670), der Bildhauer François Girardon (1628 bis 1715), der Maler Charles Le Brun (1619–1690), der Gartenarchitekt André Le Nôtre (1613–1700) und die Wasserbauingenieure der Familie Francine. Der Erfolg des königlichen Mäzenatentums fiel zeitlich mit einer der hervorragendsten Perioden der französischen Kultur zusammen. Auch die Literatur stand in der Gunst des Herrschers, was Dichtern wie Pierre Corneille (1606–1684), Jean Racine (1639–1699), Molière (1622–1673) und dem Theologen und Historiker Jacques Bénigne Bossuet (1627–1704) zugute kam. In allen Bereichen – von der Kunsttischlerei bis zu den Gobelins, von der Skulptur bis zur Porträtmalerei – trug das königliche Mäzenatentum dazu bei, daß der französische klassische Stil im nächsten Jahrhundert zum Gegenstand neidvoller Bewunderung und Nachahmung wurde.

Der Staat mischte sich auch in die Religionspolitik ein. Der französische Katholizismus ging zur Offensive über. Die Reformer waren nicht mehr damit zufrieden, nur den

Protestantismus auszurotten, sie wollten die gesamte Gesellschaft christianisieren. Dabei spielte die Erziehung eine grundlegende Rolle. Neben den Jesuiten, die um 1700 in Frankreich 150 Niederlassungen mit 60 000 Schülern hatten, gab es die Oratorianer, die Pierre Bérulle (1575–1629) gegründet hatte, die Ursulinerinnen und eine Reihe weniger bekannter Orden. Die Armenpflege war ein anderer Bereich religiöser Tätigkeit. Die Compagnie du Saint-Sacrement, eine religiöse Vereinigung, die auch Laienanhänger zuließ, suchte den Gedanken christlicher Barmherzigkeit und Nächstenliebe wiederzubeleben. Mehr auf prosaische Art sorgten die von Vincent de Paul und Louise de Marillac 1633 gegründeten Barmherzigen Schwestern für die Krankenpflege, und ihre Arbeit diente anderen zum Vorbild. Im allgemeinen war der Anteil der Frauen an der religiösen Erneuerung beträchtlich. Barbe Acarie gründete die französischen Karmeliterinnen, Jeanne de Chantal zusammen mit Franz von Sales die Visitantinnen, und Angélique Arnauld reformierte das Kloster Port-Royal. Darüber hinaus erhielten viele Reformbestrebungen eine finanzielle Unterstützung von seiten reicher Witwen und unverheirateter Frauen.

Auch der Staat selbst stellte für solche Vorhaben Geld und materielle Hilfe zur Verfügung, da das Christentum die Bevölkerung fügsamer und gehorsamer machte. Wenn die Ansichten der Kirche zuviel Unabhängigkeit des Geistes erkennen ließen, konnte der Staat dieser Gefahr brutal begegnen. Die Jansenisten wurden – im Unterschied zu den Jesuiten – ständig verfolgt, weil sie der Lehre Augustinus' anhingen. Die Protestanten sahen sich ebenfalls wachsender Unterdrückung ausgesetzt, und 1685 hob Ludwig XIV. das Edikt von Nantes auf, ächtete den Protestantismus und machte den Katholizismus zur Staatsreligion.

Ökonomische Rückwirkungen

Die Aufhebung des Edikts von Nantes lief der Wirtschaftsstrategie des Königs zuwider. Mit Colbert als Minister hatte Ludwig XIV. eine merkantilistische Politik verfolgt und dadurch beabsichtigt, die Wirtschaft durch staatliche Intervention zu stärken. Handelskompanien erhielten Freibriefe und umfassende Subventionen von seiten der Regierung. Eine starke Flotte wurde aufgebaut und die Gründung von Kolonien gefördert – vor allem in Indien, Madagaskar, Nordamerika und im karibischen Raum. Staatliche Manufakturen wurden subventioniert; man erhob Schutzzölle und verbesserte die Verkehrswege – der Canal du Midi (1665–1681), der fast 250 Kilometer von Toulouse nach Agde verläuft und das Mittelmeer mit dem Atlantik verbindet, war das hervorragendste Werk der Ingenieurkunst seit der Römerzeit. Die Aufhebung des Edikts von Nantes bewirkte die Auswanderung von 200 000 Protestanten. Viele von ihnen waren Facharbeiter, die jetzt Frankreichs kommerziellen und politischen Gegnern wert-

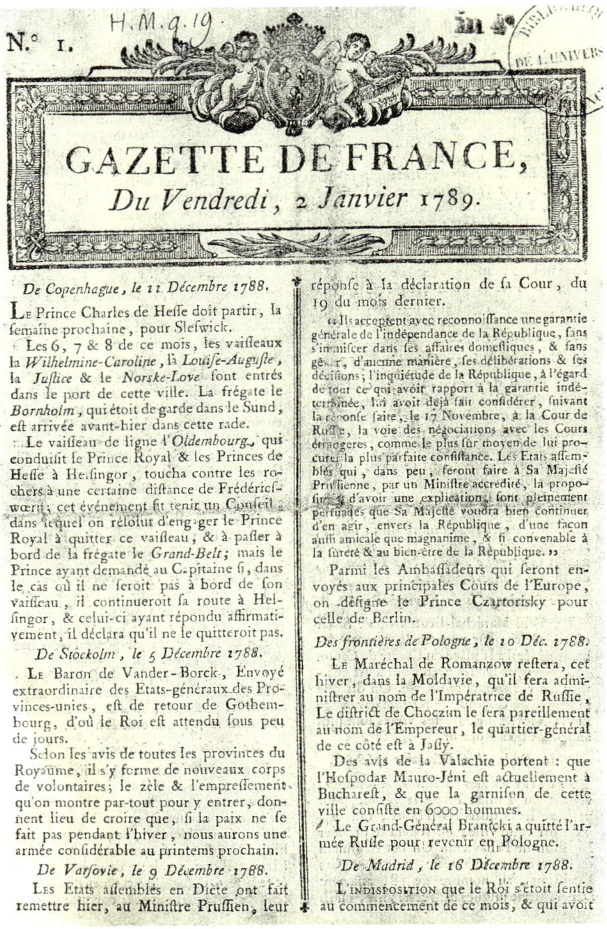

N.° 1.

GAZETTE DE FRANCE,

Du Vendredi, 2 Janvier 1789.

De Copenhague, le 11 Décembre 1788.

Le Prince Charles de Heſſe doit partir, la ſemaine prochaine, pour Sleſwick.

Les 6, 7 & 8 de ce mois, les vaiſſeaux la *Wilhelmine-Caroline*, la *Louiſe-Auguſte*, la *Juſtice* & le *Norske-Love* ſont entrés dans le port de cette ville. La frégate le *Bornholm*, qui étoit de garde dans le Sund, eſt arrivée avant-hier dans cette rade.

Le vaiſſeau de ligne l'*Oldembourg*, qui conduiſit le Prince Royal & les Princes de Heſſe à Helſingor, toucha contre les rochers à une certaine diſtance de Frédéricſwœrn; cet événement fit tenir un Conſeil, dans lequel on réſolut d'engager le Prince Royal à quitter ce vaiſſeau, & à paſſer à bord de la frégate le *Grand-Belt*; mais le Prince ayant demandé au Capitaine ſi, dans le cas où il ne ſeroit pas à bord de ſon vaiſſeau, il continueroit ſa route à Helſingor, & celui-ci ayant répondu affirmativement, il déclara qu'il ne le quitteroit pas.

De Stockolm, le 5 Décembre 1788.

Le Baron de Vander-Borck, Envoyé extraordinaire des Etats-généraux des Provinces-unies, eſt de retour de Gothembourg, d'où le Roi eſt attendu ſous peu de jours.

Selon les avis de toutes les provinces du Royaume, il s'y forme de nouveaux corps de volontaires; le zèle & l'empreſſement qu'on montre par-tout pour y entrer, donnent lieu de croire que, ſi la paix ne ſe fait pas pendant l'hiver, nous aurons une armée conſidérable au printems prochain.

De Varſovie, le 9 Décembre 1788.

Les Etats aſſemblés en Diète ont fait remettre hier, au Miniſtre Pruſſien, leur réponſe à la déclaration de ſa Cour, du 19 du mois dernier.

« Ils acceptent avec reconnoiſſance une garantie générale de l'indépendance de la République, ſans s'immiſcer dans ſes affaires domeſtiques, & ſans gêner, d'aucune manière, ſes délibérations & ſes déciſions; l'inquiétude de la République, à l'égard de tout ce qui avoit rapport à la garantie indéterminée, lui avoit déjà fait conſidérer, ſuivant la réponſe faite, le 17 Novembre, à la Cour de Ruſſie, la voie des négociations avec les Cours étrangeres, comme le plus ſûr moyen de lui procurer la plus parfaite conſiſtance. Les Etats aſſemblés qui, dans peu, feront faire à Sa Majeſté Pruſſienne, par un Miniſtre accrédité, la propoſition d'avoir une explication, ſont pleinement perſuadés que Sa Majeſté voudra bien continuer d'en agir, envers la République, d'une façon auſſi amicale que magnanime, & ſi convenable à la ſûreté & au bien-être de la République. »

Parmi les Ambaſſadeurs qui ſeront envoyés aux principales Cours de l'Europe, on déſigne le Prince Czartorisky pour celle de Berlin.

Des frontières de Pologne, le 10 Déc. 1788.

Le Maréchal de Romanzow reſtera, cet hiver, dans la Moldavie, qu'il fera adminiſtrer au nom de l'Impératrice de Ruſſie, Le diſtrict de Choczim le ſera pareillement au nom de l'Empereur, le quartier-général de ce côté eſt à Jaſſy.

Des avis de la Valachie portent: que l'Hoſpodar Mauro-Jéni eſt actuellement à Buchareſt, & que la garniſon de cette ville conſiſte en 6000 hommes.

Le Grand-Général Branicki a quitté l'armée Ruſſe pour revenir en Pologne.

De Madrid, le 16 Décembre 1788.

L'indisposition que le Roi s'étoit ſentie au commencement de ce mois, & qui avoit

Oben: Théophraste Renaudot (1586 bis 1653), von Beruf Arzt, ist der Gründer und erste Herausgeber der *Gazette*. Er war einer von Richelieus fähigsten Propagandisten.

Links: Frankreichs erste Zeitung, die *Gazette de France*, wurde 1631 gegründet. Sie war ein wichtiges Regierungsorgan und bot Meinungsäußerungen oder Diskussionen keinen Platz. Sie blieb die offizielle Zeitung des französischen Staates bis zur Revolution von 1789 und überlebte mit einigen Änderungen bis 1914.

Unten: Gemeinsame Darstellung von traditionellen Charakteren der italienischen *Commedia dell'arte* und Schauspielern der französischen Posse (um 1670). Ganz links steht der berühmte Dramatiker, Schauspieler und Theaterdirektor Molière (1622–1673), dessen eigentlicher Name Jean-Baptiste Poquelin war. Er trägt das Kostüm des Arnolphe, des bürgerlichen Sonderlings aus seiner eigenen bekannten Komödie *L'école des femmes (Die Schule der Frauen)*. Molières Komödien stellten die Guten und Großen oft satirisch dar, doch waren sie beim Hof und beim Volk in Paris gleich beliebt.

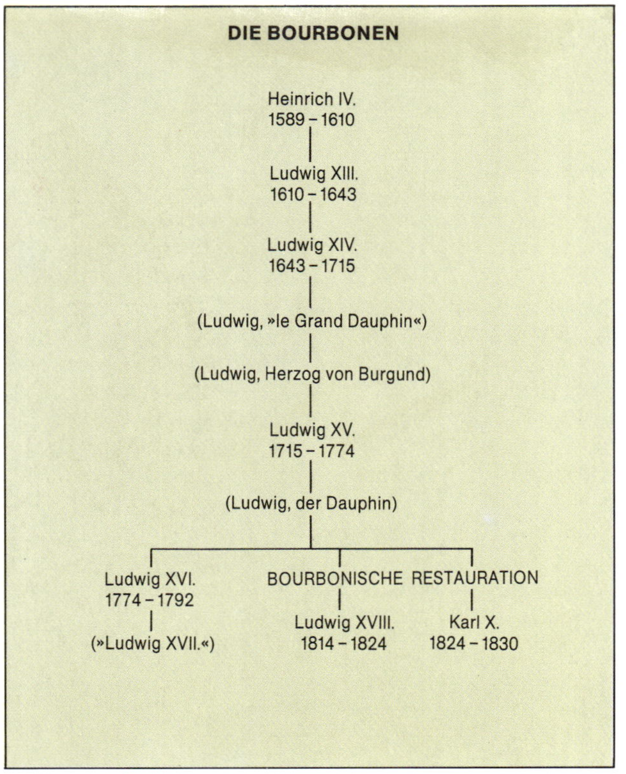

Rechts: Ludwig XIV. besucht die Gobelin-Manufaktur. Im Jahr 1662 reorganisierte des Königs wichtigster Minister, Jean-Baptiste Colbert (1619 - 1683), die Gobelinherstellung in Paris und richtete die Königliche Manufaktur von Tapisserien und Möbeln der Krone ein. Dem Künstler Charles Le Brun (1619 - 1690), der für diesen Gobelin verantwortlich zeichnet, wurde die Leitung der Manufaktur übertragen. Sie stellte viele der schönsten Arbeiten her, die sich in Versailles und anderen königlichen Palästen befinden. Die Manufaktur ist noch immer in Betrieb und hat über 5000 Gobelins gefertigt.

Unten: Die Belagerung von Namur (1692) während des Krieges der Augsburger Liga (1689 - 1697) von Jean-Baptiste Martin. Colberts Politik der gesunden Finanzen und des staatlichen Dirigismus der Wirtschaft erlaubte es Ludwig XIV., Kriege zu führen, die letztendlich sein und Frankreichs Ruin waren. Vom Staat geförderte Künstler wie Martin betätigten sich als Propagandisten der Dynastie, indem sie die militärischen Erfolge im Bild festhielten.

volle Dienste leisteten. Die Tatsache, daß Ludwig XIV. dynastische und religiöse Ziele über die ökonomische Zweckmäßigkeit stellte, verminderte Frankreichs Aussicht, einen lange währenden Krieg zu gewinnen. Der »Sonnenkönig« ließ sich wiederholt in kostspielige ausländische Abenteuer hineinziehen: in den Devolutionskrieg gegen Spanien (1667/1668), den Krieg gegen Holland (1672 - 1678), den Krieg gegen die Liga von Augsburg (1689) und den Spanischen Erbfolgekrieg (1702 - 1713). Es gelangen ihm jedoch einige wichtige Annektionen, darunter Roussillon und Artois im Jahr 1659, 1678 Flandern und Franche-Comté und 1681 Straßburg. Nun wurden auch die Verteidigungslinien an der Grenze durch Festungen verstärkt, die der geniale Militäringenieur Vauban (1633 - 1707) entwarf. Aber all dies war vor den 80er Jahren erreicht, und in den letzten Regierungsjahren Ludwigs XIV. schien die Aussicht auf einen Erfolg gegen die europäische Koalition gering.

So begann das 18. Jahrhundert mit allen Anzeichen des Niedergangs, und als Frankreichs greiser Monarch 1715 starb, betrauerten wenige sein Hinscheiden. Die Wirtschaft war zerrüttet und die Armut weit verbreitet. Die Versuche von Colbert und seinen Ministern, Abhilfe zu schaffen, waren durch ein ungünstiges ökonomisches Klima und durch hemmungslose Kriegsführung vereitelt worden. Trotz dieser unerfreulichen Ausgangslage erlebte die französische Wirtschaft im Verlauf des Jahrhunderts einen beeindruckenden Aufschwung. Seit den 30er Jahren wuchs die Bevölkerung schnell an und stieg von 21,5 Millionen im Jahr 1700 auf bisher noch nie erreichte 28,6 Millionen im Jahr 1789. Das Ende des Bürgerkriegs, der Schutz vor fremden Invasionen und das Verschwinden der Pest (der letzte Ausbruch erfolgte 1720 in Marseille) beseitigte viele Schranken, die eine Bevölkerungsexpansion verhindert hatten. Hinzu kam, daß in früheren Zeiten ein erheblicher Anstieg der Bevölkerungszahl zu Versorgungsmängeln geführt hätte, doch nach der großen Krise von 1709/1710 wurden Hungersnöte zu einem Problem der Vergangenheit.

Frankreich hatte damit eine »vitale Revolution« erreicht. Obgleich periodische Engpässe weiterhin zu Hunger und Elend führten, stellte der Tod durch Verhungern keine Ge-

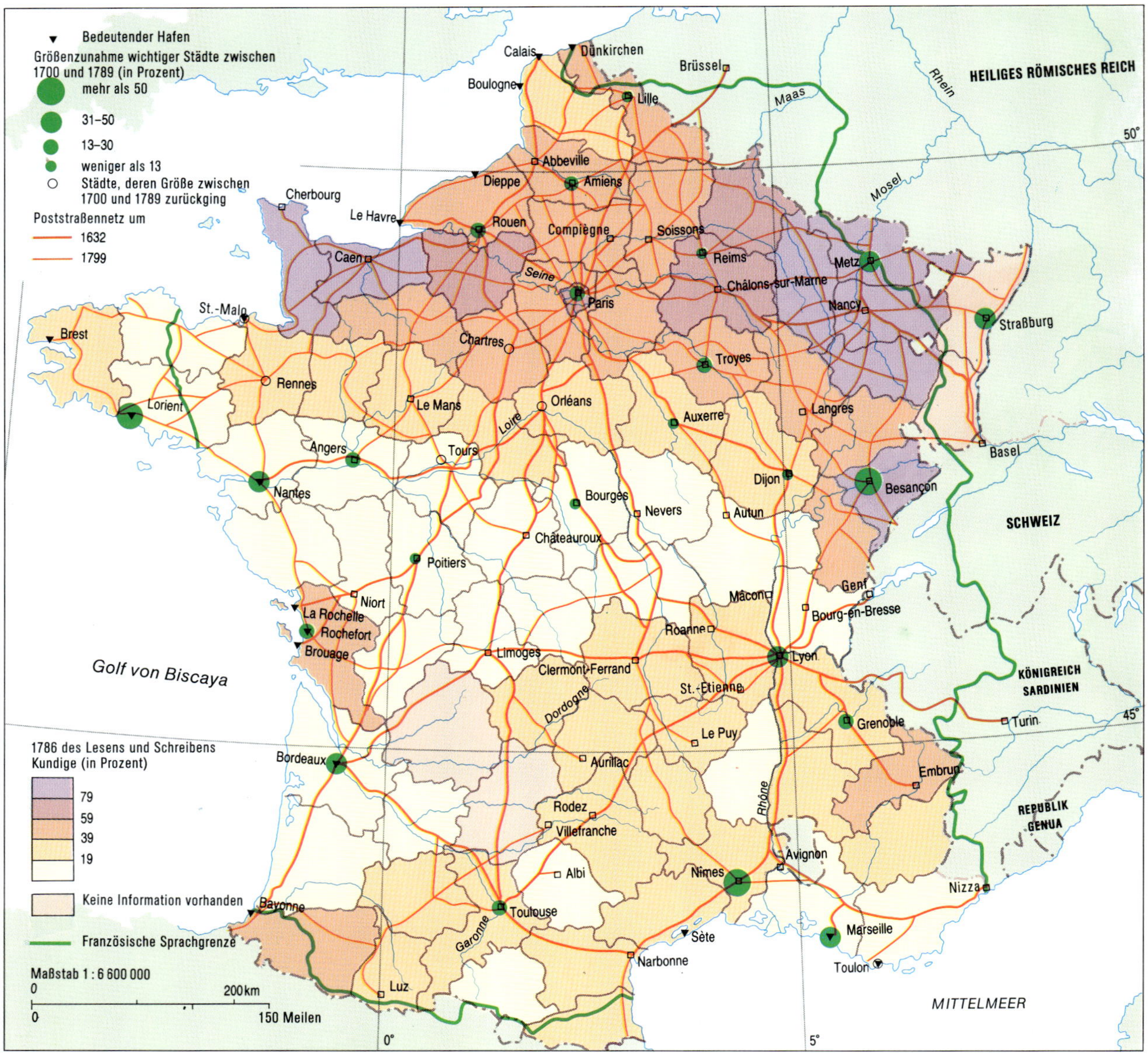

Das Zeitalter der Aufklärung
Das 18. Jahrhundert war eine Blütezeit der Wissensvermittlung und der Verbreitung sowohl materieller Güter als auch innovativen Gedankenguts, da die traditionalistische Gesellschaft zunehmend mit dem Handelsverkehr in Berührung kam. Das Netz an Poststraßen wurde dichter und machte einen schnelleren und leichteren Informationsfluß möglich. Die Städte entwickelten sich rasch, besonders jene, die an dem blühenden Atlantikhandel beteiligt waren. Das Land wies jedoch große Unterschiede im Lebensstandard und Bildungsniveau auf. Die Anzahl der Menschen, die lesen und schreiben konnten, variierte gewaltig, wobei die Bevölkerung im Norden und Nordosten – die Linie verlief etwa von Saint-Malo nach Genf – besser ausgebildet war als die des ärmeren Südens und Südwestens, wo die Analphabetenrate höher war. In jenen Gegenden war auch Französisch die vorherrschende Sprache, sie stand vielmehr in Konkurrenz zu Bretonisch, Baskisch, Katalanisch, Okzitanisch und einer breiten Auswahl an Patois, die von den Einheimischen als erste Sprachen bevorzugt wurden.

Oben: Der französische Philosoph, Arzt und Mathematiker René Descartes (1596–1650) lebte seit 1629 in Holland und kehrte nur gelegentlich nach Frankreich zurück. Die von ihm entwickelte Philosophie wurde zu einer der Grundlagen der modernen Naturwissenschaft. Sein Grundsatz des »methodischen Zweifels«, den er in seinem *Discours de la méthode (Abhandlung über die Methode;* 1637) ausarbeitete, hinterfragte erworbenes Wissen und ermutigte eine kritischere Annäherung an die Wahrheit. Descartes' Denkmodelle waren während der Zeit der Aufklärung im 18. Jahrhundert von größtem Einfluß.

fahr mehr dar. Im 18. Jahrhundert stieg die Erzeugung von Nahrungsmitteln um etwa 40 Prozent. Der Anstieg ist teils auf höhere Erträge durch sachkundigeren Anbau zurückzuführen, teils auf bessere Vermarktung und Verteilung. Jeder Landwirt, der einen Überschuß an Nahrungsmitteln erzielte, war er nun Bauer, Bourgeois oder Adliger, profitierte von dem stetigen Preisanstieg, den die erhöhte Nachfrage bewirkte. Viele Verbraucher jedoch befanden sich in einer relativ mißlichen Lage, da die Löhne nicht mit den Preisen Schritt hielten. Eine Reihe von Rechtsstreitigkeiten weist auf die schlechtere Situation der ärmeren Bauern hin. Diese beschuldigten die Gutsbesitzer, ihre Privilegien als Grundherren zu ungerechten kommerziellen Vorteilen zu mißbrauchen. So schwelte schon lange vor der Revolution von 1789 Unzufriedenheit auf dem Lande. Städtische Verbraucher, die in Zeiten der Getreideknappheit ebenfalls zu leiden hatten, taten ihren Unmut immer öfter durch Aufstände kund.

Einer Minderheit brachte der Wirtschaftsaufschwung seit dem dritten und vierten Jahrzehnt des 18. Jahrhunderts erheblichen Nutzen. Die Erzeugung von Gütern stieg zwischen jenen Jahren und der Revolution von 1789 um das Vierfache, so auch der Handel mit Europa, während der Handel mit den Kolonien, von dem besonders die Atlantikhäfen wie Bordeaux, Nantes und Saint-Malo profitierten, sich um nicht weniger als 1000 Prozent vergrößerte. Frankreichs Wirtschaftswachstum entsprach dem des zeitgenössischen England, das am Vorabend der industriellen Revolution stand, und übertraf es sogar auf manchen Gebieten.

Die meisten Nutznießer der neuen Entwicklung kamen aus der französischen Bourgeoisie, deren Zahl von 700 000 im Jahr 1700 auf 2,3 Millionen im Jahr 1789 anstieg. Zu ihnen gehörten Angehörige der gehobenen Berufe wie Rechtsanwälte, Ärzte und Beamte, die unter den Revolutionären von 1789 eine herausragende Rolle spielten. Auch einige Aristokraten zogen ihren Vorteil aus dem Wirtschaftsaufschwung: Die Eigentümer im Bergbau und in der metallverarbeitenden Industrie stammten meist aus dem Adel.

Das Zeitalter der Aufklärung

Wirtschaftlicher Austausch begünstigte die kulturelle Vielfalt. Die führenden Intellektuellen jener Tage, die *philosophes,* predigten Rationalismus und liberale Toleranz. Diese Denker der Aufklärung, wie die Richtung hieß, bekämpften starre Dogmen und Intoleranz, und obgleich ihre Botschaft nicht ganz neu war, fanden sie ein weiteres Echo als ähnliche Bewegungen zuvor. Um die Zensoren hinters Licht zu führen, kleideten sie ihre Ideen manchmal in humoristisch verbrämte Geschichten wie Voltaire (1694–1778) mit seinen Erzählungen *(contes)* oder in belehrende Werke wie zum Beispiel die vielbändige *Encyclopédie (Enzyklopädie;* 1751 bis 1772*)*, die Denis Diderot (1713–1784) herausgab. Durch ihre Bemühungen veränderten die *philosophes* die Atmosphäre der intellektuellen Diskussion: Das Prinzip des methodischen Zweifels, das zuvor René Descartes (1596–1650) aufgestellt hatte, signalisierte eine gewisse Befreiung vom theologisch umschriebenen Denken.

Der hohe Stellenwert, der der Naturwissenschaft beige-

Oben: Voltaire, eigentlich François Marie Arouet (1694 - 1778), war der berühmteste und einer der polemischsten Vertreter der *philosophes*. Er war vielseitig begabt und schrieb Gedichte, Prosa, Dramen, historische Abhandlungen und journalistische Artikel. Seine kritische Art der Betrachtung und sein beißender Witz brachten ihn in Gegensatz zu Kirche und Staat, und ab 1759 lebte er in Ferney unmittelbar an der Schweizer Grenze, so daß er Frankreich notfalls rasch verlassen konnte. Sein Besuch in Paris 1778 wurde zum Triumph, als ihn die Öffentlichkeit, der Hof und das literarische Establishment feierten.

Mitte: Der Genfer Jean-Jacques Rousseau (1712 - 1778), Sohn eines Uhrmachers, war einer der einflußreichsten Persönlichkeiten der Aufklärung. Robespierre und andere Revolutionäre benutzten später seinen *Du contrat social (Über den Gesellschaftsvertrag,* erschienen 1762*)* als Entwurf für eine neue Gesellschaft. Vor 1789 war er mehr für seine Gesellschaftskritik und seine Romane bekannt als für seine politischen Schriften. Seine Ansicht, daß die Menschen von Natur aus gut seien und erst die Zivilisation einen verderblichen Einfluß auf sie habe, war das Thema seiner berühmten Romane wie *Emile ou De l'éducation (Emil oder Über die Erziehung;* 1762*)*. Seine *Les confessions (Die Bekenntnisse)*, die posthum erschienen, führten wegen der Einzelheiten aus seinem Privatleben zum Skandal, nährten aber den Kult um Jean-Jacques als einem Gegenhelden der Aufklärung.

Rechts: Denis Diderot (1713 - 1784) war ein witziger, streitbarer Geist und begabter Schriftsteller und Philosoph. Am bekanntesten wurde er wohl als Begründer und Herausgeber der vielbändigen *Encyclopédie (Enzyklopädie;* 1751 - 1772*)*. Diese »Bibel der Aufklärung«, die Artikel von jedem bedeutenden Intellektuellen der Zeit enthält, war nicht nur höchst informativ, sondern auch sehr gesellschaftskritisch.

messen wurde - besonders der empirischen Methode, die dem Werk Isaac Newtons zugrunde liegt -, war ein wesentlicher Aspekt der Aufklärungsphilosophie. Während aber die Naturwissenschaft des vorhergehenden Jahrhunderts sich auf die Naturbeobachtung konzentriert hatte (Galileis Astronomie, Harvey und der Blutkreislauf, Newtons Mechanik usw.), versuchten die *philosophes,* den Menschen als gesellschaftliches Wesen wissenschaftlich zu verstehen. Doch in ihren politischen Anschauungen unterschieden sie sich oft sehr voneinander: Montesquieu (1689 - 1755), Parlamentsrat und später Senatspräsident in Bordeaux, war der einflußreichste politische Denker und trat für die Beseitigung des Absolutismus und die Einsetzung einer konstitutionellen Monarchie ein. Der Genfer Jean-Jacques Rousseau (1712 - 1778) dagegen predigte in seinem *Du contrat social (Über den Gesellschaftsvertrag;* 1762*)* direkte Demokratie. Die Sprache der Gesellschafts- und Politikwissenschaft beeinflußte sogar die Monarchie: Obwohl Ludwig XV. (1715 - 1774) und Ludwig XVI. (1774 - 1792) wie gute Kapetinger die rituelle Berührung vornahmen, um das »Königsübel« (Skrofeln) zu heilen, entsprachen ihre Edikte mehr und mehr dem Geiste der Aufklärung, indem sie öffentliche Wohlfahrt und kommunale Freiheiten miteinbezogen.

Das Ende des Ancien régime

Trotz der Diktion der Aufklärung, die die Regierung gern übernahm, hatte sie Schwierigkeiten, sich der wirtschaftlichen, sozialen und kulturellen Veränderung anzupassen. Die Auffassung vom Staat als Rechtswahrer der gemeinschaftlichen »Freiheiten« wurde von anderen mit dem Argument angegriffen, daß diese Freiheiten in Wirklichkeit nicht zu rechtfertigende Privilegien darstellten, die eifersüchtig von den reichsten und mächtigsten Mitgliedern der Gesellschaft gehütet wurden. Solche persönliche Interessen beeinträchtigten die Versuche der Regierung, eine ernste Finanzkrise im letzten Jahrzehnt des Ancien régime zu lösen, als sie mit einer wachsenden Nationalschuld konfrontiert wurde, die durch Frankreichs Beteiligung am amerikanischen Unabhängigkeitskrieg (1775 - 1783) entstanden war. Einzelne Minister stellten fest, daß der Staat seine Finanzprobleme nur lösen konnte, indem er die Steuerprivilegien für Adel und Klerus beschnitt. Der große Reformminister Turgot (1727 - 1781) versuchte, grundlegende wirtschaftliche, soziale und politische Veränderungen zwischen 1774 und 1776 einzuführen, wurde aber von dem neuen jungen König Ludwig XVI. entlassen. Die privilegierten Klassen schlossen sich zusammen, um die Reformbestrebungen zu vereiteln. In ihrer Hilflosigkeit rief die Regierung schließlich die Generalstände zusammen, um einen Ausweg aus der Finanzmisere zu suchen.

Wie Chateaubriand (1768 - 1848) bemerkte, wurde die Revolution von 1789 »von den Patriziern« begonnen; sie sollte »von den Plebejern« beendet werden. Innerhalb der Gesellschaft waren so viele Veränderungen eingetreten, daß die Regierungskrise nicht auf die Elite zu beschränken war. Die Wahlen für die Generalstände standen allen gesellschaftlichen Schichten offen - selbst das bescheidenste Dorf stimmte ab und hielt seine Klagen in »Beschwerdebüchern« *(cahiers de doléances)* fest. Als die Zensur aufgehoben war, wurden die Führer der Reformbewegung innerhalb des Adels von einer aktiv gewordenen Bauernschaft und einer Bourgeoisie, die sich plötzlich zu artikulieren verstand, an den Rand gedrängt. Der Freiheitsgedanke als Besitzrecht der Reichen wurde immer mehr von jenen angegriffen, die sahen, daß er jedem zustand, gleichgültig, welchen sozialen oder politischen Status er hatte.

Zum Hunger kam nun der Volkszorn hinzu, und so entstand eine revolutionäre Lage. Die finanziellen und politischen Krisen fielen mit einer Getreideknappheit zusammen, die durch die Mißernten von 1787 und 1788 verursacht war. Hungrige Bauern sowie die Bourgeoisie und das Kleinbürgertum in den Städten fühlten sich durch den Streit der Aristokraten und die Unschlüssigkeit der Regierung vernachlässigt, so daß im Mai 1789, nachdem die Generalstände zusammentraten, jegliche Gesellschaftsreform von vornherein blockiert war. Ein schlecht vorbereiteter Plan Ludwigs XVI., einen Militärputsch zu inszenieren und die Generalstände aufzulösen, verbreitete Angst und Schrecken im ganzen Land. Ein großer Bauernaufstand erfaßte die gesamte Nation. Seine Zielscheibe waren die Rechte der Grundherren und die Provinzverwaltungen. Am 14. Juli 1789, als der Brotpreis auf seinen höchsten Stand seit der Herrschaft Ludwigs XVI. geklettert war, stürmten die Volksmassen in Paris die Bastille, das königliche Gefängnis und Fort, das Symbol der Staatsmacht. Ludwig XVI. mußte die Generalstände als Nationalversammlung zulassen, die erstmalig die konstitutionelle Regierung einführte - gemäß den Prinzipien, die in der Deklaration der Menschenrechte vom 26. August 1789 dargelegt waren. Einige Zeitzeugen sagten damals, daß die Revolution nun vorüber sei - tatsächlich hatte sie gerade erst begonnen.

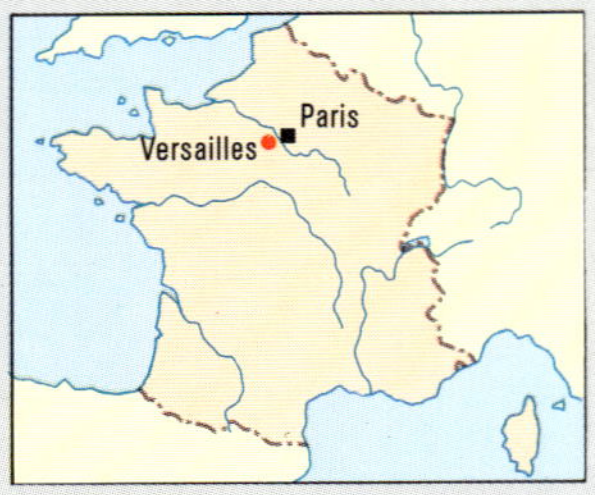

Versailles

Das Schloß von Versailles, 24 Kilometer südwestlich von Paris, ist architektonischer Ausdruck der absoluten Monarchie. Ludwig XIV. verwandelte, was kaum mehr als eine königliche Jagdhütte war, in eines der vollkommensten Meisterwerke der französischen Architektur.

Von Anfang an war Versailles als großartiges Prestigeprojekt geplant, mit umfassender Unterstützung der Künste durch den Staat. Ein Team der besten Talente jener Zeit wurde versammelt, unter ihnen der Architekt Louis Le Vau (1612–1670), der Maler Charles Le Brun (1619–1690), der Bildhauer François Girardon (1628–1715), der Gartenarchitekt André Le Nôtre (1613–1700) und die Familie Francine, die als Wasserbauingenieure für die 1400 Fontänen der Schloßanlage verantwortlich waren. Ludwig verweilte im Schloß bereits häufig, bevor er 1682 seinen Hof endgültig nach Versailles verlegte. Der Bau von Versailles verschlang fünf Prozent der jährlichen Bruttoeinnahmen des Staates.

Das Schloß ermöglichte es Ludwig XIV., seiner Jagdleidenschaft und anderen höfischen Vergnügen uneingeschränkt zu frönen, dazu gehörten die Unterhaltung der Mätressen und die Aufführung von Konzerten oder Balletten. Der Bau ist ein Beispiel für Machtarchitektur: Durch ihn betonte Ludwig seine soziale und politische Überlegenheit. Elementare Einrichtungen bedeuteten weniger als auffälliger Prunk; die Unterkünfte der Höflinge waren oft eng, und sanitäre Einrichtungen gab es nur wenige. Versailles wurde das Zentrum von Macht und Protektionismus, wo schmeichlerische Adlige um die Gunst des Königs buhlten. Aber der Hof war auch ein Modezentrum, das einer Aristokratie, die von königlicher Großzügigkeit abhängig war, einen verschwenderischen Stil aufzwang.

Rechts: Ludwig XV. (1715–1774), der Nachfolger von Ludwig XIV., war berühmt-berüchtigt wegen seiner Liebschaften. Die berühmteste seiner Mätressen war Jeanne Antoinette Poisson, genannt Madame Pompadour (1721–1764). Die Tochter eines Finanzangestellten erregte 1745 die Aufmerksamkeit des Königs und wurde bald als seine offizielle Mätresse mit dem Titel einer Marquise eingeführt. Sie war eine eifrige Förderin der Künste und blieb trotz des Hasses eifersüchtiger Höflinge bis zu ihrem Tod 1764 im Alter von 43 Jahren in der Gunst des Königs.

Unten links: Ludwig XVI. (1774–1792), der Enkel und Nachfolger Ludwigs XV., verachtete die Laster seines Großvaters und blieb sein Leben lang seiner österreichischen Gemahlin, der Königin Marie-Antoinette, treu. Doch den Prunk, der mit dem Versailler Lebensstil verbunden war, behielt er bei.

Unten: Marie-Antoinettes kleines Landhaus Trianon, das ursprünglich für Marquise de Pompadour gebaut wurde. Die Königin fand das offizielle Hofleben ziemlich langweilig und zog es vor, lieber mit einer Clique von Günstlingen frivolen Amüsements auf dem großen Besitz rund um Versailles zu frönen. Sie ließ einen Garten im englischen Stil anlegen und ein kleines Dorf errichten, wo sie und ihre Freunde sich, als Schäfer und Schäferinnen verkleidet, vergnügten.

Links: Das Schlafzimmer des Königs. Selbst dieser Raum stand im Mittelpunkt angespannter öffentlicher Aktivitäten. Jeden Tag unterzog sich der Monarch einem halböffentlichen Ritual des Aufstehens und Zubettgehens. Ein Vorhang aus gold- und silberbesticktem Brokat umgibt das Bett. Für einen Höfling galt es als große Ehre, bei dieser Zeremonie anwesend zu sein, und es wurde als besondere Gunst gedeutet, wenn er gebeten wurde, des Königs Hemd zu halten. Es war aber bekannt, daß Ludwig XV. trotz dieser Zeremonie und Zurschaustellung sich in den meisten Nächten in einen gemütlicheren Raum innerhalb seiner Privatgemächer schlich.

Oben: Ludwig XIV. im Kostüm des Sonnengottes Apollo. Ludwigs Versailles war der Ort für vielfältige Festlichkeiten und Vergnügungen des Adels. Der König, selbst ein guter Tänzer, förderte das Ballett sehr. Die Sonne war Ludwigs persönliches Symbol, das man deshalb in Versailles immer wieder entdeckt.

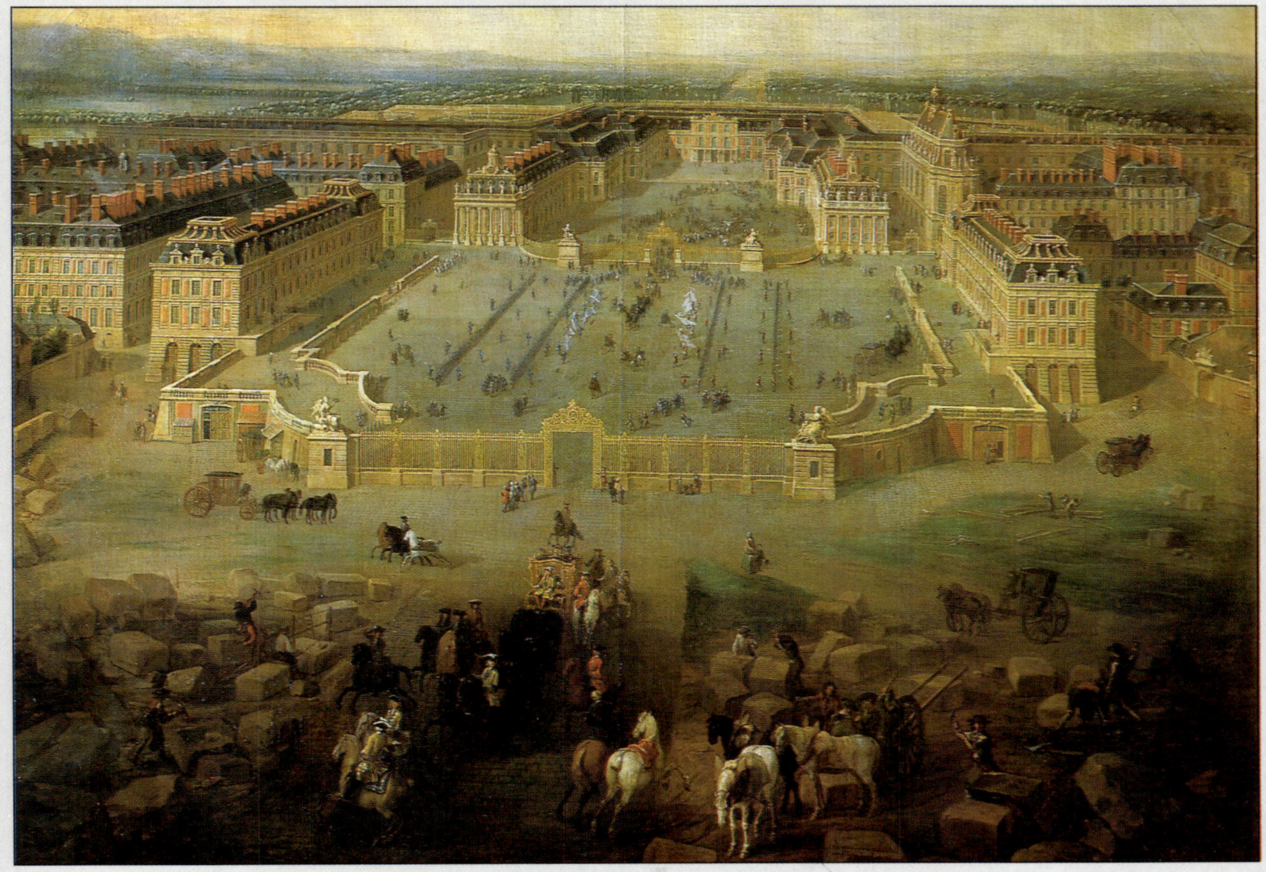

Links: Versailles war Sitz des Königshofes und zugleich die Schaltzentrale der Regierung. Die Büros der Minister befanden sich Seite an Seite mit den Gebäuden des Hofes, und die Zahl der Angestellten und Beamten war sogar noch höher als die der Höflinge. Nach den Erfahrungen mit der Fronde (1648 - 1652), als Ludwig XIV. persönlich von einem Mob im Tuilerienpalast in Paris beleidigt wurde, suchte er nach einem Ort, von wo aus er unangefochten und aus sicherer Entfernung absolutistisch regieren konnte. Als schließlich 1789 die absolute Macht des Königs bedroht war, gehörte es zu den ersten Aktionen des Nationalkonvents, die königliche Familie nach Paris zurückzubringen.

DIE ENTSTEHUNG DES MODERNEN FRANKREICH

Unten: Die revolutionäre Propaganda porträtiert 1789 den Bauern des Ancien régime, wie er von Steuern *(tailles, impôts)* und dem Zehnten an die Kirche sowie den Feudalabgaben an die Grundherren völlig erdrückt wird.

Ganz unten: Auf dem »Fest des höchsten Wesens« am 8. Juni 1794 (20. prairial [Wiesenmonat] des Jahres II) feierte die radikale Linke (die Montagnards oder Bergpartei) ihren Triumph im Nationalkonvent mit diesem eigens dafür erbauten Berg *(montagne)*.

Die Französische Revolution

Die Erklärung der Menschen- und Bürgerrechte, die die französische Nationalversammlung annahm, bildet eine wesentliche Ausgangsbasis der heute gültigen Allgemeinen Erklärung der Menschenrechte der Vereinten Nationen. In der Tat liefert die Französische Revolution den gegenwärtigen liberalen Gesellschaften noch immer das grundlegende politische Programm. Sie war ein Wendepunkt in der Geschichte der Menschheit, und große Bereiche unseres politischen Vokabulars stammen noch aus dieser Zeit. »Freiheit, Gleichheit und Brüderlichkeit« – jene Werte-Dreiheit, mit der die Revolution eine neue Gesellschaft und eine neue politische Ordnung zu bauen suchte, hat ihre ursprüngliche emotionale Attraktivität niemals ganz verloren. Profanere Begriffe wie politisch »links« oder »rechts«, »Anarchist«, »Terrorist« und »Bürokrat« entstanden ebenfalls in jenen Jahren. Die liberale Phase der konstitutionellen Monarchie bis 1792 bezeichnet eine der fruchtbarsten und kreativsten Entwicklungsstufen der französischen Geschichte, in der man die politischen und gesellschaftlichen Rahmenstrukturen vollständig umgestaltete. Die alten Provinzen wurden abgeschafft und an ihrer Stelle eine Einteilung in Verwaltungskreise *(départements)* eingeführt. Das Departement war – und ist weitgehend noch – das einheitliche Grundgerüst der Staatsverwaltung. Sie wurde um die Ressorts Finanzen, Religion, Rechtswesen und Militär erweitert. Durchgreifende Reformen wurden eingeleitet, darunter die Gleichheit vor dem Gesetz, die das alte, die französische Gesellschaft bislang prägende System ablöste, das auf hierarchischer Ordnung und Privilegien basierte; die Pressefreiheit wurde gewährt und verschiedene Glaubensbekenntnisse wurden toleriert. Darüber hinaus führte der Geist des *laissez-faire* zur Begründung ökonomischer Freiheiten. Zur Freude der meisten Bauern wurde das feudale Regime formal aufgelöst; die Beseitigung der Binnenzölle öffnete einen wirklich nationalen Markt; die Interventionen des Staates wurden abgeschafft. Es folgten erste Schritte, ein metrisches System der Gewichte und Maße (in den 90er Jahren eingeführt) und die Abschaffung der Zünfte und Arbeitervereinigungen (besonders durch das Le Chapelier-Gesetz von 1791) durchzusetzen. Das Prinzip des Wahlrechts basierte allerdings systematisch auf Besitz (Zensuswahlrecht).

Es überrascht nicht, daß die Adligen, die unter der Aufhebung des Feudalismus und ihrer Privilegien gelitten hatten, sich bald nach dem alten Regime sehnten. Viele von ihnen emigrierten und versuchten, ausländische Herrscher zu überreden, gegen die Nationalversammlung zu intervenieren. Die durch die Revolution bewirkte Zerrüttung der Wirtschaft brachte auch viele Bauern und Lohnempfänger in Schwierigkeiten, während Versuche, religiöse Reformen durchzusetzen, nur die französische Geistlichkeit spalteten, deren eine Hälfte sich weigerte, auf die zivile Verfassung des Klerus, 1790/1791 eingeführt, den Eid abzuleisten.

Die religiöse Frage erwies sich für das revolutionäre Experiment als fundamental. Die Einziehung von Kirchenländereien im November 1789 ermöglichte es der Nationalversammlung, den Staatsbankrott zu umgehen, der die Revolution heraufbeschworen hatte. Durch den Verkauf des Landes an die Höchstbietenden konnte das neue Regime sich die kräftige Unterstützung des Mittelstandes sichern. Aber diese Maßnahme fand auch ihre Kritiker, unter denen sich ein Teil des Klerus befand. Das religiöse Gelübde war eine Form der frühen Meinungsbefragung, bei der die Gemeinden ihre Priester zwangen, die Revolution zu unterstützen oder abzulehnen. Die räumliche Verteilung der Opposition gegen die Revolution, wie sie 1791 skizziert werden konnte, bildete die Basis einer neuen politischen Geographie für die folgenden Jahrzehnte. Die Profile der »zwei Frankreiche« erschienen auf der politischen Landkarte: das eine sehr klerikal, traditionalistisch und promonarchisch, das andere antiklerikal und stark republikanisch. Klerikale Gebiete, wie das Departement Vendée im Westen, sahen sich bald in einen Bürgerkrieg gegen Paris verwickelt.

Der Religionsstreit schwächte auch die Position von Ludwig XVI. Der Erlaß der Zivilverfassung war der Auslöser für seinen Versuch, im Juni 1791 von Paris nach Varennes zu fliehen, mit dem Vorsatz, auf einer konstitutionellen Revision zu bestehen. Der Eintritt in den Krieg gegen Europa kostete ihn den Thron und schließlich das Leben. Verärgert

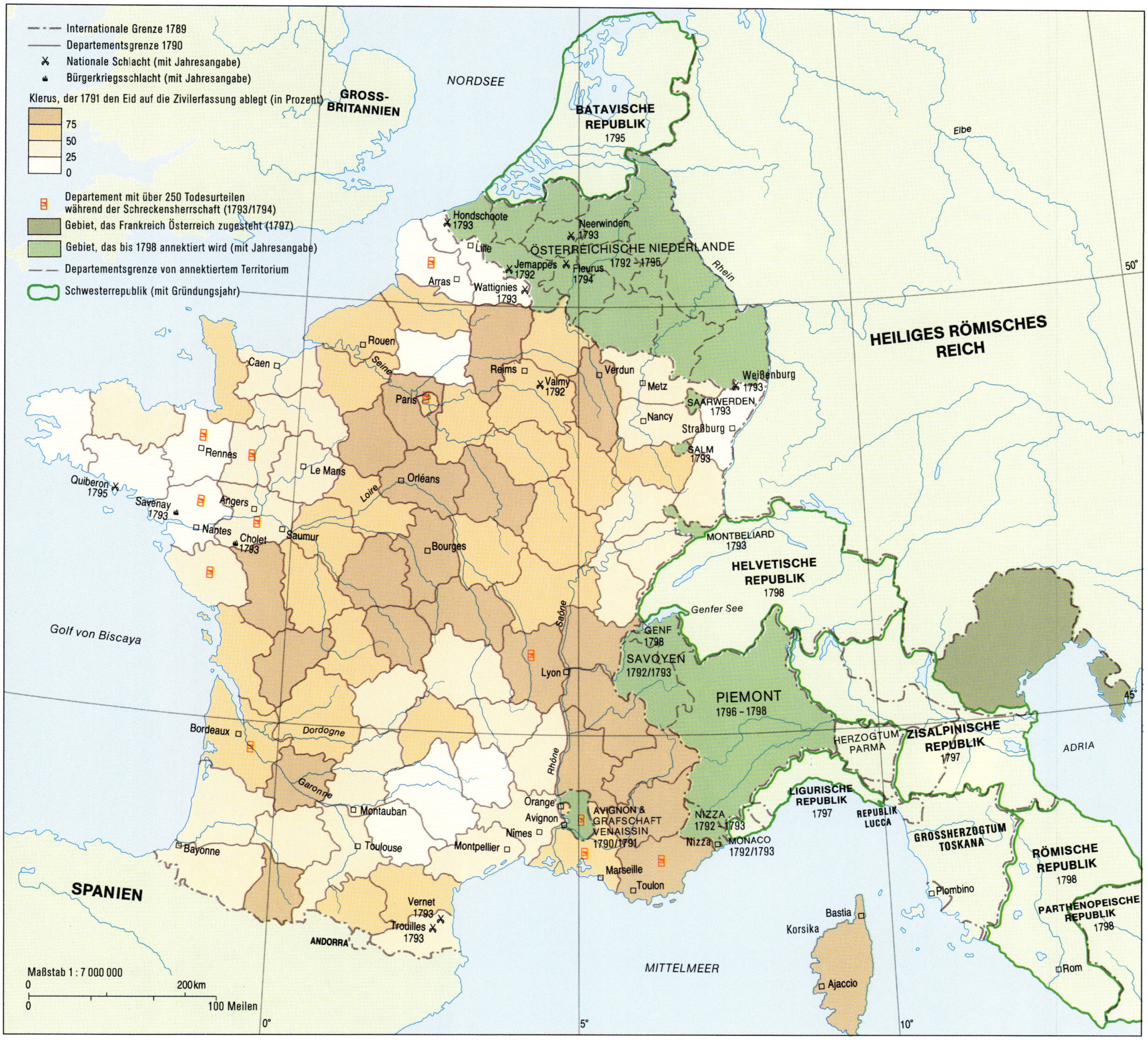

Die Französische Revolution
Obwohl sie sich ursprünglich als pazifistisch und einigend ausgab, erwies sich die Französische Revolution als ultramilitaristisch und schuf erst recht Uneinigkeit. Die Religion war eine Hauptquelle des Konflikts: Die durch das Staatsgesetz über die Geistlichkeit eingeführte kirchliche Reorganisation teilte die französischen Priester und Gläubigen in romtreue und staatstreue Lager. Der 1792 begonnene Krieg, um die Errungenschaften der Revolution gegen eine europäische Einmischung zu verteidigen, wandelte sich in ähnlicher Weise von einem nationalen Verteidigungskrieg in einen Expansionskrieg. Darüber hinaus tobte ein Bürgerkrieg, besonders während der Zeit des Terrors (1793/1794). Wegen konterrevolutionärer Vergehen wurden Todesurteile verhängt. Als außenpolitisches Schutzschild errichtete man in den benachbarten Staaten Marionettenregierungen.

über sein Zaudern in Zeiten einer nationalen Notlage stürzte ihn die aufgebrachte Pariser Menge am 17. August 1792. Er wurde durch eine Versammlung (den Nationalkonvent) ersetzt, die zum erstenmal in der europäischen Geschichte durch allgemeines Männerwahlrecht (ohne Ansehen des Einkommens oder Besitzes) gewählt wurde. Sie proklamierte die »eine und unteilbare« Republik.

Krieg und Schreckensherrschaft

Die Erste Republik blieb ungeteilt, aber nur mit knapper Not und unter enormen Kosten. Spaltungen von langfristiger Bedeutung für das französische politische Leben brachen zwischen rechtsorientierten Verfechtern der Dezentralisierung (den Girondisten), den autoritären Befürwortern des Zentralismus (den Jakobinern, deren zentralistische Orientierung später von Napoleon und der Dritten Republik aufgenommen wurde) und einer linksgerichteten extremistischen Gruppe (den Cordeliers und Jean-Paul Marat) auf. Mitte 1793 sah sich das Regime mit ausländischen Armeen konfrontiert, die von allen Seiten französischen Boden besetzten; hinzu kam ein offener Bürgerkrieg im Westen und an der Mittelmeerküste. Durch die Stärkung der zentralen Autorität, wie die Jakobiner sie vertraten, konnte diese massive Krise schließlich überwunden werden. Im April 1793 wurde unter dem Druck von volksnahen Militanten, den sogenannten *sans culottes* aus den Straßen von Paris, der Wohlfahrtsausschuß eingesetzt. Er übernahm an allen Fronten maßgebend die Aktivitäten. Als erstes startete er eine Kampagne, den sogenannten *terreur* (Terror), gegen die innere Opposition, einschließlich der Girondisten auf der rechten und der Cordeliers auf der linken Seite. Die Maßnahmen der Schreckensherrschaft erfüllten die politischen Eliten, die sein Hauptziel bildeten, mit außerordentlichem und anhaltendem Abscheu. Als zweiten Schritt führte der Ausschuß ein Paket radikaler sozialer Reformen ein, darunter Festsetzung der Preise, Landumverteilung und erste Ansätze eines Wohlfahrtsstaates, um die Bevölkerung für die Republik zu gewinnen. Schließlich stellte er die Massen den europäischen Armeen gegenüber: Die im August 1793 angeordnete *levée en masse* war

Die Französische Revolution – Mythos und Wirklichkeit

Während es wenig Debatten um die politische Bedeutung der Revolution gegeben hat, wurde die Rolle der Gewalt dabei immer heftig diskutiert. Das Bild von den Franzosen als einer gewalttätigen und blutdürstigen Nation *(buveurs de sang)*, die zahllose Opfer unter die Guillotine schickte, ging während der Schreckensherrschaft in die konterrevolutionären Ansichten Europas ein. Tatsächlich wurde die Guillotine – weithin als ein Instrument der Unterdrückung angesehen – eingeführt, um Strafen für Kapitalverbrechen auf menschlichere Weise zu vollstrecken. Die Hinrichtungen unter dem Ancien régime waren viel brutaler. Rädern galt als eine übliche Methode. Dabei wurden die Knochen durch das Rad zertrümmert, bevor man den Delinquenten auf eine Säule hievte, wo er dann starb. Auch körperliche Verstümmelungen wurden allgemein praktiziert. Im Vergleich dazu könnte man sagen, daß mit der schnellen, einfachen und entschiedenen Methode der Guillotine ein Element der Gnade in die Hinrichtungsprozedur kam.

Die Zahl der Menschen, die während der Revolution durch die Guillotine starben, ist ebenfalls gewaltig übertrieben worden. In Paris belief sich die Zahl der Exekutionen auf insgesamt 2600 – eine Zahl, die bemerkenswert niedrig liegt, vergleicht man sie mit den enormen Zahlen der Toten unter einigen der repressiven Regimes des 20. Jahrhunderts. Während der Schreckensherrschaft mögen insgesamt mehr als 200 000 Menschen umgekommen sein, davon wurden drei Viertel oder mehr in Gebieten erschossen, wo der Bürgerkrieg wütete. In den Regionen um Lyon, Marseille und Toulon, im Midi und in Westfrankreich führten eine royalistische Bauernschaft und unzufriedene Stadtbewohner einen erbitterten Krieg gegen die Republik. Sie konnten nur durch äußerste Gewalt von der anderen Seite geschlagen werden. Gut mehr als die Hälfte der französischen Departements kam aber mit weniger als 20 Hinrichtungen durch die Schreckensherrschaft.

Oben: Skizze Ludwigs XVI. aus der Zeit seiner Kerkerhaft im Temple. Die Revolution hatte aus dem fülligen, fröhlichen Vertreter der letzten Tage des Ancien régime einen verhärmten, gebrochenen Mann gemacht, der seine Hinrichtung erwartete. Kaum 40 Jahre alt, war Ludwig bereits ein alter Mann.

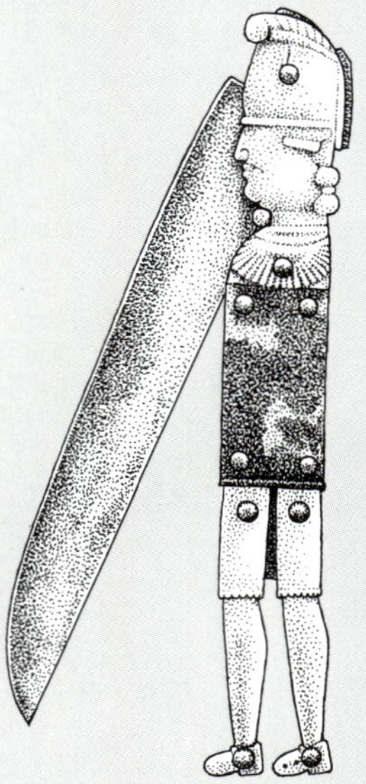

Oben: Federmesser in Form eines Mitglieds der Französischen Garde. Diese in Paris stationierte Militäreinheit ging 1789 auf die Seite der Revolutionäre über. Nicht zuletzt dank ihrer Sachkenntnis in der Bedienung der Artillerie konnte die Bastille genommen werden.

Unten: Die Erstürmung der Bastille im Juli 1789. Dieser düstere, massive und bedrohlich wirkende Bau aus dem 14. Jahrhundert diente als Staatsgefängnis und Waffendepot im Zentrum von Paris. Sie mußte erobert werden, wenn die Pariser Ludwig XVI. daran hindern wollten, einen Staatsstreich zu unternehmen und den neuen Nationalkonvent aufzulösen. Am 14. Juli wurde der König gezwungen, eine konstitutionelle Monarchie zu akzeptieren. Als er einige Tage später Paris besuchte, um seinen guten Willen zu zeigen, flatterte die dreifarbige Trikolore im Wind. Sie verband das Weiß der Bourbonen mit dem Paris symbolisierenden Rot und Blau.

Oben: Ein Gegenrevolutionär. Im März 1793 rebellierte das Departement Vendée gegen den Nationalkonvent in Paris, und in Westfrankreich war bald ein richtiger Bürgerkrieg im Gange. Die militärische Bedrohung war binnen kurzem unter Kontrolle, aber die Aufstände flackerten hier sprunghaft bis zum Ende des Jahrzehnts immer wieder auf. Die meisten Rebellen waren Bauern, die die Rückkehr von König und Kirche verlangten. Ihre Anführer entstammten allerdings oft den stutzerhaften Reihen der Aristokratie, die den Stil des Ancien régime nachäfften.

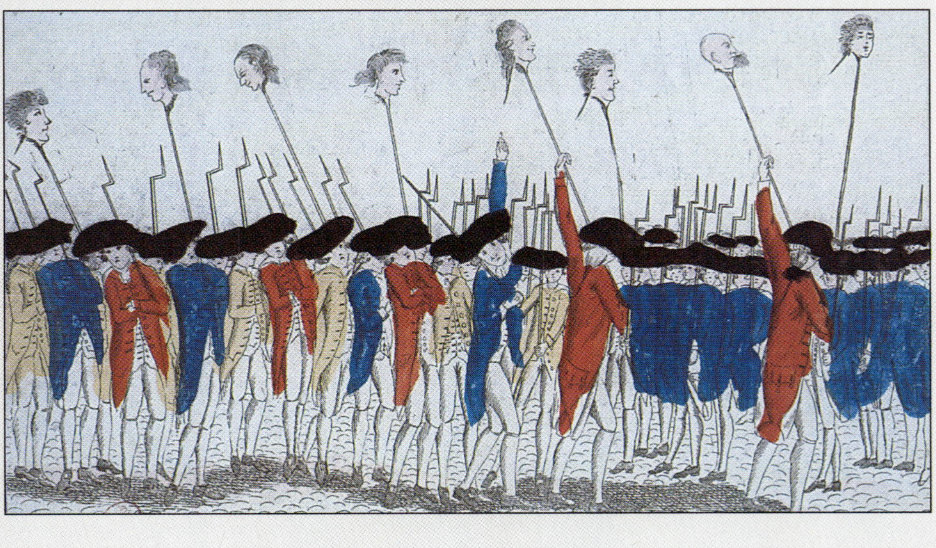

Links: Die Hinrichtung Ludwigs XVI. am 21. Januar 1793 auf der Place de la Révolution (heute Place de la Concorde). Die Weigerung des Königs, sich mit den Revolutionären zu verbinden, machte ihn angreifbar, nachdem im April 1792 der Krieg gegen Europa begonnen hatte. Ein allgemeiner Volksaufstand in Paris am 10. August 1792 setzte seiner Herrschaft ein Ende. Nach einem langen und dramatischen Prozeß wurde er vom Nationalkonvent zum Tode verurteilt. Dieses antirevolutionäre Bild zeigt die Guillotine umringt von Truppen. Sie sollten angeblich die Menge zurückhalten, die ihren geliebten König befreien wollte. In Wirklichkeit gibt es keinerlei Hinweis, daß es zu solchen Bemühungen unter der Bevölkerung gekommen war.

Oben: Am 14. Juli 1789, dem Tag der Erstürmung der Bastille, wurden auf Spießen abgetrennte Köpfe durch Paris getragen. Ein solcher Anblick wurde bis 1794 zum regelmäßigen Kennzeichen eines jeden Volksaufstandes in der Hauptstadt.

gleichbedeutend mit nationaler Zwangsaushebung und das erste Beispiel einer »Nation in Waffen«.

Die militärischen Erfolge der Ersten Republik waren in der Tat großartig. Von jungen Offizieren kommandiert, die vor 1789 niemals Zugang zu höheren Rängen gehabt hätten, vertrieb die Armee nicht nur die fremden Heere vom französischen Boden (Mitte 1794), sondern trug die französische Macht auch nach Mittel- und Südeuropa. Napoleon Bonaparte (1769–1821), ein Korse, machte sich zuerst einen Namen in den Italienfeldzügen von 1796/1797. Gegen Ende des Jahrhunderts verleibte sich die französische Republik neue Territorien ein und setzte in benachbarten Staaten Marionettenregierungen ein: Frankreich war die »Große Nation« im Europa nach 1795 geworden.

Der Beendigung des Kriegsnotstandes von 1793/1794 fiel als erstes das radikale Sozialreformprogramm zum Opfer, das vom Wohlfahrtsausschuß aufgestellt worden war. Der Sturz und die Hinrichtung Robespierres (1758–1794) im Juli 1794, also desjenigen Ausschußmitgliedes, das am meisten mit dem Programm verbunden war, signalisierte einen weitgehenden Rückzug von dessen demokratischem Radikalismus. Das Regime nach 1795, das sogenannte Direktorium, bemühte sich, den Terror durch gesetzmäßige Herrschaft zu ersetzen, erwies sich aber als schwach und nicht überzeugend. Als sich die Republik 1798/1799 mit neuen militärischen Schwierigkeiten konfrontiert sah, verschmähte sie sowohl eine Lösung, die auf größerer Demokratie (auf der Linie von 1793/1794) beruht hätte, lehnte aber auch eine ab, die sich auf die bourbonische Reaktion gestützt hätte, besonders da der Thronprätendent, der sich als Ludwig XVIII. ausgab, eine Rückkehr zur alten Ordnung ankündigte. Die Republik hielt statt dessen Ausschau nach einem Militärdiktator, der die Gewinne von 1789 sichern würde – und zwar die auf dem Schlachtfeld errungenen genauso wie die daheim durch starke und entschlossene Autokratie erworbenen. Infolge eines Staatsstreiches im November 1799 gelangte Napoleon Bonaparte an die Macht.

Das napoleonische Reich

»Von Chlodwig bis zum Wohlfahrtsstaat fühle ich mich mit allen solidarisch«, bemerkte Napoleon unbescheiden. Er war ein Beispiel für jene Tradition in der französischen Geschichte, die weitreichende Staatsgewalt und zentralistische Regierung verband. Weniger kreativ und originell als oft behauptet wird, behielt er die größeren Verwaltungsreformen der konstituierenden Versammlung bei. Er stellte einen vom Staat ernannten Präfekten an die Spitze eines jeden Departements, eine zentralistische Verbesserung, die sich an die Intendanten des Ancien régime anlehnte. Im Code Napoléon von 1804 – dessen Einfluß auf die Rechtssysteme der ganzen Welt bedeutend gewesen ist – griff er auf die Ideen der Juristen der revolutionären Versammlungen zurück. Vieles von Napoleons Wirtschaftspolitik hätte Colbert gefallen. Die Gründung der Bank von Frankreich 1800 war jedoch eine bedeutende Errungenschaft. Seine Erziehungsreformen – besonders die Einrichtung von *lycées* (Gymnasien) und die kaiserliche Universität – waren verwässerte Versionen der viel ehrgeizigeren Pläne, die in den 90er Jahren des 18. Jahrhunderts erörtert wurden. Sein Egalitarismus, besonders die Wahrung der Gleichheit vor dem Gesetz und die »dem Talent offenstehende Karriere« im Staatsdienst, hatte, wie seine Kirchenpolitik, ebenfalls revolutionäre Wurzeln. Nach einer Periode des totalen Antiklerikalismus Ende des 18. Jahrhunderts setzte er durch das 1801 mit dem Papst geschlossene Konkordat den Katholizismus als Religion der Mehrheit der Franzosen wieder ein; Protestanten und Juden wurden aber toleriert. Indem er den Papst überredete, die Reformen der Revolution zu legalisieren, gewann Napoleon breite Unterstützung von seiten der Bauernschaft und des Mittelstands und sogar von den im Exil lebenden proklerikalen früheren Aristokraten, die nun überredet wurden, nach Frankreich zurückzukehren.

Das napoleonische Europa
Im napoleonischen Kaiserreich von 1812 hatte die französische Macht in Europa ihren Höhepunkt erreicht. Frankreich dominierte Europa durch die Ausdehnung seiner eigenen direkten Herrschaft, durch abhängige Staaten (in denen oft Mitglieder der Familie Bonaparte regierten) und durch speziell geschaffene politische Bündnisse wie den Rheinbund. Das Kaiserreich war aus militärischen Siegen hervorgegangen und erhielt nie die uneingeschränkte Unterstützung der unterschiedlichen Bevölkerung in den vielen Einzelteilen des Reiches. Nichtfranzösische Bürger reagierten eher ärgerlich auf Frankreichs politischen und wirtschaftlichen Kurs, der darauf abzielte, das europäische Festland von der aufblühenden Wirtschaftskraft England abzuschneiden. Frankreich bekämpfte erfolgreich die Herausforderung der anderen Großmächte, die sich in antifranzösischen Koalitionen zusammenschlossen. Es gab jedoch schon Anzeichen, daß das Kaiserreich sich übernommen hatte. Bestätigt wurde das durch den schrecklichen Rußlandfeldzug 1812/1813 und die folgenden Befreiungskriege unter anderem in Spanien und Deutschland. Aber inzwischen hatten die Koalitionsmächte – England, Österreich, Preußen und Rußland –, denen es gelungen war, dem französischen Militärpotential Widerstand zu leisten, ihre Truppen wirksam umgruppiert und sich vereinigt, um Frankreich eine endgültige Niederlage zu bereiten.

Als autoritäre Persönlichkeit unterdrückte Napoleon die Pressefreiheit und lobte die hierarchische Ordnung. Mit der Schaffung der *légion d'honneur* als Belohnung für Verdienste um das Land und der Einführung einer pompösen Hofgesellschaft und des kaiserlichen Adels ließ er sich auf eine Imitation der Bourbonen ein. (Lächerlicherweise ging er so weit, Ludwig XVI. als »meinen Onkel« zu bezeichnen.) Das politische Leben war auf eine Fassade reduziert, besonders nachdem er 1804 den Titel eines Kaisers angenommen hatte. Die Mehrheit des französischen Volkes tolerierte jedoch diese Übertreibungen, solange das Land sich eines materiellen Wohlstandes und einer religiösen Harmonie erfreute und die fundamentalen Errungenschaften der Revolution geschützt sah.

Um 1810 begannen die Vorzüge des napoleonischen Regimes zu schwinden. Ein Streit mit dem Papst ruinierte die meisten Errungenschaften, die auf die früheren Leistungen des Kaisers zurückgingen, und kratzte an seinem klerikalen Image. Auch Napoleons Außenpolitik geriet in Schwierigkeiten. Seit den 90er Jahren des 18. Jahrhunderts setzte Frankreich seine territoriale Expansion fort, und auf seinem Höhepunkt besaß das Kaiserreich 130 Departements, die sich von der Adria bis an die Ostsee erstreckten. Die Kriegsstrategie hatte die französische Wirtschaftsmacht in gleichem Maße vergrößert, wie sie den politischen Einfluß Frankreichs ausbaute. Indem Napoleon neue Gebiete in Europa der französischen Herrschaft unterwarf, ließ er sie den Preis des Krieges zahlen (durch bloße Ausplünderung,

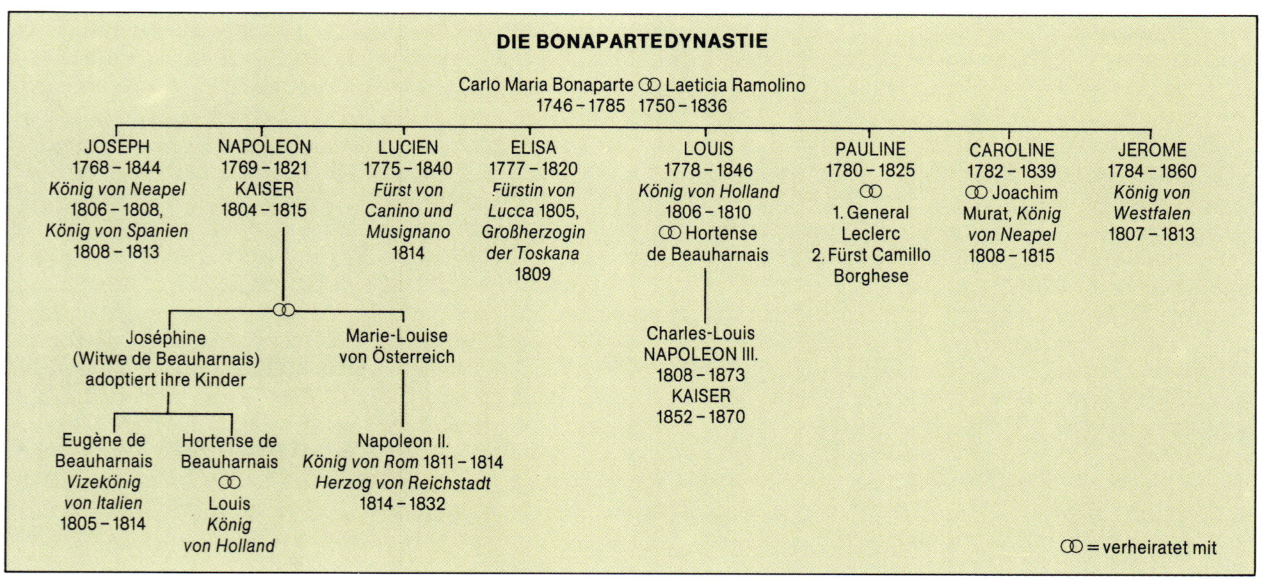

Napoleon und die Bonapartes

Napoleons militärische Erfolge, seine administrativen Fähigkeiten und seine internationale Dominanz überlagern eines der ausgeprägtesten Merkmale seiner Herrschaft: den Gebrauch seiner Familie als Hebel der internationalen Macht. Als sein Vater, ein Rechtsanwalt, starb, blieb seine Mutter Laeticia mit einer großen Familie zurück.

Napoleons Machtergreifung im Jahr 1799 brachte ihn in eine unangreifbare Position, aus der heraus er etwas zur Unterstützung seiner Familie tun konnte. Bis zu seinem Sturz 1814/1815 handelte er wie eine Art Mafia-Pate, indem er die Ausdehnung der napoleonischen Macht mit dem Einfluß des Bonaparte-Clans verband. Seinen älteren Bruder Joseph (1768–1844) machte er zuerst zum König von Neapel (1806), dann von Spanien (1808). Der jüngere Louis (1778–1846) wurde König von Holland (1806) und Jérôme (1784–1860) König von Westfalen (1807). Nur Lucien (1775–1840), der sich als schwarzes Schaf der Familie erwies, blieb ohne Pfründe; erst 1814 wurde er Fürst von Canino und Musignano. Von seinen Schwestern wurde Elisa (1777–1820) Großherzogin der Toskana (1809), Pauline (1780–1825) heiratete in zweiter Ehe einen italienischen Prinzen und führte ein wildes, genußsüchtiges Leben. Caroline (1782–1839) heiratete Murat, einen von Napoleons Generälen, und wurde Königin von Neapel (1808). Napoleons Protektion beschränkte sich nicht nur auf seine unmittelbare Verwandtschaft: Eugène de Beauharnais, sein Stiefsohn durch die Kaiserin Joséphine, wurde zum Vizekönig von Italien ernannt (1805); seinen Onkel Joseph Fesch (1763–1839) machte er zum Kardinal, und die Schwester von Jérômes Frau heiratete einen seiner Generäle, Bernadotte, den späteren König von Schweden.

Links: Das berühmte Porträt des neuen Ersten Konsuls von Louis-Léopold Boilly (1761–1845) fängt den ehrgeizigen Ausdruck in Napoleons Augen ein.

Unten: Dieses Porträt des Bonaparte-Clans von 1809 bei einem Ball zu Ehren von Friedrich August, König von Sachsen, zeigt die Familie auf dem Höhepunkt ihres Erfolges. »Wenn das nur bleibt!« war der passende Kommentar von Napoleons Mutter zu dem bemerkenswerten Aufstieg ihrer Familie. Er blieb nicht.

Oben: Eine Karikatur von 1814 zeigt Napoleons akrobatische Anstrengung, um sein Heim, das Schloß Fontainebleau, unversehrt zu halten. Der Versuch, Europa von Madrid bis Moskau zu umspannen, scheiterte: Der Krieg gegen Spanien und Portugal band wertvolles militärische Potential des Kaiserreiches, während der Rußlandfeldzug 1812/1813 sich als kostspieliges Fiasko erwies, das Napoleons Feinde ermutigte, ihre Truppen neu zu organisieren. Die Viererallianz – England, Preußen, Österreich und Rußland – tat sich zusammen, um Napoleon militärisch zu schlagen, ihn aus Frankreich zu vertreiben und die Landkarte Europas neu zu zeichnen, indem man Frankreichs imperialen Ansprüchen ein Ende setzte.

hohe Steuern und militärische Zwangsaushebung). Damit gelang es ihm, die wirtschaftliche Last der Franzosen aufzufangen. Um 1810 stellte er jedoch fest, daß es unmöglich war, weiter entfernte Territorien zu erobern, ohne seine Ressourcen zu überziehen. Sein katastrophaler Rußlandfeldzug (1812/1813), bei dem er eine halbe Million Soldaten verlor, war ein entscheidender Rückschlag für seine Strategie. Zum erstenmal mußten die Kriegskosten von den Franzosen selbst getragen werden. Zu Hause stiegen die Steuern, und die Kriterien für die Einberufung zum Heer wurden ausgerechnet dann verschärft, als eine ernste industrielle und agrarwirtschaftliche Krise ausbrach, die die Arbeitslosigkeit ansteigen ließ. Schließlich wurde Napoleon entthront, nachdem ihm Österreich, England, Rußland und Preußen eine militärische Niederlage bereitet hatten. Als er sich auf das winzige Inselgefängnis Elba begab, war er praktisch schon ein Geächteter in seinem Heimatland Frankreich. Nach der Flucht von Elba konnte er in den »Hundert Tagen« noch einmal mit dem Gedanken an seinen früheren Ruhm spielen, indem er die Herrschaft übernahm und eine neue Armee aufstellte, aber die Niederlage bei Waterloo im Jahr 1815 erwies sich als sein endgültiger Untergang.

Die Restauration der Monarchie

Das napoleonische Regime hatte während seines Höhepunktes den Gesellschaftsschichten, die am meisten durch die Revolution gewonnen hatten – namentlich den Angehörigen der freien Berufe, des landbesitzenden Mittelstandes und der Bauernschaft –, eine grundlegende politische Struktur geboten, die die Extreme sowohl des reaktionären bourbonischen Absolutismus wie des fundamentalen sozialen Radikalismus vermied. Die restaurierte bourbonische Monarchie unter Ludwig XVIII. versuchte vernünftigerweise nicht, zu einer Gesellschaft, wie sie vor 1789 existierte, zurückzukehren. Die neue Verfassung, die *Charte constitutionnelle*, ähnelte eher der von 1791 als dem politischen System des Ancien régime, und in der Regierung dominierten anfangs die liberalen Royalisten. Der größte Teil der revolutionären und napoleonischen Institutionen – einschließlich der Landverteilung, der Departements, der Präfektur, des Code civil und der Bank von Frankreich – wurden beibehalten. Das empörte zwar die Ultraroyalisten wie Joseph de Maistre (1753 – 1821), die Ludwig XVIII. beschuldigten, »den Thron Bonapartes« bestiegen zu haben, aber im übrigen Frankreich war man im allgemeinen damit einverstanden.

Die von Ludwig XVIII. erreichte politische Balance war sehr schwach. Noch vor Ludwigs Tod im Jahr 1824 tendierte das Regime nach rechts, ein Trend, den sein Bruder und Nachfolger Karl X. mit Nachdruck fortsetzte. Er signalisierte seinen Wunsch nach einer Allianz von »Thron und Altar«, indem er seine Krönung im traditionellen Stil in Reims stattfinden ließ, gefolgt von einer Reihe ritueller Berührungen, um die »Königskrankheit« (Skrofeln) zu heilen.

Karl sah sich als Herrscher »durch Gottes Gnaden« statt durch den Willen des Volkes und hatte keine Bedenken, die Macht der Kirche zu stärken oder die Gesetzgebung zu beeinflussen, um die emigrierten Aristokraten für konfiszierte Besitzungen zu entschädigen. Sein Versuch 1829/1830, der Presse einen Maulkorb anzulegen und unabhängig von repräsentativen Institutionen zu regieren, fiel mit einer ausgedehnten Wirtschaftskrise zusammen. Das Regime fand wenig Freunde, als ein dreitägiger Aufstand – *Les Trois Glorieuses* (27. bis 29. Juli 1830) – zum endgültigen Sturz der »älteren« Linie der Bourbonen führte.

Es kam vielleicht etwas überraschend, daß der Gewinner der Revolution von 1830 Louis Philippe war, das Oberhaupt der Orléans, einer Seitenlinie der Bourbonen. Er garantierte die liberalen Freiheiten, die Karl X. zu untergraben gesucht hatte. Damit war das Zeichen für eine Machtverschiebung innerhalb der französischen Politik gegeben, nämlich die vollständige Aufhebung des aristokratischen Einflusses. Die neue »Juli-Monarchie« führte die Herrschaft der Bourgeoisie in Frankreich ein.

Paradoxerweise waren trotz der turbulenten politischen Konstellationen in Frankreich seit 1789 – das Land erlebte zwei monarchische Herrschaftshäuser, zwei Kaiserreiche, fünf Republiken und eine interimistische Autokratie (der *Etat français* 1940 – 1944) – die Veränderungen von einem beträchtlichen Maß an Kontinuität und sozialer Stabilität begleitet. Der juristische und administrative Rahmen, der zu Zeiten der Revolution und Napoleons geschaffen wurde, erwies sich als solider Hintergrund, vor dem der politische Wandel stattfand. Die Bedeutung des Agrarsektors für die französische Wirtschaft war ebenfalls eine wichtige stabilisierende Kraft. Der Anteil der Landbevölkerung lag zu dieser Zeit in Frankreich höher als in irgendeinem anderen der Staaten, die auf dem Weg zur Industrialisierung waren. In England übertraf in den 30er Jahren des 19. Jahrhunderts die Zahl der Stadtbewohner die der Landbevölkerung, in Italien in den 70er Jahren desselben Jahrhunderts, in Deutschland um 1900, in den USA um 1920. Frankreich erlebte diese demographische Veränderung nicht vor den 30er Jahren des 20. Jahrhunderts: Während fast des gesamten 19. Jahrhunderts stellte die Landbevölkerung zwei Drittel bis drei Viertel der Gesamtbevölkerung. Die Existenz einer starken Bauernschaft wirkte sich bremsend auf rasche soziale Umgestaltungen aus.

Die Bourgeoisie hatte ebenfalls ein starkes Interesse am Land. Zwischen 1688 und 1815 hatte Frankreich einen »Zweiten Hundertjährigen Krieg« gegen England verloren – die Verluste umfaßten das französische Kolonialreich und einen florierenden Anteil am Welthandel. Die Wirtschaftsgeographie des Landes erfuhr eine dauerhafte Veränderung, wobei sich der Schwerpunkt von der Atlantikküste zur Binnengrenze verschob: Städte wie Lyon und Straßburg zogen daraus ihren Vorteil, während Bordeaux, La Rochelle, Rouen und Le Havre einen Niedergang erlebten. Grundbesitz blieb weiterhin eine sichere und solide Investition, und Landbesitzer stellten den dominierenden Teil der postrevolutionären Bourgeoisie. Die Großgrundbesitzer konnten den Verfall der Preise für landwirtschaftliche Pro-

Oben links: Louis Philippe (1773 – 1850), Herzog von Orléans, entstammte einer Seitenlinie der Bourbonen, die 1830 gestürzt wurden. Nach der Juli-Revolution bestieg er als König der Franzosen, »Bürgerkönig« (1830 – 1848), den Thron. Als junger Herzog von Chartres hatte er 1789 auf der Seite der Revolution gestanden, Frankreich aber zu Beginn des Terrors im April 1793 verlassen. Seine revolutionäre Vergangenheit täuschte über seine allgemeine Haltung hinweg. Hier wird er gezeigt, wie er 1830 mit der Revolutionstrikolore die Pariser Barrikaden besteigt. Tatsächlich aber war er der ruhigste und bedächtigste aller Herrscher.

Oben: Die verbündeten europäischen Herrscher, die Napoleon gestürzt hatten, setzten in der folgenden Restaurationsperiode Karl X. (1824–1830) ein. Als dieser versuchte, wie ein Bourbonenkönig des Ancien régime zu regieren, wurde die Monarchie aufgelöst. Die von ihm am 25. Juli angeordneten Maßnahmen, die Pressefreiheit aufzuheben und das Wahlrecht einzuschränken, provozierten drei »glorreiche« Tage der Aktion *(Les Trois Glorieuses)* in Paris. Vom 27. bis 29. Juli vertrieb eine Volkserhebung hinter hastig errichteten Barrikaden die königliche Armee aus Paris und stürzte die Regierung. Frankreich war nahe daran, wiederum eine Republik zu werden, bis die bürgerlichen Sympathisanten des Aufstands Anfang August Louis Philippe als neuen König proklamierten.

dukte, der von 1817 bis 1851 dauerte, viel besser auffangen. Zusammen mit den erfolgreichsten Vertretern des Industrie-, Handels- und Finanzsektors bildeten sie die *grande bourgeoisie*, die die Juli-Monarchie beherrschte.

Die Revolution von 1848

Die Position, die die *grande bourgeoisie* unter der Juli-Monarchie einnahm, löste zunehmend Verstimmung aus. Lamartine (1790–1869) hebt in seiner Analyse der Ursachen der Revolution von 1848, die die Juli-Monarchie stürzte, die Unfähigkeit des Regimes hervor, Begeisterung zu wecken oder die Unterstützung der breiten Massen zu gewinnen. »Enrichissez-vous!« (Bereichert euch!), der Appell von François Guizot (1787–1874), einem führenden Politiker Frankreichs in den 40er Jahren, fand allgemein wenig Anklang, da der Reichtum in so wenigen Händen konzentriert war. Selbst das Wahlrecht blieb – bei einer Gesamtbevölkerung von gut über 30 Millionen – auf etwa eine viertel Million Männer beschränkt. Das Regime hatte der verarmten Arbeiterklasse in den zunehmend industrialisierten Städten nichts zu bieten. Ein Aufstand der arbeitslosen Seidenweber in Lyon 1831 wurde gewaltsam niedergeschlagen. Das Auftreten der Cholera 1832 – über 100000 Tote forderte allein die erste Welle der Epidemie – führte unter der Stadtbevölkerung zu chaotischen Zuständen, und die Regierung war nicht imstande, darauf zu reagieren. Als Träger staatlicher Sozialleistungen hinkte Frankreich lange hinter den übrigen europäischen Ländern her. Dieser offensichtliche Mangel an sozialem Bewußtsein inspirierte eine Anzahl radikaler und sozialistischer Schriftsteller wie Charles Fourier (1772–1837), Louis Blanc (1811–1882), Etienne Cabet (1788–1856) und Louis Auguste Blanqui (1805–1881), die unter den aktiven Vertretern der Arbeiterklasse eine zunehmende Anhängerschaft gewannen. Die Farblosigkeit der Juli-Monarchie kontrastierte mit dem Glanz der napoleonischen Legende. Besonders die Intellektuellen des Mittelstands bewunderten den Kult, den der Kaiser um Heldentum, Dynamik und Individualismus getrieben hatte. Das spiegelte sich in den Schriften von Victor Hugo (1802 bis 1885), Stendhal (1783–1842) und Honoré de Balzac (1799 bis 1850) sowie in der Kunst der Romantik wider. Nach den schlechten Erntejahren 1846 und 1847 wuchs die Unzufriedenheit in allen sozialen Gruppen. Eine politische Kampagne in den größeren Städten benutzte öffentliche Bankette, sogenannte Reformbankette, als Vorwand für Versammlungen, um die Erweiterung des Stimmrechts zu fordern, resultierte aber in der Absetzung Louis Philippes im Februar 1848. Diesmal entschieden sich die Führer der Revolution für eine Republik.

Die Zweite Republik (1848–1852) brachte zum erstenmal seit den 90er Jahren des vorherigen Jahrhunderts wieder einen sozialen Radikalismus ins Zentrum der politischen Bühne. Doch ein radikales Sozialprogramm, zu dem das allgemeine Männerstimmrecht und das Recht auf Arbeit gehörten, erwies sich als zweischneidig, als die neue Wählerschaft – sie war von einer viertel Million auf neun Millionen angestiegen – eine gemäßigte und konservative Majorität zurückbrachte. Rufe nach einer Wiederaufnahme der Schreckensherrschaft *(terreur)* von 1793/1794 durch Errichtung einer radikalen Pariser Diktatur über die rückstän-

Bäuerliches Leben

Obgleich die Französische Revolution gewaltige politische und kulturelle Änderungen brachte, war ihre Auswirkung auf Frankreichs Wirtschaft weit gedämpfter. Oft als »bürgerliche Revolution« angesehen, brachte sie keinen wesentlichen Durchbruch in Richtung auf eine kapitalistische Gesellschaft. In der Tat bedeutete die Revolution in mancher Hinsicht einen Schritt zurück, denn die meisten der unter dem Ancien régime blühenden Wirtschaftssektoren (vor allem der Außenhandel) wurden durch die Revolutions- und Napoleonischen Kriege schwer getroffen.

Auf dem Land nutzten die Bauern ihre Gewinne aus der Revolution (besonders die Abschaffung der Abgaben an die Grundherren und des Kirchenzehnten), um dem Eindringen des Kapitalismus zu widerstehen. Die meisten schienen es vorzuziehen, sich auf die bewährte Routine zu verlassen und sich einen Lebensstil anzueignen, der ganz und gar seine traditionalistische Form beibehielt. Die Nahrung bestand weiterhin hauptsächlich aus Schwarzbrot, und noch lange nachdem die Revolution das metrische System eingeführt hatte, beharrten die Bauern darauf, in ihren gewohnten Maßen zu rechnen – Meile, Pfund, Fuß usw.

Die französische Sprache setzte sich nur langsam durch, und fremde Laute sowie Patois waren auf dem Land üblich. Die katholische Kirche kämpfte gegen neue weltliche Philosophien, und Gesellschaft und Kultur blieben auf ihre jeweilige Region beschränkt und waren traditionalistisch ausgeprägt. Erst mit dem Aufkommen der Eisenbahn und besonders seit den 80er Jahren des 19. Jahrhunderts, mit der Einführung der Grundschulpflicht, wurden die lokalen Barrieren durchbrochen. Obwohl das Ancien régime formal abgeschafft war, bestand es für viele Franzosen dieser Zeit gesellschaftlich und ökonomisch weiter.

Unten links und unten: Die einfache Würde des bäuerlichen Lebens im 19. Jahrhundert, wie Jean-François Millet (1814–1875) es in seinen Bildern eingefangen hat. Die ländliche Lebensweise widerstand lange Zeit jeder Änderung. Das Bauernland war die Basis der Agrarproduktion, und man erwartete, daß jedes Mitglied des Haushalts dazu seinen Beitrag leistete. Selbst ganz junge Kinder konnten Schafe oder Ziegen hüten oder so grundlegende Arbeiten verrichten wie das Worfeln von Getreide *(unten links)*. Während der Ernte mußte deshalb die Schule hintanstehen. Auch den Frauen kam eine Schlüsselrolle bei der Sicherstellung der Existenzgrundlage ihrer bäuerlichen Familien zu (auf dem Bild unten sind Ährenleserinnen abgebildet). Die Ehepartner stammten meistens aus der gleichen Region.

digen Provinzen scheiterten, und auf den Straßen von Paris ließ man im Juni 1848 radikale Demonstranten blutig niederschlagen. Unter Führung eines für vier Jahre gewählten Präsidenten wurde eine liberale Republik errichtet. Aber man hatte nicht damit gerechnet, daß Charles-Louis Bonaparte (1808–1873), der Neffe Napoleons I., bei den Präsidentschaftswahlen fünfeinhalb von sieben Millionen Wählerstimmen für sich gewinnen würde. Die Zweite Republik nährte, wie die Erste, eine napoleonische Schlange an ihrem Busen, und das Ergebnis war gleichermaßen tödlich. Am 2. Dezember 1851 organisierte Bonaparte einen Staatsstreich, woraufhin ihm auf zehn Jahre die Präsidentschaft übertragen wurde. Ein Jahr später ließ er sich aufgrund einer Volksabstimmung zum Kaiser ernennen.

Das Zweite Kaiserreich

Napoleon III., wie er sich selbst nannte (der Sohn Napoleons I., der 1832 kinderlos gestorben war, hatte tatsächlich nie als Napoleon II. regiert), trat als die Antithese des sozialen Radikalismus auf, distanzierte sich aber auch von den Royalisten. Damit blieb er in der zentristischen *(juste milieu)* Tradition zwischen Radikalismus und Reaktion. Er versicherte sich des Mittelstandes durch das Versprechen sozialer Harmonie – »Das Kaiserreich bedeutet Frieden«, erklärte er – und die Erhaltung von Institutionen der Revolution. Er fand auch die Unterstützung der Bauernschaft, die dazu neigte, die harte Herrschaft seines Onkels zu vergessen, und sich eher daran erinnern wollte, daß das Erste Kaiserreich die Landverteilung der Revolution gefestigt und die Steuern niedrig gehalten hatte. Das Zweite Kaiserreich erlebte eine deutliche Beschleunigung der Wirtschaftsaktivitäten, eine Tatsache, die es vielleicht weniger der staatlichen Intervention verdankte als einem gleichzeitigen, zufälligen Aufschwung der Weltwirtschaft. Zwischen den späten 40er und den späten 60er Jahren hatte sich der Auslandshandel verdreifacht und der Wert der industriellen Produktion verdoppelt. Die Mechanisierung der Industrie nahm um das Fünffache zu, ebenso die Erweiterung des Eisenbahnnetzes. Diese Hochkonjunktur gründete sich auf neue Finanzinstitutionen, die Kredite anboten – der Crédit Lyonnais zum Beispiel wurde 1863 gegründet und die Société Générale 1864. Zu den wirtschaftlichen Errungenschaften des Regimes gesellten sich soziale Projekte von hohem Prestigewert. Die Gestaltung der Pariser Boulevards durch Baron Haussmann (1809–1891), von 1853 bis 1869 Präfekt des Departements Seine, machte die Hauptstadt, die durch ihr kulturelles Leben und die weltlichen Vergnügungen, die sie bot, bereits einen Namen hatte, zum internationalen Schaufenster.

In den 60er Jahren versuchte Napoleon zunehmend, Verbündete auf der linken Seite zu finden. Eine Amnestie politischer Gefangener führte dazu, daß allmählich liberalere Maßnahmen verwirklicht wurden. Darunter fielen eine freiere Presse, das Recht auf Arbeitervereinigungen (1864), größere ministerielle Verantwortlichkeit, und von 1869 bis 1870 kam es sogar zu einer liberaleren Verfassung. Außenpolitisch stellte Napoleon das Kaiserreich als friedliebend dar, aber er strebte nach militärischem Ruhm und arbeitete deshalb kräftig am Aufbau eines »zweiten kolonialen Kaiserreichs«. Karl X. war in Algerien eingefallen, die Expansionen Louis Philippes erstreckten sich auf Afrika und den Pazifik, Napoleon III. aber begründete eine weltweite französische Präsenz. Um 1870 war Frankreich nach England die zweitgrößte Kolonialmacht und in einer so starken Position, um von der »Balgerei um Kolonien« in den folgenden Jahrzehnten seinen Nutzen zu ziehen. Napoleon führte Frankreich auch in den Krimkrieg (1854–1856) und in einen Krieg in Italien gegen Österreich (1859), und in den 60er Jahren versuchte er, militärisch in Mexiko einzugreifen. Schließlich ließ er sich 1870 auf einen Krieg mit Preußen ein, der zu seinem Sturz führte und zum Verlust zwei seiner reichsten Provinzen: Elsaß und Lothringen.

Der Verlust dieser beiden Provinzen sollte vor einem breiteren demographischen Hintergrund gesehen werden. Unter Ludwig XIV. war einer von fünf Europäern Franzose, zur Zeit Napoleons I. war das Verhältnis eins zu sieben, unter Napoleon III. eins zu acht; 1900 sank das Verhältnis auf eins zu zehn und 1945 auf eins zu 13. Der relative Bevölkerungsrückgang, der nach 1789 wirksam wurde, war zum Teil eine Folge der Verluste im Krieg und in bürgerkriegsähnlichen Auseinandersetzungen (vermutlich eineinhalb Millionen Tote insgesamt). Hauptsächliche Ursache war jedoch eine beträchtliche Verkleinerung der Familien in Frankreich im frühen 19. Jahrhundert. Dieser Trend dürfte mit den Gesetzen der Erbteilung, die während der Revolution eingeführt wurden, in Zusammenhang stehen. Damals realisierten die Bauern, daß die Aufteilung ihres Landbesitzes unter zu vielen Nachkommen den wirtschaftlichen Ruin bedeuten würde, und begrenzten deshalb die Größe ihrer Familien – normalerweise, so scheint es, durch die Praxis des Coitus interruptus (das Kondom gehört erst im Ersten Weltkrieg zur Standardausrüstung der Truppen). Geradeso wie die frühere militärische und politische Stärke Frankreichs auf seiner demographischen Überlegenheit basierte, waren an seinem Niedergang augenscheinlich weniger die Kämpfe auf dem Schlachtfeld schuld, sondern die Schlafzimmergewohnheiten von 20 Millionen Bauern.

Der Verlust von Elsaß und Lothringen an das neue Deutschland war um so bedeutender, als die deutschen Bevölkerungszahlen weiterhin anstiegen. 1870 entsprachen sie in etwa denen Frankreichs; 1914 besaß Deutschland 50 Prozent mehr Einwohner als Frankreich. Dieses Ungleichgewicht schürte in Frankreich die Angst vor nationaler Dekadenz, die sowohl dem Alkoholismus als auch der Syphilis und einer rassischen Degeneration zugeschrieben wurde. Obgleich der Zuwachs der Kolonialbevölkerung (1914 um 50 Millionen) einen gewissen Ausgleich für Frankreichs Verluste in Europa bot, hatte die Rückgewinnung der verlorenen Provinzen Priorität. Der revanchistische Traum war das Herzstück der französischen Außenpolitik bis 1918, als dieser Traum sich erfüllte. In der Tat kompensierte die Reintegration von Elsaß-Lothringen in gewissem Maß die entsetzlichen Verluste, die die Franzosen im Ersten Weltkrieg erlitten – über 1,4 Millionen Tote und mehr als zweimal so viele Verwundete und Kriegsversehrte. Die Bevölkerung betrug am Vorabend des Krieges 39,6 Millionen, danach, selbst unter Einbeziehung von Elsaß-Lothringen, nur 39,2 Millionen.

Die Dritte Republik

Der Sturz von Napoleon III. nach seiner Niederlage durch die Preußen führte zur Gründung der Dritten Republik, die 70 Jahre Bestand haben sollte. Der erfahrene alte Staatsmann Louis Adolphe Thiers (1797–1877), der bis 1873 an der Spitze der Regierung stand, erklärte, daß eine Republik unbedingt notwendig sei, denn sie sei die Regierungsform, die »uns am wenigsten teilt«. Das bürgerliche Frankreich schreckte im Gedanken an die Nachwirkungen des preußischen Sieges noch immer vor den Linken zurück, als die Proteste der Pariser Radikalen gegen die provisorische Regierung zu einem Aufstand führten. Diese sogenannte Pari-

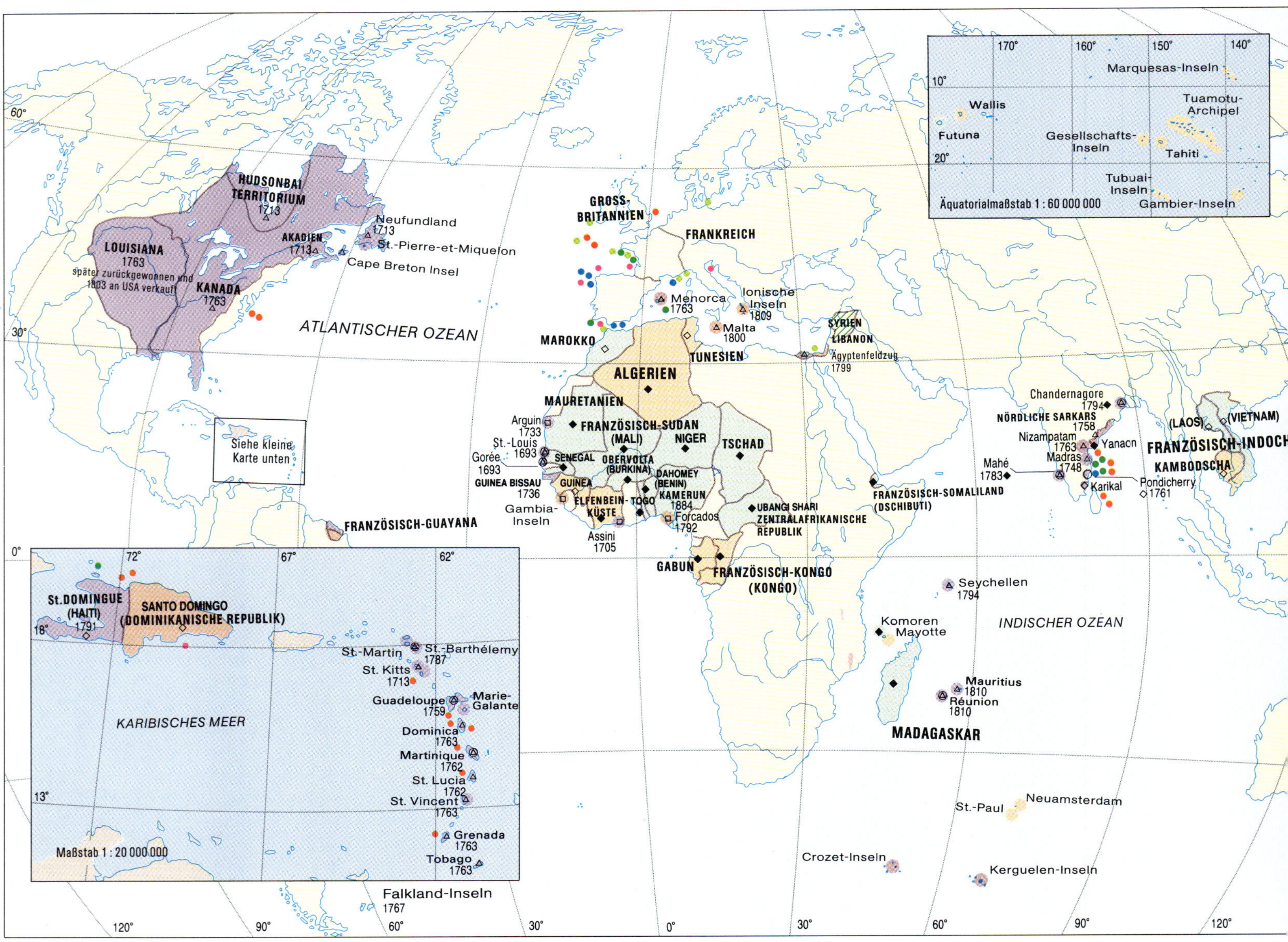

Das französische Kolonialreich Frankreichs koloniale Expansionen hatten zwei Hochphasen. Das »erste Kolonialreich« entstand in der Folge von Frankreichs langem politischen und wirtschaftlichen Kampf gegen Großbritannien im sogenannten »Zweiten Hundertjährigen Krieg« (1689 bis 1815). Diese Territorialgewinne, von denen viele mehrfach zwischen Franzosen und Engländern wechselten, gingen fast alle durch die britische Aktion während der Französischen Revolution und der Napoleonischen Kriege verloren. Später im 19. Jahrhundert schuf sich Frankreich im Anschluß an frühe Erfolge, wie die Eroberung Algeriens 1830, ein »zweites Reich«, vor allem in Afrika und Südostasien. Seit den 50er Jahren des 20. Jahrhunderts hat sich Frankreich von vielen seiner alten kolonialen Besitzungen getrennt.

Industrielles Wachstum und Bevölkerungszunahme
Die Französische Revolution und die Napoleonischen Kriege verschoben den Schwerpunkt von Frankreichs Wirtschaft nach Osten, weg von den Atlantikhäfen und -städten, die in der Ökonomie des Ancien régime die dynamischsten Elemente gewesen waren. Der Norden war besser versorgt als der Süden. Er verfügte früher über ein Eisenbahnnetz, und die Kanalsysteme waren besser; auch die geographische Lage der Mineralvorkommen begünstigte den Norden. Das Eisenbahnnetz *(unten rechts)*, das gegen Ende des 19. Jahrhunderts ausgebaut wurde, war ein wichtiger Indikator der ökonomischen Entwicklung. Die Eisenbahn aktivierte Kapital und Arbeit, belebte die Nachfrage nach Kohle und Stahl und erschloß Regionalmärkte. Die Lokomotive zog die französische Wirtschaft voran und zerstörte ernstlich die traditionellen und archaischen Gesellschaftsstrukturen. Die Industrieproduktion übte auf das Leben der nördlichen Bewohner einen stärkeren sozialen Einfluß aus als auf die im Süden. Damit waren die städtischen Probleme, die mit dem schnellen industriellen Wachstum zusammenhingen, in den Städten des Nordens viel offensichtlicher, obgleich auch im Midi neue urbane und industrielle Ballungsräume entstanden. Im Süden und Westen dominierte noch immer eine bäuerliche Wirtschaft, die um 1914 ernsthafte Zeichen eines Zusammenbruchs zeigte.

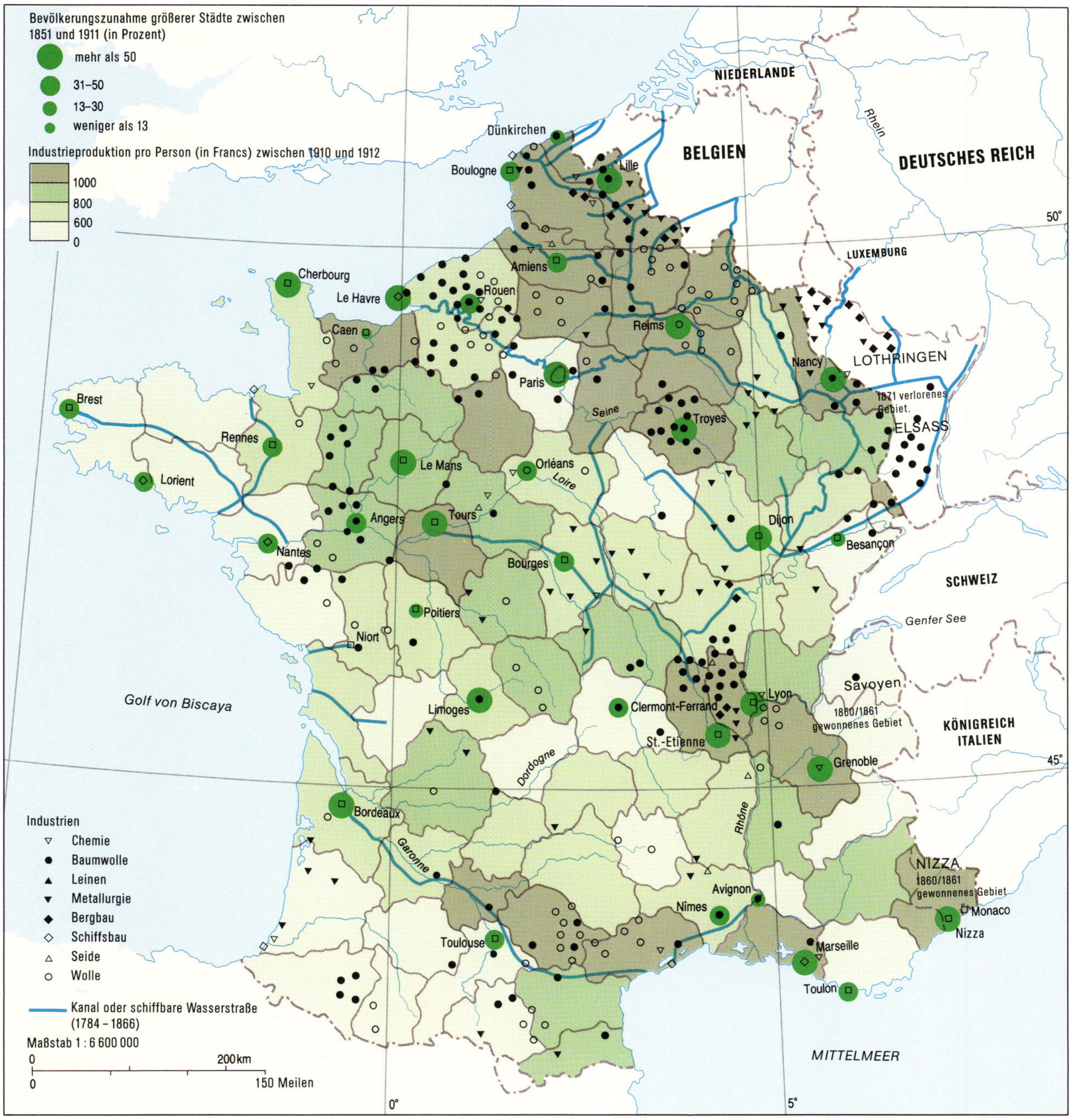

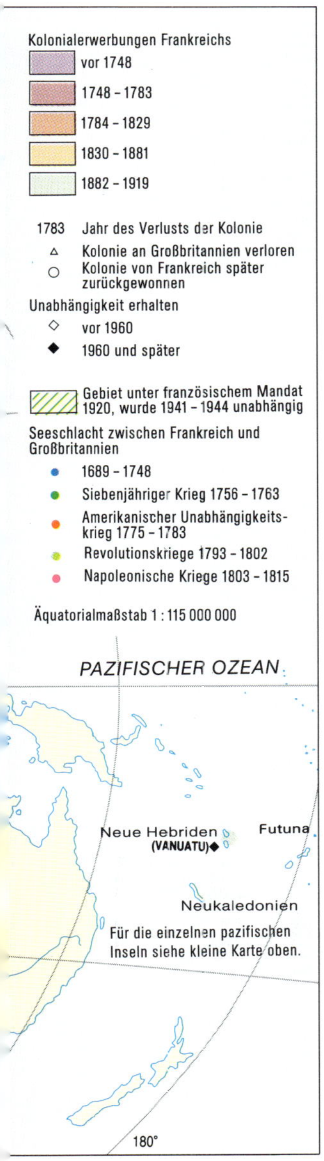

ser Kommune wurde von Thiers blutig niedergeschlagen. Während ein Linksruck völlig undenkbar war, sah die Rechte in Thiers' gemäßigter Republik eine Vorstufe zur Restauration der Monarchie. Thiers' Nachfolger als Präsident wurde 1873 Mac-Mahon (1808 – 1893), anerkanntermaßen ein Sympathisant der Royalisten. Graf von Chambord (1820 – 1883), der als legitimistischer Kandidat und möglicher Heinrich V. auftauchte, verscherzte sich jedoch deren Unterstützung, als er die Absicht äußerte, nicht als ein konzilianter Monarch wie Heinrich IV., sondern eher wie Karl X. auftreten zu wollen. Ernsthafte Republikaner wie Léon Gambetta (1838 – 1882), Jules Grévy (1807 – 1891) und Jules Ferry (1832 – 1893) setzten sich nach und nach gegen die »monarchistische Republik« durch, indem sie eine eher parlamentarische als präsidiale Regierungsform schufen, in der der Präsident, statt vom Volk gewählt, von der Legislative ernannt wurde. Gelegentlich wurde das System in Frage gestellt – besonders von 1886 bis 1889, als der populistische Demagoge General Boulanger (1837 – 1891) mit einem antiparlamentarischen Staatsstreich drohte. Aber letztlich behauptete es sich und sorgte für eine politische Tradition schwacher Präsidenten und unstabiler Regierungen, die bis zur Fünften Republik im Jahr 1958 Bestand hatte.

Die gesellschaftliche Basis der Dritten Republik war wie

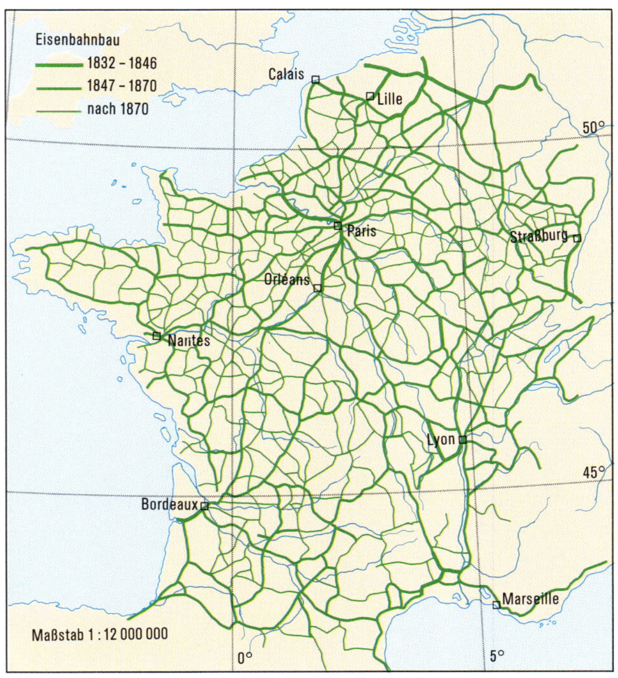

bei ihren Vorgängern das Bürgertum. Doch das Männerstimmrecht und die Entwicklung der Wirtschaft schmälerten die Bedeutung des oberen Mittelstandes und erlaubte kleineren Gruppen – Kaufleuten und Händlern, Staatsbeamten und Angehörigen der freien Berufe –, eine bedeutendere Rolle zu spielen. Die Abhängigkeit des Regimes von einer kräftigen Unterstützung durch die Bauernschaft erwies sich als eine gewisse Belastung, als Massenimporte von billigem Getreide aus Nordamerika in den 70er Jahren zu einer Wirtschaftskrise führten. Viele Bauern waren ihr nicht gewachsen und verließen vor allem die ärmeren Regionen wie die Alpen, das Zentralmassiv und die Aquitaine. In den ländlichen Notstandsgebieten faßte der Radikalismus Fuß, so daß die politische Mitte sich nicht nur mit einer Opposition von rechts, mit der traditionellen, proklerikalen »weißen« Bauernschaft, konfrontiert sah, sondern auch mit dem neuen Phänomen der »roten« Bauern.

Die Republik, deren Ursprünge und gesellschaftliche Basis schwach waren, fand Verbündete bei den Linken und im Zentrum, indem sie in den Kampfruf Gambettas »Le cléricalisme, voilà l'ennemi!« (Der Klerikalismus ist der wirkliche Feind!) einstimmte. Der Kampfplatz der 80er Jahre war das Unterrichtswesen. In etwa einem Viertel der französischen Gemeinden sprach man nicht französisch; ein Drittel der Bevölkerung konnte weder lesen noch schreiben; in klerikalen Gegenden wurden die Schulen von religiösen Kongregationen geleitet. Eine Reihe von wichtigen Maßnahmen, die Jules Ferry in den 80er Jahren durch das Parlament brachte, sicherten die unentgeltliche, obliga-

Oben: Grundschulunterricht für Mädchen und Jungen gehörte zu den bezeichnendsten und wichtigsten Errungenschaften der Dritten Republik vor dem Ersten Weltkrieg. Die staatlichen Schulen schlossen bewußt die religiöse Unterweisung aus und spielten dadurch eine bedeutende Rolle bei der Vermittlung einer nicht kirchlich geprägten republikanischen Gesinnung. Das Photo zeigt eine Unterrichtsstunde im Freien in Vénissieux im Departement Rhône.

Links: Der Eiffelturm auf dem Champ de Mars (Marsfeld) in Paris wurde von dem burgundischen Ingenieur Gustav Eiffel (1832–1923) für die Weltausstellung 1889 anläßlich der 100-Jahr-Feier der Revolution errichtet. Auf dem Bild sind noch Ausstellungsgebäude rund um den Turm zu sehen, die aber später abgerissen wurden. Mit einer Höhe von über 300 Metern stellte er eine beachtliche technische Leistung dar und symbolisierte den Triumph von Wissenschaft und Moderne. Einer Gruppe von Intellektuellen, unter ihnen Alexandre Dumas und Guy de Maupassant, mißfiel seine Größe und seine unverbrämt rohe Form.

Die Dreyfus-Affäre

Die Dreyfus-Affäre (1894–1906), die in der Dritten Republik zu einer neuen und scharfen Spaltung zwischen Linken und Rechten führte, nahm in einem Papierkorb in der deutschen Botschaft in Paris ihren Anfang. Dort entdeckte im September 1894 eine Putzfrau, die für den französischen Geheimdienst arbeitete, eine Notiz, die nahelegte, daß ein französischer Angestellter geheime Informationen an die Deutschen weiterleitete. In einer internen Untersuchung fiel der Verdacht auf den jüdischen Hauptmann Alfred Dreyfus (1859–1935). Er wurde vor ein Kriegsgericht gestellt, für schuldig erklärt und zu lebenslänglichem Gefängnis auf der Teufelsinsel verurteilt.

Der Prozeß wurde von der antisemitischen rechten Presse ausgenützt. Tatsächlich aber waren die Beweise für Dreyfus' Schuld unzuverlässig; sie beruhten auf gefälschten Dokumenten. Der Bruder von Dreyfus dachte nicht daran, die Sache auf sich beruhen zu lassen. Es kamen ihm interne Untersuchungen zu Hilfe, die zu Esterházy, einem anderen Angestellten, als dem Schuldigen führten; das Gericht entschied 1898 jedoch zu seinen Gunsten.

Die Spionagegeschichte weitete sich zu einem großen politischen Skandal und einem Sensationsprozeß aus, als der Romancier Emile Zola das Kriegsministerium beschuldigte, den Fall zu vertuschen. Die Öffentlichkeit erhitzte sich, und auf der Linken schuf die »Liga der Menschenrechte« eine mächtige Lobby, um die sich die Dreyfusards (Anhänger von Dreyfus) sammelten, während auf der Rechten wachsende antiparlamentarische Ansichten zu einem Zeitpunkt beinah zu einem Staatsstreich zu führen drohten. Bei einer Wiederaufnahme des Prozesses im Jahr 1899 wurde das Urteil revidiert und Dreyfus zu zehn Jahren Gefängnis begnadigt. Erst 1906 wurde er freigesprochen und rehabilitiert.

Unten links: Zolas *Offener Brief an den Präsidenten der französischen Republik* vom 13. Januar 1898 wurde in *L'Aurore* veröffentlicht, dem Kampfblatt des radikalen Politikers Georges Clemenceau. Die Wirkung von Zolas berühmtem *J'accuse* beruhte zu einem großen Teil auf dem massiven Anstieg der Leserschaft von Zeitungen in der Dritten Republik, wozu wiederum die Abnahme des Analphabetentums beitrug. Die Affäre veränderte Zolas Leben, sie machte ihn zum Helden der Linken, zwang ihn aber, ins Exil zu gehen.

Unten: Die gegen Dreyfus eingestellte Zeitung *Le Petit Journal* gehörte zu den am meisten gelesenen populären Zeitungen des späten 19. Jahrhunderts mit einer Verbreitung von etwa einer Million Exemplaren, zumeist außerhalb von Paris. Die militärische Degradierung von Dreyfus war genauso bekannt wie die ruhige Antwort des Hauptmanns: »Ich bin unschuldig.«

Oben: Eine deutsche Karikatur zeigt, wie die unterschiedliche Meinung über die Dreyfus-Affäre selbst einige französische Familien auseinanderbrachte. Die Europäer konnten nur schwer nachvollziehen, warum die Angelegenheit eine solch enorme Wirkung innerhalb Frankreichs erlangen konnte.

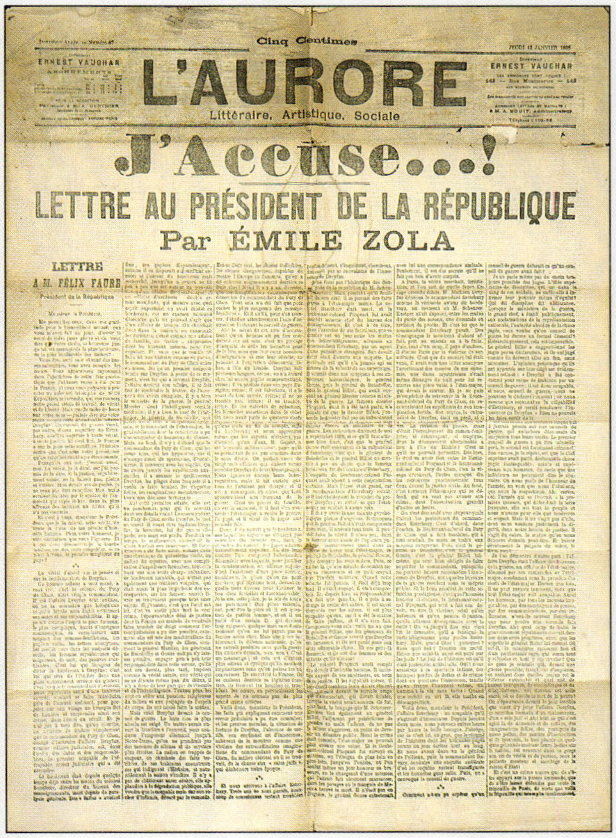

Cinq Centimes

L'AURORE

Littéraire, Artistique, Sociale

J'Accuse...!

LETTRE AU PRÉSIDENT DE LA RÉPUBLIQUE

Par ÉMILE ZOLA

LETTRE A M. FÉLIX FAURE

Le Petit Journal

SUPPLÉMENT ILLUSTRÉ

Huit pages : CINQ centimes

DIMANCHE 13 JANVIER 1895

LE TRAITRE

Dégradation d'Alfred Dreyfus

Oben: Eine französische Karikatur von Dreyfus, in der er als Bewerber für das Präsidentenamt gezeigt wird. Tatsächlich bestand dafür niemals der geringste Anhalt. Nach seiner Rehabilitierung diente Dreyfus im Ersten Weltkrieg in der Armee.

Paris im Laufe der Jahrhunderte

An einer wenig attraktiven Stelle gegründet, entwickelte sich Paris unter den Römern zu einem wichtigen städtischen Stützpunkt. Doch erst im frühen Mittelalter erhob der Frankenkönig Chlodwig es zur Hauptstadt, und es dauerte bis zum späteren Mittelalter, daß es zu einem mächtigen Stadtzentrum heranwuchs. Auch dann blieb es noch immer klein: die von König Philipp II. August (1180–1223) errichtete befestigte Stadtmauer umschloß nur einen winzigen Teil des heutigen Paris.

Da der Hof in Paris residierte, spielte die Stadt in Verwaltung und Kultur eine wesentliche Rolle. Sie erlebte eine schlimme Phase, als sie während des Hundertjährigen Krieges in die Hände der Engländer fiel. Doch die Renaissance und der wirtschaftliche Aufschwung im 16. Jahrhundert bewirkten eine Wiederbelebung. Die Entscheidung Ludwigs XIV., den Hof nach Versailles zu verlegen, hätte den Niedergang von Paris bedeuten können. Praktisch aber entzogen sich die Höflinge nur allzugern der Protzigkeit und dem Pomp des Hofes, um ihn gegen die aufregenderen sinnlichen, kulturellen und intellektuellen Freuden von Paris einzutauschen. Die Stadt wurde zum Synonym für Vergnügen, und das hielt sich bis in die Gegenwart. Die Revolution von 1789 schien ihr eine neue Position zu eröffnen – die einer revolutionären Stadt. Bis 1871 und der Niederschlagung der Pariser Kommune hieß es, daß, wann immer in Paris Barrikaden errichtet wurden, die Monarchen Europas in ihren Betten zitterten.

Die Entwicklung von Paris
Der Dynamismus des historischen Paris wird anhand dieser Serie von Stadtplänen sichtbar. Sie kennzeichnen bebaute Gebiete (rosa), Straßen (rot) und größere städtische Bauwerke (schwarz).

1. Paris in römischer Zeit und im frühen Mittelalter. Auf einem Kiesbett (Ile Saint-Martin) zwischen zwei ehemaligen Armen der Seine wurde die Stätte zum erstenmal ernsthaft vom Stamm der Parisii im 3. Jahrhundert v. Chr. besiedelt. Während der römischen Besetzung von Lutetia, dem römischen Namen der Stadt, entwickelten sich städtische Strukturen sowie kulturelle Funktionen, die an den Bädern und der Arena sichtbar werden. Das früheste größere Siedlungsgebiet lag am Südufer und auf der leicht zu verteidigenden Ile de la Cité.

2. Das mittelalterliche Paris wuchs weiter hinüber auf das nördliche (rechte) Ufer. Die befestigte Stadtmauer von Philipp II. August umschloß ein blühendes Stadtzentrum. Der Bau von Kirchen und die Entwicklung der Universität erinnern an die kulturelle Berufung der Stadt; die Gebäude für die Verwaltung und den Hof zeigen, welch breite und vielseitige Aufgaben die Stadt übernommen hatte.

3. Das Paris der Renaissance entwickelte sich weniger rasch. Die Mauern von Philipp II. August schränkten die Ausweitung der Stadt nicht ein. Der Bau von Brücken zeigte den zunehmenden inneren Dynamismus der Stadt. Ihre Befestigungen (einschließlich der großen Zitadelle, der Bastille) und der Ausbau ihrer Paläste (besonders der Tuilerien) belegen, daß Paris noch immer die Residenz des Königs war.

4. Das Paris des Ancien régime. Selbst als der Hof in das von Ludwig XIV. erbaute Schloß Versailles umzog, hemmte das nicht den ungewöhnlichen Elan der Stadt in den zwei Jahrhunderten nach den Religionskriegen. Stadtplätze als Folge einer neuen urbanen Entwicklung, Prestigebauten wie das Hôtel des Invalides, ein Heim für pensionierte Soldaten, und prachtvolle Privathäuser *(hôtels, palais)* waren ein Charakteristikum dieser Periode. Die Champs-Elysées wurden in einer noch halbländlichen Gegend angelegt. Jenseits der Zollmauern, die am Vorabend der Französischen Revolution errichtet worden waren, gab es eine beträchtliche Bautätigkeit.

5. Paris im 19. Jahrhundert. Die Stadt erfuhr eine weitere Ausdehnung. Die städtische Arbeiterschaft wohnte eng zusammengepfercht in häßlich verbauten Gebieten im Stadtkern, die erst seit der Zeit des Zweiten Kaiserreichs saniert wurden. Baron Haussmann gestaltete die Stadt großzügig um, indem er ganze Gegenden planierte, um ein Netz von Boulevards anzulegen. Andere Bauwerke gesellten sich hinzu – der Eiffelturm als Prestigeobjekt, der Arc de Triomphe und die Sacré-Cœur, kommerzielle Bauten wie die Galeries Lafayette, die großen Kopfbahnhöfe und Freizeitgelände wie die Pferderennbahn von Longchamps.

6. Paris im 20. Jahrhundert. Die Besiedelung innerhalb der alten Grenzen ist dichter geworden, aber noch stärker fällt die Entwicklung des gesamten Ballungsraumes um Paris, der von der Stadt abhängig ist und sie gleichzeitig versorgt, ins Auge. Die Stadt füllt das Pariser Becken immer mehr aus und wurde zu einer riesigen urbanen Region des späten 20. Jahrhunderts.

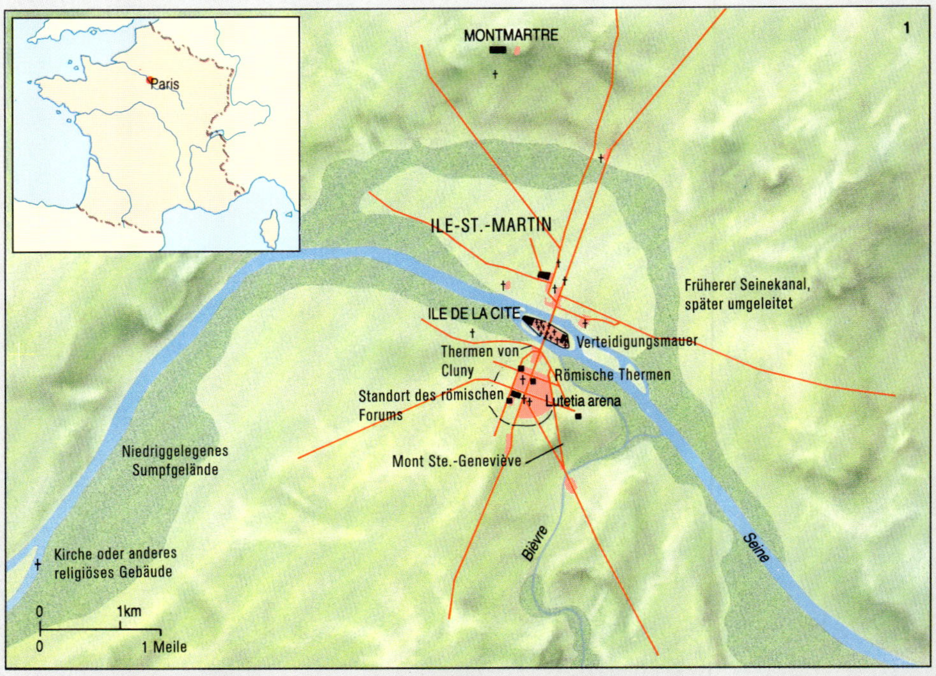

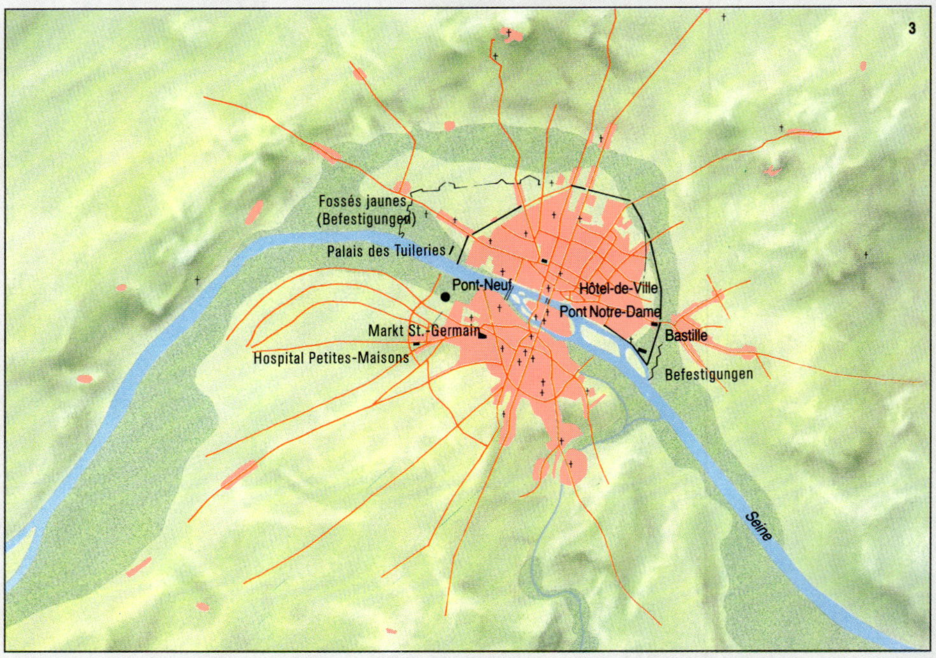

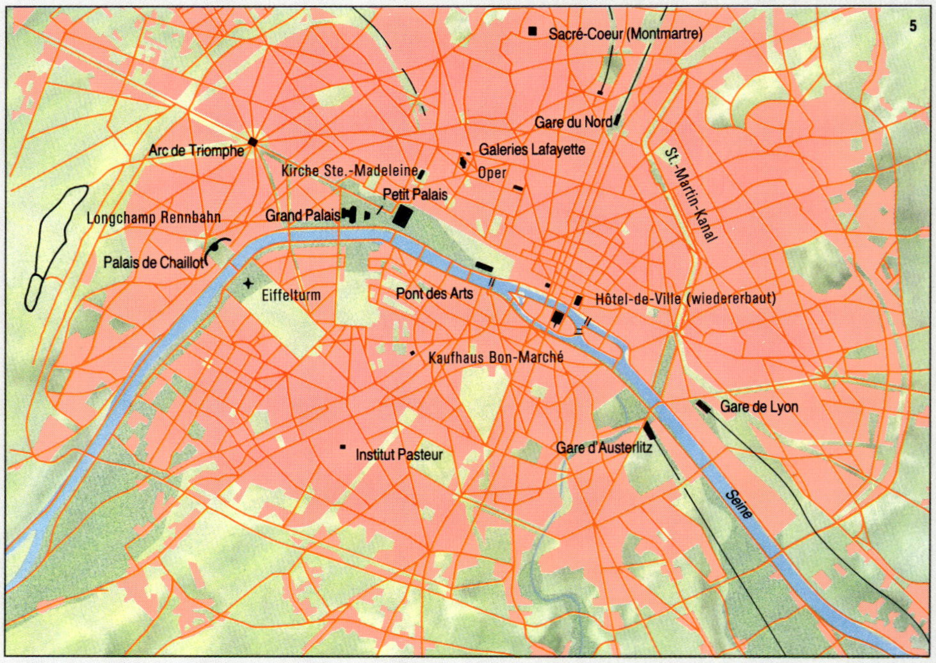

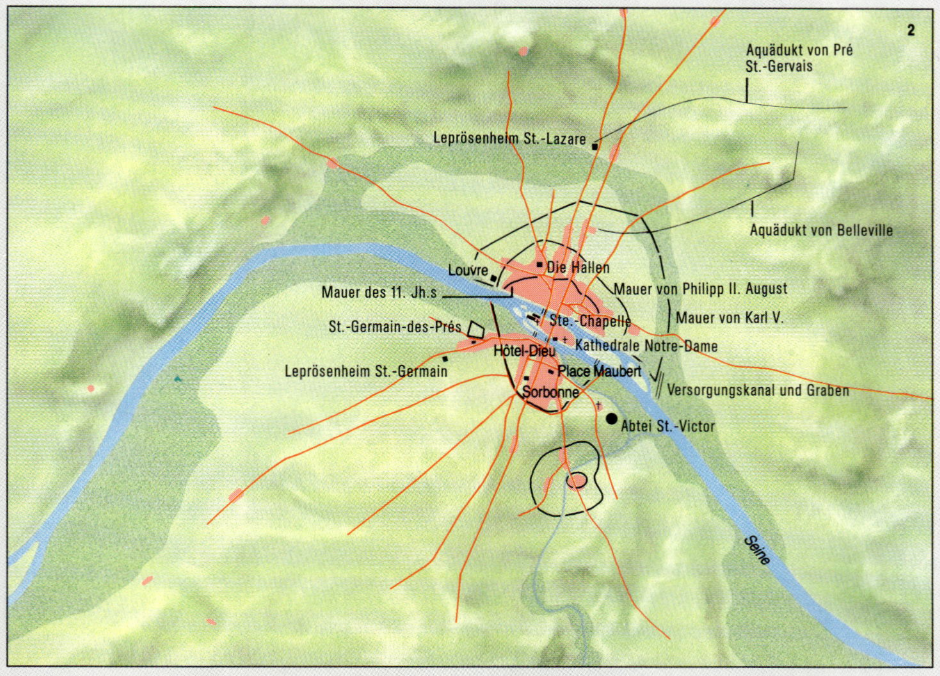

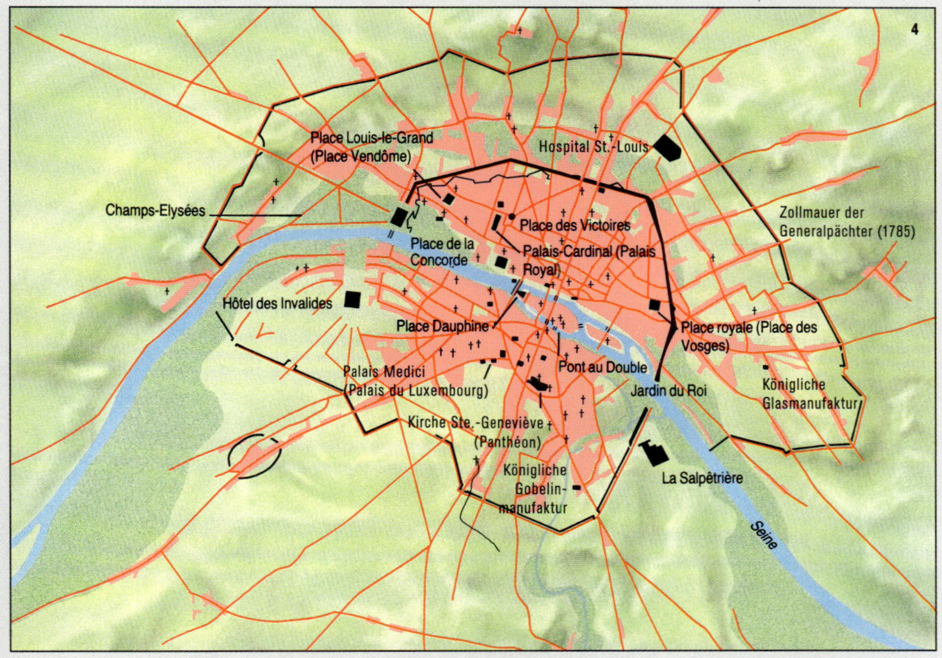

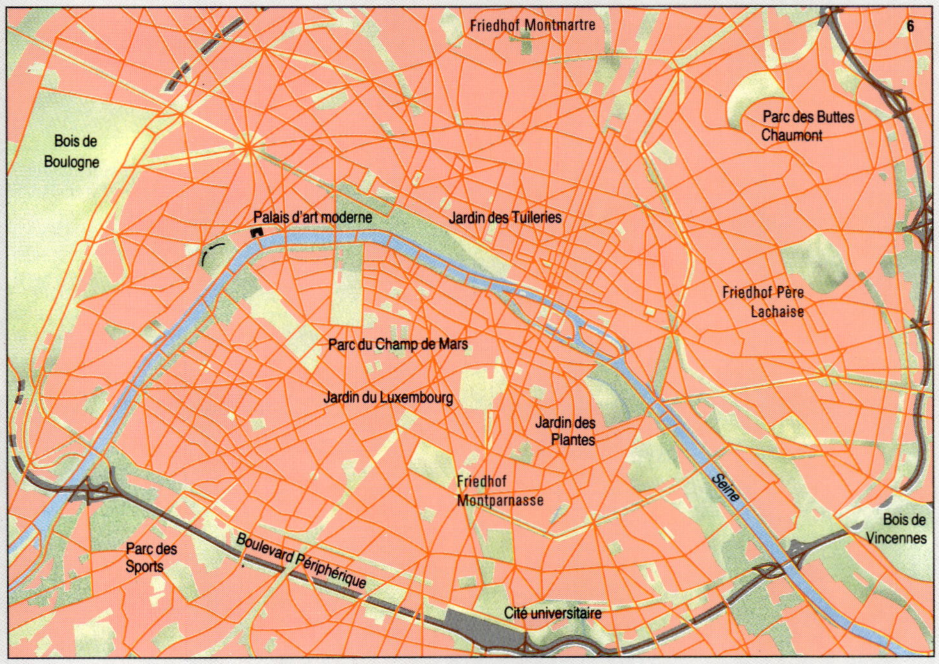

torische und staatliche Grundschule für Kinder zwischen sechs und 13 Jahren; für eine höhere Schulbildung der Mädchen wurden ebenfalls Vorkehrungen getroffen. Die nachrevolutionäre missionarische Aktivität der katholischen Kirche war vor allem auf Frauen gerichtet gewesen. Sie wurden jetzt von der antiklerikalen Lobby als eine Gruppe von Obskuranten angesehen, die ihren Kindern eine antirepublikanische Haltung einimpften. Dieser Verdacht hatte tiefe Wurzeln: Gerade Napoleons Code civil hatte die Frauen zu Unmündigen vor dem Gesetz gemacht. Sie blieben bis ins 20. Jahrhundert hinein ohne umfassende Bürgerrechte; das Stimmrecht erhielten sie erst 1945.

Die schlauen Politiker der Dritten Republik benutzten so die Schulen als Mittel, rückständigen Bauern und ihren Familien Kultur und republikanisches Gedankengut zu vermitteln. Eine Weltausstellung und die Errichtung des Eiffelturms in Paris 1889 akzentuierten das Ereignis der 100-Jahr-Feier der Französischen Revolution und stellten einen Höhepunkt der neuen, Vertrauen verbreitenden republikanischen Regierungsform dar. Den Gipfel des militanten Antiklerikalismus bildeten die 90er Jahre mit der Dreyfus-Affäre. Sie spaltete die gesellschaftliche Elite in eine klerikalistische, traditionalistische und nationalistische Rechte und eine antiklerikale, prorepublikanische Linke. Obgleich die Affäre bis 1906 nicht voll abgeschlossen war, hatte zu der Zeit die Linke die Initiative übernommen. Ein wichtiges, 1904 erlassenes Gesetz verbot den religiösen Kongregationen den Schulunterricht, während ein Jahr später mit der Trennung von Kirche und Staat Napoleons Konkordat von 1801 aufgehoben wurde.

Materieller und wissenschaftlicher Fortschritt

Für viele Rechte bedeutete der Triumph des Antiklerikalismus den Sieg des Materialismus über spirituelle Werte. Im Gegensatz dazu erkannte die Linke mehr den materiellen Fortschritt der *belle époque* an – jener sorglosen Periode bis 1914. Der Schriftsteller Charles Péguy (1873–1914) bemerkte kurz vor seinem Tod, daß die Welt sich seit den 80er Jahren, in denen er zur Schule ging, mehr verändert habe als von der Römerzeit bis zu seiner Schulzeit. Das war zwar übertrieben, aber die Veränderungen, auf die er sich bezog, waren tatsächlich außerordentlich bedeutsam und bewirkten im allgemeinen eine Verbesserung der Lebensqualitäten. So hatten zum Beispiel die ärmsten Bauern um 1900 eine doppelt so lange Lebenserwartung wie ihre Vorfahren unter Ludwig XIV. Das war zum Teil den Fortschritten in der Medizin zu verdanken (besonders der Pockenimpfung seit 1798 und der »bakteriologischen Revolution«, die Louis Pasteur (1822–1895) und andere nach 1870 bewirkten), aber auch einer besseren Volksgesundheit. Nach einer Flaute in den 70er und 80er Jahren nahm die Wirtschaft weiter Aufschwung, und damit erhöhte sich der Lebensstandard. Der prozentuale Anteil des Brotes an der Ernährung der Nation verringerte sich in dem Maße, wie andere Nahrungsmittel verfügbar wurden. Das Entstehen großer Kaufhäuser bezeugte den wachsenden Markt für Konsumgüter: Die berühmten Galeries Lafayette entstanden 1895; doch schon vorher wurden Au Bon Marché (1852) und Samaritaine (1869) gegründet. In ähnlicher Weise zeigten die weite Verbreitung von Gas und Elektrizität und die Entwicklung von Freizeitvergnügen für die Massen (unter anderem Fußball, Rugby, Radfahren, Rudern), daß dieser Gesellschaft jetzt mehr als das Allernotwendigste zur Verfügung stand. Die durch ein flächendeckendes Eisenbahnnetz und ein massives Straßenbauprogramm bewirkte Revolution der Kommunikation erhöhte ebenfalls die Lebensqualität. Auch die Entwicklung des Flugzeugs und des Autos war von Bedeutung, obwohl ihr Einfluß geringer einzuschätzen ist als der des Fahrrads, das große Mode wurde.

Die Vorteile dieser materiellen Errungenschaften waren jedoch bei weitem nicht gleichmäßig verteilt. Bis zu einem gewissen Grad besaß Frankreich eine doppelte Wirtschaft:

eine fortschrittliche und eine traditionalistische. Neben industriell entwickelten Gebieten und städtischem Wohlstand existierten mitleiderregende Arbeitervororte und verarmte ländliche Gegenden. Die Entwicklung eines eigenen Klassenbewußtseins unter den Arbeitern brachte jetzt neue Spannung in die Politik. Die Legalisierung von Gewerkschaften und die Ausweitung ihrer Macht (1864 und 1888) spielten in diesem Prozeß eine bedeutende Rolle. Die im Entstehen begriffene Arbeiterbewegung erwies sich jedoch als ebenso zersplittert wie die klassische Rechte. Jules Guesde (1845 – 1922) gründete 1879 die marxistisch orientierte Arbeiterpartei. Sie wurde weithin als eine Partei betrachtet, die »unmögliche« Lösungen für politische Probleme lieferte, während Guesde wiederum seine Gegner, die Possibilisten, damit angriff, sie verträten nur einen »möglichen Gas- und Wasser-Sozialismus«. Der Aufbau einer Gewerkschaftsorganisation, der CGT (Confédération Générale du Travail, 1895) trug zur Koordinierung der Kräfte bei, wenn sie auch nur langsam Fortschritte machte. Antiparlamentarischer Anarcho-Syndikalismus in der Arbeiterbewegung verzögerte die Bildung einer effektiven sozialistischen Partei, bis 1905 die SFIO (Section Française de l'Internationale Ouvrière), die Französische Sektion der Arbeiter-Internationalen, geschaffen wurde. Ihre Präsenz im Parlament half, den Schwerpunkt der französischen Politik nach links zu verschieben – wenn auch nicht sehr weit.

Eine weitere, hochbedeutsame Errungenschaft der Dritten Republik vor 1914 war die Schaffung eines weltweiten Kolonialreichs in Nord- und Westafrika, Madagaskar, Ozeanien (Neukaledonien, Tahiti) und Indochina. Durch diese Entwicklung kam es zu Rivalitäten mit anderen europäischen Mächten, besonders den Briten. Der Zwischenfall in Faschoda (1898) löste beinahe Handgreiflichkeiten zwischen den beiden Mächten im Sudan aus, und an Frankreichs Rückzug entzündete sich eine allgemeine Anglophobie. Die wachsende Gefahr eines Krieges mit Deutschland führte zu einem Bündnis des republikanischen Frankreich mit dem autokratischen Rußland (Zweibund von 1894) und zur französisch-britischen Entente cordiale (1904). In dem nahenden Krieg standen sich die »Tripel-Entente« (Großbritannien, Frankreich, Rußland) und der Dreibund (Deutschland, Österreich-Ungarn und Italien) gegenüber.

Le Petit Journal

Le Petit Journal
CHAQUE JOUR — SIX PAGES — 5 CENTIMES
Administration: 61, rue Lafayette
Le Supplément illustré
CHAQUE SEMAINE 5 CENTIMES

5 Centimes SUPPLÉMENT ILLUSTRÉ 5 Centimes
Le Petit Journal militaire, maritime, colonial..... 10 cent.
Le Petit Journal agricole, 5 cent. LA MODE du Petit Journal, 10 cent.
Le Petit Journal illustré de La Jeunesse..... 10 cent.
On s'abonne sans frais dans tous les bureaux de poste

ABONNEMENTS

	SIX MOIS	UN AN
SEINE ET SEINE-ET-OISE	2 fr.	3 fr. 50
DEPARTEMENTS	2 fr.	4 fr.
ETRANGER	2 50	5 fr.

Les manuscrits ne sont pas rendus.

Seizième année — DIMANCHE 19 MARS 1905 — Numéro 748

M. SAVORGNAN DE BRAZZA
Le vaillant explorateur au milieu de son escorte pendant son dernier voyage au Congo

Oben links: Die Galeries Lafayette in Paris. Im Vergleich zu anderen großen Kaufhäusern *(grand magasins)* wie Au Bon Marché (1852) und Au Louvre (1855) wurde es relativ spät (1895) gegründet. Diese großen Einzelhandelsgeschäfte, die unter einem Dach ein breites Sortiment unterschiedlichster Produkte verkauften, mußten der wachsenden Zahl an Konsumenten märchenhaft erscheinen. Sie fanden ihre Kunden nicht nur in Paris, sondern durch den Versandhandel, den sie einrichteten, auch in ganz Frankreich; in den 60er Jahren des 19. Jahrhunderts tauchten sogar Filialen auf. Diese Unternehmen blühten bis ins 20. Jahrhundert – sie bestehen zum Teil noch heute – und waren charakteristisch für den französischen Handel.

Oben: Pierre Savorgnan de Brazza (1852 – 1905), der eine Entdeckungsreise entlang des Kongo unternahm und Brazzaville gründete, war typisch für die französischen Forscher in der zweiten Hälfte des 19. Jahrhunderts. Für seine Bemühungen fand er Unterstützung bei Ministerpräsident Ferry, der auf der internationalen Konferenz in Berlin 1881 ausgedehnte Gebiete für Frankreich in Besitz nahm. Die volkstümliche Presse förderte in der Bevölkerung die Werbung für eine Ausbreitung des französischen Reiches. Der Erfolg in den Kolonien kompensierte in gewisser Weise den Verlust von Elsaß-Lothringen (1871) an Deutschland. Die proimperialistische Propaganda, die den »Zivilisationsauftrag« der Franzosen rechtfertigte, triefte von Rassismus.

Rechts: Plakat eines Fahrradherstellers aus dem späten 19. Jahrhundert. Die Plakatindustrie entwickelte sich mit dem Aufkommen des Massenkonsums. Man erkannte, daß Plakate mehr ins Auge fielen, dauerhafter und billiger waren als Zeitungswerbung. Unter allen Sportgeräteherstellern gehörte die Fahrradindustrie zu den ersten, die sich Anzeigen und absatzfördernder Maßnahmen bedienten. Das Radfahren war populär, und es stellte eine der wenigen Formen des Freizeitsports für die Massen dar, die einen Fabrikationszweig hinter sich hatten. Wie hier feierten ihre Plakate das Radfahren als eine Form der Befreiung für die Arbeiterklasse und weckten die Hoffnung auf ein glänzendes Morgen.

RUDGE
16, RUE HALÉVY
PARIS
PNEU "CLINCHER"
IMP. PAUL DUPONT, 4, RUE DU BOULOI, PARIS.
PAL

Frankreichs Wissenschaftstradition

Frankreich blickt mit Stolz auf eine lange Geschichte seiner wissenschaftlichen Erfolge. Lavoisier, Pasteur und die Curies sind nur einige aus einer ganzen Legion von hervorragenden französischen Wissenschaftlern.

Für die wissenschaftlichen Leistungen spielte die enge Verbindung zwischen Wissenschaft und Staat stets eine wichtige Rolle. Seit der Zeit Ludwigs XIV. hatte die Förderung der Wissenschaftler durch den Staat immer Priorität. Im Anschluß an die Gründung der Académie française (1634) durch Richelieu schuf Colbert, der Minister Ludwigs XIV., 1666 die Académie des Sciences. Oft bestimmte der Bedarf des Staates die Gebiete, auf denen die Wissenschaftler arbeiteten; zum Beispiel im Bereich der Militärchirurgie oder im Ingenieurwesen, im Straßen- oder Kanalbau. Die beiden größten Wissenschaftler der Aufklärung, der Zoologe Georges Buffon (1707 – 1788) und der Chemiker Antoine Laurent de Lavoisier (1743 – 1794) wurden beide von der Regierung reich belohnt: Buffon wurde geadelt und erhielt eine hohe Pension, Lavoisier wurde als ranghoher Steuerbeamter Multimillionär.

Das Komitee für Öffentliche Sicherheit mobilisierte von 1792 bis 1794 die Wissenschaft für Kriegsaufgaben. Der Mathematiker Gaspard Monge diente als Marineminister, während der Chemiker J. A. Chaptal in ganz Frankreich die Erfassung von Salpeter für Schießpulver organisierte. Die revolutionären Gesellschaften zerstörten die meisten pädagogischen Institutionen des Ancien régime, gründeten aber auch neue. Napoleon modifizierte und erweiterte sie, und sie bildeten das Rahmengerüst für Erziehung und Wissenschaft bis weit in das 20. Jahrhundert. Der Weltruhm von Louis Pasteur und Marie und Pierre Curie sowie die Beiträge zur Erfindung der Photographie und der Kinematographie trugen im 20. Jahrhundert zu Frankreichs hohem wissenschaftlichen Ruf bei.

Oben: Marie Curie (1867 – 1934), geborene Sklodowska, war die brillanteste polnische Wissenschaftlerin seit Kopernikus. Mit ihrem französischen Ehemann Pierre (1859 – 1906) entdeckte sie das Radium (1898), woraus sich Röntgentechnik und Radiumtherapie entwickelten. Sie erhielt (zusammen mit ihrem Mann) 1903 den Nobelpreis für Physik und 1911 den Nobelpreis für Chemie.

Links: Louis Pasteur (1822 – 1895). Seine frühen Studien über das Sauerwerden der Milch – woraus sich die Pasteurisation ergab – führte zur Begründung der Mikrobiologie als Wissenschaft. Die von Pasteur entwickelte »Keimtheorie« – das heißt, daß Krankheiten durch Bakterien (Keime) übertragen werden – wurde überzeugend durch die Isolierung eines Impfstoffes gegen Tollwut (1885) bewiesen. Geldgeschenke erlaubten Pasteur, in Paris das Pasteur-Institut als Zentrum für mikrobiologische Forschungen zu eröffnen.

Rechts: Der Heißluftballon wurde 1783 von Josef (1740 – 1810) und Etienne (1745 – 1799) Montgolfier erfunden. Zum Vergnügen aller reisten sie durch ganz Europa, um ihn vorzuführen. Ein Aufstieg in Versailles im September 1783 soll über 100000 Menschen angezogen haben.

Unten: Frankreich spielte eine führende Rolle auf dem Gebiet der Kinematographie. Die erste öffentliche Filmvorführung veranstaltete Louis Jean Lumière 1895 in Paris, und er fand solchen Beifall, daß er damit viel Geld verdiente. Fahrende Schausteller verhalfen dem Film in den Provinzen zum Erfolg, wo das Publikum Lustspielfilme bevorzugte – wie hier *Der zerstäubte Zerstäuber*. In der Zeit zwischen den Kriegen unterlagen die französischen Filme immer mehr der amerikanischen Konkurrenz.

Unten und ganz unten: Die Photographie war eine der großen und populären visuellen Künste des 19. Jahrhunderts. Ihr Erfinder war Jacques Daguerre (1787–1851). Bis 1849 sollen allein in Paris 100 000 Porträts in Form von Daguerreotypien aufgenommen worden sein. Neben den Porträts entstand ein lebhafter Handel mit erotischen und pornographischen Aufnahmen. Die Erfindung der Photographie hatte einen beträchtlichen Einfluß auf die Entwicklung der Malerei: Einige Künstler bemühten sich um eine Annäherung an die Photographie, andere schlugen den umgekehrten Weg ein und wandten sich zum Beispiel dem Impressionismus zu.

Die Belle Epoque

Das Blutbad des Ersten Weltkriegs verstärkte die Vorstellung, das Vorkriegsfrankreich sei ein Paradies des Luxus, der Eleganz und der Sicherheit gewesen. Gewiß, es war leicht, die Zeit der Jahrhundertwende mit falschem Glanz zu umgeben, sie als eine Epoche der relativen Unschuld zu sehen. Massenkriege, Wirtschaftszusammenbrüche und politische wie technische Revolutionen sollten erst noch kommen.

Doch die *belle époque* ist nicht nur ein Mythos. Diese Jahre waren künstlerisch und kulturell besonders fruchtbar. Es war die Ära des Jugendstils, der farbenprächtigen Plakate von Toulouse-Lautrec, des Moulin-Rouge und der Folies-Bergère; die Zeit von Sarah Bernhardt und dem Boulevardtheater, von Proust und den Anfängen des Kinos, der Impressionisten und ihrer Nachfolger. Zudem zeigte die Pariser Weltausstellung von 1900, daß die Technologie noch als ein positives Instrument des sozialen Fortschritts gesehen werden konnte und nicht als ein Mittel der Massenzerstörung und sozialen Entfremdung. Die Vorteile dieser Gesellschaft kamen mehr Menschen als je zuvor zugute. Nun konnten sich auch diejenigen, die weiter unten auf der sozialen Stufenleiter standen, Konsum leisten, während die Wohlhabenden einen materiellen Luxus genossen, von dem ihre Großeltern nicht einmal träumen konnten.

Doch hatte die *belle époque* auch ihre dunklen Seiten. Ein Großteil der städtischen Bevölkerung sah sich mit der harten Realität der Armut konfrontiert, und die anhaltende Landflucht löste Verärgerung aus. Die Arbeiterklasse wurde zunehmend kämpferischer, und die Dreyfus-Affäre zeigte, wie sehr die Gesellschaft politisch geteilt blieb. Die *belle époque* legte den Keim zu ihrer eigenen Zerstörung.

Außen links: Die Pariser Oper (Baubeginn 1862) wurde 1875 mit großem Pomp eröffnet. Der Bau wurde im grandiosen, prunkvollen Stil des Zweiten Kaiserreichs errichtet. Besonders prachtvoll ist die Haupttreppe mit Marmorsäulen und Deckengemälden.

Links: Das Schauspiel *Gismonda* von Victorien Sardou (1831–1908) wurde zu einem Triumph für die Hauptdarstellerin Sarah Bernhardt (1844–1923) und den tschechischen Plakatmaler und Graphiker Alfons Mucha (1860–1939). Das Théâtre de la Renaissance, wo die Aufführung stattfand, lag am Boulevard Saint-Martin und gehörte zu den bekanntesten Boulevardtheatern. Das Plakat von Mucha erhielt in der Öffentlichkeit einen sensationellen Zuspruch und wurde stilbildend für die Plakatgestaltung. Darüber hinaus lenkte es die Aufmerksamkeit auf den Jugendstil (Art nouveau) in Paris. Das Stück war ein großer persönlicher Erfolg für die Bernhardt (ihr eigentlicher Name war Rosine Bernard). Ihr Ruhm setzte 1866 ein, und bis zu ihrem Tod im Jahr 1923 blieb sie eine Institution des Pariser Theaters; selbst nach der Amputation eines Beines gab sie ihre Bühnentätigkeit nicht auf.

Links: Im späten 19. Jahrhundert wurde den mittleren und oberen Schichten der Pariser Gesellschaft ein großes Unterhaltungsprogramm geboten. Eine breite Palette öffentlicher Darbietungen (Zirkus, Wachsfigurenkabinett, Varietés und Theater aller Art) konkurrierten um die Gunst des Publikums. Das hier abgebildete Théâtre de Vaudeville wurde 1866 bis 1868 am Boulevard des Capucines erbaut und war eines der erfolgreichsten Boulevardtheater. Es verfügte über 1260 Sitzplätze. Das Gemälde stammt von Jean Béraud (1848–1935), der vorzugsweise das Pariser Bürgertum – auf der Straße, im Theater oder zu Hause – darstellte. Seine Arbeiten sind wertvolle Dokumentationen über das Leben der Wohlhabenden in der Hauptstadt der *belle époque.*

Unten links: Die französische Riviera, der mondäne Küstenstreifen, an dem alljährlich die Reichen von Oktober bis April den »Winter« verbrachten. Die verbesserten Verkehrsverbindungen trugen dazu bei, daß man auch im Sommer dort Urlaub machte, und die regionale Wirtschaft erlebte dadurch einen großen Aufschwung. Nizza zum Beispiel war zwischen 1860 und 1914 eine der am schnellsten wachsenden Städte in Europa. Die Riviera bewahrte ihren Ruf als Treffpunkt der eleganten Welt bis 1914 und auch noch danach.

Unten rechts: Zu den Nutznießern der neuen Konsumgesellschaft des ausgehenden 19. Jahrhunderts gehörte die Modebranche. Die Frauen der Mittelschicht lasen die Modejournale besonders gern. Die Titelseite des Modemagazins *Le Frou Frou* beschwört die *joie de vivre*, an der in der *belle époque* viele teilhaben konnten.

APOTHEKE
PRIX FIXE
13 MK
HANSI

Links: Karikatur des elsässischen Autors und Karikaturisten Jean-Jacques Waltz (1872–1951). Sie bringt zum Ausdruck, daß ein deutscher Offizier noch vier Jahrzehnte nach der Annektierung des Elsaß eine bewaffnete Eskorte braucht, um ein Päckchen Schokolade zu kaufen. Das französische Ressentiment gegen die Eroberung von Elsaß und Lothringen im deutsch-französischen Krieg 1870/1871 dauerte über den Ersten Weltkrieg hinaus. Obwohl die meisten Elsässer nach Sprache und Kultur eher zu den Deutschen als zu den Franzosen gehörten, brachte die rüde Art, mit der die Deutschen die eroberten Gebiete verwalteten, die Einheimischen ebenso wie die Emigrierten gegen sie auf.

Rechts: Die durch schweres Artilleriefeuer im Ersten Weltkrieg zerstörte Stadt Verdun. Ihre Einwohnerzahl fiel von 15 000 auf 3000.

Die Schlachtfelder des Ersten Weltkriegs
Die Kampfhandlungen im Ersten Weltkrieg konzentrierten sich auf die französische Nordgrenze, wo der Schützengrabenkrieg offenlegte, wie nutzlos eine offensive Strategie im Zeitalter automatischer Schnellfeuerwaffen und weitreichender Geschütze war. Millionen starben in einem Krieg, der für Frankreich wenigstens zum Wiedergewinn von Elsaß und Lothringen führte.

Der Erste Weltkrieg

Die sozialen Unterschiede schienen zeitweise aufgehoben, als die französische Bevölkerung im August 1914 einen Revanchekrieg gegen Deutschland unterstützte. Der Präsident der Republik, Poincaré (1860–1934), rief zu Klassenharmonie auf, indem er die »Heilige Union« beschwor, die, so hoffte man, den Sieg bringen würde. Die Union erzielte einen Anfangserfolg, als die von Joffre (1852–1931) geführten, von Pariser Taxis mit Männern und Ausrüstungen versorgten französischen Truppen einen deutschen Vorstoß auf die Hauptstadt in der ersten Schlacht an der Marne aufhielten. Danach wurden sie schwer geprüft. Ab Weihnachten 1914 wandelte sich der Kampf in einen Zermürbungskrieg mit einer langen, sich kaum verändernden Grabenlinie vom Kanal bis zur Schweizer Grenze. Die Namen auf den Kriegsdenkmälern, die in jeder Stadt und in jedem Dorf Frankreichs zu finden sind, legen vom Ausmaß des Blutvergießens Zeugnis ab. 1916, nach schweren Verlusten bei der Verteidigung von Verdun, kam es in einigen Regimentern beinah zur Meuterei, die eiligst von General Pétain (1856–1951) niedergeschlagen wurde. Der Krieg wirkte sich auch auf die Zivilbevölkerung aus, denn er brachte Arbeitslosigkeit und Inflation. Er zwang ihr eine äußerste Einschränkung der Lebenshaltung auf, obwohl die staatliche Kontrolle der Wirtschaft half, die Situation zu stabilisieren. Der Nordosten – das Kampfgebiet – war am meisten zerstört. In Reims blieben von einer Vorkriegsbevölkerung von 117 000 Einwohnern nur 17 000 übrig; viele kleinere Städte und Dörfer waren noch stärker in Mitleidenschaft gezogen.

Der durch den Krieg verursachte soziale, wirtschaftliche und demographische Schaden war so groß, daß die Franzosen nach 1918 die Sicherheit über alles andere stellten. Die harten Forderungen, die sie auf der Versailler Friedenskonferenz von 1919 erhoben, spiegeln dies wider. Obgleich Clemenceau (1841–1929), seit 1917 Ministerpräsident, auf der Konferenz nicht alles erreichte, was er anstrebte, sorgte er dafür, daß die deutschen Reparationen und die Demilitarisierung des Rheinlands in den Friedensvertrag aufgenommen wurden. Die Sorge um Sicherheit führte zur vollen Teilnahme im neugegründeten Völkerbund sowie zur Ausschöpfung aller Mittel, um die Verteidigung zu sichern, wie zum Beispiel die zwischen 1929 und 1933 errichtete Maginot-Linie an der Grenze zu Deutschland. Frankreichs Wirtschaft lag jedoch noch immer darnieder. Die Bevölkerungszahl hielt sich kontinuierlich weit unter der der wirtschaftlichen und militärischen Gegner, und das Wirtschaftswachstum blieb schleppend.

Die Zwischenkriegsjahre

Die soziale Stagnation bot einen Nährboden für Angst und Ressentiment. Stärker als je zuvor war die Dritte Republik eine Regierung der Mitte, denn beide, die äußerste Rechte wie die äußerste Linke, entwickelten eine antiparlamentarische Haltung. Quasifaschistische Ideologien machten großen Eindruck auf die Rechte, wo die sogenannte *Action française* von Charles Maurras (1856–1952) zum Sammelbecken eines traditionellen Antirepublikanismus wurde und einen ultranationalen Haß auf sogenannte Fremde entwickelte (worunter sie Juden und Freimaurer genauso verstand wie Ausländer). Die Linken erlebten auf dem Sozialistenkongreß von Tours (1920) die Spaltung der Bewegung durch die Bildung einer an Moskau orientierten kommunistischen Partei, die sich offen zur bolschewistischen Linie bekannte.

Die Politiker waren die Opfer von Angriffen beider Seiten. Sie hielten an ihrer altehrwürdigen Tradition fest. Regierung folgte auf Regierung, wobei die führenden Politiker regelmäßig ihre Geschäftsbereiche austauschten. Die parlamentarische Linke, der die Kommunisten den Beistand verweigerten, konnte wenig Wirkung erzielen: Dem sogenannten Linkskartell von 1924 bis 1926 unter der Führung von Edouard Herriot (1872–1957) gelang es nicht, genügend Unterstützung für ein radikales Programm zu finden. Ein Korruptionsskandal auf höchster Ebene – die Stavisky-Affäre im Jahr 1934 – brachte die Radikalen weiter in Verruf. In der Folge lag die Macht zumeist bei einer Reihe von wenig originellen konservativen Bündnissen, denen es Schwierigkeiten bereitete, mit den wirtschaftlichen Pro-

Links: Georges Clemenceau (1841 bis 1929), »der Tiger«, war der tatkräftigste Politiker, den die Radikalsozialisten hervorbrachten. Er war seit 1875 Abgeordneter und erlangte den zweifelhaften Ruf, Regierungen zu stürzen. Clemenceau setzte sich entschieden für Dreyfus ein und fungierte von 1906 bis 1909 und dann wieder ab 1917 als Ministerpräsident. Er wurde sehr populär, weil er Frankreich im Ersten Weltkrieg zum Sieg führte. Durch den Vertrag von Versailles (1919) beeinflußte er entscheidend die internationale Entwicklung nach dem Ersten Weltkrieg.

Unten links: Die Pariser Kolonialausstellung von 1931 bot »eine Weltreise an einem Tag« und spiegelte die Präsenz Frankreichs in allen größeren Erdteilen.

Unten links: Im Gefolge des Imperialisten erschien der Tourist: Der Touring-Club de France wurde 1890 gegründet. 1895 umfaßte er 20 000 Mitglieder, und 1939 waren es bereits 300 000. Die romantische Verlockung der Ferne zielte anfangs auf die müßigen, wohlhabenden und gebildeten Schichten.

Unten: Eine Karikatur, die das Gedränge an den Ferienstränden aufs Korn nimmt. Erst 1936 unter der Volksfrontregierung erhielten die Werktätigen das Recht auf bezahlten Urlaub. Die Tourismusindustrie entwickelte sich zwar im Vergleich zu England und einigen anderen Ländern langsam, bestand aber schon lange Zeit. Der Urlaub am Meer wurde besonders beliebt.

blemen fertig zu werden. Die Weltwirtschaftskrise erreichte Frankreich erst spät (1931), aber sie hielt sich hier länger: Ihre Auswirkungen waren noch 1938 zu spüren, drei Jahre nachdem der Aufschwung in der übrigen Welt wieder begonnen hatte.

Das Mißlingen eines rechten Staatsstreiches am 6. Februar 1934 führte zu einer engeren Zusammenarbeit zwischen den linken politischen Gruppen. Schließlich bekamen die Linken mit der Gründung der Volksfront ihre Chance. Die Zerschlagung der deutschen kommunistischen Partei durch Hitler ließ die französischen Kommunisten ernsthafter nach möglichen Bündnissen mit anderen linken Gruppierungen Ausschau halten. Bei den Wahlen im Mai erzielten Kommunisten, Sozialisten und Radikale eine Mehrheit im Parlament, und obgleich die Kommunisten sich nicht an der Regierung beteiligten, unterstützten sie doch die Bildung eines linken Volksfrontkabinetts unter Léon Blum (1872–1950). Die Erwartungen stiegen, doch die Zeiten waren zu ungünstig, als daß sie sich hätten einlösen lassen. Die Volksfront konnte mit Erfolg das Überhandnehmen der äußersten Rechten blockieren, aber die gespannte internationale Situation und die fatale Wirtschaftslage im eigenen Land schlossen große Reformen aus, wenn auch nicht große Gesten. Das Sozialprogramm des Kabinetts Blum, insbesondere die Matignon-Vereinbarungen (7. Juni 1936), umfaßte Lohnerhöhungen, eine 40-Stun-

Regierungen 1789 – 1944

1789 – 1792 Konstitutionelle Monarchie: Ludwig XVI.
Verfassungsgebende Versammlung 1789
Gesetzgebende Versammlung 1791

10. August 1792: Sturz Ludwigs XVI.

1792 – 1804 Erste Republik:
1792 – 1795 Nationalkonvent
1792 – 1794 Schreckensherrschaft (vom Wohlfahrtsausschuß geleitet)
1795 – 1799 Direktorium

9. November 1799 (18. Brumaire): Staatsstreich von Napoleon Bonaparte
1799 – 1804 Konsulat: Napoleon Bonaparte ist erster Konsul

1804 – 1814 Erstes Kaiserreich: Napoleon I.

1814 – 1815 Erste Restauration der Bourbonen: Ludwig XVIII.

1815 Erstes Kaiserreich: Die »Hundert Tage« (März bis Juni) von Napoleon I.

1815 – 1830 Zweite Restauration der Bourbonen:
Ludwig XVIII. 1815 – 1824
Karl X. 1824 – 1830

1830 Revolution: Sturz der Bourbonenmonarchie

1830 – 1848 Die Juli-Monarchie
Louis-Philippe

1848 Revolution: Sturz der Juli-Monarchie

1848 – 1852 Zweite Republik
1848: Wahl von Charles-Louis Bonaparte zum Präsidenten der Republik
1851: Staatsstreich: Charles-Louis Bonaparte Präsident auf zehn Jahre
1852: Staatsstreich: Proklamation des Zweiten Kaiserreichs

1852 – 1870 Zweites Kaiserreich
Napoleon III. (Charles-Louis Bonaparte)

1870 Niederlage Napoleons III. im Deutsch-Französischen Krieg; Sturz des Zweiten Kaiserreichs

1870 – 1940 Dritte Republik
Präsidenten:

Adolphe Thiers	1871
Maurice de Mac-Mahon	1873
Jules Grévy	1879
Sadi Carnot	1887
Jean-Casimir Périer	1894
Félix Faure	1895
Emile Loubet	1899
Armand Failleres	1906
Raymond Poincaré	1913
Paul Deschanel	1920
Alexandre Millerand	1920
Gaston Doumergue	1924
Paul Doumer	1931
Albert Lebrun	1932

1936 – 1938 Volksfront

Etat Français (Vichy-Regierung 1940 – 1944)
Präsident: Philippe Pétain

1944 Befreiung Frankreichs und Proklamierung der Vierten Republik

den-Woche und bezahlte Urlaubstage für alle Arbeiter. Letztere Maßnahme führte zu der heute wohlvertrauten Massenbewegung in Richtung Küste und deutete somit schon die Art des zukünftigen Tourismus an.

Das Scheitern der Volksfront 1938 war von der wachsenden Bedrohung durch Hitler überschattet. Die radikalsozialistische Regierung von Edouard Daladier (1884–1970) stimmte dem Münchener Abkommen vom September 1938 zu, betrieb aber zugleich nachdrücklich eine Aufrüstung. Als Frankreich 1939 mit Großbritannien Deutschland wegen des Einmarsches in Polen den Krieg erklärte, gab es nicht die allgemeine Begeisterung, die für den August 1914 so kennzeichnend gewesen war, sondern nur ein stilles Vertrauen in die Stärke des eigenen Heeres. Die Meinungen

Europa während des Zweiten Weltkriegs
Die Invasionen der Alliierten in Italien und der Normandie führten schließlich zum Sturz der Naziherrschaft, die sich von Polen bis zur französischen Atlantikküste erstreckt hatte. Die französische Résistance spielte eine wichtige Rolle beim Sieg über Deutschland,

trotz der Unterdrückung durch die französische Marionettenregierung in Vichy, die die deutsche Herrschaft in den frühen 40er Jahren unterstützte und viele Juden und andere »Ausländer« in die Konzentrations- und Vernichtungslager der Nationalsozialisten deportierte.

waren jedoch unterschiedlicher, als es scheinen mochte. Einige Rechte zitterten noch immer vor der Gefahr einer Volksfront – »Lieber Hitler als Blum«, lautete die Meinung an den Stammtischen. Die Kommunisten hingegen fühlten sich durch die Unterzeichnung des deutsch-sowjetischen Nichtangriffspakts 1939 nicht mehr unbedingt verpflichtet, Hitlers Politik abzulehnen. Die Unsicherheit wurde genährt durch die Phase des *»La drôle de guerre«* (den »seltsamen Krieg«), die von September 1939 bis Mai 1940 dauerte und in der fast nichts geschah. Sie verstärkte nur den schrecklichen Schock über das, was der Historiker Marc Bloch Frankreichs »seltsame Niederlage« und »den fürchterlichsten Zusammenbruch in der ganzen langen Geschichte unseres nationalen Lebens« nannte.

Der Linken, gelähmt durch die innere Situation und Frankreichs internationale Isolierung, war es nicht gelungen, den Aufstieg Hitlers zu bremsen und die Ausbreitung der faschistischen Bewegung in Europa zu verhindern, und Blum hatte kaum eine andere Wahl gehabt, als Frankreichs Nichteinmischung im Spanischen Bürgerkrieg (1936–1939) zuzustimmen.

Die Vichy-Regierung

Vielleicht hatten die Generäle die Lektionen des Ersten Weltkrieges zu gut gelernt. Sie hatten einen Grabenkrieg erwartet und sahen sich statt dessen mit einem Blitzkrieg konfrontiert, als die Deutschen die Maginot-Linie umgingen und auf Paris und die Küste zueilten. Das Oberkommando erwies sich als unflexibel und zu alt – »noch ein Junge«, war die Meinung eines greisen Generals über den 49jährigen General Charles de Gaulle (1890–1970), der im Juni 1940 in das Kriegsministerium berufen wurde –, um neue Formen der Kriegsführung zu durchdenken. Belgien kapitulierte, und die britische Armee mußte aus Dünkirchen evakuiert werden. Die deutschen Truppen marschierten in Paris ein, das sie seltsam leer vorfanden. In Panik flohen zwei Millionen Franzosen zusammen mit den sechs Millionen aus dem Norden des Landes auf den Straßen gen Süden. Eiligst hatten sie ihren Besitz auf Autos, Lastwagen, Schubkarren, Fahrräder und jedes verfügbare Transportmittel gepackt. Der 83jährige Veteran des Ersten Weltkrieges, Pétain, übernahm die Regierung und beendete den Krieg. Frankreich wurde mit einer Brutalität geteilt, die beinah an die Zeit der Merowinger erinnerte: Die nördliche Hälfte besetzten deutsche Truppen, Elsaß-Lothringen wurde dem Deutschen Reich eingegliedert, die Departements an der belgischen Grenze wurden von (dem deutschen Oberkommando in) Brüssel aus verwaltet. Im Süden errichtete Pétain den sogenannten Etat français mit Vichy als Hauptstadt.

Vichy-Frankreich stellte sich selbstbewußt über den politischen Kampf und gab sich als eine Regierung, unter der sich alle französischen Männer und Frauen guten Willens sammelten. In Wirklichkeit erwies sie sich als eines der brutalsten, von einer bestimmten Clique dominierten Regime in Frankreichs Geschichte. Das Jahr 1940 bedeutete die Niederlage der republikanischen Werte, die seit 1789 in der französischen Politik vorgeherrscht hatten. Die neue Regierung versuchte, die Uhr in die Tage des Klerikalis-

Oben: Der betagte Marschall Pétain (1856–1951), der Held des Ersten Weltkriegs, unterzeichnete einen Waffenstillstandsvertrag mit den anrückenden Deutschen und erreichte in Verhandlungen die Gründung des Vichy-Staates. Um seine Person entstand ein Kult, der besonders die Jugend ansprach.

Links: Die LVF – die Legion der Französischen Freiwilligen – war eine im besetzten Frankreich gegründete, kollaborierende Militäreinheit, die bald die Unterstützung der Vichy-Regierung fand. Sie rekrutierte in Paris, und ihre Mitglieder kämpften mit den Nationalsozialisten an der Ostfront gegen die Sowjetunion. Die Kollaboration war in den Kriegsjahren für viele französische Männer und Frauen eine naheliegende Entscheidung.

mus, Autoritarismus und der politischen Bevormundung des »traditionalistischen« Frankreichs zurückzudrehen. Der Slogan »Arbeit, Familie und Vaterland« ersetzte die Dreiheit von »Freiheit, Gleichheit und Brüderlichkeit« von 1789. Es gab mehrere Berührungspunkte, die des Ancien régime würdig waren: Wahlen wurden durch Ernennungen ersetzt – es gab nicht einmal ein Plebiszit im Stil Bonapartes, um das Regime zu bestätigen –, und um den Begriff Führerschaft wurde ein geheimnisvoller Nimbus kultiviert, besonders unter Vichys Jugendorganisationen. Gewerkschaften wurden verboten, gegen Kommunisten und regimekritische Beamte fand eine Hexenjagd statt, religiöse Kongregationen erhielten wieder die Lehrbefugnis, und man förderte eine stark nationalistische Gesinnung, die Angriffe auf Juden, Freimaurer und andere »Fremde« rechtfertigte.

In seinem Gerichtsprozeß nach dem Krieg berief sich Pétain darauf, daß seine Absicht gewesen sei, Frankreich vor einem Schicksal, wie Polen es erlebte, zu bewahren und einen »Schutzschild« gegen die schlimmsten Ausschreitungen der Nazibesatzung zu bilden. Dieser Plan – wenn überhaupt etwas Wahres an ihm war – klang erst recht nicht überzeugend, nachdem der Erzkollaborateur Pierre Laval (1883–1945) an die Spitze des Kabinetts trat (1940 und 1942–1944) und das Regime sich zu bemühen schien, ein Teil von Hitlers »Neuer Ordnung« zu werden. Im Jahr 1942 besetzte die deutsche Armee die südliche Zone. Der Antisemitismus wurde Staatspolitik, und mit einer Bereitwilligkeit, die Frankreich noch ein halbes Jahrhundert später quälen wird, führte man die Deportationen von wahrscheinlich 150 000 Menschen durch. Die Einführung des STO (Service du Travail Obligatoire), dem Zwangsarbeitsdienst, zog 1942 die zwangsweise Verpflichtung zur Arbeit in der deutschen Industrie nach sich. Nahezu eine Million Arbeiter wurden nach Deutschland gebracht, wo sie zu den 1,6 Millionen Kriegsgefangenen und anderen Deportierten stießen. Auch in Frankreich selbst arbeiteten die Fabriken auf Befehl der Nationalsozialisten. Die Wirtschaftsleistung des Regimes war wenig beeindruckend – die Produktion sank unter das niedrige Vorkriegsniveau –, und trotz aller Rufe nach Bevölkerungswachstum gelang es der Vichy-Regierung nicht, die Geburtenrate zu erhöhen. Im Jahre 1943 wurde eine Polizeiverwaltung, die *Milice*, geschaffen, mit dem besonderen Ziel, die Mitglieder der Widerstandsorganisationen zu jagen, und zum erstenmal seit dem Ancien régime wurde in Frankreich wieder systematisch gefoltert. Bis 1944, zur Zeit seines Sturzes, herrschte in Vichy ein Regime der Kollaboration, ein gut funktionierender nationalsozialistischer Polizeistaat.

Der französische Widerstand

Würden Frankreichs Erfahrungen im Zweiten Weltkrieg einzig und allein aus dem Vichy-Regime bestehen, wäre das eine schreckliche Erinnerung, mit der man nach 1945 hätte fertig werden müssen. Aber es gab natürlich auch ein anderes Frankreich, das Frankreich der Résistance und das Freie Frankreich *(La France Libre)*. Als Paris im Juni 1940 fiel, floh Charles de Gaulle nach London, wo er am 18. Juni über den Rundfunk eine Botschaft verbreitete, in der er zur Fortsetzung des bewaffneten Kampfes aufforderte. Das war ein bescheidener Beginn für das Freie Frankreich: Der Aufruf wurde in Frankreich kaum gehört, und de Gaulles Anhänger waren zu Anfang gering an Zahl und bedeutungslos. Spöttisch erinnerte er sich später, zuerst »hatten wir auf unserer Seite nur Juden, Bucklige, Versager und betrogene Ehemänner«. Er war international der Ansprechpartner für die Opposition, besonders innerhalb der französischen Kolonien – Nordafrika ging 1943 zum Freien Frankreich über –, wie auch ein anerkannter (wenn auch unpopulärer) Vermittler mit den anglo-amerikanischen Alliierten. England half auch, dem inneren Widerstand in Frankreich größeren Zusammenhalt zu geben. Bis zu seinem Foltertod durch

Oben links: Das Photo von Henri Cartier-Bresson (1908–1990) zeigt Soldaten des Freien Frankreich vor Lorient, das noch von den Deutschen besetzt war. Die Résistance zog völlig unterschiedliche Personen an, sowohl von der Rechten wie von der Linken, Männer wie Frauen, Alte wie Junge.

Links: Die Befreiung von Paris am 25. August 1944, photographiert von dem Amerikaner Robert Capa (1913 bis 1954). Die Streitkräfte der Résistance hatten gegen die Deutschen in der Stadt im Juni einen offenen Krieg begonnen, wurden aber zurückgeschlagen. Die alliierte Eroberung von Paris signalisierte den Sturz des Vichy-Regimes.

Oben: Charles de Gaulle, der am Tag nach der Befreiung von Paris den Triumphzug von den Champs-Elysées zur Kathedrale Notre-Dame anführte. De Gaulle, damals General, floh 1940 nach London und gründete das Freie Frankreich. Er wurde der respektierte Gegner des Vichy-Regimes und ein militärischer Verbündeter Großbritanniens und der USA. Nach der Befreiung von Paris besuchte er die Großstädte Frankreichs, um Unterstützung für die neue Provisorische Regierung zu gewinnen. Am 14. September war er im befreiten Lyon.

die Hände von Klaus Barbie, dem »Schlächter von Lyon«, spielte Jean Moulin (1899–1943) eine entscheidende Rolle bei der Koordinierung der Widerstandsoperationen, die durch gaullistische Einheiten, Kommunisten und andere Kräfte ausgeführt wurden.

Die Résistance in Frankreich umfaßte wahrscheinlich niemals mehr als 100 000 Männer und Frauen. Sie organisierten den bewaffneten Kampf und Sabotageaktionen, boten alliierten Fliegern und Agenten Unterschlupf und sammelten Nachrichtenmaterial. Das heimliche Abhören der BBC-Nachrichten – die Zahl der Rundfunkempfänger war in den 30er Jahren von 500 000 auf drei Millionen gestiegen – gab einer größeren Zahl das Gefühl, beteiligt zu sein. Die militärische Wirksamkeit der Résistance ist schwer abzuschätzen, selbst nach der Landung der Alliierten im Juni 1944. Die Pläne für ein Nachkriegsfrankreich, die innerhalb der Résistance diskutiert wurden – in sich selbst eine höchst zersplitterte Gruppe –, blieben widersprüchlich und ungenau, aber es wurde zunehmend deutlich, daß eine neue, Vierte Republik geschaffen werden würde. Doch die Bedeutung der Résistance für den Mythos, den sie Frankreich verlieh und auf den es in der Nachkriegsära seine Moral und seine Selbstachtung gründete, ist unschätzbar. Als de Gaulle am 24. August 1944 im befreiten Paris den Marsch auf den Champs-Elysées organisierte, half er den Franzosen, die unmittelbare Vergangenheit zu verdrängen und hoffnungsvoller in die Zukunft zu schauen.

FRANKREICH NACH 1945

Schuldzuweisungen und Reformen

Die Befreiung Frankreichs war begleitet von einer schlimmen Periode der Rache und des Aderlasses, als die Bevölkerung zur Selbstjustiz griff und tatsächliche oder mutmaßliche Kollaborateure erschossen oder anderweitig bestraft wurden. Etwa 40 000 Menschen kamen auf diese Weise um. Frauen, die mit deutschen Soldaten befreundet waren, wurden nackt ausgezogen und kahlgeschoren. Die Wut war verständlich, aber oft erhielten die Angeklagten keinen fairen Prozeß. Die neue Regierung setzte bald ordentliche Gerichte ein, die der Kollaboration Verdächtigte verhörten und die Schuldigen bestraften: Unter ihnen waren Laval, der hingerichtet, und Pétain, der zu lebenslänglicher Gefängnisstrafe verurteilt wurde. Während der Nachkriegsjahre behaupteten viele frühere Anhänger der Vichy-Regierung – wie Pétain –, daß sie einfach nur ihre Pflicht für Frankreich getan hätten und nicht als Verräter angesehen werden sollten. Die daraus folgende Verbitterung zwischen ihnen und den Gaullisten und anderen früheren Mitgliedern der Résistance sollte das öffentliche Leben Frankreichs in den kommenden Jahren vergiften und eine tiefe Kluft schaffen, bis die ältere Generation auszusterben begann.

Wie die Gaullisten nahmen auch die Kommunisten bei der Befreiung eine starke Position ein, und 1944/1945 kontrollierten einige ihrer Ortsverbände für eine gewisse Zeit verschiedene Städte im Südwesten. Doch auf Befehl von Moskau entschied die Partei, keine Versuche zu unternehmen, die Macht mit Gewalt an sich zu reißen. Statt dessen entschloß sie sich zu einer lockeren Zusammenarbeit mit de Gaulles neuer Regierung. De Gaulle kam mit dem Versprechen durchgreifender ökonomischer und sozialer Reformen an die Macht. In der Tat führten seine anfängliche Provisorische Regierung von 1944 und die erste nach dem Krieg gewählte Regierung von 1945 Verstaatlichungsprogramme durch – eine Aufgabe, die ihnen erleichtert wurde, weil die Vertreter des Kapitalismus durch ihre Kollaboration mit den Nationalsozialisten belastet waren. Sie enteigneten die Kohlengruben, Air France, die Renault-Autowerke, Gas- und Elektrizitätswerke sowie die größeren Banken und Versicherungen. In Frankreich, wo der Staatszentralismus eine so lange Tradition hatte, erschienen diese Veränderungen nicht so drastisch, wie es in vielen anderen Ländern der Fall gewesen wäre. Wichtiger waren für die Franzosen das neue Sozialversicherungssystem, das unter de Gaulle eingeführt wurde, die Einsetzung von Betriebsräten und das Frauenstimmrecht – drei große, wenn auch verspätete Schritte in Richtung auf einen modernen demokratischen Wohlfahrtsstaat.

In politischer Hinsicht erfüllten die Reformen zu Beginn der Nachkriegszeit die in sie gesetzten Hoffnungen jedoch nicht. Die erste Provisorische Regierung stützte sich auf eine breite Übereinstimmung der Meinungen, doch nach den Wahlen von 1945 brachen die alten Parteirivalitäten wieder auf. De Gaulle, der niemals seine Verachtung für politische Parteien verbarg, fand, daß er nicht so regieren konnte, wie er es sich vorgestellt hatte, und zog sich im Januar 1946 ins Privatleben zurück – für die nächsten zwölf Jahre! Schließlich wurde eine neue Verfassung erarbeitet und bestätigt: Die Vierte Republik war geschaffen. Doch nur zu bald erwies sie sich als ebenso unstabil, wie die Dritte es gewesen war. Eine Reihe von kurzlebigen Regierungen kamen und gingen. Sie gründeten sich auf Mitte-Links-Koalitionen aus Sozialisten, Radikalen und einer neuen fortschrittlichen katholischen Partei, dem Mouvement Républicain Populaire (MRP). Anfangs waren auch die Kommunisten einbezogen; mit etwa 26 Prozent der Wählerstimmen waren sie eine Zeitlang die größte Partei, gefolgt von dem MRP und den Sozialisten (die traditionelle Rechte war noch schwach und stand in keinem guten Ruf). Es kam aber nicht unerwartet, daß sich die Kommunisten bald mit ihren Partnern überwarfen und sich auf Nebenaktivitäten zurückzogen. Sie benutzten die Tatsache, daß sie die größte Gewerkschaft, die CGT (Confédération Générale du Travail) kontrollierten, um zu Streiks aufzurufen, die den Staat lahmlegen sollten. Diese blieben aber größtenteils erfolglos. De Gaulle gründete 1947 mit der RPF (Rassemblement du Peuple Français) seine eigene politische Bewegung. Sie spielte aber während der folgenden schwachen, unstabilen Regierungen bis in die 50er Jahre kaum eine Rolle. Es schien, als seien die Parteien trotz einiger fähiger Führer, wie zum Beispiel Robert Schuman (MRP), noch immer Gefangene der alten Strukturen und Haltungen und hätten die Lektionen der Vergangenheit nicht gelernt.

Der Neubeginn nach dem Krieg

In gewisser Weise begann sich Frankreich nach 1945 grundlegend zu verändern, was zu den bedeutenden ökonomischen und sozialen Strukturreformen der Nachkriegsjahrzehnte führte. Ein wichtiger Faktor war der Anstieg der Geburtenrate. In den 30er Jahren war die Bevölkerungszahl leicht zurückgegangen, aber 1945/1946 schnellte sie von 93 auf 126 Prozent und blieb dann über viele Jahre beträchtlich über dem europäischen Durchschnitt. Einwanderungen und eine längere Lebenserwartung trugen ebenfalls zu diesem Anstieg bei, und so wuchs Frankreichs Bevölkerung seit 1945 von 40 auf 56 Millionen an. Der sogenannte Nachkriegs-Babyboom wurde durch die großzügigen Familienzuschüsse begünstigt, obwohl Soziologen glauben, daß die Ursachen teilweise auch psychologischer Natur gewesen seien – ein Überlebensinstinkt und eine Reaktion auf die Vorkriegsdekadenz. Gewiß, die Niederlage von 1940 und die Besetzung durch die Deutschen verunsicherten eine Vielzahl unpolitischer Franzosen bei dem Gedanken an die Zukunft. In der Beamtenschaft trat der auf Neuerungen bedachte Technokrat neben den konservativen Bürokraten, während auf dem Land junge Bauern begannen, die Haltung der Älteren zu hinterfragen. Anfangs beschränkte sich dieses neue Ethos der Modernisierung und des Fortschritts auf einige wenige Vorkämpfer, allmählich breitete es sich aber aus und beeinflußte weithin die öffentliche Meinung.

Der Monnet-Plan

Eine Schlüsselfigur bei der Umgestaltung Frankreichs nach dem Krieg war Jean Monnet, ein Branntwein-Fabrikant aus Cognac. Als proeuropäischer Idealist und Visionär gewann er 1945 de Gaulles Unterstützung für einen zentralen Staatsplan und wurde dessen erster Generalbevollmächtigter. Monnet durchbrach die in Frankreich üblichen Barrieren zwischen den verschiedenen Interessengruppen. Es gelang ihm, Beamte, Geschäftsleute und Gewerkschaftsführer an einen Tisch zu bringen und zur Zusammenarbeit zu überreden. Der Plan war nicht das einzige Instrument zur Ankurbelung der Nachkriegswirtschaft, trug aber bedeutend dazu bei und schuf einen eigenen Mythos, der weithin Optimismus weckte. Mit Hilfe der Kredite aus dem Marshall-Plan der Vereinigten Staaten wurde der Monnet-Plan zum Hauptmotor des frühen Wirtschaftsaufschwungs im

Rechts: Dieser Gedenkstein für die Opfer des Widerstands mit dem Lothringerkreuz de Gaulles steht auf der Larzac-Hochebene im Zentralmassiv. Heute findet man viele solcher Denkmäler über ganz Frankreich verstreut, besonders in den hügeligen Regionen des Südens. Einige markieren als Tafeln die Stelle, wo die Deutschen Geiseln erschossen haben. Aber nicht alle Freiheitskämpfer waren Gaullisten. Sowohl während der Besatzung wie auch nach der Befreiung gab es erbitterte Rivalitäten zwischen Gaullisten, Kommunisten und anderen Faktionen innerhalb der Résistance.

Unten: In Chartres wurde nach der Befreiung im August 1944 eine kahlgeschorene Frau mit ihrem unehelichen Baby durch die Straßen geführt und der Schande preisgegeben. Sie wurde angeklagt, einen deutschen Soldaten als Geliebten gehabt zu haben. Überall in Frankreich spielten sich zu dieser Zeit ähnliche Szenen ab. Viele Tausende Kollaborateure und Vichy-Milizsoldaten wurden ohne viel Federlesens von der Résistance, besonders den Kommunisten, hingerichtet; oft gab es nicht einmal den Ansatz eines gerechten Gerichtsverfahrens. Später führte die neue Provisorische Regierung unter de Gaulle wieder Recht und Ordnung ein.

Frankreich der Nachkriegsjahre in den harten Zeiten, als die Infrastruktur noch weitgehend zerstört war und in vielen Gebieten gravierende Armut herrschte. Die Industrie erreichte bald wieder ihren Vorkriegshöhepunkt und überschritt in den 50er Jahren das jährliche Wachstum von fünf Prozent. Die Technisierung der Landwirtschaft führte zu einer Landflucht, die den aufblühenden neuen Industrien Arbeitskräfte brachte. Die Städte wuchsen zusehends, und Frankreich entwickelte sich schließlich von einem agrarisch geprägten Land zu einem Industriestaat.

Dieser Fortschritt war jedoch von einer hohen Inflationsrate begleitet, eine endemische französische Krankheit, die die Vierte Republik von der Dritten geerbt hatte, und es schien unmöglich, damit fertig zu werden. Die daraus resultierenden Entwertungen, Parteienkämpfe und wechselnden Koalitionen verliehen Frankreich das Etikett »der kranke Mann von Europa«. Aber hinter der Fassade des politischen Chaos sorgte ein starkes Beamtentum für Stabilität und schuf eine Grundlage für dynamische Planungen. In der Außenpolitik trugen weitblickende Persönlichkeiten wie Robert Schuman und René Pleven dazu bei, daß Frankreich eine führende Rolle dabei spielte, Westeuropa eine neue Bestimmung zu geben und die Basis für die französisch-deutsche Aussöhnung zu bereiten. Die Gründung der Europäischen Gemeinschaft für Kohle und Stahl (1951) verband Frankreich, Westdeutschland, Italien und die Benelux-Länder und ebnete den Weg zur Unterzeichnung der Römischen Verträge im Jahr 1957, mit denen der sogenannte »Gemeinsame Markt« oder, wie es heute heißt, die EG (Europäische Gemeinschaft) geschaffen wurde. Anfangs hatte die französische Industrie Angst, sich auf diese Weise der deutschen Konkurrenz auszusetzen, aber

das Wagnis gelang, und bald gab die EG einen weiteren Anreiz für das Wirtschaftswachstum, als der französische Handel nach und nach seine alte protektionistische Haltung revidierte und sich mehr am Export orientierte. Von 1958 bis 1962 verdreifachte Frankreich seinen Handel mit den anderen fünf EG-Partnern. Was die Verteidigung betrifft, so gehörte Frankreich 1949 zu den Gründungsmitgliedern der North Atlantic Treaty Organization (NATO). Vorschläge von seiten des MRP zu einer vereinigten europäischen Armee - der Europäischen Verteidungsgemeinschaft - stießen bei Gaullisten, vielen Sozialdemokraten und anderen auf starke Opposition, so daß der Plan 1954 aufgegeben wurde.

Das koloniale Erbe

In den ersten Jahren des Kalten Krieges leistete Frankreich somit einen bedeutenden und positiven Beitrag zum Neuaufbau des Westens. Es war dies aber zugleich eine Zeit, in der weltweit Kolonien in die Unabhängigkeit entlassen wurden. Die Vierte Republik war im Umgang mit ihrem riesigen Reich in der Ferne weniger erfolgreich, was schließlich seinen Zusammenbruch bewirkte.

Eine 1947 blutig niedergeschlagene schwere Revolte in Madagaskar signalisierte eine aufsässige Stimmung in den französischen Kolonien. Dann begann in Indochina ein langwieriger Krieg gegen die Kommunisten aus dem Norden des Landes, was 1954 zum Fall von Dien Bien Phu führte, einer französischen Festung von hoher militärischer und symbolischer Bedeutung. Frankreich sah sich gezwungen, Frieden zu schließen und sich aus Indochina zurück-

Links: Ein Plakat, das an die Soldaten erinnert, die in Dien Bien Phu gefallen sind. Die Festungsstadt im Norden Indochinas (der heutigen Republik Vietnam) wurde 1954 von den Kommunisten eingenommen. Nach dieser Niederlage schloß die französische Regierung unter Pierre Mendès-France Frieden mit den Kommunisten unter deren Anführer Ho Chi-minh. Die Franzosen zogen sich aus Indochina zurück. Die Kommunisten übernahmen die Herrschaft in Nordvietnam, der Süden aber blieb prowestlich eingestellt, bis die USA, wie vorher Frankreich, in einen hoffnungslosen Krieg verwickelt und schließlich geschlagen wurden.

Links: Französische Truppen und gepanzerte Fahrzeuge in den Straßen von Algier während des erbittert geführten Algerienkrieges, der von 1954 bis 1962 dauerte. Wie in Indochina sahen sich die Franzosen mit einem wachsenden Widerstand gegen ihre Kolonialherrschaft konfrontiert. Aber hier wurde die Lage durch die Anwesenheit von über einer Million französischer Siedler erschwert, was das Zugeständnis an die Unabhängigkeit der islamischen Mehrheit in Algerien schwieriger machte. Erst de Gaulle gelang es, dieses Problem zu lösen, nachdem er an die Macht zurückgekehrt war. Während des Krieges, in dem viele Tausende starben, wurden sowohl von der französischen Armee wie auch von den muslimischen Rebellen Folterungen und Greueltaten begangen.

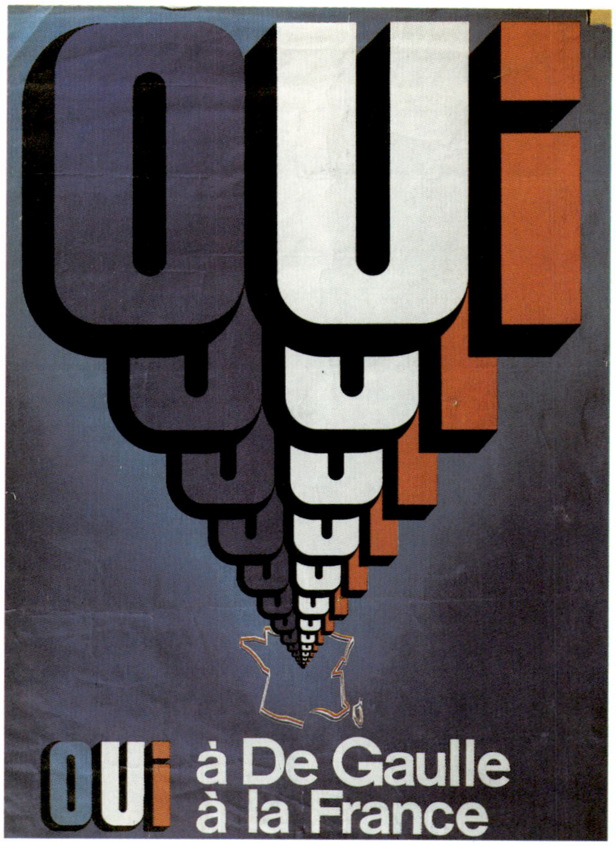

Rechts: Ein Plakat für das Referendum von 1969, das de Gaulle durchführte, nachdem er zehn Jahre an der Macht war. Der General schaltete das Parlament mehrere Male aus, um sich mit einem Referendum direkt an das Volk zu wenden. Dabei ging es entweder um ein bestimmtes Thema oder um eine allgemeine Abstimmung. Doch diesmal scheiterte seine Taktik: Er unterlag und trat zurück. Nach den Erschütterungen des Aufstandes im Mai 1968 war er alt und müde geworden. In gewisser Weise inszenierte er das Referendum, wohl wissend, daß er wahrscheinlich verlieren würde, um sich selbst einen Vorwand für den Rückzug aus der Poltik zu verschaffen.

VIERTE REPUBLIK (1946–1958)

Provisorische Regierung (1944–1946) unter der Führung von General de Gaulle (1944–1946), Félix Gouin (1946) und Georges Bidault (1946)

Präsidenten:	Georges Bidault	1946
	Vincent Auriol	1946
	Léon Blum	1946
	Vincent Auriol	1947
	René Coty	1954

1958 konstitutionelle Krise und Proklamation der Fünften Republik

FÜNFTE REPUBLIK (seit 1958)

Präsidenten:	Charles de Gaulle	1958
	Georges Pompidou	1969
	Valéry Giscard d'Estaing	1974
	François Mitterrand	1981

zuziehen. Pierre Mendès-France, ein fortschrittlicher und dynamischer Radikaler und charismatischer Ministerpräsident der Vierten Republik, löste dieses Problem mit viel Geschick. Doch mit seinen verschiedenen Versuchen, innen- wie außenpolitisch dringend nötige Reformen durchzusetzen, schuf er sich so viele Feinde, daß er 1955 nach nur achtmonatiger Amtszeit abgesetzt wurde.

Auch in Nordafrika braute sich Unheil zusammen. Während Marokko und Tunesien relativ einfach die Freiheit gewährt wurde, stellte Algerien mit über einer Million französischer Siedler das Mutterland vor ein immenses Problem. Nachdem Ende 1954 ein bewaffneter muslimischer Aufstand ausbrach, wußten die Politiker in Paris nicht, ob sie ihn unterdrücken oder mit den Aufrührern verhandeln sollten. Der sozialistische Ministerpräsident Guy Mollet eröffnete 1956 Gespräche mit den Algeriern. Aber jetzt gingen die französischen Siedler auf die Barrikaden und zwangen ihn, die Verhandlungen abzubrechen. Daraufhin schwenkte Mollet um und setzte auf militärische Unterdrückung (was dazu führte, daß Frankreich sich mit Großbritannien zu dem unglücklichen Suezabenteuer gegen Ägypten, den Verbündeten der algerischen Rebellen, verleiten ließ). Obgleich Frankreich eine gewaltige Armee nach Algerien schickte, breitete sich die Revolte weiter aus. Im Jahr 1958 tendierte die Stimmung in Paris zu Friedensverhandlungen. Doch als eine neue Regierung unter Pierre Pflimlin (MRP) für Verhandlungen eintrat, inszenierten die Siedler am 13. Mai einen großen Staatsstreich in Algerien. Sie wurden dabei von Armeegenerälen unterstützt, die immer noch glaubten, daß ihr Krieg zu gewinnen sei. Indem sie verlangten, daß Algerien französisch bleibe – *Algérie française* war ihr Schlagwort –, drohten die Generäle damit, den Militärputsch nach Frankreich zu tragen. Ob sie das hätten verwirklichen können, ist angesichts der Tatsache, daß sich die Mannschaften aus nicht gerade draufgängerischen Wehrpflichtigen zusammensetzten, fraglich. Als die Aussichten auf einen Bürgerkrieg greifbarer wurden, genügte den meisten Politikern immerhin die Drohung, um sie glauben zu machen, es sei an der Zeit, nach de Gaulle zu rufen, dem einzigen Mann, der fähig sein könnte, die Krise zu lösen.

Die Fünfte Republik

General de Gaulle hatte während all dieser Jahre in seinem Haus in Colombey-les-deux-Eglises im Osten Frankreichs gelebt und an dem Militärputsch in Paris keinen direkten Anteil gehabt. Er erklärte sich jedoch bereit, der Nation wieder zu dienen, unter der Bedingung, daß eine neue Verfassung nach seinen Vorstellungen ausgearbeitet würde. Am 1. Juni 1958 stimmte die Nationalversammlung für seine Rückkehr als Ministerpräsident. Seine erste entscheidende Handlung bestand darin, in der neuen, maßgeschneiderten Verfassung die exekutive Präsidialregierung festschreiben zu lassen. Die neue Verfassung erhielt in einer Volksabstimmung eine massive Unterstützung. Daraufhin wurde er zum Präsidenten der Republik ernannt, und eine gaullistische Partei neuen Stils, die bereit war, ihm Rückhalt zu bieten, bekam in der nun geschwächten Nationalversammlung eine gewaltige Mehrheit. Auf diese Weise machte die unpopuläre Vierte Republik der Fünften Platz.

Als nächstes machte sich de Gaulle daran, den algerischen Knoten zu lösen. Er war überzeugt, daß die Unabhängigkeit unvermeidlich war, und begann Gespräche mit den algerischen nationalistischen Führern. Damit verriet er jene seiner Sympathisanten, die in ihm den Kämpfer für die *Algérie française* gesehen hatten. Mehrfach organisierten die Siedler und sogar einige Armeegeneräle Revolten, um seine Bemühungen zu vereiteln. Aber seine Autorität siegte, und 1962 wurde Algerien in die Unabhängigkeit entlassen. Etwa 800 000 nordafrikanische Siedler (sogenannte *pied-noirs*, »Schwarzfüßer«) wurden nach Frankreich zurückgeführt, vor allem in den Süden, wo sie in die schnell expandierende Wirtschaft eingegliedert wurden und leicht Arbeit fanden.

De Gaulles neue Regierung brachte eine Stabilität, die das Selbstvertrauen der Franzosen zu Hause wiederbelebte und das Ansehen der Nation im Ausland verbesserte. Seine Maßnahmen zur Stärkung des französischen Franc bauten die Inflation ab; auch vollendete er den Prozeß, Frankreichs westafrikanischen Kolonien die Unabhängigkeit zu gewähren. Aber seine Außenpolitik war von einem ausdrücklichen Nationalismus erfüllt, der zwar bei seinen eigenen Wählern gut ankam, viele seiner Verbündeten aber oft irritierte. Seine Abneigung gegen die Dominanz der USA veranlaßte ihn, Frankreich aus der militärischen Struktur der NATO herauszunehmen, und er ermutigte öffentlich den französisch-kanadischen Separatismus »Vive le Quebec libre!« (Es lebe das freie Quebec!). Er verfolgte eine unabhängige Politik gegenüber der Sowjetunion und dem Nahen Osten (nach dem Algerienkrieg vertrat Frankreich eine proarabische Haltung und sollte später, sehr zum Ärger Israels, eine große Rolle beim Verkauf von Waffen an

Die Ereignisse im Mai 1968

Der große nationale Aufstand im Mai 1968 begann im März als politische Revolte einiger linksextremer Studenten bei Paris. Sie breitete sich aus, und neun Millionen Arbeiter sowie Vertreter freier Berufe schlossen sich ihnen an. Viele führende Intellektuelle, unter ihnen Jean-Paul Sartre, nahmen Partei für die Studenten. Der Schauspieler und Regisseur Jean-Louis Barrault, damals Direktor des staatseigenen Odéon-Theaters, erlaubte den Studenten, das Theater für eine öffentliche Diskussion zu besetzen und sagte: »Ich stehe ganz auf eurer Seite.« Daraufhin wurde er von de Gaulle seines Amtes enthoben.

Die Revolte hatte viele verschiedene Komponenten. Zum einen herrschte ein Element von nationalem Karneval und Straßentheater als Reaktion auf Langeweile und Routine. Zum anderen versuchte eine winzige Minderheit, eine politische und soziale Revolution durchzuführen. Und drittens hatte die Revolte weitreichende materielle Ziele: bessere Bezahlung der Arbeiter, bessere Studienbedingungen für die Studenten. Schließlich gehörte dazu auch die Forderung, viele der veralteten Strukturen der französischen Gesellschaft zu reformieren. Für den Augenblick war der Aufstand ein Mißerfolg, zumindest politisch gesehen, aber als Katalysator sollte er großen Einfluß auf die französische Gesellschaft haben: Der Weg für eine offenere Gesellschaft, die heute unübersehbar ist, wurde geebnet.

Oben: Ein Plakat, das zur Solidarität mit dem bekanntesten Studentenführer, Daniel Cohn-Bendit, einem in Frankreich geborenen deutschen Juden, aufruft. Mit seiner leidenschaftlichen Rhetorik wurde er zum Star der Barrikaden. Die Regierung wies ihn jedoch als »unerwünscht« außer Landes. »Wir sind alle unerwünscht«, lautet der Slogan auf diesem Plakat.

Oben: Die Angestellten der staatlichen Rundfunk- und Fernsehanstalten (ORTF) gehörten zu jenen, die am schärfsten rebellierten. Mit ihrem Protest gegen die staatliche Zensur des Fernsehens forderten sie Unabhängigkeit und Autonomie. Für kurze Zeit bestimmten sie selbst, was sie senden, aber nach dem Ende ihrer Revolte wurden viele von ihnen entlassen.

Unten: Intellektuelle und Vertreter der kommunistischen CGT-Gewerkschaft demonstrieren vereint auf einem Pariser Boulevard.

Ganz oben: Georges Pompidou (1911 bis 1974), der treue Statthalter de Gaulles, war von 1962 bis 1968 sein Ministerpräsident und löste ihn dann 1969 als Staatspräsident ab. Pompidou war kein Karrierepolitiker, sondern Lehrer und danach, bis zu de Gaulles Rückkehr an die Macht, Bankbeamter. Der vorsichtige Pragmatiker sympathisierte eher mit den konservativen Elementen der französischen Gesellschaft; zum einen war er mit der ländlichen Gegend des Zentralmassivs verwurzelt, zum anderen besaß er viele Freunde in der Bankenwelt. Die neue Stimmung in Frankreich nach den 68er Ereignissen, die soziale Reformen verlangte, sagte ihm nicht mehr sehr zu.

Oben: François Mitterrand (1916 geboren), der hier vor seinem eigenen riesigen Bild bei einer Wahlkampfveranstaltung zu sehen ist, hat unter allen Nachkriegspolitikern nach de Gaulle der französischen Politik am stärksten seinen Stempel aufgedrückt. Er strukturierte in den frühen 70er Jahren die zerfallene Sozialistische Partei zu einer effektiven und vereinten Macht um und führte dann nach seiner Ernennung zum Präsidenten 1981 die Partei weg von der marxistischen Ideologie hin zu einer modernen Sozialdemokratie. Zwischen 1986 und 1988 überstand er eine schwierige Phase der *cohabitation* mit der Rechten und wurde dann für sieben weitere Jahre als Präsident wiedergewählt. Seine eigene Richtung des Sozialismus ist schwer zu fassen; er trat der Sozialistischen Partei erst im Alter von über 50 Jahren bei. Mitterrand besitzt Flexibilität und Realismus, den seine Kritiker Opportunismus nennen. Er ist ein kluger, reservierter und sehr zurückgezogen lebender Mann, der etwas rätselhaft und mit zunehmendem Alter abgehoben und hoheitsvoll erscheint.

den Irak spielen), bremste aber eine Erweiterung der EG. Er erkannte auch, daß freundschaftliche Beziehungen zur Bundesrepublik Deutschland für Frankreich und für den Frieden unentbehrlich waren, und setzte so die Politik der engen Zusammenarbeit mit Deutschlands Bundeskanzler Adenauer fort.

Mit einem weitgehend fügsamen Parlament und zwei loyalen Ministerpräsidenten – erst Michel Debré, dann Georges Pompidou – konnte de Gaulle im großen und ganzen herrschen, wie er wollte. Oft regierte er per Verordnung, oder er bediente sich seiner bevorzugten Taktik, sich durch ein Referendum direkt an das Volk zu wenden. Einen weiteren Bruch mit den Praktiken der Vierten Republik bedeutete sein technokratischer Stil, indem er ministerielle Schlüsselpositionen mit Nichtpolitikern, etwa Präfekten oder Bankfachleuten, besetzte. Obgleich diese Schritte umstritten waren, trugen sie dazu bei, daß eine dynamische Regierung aus der zentralisierten französischen Planung vollen Nutzen ziehen und einige schwierige, aber sehr notwendige Reformen – in der Landwirtschaft, dem Schulsystem, dem Wohnungsbau und auf anderen Gebieten – durchführen konnte. Eine neue Verordnung verpflichtete die Pariser symbolisch, ihre Hausfassaden sauberzuscheuern, um einer grau gewordenen Stadt ihren Glanz zurückzugeben.

Während des weltweiten Wirtschaftsaufschwungs der 60er Jahre machte Frankreichs heimische Wirtschaft große Fortschritte. Vieles von den Vorarbeiten des Monnet-Plans der frühen Nachkriegszeit oder der Basisbewegungen wurde jetzt vollendet, wofür die gaullistische Regierung mehr Anerkennung einsteckte, als sie eigentlich verdiente. Das Land wurde im Eilschritt modernisiert, und ruhige, alte Straßen füllten sich mit glänzenden, neuen Autos, Vororte wurden von Hochhaussiedlungen umringt, und Traktoren ersetzten die Pferdewagen. »Le drugstore« und andere aus den Vereinigten Staaten importierte Neuheiten tauchten auf, während die Tante-Emma-Läden an der Ecke unter dem Druck der neuen, riesigen Supermärkte schließen mußten. Die Caravelle eroberte den europäischen Luftmarkt. Diese Entwicklungen lösten tiefgreifende Veränderungen aus. Die Bauern kamen aus ihrer traditionellen Isolation auf dem Lande heraus, während die neuen Konsumgewohnheiten und die jetzt mögliche Mobilität den Horizont der Menschen erweiterten und ihre Erwartungen verstärkten. Ferien im Ausland und insbesondere im Club Méditerranée wurden populär. Auch das Fernsehen hatte seine Auswirkung, indem es einen größeren Zuschauerkreis als je zuvor erreichte. Aber das Leben in den Vororten brachte auch neue Frustrationen, als der Gang zur Kirche immer unüblicher wurde und freiere, gelockertere Moralkodexe (als »permissive« Gesellschaft angeprangert) in Erscheinung traten.

Natürlich war de Gaulle, in gewisser Weise eine konservative, sogar archaische Persönlichkeit, nicht für all diese Veränderungen verantwortlich, aber er trug viel durch die von ihm geschaffenen Rahmenstrukturen des Wohlstands dazu bei. Im Verlauf der 60er Jahre begann sein Stern zu sinken. Bei der Präsidentenwahl von 1965 fiel sein Stimmanteil auf 54 Prozent. Die Kritik an seinem autokratischen Stil und seiner Vorliebe für kostspielige Prestigeobjekte und Pomp wuchs. Noch entscheidender war, daß der neue Wohlstand sehr ungleichmäßig verteilt war.

Die Mairevolution von 1968

Trotz des Reformeifers der Regierung waren viele der Strukturen und Institutionen des alten Frankreichs, darunter auch das Universitätssystem, die alten geblieben. Unerfreuliche Studienbedingungen, anmaßende Professoren, schlecht ausgearbeitete Lehrpläne hatten neben vielem anderen die schnell anwachsende Studentenschaft unzufrieden werden lassen. Vorwiegend politisch motivierte Unruhen von Studenten der extremen Linken im Mai 1968 auf dem Campus in Nanterre unweit von Paris eskalierten plötzlich zu einem landesweiten Studentenaufstand. Neun Millionen Arbeiter unterstützten sie in der Hoffnung, bessere Löhne zu erkämpfen. Ein Großteil der Intellektuellen und der gehobenen Berufe wie Ärzte, Architekten, Wissenschaftler und Regisseure vom staatlichen Rundfunk und Fernsehen schlossen sich an. Sie hatten eigene Gründe, ihre Frustrationen gegenüber Hierarchie, Bürokratie, Überzentralismus und fest verwurzelten Privilegien kundzutun. So war der Mai 1968 wohl vor allem der Protest einer neuen, wohlhabenden Mittelschicht gegen die Unfähigkeit, mit den wirtschaftlichen Veränderungen entsprechende soziale und politische Umgestaltungen in die Wege zu leiten. Vier Wochen lang befand sich ganz Frankreich in einem chaotischen Zustand. Die wehenden Fahnen, anarchistischen Graffiti und die Picknicks der Arbeiter in von ihnen besetzten Fabriken gehörten zu jener Art theatralischer Straßen-Happenings und explosiver Ausschreitungen, die Teil der französischen Tradition sind. Aber die Auswirkungen waren ernst. Eine Zeitlang schwankte de Gaulle, und es schien, als ob er stürzen würde. Dann rief er die Nation streng zur Ordnung. Hilfe kam von seiten seines Ministerpräsidenten Georges Pompidou, der die Arbeiter mit beträchtlichen Lohnerhöhungen abfand. Schnell entschlossen beraumte der Präsident eine allgemeine Wahl an, die seine Partei mit überwältigender Mehrheit gewann. Ursache dieses Wahlsiegs war die Gegenreaktion der »schweigsamen Mehrheit« auf eine befürchtete Anarchie und einen Linksruck. Seltsamerweise forderte die eine Hälfte der Nation Reformen, die andere Hälfte verlangte dagegen Ruhe und Ordnung – doch viele, so schien es, wünschten beides.

Als man zum Status quo zurückkehrte, war klar, daß jene linksstehenden Studenten, die gehofft hatten, den Sturz des Kapitalismus einzuleiten, gescheitert waren. Zudem tat de Gaulle wenig, um ihren Forderungen nach Reformen nachzukommen – er veranlaßte nur eine Umbildung der Universitäten, um ihnen etwas mehr Autonomie zu geben, und gewährte einen verbesserten gesetzlichen Status der Gewerkschaften in den Firmen. Obwohl die Ereignisse im Mai 1968 nicht den gewünschten Erfolg brachten, beeinflußten sie dennoch viele Bereiche auf subtile Weise, und nicht wenige Franzosen betrachten diese Phase noch heute als Wendepunkt. In den Beziehungen zwischen Eltern und Kindern, Lehrern und Schülern, Beamten und dem Volk durchbrach sie in Frankreich die alte, autoritäre Struktur und trug dazu bei, eine liberalere und lässigere Stimmung einzuführen und eine Dialogfähigkeit zu schaffen.

Paradoxerweise war de Gaulle selbst das Hauptopfer. Obgleich er die Ordnung wiederherstellte, hatten die Unruhen gezeigt, daß er unfähig war, die Stimmungen und Nöte der sich rasch verändernden Nation zu verstehen. Sein hohes Alter machte sich bemerkbar. Er zog sich in die Isolation zurück und fand 1969 einen Vorwand, um sein Amt niederzulegen. Im darauffolgenden Jahr starb er. De Gaulles politischer Abgang war zwar nicht triumphal, aber die meisten Franzosen erkennen heute an, daß sie ihm viel schulden. Er war eine Art Vaterfigur, um die sich in der Vergangenheit die Franzosen in Zeiten der Not sammelten, die aber in den späten 60er Jahren ein Anachronismus geworden war.

De Gaulles Nachfolger war sein enger Mitarbeiter Georges Pompidou. Er modifizierte bis zu einem gewissen Grad die strikte Außenpolitik des Generals – indem er zum Beispiel das Veto gegen den britischen Beitritt zur EG aufhob –, verfolgte aber innenpolitisch weitgehend dieselbe Linie. Pompidou, ein ehemaliger Bankbeamter, war ein pragmatischer Konservativer. Er vertrat die Auffassung, Frankreich könne seine Krankheiten einfach dadurch heilen, daß es seinen Wohlstand vermehre. Entsprechend wenig Zeit hatte er für radikale Reformen. Er ernannte jedoch einen sehr liberalen Ministerpräsidenten, den Gaullisten Jacques Chaban-Delmas, der sich zu Reformen verpflichtete, die mit einigen der Ideale vom Mai 1968 konform gingen. Aber zwischen den beiden Männern kam es zu Auseinandersetzungen, und 1972 wurde Chaban-Delmas entlassen.

Giscard d'Estaings Reformen

Mit dem plötzlichen Tod Pompidous 1974 endete die unangefochtene 16jährige Dominanz der gaullistischen Partei in der französischen Politik. Keiner der beiden Hauptkandidaten in der folgenden Präsidentenwahl war Gaullist. Der geschlagene François Mitterrand war der starke Führer einer wiederbelebten Sozialistischen Partei. Er erreichte in der Wahl 49,2 Prozent und unterlag damit nur knapp dem Führer der nichtgaullistischen Mitte-Rechts-Partei, der unabhängigen Republikaner, Valéry Giscard d'Estaing. Dieser neue Präsident war eine schwer faßbare Persönlichkeit, adlig und elitär, aber zugleich auch ein Modernist und überzeugter »Europäer« und ein Bewunderer der amerikanischen »offenen Gesellschaft«. Entsprechend seinen Wahlversprechungen begann er sein Mandat mit einer Welle von liberalen Reformen. Er erleichterte Ehescheidungen, lockerte die Abtreibungsgesetze gegen die Angriffe seiner eigenen Koalition im Parlament und führte größere Chancengleichheit in der Schulerziehung ein. Darüber hinaus begann er auch, die staatliche Kontrolle über das Fernsehen abzubauen. Bald fand er jedoch, daß einige seiner wichtigsten Reformpläne von den rechten Gaullisten in seiner Koalition verschleppt wurden. Deren Anführer war der junge und tatkräftige Ministerpräsident Jacques Chirac.

Die weltweite Ölkrise im Jahr 1973 führte zu einer leichten Rezession und zwang Giscard, seine Prioritäten neu zu setzen und die Gelder für Reformen zu kürzen. 1976 trat Chirac zurück. Sein Nachfolger wurde der talentierte Wirtschaftswissenschaftler Raymond Barre. Er veranlaßte ein Sparprogramm, das aber nur begrenzten Erfolg hatte, weil die Inflationsrate stieg und die hohe Arbeitslosigkeit zum erstenmal seit dem Zweiten Weltkrieg in Frankreich ein Problem wurde. Giscard hatte inzwischen seinen alten Stil aufgegeben und wurde nun als distanziert und verschlossen empfunden, was seiner Popularität schadete. In den späten 70er Jahren sah sich Frankreich von einer depressiven Stimmung erfaßt. Das Vertrauen in das Wirtschaftswachstum war der Rezession zum Opfer gefallen.

1981, am Ende von Giscards siebenjähriger Amtszeit, war die Linke seit 23 Jahren in der Opposition, und das Mitte-Rechts-Regime – sowohl Gaullisten wie Giscardisten – erschien verbraucht und zynisch. Vielen Franzosen aller politischen Überzeugungen war der Schaden, den das Fehlen eines normalen demokratischen Machtwechsels ausmachte, bewußt. Die ausschlaggebenden Wähler des Mittelstandes hatten jedoch Angst, die Macht einer linken Regierung zu übertragen, zu der unvermeidlicherweise auch Kommunisten gehören würden. Die Sozialistische Partei hatte sich 1971 – nach einer schwachen Phase in den 60er Jahren – mit François Mitterrand an der Spitze wieder kräftig erneuert. Sie war nun bei weitem die größere der beiden Hauptparteien, sah sich aber gezwungen, aus wahltaktischen Gründen eine unbequeme und oft dem Zerbrechen nahe Allianz mit den kommunistischen Rivalen einzugehen.

Eine sozialistische Regierung

Mitterrand war 1974 nahe daran gewesen, Präsident zu werden; 1978 stand die Linke bei den Wahlen zur Nationalversammlung knapp vor dem Sieg: Ihr Stern war im Aufsteigen. Schließlich war 1981 bei der Präsidentenwahl der Wunsch nach einer Wende – verbunden mit wachsender Enttäuschung – groß genug, so daß sich viele Wechselwähler über ihre früheren Ängste hinwegsetzten. Mitterrand erzielte 3,5 Prozent mehr Stimmen als Giscard. Die Nationalversammlung wurde aufgelöst, woraufhin die Sozialisten mit 38 Prozent der Stimmen die absolute Mehrheit gegenüber den 16 Prozent der Kommunisten gewannen. Dies war ein Wendepunkt in der französischen Republik. Die neue Regierung ließ sich entgegen den Voraussagen mancher Rechten nicht auf die marxistische Revolution ein. In der Tat ernannte Mitterrand eine sehr gemäßigte Regierung unter der Führung des verbindlichen Pierre Mauroy, obgleich er eine entscheidende Änderung in der französischen Gesellschaft versprochen hatte und sein Parteiprogramm noch einige marxistische Ideen enthielt. Um das Einverständnis der Kommunisten zu gewinnen, überließ er ihnen vier kleinere Ministerien. Einige der Regierungsreformen, darunter größere Regionalreformen, wurden als undoktrinär angesehen und fanden breite öffentliche Zustimmung. Andere hatten eine sozialistische Tendenz, besonders die Verstaatlichung von neun Schlüsselindustriegruppen und nahezu allen Privatbanken.

Auf größeren Widerspruch stießen die Versuche der Regierung, Frankreichs Wirtschaftskrise durch reflationäre Maßnahmen beizukommen, wie zum Beispiel massive Erhöhung der öffentlichen Ausgaben, Lockerung der Kreditkontrollen und Lohnerhöhungen für die unteren Lohngruppen. Diese Korrekturen halfen ein wenig, die Produktion anzukurbeln, sie trugen aber auch zum Anstieg der Inflation bei und konnten die Arbeitslosigkeit nicht reduzieren, die fast die Zwei-Millionen-Marke erreichte. Darüber hinaus lief Frankreichs interne Wirtschaftspolitik der vorherrschenden monetären Tendenz im Westen entgegen. Mitte 1982 wirkte sich die Inflation so stark aus, daß die französische Regierung vor einer unangenehmen Wahl stand: entweder protektionistische Maßnahmen einzuführen, was gegen die EG-Vereinbarungen verstieß, oder, entgegen ihren eigenen Prinzipien, auf ein Programm von Sparmaßnahmen umzusteigen. Mauroy und sein Finanzminister Jacques Delors optierten für die zweite Lösung und konnten sich knapp durchsetzen. In den Jahren 1982/1983 unternahm die Sozialistische Partei eine historische Kehrtwendung, die grundlegende Auswirkungen auf die französische Politik hatte. Sie führte strenge wirtschaftliche Einschränkungen jener Art ein, wie sie früher Raymond Barre verfochten hatte; sie betrieb Barres Lockerung der Preiskontrollen und ergriff andere »liberale« Wirtschaftsmaßnahmen und hatte mehr Erfolg als er. Dabei lernte die Partei, mit der Marktwirtschaft zu leben, womit sie ihre alten, halbmarxistischen Ideale verwarf. Die Kommunisten verließen wütend die Regierung, und auch die sozialistische Linke war nicht glücklich.

Die Sozialistische Partei vollzog so im wesentlichen eine Mitte-Links-Wendung und wurde »sozialdemokratisch«, wenn auch nicht dem Namen nach – ein Richtungswandel, der allgemein von anderen Mitte-Links-Parteien in Europa begrüßt wurde. Manchen erschien das als ihre größte Leistung in den Jahren, da sie an der Macht war, also zwischen 1981 und 1986. Auch führte sie einige nützliche Reformen durch und hinterließ die Wirtschaft in einer besseren Verfassung, als sie sie vorgefunden hatte. Aber wo es um die Umverteilung von Reichtum und Privilegien in Frankreich ging, versagte sie weitgehend. Mitterrands kunstvolles Manövrieren trug auch zu dem historischen Niedergang der Kommunistischen Partei bei. Auf ihrem Höchststand nach dem Krieg hatte sie 28 Prozent der Wählerstimmen auf sich vereinigt, in den 60er und 70er Jahren fiel sie auf 20 Prozent und erreichte 1986 nur noch 9,7 Prozent. Die Hauptursache für diesen Rückgang bildete jedoch die Unnachgiebigkeit des Stalinisten Georges Marchais und anderer Führer sowie die Unfähigkeit der Kommunisten, auf die Wünsche und Sehnsüchte der Arbeiter einzugehen oder abweichende Meinungen zu erlauben.

Politische »Kohabitation«

Trotz der Hinwendung der Sozialisten zur Mitte verloren sie 1986 die Wahl zur Nationalversammlung. Doch Mitterrand blieb Präsident, da entsprechend der Verfassung sein siebenjähriges Mandat zwei Jahre länger währte als das der Nationalversammlung. Folglich sah sich zum erstenmal in

Oben: Jacques Chirac (1932 geboren) ist seit 1974 Chef der neogaullistischen Partei, des Rassemblement pour la République, und seit 1977 sehr erfolgreich als Bürgermeister von Paris. Zwischen 1974 und 1976 war er Ministerpräsident unter dem nichtgaullistischen Staatspräsident Valéry Giscard d'Estaing, zerstritt sich aber bald mit Giscard und trat zurück. Während der Präsidentschaft des Sozialisten François Mitterrand wurde er zwischen 1986 und 1988 erneut Ministerpräsident, und diese Zusammenarbeit verlief trotz der politischen Kluft zwischen den beiden reibungsloser. Der zielstrebige und ehrgeizige (»Bulldozer« war sein Spitzname in der Jugend) sowie rhetorisch begabte Chirac besitzt Charisma und politisches Talent, blieb aber immer umstritten. In den 70er Jahren verjüngte er die gaullistische Partei. Seine Kritiker behaupten, daß ihm, abgesehen von seiner extremen antilinken Haltung, eine klare politische Philosophie fehle.

Oben rechts: Die Nationalversammlung mit ihren 577 direkt gewählten Vertretern ist das Unterhaus des französischen Parlaments. Es verfügt über mehr Macht und Einfluß als das indirekt gewählte Oberhaus, der Senat. Der Parlamentssaal befindet sich im Palais Bourbon, einem schmucken, alten Gebäude mit einem Portikus im griechischen Stil an der Seine gegenüber der Place de la Concorde. Die Abgeordneten sitzen in einem Halbkreis, wobei die linksgerichteten Parteien links vom Rednerpult und die rechtsgerichteten Parteien rechts davon sitzen. (Diese Anordnung ist der Ursprung der politischen Begriffe »links« und »rechts«.) Rhetorik und hitzige Debatten haben in der Versammlung eine lange Tradition, doch ist ihre Macht seit de Gaulles Einführung des präsidialen Systems der Fünften Republik etwas beschnitten.

Rechts: Junge muslimische Immigranten im Großraum Marseille protestieren gegen die Ermordung eines algerischen Jugendlichen in Avignon 1985. Während der 80er Jahre förderte die steigende Arbeitslosigkeit die Spannungen zwischen den nordafrikanischen Einwanderern und der einheimischen französischen Bevölkerung, vor allem in Südfrankreich. Dies trug auch zum Aufstieg der rassistischen, rechtsextremen Nationalen Front bei.

der Fünften Republik ein Präsident einer Nationalversammlung gegenüber, in der die Opposition dominierte. Mitterrand ernannte mit Jacques Chirac einen Ministerpräsidenten, den das Parlament akzeptierte. In der Praxis funktionierte diese kurze Periode der »Kohabitation« ziemlich gut. In Verteidigungsfragen und in der Außenpolitik stimmten sie weitgehend überein, und so erlaubte Chirac dem Präsidenten, auf diesen Gebieten seine konstitutionellen Rechte auszuüben. Die Innenpolitik aber beherrschte Jacques Chirac, und da das Parlament unabhängig war, konnte Mitterrand wenig dagegen tun. Chirac startete ein durchgreifendes Privatisierungsprogramm, mit dem Mitterrand allerdings nicht ganz einverstanden war, und es kam zu gewissen Spannungen. Doch beide Männer gingen einen Balanceakt ein, der zeigte, wie weit sich die französische Politik seit der sozialistischen Kehrtwendung von der Polarisierung entfernt und sich einem deutschen oder angelsächsischen Regierungsmodell angenähert hatte.

Dieser Prozeß setzte sich bis zu einem gewissen Grad fort, sogar noch nachdem Mitterrand 1988 als Präsident wiedergewählt wurde (wobei er Chirac als Gegenkandidaten besiegte) und im Parlament eine sozialistische Mehrheit zurückgewann. Er ernannte einen fähigen Technokraten von der rechten Seite der Sozialistischen Partei zum Ministerpräsidenten, Michel Rocard, der einige Minister aus den Reihen der nichtsozialistischen Zentrumsparteien berief. Rocard vertrat einen zurückhaltenden Regierungsstil, wobei er den Akzent auf gesundes Management legte (die Wirtschaft florierte inzwischen). In erster Linie aber verfolgte er eine Politik der europäischen Integration. Im Mai 1991 löste ihn Edith Cresson ab, Frankreichs erste Ministerpräsidentin. Mitterrand, Rocard und die meisten älteren Minister waren alle ausgesprochene »Europäer«, die in enger Zusammenarbeit mit dem französischen Sozialisten Jacques Delors (seit 1985 Präsident der EG-Kommission in Brüssel) für das Programm des »gemeinsamen Binnenmarktes« im Jahr 1992 und die Entwicklung in Richtung auf die politische und Währungsunion eintraten. Bis zum Fall der Berliner Mauer und der darauffolgenden Vereinigung Deutsch-

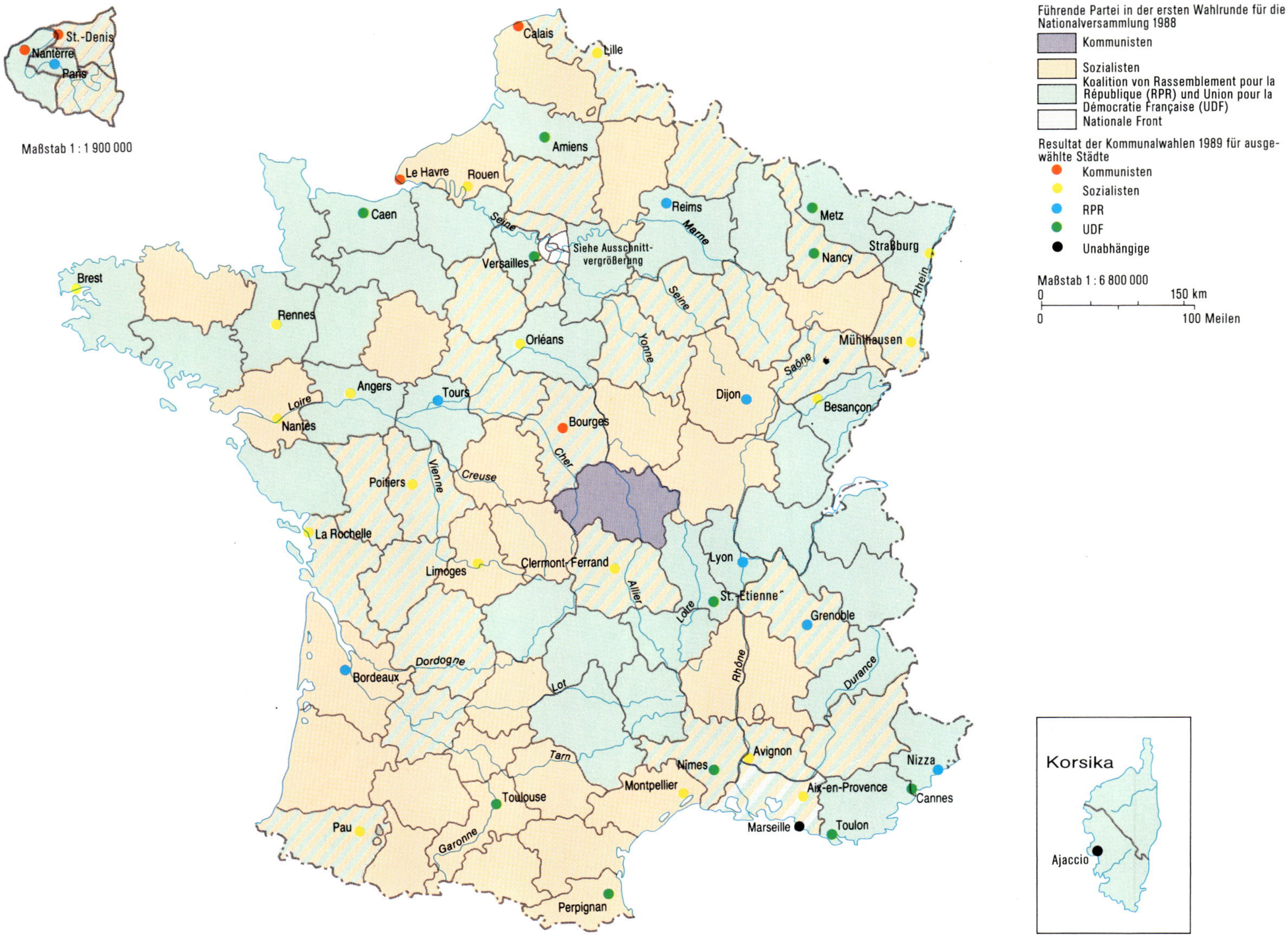

lands lag die unbestrittene Führung in der EG bei Frankreich. Der neue deutsche Riese wurde von manchen als Bedrohung der französischen Position gesehen und weckte alte Ängste. Die offizielle französische Politik nahm Kanzler Kohl beim Wort und drängt mit ihm auf eine Vereinigung Europas, um ein mächtiges Deutschland einzubinden.

Das präsidiale Vermächtnis

Die Verfassung, die de Gaulle für die Fünfte Republik 1958 entworfen hatte, leistete Frankreich im großen und ganzen gute Dienste, obgleich sie auch ihre Fehler hatte. Beispielsweise blieben die Beziehungen des Präsidenten zum Parlament irgendwie doppeldeutig, da beide durch direkte Abstimmung gewählt wurden und beide gleichermaßen souverän sind. Der Ministerpräsident muß deshalb zwei Herren dienen, was, wie die Zeit der »Kohabitation« zeigte, zu Spannungen führen kann. Oft wurde vorgeschlagen, das Mandat des Präsidenten auf fünf Jahre zu kürzen und nach dem Vorbild der USA mit dem des Parlaments zu synchronisieren. Damit wäre die Möglichkeit verringert, daß beide aus oppositionellen politischen Parteien kämen. Aber unbestreitbar entspricht ein starkes Präsidialsystem, in dem der Präsident im Falle eines Notstands die uneingeschränkte Regierungsgewalt hat und per Dekret regieren kann (wie de Gaulle es einmal tat), der französischen Tradition. Für alle französischen Wahlen wird das Mehrheitswahlrecht benutzt, wobei entweder sofort die absolute Mehrheit erreicht wird oder in einem zweiten Wahlgang die Entscheidung zwischen den Kandidaten mit der höchsten Stimmenzahl ausgetragen wird. Damit hat das Wahlsystem ähnliche Auswirkungen wie das Verhältniswahlrecht.

Die alte revolutionäre Linke, die bis vor kurzem in Frankreich so laut vernehmbar und mächtig war, hat wie überall in Europa einen starken Niedergang erlebt. Der traditionelle französische *manichéisme* – die Tendenz, links und rechts in den Begriffen von schwarz und weiß zu sehen – hat in dem Maße nachgelassen, wie sich eine stärkere Bereitschaft zum Konsens entwickelte. Antidemokratische Extreme vertreten nur etwa 20 Prozent der Wähler, zur Hälfte Kommunisten, zur Hälfte die neue rassistische Nationale Front, ein unangenehmes, aber begrenztes Phänomen. Dazwischen stehen die großen, aufs Zentrum ausgerichteten Gruppen und Parteien. Sie sind hitzige Rivalen, stimmen aber in vielen Dingen überein, zum Beispiel in der Behandlung der Arbeitslosigkeit, die eines der größten Probleme bleibt.

Trotz dieser Entwicklungen ist jedoch seit den 70er Jahren eine wachsende öffentliche Enttäuschung über die Politik zu verzeichnen; politische Parteien scheinen manchmal zu sehr mit ihren eigenen Querelen beschäftigt. Das Frankreich von heute muß sich drei Herausforderungen stellen, um die Zukunft zu meistern: Zunächst muß es eine neue politische Einigkeit und Mäßigung anstreben, um ein ausgewogeneres Gesellschaftssystem zu begründen, das weniger durch Privilegien verpflichtet ist. Dann muß es für sich eine neue Rolle in der europäischen politischen und Währungsunion finden, die jetzt entsteht. Und schließlich muß Frankreich die moderne High-Tech-Ökonomie beherrschen lernen, um die Gesellschaft zu verändern, ohne die traditionelle *douceur de vivre*, die Kultur und die Lebensweise, zu zerstören, die das eigentliche Wesen der französischen Zivilisation ausmacht.

Politische Trends und Wählerverhalten
In den Juni-Wahlen 1988 zur Nationalversammlung gewann die Koalition der zwei großen Rechtsparteien RPR und UDF 40,4 Prozent der Stimmen und eine fast gleich große Anzahl an Sitzen; die Sozialistische Partei errang 37,5 Prozent, die Kommunisten 11,3 Prozent und die rechtsextreme Nationale Front 9,6 Prozent. Mit einigen Ausnahmen ist das Wählerverhalten in ganz Frankreich ziemlich ausgeglichen. Es ist keineswegs immer der Fall, daß Industriegebiete links und ländliche Gegenden rechts wählen. Einige große Industriestädte, wie zum Beispiel Lyon oder Toulouse, wählen rechte Bürgermeister und Abgeordnete; andererseits konnten die Sozialisten einige traditionell konservative Gebiete erobern, wie beispielsweise die Bretagne im Nordwesten und das Elsaß im Nordosten. Der Stimmenanteil der Kommunisten geht ununterbrochen zurück; sie haben die Macht in vielen Rathäusern verloren, können aber ihren Stimmenanteil in einigen ländlichen Bezirken beachtlich halten. Die Sozialisten sind auch stark im bäuerlichen Südwesten, der eine radikale Tradition hat. Ihre Hochburgen liegen jedoch im industriellen Norden und dem Gebiet um Marseille, wo der Bürgermeister ein unabhängiger Sozialist ist. In einigen Regionen gibt es einen erbitterten Konflikt zwischen dem Bürgermeister der Hauptstadt und dem rechten Regionalrat – zum Beispiel im Languedoc-Roussillon (Montpellier) und im Elsaß (Straßburg).

DRITTER TEIL

FRANKREICH HEUTE

DIE MODERNE FRANZÖSISCHE GESELLSCHAFT

Die Konflikte zwischen Wandel und Tradition traten im modernen Frankreich krasser zutage als in den meisten anderen Ländern Europas. Die massive Landflucht und die rasche Urbanisierung und Industrialisierung, die das Land in den Jahrzehnten nach dem Zweiten Weltkrieg erlebte, trugen zur Veränderung der Geisteshaltung und der Lebensweise der Franzosen bei. Ein zuvor stagnierendes und in gewisser Weise rückständiges Volk, dessen Blick auf die Vergangenheit und die engste Umgebung fixiert war, wurde beweglicher und ließ sich von allem Neuen faszinieren. Auf dem Gebiet der Spitzentechnologie hat die französische Vorliebe für Modernisierung zu beeindruckenden Erfolgen geführt: vom Hochgeschwindigkeitszug (*Train à Grande Vitesse*, abgekürzt TGV) bis zur Weltraumrakete Ariane und dem umstrittenen Kernenergieprogramm, dem umfassendsten der Welt. In jüngster Zeit wurden sich aber die Franzosen bewußt, daß ihr Land mit seinem so bedeutenden Kulturerbe viel vom Charme der alten Zeit verloren hat. Sie wenden sich deshalb wieder ihren geliebten Traditionen zu und versuchen, die besten Seiten des Alten und des Neuen miteinander zu verbinden.

Probleme der Dezentralisierung

Während man die für die Nation unumgängliche ökonomische und technologische Modernisierung glänzend bewerkstelligte, gelang die Anpassung der gesellschaftlichen und öffentlichen Strukturen an die neuen Rahmenbedingungen nicht so gut. Vor allem dauerte es lange, bis sich die Strukturen des Staates in diesem zentralisiertesten der westlichen Länder entwickelten. De Gaulle, der zwar *la France* liebte, aber die Franzosen weniger positiv beurteilte, sagte 1966 über sie: »Sie können nicht ohne den Staat zurechtkommen, aber sie verabscheuen ihn. Sie verhalten sich nicht wie Erwachsene.« Mit anderen Worten: Die autoritäre Bevormundung durch den Staat brachte die Leute dazu, ständig zu nörgeln. Doch sie beschwerten sich ebenso, wenn der Staat sich nicht um sie kümmerte, obwohl sie unfähig sind, selbst Iniviativen zu ergreifen. Es ist teils auf Napoleon, teils auf Ludwig XIV. oder sogar auf noch frühere Herrscher zurückzuführen, daß der französische Zentralismus Erziehung, Polizei, Justiz, Soziales und Gesundheitsfürsorge, Versorgungsbetriebe, viele Firmen und wichtige Teile der örtlichen Verwaltung sowie des Kredit- und Finanzwesens in die Hände des Staates gelegt hat. Mit dem Abbau dieses Systems ist im vergangenen Jahrzehnt ein wenig begonnen worden, aber es wird eine heiße Diskussion darüber geführt, wie weit solche Maßnahmen gehen sollen. Im neuen Zeitalter der offenen Grenzen verliert offensichtlich die zentrale Planung ihren Wert. Statt dessen sollen die Industrien selbständiger und marktorientierter

Das französische Verkehrsnetz
Das französische Eisenbahnnetz wurde im 19. Jahrhundert gebaut und war auf Paris ausgerichtet. Sogar noch in den 30er Jahren dieses Jahrhunderts war die Reise von Toulouse nach Lyon über Paris schneller, als wenn man die direkte Strecke wählte. Aber inzwischen werden viele schnelle und direkte Intercity-Verbindungen angeboten, zum Beispiel Lyon-Bordeaux. Die erste TGV *(Train à Grande Vitesse)*-Linie zwischen Paris und Lyon wurde 1983 eröffnet. Heute werden folgende Strecken gebaut: nach Marseille und Bordeaux, nach Lille und darüber hinaus, um eine Verbindung zwischen dem Kanaltunnel und dem deutschen Eisenbahnnetz zu schaffen. Auch im Luftverkehr haben sich Querverbindungen entwickelt, beispielsweise Nancy-Bordeaux; mehr als 70 Flughäfen bieten planmäßige Flüge. Die größten Seehäfen (Marseille, Le Havre, Dünkirchen) schlagen vor allem Öl für die Raffinerien und schwere industrielle Exportgüter um. Die großen Passagierhäfen liegen an der Kanalküste, an erster Stelle ist Calais zu nennen.

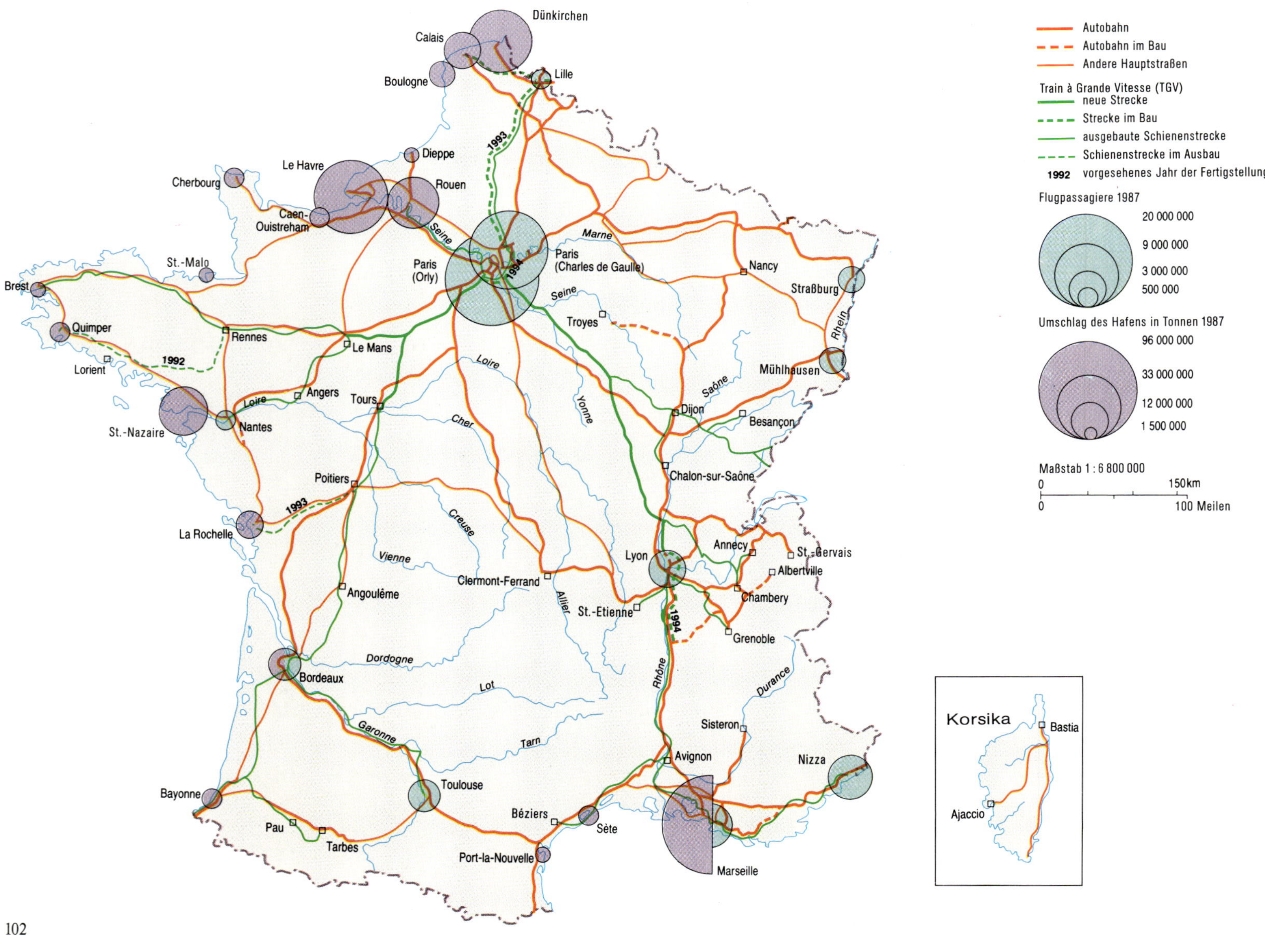

Rechts: Ein Dorf in der Montagne Noire östlich von Toulouse. Viele der abgelegeneren Orte verlieren ihre Bevölkerung, weil die Jüngeren zu den Arbeitsplätzen in die Städte ziehen; so bleiben meistens nur die Älteren. Mit der Modernisierung der Landwirtschaft verließen seit dem Zweiten Weltkrieg rund sechs Millionen Menschen das Land, und viele Städte, wie zum Beispiel Toulouse, haben sich verdoppelt oder verdreifacht. Der Anteil der in der Landwirtschaft Beschäftigten an der Erwerbsbevölkerung ist von 35 auf sieben Prozent gefallen.

Rechts: Der Senat, das Oberhaus des französischen Parlaments, symbolisiert die politische Tradition. Die Debatten spielen sich unter der hohen, ausgemalten Kuppel des Palais du Luxembourg aus dem 17. Jahrhundert ab, und seine 313 Senatoren werden indirekt durch Gemeinderäte gewählt. Sein Einfluß ist häufig konservativer als der des bedeutenderen Unterhauses, der Nationalversammlung.

werden und aufhören, sich auf zuviel Aufsicht und Subventionen von seiten des Staates mit seinem politischen Kalkül zu verlassen.

Für die Reformer stellt sich ferner das Problem, wie sie Frankreichs schwerfällige Bürokratie flexibler gestalten. Das Leben wird von zahllosen Gesetzen und Vorschriften bestimmt, die oft schwer verständlich sind und viel Schreibarbeit verursachen. Die Franzosen haben jedoch wenig Achtung vor ihnen und finden Mittel und Wege, sie zu umgehen. Sie machen daraus einen Sport, *Le système D* genannt, der ein Hauptmerkmal des französischen Alltags ist, und sogar die Behörden nehmen es schweigend hin, so daß der Papierkrieg mitunter ignoriert werden kann. Die folgende Geschichte ist keineswegs untypisch: Ein Engländer wollte in seiner Villa in Südfrankreich eine elektrische Leitung installieren lassen. Der Bürgermeister des Dorfes sagte ihm, daß dies Jahre dauern würde und viele Formulare auszufüllen wären. »Aber«, fügte er hinzu, »im Keller der *mairie* lagern einige Kabel, und René, unser Elektriker, kann sie verlegen. Aber sagen Sie keinem etwas.«

Die letzten Regierungen waren sich der Probleme bewußt und haben Anstrengungen unternommen, den bürokratischen Apparat zu verkleinern, die Vorschriften zu vereinfachen und die Wartezeiten zu verkürzen; gewisse Fortschritte wurden schon erzielt, was zum Teil der Computertechnik zu verdanken ist. Beispielsweise konnte 1989 in Bordeaux die für die Erneuerung einer Fahrzeuglizenz benötigte Zeit von drei Wochen auf drei Stunden reduziert werden, und in den 70er Jahren kürzte man die Liste für die Arten der Steuerbefreiung im ehrfurchtgebietenden Finanzwesen um die Hälfte. Aber der Ärger mit der französischen Bürokratie liegt nicht nur darin, daß die Weisungen kompliziert sind: Junge Beamte, die nicht gute Miene zum *système D* machten, neigten dazu, die Vorschriften wenig entgegenkommend und zu pedantisch anzuwenden. Die

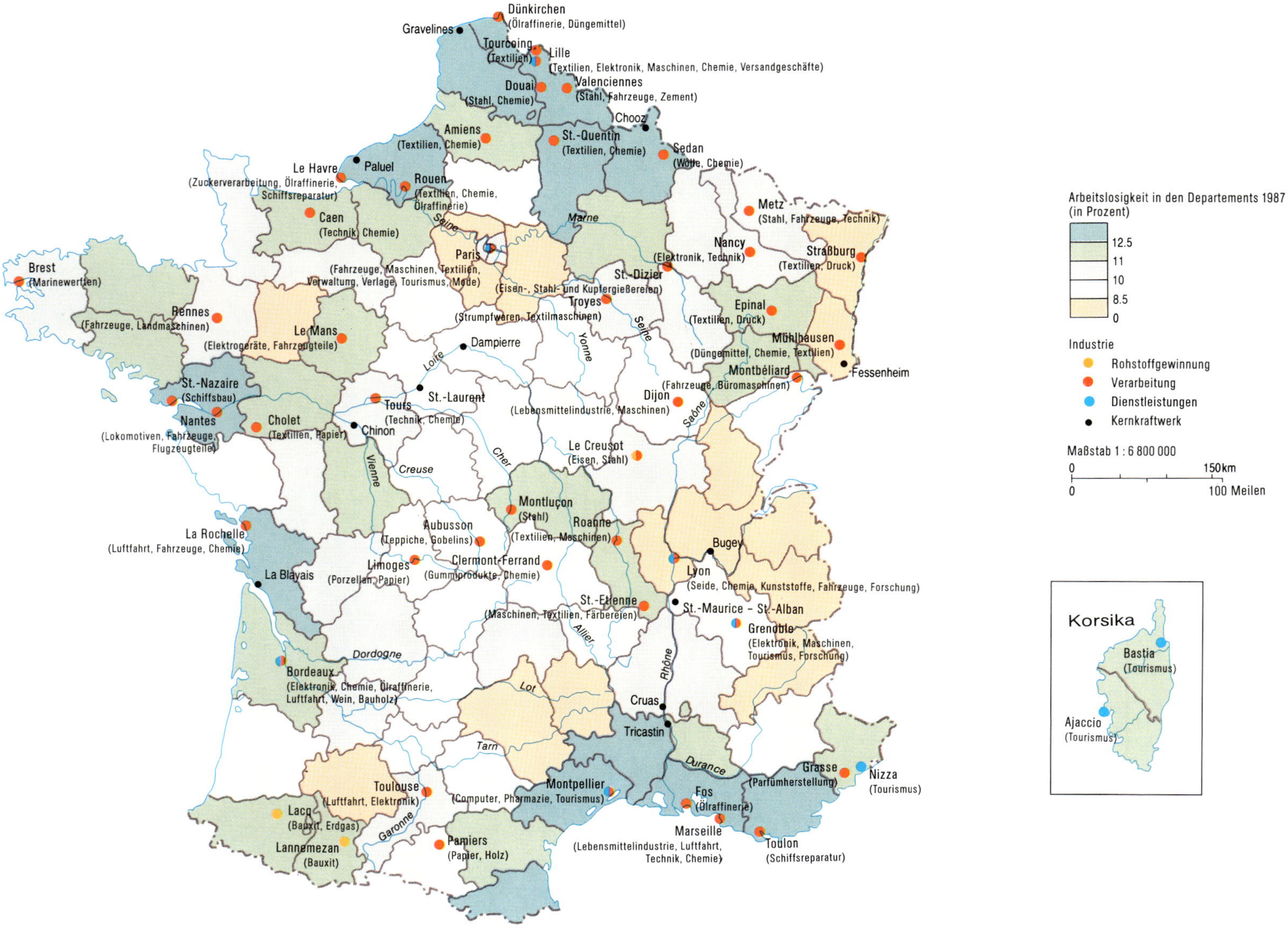

Industrie, Bodenschätze und Arbeitslosigkeit
Die Industrie war ursprünglich im Osten und Nordosten konzentriert, ist aber dank einer erfolgreichen Regionalpolitik nach dem Krieg heute etwas gleichmäßiger verteilt. Die einstigen Kohlebergwerke in Lothringen, im Gebiet um Lille und im Zentralmassiv wurden geschlossen. Statt dessen setzte man auf die Kernenergie, vor allem im Rhône- und Loiretal. Die ältere Schwerindustrie um Nancy, Metz und Valenciennes im Norden und Saint-Etienne im mittleren Süden ist zurückgegangen, doch haben sich neue Industrien etabliert. Die moderne Hochtechnologie ballt sich besonders im Raum Lyon, Grenoble und Toulouse; in der Pariser Region finden sich gleichermaßen starke alte wie neue Industrien. Die Arbeitslosenrate ist dort am höchsten, wo sich alte Industrien im Niedergang befinden, zum Beispiel im Norden und Nordosten (Kohlebergbau, Stahl, Textilien, Schiffsbau) und im Raum Saint-Nazaire und Toulon (Schiffsbau und -wartung). Gering ist sie in Gegenden mit erfolgreicher moderner Industrie wie Lyon, Grenoble, Mühlhausen und dem Pariser Becken. In einigen landwirtschaftlichen und Weinanbaugebieten ist aufgrund saisonaler Teilzeitarbeit die reale Arbeitslosigkeit geringer, als die Statistik vermuten läßt.

Regierungen reagierten darauf und versuchten – mit unterschiedlichem Erfolg –, die Angestellten anzuweisen, in den Bürgern nicht mehr *»les administrés«* (verwaltete Untertanen) zu sehen, sondern sie höflich als »Kunden« zu behandeln.

Die Beziehung zwischen Arbeitgebern und Gewerkschaften

Die französische Tradition einer mehr oder minder autoritären Gesellschaft hat das Arbeitsklima in Firmen und öffentlichen Ämtern beeinflußt, für die starre Hierarchien und Abhängigkeitsverhältnisse typisch sind. In den letzten Jahren hat es jedoch Veränderungen gegeben, wobei der Aufstand vom Mai 1968 als Katalysator wirkte. Während die einfachen Arbeiter hauptsächlich für höhere Löhne streikten, protestierten in vielen Firmen die jüngeren Facharbeiter und gehobenen Angestellten gegen die Abschottung der Arbeitgeber, ihre Unnahbarkeit und ihre Unfähigkeit, Verantwortung zu delegieren. Darüber hinaus beanstandeten sie, daß Probleme nicht in der Gruppe diskutiert wurden. Seither haben viele Firmen die Beziehungen zwischen Arbeitgebern und Arbeitnehmern ernster genommen. Sie stellten Programme zur Aufgabenerleichterung auf oder richteten nach japanischem Vorbild »Qualitätszirkel« ein, die auf Gruppendiskussionen basieren. Der alte autokratische Stil und die Vorliebe für formale Hierarchie wurden in der Privatwirtschaft erheblich abgebaut, im öffentlichen Sektor sind sie jedoch noch immer anzutreffen.

Die Kampagne der privaten Arbeitgeber, ihre Angestellten durch ein solch persönlicheres Aufeinanderzugehen zu gewinnen, klammerte die Gewerkschaften weitgehend aus, die in Frankreich weniger Einfluß haben als in anderen westlichen Ländern. Nur etwa 15 Prozent der Arbeiterschaft sind gewerkschaftlich organisiert, und ihre Zahl geht seit Jahren zurück. Eine der möglichen Ursachen dafür ist vermutlich im stark ausgeprägten Individualismus der Franzosen zu suchen. Noch entscheidender ist, daß die Arbeiter des dauernden Streites zwischen den großen Gewerkschaften überdrüssig sind, die sich in Frankreich nach ihrer politischen Richtung unterscheiden. Die größte, die Confédération Générale du Travail (CGT) mit 1,2 Millionen Mitgliedern, wird praktisch von der Kommunistischen Partei beherrscht, die trotz ihres eigenen Niedergangs die Kontrolle behielt. Ihre zwei Hauptrivalen, die Confédération Française Démocratique du Travail (CFDT) und die Force Ouvrière (FO), jede mit etwa 900 000 Mitgliedern, sind prosozialistisch, aber auf unterschiedliche Weise. Die erstere hat »revolutionäre« Ziele wie die CGT, während die letztere reformistisch eingestellt ist. Da die großen Gewerkschaften nur begrenzte Finanzmittel besitzen und sich selten auf eine gemeinsame Strategie einigen, können sie nicht ohne weiteres lange Streiks durchführen. Arbeitsniederlegungen von kurzer Dauer sind im öffentlichen Dienst jedoch ganz üblich, während sie in der Industrie weniger häufig ausgerufen werden als in vielen anderen Ländern.

Die Schwäche der Gewerkschaften mag auch erklären, warum die französischen Arbeiter und die Gewerkschaften selbst länger als in anderen Ländern brauchten, um Betriebsvertretungen durchzusetzen. Nach dem Krieg stellte de Gaulle obligatorische Betriebsräte *(comités d'entreprise)* in großen Firmen auf, aber sie »waren nicht sehr sinnvoll, abgesehen davon, daß sie Weihnachtsfeiern organisierten« – wie es spöttisch hieß. Erst nach dem Mai 1968 erlangten die Gewerkschaften einen wirklichen legalen Status innerhalb der Betriebe. 1981/1982 führten die Sozialisten eine

hatte oder sonst für die Gesellschaft von Nutzen war, wie zum Beispiel junge Mütter (die hohen Familienbeihilfen gehören zu den großzügigsten Zuwendungen dieses Systems), profitierte davon, während die Alten und Behinderten weit weniger gut abschnitten. Doch wurden inzwischen die Renten für die Alten und die Unterstützungen für die Behinderten auf eine angemessene Höhe angehoben. Auch die staatlichen Krankenhäuser haben sich sehr verbessert und werden heute ausreichend finanziert - aber der Preis dafür ist ein hohes jährliches Defizit im Budget für die soziale Sicherheit.

Gesellschaftsklassen und Einkommen

Frankreich ist ein Land, in dem Klassenschranken stets sehr ausgeprägt waren. Die Bauernschaft lebte in einer Welt für sich. Die Arbeiterklasse fühlte sich von der einflußreichen Bourgeoisie isoliert. Die Mittelschicht unterschied sich durch viele subtile und snobistische Nuancen, und die Aristokratie beschränkte sich auf ihre eigenen Kreise. Seit dem Krieg entwickelte sich eine neue soziale Mobilität, die einige der alten Klassenunterschiede verwischte (besonders die zwischen den Bauern und der übrigen Bevölkerung), wenn auch eine große Ungleichheit des Besitzes und der Aufstiegsmöglichkeiten bestehen blieb. Heute bedeutet *égalité*, eines der drei großen Schlagworte der Revolution, für die Franzosen die Gleichheit der Bürger, die alle die gleichen bürgerlichen Rechte haben. Dadurch entsteht eine gegenseitige Achtung zwischen den einzelnen Personen, aber auch die Illusion, daß andere, und zwar erhebliche Ungleichheiten nicht existieren.

Oben: Der traditionelle Bauer, der seine Felder mit einem von Ochsen gezogenen Handpflug bestellt, ist in Frankreich heute eine Seltenheit, obwohl er sich gelegentlich noch findet, wie hier im Hochland des Zentralmassivs. Diese Art der Schwerarbeit wurde größtenteils von einer modernen, leistungsfähigen Landwirtschaft abgelöst. Die alte soziale Kluft zwischen *paysan* und *citadin* verringert sich, und die Bauern werden mehr zu Geschäftsleuten wie in Großbritannien oder den USA.

Rechts: Die Unterschiede im Einkommen und im Status bleiben in Frankreich groß, und in Paris und anderen Städten leben die Arbeiterklasse und die reiche Bourgeoisie noch immer in verschiedenen Welten, selbst wenn sie sich in ihren Freizeitinteressen und ihrer Kleidung angenähert haben. Eine Auktion wie diese hier in den berühmten Auktionsräumen von Drouot in Paris kann hohe Gebote von wohlhabenden Parisern oder ausländischen Käufern erwarten.

Reihe von Maßnahmen ein, die den Arbeitern und Gewerkschaften die gleichen Rechte gaben - in bezug auf Lohnverhandlungen, Vertretung, Information über die Firmenpolitik und so weiter -, wie es zum Beispiel in Westdeutschland und Schweden die Regel war. Den Arbeitern wurde sogar das Recht auf einige Sitze in der Direktion der größten staatseigenen Betriebe zugestanden (obgleich die französischen Gewerkschaften dieser Art der Mitbestimmung eher skeptisch gegenüberstanden, da sie sie im Vergleich zu ihren Hauptzielen für unwichtig halten).

Was die Fürsorge und die soziale Sicherheit anbelangt, so werden die französischen Arbeiter und ihre Familien durch eines der fortschrittlichsten Systeme Europas geschützt, das etwa 28 Prozent des Bruttoinlandsproduktes ausmacht. Dies ist etwa soviel wie in Deutschland. Bis in die 70er Jahre bestand sein wesentlicher Nachteil darin, daß es größtenteils nur die Beschäftigten einbezog: Wer Arbeit

Doch die Beziehungen der Klassen untereinander und der Einfluß jeder Klasse haben sich geändert. Die Aristokratie, die vor 1914 in ganz Europa den Ton angab, wo es sich um Fragen des Geschmacks und um Umgangsformen handelte, sah sich nun an den Rand der Gesellschaft gedrängt. Die großen Familien pflegen auch jetzt noch ihren eigenen Lebensstil mit Cocktailparties und gelegentlichen Bällen, aber der Rest der Bevölkerung nimmt sie praktisch nicht zur Kenntnis. Mag auch die französische Öffentlichkeit eine Vorliebe für fremde Königshäuser haben, der eigene Adel ist kaum von Interesse. Früher blickten die Adligen mit Verachtung auf die Geschäftswelt, aber heute, da ihr Grundbesitz durch Inflation und Besteuerung sehr an Wert verloren hat, sind viele von ihnen gezwungen, in Betrieben bezahlte Stellungen anzunehmen. Oft verwenden sie einen Teil dieses Einkommens, um ihre geliebten Familienschlösser, ihre *châteaux*, zu unterhalten, wo sie einen Teil des Jahres verbringen. Im Berufsleben geben viele Grafen oder Barone ihre Titel auf und nennen sich schlicht »Monsieur«. Wirtschaftlich gesehen hat sich die Aristokratie mit dem Großbürgertum verschmolzen, auch wenn sie ihre eigene gesellschaftliche Identität und ihren ausgeprägten Familienstolz bewahrt.

Das Großbürgertum besitzt in Frankreich noch immer einen Großteil der Macht. Sein finanzielles Gewicht in der Geschäftswelt mag ein wenig geschwunden sein, da die großen Privatfirmen den staatlichen Unternehmen weichen, aber selbst unter sozialistischen Regierungen hat sich das gehobene Bürgertum aufgrund seiner Bildungsprivilegien den Anspruch auf viele hochdotierte Stellen in der Wirtschaft bewahrt. Darüber hinaus gestaltet es ein gesellschaftliches Milieu, das man weithin »BCBG« *(bon chic, bon genre)* nennt. Wer dazu gehört, kleidet sich makellos, hat vollendete, eher förmliche Manieren und arbeitet sehr hart. Diese obere Mittelklasse läßt sich in das Großbürgertum *(grande bourgeoisie)*, für das de Gaulle typisch war, und in das gute Bürgertum *(bonne bourgeoisie)* unterteilen. Als Vertreter des letzteren kann Mitterrand gelten, der Sohn eines Geschäftsmannes ist und selbst Rechtsanwalt war.

Weiter unten auf der sozialen Stufenleiter hat die moderne Wirtschaftsexpansion eine neue, wohlhabende Mittelklasse hervorgebracht, deren Zahl und Einfluß rasch wächst. Zu ihr gehören Werbefachleute, Verkaufsleiter, Fachingenieure, modern eingestellte Gewerbetreibende und Kleinunternehmer - wie der Metzgermeister, der früher nur einen bescheidenen Kleinstadtladen besaß, heute aber über eine Ladenkette verfügt und in einer Villa mit Swimmingpool einen neureichen Lebensstil pflegt. Diese neue soziale Schicht, die nach oben drängt, erinnert an ihr amerikanisches oder deutsches Gegenstück. Aber viele andere aus dem traditionellen Kleinbürgertum *(petite bourgeoisie)* sind untergegangen, weil sie mit den wirtschaftlichen Veränderungen nicht Schritt halten konnten. Während Millionen von Bauern zu Stadtbewohnern wurden, integrierten sich die auf dem Land Gebliebenen weitgehend in die Schicht der Geschäftsleute - sowohl nach Lebensauffassung wie Lebensstil -, wodurch die alten Schranken zwischen *paysan* (Bauer) und *citadin* (Städter) verschwanden.

Die Überwindung der anderen großen Barriere, der zwischen *bourgeois* und *ouvrier* (Arbeiter), ging viel langsamer. Die französischen Arbeiter distanzierten sich lange Zeit von der Mittelklasse und deren Wertvorstellungen, und viele brachten dies zum Ausdruck, indem sie für die Kommunisten stimmten. Sie lebten zumeist unter sich, namentlich in den gettoähnlichen Mietskasernen der älteren Fabrikviertel, wo sie durch ihre Lebensweise, Freizeitbeschäftigung und Kleidung ihr eigenes Milieu schufen. Der kürzliche Niedergang der Kommunistischen Partei ist Ursache und Folge der Tatsache, daß die alte, gefühlsmäßige Solidarität der Arbeiter, ihr in alten Zeiten gewachsener Gemeinschaftssinn, verlorengeht. Zudem haben viele Arbeiter mit zunehmendem Wohlstand auch bürgerliche Gewohnheiten angenommen. Sie sehen jetzt dasselbe Fernsehprogramm (ein großer Gleichmacher), und die Jüngeren gehen in dieselben Diskotheken. Während früher das alte Bürgertum aus Überheblichkeit mit dem Leben der Arbeiter gar nicht in Berührung kommen wollte, suchen heute die Jungen Kontakte über die Klassenschranken hinweg. Die Arbeiterklasse selbst wurde weniger homogen: Ihre neue Elite von Facharbeitern und Technikern identifiziert sich jetzt eher mit dem jüngeren Management als mit ungelernten Arbeitern. Ein Facharbeiter kann den gleichen Wagen fahren wie ein Vertreter des Mittelstands und wird sich in seiner Freizeit ähnlich kleiden. In den Neubauvierteln wohnen Arbeiter, Geschäftsleute, *petits cadres* (junge Führungskräfte) und ehemalige Bauern nebeneinander, und ihre Kinder besuchen dieselben staatlichen Grundschulen. Doch trotz der verstärkten Vermischung der gesellschaftlichen Schichten bleiben echte Schranken bestehen, besonders in den oberen Rängen, wo Snobismus und Privilegien weitverbreitet und Familienbeziehungen von unschätzbarem Wert sind.

Diese sozialen Barrieren spiegeln die Ungleichheit des Besitzes und Einkommens. Das Nettogehalt (nach Abzug der Steuern) eines leitenden Direktors in Frankreich ist 7,3mal höher als der Lohn eines ungelernten Arbeiters (die Vergleichszahl für Deutschland und Italien ist 4,5, für Großbritannien 3,6). Was das verfügbare Einkommen betrifft, so mag der Unterschied in Frankreich geringer sein, da die Sozialbeihilfen höher liegen als in vielen anderen Ländern. Aber dennoch kommt das französische Steuersystem den Besserverdienenden zugute. Einkommensteuerhinterziehung von Freiberuflern und Selbständigen ist eine

Oben: Ein Clochard der alten Sorte hat eine Unterkunft für die Nacht in einer Pariser Bushaltestelle gefunden. Der echte Clochard war früher eine Pariser Institution; normalerweise entschloß er sich freiwillig zu dieser Lebensweise, haßte es, in einem Bett zu schlafen, und lehnte die Integrationsbemühungen der Gesellschaft ab. Solche Leute waren gewöhnlich betrunken, aber harmlos. Heute gibt es nur noch wenige von ihnen. Ihr Platz wurde von einer finsteren Gruppe eingenommen, den verzweifelten Arbeitslosen und Obdachlosen, die - oft noch jung - sich auf Raub und Diebstahl ohne Achtung vor Menschenleben verlegen. Der steile Anstieg der Pariser Kriminalitätsrate der letzten Zeit geht zum Teil auf sie zurück.

alte, sehr lohnende Freizeitbeschäftigung der Franzosen. Die Verluste, die dadurch dem Staat entstehen, werden auf 60 Milliarden Franc im Jahr geschätzt. Da es schwierig ist, in Frankreich die direkte Steuerzahlung durchzusetzen, liegt das Gewicht schon lange auf der indirekten Besteuerung wie der Mehrwertsteuer, die als eine Verbrauchssteuer Arme und Reiche gleich behandelt. Die letzten sozialistischen Regierungen zeigten sich außerstande, diese Ungerechtigkeiten zu beheben. Sie erhöhten aber den gesetzlichen Mindestlohn schneller, als die Inflationsrate anstieg, hoben die Erbschafts- und Kapitalertragssteuern erheblich an (die weit unter dem europäischen Durchschnitt lagen) und führten eine neue Vermögenssteuer ein. Obwohl diese Maßnahmen den Schwerreichen ein wenig die Flügel stutzten, reduzierten sie die Einkommensunterschiede nicht. Viele linke Kritiker machen geltend, daß die Sozialisten ihr Versprechen, eine egalitärere Gesellschaft zu schaffen, niemals wirklich einlösten.

Der gesellschaftliche Verhaltenskodex

Die Franzosen haben auf mannigfaltige Weise die Umgangsformen des Alltags spontan verändert. Durch den Anstoß der jüngeren Generation und den Einfluß des Auslandes ist die alte gesellschaftliche Förmlichkeit der Franzosen und ihre Vorliebe für Zeremonien in letzter Zeit deutlich zurückgegangen. Aber selbst im heutigen Frankreich wird jeder ehemalige Vorsitzende im Amt oder im öffentlichen Leben erwarten, daß er sein ganzes Leben als »Monsieur le Président« angeredet wird. Das Ritual des Händeschüttelns besteht fort, und die Geschäftsbriefe sind nach unserem Maßstab noch immer viel zu formell und gestelzt abgefaßt. Obwohl die Franzosen offen ihre Meinung ausdrücken, zeigen sie sich in ihren Umgangsformen oft sehr konventionell. Immerhin sind seit einigen Jahren die jüngeren Leute dieser alten Rituale, besonders im offiziellen Leben, überdrüssig, und förmlichen Banketten werden zwanglose Begegnungen zu Hause vorgezogen. Man spricht sich immer häufiger mit Vornamen an, und in einigen Kreisen ist dies inzwischen so verbreitet wie in Großbritannien oder Amerika. Die Benutzung des *»tu«* (das familiäre »Du«) bleibt begrenzt, gewinnt aber an Boden und ist jetzt unter Teenagern und Studenten allgemein üblich. Die Älteren ziehen noch den Gebrauch des *»vous«* (dem deutschen »Sie« entsprechend) und die Anrede *»Monsieur«* oder *»Madame«* vor, falls sie sich nicht sehr gut kennen. Aber diese förmliche Höflichkeit kann durchaus herzlich gemeint sein.

Die jungen Leute, die sich von den strengen Regeln der älteren Generation lösen, sind heute auch eher bereit, Freunde beiläufig und kurzfristig zum Essen einzuladen – und je tiefer man in die Provinz oder aufs Land kommt, desto herzlicher ist der Empfang. Im Ausland kursierte lange die sprichwörtliche Weigerung der Franzosen, Gäste nach Hause einzuladen. Diese Legende gründet sich vielleicht auf Besuche in Paris, wo das gehobene Bürgertum oft zu beschäftigt oder auf snobistische Weise zu anspruchsvoll ist, um gastfreundlich zu sein. (In diesem Milieu hält sich die Ansicht, daß eine Party im eigenen Haus verschwenderisch auszurichten ist oder gar nicht, und so wird sie selten veranstaltet.) In den vornehmen Pariser Kreisen geht es noch so förmlich zu, daß für Abendgesellschaften Vorschriften wie zur Jahrhundertwende gelten: gedruckte Einladungskarten, Diener mit weißen Handschuhen, Abendkleidung und feste Regeln für Speisen und Weine. Auch bewegt sich das gesellschaftliche Leben oft innerhalb von Cliquen: Man lädt nur seinesgleichen ein und wird selten das Risiko eines buntgewürfelten Zusammentreffens eingehen.

Im Vergleich zu den Angelsachsen sind die Franzosen gesprächiger, aber gesellschaftlich zurückhaltender. Sie beginnen sofort eine angeregte Unterhaltung mit einem Fremden, aber sie bleiben distanziert und stellen keine persönlichen Fragen. Dagegen sind die Angelsachsen viel eher bereit, neue Menschen kennenzulernen und sie schnell zu Freunden zu machen. In einer Gesellschaft, die immer noch zum Teil von Mißtrauen erfüllt ist, sind die Franzosen vorsichtig im Anknüpfen einer neuen Freundschaft. Ist sie aber einmal geschlossen, bleibt sie dauerhaft und verläßlich, während die rasche angelsächsische Verbrüderung als recht oberflächlich gilt, als Fassade, hinter der sich eine emotionale Zurückhaltung verbirgt.

Wie in anderen katholischen Ländern spielt die Familie in Frankreich eine große Rolle und ist seit langem das Zentrum der individuellen Loyalität und des Pflichtgefühls – viel stärker als die Gemeinschaft der Mitbürger oder der Staat. »Ich kann meine Steuern nicht zahlen, ich muß nämlich Tante Hélène unterstützen«, drückt eine weitverbreitete Haltung aus. Seit dem Krieg verengte sich aber der Bezugspunkt von der Groß- zur Kleinfamilie. Mit dem Weggang der Jüngeren aus den ländlichen Gebieten verliert dort die große patriarchalische Bauernfamilie ihren Einfluß. Im Großbürgertum treten besoldete Karrieren an die Stelle des Familienbetriebs, und das Einkommen ersetzt das Vermögen. Dadurch verliert der enge Zusammenhalt der Großfamilie für die Sicherheit und Zukunft ihrer Mitglieder an Bedeutung. Die jüngere Generation ist beweglicher und unabhängiger geworden, vielleicht auch eigennütziger und weniger bereit, mit einem alten, verwitweten Elternteil zusammenzuleben. Infolgedessen müssen die Behörden durch höhere Altersrenten, neue Klubs und Heime für alte Menschen mehr Hilfe leisten. Und die älteren Bürger selbst beginnen, sich nach amerikanischem Vorbild ein geselliges Leben in der Gruppe zu organisieren. So unternehmen jetzt ganze Busladungen voll Witwen gemeinsame Ausflüge. Für Frankreich ist das eine ungewöhnliche Initiative.

Doch selbst unter diesen Umständen ist die Familie fester verwurzelt als in angelsächsischen Ländern, und in der Kleinfamilie von Eltern und Kindern sind die Beziehungen nach einer schwierigen Übergangszeit jetzt noch enger geworden. Um das Jahr 1968 empörten sich französische Jugendliche lautstark gegen die traditionelle Autorität der Eltern, und viele junge Leute weigerten sich, bis zu ihrer Verheiratung weiterhin daheim zu wohnen, wie es bis dahin üblich war. Nachdem die Teens ihr Recht auf Selbständigkeit durchgesetzt hatten, sind ihre gefühlsmäßigen Bindungen zu den kaum noch autoritären Eltern wieder stärker geworden. Auf diese Weise wird die moderne Familie weniger durch Konvention und Zwang, sondern mehr durch Zuneigung und inneres Bedürfnis zusammengehalten.

Die Stellung der Frau

Auch die Frauen errangen in den letzten 30 Jahren eine größere Unabhängigkeit – dem Gesetz nach, aber auch im Berufsleben und in ihrem sexuellen Verhalten. Obwohl die Frauen nie gesellschaftlich abgesondert lebten wie in einigen südlichen Ländern, gelang es ihnen nur langsam, ihre vollen bürgerlichen Rechte durchzusetzen. Sie erhielten erst 1945 das Stimmrecht, und bis 1964 konnte eine Ehefrau nur mit Erlaubnis ihres Mannes ein Bankkonto eröffnen oder einen Paß bekommen. Seither wurden aber alle Ungleichheiten vor dem Gesetz in bezug auf Scheidung, Vermögen und Recht auf Arbeit nach und nach beseitigt. Darüber hinaus drangen Frauen in neue Berufe: Sie erreichten Positionen als Botschafterin, Präfektin und sogar Armeegeneral. Etwa 34 Prozent der jungen Ärzte sind Frauen, und 1972 bestand die erste Frau, die je in der bisherigen Domäne der Männer, der mächtigen Ecole Polytechnique, studierte, ihr Abschlußexamen. In Industrie und Großfinanz bestehen jedoch noch erhebliche Vorurteile, höhere Positionen mit Frauen zu besetzen. Auch in der Politik zeigen sie nur langsam Präsenz: Während des langen Zeitraums von 1945 bis 1974 bekamen nur drei Frauen ein untergeordnetes Regierungsamt, die Zahl der weiblichen Abgeordneten betrug manchmal nur zehn. Seitdem bemühten sich Giscard und Mitterrand mit einigem Erfolg, Frauen in der Politik zu fördern - zum Beispiel die Sozialistin Edith Cresson (die 1991 Frankreichs erste Ministerpräsidentin wurde) und Simone Veil, eine hervorragende und beliebte Gesundheitsministerin unter Giscard und spätere Präsidentin des Europäischen Parlaments. Dennoch besteht in allen Parteien ein Vorurteil gegen die Nominierung von Frauen als Kandidaten oder gegen ihren Aufstieg innerhalb der Partei.

In der Vergangenheit zog die französische Frau es vor, ihre Macht auf subtile Weise im Salon oder Boudoir auszuüben. Ihr Urbild ist die Pompadour und nicht Jeanne d'Arc, die untypischste aller Französinnen. Militante Frauenrechtsbewegungen haben in Frankreich nie großen Zulauf gehabt, und selbst Simone de Beauvoir fand wenig Beachtung, als sie in *Le deuxième sexe (Das andere Geschlecht)* ihre Geschlechtsgenossinnen lehrte, wie sie ihrer »selbstauferlegten Unterlegenheit« entrinnen könnten. Heute bemühen sich berühmte Feministinnen immer noch, sehr weiblich zu bleiben, denn sowohl der französische Mann wie die französische Frau finden Gefallen an dem raffinierten Spiel von Galanterie und Flirt zwischen den Geschlechtern - und hier setzt die Frau ihren Charme ein, um voranzukommen. Dominierende oder aggressive Frauen werden mit Verachtung behandelt. Die jüngere Generation besteht heute jedoch auf mehr Gleichberechtigung mit dem Mann in einer Ehe oder in anderen Beziehungen und wünscht das Ende der ichbezogenen Macho-Gesellschaft. Sie erwartet das gleiche Maß an sexueller Freiheit wie ein Mann und von ihm die gleiche Treue - und das ist neu in Frankreich.

Früher war eine außereheliche Affäre üblicher als eine voreheliche, und die meisten Frauen blieben bis zu ihrer Heirat unberührt (oder sie waren zumindest sehr verschwiegen, was ihre Affären anbelangte). In den 60er und 70er Jahren wurde wie in anderen Ländern unter den Jugendlichen Promiskuität Mode, eine Tendenz, die inzwischen wegen Aids und anderer Faktoren nachläßt. Heute lebt fast die Hälfte aller Paare vor ihrer Heirat zusammen, und viele warten mit der Eheschließung, bis ein Kind kommt. In den Nachkriegsjahren war die Ehe das große Ideal, aber seit 1972 ist die Zahl der jährlichen Eheschließungen von 417000 auf 266000 gesunken. Der Staat erkennt sogar den Status des Zusammenlebens *(le concubinage)* an; rund 800000 Paare nutzen diesen Vorteil aus Steuergründen. Natürlich unterscheiden sich solche Verhaltensweisen je nach Klassenzugehörigkeit: Die ältere Generation des Bürgertums in der Provinz wird über ein unverheiratetes Paar in ihrer Mitte immer noch die Stirn runzeln. Aber in allen Schichten der Gesellschaft sind heute Scheidungen so häufig anzutreffen, daß sie kein Stigma mehr bedeuten, und sie sind auch einfacher geworden: Die Auflösung der Ehe bei gegenseitiger Zustimmung, die 1975 eingeführt wurde, macht jetzt ein Drittel aller Scheidungen aus.

Auch die Aufhebung der Gesetze gegen Geburtenkontrolle und Abtreibung spielte eine Rolle bei der Emanzipation der Frau. Ein 1920 verabschiedetes Gesetz - nicht aus religiösen, sondern aus demographischen Gründen, um die Verluste des Ersten Weltkrieges auszugleichen - verbot den Verkauf empfängnisverhütender Mittel und jede Werbung für Geburtenkontrolle. Seit den 60er Jahren wurde das Gesetz weithin umgangen, was die Regierung stillschweigend hinnahm. Empfängnisverhütende Mittel waren noch immer schwer erhältlich, und die meisten Paare verlegten sich auf den *Coitus interruptus* oder auf andere, ähnlich unzuverlässige Methoden. Die Zahl der heimlichen Abtreibungen belief sich damals auf über 700000 pro Jahr. Einige der wohlhabenderen Frauen gingen in Kliniken nach London, Genf oder Marokko, die ärmeren ließen illegal abtreiben oder versuchten es unbeholfen selbst, was jährlich zu Tausenden von Toten führte. Im Jahr 1967 hoben die Gaullisten endlich das Gesetz von 1920 auf, trotz des Widerspruchs von Madame de Gaulle und anderer. Heute werden empfängnisverhütende Pillen kostenlos vom Gesundheitsdienst auf ärztliches Rezept an Frauen jeden Alters abgegeben, egal, ob sie verheiratet sind oder nicht. Auch die sexuelle Aufklärung in den Schulen wurde obligatorisch. 1974 wurde die Abtreibung legalisiert, trotz der *Laissez-les-vivre* (»Laßt sie leben«) - Bewegung, einer starken gegnerischen Lobby, die von Katholiken angeführt wurde. Eine Abtreibung innerhalb der ersten zehn Wochen der Schwangerschaft ist jetzt im Rahmen des Gesundheitsdienstes möglich, und obwohl viele katholische Ärzte die Zusammenarbeit verweigern, gibt es genügend andere, die dazu bereit sind, so daß das neue Gesetz sehr erfolgreich ist. Etwa 180000 legale Abtreibungen werden jährlich durchgeführt, wohingegen die Zahl der illegalen auf geschätzte 80000 zurückgegangen ist.

Oben: Edith Cresson, hier bei einem Kongreß der Sozialistischen Partei im Jahr 1981, ist die erste Frau, die zur Ministerpräsidentin Frankreichs (1991) ernannt wurde. Madame Cresson ist Zeit ihres Lebens eine kämpferische Sozialistin gewesen, kommt aber aus einer reichen Familie des Großbürgertums. Obwohl sie eine glühende Feministin ist, kleidet sie sich immer mit Pariser Chic: Als sie zwischen 1981 und 1983 Landwirtschaftsministerin war, gaben ihr die derben französischen Bauern den Spitznamen *la parfumée* (»die Parfümierte«). Sie hat oft beklagt, daß es in Frankreich ein ungerechtes männliches Vorurteil gegen Frauen in der Politik gäbe. Ihr eigener Erfolg hat nun etwas dazu beigetragen, diesen Zustand abzubauen.

Das Schulsystem

Im Bildungswesen - in Schulen und Universitäten - haben die Franzosen versucht, ihr sehr akademisches und auf Auslese ausgerichtetes System den weitgespannten Anforderungen der modernen Zeit anzupassen, ohne das Niveau zu sehr zu senken. Jede Reform muß das Erziehungsministerium durchlaufen, das 83 Prozent der Schulen straff kontrolliert (die meisten anderen unterstehen der katholischen Kirche). Obwohl diese Staatsschulen kostenlos sind und allen offenstehen, werden viele der besten *lycées* (Gymnasien) hauptsächlich von Kindern der Mittelklasse besucht. Die Schranken und Vorurteile der französischen Gesellschaft schrecken die Arbeiter oft ab, ihren Kindern eine höhere Bildung zukommen zu lassen. Nur 13 Prozent von etwa einer Million Studenten stammen aus der Arbeiterklasse. Um das System in der Praxis ausgewogener zu gestalten, müssen aufgrund von Nachkriegsreformen alle Schüler bis zum Alter von 15 Jahren die gleichen Schulen besuchen. Es wurden neuartige Klassen für die unterschiedlichen Begabungen eingerichtet, in denen die akademische Büffelei durch die Ausbildung in manuellen Fertigkeiten aufgelockert wird. Auch die Prüfungen wurden erleichtert. Viele Lehrer haben jetzt die Befürchtung geäußert, daß die Veränderungen zu weit gegangen sind und daß den Kindern die Grundlagen der Orthographie, der Geschichte und so weiter nicht mehr systematisch gelehrt würden.

Das traditionelle französische Bildungsideal ist nicht darauf ausgerichtet, die Persönlichkeit eines Schülers zu entwickeln, sondern seinen Geist streng zu schulen, wobei Rhetorik, Stil, logisches Argumentieren und enzyklopädisches Wissen im Vordergrund stehen. Dieses System, das die Allgemeinbildung, die *culture générale*, betont und nicht auf frühzeitige Spezialisierung angelegt ist, hat eine Elite von Technokraten geformt, die später jedes Problem mit der gleichen Klarheit behandeln kann, wie sie sie auf einen Text von Racine anzuwenden gelernt hat. In den Oberklassen der *lycées* ist dieses System noch weitgehend vorhanden. Hier lebt man im Schatten jener geheiligten französischen Institution, dem *baccalauréat*, dem Abschlußexamen, das den Zugang zur Universität gestattet. Da die sozialen Erwartungen des Volkes gestiegen sind, hat sich die Zahl der Schüler, die den *»bac«* anstreben und bestehen, ständig erhöht: von sieben Prozent im Jahr 1953 auf 30 Prozent heute. Bei so breiter Nachfrage ist das Examen allmählich leichter geworden, obwohl es im Vergleich zu den meisten Examen anderer Länder noch immer sehr schwer und anspruchsvoll ist. Das Ministerium hat versucht, die weniger akademisch Begabten statt in die vornehmen *lycées* in polytechnische Schulen zu schicken. Diese haben aber, anders als in Deutschland, kein hohes Ansehen, und das Bürgertum betrachtet sie geringschätzig. Es stellt sich das Problem, wie die alten Ideale der Gelehrsamkeit mit den vielfältiger gewordenen sozialen und wirtschaftlichen Bedürfnissen zu vereinen sind.

Die Debatten kreisen auch darum, wie eine Schule zu führen ist. Die meisten Schulen achteten auf strenge Disziplin und eine bürokratische Atmosphäre (die Lehrer in staatlichen Schulen sind Beamte). Dann kam der Aufruhr vom Mai 1968, und ein oder zwei Jahre lang herrschte ein fröhliches Chaos. Inzwischen ist wieder eine gewisse Ordnung eingekehrt, doch geht es weniger autoritär zu als vorher. Die Lehrer sind freundlicher und ungezwungener zu ihren Schülern, betonen mehr die Arbeit in der Gruppe und den Dialog, und die Schüler sind gelassener. Aber es wird noch kaum versucht, die Schule in eine lebendige Gemeinschaft zu verwandeln, wie dies im angelsächsischen Raum der Fall ist. Lehrer üben ihren Beruf meist wie eine Bürotätigkeit aus und machen selten Überstunden, um Klubs oder kulturelle Aktivitäten zu betreuen. Für sie liegt die Lebensgestaltung und Charakterentwicklung der Schüler außerhalb der Schule in der Verantwortung der Eltern. Weder Führungsqualitäten noch staatsbürgerliches Verantwortungsgefühl werden ausgebildet, denn die Eltern betrachten die Schule als einen akademischen Lehrbetrieb, der ihnen ihre Rolle als Bezugspersonen nicht streitig machen sollte. In der Tat geht wohl das französische Mißtrauen gegenüber einer Autorität größtenteils auf Schulerfahrungen zurück, da in der Schule der vom Konkurrenzdenken geprägte Individualismus noch immer ausschlaggebend ist. Doch beginnen einige jüngere Lehrer, andere Lehrmethoden anzuwenden, und 1988 führte die sozialistische Regierung neue Lehrerausbildungsprogramme ein, um eine modernere Einstellung zu vermitteln, die stärker an der Gemeinschaft orientiert ist.

Das höhere Bildungswesen

Einige dieser Schulprobleme findet man auch im höheren Bildungswesen. Sein hervorstechendes Merkmal ist die Kluft zwischen der privilegierten Elite der Grandes Ecoles – kleine Hochschulen mit stark selektivem Aufnahmeverfahren – und dem »studentischen Proletariat« in den

Unten: Studenten in Bordeaux während einer Prüfung. Da die Aufnahme in die Universität ziemlich einfach ist, stieg die Zahl der Studenten auf über eine Million an. Allerdings stehen für eine solche Nachfrage nicht genügend Geldmittel zur Verfügung. Die Hörsäle und Labors sind überfüllt, und die meisten Studenten haben erst dann persönlichen Kontakt zu ihrem Professor, wenn sie ihr Studium nach dem ersten Abschluß weiterführen. Dieser erste akademische Grad ist von geringem Wert, und viele Studenten sehen sich mit Arbeitslosigkeit konfrontiert oder sind gezwungen, weit unter ihren Fähigkeiten zu arbeiten. Romantik und Spaß haben im französischen Studentenleben kaum Platz. Außer den überfüllten Universitäten existieren jedoch eine Reihe von Elitehochschulen, die sogenannten Grandes Ecoles. Sie begrenzen ihre Studentenzahl streng, bieten aber denen, die klug oder glücklich genug waren, die schweren Aufnahmeprüfungen zu bestehen, goldene Karriereaussichten.

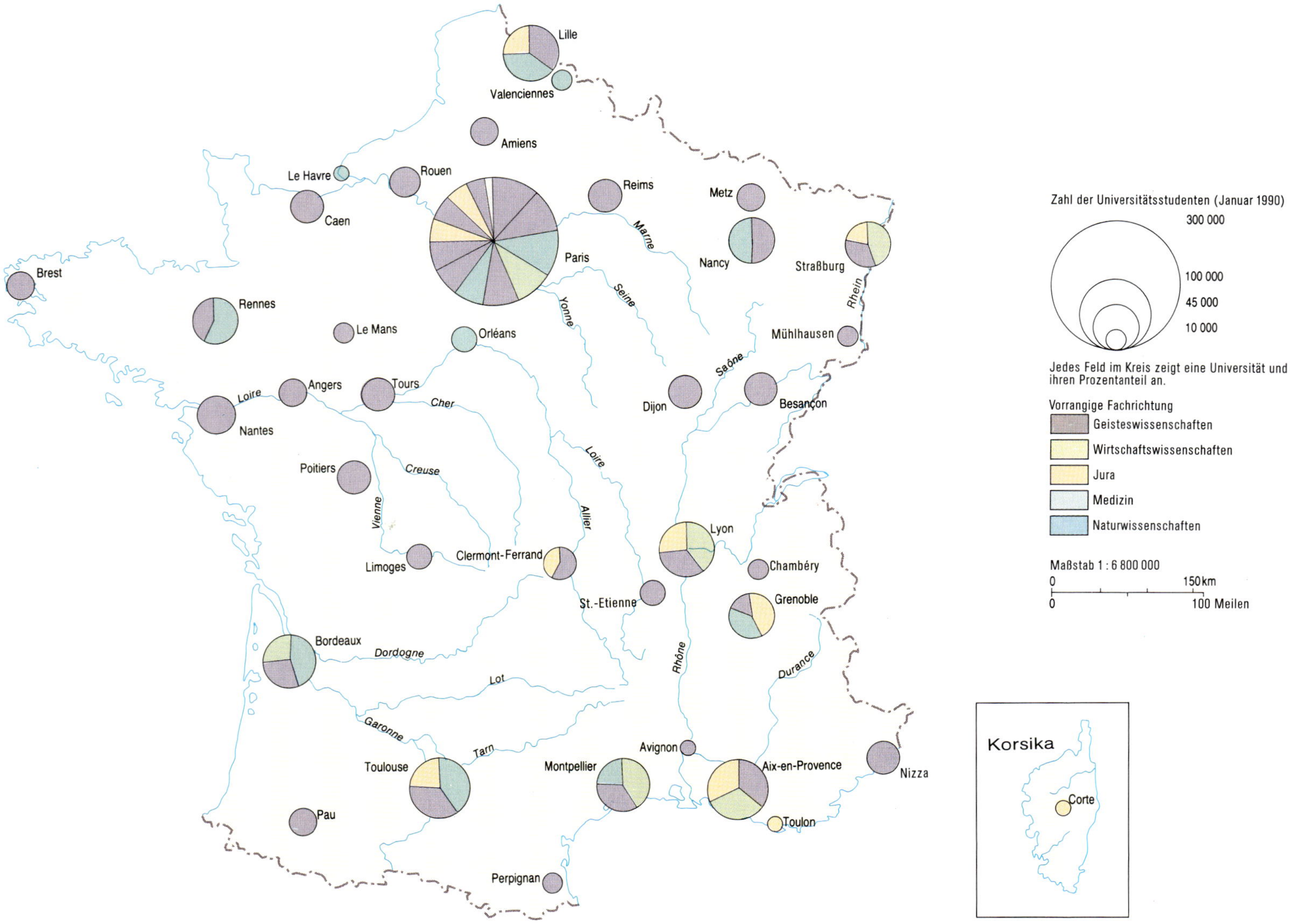

Die französischen Universitäten
Nach dem Krieg gründete man viele Universitäten in Städten, die bisher keine Hochschulen hatten, wie beispielsweise Nizza oder Amiens. Fast alle unterstehen dem Staat. Durch die Reformen von 1969 wurden die Universitäten in kleinere Einheiten aufgeteilt, so daß an vielen Orten nun zwei oder drei bestehen – Paris mit seinen 300 000 Studenten hat dreizehn. Die berühmte, 1253 gegründete Sorbonne beherbergt heute nur noch Verwaltungsbüros. Viele Universitäten unterscheiden sich durch ihre politische Richtung, und die Professoren liegen oft miteinander im Streit. Die meisten Hochschulen bieten eine Vielzahl von Fächern an, einige weisen sich jedoch durch ihre Spezialgebiete besonders aus: Montpelliers berühmte medizinische Fakultät geht auf das 13. Jahrhundert zurück; Toulouse und Grenoble sind für naturwissenschaftliche Fächer bekannt, in Aix-en-Provence und Poitiers hat die Literaturwissenschaft einen sehr guten Ruf.

überfüllten, profillosen Universitäten, die gewöhnlich ein geringes Prestige haben. Traditionellerweise steht jedem, der im Besitz des *bac* ist, das Recht auf einen Studienplatz zu. Aber bereits in den 60er Jahren überstieg die Zahl der Berechtigten bei weitem die Finanzen und Lehrmittel, die den Universitäten zur Verfügung standen. Das führte zu fortlaufenden Schwierigkeiten, die zu den Hauptursachen des Aufstandes vom Mai 1968 gehörten. Danach setzte die Regierung einige Strukturreformen durch, und jetzt haben die rund 77 französischen Universitäten, die fast alle staatlich sind und früher unter strenger zentraler Aufsicht standen, eine begrenzte innere Autonomie. Heute spielen auch Gruppenarbeit und Seminare eine wichtigere Rolle, doch viele Fakultäten werden noch von politischen Fehden zerrissen.

Das größte Problem ist der anhaltende Anstieg der Studentenzahl. Von 122 000 im Jahr 1939 wuchs sie bis 1968 auf 612 000 und beträgt heute über eine Million. Ungefähr 90 Prozent der Studenten sind an den Universitäten, die übrigen in Technischen Hochschulen und Grandes Ecoles. In einigen Fächern, wie zum Beispiel in Medizin, wurde inzwischen ein Numerus clausus eingeführt, so daß der *bac* nicht mehr einen Fakultätsplatz nach Wahl des Studenten garantiert; dafür wird ihm oder ihr in einem anderen Fach ein Platz zugesichert. Diese Tradition ist so stark, daß es politisch nicht möglich war, ein selektives Aufnahmeverfahren einzuführen, das für alle gültig wäre. Viele Studenten scheiden von selbst nach dem ersten Jahr aus. Andere überstehen den ersten Zweijahreskurs (mit dem *Diplôme d'Etudes Universitaires Générales*), stellen aber fest, daß dieses Diplom auf dem Arbeitsmarkt einen geringen Wert hat. Tatsächlich ist die Arbeitslosigkeit der Graduierten ein ernstes Problem. Nur die höheren Abschlüsse, so die hochgeschätzte *agrégation* oder *maîtrise*, sichern wirklich eine vielversprechende Karriere. Am Rande der Städte, wo die großen, modernen Campus-Universitäten entstanden, leben die Studenten meist in einer gewissen Isolation. Ihre Zahl ist so hoch, daß sie in den ersten Jahren nur geringen persönlichen Kontakt mit ihren Professoren haben, und sie zeigen wenig Neigung, nach angelsächsischem Muster eigene Klubs oder kulturelle Aktivitäten ins Leben zu rufen (sie erhalten wohl auch nicht die Möglichkeiten dazu). Sehr wenige Studenten sind heute politisch aktiv. Sie arbeiten hart, hängen an ihrem Familienleben, bemühen sich um Teilzeitjobs, um ihre kargen Stipendien aufzubessern, aber sie erleben ihre Universitätsjahre kaum als eine bereichernde Erfahrung. Die Regierung steht somit vor einer schwierigen Situation, denn ihre Aufgabe ist es, die alten Bildungsideale zu bewahren, den populistischen Forderungen nach einer umfangreicheren höheren Bildung zu begegnen und die Wirtschaft mit den nötigen Spezialisten zu versorgen.

Rund 150 Grandes Ecoles sind von den Universitäten völlig getrennt. Auch sie sind fast alle staatlich, aber jede besitzt ein großes Maß an Unabhängigkeit und kontrolliert ihre Studentenzahlen durch eine eigene Aufnahmeprüfung, bei der sehr stark selektiert wird und für die nach dem *bac* ein zweijähriges Spezialstudium notwendig ist. Die privilegierten Studenten stehen in engem Kontakt mit ihren Lehrern, und eine gute Laufbahn ist ihnen praktisch sicher – besonders wenn sie ihren Abschluß an einer der berühmtesten dieser Schulen machen wie der hochangesehenen Ecole Polytechnique. Sie ist eine der vielen Grandes

Die Ecole Polytechnique
Wegen ihres Wappens mit zwei gekreuzten Kanonen ist sie auch unter dem Kürzel »X« bekannt. Die Ecole Polytechnique hat das größte Ansehen unter den Eliteuniversitäten, den Grandes Ecoles, die über den einfachen Universitäten stehen und Frankreichs Industrie, Finanzwesen sowie den öffentlichen Sektor mit den Begabtesten versorgen. Einer ihrer zahlreichen berühmten ehemaligen Studenten ist Valéry Giscard d'Estaing, der ehemalige französische Präsident, der hier als Student zu sehen ist *(oben)*. Die Polytechnique wurde im Jahr 1794 gegründet und von Napoleon zur Militärakademie geformt, um Techniker für das Heer auszubilden. Heute steht sie noch immer unter der Führung des Verteidigungsministeriums mit einem aktiven General an der Spitze. »Les X« halten viermal im Jahr eine Parade *(rechts)* in voller Galauniform mit Schwertern und seltsamen, aufgebogenen Hüten ab. Aber davon abgesehen, blieb wenig militärischer Geist bewahrt, vor allem seit der Umsiedlung der Schule 1976 von ihrem klösterlichen Domizil in der Mitte von Paris in ein luftiges, modernes Gebäude in einem Vorort. Nur wenige Studenten wählen heute eine militärische Laufbahn; man findet sie eher im Vorstand einer Bank oder einer Firma oder in den oberen Rängen des Staatsdienstes. Seit 1972 nimmt die Polytechnique auch Studentinnen auf. Die Macht der Verbindungen der Absolventen ist genauso groß wie früher. Ein »X« in einer leitenden Stellung wird normalerweise versuchen, eine freie Stelle mit jemandem aus seiner Schule zu besetzen oder dieser Person den Vorzug im Geschäftsverkehr einzuräumen. Diese feste Kameradschaft löst bei Außenseitern Verbitterung aus.

Ecoles, die sich der Ingenieurwissenschaft und angewandten Wissenschaft widmet. Andere Schulen lehren Betriebswirtschaft und Unternehmensführung wie die Ecole des Hautes Etudes Commerciales, während die berühmte Ecole Normale Supérieure die künftigen Hochschullehrer in den Geistes- und Naturwissenschaften unterrichtet. Keine Grande Ecole im strengen Sinn, aber heute so bedeutend wie eine solche, ist die Ecole Nationale d'Administration (ENA) für Postgraduierte. Sie wurde 1946 gegründet und bildet leitende Angestellte für den Staatsdienst aus.

Obwohl nur etwa fünf Prozent aller Studenten diese Hochschulen besuchen, ziehen diese viele der besten Begabungen an und stellen einen hohen Anteil der Spitzenkräfte in Technik und Verwaltung. Theoretisch stehen sie allen offen, die die Voraussetzungen erfüllen, aber praktisch nehmen sie hauptsächlich Bewerber aus dem Mittelstand auf, besonders an der ENA. Ehemalige Schüler von einigen der einflußreichsten Hochschulen, wie zum Beispiel der ENA, pflegen auch weiterhin im Berufsleben gute Beziehungen untereinander und monopolisieren auf diese Weise die besten Posten im öffentlichen Dienst, so daß ohne das richtige Diplom eine Beförderung nie möglich ist. Welche Vorzüge solch ein elitäres System, das dem Staat und der Wirtschaft eine große Zahl fähiger Fachleute vermittelt, auch haben mag, es führt doch zu Spannungen, und seine Kritiker fordern seit langem, daß die Grandes Ecoles der Universitätsstruktur angenähert werden sollten.

Die ENA, die Polytechnique und eine oder zwei andere der bedeutenderen Schulen stellen den Nachwuchs für eine mächtige und nur in Frankreich bestehende Einrichtung: die Grands Corps de l'Etat. Es handelt sich hier um etwa ein Dutzend klubähnlicher Staatsorgane, die parallel zu den Ministerien tätig sind. Jedes für sich hat einen besonderen technischen Aufgabenbereich, aber ihre wichtigere informelle Funktion ist es, Staat und Industrie die besten Leute zuzuführen. Die *corps* sind in zwei rivalisierende Gruppen geteilt. Die eine widmet sich der Verwaltung und Wirtschaft, und ihr Lehrkörper kommt vor allem von der ENA (die Inspection des Finances, der Conseil d'Etat und der Cour des Comptes sind die führenden Organe). Die andere ist technologischer ausgerichtet und hauptsächlich aus *polytechniciens* zusammengesetzt (eines ihrer Hauptorgane ist der Corps des Mines). Einige Mitglieder arbeiten in ihren *corps*, aber die ehrgeizigeren nehmen Schlüsselpositionen außerhalb an, zum Beispiel an der Spitze von Unternehmen wie der Französischen Eisenbahngesellschaft sowie anderen öffentlichen Behörden und Betrieben, oder sie gehen in die Politik. In zunehmendem Maß lassen sich heute auch einige der Besten durch höhere Gehälter anlocken, Positionen in der Privatwirtschaft einzunehmen. Dieses übergreifende System bewirkt Frankreichs technokratische Stärke und die Leistungsfähigkeit seiner hohen Staatsbediensteten. Aber wie bei den Grandes Ecoles führt die Barriere zwischen diesen Eliten und den weniger privilegierten Angestellten des öffentlichen Dienstes unweigerlich zu Verärgerung. Da nunmehr die Zentralgewalt des Staates abnimmt, läßt auch der Einfluß der Grands Corps und Grandes Ecoles ein wenig nach. In den neuen Konsum- und Dienstleistungssektoren zählt heute die Leistung mehr als das Abschlußzeugnis einer Eliteschule. Innerhalb des Staatsapparates selbst hat sich jedoch wenig geändert. Sogar sozialistische Regierungen halten lieber an einem bewährten System fest, das ihnen gute Dienste geleistet hat, als daß sie das Wagnis einer Reform eingingen. Viele ihrer Führer sind aus diesem System hervorgegangen: Der Sozialist Michel Rocard ist selbst ein Inspecteur des Finances.

Religion

Auch die katholische Kirche, eine andere große Institution Frankreichs, hat seit dem Zweiten Weltkrieg umfassende

Veränderungen erlebt. Die alte zentrale Stellung der Kirche ist verlorengegangen, aber eine neue christliche Gesinnung erfährt lebendige und vielfältige Ausformungen – vielleicht ist dies ein Zeichen für das gewandelte moralische Klima in Frankreich.

Obwohl der Staat seit 1905 säkular ist und die Kirche ihre Machtposition verloren hat, identifizierten sich ihre Führer bis in die 40er Jahre eng mit dem gehobenen Bürgertum und verteidigten den sozialen Status quo: In ländlichen Gebieten waren Priestertum und Adel natürliche Verbündete. Während der deutschen Okkupation standen viele Bischöfe auf der Seite der Vichy-Regierung, doch bahnten sich tiefgreifende Veränderungen an. In den Städten gelobten einige Priester, »ihr Leben der Rechristianisierung der Arbeiterklasse« zu weihen, und von ihnen ging dann auch die radikale Arbeiterpriesterbewegung aus. Militante katholische Laienanhänger übernahmen in der Résistance eine führende Rolle, und nach dem Krieg gründeten einige von ihnen einflußreiche sozialreformerische Bewegungen in Landwirtschaft und Industrie. Daraufhin gab die Kirche ihren alten, rechtsgerichteten Standpunkt, der das Weltliche ablehnte, auf und engagierte sich stärker in der Sozialarbeit. Zur gleichen Zeit nahm jedoch wie in anderen Ländern die Teilnahme der Bevölkerung am Gottesdienst ab. Heute werden die meisten noch kirchlich getraut, getauft und bestattet, aber der wöchentliche Kirchenbesuch ist auf 14 Prozent (in Paris auf zehn Prozent) zurückgegangen. Der *curé* der Gemeinde hat selbst auf dem Dorf viel von seinem Einfluß eingebüßt, und die Priester klagen über ernstlichen Nachwuchsmangel. Die Kirche, einst eine zentrale Säule der Gesellschaft, ist heute mehr die dynamische Interessengruppe einer Minderheit – oder besser gesagt, sie ist eine Vielzahl von Interessengruppen, denn es gibt in ihr rivalisierende Strömungen. Katholiken, die den formalen Kirchgang ablehnen, haben private »charismatische« Gruppen oder andere Vereinigungen gebildet und begegnen sich in Privathäusern zum Gebet und Gespräch. Andere unterstützen linksgerichtete Aktivitäten nach dem Vorbild der Arbeiterpriester, und zum Teil als Reaktion darauf haben sich wieder andere einem rechtsgerichteten »Integrismus« zugewandt und versuchen, die alte liturgische Reinheit zu bewahren. Angesichts dieses Durcheinanders verlor die Kirchenhierarchie an Selbstsicherheit, Disziplin und Geschlossenheit: Priester äußern offen abweichende Meinungen, zum Beispiel auch über die Abtreibung.

Die Kirche hat nicht nur viel von ihrer Macht verloren, sondern auch ihre alten Feinde. Der traditionelle Gegensatz zwischen Katholiken und Hugenotten gehört jetzt vollständig der Vergangenheit an, denn Frankreich lebt heute im ökumenischen Einvernehmen mit den drei Prozent seiner protestantischen Minderheit. Noch mehr fällt ins Gewicht, daß der übliche erbitterte Streit zwischen Klerikalen und Antiklerikalen, der ein Jahrhundert lang viele Dörfer in gegnerische Lager teilte, heute ausgestanden ist. Die Parlamente der Dritten und Vierten Republik führten hitzige Auseinandersetzungen über die heftig umstrittene Frage, ob die kirchlichen Schulen staatliche Hilfe erhalten sollen, aber heute existieren beide Schulsysteme nahezu problemlos nebeneinander. Die letzte Bastion des Antiklerikalismus ist die große Lehrerlobby in der Sozialistischen Partei, die 1984 die Regierung dazu drängen wollte, die Privilegien der kirchlichen Schulen aufzuheben und sie in das staatliche Schulsystem zu integrieren. Ein landesweiter Protest – selbst von Millionen Nichtchristen – war die Folge, so daß die Parlamentsvorlage fallengelassen wurde. Man betrachtete die Angelegenheit nicht mehr als eine religiöse Frage, sondern als eine Sache der freien Wahl.

Jugend und Patriotismus

Es ging nicht nur der Einfluß der Kirche zurück, auch die unterschiedlichsten Ideologien verloren an Bedeutung. Selbst die Ideale von einer neuen Gemeinschaft, die die Anhänger der 68er Bewegung hervorbrachten, verblaßten. In den ausgehenden 70er Jahren kam der vielanalysierte Trend des *le repli sur soi* auf – die Rückkehr zur Befriedigung persönlicher Bedürfnisse weltlicher und geistiger Art, wie zum Beispiel die Geborgenheit in der Familie und bei Freunden, Natur- und Kunsterlebnisse, gutes Essen und Reisen in die Ferne. Diese Tendenz war begleitet von der Verfügbarkeit größerer Privatvermögen und einer zynischen Einstellung zur Politik und anderen Formen öffentlicher Aktivität. Der Wirtschaftsaufschwung der 80er Jahre war in Frankreich wie anderswo die Ära der »Yuppies«, in der Karrieredenken, Erfolgskult und Privatinitiative die ehrgeizige jüngere Generation bestimmten. Prominenter Medienstar und Idol der Jugend in den ausgehenden 80er Jahren war Bernard Tapie, Unternehmer im Showgeschäft und Prophet des Leistungsdenkens. In den *lycées* setzten begabte Schüler ihren Ehrgeiz daran, Unternehmen zu gründen, eine Entwicklung, die in Wirtschaftskreisen als Zeichen eines neuen, dynamischen Realitätssinns der Jugend begrüßt wurde, wenn er auch von den alten Idealen des Dienstes an Staat und Öffentlichkeit weit entfernt war.

Einige öffentliche Probleme aber interessieren die jungen Menschen noch immer. Sie sind viel eher als die ältere Generation bereit, sich mit benachteiligten Minderheiten zu solidarisieren, und sie zeigen ein großes Interesse für ökologische Belange, wenn das auch später einsetzte als in Deutschland und Großbritannien. Die Grünen, von ihren eigenen Fehden geplagt, waren in Frankreich ziemlich schwach, und selbst die Sitzstreiks gegen Atomkraftwerke hatten wenig Einfluß auf die öffentliche Meinung, die im allgemeinen die ehrgeizigen französischen Nuklearvorhaben unterstützt. Die Grünen in Frankreich sind weniger pessimistisch eingestellt als die in Deutschland. Bedrohungen der Umwelt, wie zum Beispiel häßliche Neubauten, werden jedoch jetzt eher beanstandet, und der Anteil der grünen Stimmen bei Wahlen nimmt zu.

Oben: In den 50er und 60er Jahren wurden an der Peripherie vieler Städte riesige Hochhäuser mit Sozialwohnungen, die sogenannten HLMs gebaut, wie zum Beispiel hier in Marseille. Man versuchte dadurch, dem drastischen Wohnraummangel zu begegnen, der in der Vernachlässigung der Wohnungssituation vor dem Krieg und der massiven Landflucht seine Ursache hatte. Nur wenige Häuser wirken ansprechend, und ihre Bewohner, oft ehemalige Bauern, hatten Schwierigkeiten, sich an diese Wohnverhältnisse anzupassen. Heute werden Neubauten etwas dezenter und menschlicher geplant, und die Wohnungen weisen eine höhere Qualität auf. Doch die meisten Franzosen würden ein kleines Haus mit Garten bevorzugen.

Rechts: Teenager außerhalb eines *lycée* (Gymnasiums) in Tours. In den oberen Klassen überschatten die Vorbereitungen für den äußerst wichtigen *baccalauréat* (Abitur) das Leben, aber die Schüler finden trotzdem Zeit für ihre Vergnügungen: Sie gehen in Discos, und die Jungen führen ihre *vélos* mit *macho*-Stolz vor. Der häufige Partnerwechsel unter den Jugendlichen, der in den 70er Jahren stark verbreitet war, ist – zum Teil wegen der Furcht vor Aids – zurückgegangen, doch sind Drogen in vielen städtischen Gebieten ein Problem.

Zu den auffälligsten Veränderungen der vergangenen 20 Jahre gehört, daß die Franzosen gelernt haben, mehr in internationalem Sinn zu denken, und viele sehen jetzt in einem vereinten Europa ein Ideal. Der frühere übersteigerte Patriotismus, wie ihn de Gaulle verkörperte, ist sehr schnell verschwunden, und obwohl die jüngere Generation durchaus noch den französischen Lebensstil pflegt, teilt sie seine Vorstellung nicht mehr. Meinungsumfragen bestätigen dies. Als Amerikaner in einer Umfrage gefragt wurden: »Sind Sie stolz auf Amerika?«, bejahten dies 80 Prozent. Die entsprechende Zahl in Großbritannien betrug 55 Prozent, in Italien 41 Prozent, aber nur 33 Prozent bei den Franzosen; sie war dennoch etwas höher als in Japan (30 Prozent) und in Westdeutschland (21 Prozent). Japaner und Deutsche haben offensichtlich noch immer nicht zu ihrem Nationalstolz zurückgefunden.

Die französische Außenpolitik versteht es weiterhin, ihre nationalen Belange zu verteidigen, besonders außerhalb Europas. Die Franzosen bleiben außereuropäischen Völkern gegenüber konkurrenzfähig, während sie in Europa darauf bedacht sind, eine führende Rolle in der europäischen Gemeinschaft zu behalten. Diese Wettbewerbsfähigkeit ist eng mit einem echten Sinn für Zusammenarbeit verbunden – eine gesündere Haltung als der früher verbreitete Isolationismus und Protektionismus. Innerhalb des neuen Europas reist die Jugend ins Ausland und merkt kaum etwas von Grenzen, und die Geschäftsleute werden gezwungen, in europäischen Maßstäben zu denken.

Dieser Wandel ist besonders augenfällig in bezug auf die Einstellung gegenüber Fremdsprachen. Da das Französische einst die führende Weltsprache der Diplomatie und in kulturellen Bereichen war, sind heute natürlich viele Franzosen verärgert, daß das Englische diese Rolle übernommen hat. Doch inzwischen haben sie eingesehen, daß ihnen im Interesse ihres Außenhandels und ihrer Weltgeltung nichts anderes übrigbleibt, als sich des Englischen zu bedienen, wie es andere Nationen auch tun. Tausende von Firmen haben innerbetriebliche Sprachkurse für ihre Führungskräfte eingerichtet, und Fremdsprachen sind jetzt an Universitäten und in den meisten Schulklassen obligatorisch, wobei 83 Prozent der Studenten Englisch als erste Fremdsprache wählen. Heute spricht besonders in Geschäftskreisen die Mehrheit der gebildeten jungen Franzosen Englisch, was vor 20 Jahren noch nicht der Fall war.

Frankreich und seine Nachbarn

Die Europäische Gemeinschaft (EG) wird seit langem als Selbstverständlichkeit akzeptiert. Nach jüngsten Meinungsumfragen betrachten 61 Prozent der Franzosen die Mitgliedschaft als gut und nur fünf Prozent als schlecht für ihr Land. Italien, Deutschland und die Benelux-Staaten weisen das gleiche Verhältnis auf. »Europa« liegt heute im Trend, und obwohl nur wenige eine klare Vorstellung davon haben, welche Probleme sich mit dem gemeinsamen Binnenmarkt ab 1992 ergeben, stehen die meisten hinter der offiziellen Politik der Integration in die EG. Von den politischen Parteien sind nur die Nationale Front und die Kommunisten sowie eine Fraktion der Gaullisten dagegen. Eine Umfrage zeigte 1989, daß 78 Prozent der Franzosen für die monetäre und politische Union Europas eintreten, wobei die unter 25jährigen mit 89 Prozent und die leitenden Angestellten sogar mit 92 Prozent dafür stimmten. Mehr als die Hälfte wünschten eine europäische Regierung, und nur 27 Prozent lehnten diesen Gedanken ab. Warum sollte ein Volk, das so stolz auf die Geschichte seiner Nation ist, heute bereit sein, soviel Souveränitätsverlust hinzunehmen? Im großen und ganzen ist man zu der Überzeugung gelangt, daß Frankreich seinen Einfluß am besten wahren kann, wenn es der größeren europäischen Einheit beitritt und durch konstruktive Mitarbeit versucht, seine Führungsrolle zu behalten. Dieser Patriotismus neuen Stils erstreckt sich sogar auf die offizielle Kulturpolitik, denn die Regierung lud unlängst Hunderte europäischer Intellektueller und Schriftsteller zu einer anspruchsvollen Konferenz über die »europäische kulturelle Identität« ein.

Frankreichs veränderte Einstellung zu seinen Nachbarn zeigt sich am deutlichsten in seinem Verhältnis zu den Deutschen. Seit dem Zweiten Weltkrieg ist die offizielle Politik in Paris und Bonn für die Aussöhnung eingetreten. Diesem Ziel dienten unter anderen Aktivitäten ein gut subventionierter Jugendaustausch und Städtepartnerschaften, und heute sind anscheinend die alten Haßgefühle weitgehend erloschen. Im allgemeinen werden die Eigenschaften der Deutschen bewundert, und der Schüleraustausch findet erfolgreich statt. Die Vereinigung der DDR und Westdeutschlands hat bei einigen Linksintellektuellen und älteren Leuten Bedenken ausgelöst. Darüber hinaus tauchten Befürchtungen auf, daß sich in der EG das Mächtegleichgewicht zum Nachteil Frankreichs verschieben könnte. Aber die meisten Franzosen teilen die offizielle Meinung, daß die Deutschen ein Recht auf die Wiedervereinigung haben und daß in einem fest integrierten Europa ein vehementer Neonationalismus nicht zwangsläufig eine Gefahr darstellen muß.

Die französische Haltung gegenüber Großbritannien ist ambivalenter. Einerseits haftet dem Britischen oft ein *snob appeal* an – von den Anzügen aus der Savile Row und den von der Oberschicht importierten Kindermädchen bis hin zu Popmusik und den Modewörtern der Jugendlichen, nicht zu vergessen die Faszination, die vom englischen Königshaus ausgeht –, andererseits ist man gar nicht sehr daran interessiert, Großbritannien als moderne Gesellschaft wirklich zu begreifen. Es wird als zu »verschieden« angesehen, wird zu sehr als Sonderfall betrachtet, als daß es ein ernstes Studium lohnte – im Gegensatz zu den Deutschen, Amerikanern oder sogar den Russen. Doch daß die gegenseitigen Vorurteile verfliegen, wenn Briten und Franzosen

Religion heute

Das Christentum in Frankreich ist überwiegend katholisch, es gibt nur etwa drei Prozent Protestanten (und bedeutende jüdische und islamische Minderheiten). Doch seit dem Zweiten Weltkrieg hat sich die Rolle der Kirche gewandelt. Da weniger Menschen die Messe besuchen und die Gesellschaft weltlicher geworden ist, hat die Kirche ihren ursprünglich großen Einfluß verloren, statt dessen aber als eine militante Interessengruppe von wahrhaften, dem Katholizismus verpflichteten Gläubigen neu an Gewicht gewonnen. In den Jahren nach dem Krieg spielten neue katholische Laienbewegungen eine große Rolle bei den Sozialreformen. Sie bemühten sich um eine moderne idealistische Fortschrittshaltung. Diese Führer eines neuen Typs standen unter dem Einfluß von Teilhard de Chardin und seiner optimistischen Philosophie und von Emmanuel Mounier, der alle Christen dazu aufrief, sich für eine Verbesserung der Welt zu engagieren. Die neuen Katholiken waren gleichermaßen aktiv in der Landwirtschaft, der Industrie und im Handel und damit die treibende geistige Kraft für eine materielle Modernisierung Frankreichs.

Zur gleichen Zeit besuchten immer weniger Menschen die Kirche. Die Zahl der getauften Kinder ging seit den 50er Jahren von 90 auf weniger als 50 Prozent zurück; die Teilnahme an der Messe kann in einigen ländlichen Bezirken noch immer 80 Prozent erreichen, in den Industriezentren aber auf nur vier bis fünf Prozent kommen. Trotz der Anstrengungen der Arbeiterpriester hat die Kirche im großen und ganzen den Kontakt zur Arbeiterklasse verloren. Sie steht selbst auch vor einem ernsthaften Nachwuchsmangel: Nur etwa 100 Geistliche werden jährlich ordiniert, in den 60er Jahren waren es noch 1000. Bedeutsam ist vielleicht auch, daß angeblich über 85 Prozent der heutigen Priester gegen die Verpflichtung zum Zölibat sind.

Aber trotz allem, unter den praktizierenden christlichen Laien wird der Glaube ernster genommen. Die alten religiösen Bräuche, Feste und Pilgerfahrten werden in den Orten aus unterschiedlichen Motiven gepflegt. Die patriotischen Bretonen mit ihren *pardons* (Prozessionen), die frommen Altkatholiken, die nach Lourdes wandern, und die jungen eifrigen Anhänger der Ökumene, die nach Taizé ziehen – sie stellen drei verschiedene Arten des Christentums dar.

Einige neue religiöse Gemeinden erleben einen Aufschwung. Die von einem Schüler Mahatma Gandhis gegründete *L'Arche* hat ihren Sitz in einem Landhaus im Languedoc: Hier führen junge Leute aus vielen Nationen ein einfaches Leben mit gemeinsamer Kasse und Gütergemeinschaft. Sie agitieren nicht nur gegen Krieg und Gewalt, sondern auch gegen Profitstreben, Maschinen und andere Übel der modernen Gesellschaft.

Oben rechts: Unter den Pilgergruppen vor der Kirche in Lourdes am Fuße der Pyrenäen befinden sich auch Kranke, die auf Wunderheilung hoffen. 1858 behauptete Bernadette Soubirous, die 14jährige Tochter eines einheimischen Müllers, daß ihr nahe einer Grotte die Jungfrau erschienen sei; diesen Visionen folgte auf wundersame Weise eine Quelle. Bernadette wurde 1933 heiliggesprochen, und heute strömen mehr als drei Millionen Pilger jährlich nach Lourdes. Es wird von vielen Wunderheilungen berichtet. Anläßlich des Hauptpilgerzugs am 15. August finden spektakuläre Fackelprozessionen statt.

Links: Einer der größten bretonischen *pardons* wird im August in der kleinen Kapelle von Sainte-Anne-la-Palud an der Finistèreküste gefeiert. Der *pardon* ist ein christliches Fest, das nur in der Bretagne begangen wird und bei dem die Leute ihre lokalen Heiligen ehren oder ein besonderes Gelöbnis ablegen. Der Klerus und kostümierte Pilger veranstalten eine Prozession mit Kerzen, Bannern und Heiligenstatuen. *Pardons* sind ein typischer Ausdruck bretonischer Frömmigkeit; die Bretonen kennen Hunderte von lokalen Heiligen.

Unten: Der verstorbene Monseigneur Marcel Lefebvre weiht hier am Altar kniend »integre« Priester in seinem »traditionalistischen« Seminar in der Schweiz. Die Integritätsbewegung, die eine Rückkehr zur ideologischen Reinheit fordert, entwickelte sich in Frankreich als Reaktion auf moderne Formen der Liturgie und auf die katholischen Sozialprogramme. Der Papst verurteilte sie und verbot Lefebvre, die Messe zu lesen und Priester zu weihen. Doch Lefebvre ließ sich davon nicht beirren. Er starb 1990, aber seine erzkonservative Bewegung lebt weiter mit der Unterstützung von ungefähr zehn Prozent der französischen Katholiken.

Links: Junge Pilger vor der modernen Kirche in Taizé in Burgund, Europas führendem ökumenischen Zentrum. Es wurde 1940 von einem Schweizer Pfarrer gegründet und bietet ein Forum, wo Protestanten, Katholiken und andere Gläubige, Priester ebenso wie Laien, zusammenleben, beten und arbeiten können. Taizé hat Generationen von Christen neue Impulse gegeben. Bis zu 40 000 junge Pilger aus allen Nationen zelten bei Veranstaltungen und religiösen Festen an den Hängen von Taizé. Der Papst und der Erzbischof von Canterbury zählten zu den Besuchern. Taizé spielte nach dem Krieg eine wichtige Rolle in der Aussöhnung zwischen Frankreichs Katholiken und der protestantischen Minderheit, die drei Prozent ausmacht.

Oben: Der Küstenort Les Saintes-Maries-de-la-Mer in der Camargue ist der Ausgangspunkt für alte Legenden über die Entstehung des Christentums in der Provence. Die Sage will, daß ein segelloses Boot, aus dem Heiligen Land kommend, an diesem Ort gelandet sei. An Bord waren die Schwester der Jungfrau Maria, die heilige Maria Jakobé, die heilige Maria Salomé, die heilige Maria Magdalena, andere Heilige und ihre afrikanische Dienerin Sara, die die Schutzherrin der Zigeuner wurde. Bei dem großen Zigeunerfest jedes Jahr im Mai werden die Statuen von Maria Jakobé und Maria Salomé in einem kleinen Boot von der Wehrkirche zum Meer und wieder zurück gebracht. Danach folgt ein zweitägiges Fest voller Ausgelassenheit.

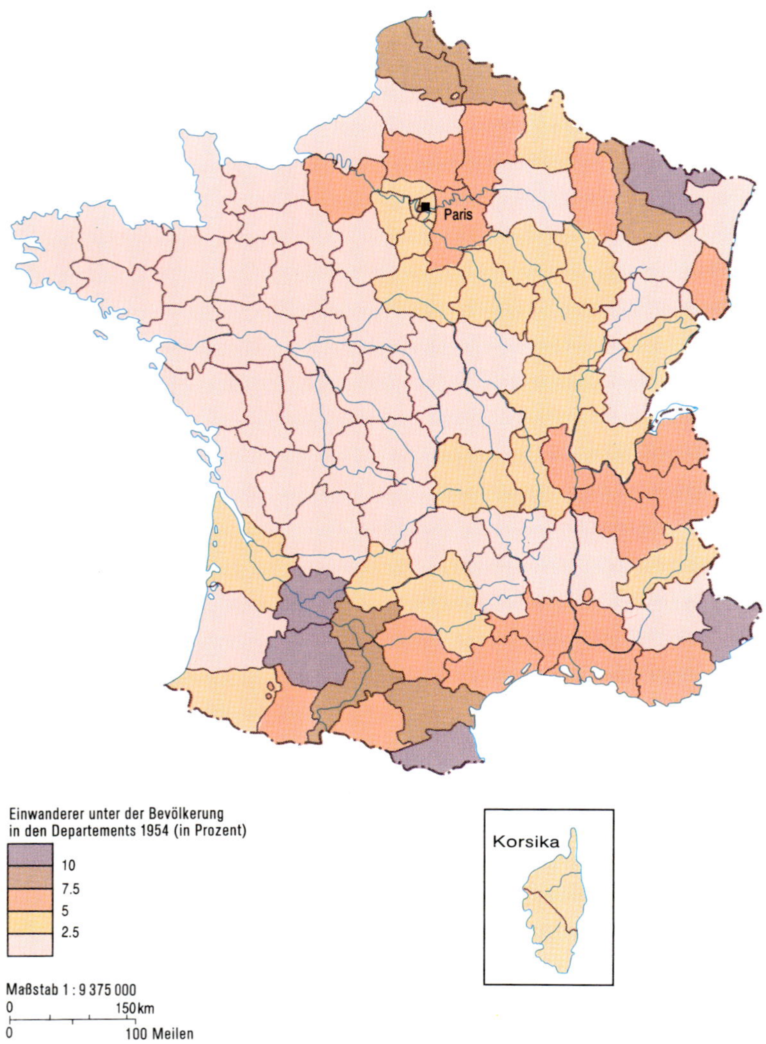

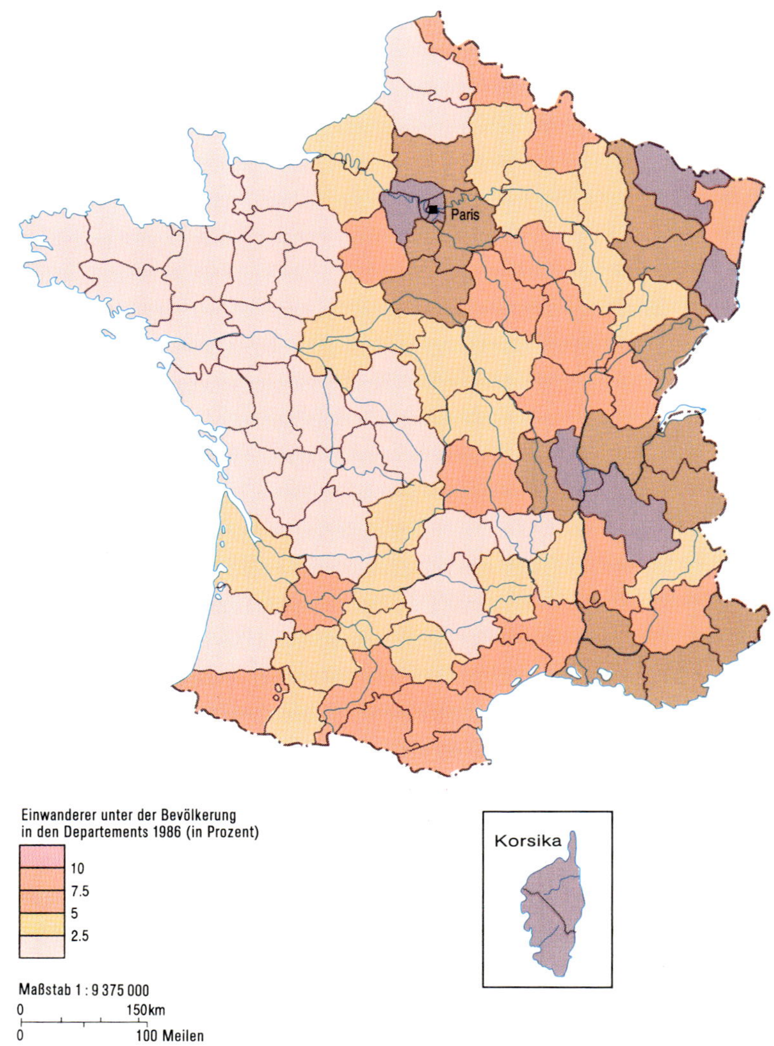

sich bemühen, einander kennenzulernen, beweist der Erfolg der Städtepartnerschaften. Seit 1972 ist die Zahl solcher Partnerstädte von 150 auf über 300 gestiegen, liegt damit aber immer noch hinter den etwa 600 französisch-deutschen Partnerschaften.

Rassenprobleme

Obwohl die Franzosen nun gute Europäer sind, wurden sie in gewisser Weise rassistischer, und das ist heute ein großes Problem und Diskussionsthema. Vor dem Krieg wurden die meisten Ausländer in Frankreich, gleich ob sie weißer oder anderer Hautfarbe waren, mit einer gewissen Feindseligkeit betrachtet. Jetzt aber werden die europäischen Minderheiten, die hier schon lange verwurzelt sind, mit größter Freundlichkeit akzeptiert, und auch der Antisemitismus ist zurückgegangen. Außerdem hat Frankreich viel für die dritte Welt geleistet (Tausende von Lehrern, Ärzten, Technikern und Angehörigen anderer Berufe arbeiten an Hilfsprogrammen im Ausland), und traditionellerweise wird politischen Flüchtlingen aus Lateinamerika und Indochina wie auch aus osteuropäischen Ländern Asyl gewährt. Aber die Öffentlichkeit verhält sich weit weniger tolerant gegenüber den großen Ausländergruppen in Frankreich, vornehmlich nordafrikanische Muslims. Etwa 4,5 Millionen Ausländer leben in Frankreich, viele von ihnen sind Gastarbeiter, die in den Jahren des Wirtschaftsaufschwungs einwanderten und sich niederließen. Die großen weißen Minderheiten – die Portugiesen (860 000), Italiener (425 000) und Spanier (380 000) – werden ohne Schwierigkeiten akzeptiert, aber mit den Algeriern (780 000), Marokkanern (520 000) und Tunesiern (215 000) gibt es zunehmend Spannungen.

Bis in die jüngste Zeit koexistierten die nordafrikanischen Minderheiten friedlich neben den Franzosen. Seit den frühen 80er Jahren führte die steigende Arbeitslosigkeit jedoch zu den Beschuldigungen, die Muslims würden den Franzosen Arbeitsplätze wegnehmen – und dies hat den Aufstieg der rechtsextremen rassistischen Nationalen Front unter Jean-Marie Le Pen bewirkt. Die Muslims werden wegen ihrer hohen Geburtenrate gefürchtet; in vielen Grundschulen sind immer mehr farbige Gesichter zu sehen. Aber auch ihre fremden Sitten schrecken ab, und ekelerregende Geschichten von in Badezimmern geschlachteten Schafen kamen in Umlauf. Proiranische Fundamentalisten, die arabische Arbeiter zu Streiks anstifteten oder Einwanderer, besonders junge Frauen, davon abhalten wollten, französische Sitten zu übernehmen, haben die Dinge nur noch verschlimmert. Die größten Spannungen hat es in Südfrankreich gegeben, wo die große Zahl der aus Algerien zurückgekehrten Franzosen *(pied-noirs)* den alten kolonialen Streit weiterführen und ihren Ärger an den Muslims auslassen, die ihnen Algerien »geraubt« hätten. Es gab aber auch Probleme im Großraum Paris, wo die Einwanderer, die in Hochhausgettos der Arbeiterklasse leben, von den Franzosen gemieden und verachtet werden.

Die sozialistische Regierung hat einige Maßnahmen ergriffen, um das Alltagsleben der Muslims zu erleichtern. Sie verbesserte deren Ansprüche auf Sozialhilfe und wies die Polizei an, der illegalen Einwanderung Verdächtige, die es in großer Zahl gibt, weniger brutal zu verhören. Alle Regierungen haben auch versucht, ausländische Arbeiter durch finanzielle Abfindungen zur Rückkehr in ihre Heimatländer zu bewegen – großen Erfolg hatten sie jedoch nicht. Viele der Jüngeren sind in Frankreich geboren und zeigen wenig Neigung, in das ärmliche Algerien zu gehen, wo sie sich gleichermaßen fehl am Platz fühlen würden. Junge Franzosen, die entsetzt über den Rassismus der Äl-

Einwanderung in Frankreich
Die Herkunft der Einwanderer hat sich in den letzten 40 Jahren beträchtlich verändert. In den 50er Jahren kamen viele politische Flüchtlinge aus Portugal und Spanien als Immigranten in den Südwesten Frankreichs. Doch die meisten kehrten in ihre Heimat zurück, als die Demokratie in diesen Ländern wiederhergestellt war und die Wirtschaftslage sich verbesserte. Die italienischen Einwanderer im Süden rund um Nizza und die Italiener, Polen und anderen Immigranten, die in den Bergwerken des Nordostens und Nordens arbeiteten, besitzen heute entweder die französische Staatsbürgerschaft oder sind in ihre Heimatländer zurückgekehrt, besonders nach der Schließung vieler Zechen. Andererseits hat die Einwanderung nordafrikanischer Muslims zugenommen, vor allem in den Industriegebieten wie Paris, Lyon und Marseille im Süden. Diese Menschen kommen, weil es in ihren eigenen Ländern noch schwerer ist, Arbeit zu finden.

Unten: Tunesische Einwanderer warten mit hochbepackten Autos auf die Fähre in Marseille, die sie für den Urlaub in ihre Heimat bringen wird. Die Nordafrikaner verdienen in Frankreich relativ gut, und viele teilen ihren Lohn mit armen Verwandten in der Heimat.

Unten rechts: Zwei muslimische Einwanderer gehen 1988 in Marseille unter einem Wahlplakat der rechtsextremen Nationalen Front vorbei, der Partei, die die meisten von ihnen in die Herkunftsländer zurückschicken will. Die NF erreichte in jenem Jahr landesweit 9,6 Prozent der Wählerstimmen. Sie ist besonders stark in der Provence, wo sowohl die muslimischen Einwanderer als auch die rechten französischen Repatriierten aus Algerien zahlreich sind und schlecht miteinander auskommen.

teren sind, riefen eine nationale Kampagne zu Hilfe und Solidarität für junge Nordafrikaner in Frankreich ins Leben und stellen dadurch eine Entwicklung dar, die berechtigte Hoffnungen aufkommen läßt.

Im Vergleich zu den Nordafrikanern geht es den ungefähr 650 000 Schwarzen in Frankreich besser. Die meisten von ihnen kommen aus den karibischen *départements* Guadeloupe und Martinique, so daß sie französische Staatsbürger mit allen Rechten sind. Viele sind gebildet und gehören zum Mittelstand, während die Araber meist Proletarier sind. Die Franzosen halten sie für unproblematischer und freundlicher als die Muslims. Auch ihre Einstellung zu den Frauen ist emanzipierter.

Frankreichs jüdische Gemeinde ist mit 700 000 Angehörigen die größte europäische außerhalb der Sowjetunion. Der Antisemitismus hat in Frankreich eine düstere Geschichte – man denke nur an Dreyfus –, und nur wenige Bürger haben Nennenswertes geleistet, um 117 000 französische Juden vor der Deportation in die Gaskammern der Nationalsozialisten zu bewahren. Dies hat ein Gefühl der Reue entstehen lassen, und im großen und ganzen ist der Antisemitismus jetzt schwächer geworden. Als arabische Terroristen Synagogen und koschere Restaurants in Paris überfielen, haben große öffentliche Demonstrationen die Solidarität mit den französischen Juden zum Ausdruck gebracht. Dennoch besteht unter den Anhängern Le Pens ein latenter Antisemitismus, und gelegentlich haben neofaschistische Randgruppen Ausschreitungen wie die Schändung jüdischer Friedhöfe begangen.

Lebensstil

Zur französischen Lebensart gehört traditionell die lange, geruhsame Mahlzeit mit gutem Essen und angeregter Unterhaltung im großen Familienkreis, wo Geist, Stil und Originalität höher geschätzt werden als Effektivität und Ordentlichkeit. Besucher heben oft einige äußere Zeichen des französischen Lebens hervor wie das lange, knusprige *baguette*, die filterlose, starke *Gauloise*, das *Boule*-Spiel und das *bidet* im Badezimmer. Die modernen wirtschaftlichen und sozialen Veränderungen haben die alte, pittoreske Lebensweise wenig modifiziert, doch in anderen Bereichen waren die Auswirkungen groß.

Mit der Modernisierung Frankreichs verbreitete sich in den 60er und 70er Jahren schnell eine oberflächliche Amerikanisierung, und heute machen einige ihrer Folgeerscheinungen im französischen Milieu einen befremdenden Eindruck: zum Beispiel die Fastfood- und Hamburger-Läden in manchen Hauptstraßen (einschließlich der Champs-Elysées), die Rockstars mit ihren amerikanisch klingenden Namen und vor allem die Durchdringung der französischen Sprache mit dem hybriden »newspeak«, dem sogenannten *franglais*. Viele englische Wörter, für die angeblich kein wirkliches französisches Äquivalent existiert, wie *le weekend*, *le marketing*, *le cash-flow* und *le check-up*, werden jetzt täglich verwendet. Einige Verben wurden französisiert wie beispielsweise *elle est interviewée* (sie wird interviewt). Aber die verrückte Mode des *franglais*, die die Puristen wütend machte, hat ihren Höhepunkt überschritten – außer in Geschäftskreisen. Obwohl die Tendenz in mancher Hinsicht lächerlich und übertrieben war, mußte das Französische aufnahmefähig für fremde Einflüsse bleiben, wenn es nicht steril werden sollte. (Im Englischen gibt es zum Beispiel *cafés* und *maisonnettes* so wie die Franzosen von *le snack* und *le parking* sprechen. Und auch im Deutschen gibt es das *Café* und die *Boutique*, während die Franzosen *le handbal*, *le ersatz* oder *le krach* übernommen haben.)

Die Franzosen konnten jedoch ihr Talent, ihren Geschmack und ihre Kreativität zu vielen Neuerungen beisteuern. Der kleine Tante-Emma-Laden wurde oft vom Supermarkt verdrängt, aber in ihm findet man mit Sicherheit französische Käsesorten, Wurstwaren und frisches Gemüse und weniger Waren, die nach amerikanischer Art abgepackt sind. Ähnlich hat *le drugstore* zwar den amerikanischen Vielzweckladen mit spätem Ladenschluß zum Vorbild, aber sein Stil ist eher pariserisch und hat wenig von einer New Yorker Drogerie. Am einfallsreichsten ist vielleicht die

überaus hygienische *sanisette* für beide Geschlechter – ein Beispiel für echte gallische Kreativität –, die die drolligen, altmodischen Pissoirs für Männer *(pissotières)* auf den Straßen ersetzt.

Auf dem Land haben sich die Lebensformen und Einstellungen jedoch am einschneidendsten gewandelt. Die Mechanisierung der Bauernhöfe und die beträchtliche Zunahme ihrer Durchschnittsgröße, die die umfassende Landflucht und der Verkauf von Grund und Boden bewirkte, haben das Leben in der Provinz verändert. Der Bauer alten Typs, arm und rückständig, argwöhnisch und eigenbrötlerisch, ist überall im Verschwinden begriffen, und eine neue, modern eingestellte Generation tritt an seine Stelle. Sie ist dynamischer und wohlhabender und viel eher bereit, sich neuzeitlicher Vertriebsmethoden zu bedienen und Einrichtungen gemeinsam zu nutzen – kurzum sie besteht mehr aus Geschäftsleuten als aus Bauern.

Natürlich gilt dies freundliche Bild nicht überall. Im trockenen bretonischen Binnenland und in Teilen des Zentralmassivs finden sich noch Bauern, die sich mit einer unergiebigen Mischkultur, mit ein oder zwei Kühen, einigen mageren Hühnern und uralten Häusern, die aussehen wie Scheunen, kärglich durchschlagen. Aber hier leben fast nur noch ältere Menschen, die Jungen sind schon lange weggegangen. Zwar sind heute die meisten Bauern besser ausgebildet und verfügen über mehr Mobilität, doch von der menschlichen Wärme, die die Armut hervorgebracht hatte, ging etwas verloren. In alter Zeit saßen auf bretonischen Höfen die jungen Leute an Winterabenden um den Ofen und hörten zu, wie die Großmutter keltische Sagen erzählte. In der Auvergne trafen sich die Dorfbewohner auf einem Hof, um Körbe zu flechten oder Mais zu entkörnen –

Links: Eine Kundin in einem Pariser Schuhgeschäft. Kleine hübsche Boutiquen rentieren sich immer noch, aber den eigentlichen Erfolg verzeichnen in den letzten Jahren die Kaufhäuser und Supermärkte. Kaufhallen im amerikanischen Stil findet man in den Außenbezirken der meisten Städte, und mit bis zu 70 Kassen stellen sie die größten Märkte ihrer Art in Europa dar. Sie verkaufen Möbel, Spielzeug, Küchen- und Elektrogeräte wie auch Nahrungsmittel und Getränke in erstaunlichem Überfluß. Ihre Auswahl an typisch französischen Erzeugnissen wie Fleisch- und Wurstwaren, Käse, Obst und Gemüse ist meist hervorragend. Ihretwegen geht die französische Hausfrau nicht mehr zu den alten Läden an der Ecke, von denen Tausende schließen mußten.

Unten: Die offenen Lebensmittelmärkte wie dieser in Paris bestehen trotz der Supermärkte in den meisten Städten weiter. An ihren kleinen Ständen kann man frische Produkte direkt von Bauernhöfen kaufen. Sie bieten einen malerischen Rahmen und eine persönliche Atmosphäre, die ihre Kunden schätzen.

als Vorwand für das gesellige Beisammensein. Zur Erntezeit veranstalteten ganze Scharen von Saisonarbeitern jeden Abend ausgelassene Feste. Jetzt erledigt ein Mähdrescher ihre Aufgaben, und die Arbeiter sind in den Fabriken im Ort tätig. Heute, da alle Bauern ein Auto und ihre Kinder ein Moped besitzen, hat sich das gesellige Leben in die Diskotheken, Tanzsäle und moderne Sportstätten verlagert.

Doch nachdem sich nun die Modernisierung im allgemeinen durchgesetzt hat, gibt es eine Reihe von Leuten, besonders der jüngeren Generation, die seit zehn bis 20 Jahren bestrebt sind, die alten bäuerlichen Traditionen wieder ins Leben zu rufen. Dieses Interesse ist zum Teil ein Vermächtnis der Ereignisse im Mai 1968 und ist auch mit einem neuen regionalen Bewußtsein verknüpft. Einige, die nach dem Krieg in die Städte ziehen mußten, versuchten nun in ihre *pays* zurückzukehren – nicht, um auf den Bauernhöfen zu arbeiten, denn wirtschaftlich ist das selten möglich (tatsächlich hält die Landflucht an, wenn sie sich auch verlangsamt hat), sondern um andere Beschäftigungen zu finden, sei es im Tourismus, im Handwerk oder in der ortsansässigen Industrie. Auch zog es viele langjährige Stadtbewohner aufs Land. Sie ließen sich in Dörfern nieder, wo sie versuchten, sich ihren Lebensunterhalt als Töpfer, Weber oder mit einem anderen Handwerk zu verdienen. Manche wagten sich (mit weniger Erfolg) an die Zucht von Ziegen oder andere Formen der Landwirtschaft. Daneben gibt es Hunderttausende von Parisern aus dem Mittelstand, die alte Häuser und Höfe auf dem Land aufkauften und als Wochenend-, Ferien- oder Alterssitze nutzen. Manche halten sich dabei fern vom örtlichen Leben, aber andere bemühen sich ernsthaft darum, die Dorfbewohner und ihre Bräuche kennenzulernen und dadurch bis zu einem gewissen Grad selbst mit dem Land zu verwachsen. Oft wandeln Bauern Scheunen oder Seitengebäude in *gîtes* um (Unterkünfte, die sie an Städter für Ferien auf dem Land vermieten), und daraus entstehen viele dauerhafte Freundschaften, die den alten Gegensatz zwischen Bauern und Städtern mildern.

Viele der aufs Land Gezogenen und auch die dort Ansässigen möchten dazu beitragen, die alten Traditionen zu bewahren. Sie veranstalten Volksfeste, versuchen, aussterbende Handwerke wiederzubeleben, und verwenden viel Zeit und Geld für die Restaurierung alter Bauernhäuser, die sie erworben haben, oder für andere schöne, vom Verfall bedrohte Gebäude. Diese Tendenz, Frankreichs *patrimoine* (Erbe) zu bewahren und weiterzuentwickeln, verstärkte sich in den 80er Jahren und erhielt große offizielle Unterstützung. Dabei wurden Städte und ländliche Gebiete gleichermaßen berücksichtigt. Während in den Geschäftsvierteln der Städte moderne Glas- und Stahlkonstruktionen hochgezogen wurden, verwendete man viel Mühe auf die Verschönerung und Restaurierung malerischer Altbauten und bemühte sich, die alten Viertel in attraktive, sauber gepflasterte Fußgängerzonen umzuwandeln. Statt der gepflegten Vororte gelten unter den wohlhabenden Bewohnern von Paris heute der Marais und ähnliche Stadtteile als die vornehmere Adresse.

Die Franzosen wohnen im Grunde gern entweder auf dem Land oder in der Stadtmitte. Sie fanden es deshalb nicht leicht, als sie sich nach dem Krieg an das Leben in modernen Vororten gewöhnen sollten. In den 50er und 60er Jahren wurden am Rand von Paris und anderen Städten schnell eine große Zahl schmuckloser Hochhäuser errichtet, um die vom Land Zugewanderten sowie ehemalige Slumbewohner und andere Bedürftige unterzubringen. Am meisten berüchtigt war Sarcelles im Norden von Paris, eine monotone Anlage grauer, schachtelähnlicher Wohnblöcke. Anfangs gab es in diesen Schlafsilos kaum Einkaufs- oder Unterhaltungsmöglichkeiten, geschweige denn berufliche Wirkungsbereiche. Erst seit den frühen 70er Jahren, als die Anforderungen zunahmen, wurden die neuen Vororte besser geplant. Man war jetzt darauf bedacht, von Anfang an Läden, Schulen, Cafés und Sportstätten, Busverbindungen in die Stadt und möglichst auch eine lokale Leichtindustrie einzubeziehen. Der Wert solcher Verbesserungen wird deutlich, wenn man das häßliche Sarcelles mit einer »neuen Stadt« wie Cergy-Pontoise im Großraum Paris vergleicht.

Das Leben in der Gemeinschaft

Die vielerörterte Langeweile der Vororte war nicht nur die Schuld der Stadtplaner, sondern auch der Bewohner, die ungern Freundschaften schlossen und einander halfen und sich auch psychologisch gesehen sehr schwer einleben konnten. Die vom Land Zugezogenen vermißten die menschliche Nähe der alten, eng verwachsenen Dorfgemeinden, wo die einzelnen Familien sich zwar befehden und streiten mochten, aber wenigstens seit Jahrhunderten einander kannten. Ähnlich erging es den vielen Slumbewohnern, die aufgrund der Neubauprogramme in Paris und anderen Städten ihre ungesunden Behausungen verlassen mußten. Sie mochten zwar ihre neuen, modernen Kleinwohnungen, vermißten aber das alte Nachbarschaftsverhältnis in den Slums. Vor allem Hausfrauen langweilten sich und fühlten sich einsam. Gar manche zog das Heimweh sogar über weite Entfernungen in ihre alten Wohngegenden, um ihre wöchentlichen Einkäufe zu machen und vertraute Gesichter wiederzusehen. Es kam ihnen kaum in den Sinn, sich mit ihren neuen Wohnungsnachbarn anzufreunden, wie es Engländer oder Amerikaner getan hätten.

In jedem Vorort versuchten einige aktive Leute, zumeist höher gebildete Linke oder Katholiken oder auch Sozialarbeiter, einen neuen Gemeinschaftssinn zu wecken, der die Bewohner aus ihrer Einsamkeit befreien sollte. Sie gründeten eine Vielzahl von Vereinigungen, Kinderkrippen und Treffen, aber die Resonanz war nicht groß, und die meisten Bewohner verharrten in ihrem privaten Bereich. Die alte Gewohnheit, Stunden im Café zu verbringen, wurde durch die neue Begeisterung für das Fernsehen verdrängt. Die wenigen Cafés, die in der geistigen Einöde zu öffnen wagten, waren meist trist und wenig einladend. Die Situation wurde dadurch verschlimmert, daß viele der Betreuer politisch motiviert und untereinander zerstritten waren, so daß jene, denen sie zu helfen versuchten, Hintergedanken argwöhnten.

Da für die Franzosen das gesellschaftliche Leben schon immer seinen Mittelpunkt in der Familie, dem Café und den beruflichen Kontakten hatte, sind sie weder an ein Klub- oder Gemeinschaftsleben nach anglo-amerikanischer Art gewöhnt noch an freiwillige Selbsthilfebewegungen. In jüngster Zeit versuchten sie besonders in den neuen Vororten ein *la vie associative*, wie sie es nennen, zu entwickeln (mit Klubs, privater Betreuung und Interessengruppen), aber das erwies sich als nicht einfach. In diesem legalistischen Land wird jeder Privatinitiative mit Mißtrauen begegnet, es sei denn, sie findet offizielle Billigung, weil sie sich an die komplizierten Statuten von 1901 hält, die die Aktivitäten aller gemeinnützigen Körperschaften, von den Kunstzentren bis zu den Seniorenklubs, regeln. Nachdem aber heute die Kirche nur noch eine geringe Rolle spielt und es den Verwaltungsorganen oft an Mitteln und Initiativen fehlt, kommen die Bürger zu der Einsicht, daß sie selbst mehr für ihre eigene Sache tun sollten, statt auf das Geld und die Hilfe der *mairie* (Rathaus) zu warten. Die Uneigennützigen unter den Helfern erzielen tatsächlich Fortschritte bei echten Gemeinschaftsunternehmen, und die zugezogenen Bewohner der neuen Vororte fühlen sich endlich verwurzelt und haben Freunde gefunden.

Das eigene Heim

Es dauerte lange, bis die schreckliche Wohnungsnot, die in den 50er Jahren herrschte, beseitigt war. Es gab erst wenige Neubauten, denn in den Jahren nach dem Krieg hatte die Wiederbelebung der Industrie Vorrang. Die Volkszählung von 1954 ergab, daß nur zehn Prozent der französischen Wohnungen ein Bad oder eine Dusche besaßen und nur 27 Prozent eine Toilette mit Wasserspülung. Ein umfangreiches Bauprogramm wurde in Gang gesetzt, und bis 1984 war der Anteil der Wohnungen mit Bad oder Dusche auf 88 Prozent gestiegen, und 89 Prozent verfügten nun über ein Innen-WC. Die Menschen begannen mehr Wert auf Komfort zu legen und zeigten sich eher bereit, dafür Geld auszugeben. Der durchschnittliche Anteil am Familieneinkommen, der für Miete, Hypothek und andere Grundgebühren ausgegeben wurde, stieg seit dem Krieg von der unglaublich niedrigen Zahl von 3,4 Prozent (im wesentlich bedingt durch die niedrig festgelegten Mieten) auf über 25 Prozent, wodurch Frankreich mit Großbritannien und Deutschland gleichzog. In den Städten leben die meisten in Wohnungen, doch in den Vororten entstanden viele neue Einfamilienhäuser, wodurch sich der Traum vieler Franzosen vom Eigenheim mit Garten verwirklichte. Dennoch sind die Wohnverhältnisse noch immer unter dem Niveau einiger anderer europäischer Länder: die Zimmer sind kleiner, und die pro Person zur Verfügung stehende Quadratmeterzahl ist nicht so hoch wie in England oder Deutschland.

Der Mittelstand und die Oberschicht richten ihre Wohnungen gern in betont modernem Stil ein oder aber in klassischer Manier mit schweren Stilmöbeln, Antiquitäten und zierlichen Louis-quinze-Stühlen. Keiner dieser Stile ist eigentlich wohnlich, aber die Franzosen sind weniger an Möbeln interessiert als an langlebigen modernen Gebrauchsgütern. Mit ihrer Vorliebe für technische Geräte, besonders Elektrowaren, stehen sie in Europa an erster Stelle - noch vor den Deutschen. Seit 1954 ist der Anteil der Haushalte mit Kühlschränken von sieben auf 97 Prozent gestiegen, mit Waschmaschinen von acht auf 83 Prozent, mit Farbfernsehern von null auf 69 Prozent und mit Autos von 21 auf 73 Prozent.

Die auffälligste technische Veränderung vollzog sich im Fernsprechdienst. Bis Mitte der 70er Jahre besaß Frankreich pro Kopf der Bevölkerung nur ein Fünftel der Leitungen, über die Schweden verfügte, und weniger als Griechenland. Ein privater Antragsteller mußte im Durchschnitt 16 Monate auf eine Installation warten. Der Staat experimentierte seinerzeit mit hochfliegenden elektronischen Projekten wie dem Videophon, konnte sich aber nicht auf den einfachen Alltagsbedarf der Öffentlichkeit einstellen. Schließlich brachte man im Schnellverfahren die Zahl der Leitungen auf den britischen und deutschen Stand, und heute arbeitet das System gut und vollautomatisch. Die Regierung ging sogar noch einen Schritt weiter und stellte Millionen Haushalten kostenlos den berühmten Minitel zur Verfügung, jenen französischen Videotextdienst, der mit den großen Zentralcomputern verbunden ist und als elektronisches Telefonbuch dient. Dies hat zur Folge, daß viele, die sich langweilen oder einsam fühlen oder einfach pervers veranlagt sind, den Minitel verwenden, um andere Fernsprechteilnehmer anonym anzuwählen und pornographische Unterhaltungen auf dem Bildschirm zu führen.

Aber auch die Ausgaben für die Dinge des täglichen Lebens haben sich beträchtlich verändert. Vor dem Krieg wendete eine Familie 50 Prozent ihres durchschnittlichen Einkommens für Nahrungsmittel und Getränke auf, heute aber nur 21 Prozent, obwohl effektiv die Ausgaben weiter ansteigen. Diese werden aber noch von den enormen Summen übertroffen, die jetzt für Ferien, Wohnungen, Kleidung, »Gesundheit und Hygiene« und *le bricolage* (Heimwerkerbedarf) bezahlt werden. Der größere Wohnkomfort zu Hause und das Fernsehen haben tatsächlich dazu geführt, daß die Leute viel seltener als früher ein Café besuchen. Die großen Straßencafés haben zwar zur Stunde des Aperitifs noch viel Kundschaft und werden auch von den Touristen frequentiert, doch mußten Tausende von kleinen Bistros schließen.

Links: In einem Land mit mehr als 300 Käsesorten - darunter einige mit berühmten Namen wie Camembert, Brie und Roquefort - gilt Käse als wichtiger Bestandteil einer richtigen Mahlzeit. Man ißt ihn stets *vor* dem Dessert und trinkt dazu Rotwein. Dieses Käsegeschäft in Reims ist typisch für Tausende von neuen Feinkostgeschäften, die das wiedererwachte Interesse an guter Küche befriedigen - zumindest bei besonderen Anlässen. Die Franzosen bevorzugen immer noch frische Nahrungsmittel und bewahren sich ihre Abneigung gegen Konserven und Tiefkühlkost.

Essen und Trinken

Das Mittagessen ist traditionellerweise die Hauptmahlzeit des Tages, verliert aber - außer an Sonntagen - seine Bedeutung. Bis in die späten 50er Jahre erschienen Paris und andere Städte mittags für zwei Stunden wie ausgestorben - alle Büros und sogar die großen Läden waren geschlossen, weil jeder zu einem gemütlichen Essen nach Hause ging. Doch die Abwanderung in die entlegenen Vororte, verbunden mit anderen Zwängen des modernen Alltags, erschwerte diese Gewohnheit immer mehr. Die Firmen führten gestaffelte Mittagspausen ein, eröffneten Kantinen oder gaben Essensgutscheine aus, und nach einiger Zeit war man mit einer kürzeren Mittagspause einverstanden. Trotzdem schließen noch immer viele Läden und Banken für eine Stunde. In kleineren Orten im gemächlichen Süden, in der Nähe Spaniens und seiner Siestas, machen noch alle Geschäfte mittags von zwölf bis zwei Uhr nachmittags zu, einschließlich der Postämter und Supermärkte. Aber im allgemeinen setzt sich die Ansicht durch, daß eine lange Mittagspause, so annehmlich sie auch für den Einzelnen sein mag, einen Kunden verärgern und der Wirtschaft schaden kann. Obwohl heute viele ihren Arbeitstag wegen der veränderten Dienststunden früher beenden, halten die Franzosen die Zeit für das Abendessen fest ein, das in den Haushalten jeder Gesellschaftsschicht selten vor acht Uhr beginnt.

Was aber den Küchenzettel und die äußere Form der Mahlzeiten betrifft, so zeigen sich die Franzosen weniger konservativ - obwohl nicht immer mit glücklichem Ergebnis. Gute Küche spielt für den französischen Lebensstil seit langem eine zentrale Rolle. Die Kochkunst Frankreichs, die sich auf regionale Spezialitäten von außergewöhnlicher Vielfalt und Qualität stützen kann, wurde zurecht als die beste der Welt eingeschätzt. Heute stellen sich einerseits die jungen Leute für *le fast-food* an, tiefgefrorene Waren und Konserven beginnen sich durchzusetzen, und das Niveau der gewöhnlichen Restaurants ist unberechenbar geworden. Andererseits wird viel von der Renaissance der französischen Küche gesprochen: die erstklassigen Restaurants sind voller denn je, und die Chefköche der sogenannten *nouvelle cuisine* werden wie Filmstars verehrt.

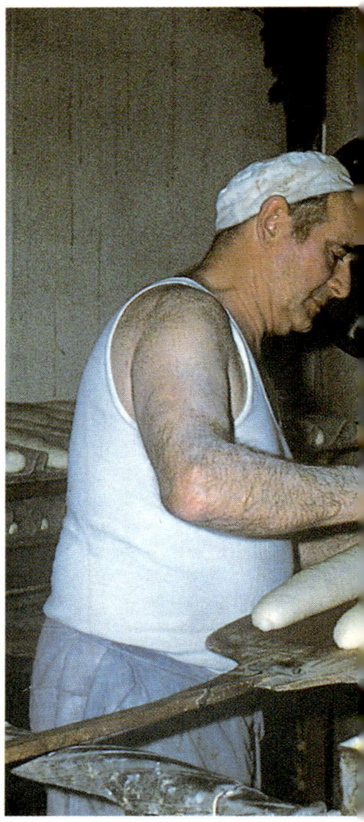

Oben: Diese langen *baguettes* sind eine französische Brotspezialität: innen weich und außen knusprig. Die moderne Backindustrie hat durch zu stark gebleichtes Mehl und zu schneller Gärung die Qualität gemindert. Doch einige kleine Bäckereien in der Provinz führen jetzt eine Kampagne für den Erhalt der Qualität, und in vielen ländlichen Gegenden wird noch eine schmackhafte Auswahl an Brotsorten angeboten.

Wein- und Weinbranderzeugung
Weine werden von der Regierung sorgfältig eingestuft und kontrolliert. Die Qualitätsweine – sie müssen aus einem bestimmten Anbaugebiet kommen und dies auf dem Etikett ausweisen – werden mit dem Vermerk *Vins d'Appellation d'Origine Contrôlée* versehen. Etwa 40 Prozent des französischen Weins, besonders des Tafelweins, stammt aus dem Languedoc im Südosten. Die Hauptanbaugebiete der Qualitätsweine sind Burgund und das Gebiet um Bordeaux. Die besten Weinbrände kommen aus dem Raum Armagnac und Cognac, aber viele andere Gegenden haben ihre lokale *eau-de-vie*. Apfelschnaps (Calvados) wird in der Normandie hergestellt, wo kein Wein angebaut wird. Gute Obstschnäpse kommen aus dem Elsaß.

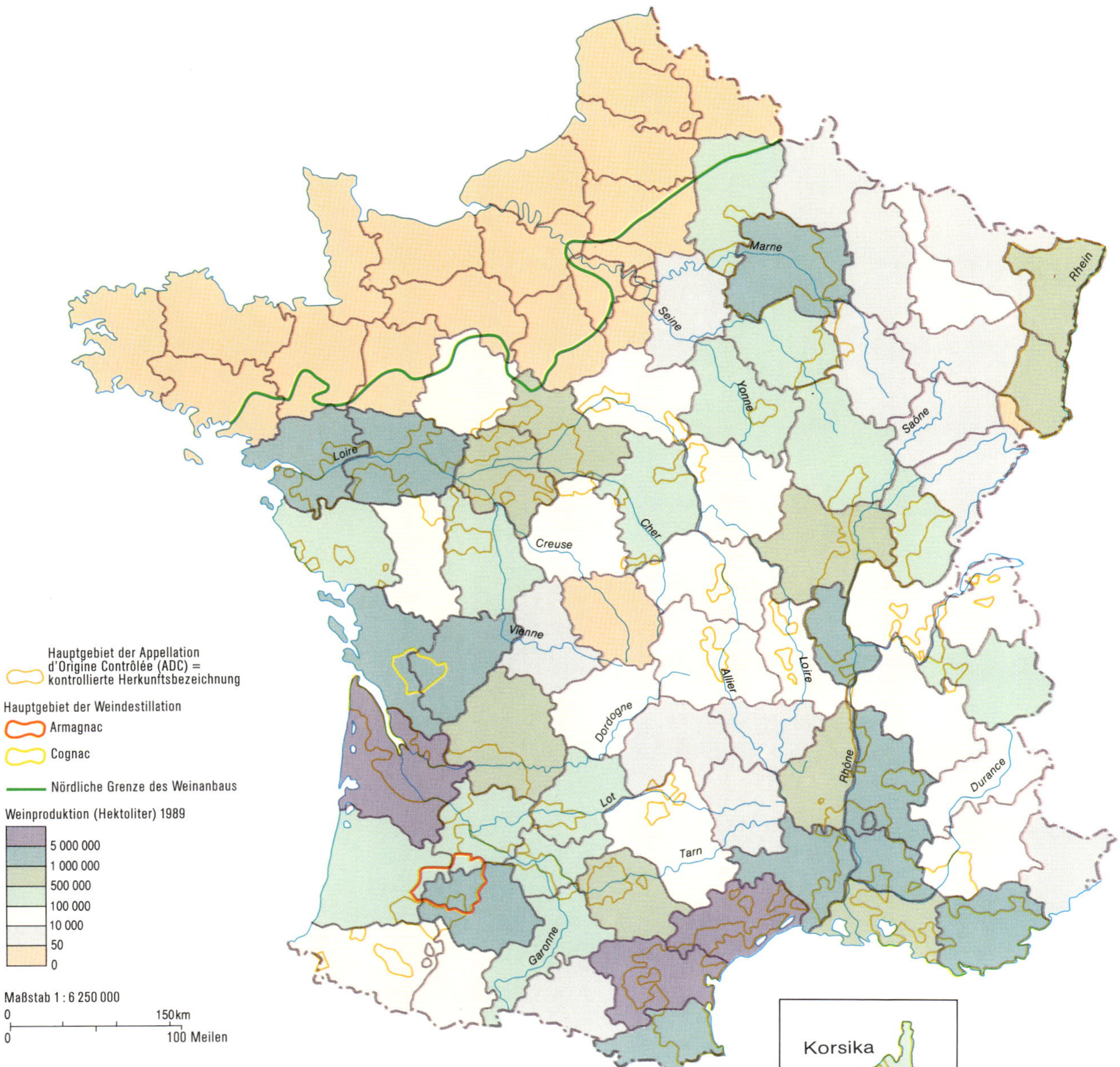

Die französischen Eßgewohnheiten haben sich merkwürdig verändert. Zumindest der Mittelstand pflegte jeden Tag mit Selbstverständlichkeit gut zu essen, besonders daheim. Doch heutzutage lehnt eine Hausfrau es ab, Sklavin des Küchenherdes zu sein und üppige Gerichte zuzubereiten, wie es noch die Oma machte. Angesichts der steigenden Kosten verringerten auch die normalen Restaurants den Arbeitsaufwand durch Zubereitungen, wie sie in Großküchen üblich sind, und die Kunden nahmen es hin. Aber bei den Franzosen ist die Liebe zur Gastronomie nicht verschwunden, sie hat sich nur gewandelt. Man ißt ein- oder zweimal in der Woche sehr gut, zu besonderen Anlässen, bei einer Abendeinladung für Freunde zu Hause, bei dem zum festen Brauch gewordenen sonntäglichen Mittagessen der Familie oder bei einem Restaurantbesuch zu zweit. Die Feinkostgeschäfte und die kleinen Bistros, die sich wirklich Mühe geben, das alte Niveau zu halten, verzeichnen beste Umsätze, und auch seriöse Kochbücher verkaufen sich gut. Wenn sie wollen, essen die Franzosen also noch immer besser als jede andere Nation, und sie reden über das Essen mit so großem Sachverstand, daß mancher Ausländer darüber verwundert ist.

Die treibende Kraft der neuen gastronomischen Entwicklung war die *nouvelle cuisine*, die Mitte der 60er Jahre in Erscheinung trat und einen großen Einfluß auf die feine Küche in Frankreich und im Ausland ausgeübt hat. Die führenden Köpfe waren einige jüngere Küchenchefs und Restaurantbesitzer in der Provinz wie Paul Bocuse bei Lyon, Michel Guérard bei Pau, Roger Vergé in der Nähe von Cannes. Ihre Bestrebungen waren eine Reaktion auf das klassische Repertoire, das den neuen Einfällen keine Entfaltungsmöglichkeit bot, und sie richteten sich gegen die schweren Soßen und kalorienreichen Speisen der Grand-Hotel-Küche. Die *nouvelle cuisine* hatte sich die Rückkehr zu einem leichteren, reineren Kochstil unter Verwendung ganz frischer Zutaten von bester Qualität, die im eigenen Saft gegart wurden, um ihr natürliches Aroma herauszubringen, zum Ziel gesetzt. Diese veränderte Küche paßte zu dem neuen Diätbewußtsein der Franzosen mit dem Bestreben nach kleineren Mahlzeiten, die weniger im Verdacht standen, eine *crise de foie* auszulösen – jene Lebererkrankung, die für den Franzosen mittleren Alters gleichsam eine Berufskrankheit darstellt.

Vom Küchenchef der *nouvelle cuisine* wird erwartet, daß er von den klassischen Rezepten abweicht und kühne neue Zusammenstellungen ausprobiert. In den Händen eines sehr guten Chefkochs, der je nach Jahreszeit die Erzeugnisse seiner Region verwendet, kann die *nouvelle cuisine* vor-

Frankreichs Küche

Die *haute cuisine* entstand aus Frankreichs regionalen Kochkünsten, die über die Jahrhunderte in den Küchen des Landes »erfunden« wurden. Bei den wenigen Straßen und den fehlenden Transportsystemen vergangener Tage mußten die Nahrungsmittel problemlos in unmittelbarer Nachbarschaft gedeihen und geerntet (oder gefangen) werden – die Geographie diktierte die Bestandteile des Essens.

In der Region Poitou-Charentes, im Norden, im Burgund sowie in der Franche-Comté sorgen grüne Wiesen für fettes Vieh – und damit stand die Butter an erster Stelle der Zutaten. Auch im Osten gab es Milchprodukte in Fülle, wo die Vogesen und die Alpen gute Weideflächen boten. Ein gemäßigtes Klima ließ Obst und Gemüse gedeihen.

Das steinige Heideland *(garrigues)* der Provence und die heiße, herbe Landschaft, die sich westlich der Rhône nach Languedoc-Roussillon hinein erstreckt, erwies sich für Viehhaltung ungünstig. Vornehmliche Quelle für Fleisch und Käse waren hier die Ziegen. Aber die Oliven gedeihen auf diesem kargen Boden vorzüglich, und ihr Öl wurde ein Hauptbestandteil der südlichen Küchen. Kräuter, Tomaten, Paprika, Knoblauch und Zitrusfrüchte – alles, was Hitze liebt, macht diese Küche schmackhaft und würzig.

Große Gebiete in Zentral- und Südwestfrankreich bestanden aus undurchdringlichen Wäldern oder unkultiviertem, stürmischem Hochland und waren deshalb für den konventionellen landwirtschaftlichen Anbau ungeeignet. Kastanien- oder Maismehl ersetzte oft den Weizen. Die Bäuerinnen züchteten Schweine und Gänse, deren reichliches Fett allen Speisen, sogar den süßen, seinen Geschmack verlieh. Zufällig bilden die Linsen und Bohnen (frisch oder getrocknet), die auch hier wachsen, einen ausgezeichneten Ausgleich zu diesen deftigen Fleischsorten. Die Basken im äußersten Südwesten kennen eine große Vielfalt an Gerichten. Mit fruchtbarem Boden und einem idealen Klima gesegnet, scheint dort alles zu gedeihen. Die ausgedehnten Wälder der Landes lieferten Wild, und der Ärmelkanal und der Atlantik boten eine Fülle an Meeresfrüchten. Im Mittelmeer gab es Thunfisch, Sardinen und Anchovis, und sogar die grätenreichen Felsenfische eigneten sich gut für eine *bouillabaisse.* Aus den Flüssen kamen Lachse, Aale und Süßwasserfische.

Rechts: Ein morgendlicher Fang: silberglänzende Sardinen. Frisch oder als Konserve – sie sind im Süden eine wichtige Proteinquelle.

Mitte rechts: Rebhuhn mit in Butter gebratenen Apfelscheiben und einer Sahnesoße. In der Normandie und anderen viehreichen Regionen verwendet man stets Butter zum Kochen. Die Kombination von Früchten mit Fleisch ist in ganz Frankreich beliebt. Sind frische Früche nicht erhältlich, verwendet man statt dessen Dörrobst wie zum Beispiel Trockenpflaumen im Südwesten mit seinen Pflaumenbäumen, Rosinen in den Weinanbaugebieten oder Birnen und Aprikosen aus dem eigenen Garten.

Unten: Der Knoblauch ist wahrscheinlich Frankreichs berühmteste Würze, und er wächst heute fast überall. Angeblich soll er nahezu magische Heilkraft besitzen, und man verwendet ihn gekocht oder roh, mit oder ohne Schale, nicht nur als Gewürz, sondern auch für Soßen oder für Geflügelfüllungen. Ganzer Knoblauch wird sogar als Gemüse gebacken.

Links: Zu den kleinen, mit Knoblauch und Kräuterbutter gefüllten Muscheln wird Apfelwein serviert. Schalentiere finden sich in großer Menge am Ärmelkanal und an der Atlantikküste. Sie werden besonders in der Bretagne geschätzt und meeresfrisch oder leicht gegrillt gegessen.

Außen rechts: Bohnen- und Linsengerichte sind sättigend und ergänzen das gehaltvolle Schweine- oder Gänsefleisch. Sie werden in den mittleren und südwestlichen Gebieten angebaut, wo es viele Arten von *cassoulet* (Eintopf) gibt. Das Aroma und die Schwere der fetten Schweinewurst und des eingelegten Gänsefleischs wird von den weißen Bohnen während des langen Kochvorgangs absorbiert. Gänseleber und Trüffel – heute teure Delikatessen – waren für den einfachen Bauern leicht erhältlich: Zusätzliches Maisfutter für die Gans sorgte für das eine, und das andere gehörte dem Finder umsonst.

Unten rechts: »Keine Verschwendung« war stets die Devise des französischen Kochs. Wie beim Hausschwein (»alles wird verwendet, außer dem Quieken«), so wird auch alles im Meer, See oder Fluß Gefangene verwertet. Wenn die Fische zu klein oder grätenreich sind, um auf übliche Weise zubereitet zu werden, lassen sie sich im Ganzen braten als *petite friture* oder in schmackhaften Suppen und Eintopfgerichten verwenden.
Cotriade, *matelote* und *bouillade* sind verbreitete Spezialitäten im Norden und im Landesinneren. Am berühmtesten ist die *bouillabaisse* aus grätenreichem Felsenfisch, kleinen Krabben, Krebsen und anderen Krustentieren aus dem Mittelmeer. Die Zutaten sind sehr umstritten, aber Olivenöl und Safran finden sich in den meisten Rezepten.

züglich sein, aber bei weniger guten Köchen (von denen es viele gibt) kann sie auf fade schmeckende winzige Portionen hinauslaufen, die allzu dekorativ auf dem Teller angeordnet sind. Da dieser Stil aber bei einer betuchten Klientel noch *en vogue* ist, können es sich viele Restaurantbesitzer erlauben, hohe Preise zu verlangen. Billig ist die *nouvelle cuisine* wahrhaftig nicht, und ihre Auswüchse wurden viel kritisiert. Sie hat aber die erschlaffte klassische Kochkunst verjüngt und das Interesse an der Gastronomie wiederbelebt. Die besseren Küchenchefs der *nouvelle cuisine* benutzen übrigens alte Rezepte ihrer Gegend als Grundlage für neue Gerichte und bieten damit eine subtile Mischung aus Altem und Neuem.

Der neue Stil findet jedoch selten Eingang in die häusliche Küche und hatte auch wenig Einfluß auf die billigeren Restaurants oder auf die alten Landgasthöfe, wo die Küche ihre bäuerliche Tradition hat. Es gibt immer noch deutliche Unterschiede zwischen der *cuisine paysanne* (die ländliche Küche mit einfachen Zutaten, aber oft gut gewürzt und schmackhaft), der *cuisine bourgeoise* (die solide bürgerliche Küche der Mittelschicht) und der teuren *haute cuisine*, die vor allem im 19. Jahrhundert durch Küchenchefs wie Auguste Escoffier zur Perfektion gebracht wurde und von der die *nouvelle cuisine* eine Variante ist. Wirklich gutes Essen wurde in Frankreich nicht von der Bourgeoisie eingeführt, wie das häufig in angelsächsischen Ländern geschah: es ist die Arbeiterklasse, die großen Wert auf das Essen legt und jetzt mehr Geld dafür ausgeben kann. In vielen Fabriken stellen Gewerkschafts- und Betriebskomitees größere Anforderungen an die Qualität des Kantinenessens als an andere Aspekte der Arbeitsbedingungen.

Die Franzosen entdeckten auch die ausländische Kochkunst, die sie zuvor geringschätzten, und dadurch änderte sich ihre festverwurzelte Überzeugung von der gastronomischen Unterlegenheit anderer Nationen. Während ihres Urlaubs im Ausland entdeckten sie, daß spanisches, türkisches oder ungarisches Essen nicht eine so derbe Hausmannskost sein muß, wie sie bis dahin dachten. Ausländische Restaurants – und nicht nur die überall vertretenen italienischen und chinesischen – haben in vielen Städten ihre Pforten geöffnet. Aber daneben gibt es auch die Snackbars und Burger-Restaurantketten, und ganz allgemein erfahren die Lebensmittel eine Standardisierung nach amerikanischer Art auf Kosten ihrer Qualität. Die französischen Verbraucher erweisen sich zwar relativ ablehnend gegenüber tiefgefrorenen Lebensmitteln und Dosengemüse, aber das Brathähnchen, das aus der Massenaufzucht stammt, begann die freilaufenden Hühner vom Bauernhof zu verdrängen. Tomaten und Möhren werden mit Düngemitteln gezogen, was sie größer und schöner, aber nicht schmackhafter macht, und selbst das weiche französische Brot verliert etwas von seiner Qualität. Jedoch gelingt es den besseren Läden und Restaurants, diesen Problemen aus dem Weg zu gehen.

Auch die Trinkgewohnheiten haben sich verändert. Die alte französische Sitte, zu einer Mahlzeit ausschließlich Wein zu trinken, verliert an Boden. Viele Leute trinken statt dessen Mineralwasser, was als gesünder gilt: sein Vertrieb verdreifachte sich seit 1960, der von Fruchtsäften vervierfachte sich sogar. Fruchtsaft ist doppelt so teuer wie billiger Wein, was seinen Verkauf an die ärmeren Schichten einschränkt, ihm aber einen Prestigewert in den besseren Kreisen verleiht, wo auch der Verbrauch von Champagner und schottischem Whisky enorm anstieg – die Bourgeoisie bevorzugt *le Scotch* gegenüber jedem französischen Aperitif. Jedoch bleibt der Alkoholismus in Frankreich ein ernstes Problem, wenn auch weniger das übermäßige Trinken hochprozentiger Getränke im mittelständischen Milieu daran schuld ist als vielmehr der enorme Konsum billigsten Rotweins in den ärmeren Schichten. Der Pro-Kopf-Verbrauch an Alkohol ist seit 1951 um über 20 Prozent gesunken, doch bleiben die Franzosen die größten Alkoholkonsumenten nach den Luxemburgern. Merkwürdigerweise wird nicht in den Weinanbaugebieten des Südens der meiste Wein getrunken, sondern in der Bretagne und im Norden, wo viele Männer mehr als vier Liter pro Tag trinken. Die Zahl der Todesfälle durch Leberzirrhose oder Alkoholismus beläuft sich gegenwärtig auf etwa 16 000 pro Jahr, aber sie ist rückläufig. Die energischen staatlichen Kampagnen gegen den Alkohol scheinen einigen Erfolg zu haben.

Sport und Freizeit

Das neue Gesundheitsbewußtsein der Franzosen zeigt sich auch in einer übertriebenen Begeisterung für den Sport seit der Nachkriegszeit. Große Zuschauermagneten sind nach wie vor das jährliche Radrennen der Tour de France, Autorennen, Fußball- und Rugbyspiele sowie in einigen Teilen des Südwestens der Stierkampf. Besonders attraktiv wurde Sport als Fitneßprogramm und Freizeitunterhaltung. Die Mitgliederzahl der Amateurfußballvereine liegt bei über 1,7 Millionen; im Midi spielt Rugby eine große Rolle. Doch legen die individualistischen Franzosen weniger Gewicht auf Mannschaftsspiele als auf Einzelleistungen. Segeln gehört zu ihren stärksten Disziplinen (Eric Tabarly, der meisterhafte Einhandsegler und Atlantiküberquerer wurde zum Nationalhelden), und die Zahl der privaten Segelboote in Frankreich stieg seit 1960 von 20 000 auf über 650 000. Alljährlich leisten sich vier Millionen Menschen, davon viele aus der Arbeiterschicht, einen Skiurlaub, zumeist in den französischen Alpen. Tennis und Reiten, einst exklusive Sportarten der Reichen, sind nun ebenfalls weitverbreitet. Die Mitgliederzahl der Reitklubs verzehnfachte sich seit 1972 und stieg auf 300 000. In jüngster Zeit wurden Hunderte neuer Golfplätze angelegt, um dem wachsenden Bedarf zu begegnen. Von den traditionellen Vergnügungen

Rechts: Der einzige Weinberg von Paris, am Montmartre, überstand alle Verstädterung und bleibt der Tradition wegen erhalten. Sein dünner Weißwein wird in jedem Herbst beim Erntefest getrunken. Dies ist bezeichnend für das Interesse der Franzosen, ihre Folklore und ihre Traditionen zu bewahren und zu erneuern. Auch die aus dem 17. Jahrhundert stammende Messe auf dem Pont Neuf in Paris wurde zu neuem Leben erweckt.

Unten: Die Franzosen treiben neuerdings sehr viel Sport, in der Halle wie im Freien absolvieren sie ihre Fitneßprogramme. Fast jede Stadt besitzt ein kommunales Schwimmbad, aber nicht alle sind so überfüllt wie dieser Privatklub in Paris. Skilaufen, Tennis, Golf und Reiten sind sehr beliebt geworden, und oft widmet man den Urlaub dem Sport. An allen Stränden kann man »oben ohne« gehen, und auch Freikörperkultur ist in besonderen Vereinszentren sehr verbreitet.

Unten rechts: Das alte *boule*-Spiel (oder *pétanque*) ist nach wie vor sehr populär. Es stammt aus der Provence, wo es noch immer am beliebtesten ist, und verbreitete sich über ganz Frankreich. Zwei Mannschaften spielen es auf einer eigenen Bahn oder auf jedem beliebigen Boden. Wie bei Boccia oder dem englischen Bowls siegt die Mannschaft, die mit ihren Kugeln der Zielkugel am nächsten kommt, ohne sie zu treffen. In der Provence wird das Spiel gewöhnlich mit einem oder mehreren Glas Pastis und einem Schwätzchen in einem Café beendet.

Die Tour de France

Man sagt: »Es könnte eine Armee vom Mars landen, Regierungen könnten stürzen und das Rezept für die *sauce béarnaise* könnte verloren gehen, aber wenn das während der Tour de France stattfände, würde es niemand merken.« Sicher ist dieses größte Radrennen, das sich während drei Wochen im Juli durch die französischen Regionen windet, so etwas wie eine Institution.

Die erste Tour fand 1903 statt, und die ersten Rennen rollten über schmutzige Straßen mit Rädern, die nur einen Gang hatten und auf Ballonreifen liefen. Als im Jahr 1913 der Rahmen des führenden Rennfahrers brach, mußte er mit dem geschulterten Rad 16 Kilometer die Straße hinablaufen, um einen Schmied zu finden, der es reparierte – himmelweit entfernt von der enormen Unterstützung durch die Mechaniker, die heute gegeben ist. Eine umfangreiche Begleitmannschaft von Funktionärs-, Techniker- und Pressefahrzeugen folgt den Fahrern; Werbung und Aufschriften auf dem Rücken sollen die Kosten decken.

Während das Gesamtziel der Tour darin besteht, das Rennen in der schnellsten Zeit zu beenden, gehören innerhalb dieses Rahmens eine Menge anderer Wettbewerbe dazu: Etappenwertungen, Zeitfahren, Mannschaftswettbewerb, Preise für den besten Bergfahrer, den besten jungen Fahrer usw. Jahrelang wurde die Tour von den Franzosen und Belgiern beherrscht. Die Belgier Jacques Anquetil und Eddy Mercx sowie der Franzose Bernard Hinault sind die einzigen Fahrer, die die Tour fünfmal gewonnen haben. Das wachsende internationale Interesse in den 80er Jahren führte jedoch zu einem Zustrom neuer Fahrer, darunter der Amerikaner Greg Lemond (Gewinner von 1986, 1989 und 1990) und Kolumbianer, die auf den Bergetappen großen Eindruck machten.

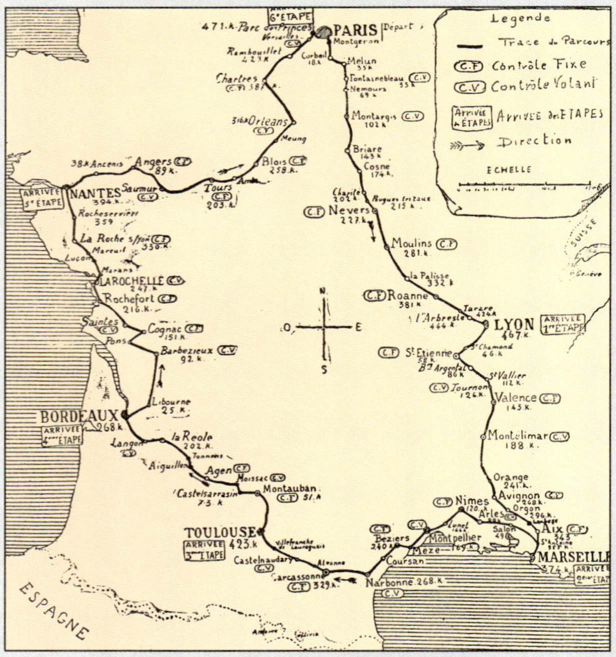

Oben: Die Strecke der ersten Tour de France aus der Zeitschrift *Le Vélo*. Jedes Jahr werden Strecke und Start neu festgelegt. Das Rennen kann auch in ausländischen Städten beginnen wie in Amsterdam (1954), Brüssel (1958), Köln (1965), Den Haag (1973), Leiden (1978) und Berlin (1987).

Oben: Fahrer ruhen sich nach einer Etappe aus. Die Tour de France ist rasant, aufregend, spannend und gefährlich. Früher kam es immer wieder zu Massenstürzen und zahlreichen Verletzungen, wenn einzelne Gruppen Sprints versuchten.

Links: Die erste Tour wurde als Werbeaktion von Henri Desgranges, dem Eigentümer der Sportzeitung *Le Vélo*, gestartet. Hier ist Garin zu sehen, der Sieger jenes Rennens. Sein Fahrrad unterscheidet sich deutlich von den windschlüpfrigen und technisch ausgereiften Maschinen, auf denen jetzt gefahren wird. Die erste Tour war 2248 Kilometer lang – heute beträgt die durchschnittliche Länge gut über 3000 Kilometer.

Links: Bei wenigen Sportereignissen ist die Kulisse so eindrucksvoll wie bei der Tour de France. Hier passieren die Fahrer Sonnenblumen. Das Feld *(peloton)* erwartet die Angriffe oder Ausreißversuche der Ehrgeizigen, die sich dadurch die Führung sichern wollen. Jede der konkurrierenden Mannschaften verfolgt eine flexible Strategie, die darauf abzielt, ihre besten Fahrer in die für den Sieg günstigste Position zu bringen.

Oben: Am Mont Ventoux (1912 Meter) im Departement Vaucluse ereignete sich der einzige Todesfall der Tour. 1967 brach hier der englische Fahrer Tommy Simpson aufgrund von Erschöpfung und Drogengebrauchs zusammen und starb. Ein Gedenkstein an der Straße erinnert an den Ort.

Unten: Auf der letzten Etappe der Tour fahren die Teilnehmer um die Place de la Concorde in Paris, bevor sie in die Champs-Elysées einbiegen, dem traditionellen Ziel der Tour.

im Freien war *la chasse,* die Jagd, meist mit dem Gewehr und ohne Pferd und Hunde, früher das Vorrecht der Bauern und des Adels. Doch in jüngster Zeit zog es so viele ungeschickte Sonntagsjäger aus der Stadt in die Wälder, daß aufgrund der sich häufenden Unfälle die Vorschriften für den Waffenschein verschärft werden mußten. Das traditionelle *boule-* oder *pétanque*-Spiel (das dem Boccia-Spiel ähnelt) wird hauptsächlich im Midi von älteren, manchmal auch jüngeren Männern gespielt. Aber dieser eher gemächliche Sport steht im Gegensatz zur neuen französischen Fitneßwelle, die zahlreiche Gesundheitscenter mit Turnhalle, Massageräumen, Sauna und Schwimmbecken entstehen ließ. *Le jogging* ist gleichfalls sehr beliebt.

Mehr noch als Sport und Fitneß zählt heute der Urlaub, der neben der guten Küche zum Lieblingsvergnügen der Nation geworden ist. Vor dem Krieg konnten sich nur die Wohlhabenden lange Ferien leisten, aber heute erhalten die französischen Lohnempfänger den längsten bezahlten Urlaub in Europa. Es sind mindestens fünf Wochen zuzüglich verschiedener Feiertage wie dem 14. Juli (Nationalfeiertag) und dem 1. Mai (Tag der Arbeit) gesetzlich festgelegt. Fällt einer von diesen auf einen Dienstag oder Donnerstag, so ist es üblich, »eine Brücke zu machen« *(faire le pont)*, indem man den Montag oder Freitag freinimmt, um ein langes Wochenende zu haben. Viele Angehörige der städtischen Mittelschicht benützen jedes Wochenende für einen Kurzurlaub in ihrer Zweitwohnung auf dem Land. Sie besitzen dort entweder ein neues Ferienhaus oder einen umgebauten Bauernhof; die Franzosen haben pro Kopf mehr solcher Zweitwohnsitze als jede andere Nation.

Das gravierendste Element des neuen Freizeitkults ist der Drang »zurück zur Natur«, der mit dem lebhaften Interesse an Sport und Fitneß verbunden ist. Neben Segel-, Radfahr- und Skiurlauben ist *le camping* immer beliebter geworden; die Zahl derer, die einen Campingurlaub verbringen, ist von einer Million 1950 auf heute fünf Millionen angestiegen. Unter den Massen, die sich am Strand in der Sonne aalen, findet man nun viele Frauen »oben ohne«. Selbst in den konservativsten Ferienplätzen wird das heute hingenommen, und in einigen Küstenorten erstreckt sich die »Oben-ohne«-Mode auch auf Läden und Cafés. Ganz unbekleidet zu gehen, ist jedoch außerhalb der beliebten FKK-Bereichen, gesetzlich untersagt. Die Franzosen wagen sich jetzt auch über ihre Grenzen hinaus; jeder sechste Urlaub wird im Ausland verbracht. Italien, Spanien und Griechenland sind die bevorzugten Ziele, aber viele reisen auch bedeutend weiter, zum Beispiel nach Indien oder Mexiko. All diese neuen Urlaubstrends – »zurück zur Natur«, Sport, exotische Urlaubsziele und als vierter die Gastronomie – werden durch eine sehr erfolgreiche französische Nachkriegsinstitution verkörpert, die die ganze Welt erobert hat: den Club Méditerranée.

Der Urlaub in der zweiten Julihälfte oder im August ist eine festverwurzelte französische Sitte. Infolgedessen sind Hotels, Campingplätze und andere Freizeiteinrichtungen in dieser Zeit überfüllt, während sie sonst ziemlich leer sind (ausgenommen die Skiorte). Das beunruhigt die Tourismusindustrie, die dem Niedergang geweiht wäre, gäbe es nicht ausländische Besucher, die ihren Urlaub zu anderen Zeiten verbringen. Zudem geht die Wirtschaftstätigkeit der Nation, verglichen mit der anderer Staaten, im Hochsommer zurück. Die Regierung hat versucht, die Bevölkerung dazu zu veranlassen, ihre Ferien in den Juni und September zu legen, und staffelte deshalb die Schulferien ein wenig. Aber das Ergebnis war eigentlich nur, daß ein Teil der Belastungen sich vom August auf den Juli verlagerte. Wenn Paris im August heute weniger »geschlossen« ist als früher, so geschieht dies nicht im Interesse der Einwohner, sondern weil Theater, Läden und Gaststätten vom Fremdenverkehr profitieren wollen. Der echte Pariser befindet sich wahrscheinlich irgendwo an einem Strand zusammen mit all den anderen Parisern.

Club Méditerranée

Unten links: Mitarbeiter veranstalten Kunstkurse in lebendiger, fröhlicher Atmosphäre. Viele Dörfer haben auch »Mini-Klubs«, wo Fachkräfte sich um die Kinder kümmern, damit die Eltern den ganzen Tag für sich haben. Es gibt auch abendliche Konzerte mit Aufzeichnungen klassischer Musik, doch nimmt die Kultur im Image des Klubs keinen sehr hohen Stellenwert ein.

Der 1950 gegründete Club Méditerranée wurde das größte Unternehmen für Urlaubsgestaltung der Welt und ist eine lebende Legende – eine wunderbare Formel für französische Eleganz, Sinnenfreude und Phantasie. Er wurde von Gérard Blitz, einem belgischen Sportler und Diamantenschleifer, ins Leben gerufen. Seine ersten »Dörfer« bestanden aus Strohhütten an Küsten für einfache Ferien nach dem Motto »Zurück zur Natur«. Die Idee fand Anklang und breitete sich aus: Heute gibt es über 100 solcher Dörfer rund um die Welt, die meisten sind solide Gebäude im Bungalow-Stil, doch sind die wenigen Strohhütten-Dörfer noch immer beliebt. Etwa 60 Prozent der Klubmitglieder stammen nicht aus Frankreich, und der nordamerikanische Markt expandierte rasch.

Das Konzept war auf verführerische Weise einfach und hat seitdem oft Nachahmer gefunden. Da ist einmal die Kameradschaft. Das junge Personal, die sogenannten *gentils organisateurs* (die netten Organisatoren), mischt sich unter die Gäste, die *gentils membres* (die netten Mitglieder), als verbrächte es mit ihnen den Urlaub und »bediente« nicht wie normales Hotelpersonal. Es wird erwartet, daß alle sich duzen, was für Frankreich etwas besonderes ist. Die umfangreichen Mahlzeiten mit kostenlosem Wein werden gemeinsam eingenommen. Zweites Merkmal ist, daß die Außenwelt verbannt ist: kein Geld, nur Perlen, keine Radios oder Zeitungen, keine Schlösser an den Türen. Drittens werden Sport, abwechslungsreiche Veranstaltungen, überhaupt Spiel und Spaß in großer Auswahl angeboten. Dieser fröhliche Eskapismus sagt den Franzosen zu und half sogar, manche der Barrieren und Spannungen in ihrer Gesellschaft abzubauen. »Kultiviertheit inmitten des ›Zurück-zur-Natur‹-Trends und das befreiende Recht ungezwungen zu sein, das ist das Geheimnis unseres Rezepts«, sagt Gilbert Trigano, der jetzige Chef des Klubs.

Unten: Windsurfer in Sveti Marco in Jugoslawien. Die Strohhütten stehen verstreut zwischen den Bäumen am Strand: Die meisten Dörfer sind so gestaltet, daß sie sich gut der Landschaft anpassen. Der Klub legt besondere Betonung auf den Sport – vor allem Wassersportarten wie Surfen, Wasserski, Segeln –, und erfahrene Lehrer stehen zur Verfügung.

Oben: Das neue Dorf in Opio an der Côte d'Azur hat als Zielgruppe anspruchsvolle Urlauber und Tagungsteilnehmer. Es besitzt moderne Konferenzräume mit Fax und Video; die Schlafzimmer sind mit Fernsehen und Fön ausgestattet und haben sogar Schlösser an den Türen. Das alles entwickelte sich im Rahmen der unablässigen Tendenz des Klubs zum Anspruchsvollen, zum Bedauern seiner idealistischen Anhänger aus der Anfangszeit. Das Primitive wird nun als Paket angeboten, und die frühere Mystik ist verwässert.

Unten: Dieses Mädchen trägt eine Halskette aus Popart-Plastikperlen. Mit ihnen werden Getränke an der Bar, Zigaretten und ähnliches bezahlt. Das ist einfacher, als Geld mit sich herumzutragen, und gehört überdies zur besonderen Atmosphäre des Klubs. Einige Dörfer haben inzwischen »hauseigene« Magnet-Kreditkarten anstelle der Perlen eingeführt. Doch weiterhin wechselt in keinem Dorf Bargeld die Besitzer: Es wird bei der Ankunft auf ein Konto eingezahlt.

Pariser Mode

Oben: Zeichnung eines Turbans, 1911 von Paul Poiret entworfen. Paul Poiret, der einflußreichste Couturier in der ersten Dekade des 20. Jahrhunderts, befreite die Frauen vom Korsett und den formellen, verzierten Kostümen des vergangenen Jahrhunderts. Er war vom Orient fasziniert, was sich in den leuchtenden Farben und dem fließenden Stil seiner Entwürfe niederschlug. Auslöser war ein inspirierender Besuch in der indischen Abteilung des Victoria and Albert Museum in London. Gleichzeitig ging mit der Ankunft des *Ballet Russe* eine Woge der Begeisterung für »Orientalia« durch Paris.

Rechts oben: Yves Saint Laurent bei der Arbeit in seinem Modesalon. Er begann seine Karriere als Assistent von Christian Dior. Nach dessen Tod übernahm er die Leitung des Hauses, aber die Ableistung der Wehrpflicht in den 50er Jahren unterbrach seine Karriere und führte zu einem Zusammenbruch. Er wurde bald entlassen, mußte aber feststellen, daß seine Position bei Dior inzwischen von Marc Bohan übernommen worden war. Saint Laurent gründete ein eigenes Modehaus, das bald das seines Lehrers in den Schatten stellte. Mit seiner eleganten Schnittführung und dem geschmackvollen Einsatz der Farben ist er heute der führende Pariser Couturier.

Rechts: Mademoiselle Gabrielle »Coco« Chanel war eine Näherin und eine enge Freundin des Herzogs von Westminster und seines Kreises. Ihr eigenes kühnes Modebewußtsein ließ sie tonangebend für die Damen der Gesellschaft werden und im Alter von über 40 Jahren eine Karriere als Modeschöpferin wagen. Sie führte den sportlichen Stil ein, die Mode der sonnengebräunten Teints, die einfache Eleganz von Jerseystoffen und Tweed und die üppige Verwendung von Modeschmuck.

Außen rechts: Grobe Tweed-Ensembles von Madeleine Vionnet aus dem Jahr 1938. Auf Madame Vionnet geht die Technik des Schnitts schräg zum Fadenlauf zurück, durch den die Materialien – gleich ob Tweed, Satin oder Seide – die Körperformen bei der Bewegung zart betonen. Sie selbst war bis zu ihrem Ende elegant gekleidet: Bei ihrem letzten Interview, das sie im Alter von 94 Jahren gab, erschien sie in einem rosa Hosenanzug, den Balenciaga, ihr bevorzugter Couturier, entworfen hatte.

Frankreich und insbesondere Paris gelten als Modezentrum der Welt. Die Ursprünge dafür sind an den Königshöfen des 14. Jahrhunderts zu suchen. Bei einer so langen Tradition erstaunt es nicht, daß die Mode in der französischen Gesellschaft einen bedeutenden Beitrag zu den Künsten geleistet hat und den Franzosen in Fleisch und Blut übergegangen ist. Es heißt, daß die französischen Frauen mit einem intuitiven Sinn für schöne Kleidung ausgestattet sind. Als Besitzerinnen eines Erbes von Jahrhunderten der Eleganz und des Schicks förderten Damen der Gesellschaft und Arbeiterinnen gleichermaßen den Ruhm von *»la couture«*.

Bis ins 19. Jahrhundert wurden Holzpuppen, sogenannte Pandoras, in der jeweiligen Mode der adeligen Damen gekleidet und an ausländische Höfe geschickt, wo man sie kopierte. Königliche Heiraten, Bündnisse, der Austausch von Botschaftern und Tuchkaufleuten trugen zur Verbreitung der französischen Mode bei. Später, als die Druckverfahren sich verbesserten, ersetzte man die Puppen durch Modezeichnungen und Illustrationen. Mit dem Erscheinen von Frauenzeitschriften erreichte das Modebewußtsein einen noch größeren Kreis.

Um 1775 existierten in Paris etwa 1700 Schneiderwerkstätten. Mit der Erfindung der Nähmaschine wurde mehr Kleidung für mehr Menschen verfügbar. Es gilt jedoch heute noch genauso wie früher, daß sich die Veränderungen in der Mode eher durch die Unterschiede in den Details als im Gesamtbild vollziehen. Nach den zwei Weltkriegen gelang es Paris sehr schnell, mit berühmten Namen wie Dior, Balenciaga, Givenchy, Balmain, Courrèges, Cardin und Yves Saint Laurent seinen Ruf als Modezentrum wiederherzustellen.

Oben: Kein Designer kann allein bestehen, sondern muß sich, wie hier in der Werkstatt von Christian Lacroix, auf ausgezeichnet eingearbeitetes Personal verlassen können. Der Zuschneider und der Anpasser sind die Chefs in der Werkstatt. Sie sind imstande, die Entwürfe ihres Meisters in Arbeitsmuster – Modelle in billigen Stoffen – umzusetzen, um zu sehen, wie sie dreidimensional wirken. Das Team der Werkstätten und die Assistenten sind das Herzstück des Hauses. Die Arbeit ist verantwortungsvoll und eines der wenigen noch übriggebliebenen Handwerke, die nicht von Maschinen abhängig sind (das ist anders, wenn das Sortiment für den Massenabsatz entworfen wird). Das System hat sich seit seinen Anfängen kaum verändert, und das Personal der Werkstätten ist äußerst loyal und stolz auf sein jeweiliges »Haus«.

Links: Eine »neue Linie« von Dior aus dem Jahr 1954, die durch die lange, schmale Silhouette den Oberkörper betont. Dior verkaufte seine ersten Modezeichnungen für Hüte als Dreißigjähriger. Er arbeitete von da an für so angesehene Häuser wie das von Robert Piguet and Lucien Lelong. Dann wurde er Marcel Boussac, dem Finanzier und Textilmagnaten, vorgestellt, der ihn bei der Gründung eines eigenen Modehauses unterstützte. Im Februar 1947 eröffnete er es mit der historischen Kollektion, die als »New Look« bezeichnet wurde, mit langen, schwingenden Röcken und schmalen Taillen. Die Modewelt wurde auf ihn aufmerksam. Seine kurze, aber glanzvolle Laufbahn endete zehn Jahre später mit seinem plötzlichen Tod.

Transportsysteme

Unten: Die Concorde, das englisch-französische Überschallflugzeug, das in den 70er Jahren unter erheblichen Kosten gebaut wurde, erscheint zwar wie ein graziöser Vogel und bleibt ein technischer Triumph, erwies sich aber als kommerzielle Katastrophe. Die beiden einzigen Fluglinien, die es kauften, waren gezwungenermaßen die der beiden Nationen, die es gebaut hatten – Air France und British Airways. Air France benutzt die Concorde noch auf einigen Transatlantikrouten, fliegt aber sonst Boeings und Airbusse. Die staatseigene Air France unterhält weltweit das umfassendste Flugnetz, ihre innerfranzösische Linie, Air Inter, bedient zusammen mit privaten Luftlinien Frankreich mit dem flächendeckendsten Inlandnetz in Europa.

Die Franzosen haben große Anstrengungen auf die Entwicklung ihres Transportnetzes verwendet. Es ist heute weltweit eines der modernsten und effektivsten. Der größte Teil der Anlagen wurde in Frankreich gebaut, darunter die Lokomotiven und der Fahrzeugpark, Flugzeuge wie Airbus und die Métrosysteme von Paris, Lyon, Lille und Marseille, die nun auch in anderen Städten entwickelt werden.

Die französische Eisenbahngesellschaft, die Société Nationale des Chemins de Fer Français (SNCF) wurde 1937 nationalisiert. Nach dem Zweiten Weltkrieg legte man einige 10 000 Kilometer Nebenlinien wegen Unrentabilität still und ersetzte sie durch Bahnbusse. Die französischen Züge sind für ihre Pünktlichkeit, ihren Komfort und ihre im allgemeinen niedrige Unfallziffer bekannt. Nur etwa 30 Prozent der Strecken sind elektrifiziert, aber über sie laufen 75 Prozent des Gesamtverkehrs. Ein Hauptproblem ist der Verlust eines Großteils des gleichwohl subventionierten Gütertransports an den Lastwagenverkehr auf den Straßen, weil die Benutzer letzterem den Vorzug geben.

Autobahnen wurden anfangs nur zögernd gebaut, vielleicht weil hier eine geringere Nachfrage bestand als in dichter besiedelten Ländern. Doch heute verfügt Frankreich über ein zufriedenstellendes Netz von 7000 Kilometern *autoroutes*, die sich relativ gut der Landschaft anpassen. Sie wurden teils vom Staat, teils von Privatfirmen gebaut. Leider werden auf allen hohe Mautgebühren verlangt, was in Europa unüblich ist und viele Fahrer veranlaßt, die alten, verkehrsreichen Hauptstraßen zu benutzen.

Links: Der motorisierte Verkehr in Paris bewegt sich sehr unterschiedlich – rasch auf den neuen Schnellstraßen entlang der Seine und auf einigen breiten Boulevards, nur langsam jedoch in dem Gewirr der alten, engen Geschäftsstraßen auf dem rechten Seineufer, wo ein Stau entsetzliche Ausmaße haben kann. Trotz ausgezeichneter öffentlicher Transportmöglichkeiten betrachten viele Pariser den Gebrauch des eigenen Wagens noch immer als unumstößliches Recht.

Unten: Die Pariser Métro hat eine Verschönerung erfahren. An manchen Stationen weist wie hier die Ausgestaltung auf die Eigenheiten des *quartier* hin. Die Züge sind schnell und erscheinen oft – aber die Diebe und Räuber verhalten sich ähnlich.

Oben: Der Hochgeschwindigkeitszug (TGV), der in den 80er Jahren eingeführt wurde, gilt als der schnellste Zug der Welt mit einer Spitzengeschwindigkeit von über 270 Stundenkilometern. Er hat die Fahrzeit der 460 Kilometer langen Strecke Paris – Lyon von vier auf zwei Stunden reduziert und damit den Fluggesellschaften die Hälfte der Passagiere auf dieser viel benutzten Route abspenstig gemacht. Inzwischen verkehrt er auch auf anderen Strecken.

Rechts: Manche Wagen der modernen französischen Züge ähneln den Erste-Klasse-Abteilungen eines Flugzeuges.

KULTUR UND INTELLEKTUELLES LEBEN

Oben: Die Schriftstellerin Marguerite Yourcenar (1903-1987) war die erste Frau, die jemals in die männliche Bastion der Académie française gewählt wurde. In Brüssel geboren, verbrachte sie ihre Jugend im Haus der Familie in der Nähe von Lille. Hier erwachte ihre tiefe Liebe zur Natur, die ihr dichterisches Werk auszeichnet und auch dazu führte, daß sie sich in späteren Jahren von ihrem Wohnsitz in Maine, USA (das Photo ist dort aufgenommen), in der Ökologie-Bewegung engagierte. Bekannt sind ihre historischen Romane, wie *Mémoires d'Hadrian (Ich zähme die Wölfin)*. Sie schrieb auch bewegend über die »langsam schwelende flämische Glut« ihrer eigenen Herkunft.

Frankreich ist ein Land, in dem Kultur und Ideen sowie deren Vermittler und Schöpfer seit langem ein erstaunlich hohes Ansehen genießen. Dabei gelang es ihm immer, seine Kultur aufs vorteilhafteste zu präsentieren. Großzügige staatliche Schirmherrschaft über die Künste hat in diesem Prozeß eine Rolle gespielt, nicht nur durch die Bereitstellung von Geldmitteln, sondern durch den damit verbundenen höheren offiziellen Status, den Kultur hier im Vergleich zu vielen anderen Ländern erhielt. Heute steht der Kultur knapp ein Prozent vom französischen Gesamtbudget zur Verfügung, das ist etwa dreimal soviel wie in Großbritannien. Frankreich kann auch ein Kulturministerium mit einer beachtlichen Machtposition aufweisen. Der staatliche Einfluß neigte natürlich zum Konservativen und Etablierten, aber auch die Avantgarde fand Wege, sich der Schirmherrschaft zu bedienen.

Es war Colbert, der Finanzminister von Ludwig XIV., der eine systematische Förderungspolitik der Künste als ein Instrument für Frankreichs Macht und Ansehen einleitete: Er gründete die Akademien für Architektur und Wissenschaft, er entwickelte den Louvre als Museum, und es war zu seiner Zeit, daß die Comédie Française, das älteste Nationaltheater der Welt, gegründet wurde. Noch früher, in den 30er Jahren des 17. Jahrhunderts, hatte Richelieu die Académie française geschaffen, eine typisch französische Institution, die die formale Stellung des Schriftstellers in Frankreich hob. Sogar heute noch tragen ihre 40 Mitglieder, *les immortels*, bei zeremoniellen Anlässen bestickte Uniformen und Schwerter. Ihre Vertreter sind zumeist Literaten neben einigen Geistlichen, Diplomaten und Wissenschaftlern. In den Rangstufen des Protokolls kommt ein *académicien* vor einem Minister oder Botschafter und direkt hinter einem Prinzen oder Kardinal. Aufgabe der Akademie ist es, die Maßstäbe des literarischen Geschmacks aufrechtzuerhalten. Es überrascht nicht, daß ihr Einfluß immer konservativ war und sich Neuerungen entgegenstellte: Gesellschaftskritische Autoren wie Balzac im 19. Jahrhundert und später Sartre traten nicht in ihre Reihen. Sie ist auch eine Bastion des männlichen Chauvinismus und ließ bis 1980 - mit dem Eintritt von Marguerite Yourcenar - keine Frauen zu. Seit ihrem Tod gibt es zwei weitere *immortelles*. Es bleibt eine hohe Ehre, gewählt zu werden, aber ein größerer Einfluß geht von der Akademie nicht mehr aus.

Malraux und Lang

In einem Land, in dem zumindest bis 1950 Paris die Tendenz hatte, alles auf sich zu konzentrieren, so daß dem restlichen Frankreich der Lebensnerv abgeschnitten schien - auf kulturellen wie anderen Gebieten -, machte sich fast jeder ehrgeizige Künstler auf den Weg ins Rampenlicht der Hauptstadt. Schriftsteller wie Balzac (1799-1850), Mauriac (1885-1970) und Maupassant (1850-1893) gingen, obwohl sie von ihren heimatlichen *pays* geprägt waren, nach Paris, um dort zu leben und sich einen Namen zu machen. Paris mag zwar nach wie vor der beste Ort sein, um kreativ zu arbeiten, aber die Künstler sind in zunehmendem Maß bereit, ihre Karriere fern der Metropole zu starten. Außerdem fördert die offizielle Kulturpolitik seit dem Krieg vor allem die Kultur in den Provinzen.

In den frühen 60er Jahren begann der vielseitige André Malraux, der sich vom ehemaligen Kommunisten zum weitblickenden Kulturpolitiker und Propheten de Gaulles gewandelt hatte, mit dem grandiosen Programm, ein regionales Netz von riesigen Mehrzweckkunstzentren aufzubauen - die berühmten Maisons de la Culture. Sie würden, so behauptete er, Frankreich in die Lage versetzen, »wieder die führende Kulturnation der Welt zu werden«. (Ein verdecktes Eingeständnis, daß es diese Führung nicht mehr hatte.) Jedes Zentrum, sagte er, sollte nur anspruchsvolle Arbeiten zeigen und dadurch die Pariser Maßstäbe in ganz Frankreich verbreiten. Platz für reine Unterhaltung oder lokale Amateurproduktionen würde es nicht geben. Darüber hinaus beabsichtigte Malraux, daß die Maisons auch die Arbeiterschicht in die Theater und die Kunstausstellungen lockten und damit die Vorstellung von der Kultur als Privileg des Bürgertums zerstörten. Aber die Arbeiter, abgeschreckt von dem anspruchsvollen Programm dieser riesigen Kulturtempel, machten nie mehr als zwei oder drei Prozent des Publikums aus. Zudem geriet Malraux in Konflikt mit den örtlichen Bürgermeistern, die nicht so kulturbesessen waren wie er, denn die Maisons sollten vom Staat und den Städten je zur Hälfte getragen werden. Nachdem er 1969 sein Amt niederlegte, wurde der Bau neuer Maisons gestoppt und die Programmauswahl etwas gelockert (Popkonzerte sind nun manchmal erlaubt, aber keine Auftritte von Amateuren). Heute sind noch etwa ein Dutzend Maisons in Betrieb: die größten stehen in Grenoble, Rennes und Amiens. Enorme Kosten und ungenügende Mittel gestatten es jedoch nicht, ein volles Programm durchzuführen, und so stehen sie die meiste Zeit halbleer.

Realistischerweise liegt heute die Betonung auf dem Bau von viel kleineren, regionalen Zentren, und die Last der Kulturförderung hat sich ein wenig vom Staat hin zu den

Stadträten und den neugeschaffenen Regionalräten verschoben. Die meisten großen Städte leisten jetzt ihre eigene, aktive Kulturpolitik, die oft zehn Prozent des städtischen Haushalts ausmacht. Anders als in Großbritannien wird sie angesichts starker Rivalitäten der Städte untereinander als städtische Prestigeangelegenheit angesehen, die Wählerstimmen bringt. Kultur ist eine Sache des Lokalstolzes, ein Statussymbol ähnlich einer guten Fußballmannschaft.

Im Unterschied zu Malraux glaubte Jack Lang, der junge Sozialist, der 1981 und noch einmal 1988 Kulturminister wurde, daß »alle Künste wichtig sind, auch die kleineren«. Er dehnte die Förderung auf neue Gebiete aus, gründete ein Comicmuseum in Angoulême, ein Kostümmuseum im Louvre, eine Schule für Photographie in Arles und sogar eine Schule für Zirkuskünstler. Er unterstützte auch die Jazz- und Rockmusik finanziell. Etwa 5500 kleine, lokale Gruppen und Theaterensembles profitierten von seiner Großzügigkeit. Heute ist der Animateur - der in abgelegene Gegenden geht und Festivals einrichtet, Dichterlesungen, Töpferklassen oder andere kleine lokale Aktivitäten organisiert - ein wichtiger Beruf in Frankreich, der sogar das durch den sinkenden Einfluß des *curé* oder des *instituteur* entstandene Vakuum füllt. In den letzten Jahren ging der Trend in der Kultur Frankreichs weg vom Feierlichen und Vergeistigten hin zum Farbenfrohen und Amüsanten.

Lange Zeit neigten die Franzosen dazu, *la culture* mit Ehrfurcht zu betrachten. Die Schulen sehen einen *valeur* (Wert) eher darin, daß Kinder Wissen passiv aufnehmen, als daß sie es sich spielerisch im aktiven Prozeß aneignen. Und außerhalb der Schule besteht die Tendenz, daß das Publikum in Theatern oder Opernhäusern von professionellen Vertretern mit Kultur gefüttert wird. Man war der Meinung, auf diese Art Weisheit zu erwerben. Aber der neue, durch Lang symbolisierte Ansatz versteht Kultur als Unterhaltung, als einen Weg des persönlichen Ausdrucks und der persönlichen Teilnahme. Lang trat eher für Amateurveranstaltungen ein als für die Unterstützung ehrwürdiger Institutionen wie der Comédie Française, und er inspirierte, was eine »ununterbrochene Karnevalatmosphäre« genannt wurde.

Ein damit verbundener, aber viel älterer Konflikt ist der zwischen Klassik und Avantgarde. Die Franzosen verehren ihre Klassiker, vielleicht sogar zu sehr, doch zumindest in Pariser Kreisen können sie sich auch leidenschaftlich für das Neue um seiner selbst willen begeistern. In diesem Milieu gilt es als schick, die Avantgarde zu verfolgen, und in den besten Abendgesellschaften ist es ein Muß, Ansichten über die letzten kulturellen Ereignisse zu äußern. Folglich wird vieles, was unecht oder angeberisch ist, bewundert und bald danach vergessen. Aber gleichzeitig hat die französische Offenheit für Neuerungen ein Klima geschaffen, in dem künstlerische Originalität leichter gedeihen konnte als in den meisten anderen Gesellschaften. Zum Beispiel waren die Romane von Flaubert und Zola oder die Gemälde der Impressionisten und Kubisten in ihrer Zeit vielleicht auf schockierende Weise revolutionär, heute aber sind sie Teil des französischen kulturellen Erbes.

Oben: Das Gemälde von 1791 zeigt eine Aufführung der Comédie Française in ihrem Theater in der Nähe vom Louvre, wo sie heute noch spielt. Kurz nach Molières Tod 1673 von seiner Schauspieltruppe gegründet, ist sie das älteste noch bestehende Nationaltheater der Welt. Sie ist eine Art Kooperative unter der Leitung von 30 fest engagierten Schauspielern, den sogenannten *sociétaires*. Zu den früheren Mitgliedern gehörten Sarah Bernhardt und Jean-Louis Barrault. Als »Le Français« bekannt, war sie lange ein Hort der pathetischen, rhetorischen Tradition des französischen Schauspielstils. Nachdem sie ziemlich öde und langweilig geworden war, wurde sie 1970 durch den großen Schauspieler und Direktor Pierre Dux erneuert. Er schockierte sein bürgerliches Publikum mit der Premiere von Ionescos *La soif et la faim (Hunger und Durst)*, in dem in einer Szene das Christentum verhöhnt wird. Er brachte auch ausländische und zeitgenössische Stücke von Aischylos bis Brecht und Sartre. Doch die Dramen von Molière blieben weiterhin die Hauptstütze des Repertoires.

Oben: Pierre Mignards Porträt von Jean-Baptiste Molière (1622–1673), dem bei weitem größten der französischen Komödiendichter. Er hatte ein scharfes Auge für die Schwächen, Eitelkeiten, Laster, Heucheleien und Affektiertheiten der Gesellschaft und prangerte sie geistreich, aber nicht unbarmherzig in seinen Meisterwerken an. *Tartuffe*, *Le misanthrope (Der Menschenfeind)*, *L'avare (Der Geizige)* und *Georges Dandin* sind vielleicht die besten. Molière begann als Schauspieler und gründete seine eigene Theatertruppe, mit der er durch die Provinz zog. In Paris gewann er die Gunst des Königs, der die Schutzherrschaft über die Truppe übernahm, doch schockierten einige seiner Satiren den Hof so sehr, daß sie verboten wurden.

Frankreich hat eine sehr große Tradition in der Literatur und Philosophie, in den bildenden Künsten und im Film, vielleicht etwas weniger auf dem Gebiet des Theaters und der Musik. Unter den bedeutendsten Namen, Descartes, Pascal und Voltaire, Balzac und Proust, Berlioz und Renoir (Vater und Sohn) – und in jüngerer Zeit – Gide, Sartre und Camus, um nur einige zu nennen, sind die Spitzen der westlichen Kultur. Das einmalige intellektuelle Klima von Paris zog auch geniale Zuwanderer an und integrierte sie: den Schweizer Rousseau, den Spanier Picasso, den Iren Beckett und so weiter. Frankreich ist ein Kraftzentrum für neue Ideen, neue Bücher und Bilder und alle Arten kreativer Bestrebungen.

Kultur und Kunst heute

In vielen westlichen Ländern – und in Frankreich noch mehr als in den meisten anderen – gilt die Aufmerksamkeit nicht länger dem einzelnen Maler oder genialen Dichter in seinem Atelier oder seinem Arbeitszimmer, sondern den Neuerungen, die kleine Gruppen von Schauspielern beziehungsweise Musikern oder Workshops mit Bühnenbildnern, Bildhauern oder Videoregisseuren in enger Zusammenarbeit mit ihrem Publikum leisten. Diese Art Kultur ist weniger vergeistigt und philosophisch, dafür wahrscheinlich kurzlebiger und sozialer als das klassische Muster. Das Wiederaufleben der darstellenden Künste und ihre große Beliebtheit beim breiten Publikum haben dem französischen Leben neue Vitalität verliehen. Gleichzeitig aber fehlt es an Romanciers, Dramatikern, Malern, Komponisten und Filmemachern von Rang. Es scheint, als sei Frankreichs unumstrittene Führung in der Kunst an andere übergegangen – vermutlich an New York.

Die Gründe für diesen Niedergang sind nicht leicht auszumachen. Vielleicht hat die Phase der schnellen industriellen und sozialen Umwälzungen die Energien der Nation in andere Richtungen gelenkt und der technokratische Geist, der unter de Gaulle und Giscard so ausgeprägt war, der Kreativität geschadet. Möglicherweise verursachten der Aufstieg einer konsumorientierten Gesellschaft und der Rückgang der alten Linksideologien bei vielen Denkern und Künstlern ein Gefühl der Leere und Entfremdung. Aber dies ist kein spezifisch französisches Problem, sondern ist auch in Deutschland und Italien zu verzeichnen. Als Mitterrand und Lang die staatlichen Ausgaben für Kultur erhöhten und neue Subventionen vergaben, war eines ihrer Ziele, durch ein besseres kulturelles Klima die kreative Tätigkeit anzuregen. Doch ist dieser Wunsch leider nicht in Erfüllung gegangen.

Die Präsidenten Pompidou und Mitterrand unternahmen Anstrengungen, das kulturelle Ansehen von Paris durch ehrgeizige neue Bauprojekte wie das Centre Pompidou oder die Opéra de la Bastille und durch grandiose Festivals und historische Aufführungen wiederzubeleben. Tatsächlich gelang es ihnen, einen Teil der internationalen Aufmerksamkeit wieder auf die Stadt zu lenken, besonders 1989 anläßlich der 200-Jahr-Feier der Französischen Revolution. Sie hofften auch, wie in früheren Tagen vermehrt ausländische Künstler und Schriftsteller zum Leben und Arbeiten in der Stadt anzulocken. In den letzten Jahren waren unter den Zugezogenen politische Emigranten aus Lateinamerika und Osteuropa wie der argentinische Theaterregisseur Jorge Lavelli und der tschechische Schriftsteller Milan Kundera sowie Modemacher wie der Deutsche Karl Lagerfeld oder der Japaner Kenzo. In der Tat ist die Pariser Kulturszene außergewöhnlich international. Sie beschäftigt die besten ausländischen Talente, und auch die meisten staatlichen Projekte für Kulturpaläste wurden ausländischen Architekten anvertraut. Obwohl Paris kulturell so lebendig erscheint, entdecken manche Leute eine gewisse Schalheit, sogar Dekadenz in der verzweifelten Suche nach Neuheiten und kulturellem Schick.

Das Theater

Die französische Tradition des großen Dramas geht in erster Linie zurück auf das 17. Jahrhundert und die Tragödien von Corneille und Racine sowie die Gesellschaftskomödien Molières, der seine eigene Theatertruppe hatte. Racines bombastischer, rhetorischer Stil wirkt heute etwas altmodisch, aber Molières Satiren auf die menschlichen Schwächen sind genauso aktuell und treffend wie damals, und er gehört noch immer zu den meistgespielten französischen Autoren. Später kamen Marivaux (1688–1763) mit seinen leichten und seichten Liebeskomödien und Beaumarchais (1732–1799), dessen *Le barbier de Séville (Der Barbier von Sevilla)* und *Le mariage de Figaro (Figaros Hochzeit)* auch als Opern gestaltet wurden. Im 19. Jahrhundert durchlebte das französische Theater eine schlechte Phase, trotz der Versuche von Victor Hugo in den 30er Jahren, die strengen Theaterkonventionen mit seinen lebendigen, romantischen Dramen *Cromwell* und *Hernani* zu sprengen. Später genossen einige zweitklassige Autoren wie Alexandre Dumas der Jüngere (*La dame aux camélias*, 1852/*Die Kameliendame*) und Edmond Rostand (*Cyrano de Bergerac*, 1897) große Publikumserfolge. In jüngerer Zeit erwiesen sich die Jahre zwischen 1920 und 1960 als goldene Zeit: Philosophisches Denken verband sich mit poetischer Lyrik in den Werken von Giraudoux und Claudel und mit der geistreichen Komödie in den Stücken Anouilhs. Unter den vielen bemerkenswerten Dramatikern der frühen Jahre nach dem Zweiten Weltkrieg sind Sartre und Genet, de Montherlant und Audiberti hervorzuheben. Das sogenannte »absurde

Theater« wurde hauptsächlich von nach Paris emigrierten Schriftstellern entwickelt – Adamov aus der Sowjetunion, Ionesco aus Rumänien und Beckett aus Irland. Allerdings sind seit dieser Zeit, also in den letzten 30 Jahren, keine neuen bedeutenden Dramatiker mehr zu verzeichnen.

Andererseits erlebt das französische Theater heute eine Blüte sowohl in Paris wie in der Provinz. Die Besucherzahlen in den alten kommerziellen Pariser Theaterhäusern, den *théâtres du boulevard,* die das Bürgertum mit leichten Unterhaltungskomödien versorgten, sind jedoch zurückgegangen: sie leiden unter der Konkurrenz des Fernsehens. Aber die staatlich subventionierten Repertoiretheater, die ein jüngeres und ernsthafteres Publikum anziehen und Experimente wagen können, sind erfolgreich. Ihre älteste und ehrwürdigste Institution, die Comédie Française, wurde auf den neuesten Stand gebracht; große Regisseure wie Jean-Louis Barrault erhielten staatliche Mittel, um interessante Arbeiten zu realisieren; und das Théâtre de l'Odéon betreibt die einfallsreiche Politik, ausländische Gastensembles wie die britische Royal Shakespeare Company einzuladen, die Stücke in ihrer Muttersprache aufführen. Das Pariser Theater ist heute kosmopolitisch und offen für neue Ideen: Bezeichnenderweise hat der berühmte, experimentelle britische Regisseur Peter Brook nicht London, sondern Paris als Arbeitsdomizil gewählt, wo sein internationales Ensemble bessere Finanzierung und Arbeitsbedingungen findet.

Noch bedeutsamer war der Wandel in der Provinz, wo vor dem Zweiten Weltkrieg das Theater so gut wie nicht existierte. Kurz nach 1945 beschlossen eine Reihe von talentierten, jungen Schauspielern und Regisseuren, auf den ständigen Konkurrenzkampf in Paris zu verzichten und in anderen Städten Repertoiretheater zu gründen, die bald staatliche Unterstützung erhielten. Einer von ihnen war Roger Planchon in dem Lyoner Vorort Villeurbanne. Seine Pionierarbeit gelangte zu solchem Ruhm, daß die Regierung ihn 1972 ehrte, indem sie seinem Ensemble den Titel des Théâtre Nationale Populaire (TNP) verlieh. Das TNP war 1951 in Paris von dem großen Jean Vilar gegründet worden, hatte aber später an Ansehen verloren. Einige der brillantesten Theaterregisseure, zum Beispiel Patrice Chéreau, haben mit Planchon in Lyon, wo sein TNP immer noch als Frankreichs bestes Theater nach der Comédie Française angesehen wird, zusammengearbeitet.

In Avignon ist das 1956 von Vilar und dem Schauspieler Gérard Philippe gegründete sommerliche Theaterfestival nach wie vor das führende seiner Art in Europa. Es werden etwa 400 Produktionen aller Richtungen gezeigt. Die meisten sind von unkonventionellen, privaten Gruppen, manche bieten aber auch extrem Avantgardistisches. Andere Städte, wie Marseille, Straßburg, Toulouse und Rennes, haben ebenfalls bemerkenswerte Repertoiretheater. Daneben entstehen Hunderte von kleinen, kurzlebigen *ad-hoc*-Ensembles, deren Inszenierungen von improvisierten oder experimentellen Stücken bis zu den großen Klassikern (Shakespeare ist beliebt) reichen.

In Paris werden neben den faden neuen Komödien in den Boulevardtheatern hauptsächlich Wiederaufführungen der Klassiker oder moderne ausländische Stücke gezeigt. Englische Autoren wie Harold Pinter und Tom Stoppard sind ebenso in Mode wie einige deutschsprachige, zum Beispiel Thomas Bernhard, Botho Strauß und Heiner Müller. Die ernstzunehmenden neuen französischen Autoren der letzten 30 Jahre wie Marguerite Duras, Michel Vinaver, Jean-Claude Grumberg und Bernard-Marie Koltès scheinen nicht erstrangig zu sein, denn Produzenten neigen zu der Ansicht, daß ausländische Autoren sie mit realitätsbezogeneren Themen, die besser unserer modernen Welt entsprechen, versorgen; und sogar die staatlich subventionierten Theater bemühen sich kaum, französische Talente zu entdecken.

Die Hauptursache für diesen Mangel an neuen Stücken ist vielleicht darin zu sehen, daß die gewandten und modernen Regisseure, die die Szene in den letzten 20 Jahren dominierten, eine völlig andere Vorstellung vom Theater pflegen. Sie haben kein Interesse, einen Text von einem Autor zu bekommen und ihn dann wortgetreu aufzuführen: für sie ist ein lebender Autor ein ständiges Ärgernis, ein Hindernis für ihre eigene kreative Phantasie. Sie ziehen es vor, entweder ihren eigenen Text zu schreiben oder die Stücke verstorbener Autoren, die sich nicht einmischen können, radikal anders zu interpretieren. Dies läßt ein neues, visuelles Theater entstehen, in dem Beleuchtung, Bewegung und Mimik stärker wirken als das gesprochene Wort.

Manchmal benutzen der Regisseur und das Ensemble ein Thema – oft ein historisches – und entwickeln improvisierend daraus gemeinsam während der Proben ein Stück. Die talentierte Ariane Mnouchkine und ihr Ensemble vom Théâtre du Soleil verfuhren so mit den Ereignissen der Revolutionsjahre 1789 und 1793 und sogar mit dem Völkermord in Kambodscha als Bühnenstoff. Eine andere Möglichkeit ist die Umarbeitung eines literarischen oder politischen Prosatextes durch einen Regisseur in ein dramatisches Stück, wie es der verstorbene Antoine Vitez machte. Aber die beliebteste Methode besteht darin, einen Klassiker – Racine, Molière oder Marivaux – zu nehmen und ihn durch verschiedene darstellerische Blickfänge und gar eine Umstellung des Textes in etwas kaum mehr Erkennbares zu verwandeln. Planchon, Chéreau und Vitez sind die Hohenpriester dieses Kultes, der nicht auf Frankreich be-

Oben: Ariane Mnouchkine (1938 geboren), hier bei der Regie eines Films, zählt zu den begabtesten französischen Theaterleitern einer neuen Richtung, die lieber um ein von ihnen gewähltes Thema eine Handlung inszenieren als den Text eines Dramatikers benützen. Nach 1968 gründete sie das Théâtre du Soleil als eine Art Kooperative in einer aufgegebenen Fabrik in einem Vorort von Paris. Sie und ihre Truppe schufen eine dramatische Collage zur Französischen Revolution. In ähnlicher Technik brachte sie Klaus Manns Roman *Mephisto* auf die Bühne und sogar den Völkermord in Kambodscha. Sie hat auch Filme gedreht, besonders bemerkenswert ist die Verfilmung von Molières Leben und seiner Zeit.

Rechts: Pierre Boulez (im Bild links) vor einem Modell seines Forschungszentrums für moderne Musik, IRCAM, bevor es 1977 in Paris eröffnet wurde. Boulez (1925 geboren) ist Frankreichs führender moderner Komponist, ein innovativer Wegbereiter der sogenannten seriellen Musik und auch ein bekannter Dirigent. Jahrelang war er in Frankreich geschmäht und arbeitete deshalb in Deutschland, Großbritannien und den USA, wo er renommierte Orchester dirigierte. Seit 1972 ist er wieder in Paris, wo er ein kleines, aber treues Publikum zu seinen leidenschaftlich vorgetragenen Theorien über die moderne Musik bekehrt hat. Dieses Publikum ist weiterhin nur eine Minderheit unter den Musikliebhabern, aber zu seinen Kammerkonzerten kommen zuweilen über 1000 Zuhörer.

schränkt ist: Peter Zadek hat fast dasselbe in Deutschland unternommen. Einige Kritiker sind begeistert über die Kunstfertigkeit der *mise-en-scène* oder behaupten, daß die Regisseure neue Ebenen und Bedeutungen im Text gefunden hätten. Sie stellen fest, daß das Verfahren hilfreich sei, um die großen Dramen von den schwerfälligen Einengungen zu befreien, die ihnen über Jahrhunderte die Comédie Française auferlegt hatte. Aber andere sind schockiert über die Verzeichnungen und werfen den Regisseuren - möglicherweise aus Neid auf ihre Begabung - vor, mutwillig die Autoren falsch zu interpretieren, besonders solche, die tot sind. Dieser Trend hat in Frankreich Tradition, wo eine neumodisch orientierte Clique - ob im Theater, in der Literatur oder in der Kochkunst - eine Zeitlang eine »Geschmackstyrannei« über die anderen ausübt.

Die Musik

In den letzten 20 Jahren hat Frankreich ein Wiederaufleben der musikalischen Aktivitäten und der öffentlichen Begeisterung für Musik erfahren. Voran ging eine dürre Periode, in der es schien, daß die Nation eine große Tradition vernachlässigte. Frankreich war vom 18. Jahrhundert bis zur Mitte des 19. Jahrhunderts eine führende Nation im Bereich der Musik gewesen. Um 1830, zur Zeit Hector Berlioz' (1803 - 1869), einem einheimischen Komponisten von Weltrang, zog Paris bedeutende Namen an: unter anderem lebten und arbeiteten hier Chopin, Liszt und Rossini. Seit der Wirkungszeit von Noverre (1727 - 1810) nahm auch das Ballett eine Spitzenstellung ein und behielt diesen Rang bis ins frühe 20. Jahrhundert, als Strawinsky seine wichtigsten Ballette schuf. Wie in der Literatur und den bildenden Künsten war das späte 19. und frühe 20. Jahrhundert eine fruchtbare Periode, in der eine Reihe von hervorragenden Komponisten - unter ihnen Debussy, Saint-Saëns, Ravel und Bizet - eine Musik schufen, die sinnlich, elegant und poetisch war; einige der besten Kompositionen wurden für Ballett oder Oper geschrieben, zum Beispiel Bizets *Carmen* (1875).

Aber die Sozialreformer des späten 19. Jahrhunderts strichen nicht nur die Geldmittel für die Musik, sondern sie wiesen ihr auch eine untergeordnete Stellung in den neuen Schullehrplänen zu: Generationen französischer Kinder wuchsen praktisch ohne Musikunterricht auf. In den 50er Jahren des 20. Jahrhunderts gab es immer noch etwa 30 regionale Konservatorien, doch sie wurden auf eine verstaubte, akademische Art geführt, die jedes Gefühl der Freude ausschloß. André Malraux unternahm als Kulturminister in den 60er Jahren nichts, um diese Situation zu verbessern. Er behauptete sogar, daß Musik eine »zweitklassige Kunst« und Frankreich »keine musikalische Nation« sei. Das offizielle Vorurteil gegen die moderne Musik war zu Zeiten Malraux' so ausgeprägt, daß der führende Komponist und Dirigent Frankreichs, Pierre Boulez - ein Schüler von Olivier Messiaen -, in seinem eigenen Land abgelehnt wurde und ein Studium der von ihm entwickelten seriellen Musik nur im Ausland möglich war. Nach Malraux überredete ein reumütiger Präsident Pompidou Boulez, der Frankreich aus Protest boykottiert hatte, zurückzukehren und ein ehrgeiziges Zentrum für moderne Musik, das Institut de Recherche et de Coordination Acoustique Musique (IRCAM) zu leiten. Das Institutsgebäude wurde 1977 eröffnet und ein großer Erfolg. Gruppen von Musikern und Wissenschaftlern erarbeiten zusammen neue Ansätze. Darüber hinaus schuf Boulez ein Kammerorchester für moderne Musik und half mit missionarischem Eifer, Paris zu einem weltweit führenden Forum für die von ihm bevorzugte Musik zu machen.

Dem musikbegeisterten Pompidou gelang es, den Ruf der Pariser Oper wiederzubeleben. Obwohl sie einst sehr berühmt war, ging sie einem traurigen Niedergang entgegen. Mit gewaltigen Ausgaben ließ er ihr Haus, das elegante, neobarocke Palais Garnier, renovieren und engagierte als künstlerischen Leiter den Schweizer Rolf Liebermann, der sie mit Hilfe eines gigantischen Budgets wieder in die erste Reihe der europäischen Opernhäuser zurückbrachte. Liebermann war verantwortlich für einige großartige Produktionen wie Alban Bergs *Lulu* unter der Regie von Chéreau und der musikalischen Leitung von Boulez. Aber nachdem er 1980 ausschied, sank das Niveau wieder. Darüber hinaus erwies sich das Palais Garnier als ungeeignet

Links: Tänzer und Tänzerinnen des Nationalballetts von Marseille, das Roland Petit viele Jahre leitete. Petit (1924 geboren) war eine der kreativsten Persönlichkeiten des französischen Balletts nach dem Krieg. Als Tänzer und Choreograph verband er modernen Realismus mit schöpferischer Phantasie. Obwohl in Frankreich das klassische Ballett eine große Tradition besitzt, ist der moderne Tanz neuerdings erfolgreicher. Das klassische Ballett der Pariser Oper, Frankreichs führender Bühne, entwickelte sich nach dem Krieg nicht geradlinig. Es verbesserte sich deutlich unter Nurejew, der von 1983 bis 1990 künstlerischer Direktor war, verlor aber nach seinem Weggang an Niveau. Unterdessen erlebte der zeitgenössische Tanz eine Blüte, besonders in der Provinz. Inspiriert von Merce Cunningham und anderen Amerikanern, entwickelten talentierte französische Choreographen der jungen Generation ihre eigenen Stilformen und Ideen.

für die großen Produktionen, die jetzt modern waren. Mitterrand sah sich veranlaßt, mit der eifrigen Unterstützung von Lang und Boulez, einen Plan für ein neues, größeres Opernhaus an der Bastille zu entwerfen. Es wurde 1989 eröffnet. Seine bisherige Entwicklung war allerdings von Schwierigkeiten bestimmt. Dazu gehörten auch die häufig publizierten Streitigkeiten zwischen Politikern, der Verwaltung und den Musikern, die zu der spektakulären Entlassung des musikalischen Direktors Daniel Barenboim führten. Die Opéra de la Bastille hat keine ausreichende finanzielle Grundlage und bleibt mit dem Erbe des Palais Garnier belastet: veraltete Verwaltung, personelle Überbesetzung und strenge gewerkschaftliche Auflagen. *Le Garnier* wird nur noch für das Ballett genützt, und Rudolf Nurejew, der das Ballettensemble der Oper 1983 übernahm, führte es zu einem hohen Niveau. Aber dann zerstritt auch er sich mit seinen Auftraggebern und wurde 1990 entlassen. Anscheinend fehlt Paris noch die politische Einigkeit, um ein hochrangiges Opernhaus zu führen, wie es etwa Hamburg, Mailand, London oder New York haben.

Die Wiederbelebung der Musik in Frankreich nach dem Krieg ging nicht so sehr in qualitative, sondern in quantitative Richtung: Man erzielte zwar nicht das höchste Niveau, weckte aber öffentliche Begeisterung. Da die großen Klassiker in der Schule so wenig gelehrt wurden, scheint eine neue Generation plötzlich Freude an Beethoven und anderen Komponisten gefunden zu haben. Die Franzosen haben auch Berlioz, der lange in seinem eigenen Land ignoriert wurde, für sich wiederentdeckt. Nicht nur sind die Konzert- und Opernhäuser stärker besucht als früher, die Franzosen tendieren auch in zunehmendem Maß zum Musizieren – im Chor zu singen oder ein Instrument zu erlernen wurde früher vernachlässigt. Die Zahl der Teilzeitschüler in den städtischen oder staatlichen *conservatoires* hat sich seit 1960 vervierfacht; und etwa zwei Millionen besuchen Tanz- oder Ballettklassen, eine andere Modewelle in Frankreich. Die neue Leidenschaft für Musik ist überall spürbar: eine Chopinsonate schwebt durch die dünnen Wände der Sozialwohnung in der Vorstadt, mittelalterliche Balladen werden unter Flutlicht in den Höfen alter Burgen aufgeführt, und in manchen Familien lebt der alte Brauch des gemeinsamen Musizierens wieder auf.

Wie ist dieses neue Phänomen zu erklären? Ein Musikkritiker faßte es so zusammen: »In den Jahrzehnten nach dem Krieg bis nach 1968 waren die Franzosen mit der Politik und sozialen Themen beschäftigt, und dieses Klima begünstigte Kunstformen, die das am besten verarbeiten – Literatur und Theater. Aber heute meiden die Leute politische Ideologien; sie ziehen sich auf ihr Innenleben zurück. Deshalb wenden sie sich einer Kunstform zu, die auf fröhliche Weise mehr das Herz und die Sinne als den Verstand und das Bewußtsein anspricht.« Das Wiederaufleben der Musik wurde schließlich durch eine Erhöhung der staatlichen Förderungsmittel unterstützt. Zwischen 1966 und 1979 setzte man das Budget für Musik von 11,5 auf fast 400 Millionen Franc herauf. In diesem Zeitraum wurden zwölf neue Orchester und Dutzende neuer Konservatorien gegründet und die zwölf Opernhäuser in der Provinz wieder zu neuem Leben erweckt.

Unten: Kinder bei einem sommerlichen Musikfest in Paris. Besonders unter den jungen Leuten ist es heute sehr populär, zu musizieren oder Musik anzuhören. Doch die Lehrpläne der Schulen enthalten noch immer wenig Musikunterricht, so daß die Kinder nur Musikklassen in den regionalen Konservatorien besuchen können. Diese verlangen Gebühren, und damit bleibt die Musik ein Privileg des Mittelstands. Da die Nation stolz auf ihre sonst kostenfreie Erziehung ist, wird dies weithin als unsozial betrachtet. Die Forderungen nach mehr Musikunterricht in den staatlichen Schulen mehren sich, aber eine einflußreiche Lobby konservativer Lehrer stemmt sich dagegen.

Die beiden staatlichen Radiosender, die sich hauptsächlich der ernsten Musik widmen, France Culture und France-Musique, trugen über die Jahre viel dazu bei, den Geschmack der Öffentlichkeit zu bilden. Als Jack Lang sein Amt antrat, erhöhte er das staatliche Budget für Musik noch einmal um das Dreifache. Er wies zwar den Symphonieorchestern und klassischen Opern mehr Geld zu, sein Hauptinteresse aber galt den populären Musikrichtungen. Um ihnen zu helfen, vergab er Gelder und Anerkennung an Hunderte von lokalen Folkloregruppen, unterstützte Amateurchöre und Blaskapellen, gründete ein großes Jazzorchester, ließ ein riesiges Stadion für Rock und Jazz in Paris bauen und förderte – zum Schrecken seines Verwaltungsapparates – Rock- und Popmusik. Dies war ein Bruch mit der Tradition und eröffnete eine Debatte, welche Musikrichtung der *culture* angehöre und welche nicht. Lang führte eine jährliche, eintägige, landesweite *Fête de la Musique* (Musikfestival) ein, die seit 1982 jeweils am 21. Juni stattfindet: Rund zehn Millionen Menschen, mehr als am 14. Juli, dem Nationalfeiertag, nehmen an diesem öffentlichen Mammutrummel teil – einer Mischung aus Samba und Sonaten, Reggae und Requiems, Bach und Beatles.

Lang unterstützte auch den modernen Tanz, eine Kunstrichtung, die in Frankreich noch vor 15 Jahren fast nicht existierte, aber nun ein gewisses Ansehen erhalten hat. Jean-Claude Gallotta, Dominique Bagoué und Maguy Marin gehören zu den jungen, talentierten Choreographen, die die 16 Tanzensembles leiten. Sie haben sich dem modernen Tanz verschrieben und sind fast alle in der Provinz beheimatet. Für die Oper, in der Provinz wie in Paris, stehen die Dinge jedoch nicht so gut, da die hohen Kosten einige Städte gezwungen haben, auf das luxuriöse Prestige eines eigenen, festen Opernensembles zu verzichten. Heute existieren nur noch sechs davon, aber mehrere Städte inszenieren von Zeit zu Zeit eigene Produktionen. Lyon, Straßburg und Toulouse haben ihre sehr guten, alten Musiktraditionen wiederaufgenommen. In Toulouse, wo der begabte Dirigent Michel Plasson die Neubelebung leitete, wurde ein größerer, unbenützter Getreidespeicher in eine Konzerthalle mit 3300 Plätzen umgestaltet – berühmte Musiker wie Isaac Stern oder Igor Oistrach sind dort aufgetreten.

Das Niveau der Aufführungen, gleich ob von Amateuren oder Profis, ist in Frankreich immer noch schwankend, denn die Franzosen haben nach der langen Vernachlässigung noch einen weiten Weg zu gehen, um zu den Briten oder Deutschen aufzuschließen. Es mangelt an erstklassigen Instrumentalisten, und für Opern müssen die meisten führenden Sänger aus dem Ausland engagiert werden. Gute Lehrer sind ebenfalls knapp, und der Musikunterricht in den Schulen bleibt der schwächste Punkt in dem System. Wie großzügig das Kulturministerium auch sein mag, so hat es doch keine Kontrolle über das Erziehungsministerium, das immer noch zögert, der Musik einen wirklichen Platz in den Lehrplänen einzuräumen. In den *lycées* ist Musik ein Wahlfach, das nicht viele Schüler belegen, außer in einigen wenigen Schulen, die auf die neue Möglichkeit der Musikprüfung im *bac* vorbereiten. So findet Musikunterricht fast nur außerhalb der Schule statt: in lokalen gebührenpflichtigen Konservatorien. Dies erscheint sozial ungerecht, noch dazu in einem Land, das stolz auf sein kostenloses Erziehungssystem ist. In den letzten Jahren wurde Musik zum Pflichtfach in der Ausbildung der Grundschullehrer, und die Zahl der Schulen mit einem Chor oder Orchester hat sich verdoppelt. (In den 60er Jahren besaßen nur acht Prozent der höheren Schulen ein Orchester im Vergleich zu 46 Prozent in Großbritannien.) Doch die meisten Lehrer sind einer Veränderung und allem Nichtakademischen abgeneigt und stehen dem Musikunterricht feindlich gegenüber. Die große französische Wiederbelebung der Musik fand trotz und nicht wegen des französischen Schulunterrichts statt.

Die Malerei

Wie in einigen anderen Gebieten sind heute die bildenden Künste in Frankreich zwar durch eine Fülle von Aktivitäten und einem großen öffentlichen Interesse, aber einem Mangel an Kreativität gekennzeichnet. Die Museen sind gut besucht, viele hervorragende Sonderausstellungen werden geboten, aber fast immer präsentieren sie tote oder ausländische Künstler. Im gesamten 19. und bis zur Mitte des 20. Jahrhunderts schien Frankreich das fruchtbarste Land für die Kunst zu sein. Es brachte selbst viele große Maler hervor und zog ausländische Künstler an. Paris wurde damals als Kunstmetropole der Welt betrachtet. Heute hat es diesen Platz trotz seiner ruhmreichen Kunstgeschichte verloren.

In der Malerei des frühen 19. Jahrhunderts wird der Konflikt zwischen Klassizismus und Romantik deutlich. Der erste große Exponent des klassizistischen Stils in Frankreich war Jacques-Louis David (1748 - 1825), der zu Napoleons Hausmaler avancierte. J. A. D. Ingres (1780 - 1867), ein Schüler Davids, wurde dessen Nachfolger und als Hauptvertreter des Klassizismus berühmt für seine Akte und Porträts. Die Vertreter der Romantik waren Théodore Géricault (1791 - 1824) und Eugène Delacroix (1798 - 1863). Géricault malte mit großer Vorliebe Pferde. Sein bekanntestes Bild ist *Das Floß der Medusa.* Nach seinem frühen Tod dominierte Delacroix für Jahrzehnte die französische Malerei mit seinen kühnen, leuchtenden Farben und emotionalen Themen. Die realistische Landschaftsmalerei blühte in der Mitte des 19. Jahrhunderts, beeinflußt durch die Schule von Barbizon, die in dem gleichnamigen Dorf nahe Fontainebleau gegründet wurde. Die schwermütigen Landschaftsszenen von Camille Corot (1796 - 1875) und die realistischen, bäuerlichen Studien von Jean-François Millet (1814 - 1875) gehören zu den besten Beispielen.

Eine kühnere Art des Realismus taucht mit den Werken Gustave Courbets (1819 - 1877) auf, dessen linke politische Ansichten sich in vielen sozialen Motiven widerspiegeln. Er ist aber auch für seine Landschaften und Stilleben bekannt. Ein anderer Realist, Edouard Manet (1832 - 1883), war sogar noch kühner, und einige seiner nun berühmten Bilder wie *Le déjeuner sur l'herbe (Frühstück im Freien)* und der Akt *Olympia* schockierten anfangs die Öffentlichkeit. Manet war ein Vorläufer der impressionistischen Schule, die in den frühen 70er Jahren von Claude Monet (1840 - 1926) und Auguste Renoir (1841 - 1919) gegründet wurde. Die Impressionisten, deren Hauptinteresse den Licht- und Schatteneffekten galt, hatten eine revolutionäre Wirkung auf die Kunst. Auf seiner Suche nach dem wahren Wesen von Licht und Farben malte Monet immer wieder die Fassade der Kathedrale von Rouen, die Steilküste der Normandie bei Etretat und die Seerosen in seinem Garten in Giverny. Renoir ist berühmt für seine in warmen Farbtönen gehaltenen, sehr sinnlichen Frauenstudien, die oft vor einem ländlichen Hintergrund in Szene gesetzt sind. Paul Cézanne (1839 - 1906) wurde vom Impressionismus beeinflußt, löste sich aber später von ihm, obwohl er immer von den Effekten des Lichts auf die Landschaft - besonders in der heimatlichen Provence - fasziniert blieb. Edgar Degas (1834 bis 1917) stand zwar ebenfalls der impressionistischen Schule nahe, war aber weniger mit dem Licht als vielmehr mit der schnellen Bewegung beschäftigt, die er in der Darstellung von Tänzern und Pferden ausdrückte. Neben den Impressionisten tauchten drei ausgeprägt individuelle Künstler auf: Paul Gauguin (1843 - 1903), den seine Leidenschaft für kühne Farbflächen und exotische Themen schließlich nach Tahiti führte; Henri de Toulouse-Lautrec (1864 - 1901), der das Leben der Boheme von Montmarte lebendig darstellte; und der zügellose, geniale Holländer Vincent van Gogh (1853 - 1890), der wie kein anderer von dem hellen Licht und den Farben der Provence inspiriert wurde. In den 90er Jahren traten die Symbolisten ins Blickfeld; der herausragendste unter ihnen war Odilon Rédon (1840 - 1916).

Das frühe 20. Jahrhundert brachte in der französischen Kunst zwei große Entwicklungen hervor: den Fauvismus und den Kubismus. Für die Fauvisten waren die Themen-

Oben: La grande Odalisque (Die große Odaliske) ist eines der bekanntesten und typischsten Gemälde von J. A. D. Ingres (1780 - 1867), dem Hauptvertreter der klassizistischen Schule der französischen Malerei nach dem Tod von Jacques-Louis David. Wie auf diesem Bild bemühte er sich sehr um Kontur und Ausgewogenheit, und sein kühler, sachlicher Stil mit den klaren Farben bedeutete die Antithese zur romantischen Schule, die neben dem Klassizismus bestand. Sein Streit mit Eugène Delacroix, dem führenden Kopf der Romantiker, war allgemein bekannt. Ingres beeinflußte auch Künstler, die ansonsten sehr verschieden waren, zum Beispiel Auguste Renoir und Pablo Picasso.

wahl und eine realistische Darstellung unwichtig; die Betonung lag auf der Ausdruckskraft von Farbe und dem Bildaufbau. Hauptvertreter der Bewegung und einer der ganz Großen in der modernen Kunst war Henri Matisse (1869 bis 1954): die Stilleben und Odalisken seines Spätwerks am Ende einer langen Karriere gehören zu seinen besten Arbeiten. Andere schlossen sich den Fauvisten an, darunter Georges Rouault, Maurice de Vlaminck und Georges Braque. Braque war neben dem in Spanien geborenen Pablo Picasso (1881–1973) der Begründer der kubistischen Schule, die die französische Kunst in den Jahren vor 1914 beherrschte. Nach seiner frühen »blauen« und »rosa« Periode begann Picasso plötzlich mit seinen berühmten *Demoiselles d'Avignon* (1906) im revolutionären neuen Stil des Kubismus zu malen und entwickelte ihn weiter. Später wandte er sich dem Surrealismus und Symbolismus zu, der in einem seiner größten Werke, *Guernica* (1937), seinen Höhepunkt erreichte. Fernand Léger (1881–1955), ein weiterer Vertreter des Kubismus, setzte sich vornehmlich mit der Mechanisierung und den Auswirkungen des Fabriklebens auseinander. Zwischen den beiden Weltkriegen war der Surrealismus die einflußreichste neue Stilrichtung, aber ihre Hauptvertreter wie Ernst, Magritte und Miró waren keine Franzosen. Ungefähr zur selben Zeit wurde die französische Kunstszene durch die Ankunft von Emigranten aus Osteuropa bereichert – vor allem durch Marc Chagall (1887–1985) aus der Sowjetunion, der mit seinem ausgeprägten Stil der leuchtenden, sinnlichen Phantasie bis ins sehr hohe, reife Alter produktiv war.

Während des Zweiten Weltkrieges verließen zahlreiche Künstler auf der Flucht vor den Nationalsozialisten Paris. Viele kehrten nie mehr zurück, sondern begannen mit Flüchtlingen aus anderen Teilen Europas ein neues Leben in den USA. Das ist einer der Gründe, warum Paris nicht

Die Impressionisten

In den 70er Jahren des 19. Jahrhunderts entstand in Paris der Impressionismus, eine Kunstrichtung, die zu ihrer Zeit revolutionär wirkte und auch die künftige Malerei entscheidend beeinflußte. Edouard Manet hatte in den 60er Jahren den Weg bereitet. Die echten Vertreter dieser Gruppe waren Claude Monet und Auguste Renoir, später kamen Camille Pissarro, Alfred Sisley und andere hinzu. Nachdem ihre Arbeiten vom Salon der Französischen Akademie zurückgewiesen wurden, veranstalteten sie 1874 ihre erste eigene Ausstellung und wurden von den Kritikern spöttisch als »bloße Impressionisten« bezeichnet.

Sie lehnten die akademische Ausbildung ab, die lange die französische Kunst beherrscht hatte und grandiose, historische oder gefühlsbetonte Themen bevorzugte. Sie wollten eine neue Art visueller Realität erreichen, indem sie die vergänglichen Effekte von Licht und Schatten exakt wiedergaben. Das Thema im literarischen Sinn wurde demnach weniger wichtig als Farbe und Form; aber sie waren keine abstrakten Künstler, sondern malten das, was sie sahen. Sie stützten sich auf neue wissenschaftliche Erkenntnisse, die besagten, daß die Farbe nicht einem Objekt innewohnt, sondern von dem Licht abhängt, das es reflektiert. Monet bestand darauf, daß Szenen im Freien an Ort und Stelle und nicht im Studio gemalt werden müßten. Deshalb gingen er, Renoir und andere an die Seine, um die wechselnden Effekte des Lichtes auf Wasser und Bäume in ihren Bildern festzuhalten.

Rechts: La loge (Die Loge), eines der berühmtesten Werke von Auguste Renoir (1841–1919), stammt aus seiner Frühzeit. Das Bild wurde 1874 gemalt, nachdem er kurz zuvor dem Impressionismus den Weg gebahnt hatte. Unter Verwendung kurzer, vielfarbiger Pinselstriche konnte er schimmerndes Sonnenlicht, zitterndes Laubwerk oder die Transparenz weiblicher Haut einfangen. In den 80er Jahren löste er sich vom Impressionismus, unterwarf sich strenger Disziplin und ließ sich in der Provence nieder. Doch sein Werk wurde durch neue Farbgebung und Sinnlichkeit bereichert: weibliche Akte, Blumen und Sonnenlicht sind die schwelgerischen Sujets. In seiner letzten Periode war Renoir durch Rheumatismus schwer behindert und malte mit einem an den Arm festgebundenen Pinsel.
Ende der 80er Jahre löste sich die Gruppe der Impressionisten auf; sie beeinflußten aber in hohem Maß eine Reihe von Zeitgenossen. Edgar Degas versuchte, die schnell wechselnden Bewegungen von Tänzern und Pferden festzuhalten. Paul Cézanne begann als Impressionist, schlug aber dann einen anderen Weg ein. Wenig später folgten Seurat, Gauguin, Toulouse-Lautrec und der Holländer Vincent van Gogh – sie wurden etwas ungenau als Nachimpressionisten bezeichnet.

Links: Paysage à Eragny (Landschaft in Eragny) von Camille Pissarro (1830–1903). Pissarro wurde als Sohn eines jüdischen Kaufmanns auf einer Insel der Antillen geboren und ging nach Paris, wo er Monet und Renoir begegnete. Er war stärker an sozialen Fragen interessiert als sie, und malte oft Bauern und Arbeiter aus der Pariser Region vor dem Hintergrund von Feldern, Bäumen, Häusern oder Straßenzügen in verschiedenartiger Beleuchtung.

Rechts: Manets Gemälde von Monet in seinem Kahn. Der in Paris geborene Edouard Manet (1832–1883) war ein Vorläufer der Impressionisten und ein großer Neuerer der Kunst. Wie Gustave Courbet vor ihm war er ein Realist und wirkte bahnbrechend, indem er aus seiner Umwelt Sujets des realen Lebens wählte. Von japanischen Holzschnitten beeinflußt, benutzte er unter anderem leuchtende Farben auf weißem Grund. Seine Bilder *Le déjeuner sur l'herbe (Frühstück im Freien)*, das eine nackte Frau mit bekleideten Männern zeigt, und der realistische Akt *Olympia* sorgten für beträchtliche Aufregung.

Oben: Eine typisch provenzalische Landschaft von Paul Cézanne (1839 bis 1906), der stark vom Impressionismus beeinflußt war. Nach jahrelangem Aufenthalt in Paris kehrte er in das heimatliche Aix-en-Provence zurück. Dort führte ihn seine Analyse der Farbtöne dazu, das Kalksteinmassiv der Montagne de Sainte-Victoire unter verschiedenen Lichtverhältnissen immer wieder zu malen. Auch Stilleben und Porträts gehören zu seinem Werk. In seiner Zeit mißverstanden, übte er später einen gewaltigen Einfluß auf die moderne Malerei aus.

Rechts: Dieses Gemälde eines Mädchens mit Sonnenschirm von Claude Monet (1840–1926) ist typisch für die impressionistische Verwendung von Licht und Farbe. Monet, der Hauptverfechter dieser Richtung, verdankt den Sinn für die Natur und ihre wechselnde Stimmung seiner Knabenzeit am Meer in der Normandie. Er spezialisierte sich später auf eine Reihe von Bildern desselben Motivs in verschiedener Beleuchtung: Die Kathedrale von Rouen, die Felsküste der Normandie, Heuschober und vor allem den Seerosengarten, den er in den 90er Jahren neben seinem Landhaus in Giverny westlich von Paris anlegte. Heute ist es ein Museum.

mehr die Kunstmetropole der Welt ist. New York und sogar Köln und London wurden als Kunstmärkte bedeutender. Frankreich hat wenig zu den neueren Entwicklungen in der modernen Kunst beigetragen, und abgesehen von Jean Dubuffet, dem abstrakten Künstler Nicolas de Staël und dem Bildhauer Daniel Buren hatten nur sehr wenige französische Künstler der Nachkriegszeit irgendeine größere internationale Wirkung.

Das Kulturministerium hat einige Anstrengungen unternommen, die moderne Malerei zu fördern, aber nicht in dem Maß wie im Bereich Theater oder Musik. Jack Lang vergab neue Geldmittel an die Museen zum Ankauf zeitgenössischer Kunst und gründete neue Zentren für moderne Kunst in den Regionen. Sein Hauptziel galt der Erneuerung der staatlichen Museen in der Provinz, die nicht selten rückständig und schlecht ausgestattet waren. Er baute dabei auf das wachsende öffentliche Interesse an Museen in Frankreich wie anderswo. Museumsbesuche sind heute als Freizeitbeschäftigung in Mode gekommen, und die Besucherzahl hat enorm zugenommen. Die Franzosen zeichnen sich in der Organisation von großen, einfallsreichen Kunstausstellungen aus; meist handelt es sich um Retrospektiven einzelner Künstler oder Perioden. In Paris versteht man sich nach wie vor darauf, sein berühmtes kulturelles Erbe effektvoll zu präsentieren, und trotz des verhältnismäßigen Mangels an einheimischen Talenten ist Paris immer noch eine Stadt, in der Kunst eifrig diskutiert wird.

Der Film

Die Franzosen leisteten nicht nur Pionierarbeit in der Kinematographie in den 90er Jahren des vorigen Jahrhunderts, sondern haben wohl mehr bedeutende Regisseure und Filme hervorgebracht als irgendeine andere Nation, einschließlich der USA. Der Film mag in Frankreich wie anderswo vielleicht zu einem Teil eine Massenunterhaltungsindustrie sein, aber er wird auch als große Kunstform geschätzt und genießt sei langem hohe, intellektuelle Anerkennung. In den 20er Jahren wandte sich Jean Cocteau dem Film als Medium seines literarischen Werks zu, und Autoren wie Malraux, Sartre und Robbe-Grillet haben an Filmproduktionen teilgenommen oder sogar selbst Regie geführt; heute tendiert Frankreichs Starregisseur des klassischen Theaters, Patrice Chéreau, zum Film. Aber wie in den anderen Künsten ist die Kreativität erlahmt, und es gibt nur wenige neue gute Regisseure, die die Fackel von den nunmehr alten Veteranen der *nouvelle vague* (Neue Welle) übernehmen könnten.

Der französische Film scheint das natürliche Erbe der traditionsreichen französischen Malerei und Literatur zu vereinen: Er ist vielfach literarisch, voll von poetischer Phantasie oder warmherzig humanistisch. Im Gegensatz zu Hollywood, wo der Regisseur gewöhnlich ein Angestellter eines großen Studios ist und in einem starren System arbeiten muß, haben die Franzosen seit langem das Konzept des *film d'auteur* vertreten, das den Film als einmaliges, persönliches Werk des Regisseurs betrachtet. Der unabhängige französische Film förderte diese Freiheit des Ausdrucks bei weitem mehr als das Fernsehen, das nur wenig zur Entwicklung guter Fiktion-Filme oder einer neuen Dramatik beigetragen hat (in Großbritannien ist fast das Gegenteil zu verzeichnen). Besonders während der *nouvelle-vague*-Periode wurden viele der größten schöpferischen Talente vom Film angezogen (mehr als von anderen Kunstformen).

Der französische Film wird recht großzügig von der Regierung gefördert, und Filme mit künstlerischem Anspruch können Subventionen auf der Grundlage eines vielversprechenden Drehbuchs oder der vorangegangenen Arbeit des Regisseurs erhalten. Dies hilft dem sogenannten Kunstfilm, obwohl die Filmindustrie natürlich auch viel kommerziellen Schund, billige Komödien genauso wie Krimis und Pornographie, produziert. In der Tat ist der Geschmack der breiten Masse nicht besser als in anderen Ländern, aber das anspruchsvolle, intellektuelle Publikum, vor allem das jüngere, ist viel größer. In Paris mit seinen Dutzenden von kleinen Filmkunstkinos ist die Auswahl an guten Filmen, alten wie neuen, umfangreicher als in jeder anderen Stadt,

Oben links: Der begabte und vielseitige Louis Malle (1932 geboren) führt hier in den 60er Jahren Regie zu einem Film. Obgleich er oft der »Neuen Welle« *(nouvelle vague)* zugeordnet wird, gehört er ihr nicht an, sondern blieb unabhängig. Die meisten seiner besten Filme spielen in der Vergangenheit oder im Ausland. Er zeichnet sich durch die einfühlsame Behandlung heikler oder tabuisierter Themen aus wie Selbstmord *(Le feu follet/Das Irrlicht)*, Inzest *(Le souffle au cœur/Herzflimmern)*, Kollaboration im Krieg *(Lacombe Lucien)* oder Kinderprostitution *(Pretty Baby)*. Seine menschliche Wärme wird in diesen und anderen Filmen sichtbar, beispielsweise in *Au revoir les enfants (Auf Wiedersehen Kinder)*, einer bewegenden Studie über das Frankreich der Kriegsjahre.

Oben: Alain Resnais (1922 geboren), ein großer Neuerer des Kinos, bei den Dreharbeiten zu seinem Film *La vie est un roman (Das Leben ist ein Roman)*. Bei den Filmfestspielen in Cannes 1959 beeindruckte sein erster Spielfilm *Hiroshima – mon amour* durch seinen beschwörenden Stil und die seltsame Verflechtung von nationaler und privater Tragödie. *L'année dernière à Marienbad (Letztes Jahr in Marienbad)* war eine ähnliche Herausforderung. *Muriel (Muriel oder Die Zeit der Wiederkehr)* und *Providence* sind seine besten späten Filme. Resnais ist eine schwer faßbare, rätselhafte Persönlichkeit, und das Unbestimmte, nicht Festlegbare ist eines seiner wichtigsten Themen.

Jean Renoir

Die goldene Zeit des französischen Kinos in den 30er Jahren war von einigen großen Regisseuren geprägt, die eine starke poetische Begabung mit einem unbeirrbaren Humanismus verbanden. Unbestreitbar der größte unter ihnen war Jean Renoir, dessen Laufbahn als Filmregisseur 45 Jahre umspannte, von 1924 bis 1969. Renoir war ein Realist, aber sein Werk hatte eine eigene Poesie und eine sinnliche, malerische Qualität, die den Einfluß seines Vaters, Auguste Renoir, verrät. Ein Gefühl für Landschaft und Sonnenlicht, für menschliche Formen, für die physische Freude am Leben erfüllte das Werk von beiden.

Renoir sympathisierte mit den Linken, und von seiner herzlichen Zuneigung für die Arbeiterklasse zeugen seine Verfilmung von Emile Zolas *La bête humaine (Bestie Mensch)*, *La grande illusion (Die große Illusion)* und *La règle du jeu (Die Spielregel)*. Eine Zeitlang arbeitete er im Ausland, krönte dann seine späten Jahre mit einigen heiteren Filmen wie *French cancan*, eine Studie über den Montmartre in der *belle époque*. Er war ein Humanist, der das Leben leidenschaftlich liebte, ein exzellenter Handwerker und Neuerer, und seine Filme spiegeln diese Qualitäten wider. Die Jungen bewunderten Renoir.

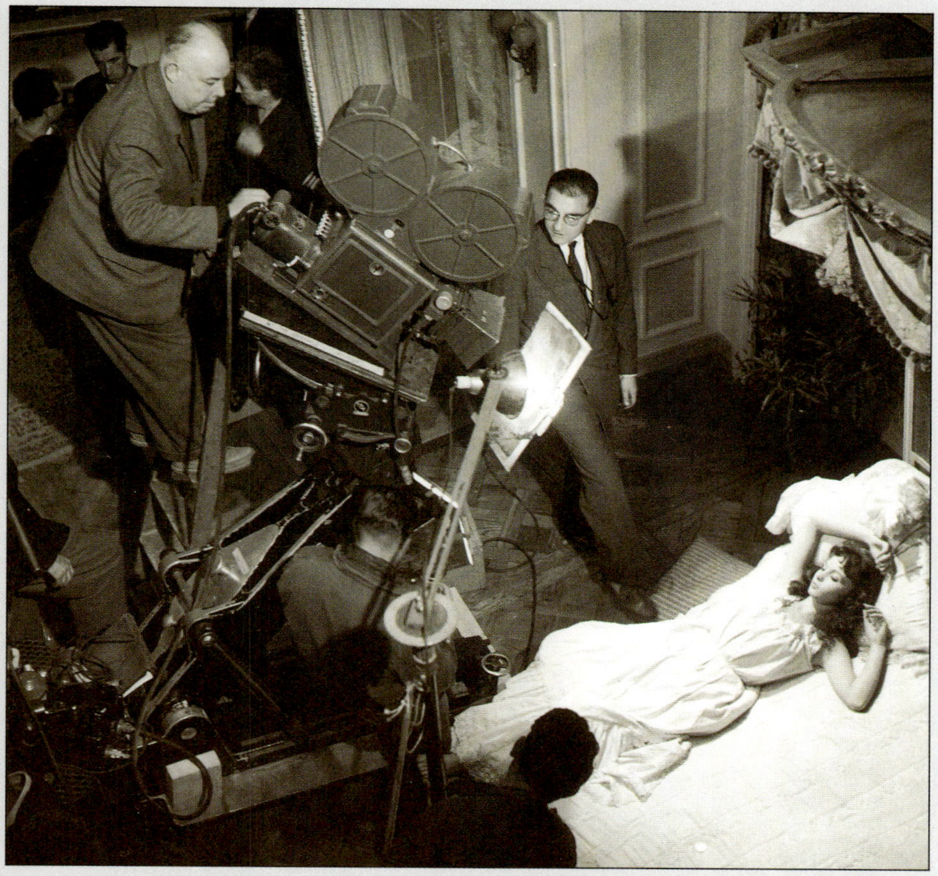

Oben: Renoir 1955 im Studio bei einer Szene zu *French cancan*. Obwohl er die Zwänge des Studios hinnahm, konnte sich sein fließender, improvisierender Stil am besten an lokalen Drehorten oder bei Außenaufnahmen entfalten.

Links oben: In mehreren seiner Vorkriegsfilme spielte Renoir selbst mit wie hier (im Bild links) in *La règle du jeu* (1939). Dieser Film, der oft als sein Meisterwerk angesehen wird, widmete sich dem moralischen Verfall des Bürgertums in den 30er Jahren. Bei Kriegsausbruch wurde er von der französischen Zensur als »demoralisierend« verboten.

Links unten: La grande illusion (1937) ist eine pazifistische Geschichte über die Sinnlosigkeit des Krieges und die vorrangige Bedeutung der Kameradschaft. Eric von Stroheim (hier abgebildet) spielte den deutschen Kommandanten eines Kriegsgefangenenlagers im Ersten Weltkrieg; seine Freundschaft zu einem ebenfalls adligen französischen Offizier überwand die nationalen Schranken.

Rechts: Renoir mit Paulette Goddard bei Dreharbeiten zu *Diary of a Chambermaid (Das Tagebuch einer Kammerzofe)*, einem von mehreren mittelmäßigen Filmen, die er in den 40er Jahren in Hollywood nach seiner Flucht aus dem von den Deutschen besetzten Paris machte. Die besten Filme, die er außerhalb Frankreichs drehte, waren *The River (Der Strom)* und *La carrozza d'oro* (*Die goldene Karrosse*; Italien).

New York eingeschlossen. Und in ganz Frankreich verteilt gibt es Hunderte von Filmklubs.

Die Franzosen sind stolz darauf, die Erfinder des Films zu sein. Der Photograph Louis Jean Lumière entwickelte eine Kamera für bewegliche Bilder und produzierte 1895 das, was als der erste Film betrachtet wurde; zwischen 1899 und 1913 stellte dann Georges Méliès, von Beruf eigentlich Zauberer, über 400 Kurzfilme her. Mit Ausnahme des Werks von Abel Gance, dessen *Napoléon* (1927) zu den großen Klassikern zählt, trugen die Franzosen nicht so viel zum Goldenen Zeitalter des Stummfilms bei, aber mit der Durchsetzung des Tonfilms tauchten einige großartige Regisseure auf. Jean Vigo (1905 - 1934) drehte vor seinem frühen Tod zwei große, poetische Filme: *Zéro de conduite* und *L'Atalante.* René Clair (1898 - 1981), der mit Stummfilmen begonnen hatte, ist berühmt für seine überschwenglichen Satiren

Oben links: Quatorze juillet (*Der 14. Juli*; 1932) war bezeichnend für René Clairs beschwingte satirische Komödien, die in Paris spielen. Dieser Regisseur (1898 - 1981) wurde in einem Arbeiterviertel mitten in Paris geboren, das ihn zu vielen seiner besten Werke anregte. Er begann mit Stummfilmen und drehte dann in den 30er Jahren *Sous les toits de Paris (Unter den Dächern von Paris), Le million, A nous la liberté* und andere Filme, in der fröhlicher Humor und Burleske sich mit surrealistischen Tönen mischen. Seine Arbeiten enthielten selten eine soziale Botschaft außer der der individuellen Freiheit.

Oben: Dieses surreal anmutende Plakat vermittelt keinen ganz adäquaten Eindruck von *Orphée* (1949), Jean Cocteaus geheimnisvoll-poetischen Film, dessen Handlung auf der Sage von Orpheus und Eurydike beruht. Cocteau (1889 bis 1963), Dichter, Romancier, Schauspieler, Maler und Filmregisseur war eine erfolgreiche Erscheinung in der künstlerischen Welt des Vorkriegsparis. »Etonne-moi« (Erstaune mich!), sagte Diaghilew zu ihm, und er tat es. Da man in Frankreich war, wandte er sich der Filmkunst zu, die seiner poetischen Begabung eine natürliche Bestätigungsmöglichkeit bot, was der aufwühlende Film *Le sang d'un poète* zeigt.

Links: Jean Renoirs Film *La bête humaine* (1938) beruht auf Zolas gleichnamigem Roman von 1890. Es handelt sich um ein rührseliges Melodram über das Verhältnis eines Lokomotivführers mit der Frau eines Stationsvorstehers. Der Film bot dem Hauptdarsteller Jean Gabin eine Glanzrolle. Durch stimmungsvolle Kameraführung und Gefühl für menschliche Leidenschaft ist dieses Werk Renoirs typisch für den »poetischen Realismus«.

Rechts: Jeanne Moreau war der Star in François Truffauts glanzvollem Film *Jules et Jim* (*Jules und Jim*; 1961), der die geistige Ungebundenheit und die Fähigkeit des Glücksempfindens zum Thema hat. Der von Renoir geprägte Truffaut (1932 - 1984) war ein lyrischer Humanist, dessen Filme von Liebe oder Kindheit handeln oder sogar von der Freude, Filme zu drehen (zum Beispiel *La nuit américaine/Ich liebe dich, ich hasse dich*).

JEANNE MOREAU
DANS UN FILM DE
FRANÇOIS TRUFFAUT
JULES
et
JIM
D'APRÈS LE ROMAN DE
HENRI-PIERRE ROCHÉ
ADAPTATION ET DIALOGUE DE
FRANÇOIS TRUFFAUT
ET JEAN GRUAULT
AVEC
OSKAR WERNER
HENRI SERRE
ET
MARIE DUBOIS
DIRECTEUR DE LA PHOTOGRAPHIE
RAOUL COUTARD

(wie *Le million/Die Million* und *A nous la liberté/Es lebe die Freiheit)*; sein möglicherweise bester Nachkriegsfilm war *Les belles de nuit [Die Schönen der Nacht]*). Marcel Carné (1909 geboren) schuf mitreißend stimmungsvolle romantische Dramen, vor allem *Quai de brumes (Hafen im Nebel)* und *Les enfants du paradis (Kinder des Olymp)*, während Jean Renoir (1894-1979) einer der größten lyrischen Humanisten des Films war, zu dessen Erfolgen *Une partie de campagne (Eine Landpartie), La grande illusion (Die große Illusion), La règle du jeu (Die Spielregel)* und *The River (Der Strom)* gehören.

Wenn die 30er Jahre das Goldene Zeitalter des französischen Films waren, dann gelten die frühen Nachkriegsjahre zumindest als das silberne mit Filmen wie Jacques Beckers *Casque d'or (Goldhelm/Die Sünderin von Paris)*, René Cléments *Les jeux interdits (Verbotene Spiele)* und dem Frühwerk des strengen Meisters Robert Bresson. Aber in den späten 50er Jahren hatte das französische Kino seinen Glanz verloren und befand sich in einer langweiligen, von Klischeefilmen geprägten Phase. Doch da erschütterte die *nouvelle vague* die Welt - plötzlich tauchten neue Talente auf, die in der Filmgeschichte kaum ihresgleichen finden. Obwohl diese jungen Regisseure von der Presse zusammen als Repräsentanten der »Neuen Welle« tituliert wurden, waren sie in Wirklichkeit sehr verschieden. Die aufrührerische Kritikerclique der Zeitschrift *Cahiers du cinéma* (Chabrol, Godard, Rohmer, Truffaut und andere) unterschied sich von der reservierteren Gruppe um Alain Resnais oder dem Einzelgänger Louis Malle. Außerdem waren einige Regisseure (Resnais, Godard) echte Filmrevolutionäre mit einer neuen filmischen Sprache, während andere wie Truffaut einfach nur mit einem neuen persönlichen Stil alte Themen bearbeiteten. Was sie alle gemeinsam hatten, war der *film-d'auteur*-Ansatz - eine neue Sehweise, der Wunsch, vom Starsystem wegzukommen und an Originalschauplätzen statt im Studio zu drehen. Die meisten ihrer frühen Filme waren mit winzigen Budgets hergestellt worden und sprachen sowohl Kritiker als auch das Publikum an. Die ersten Spielfilme von Resnais und Truffaut gewannen 1959 beim Festival von Cannes die beiden höchsten Preise.

Vielleicht der typischste unter den neuen Regisseuren war François Truffaut (1932-1984), dessen erster Spielfilm *Les quatre cents coups (Sie küßten und sie schlugen ihn)* zum Teil autobiographisch ist. Er ließ soziale und öffentliche Themen aus und war eher ein Humanist in der Tradition Renoirs. Seine Begabung, individuelle Gefühle zu gestalten, und sein feiner Witz erreichten in *Jules et Jim (Jules und Jim)* und *La nuit américaine (Ich liebe dich, ich hasse dich)* ihren Höhepunkt. Claude Chabrol (1930 geboren), mit einem sprunghaften und zugleich bemerkenswerten Talent begnadet, griff bei seinen ersten Filmthemen ebenfalls auf eigene Erfahrungen zurück und drehte später eine Reihe eleganter Thriller (zum Beispiel *Le boucher/Der Schlachter)*, die zugleich scharfe Satiren auf die bürgerliche Doppelmoral waren. Der sensible Eric Rohmer (1920 geboren) ist bekannt für seine wortreichen, aber subtilen Filme über die Themen Liebe und Moral, die er in solch leichte, aber reizvolle Filme wie *Le genou de Claire (Claires Knie)* und *Un conte de printemps (Frühlingserzählung)* umsetzte. Noch einzigartiger ist das Werk von Jean-Luc Godard (1930 geboren), der provozierendste, einflußreichste und am meisten diskutierte *nouvelle-vague*-Regisseur und ein wahres Kind der 60er Jahre. Sein erster Film *A bout de souffle (Außer Atem)* wurde mit einer Handkamera in Straßen und Wohnungen gedreht. Obwohl seine frühsten und besten Filme - unter ihnen *Pierrot le fou (Elf Uhr nachts)* und *Alphaville, une étrange aventure de Lemmy Caution (Lemmy Caution gegen Alpha 60)* - schrullig und wunderlich, fast surrealistisch erschienen, stellten sie auch eine subtile Kritik an der französischen Gesellschaft dar. Seine späteren Werke sind jedoch untypisch feierlich und exzentrisch.

Alain Resnais (1922 geboren) ist ebenso umstritten und außergewöhnlich wie Godard, aber in einer ganz anderen Art. Seine verschlossenen und rätselhaften Filme haben als ständig wiederkehrende Themen die Zeit und die Erinnerung, das Schwinden von Liebe und Treue und die Flüchtigkeit der Realität zum Inhalt. Da er jedoch normalerweise auf das Drehbuch eines bekannten Autors zurückgriff, variiert die Bearbeitung der Themen von eindringlich ausdrucksvoll in *Hiroshima - mon amour* (Drehbuch von Duras) bis reizend banal in *L'année dernière à Marienbad* (*Letztes Jahr in Marienbad*; Drehbuch Robbe-Grillet). Agnès Varda (1928 geboren), Frankreichs beste Regisseurin und wie Resnais eine linke Intellektuelle, behandelt das Thema der Frau in der modernen Gesellschaft mit Ironie in *Le bonheur (Le Bonheur - Glück aus dem Blickwinkel des Mannes)*, mit Wärme und Herzlichkeit in *L'une chante, l'autre pas (Die eine singt, die andre nicht)* und aufrüttelnd in *Sans toit ni loi (Vogelfrei)*. Der begabte und vielseitige Louis Malle (1932 geboren) hat seine Filme überall in der Welt mit einer ungeheuren Vielfalt an Stimmungen und Themen gedreht - sehr privat in *Les amants (Die Liebenden), Le feu follet (Das Irrlicht)* und *My Dinner with André (Mein Essen mit André)*, überschwenglich unreal in *Viva Maria* oder ernsthaft in der Behandlung von Kriegs- oder sozialen Themen wie in *Lacombe Lucien, Au revoir les enfants (Auf Wiedersehen Kinder)* und seinen Dokumentarfilmen über Indien.

Es gibt Dutzende von weiteren *nouvelle-vague*-Regisseuren. Nach dem Erfolg der ersten Filme schlossen sich die Produzenten schnell dieser Methode an, die mit einem knappen Budget auskam. Fast jeder junge, hoffnungsvolle Regisseur mit einer eigenen Idee erhielt eine Kamera in die Hände gedrückt. Zwischen 1959 und 1963 drehten mehr als 170 französische Regisseure ihren ersten Film. Aber der Boom hielt nicht an. Nur die wenigsten dieser Anfänger besaßen ein echtes Talent, und die meisten der Filme waren oberflächlich und voller überzogener Selbstdarstellung. Insgesamt sind der *nouvelle vague* die Wiederbelebung des emotionalen, persönlichen Stils im französischen Film und viele große Produktionen zu verdanken. Doch heute, 30 Jahre später, scheinen die meisten ihrer Regisseure, außer Malle und Rohmer, die beide noch anspruchsvolle Filme produzieren, keine Inspiration mehr zu haben. Seit 1970 hat als einzig wirklich bedeutender Filmemacher Bertrand Tavernier, ein leiser Humanist in der Tradition Renoirs, von sich reden gemacht. Er hat Filme über ernste, soziale Themen gedreht, am besten sind jedoch seine einfühlsamen Studien über das Familienleben und persönliche Beziehungen: *Une semaine de vacances (Ferien für eine Woche), Dimanche à la campagne (Ein Sonntag auf dem Lande), Around Midnight (Um Mitternacht)*. Ein anderer moderner Regisseur, Maurice Pialat, der eine viel pessimistischere Sicht der menschlichen Befindlichkeiten hat, produzierte bemerkenswert ergreifende, wenn auch düstere Filme: *Loulou (Der Loulou), A nos amours (Auf das, was wir lieben)* und eine Fassung von Georges Bernanos' *Sous le soleil de Satan (Die Sonne Satans)*. Andere wichtige Regisseure sind Claude Miller und André Téchiné mit ihren sensiblen, realistischen Studien von Alltagssituationen und Claude Berri mit seiner populären zweiteiligen Neuverfilmung von Marcel Pagnols *Manon des sources (Manons Rache)*. Auch einige interessante Regisseurinnen sind aufgetaucht - Diane Kurys, Claire Denis, Nelly Kaplan. Die Newcomer unter den jungen Filmemachern haben sich jedoch der Video-Clip-Schule verschworen, und ihre grellen Thriller begeistern die Teenager - Luc Besson *(Subway, Nikita)* und Jean-Jacques Beineix (*Diva* und *Betty Blue*, eine besonders ernste und leidenschaftliche Arbeit).

Sicherlich machen die Franzosen immer noch jedes Jahr einige gute Filme, aber sie behandeln fast stets sehr private oder in der Vergangenheit angesiedelte Sujets. Selten greifen sie die brisanten politischen oder sozialen Tagesfragen auf. Die Produzenten betonen, daß das Publikum zwar le-

Honoré de Balzac

Unten: Die frühe Ausgabe eines Bandes mit Vignetten, der zu Balzacs Hauptwerk *La comédie humaine* gehört. Balzac schrieb den ersten Entwurf sehr schnell und machte dann zum Entsetzen seiner Drucker umfangreiche Korrekturen in den Druckfahnen. Die Rechnungen seiner Drucker überstiegen oft die Einnahmen aus den Buchhonoraren und waren ein Grund für seine ständigen Schulden.

Honoré de Balzac (1799 – 1850) ist einer der größten Romanciers Frankreichs. Ein Großteil seines umfangreichen Werks ist in der 17bändigen *La comédie humaine (Die menschliche Komödie)* zusammengefaßt, in der er ein Panorama der französischen Gesellschaft bietet. Etliche der etwa 2000 Charaktere in *La comédie humaine* erscheinen in seinen anderen Büchern wieder. Balzac besaß ein intuitives Verständnis für die Tiefen der menschlichen Natur und ein ausgeprägtes Talent, Stimmungen und Persönlichkeiten zu schildern. Viele seiner Charaktere und Szenen erscheinen so lebendig, daß von ihm gesagt wurde, »er habe die Gesellschaft nicht so sehr beobachtet, sondern geholfen, eine zu schaffen«.

Balzac stammte aus der Provinz, aus der Touraine, verbrachte aber die meiste Zeit seines Lebens in Paris, wo er, eitel und ehrgeizig, darum kämpfte, von der tonangebenden Gesellschaft akzeptiert zu werden. Viele seiner Bücher beschäftigen sich mit der gegenseitigen Verachtung und Eifersucht zwischen Paris und der Provinz. Aber sein beherrschendes Thema war die Macht des Geldes und die Gier nach Ansehen und Erfolg. Balzac versuchte bei seiner Analyse menschlicher Motive und sozialer Nuancen, wissenschaftliche Prinzipien anzuwenden, doch war alles andere als objektiv. Leidenschaftlich sezierte er die Bourgeoisie, das Pariser Künstlermilieu, die habgierigen Geschäftsleute, aber er ignorierte die Arbeiterklasse, verachtete die Bauern und war selbst nicht snobistisch genug, um ein echtes Einfühlungsvermögen für die Aristokratie zu haben.

Oben: Eine zeitgenössische Zeichnung von Balzac. Der korpulente Mann mit dem großen, runden Gesicht war nicht schön, aber ein Dandy, der sich gern extravagant kleidete, und ein Lebemann mit snobistischer Vorliebe für die bessere Gesellschaft. Der leidenschaftliche Balzac hatte viele Geliebte – besonders zu nennen ist Evelina Hanska, eine reiche polnische Gräfin, die ihn kurz vor seinem Tod heiratete.

Unten: Eine Illustration zu *Le lys dans la vallée (Die Lilie im Tal)*, die Geschichte einer unglücklichen Liebe, die im Indretal spielt. Mehrere Romane Balzacs haben die Provinz zum Schauplatz, und er trieb hierfür eingehende Studien vor Ort. Zu ihnen zählen *Le dernier Chouans* (*Der letzte Chouan*; Bretagne), *Illusions perdues* (*Verlorene Illusionen*; Angoulême) und *Eugénie Grandet* (Saumur).

Rechts: Eine Zeichnung für *L'illustre Gaudissart (Der berühmte Gaudissart)*, dessen Titelheld, ein verschlagener und ordinärer Handlungsreisender, eine der archetypischen Figuren in *La comédie humaine* ist. Andere sind Vautrin, der gewiefte Verbrecher, Cousine Bette, die habgierige ehemalige Bäuerin, und Rastignac, der Emporkömmling aus der Provinz, der in Paris Ruhm und Reichtum sucht.

bensnahe Filme sehen möchte, aber keine, die umstrittene Themen wie Rassismus oder Gewerkschaftspolitik behandeln. Nach der ruhmreichen Ära der *nouvelle vague* scheuen die Produzenten wieder das Risiko, denn das französische Kino ist wie viele anderen in einer finanziellen Krise. Es hat sich in der Tat besser als die meisten gegen die Konkurrenz des Fernsehens behauptet, und die Zuschauerzahlen haben sich nach einem starken Rückgang in den 60er Jahren auf einem 50 bis 60 Prozent höheren Niveau als in Großbritannien oder Deutschland eingependelt. Doch der Export ist dramatisch zurückgegangen, und dies ist ein Zeichen für den Qualitätsverfall des anspruchsvollen französischen Films. Aus wirtschaftlicher Sicht kann man auch argumentieren, daß Frankreich bei weitem zu viele Filme produziert (etwa 130 Spielfilme pro Jahr). Nach langem Feilschen hat die Industrie endlich ein Abkommen mit den großen Fernsehanstalten erreicht. Sie beteiligen sich nun an der Finanzierung einiger Spielfilme und haben sich für die Ausstrahlung neuer Filme, die in Kinos noch Geld einspielen können, Beschränkungen auferlegt. Andere Sparmaßnahmen sind weniger befriedigend, besonders die Versuche der Film- und Fernsehgesellschaften, ihre Kosten im neuen europäischen Zeitalter durch internationale Koproduktionen zu verteilen, die künstlerisch gesehen fast immer katastrophal sind. Doch zweifellos haben die besten französischen Filme von *L'Atalante* bis *Jean de Florette (Jean Florette)* immer ein echt französisches Flair besessen, und dies war das größte Geheimnis ihres Erfolges im Ausland.

Die Literatur

Die Universalität der französischen Literatur und ihre weltweite große Resonanz beruhen vermutlich auf zwei Faktoren: der eminenten Vorliebe für Ideen und dem ausgeprägten Sinn für eine genaue Beobachtung der Gesellschaft. Einige der größten französischen Schriftsteller waren zugleich Philosophen - Montaigne und Pascal, Rousseau und Voltaire und in diesem Jahrhundert Sartre und Camus. Andere Autoren von Rang waren tief mit ihrer landschaftlichen Heimat verwurzelt und stellten die menschlichen Lebenssituationen in lokalen Zusammenhängen dar - die Romane Flauberts etwa spielen in der Normandie, die Mauriacs im Bordelais, die Gionos in der Provence.

Der Konflikt zwischen Vernunft und Gefühl, sinnlicher Wahrnehmung und Beobachtung kehrt in der französischen Literatur ständig wieder. Im 18. Jahrhundert legten Montesquieu, Voltaire und andere Autoren in der Tradition der Klassik die Betonung auf Vernunft, Klarheit und Objektivität. Aber dann entwickelte sich allmählich ein Sinn für Poesie und Leidenschaft sowie ein Naturgefühl, das in Frankreich ziemlich neu war. Der Vorläufer dieser Bewegung war der in der Schweiz geborene Jean-Jacques Rousseau (1712 - 1778), der glaubte, daß die Menschen, verdorben durch die Gesellschaft, nur in einem Leben in enger Harmonie mit der Natur ihren unschuldigen und glücklichen Zustand wiedererreichen könnten. Auf ihn folgten die frühen Romantiker: die weitgereiste Madame de Staël, die mit *De l'Allemagne* ein einflußreiches Buch über die deutsche Romantik schrieb, und François René de Chateaubriand, ein Mann vom Format Byrons, der sein Leben ausgiebig genoß und aufschlußreiche Memoiren hinterlassen hat. Auf ihrem Höhepunkt wurde die Romantik von vier großen Dichtern bestimmt: Lamartine, de Vigny, de Musset und vor allem Victor Hugo (1802 - 1885). Alphonse de Lamartine, der auch eine Rolle in der Politik spielte, war ein Aristokrat aus Burgund. Seine stimmungsvolle Dichtung ist von der typisch romantischen Naturliebe erfüllt. Hugo, der selbsterklärte Sprecher der Romantik, trat für die völlige Freiheit des Künstlers ein, was im »Streit um die Alten und die Modernen« zum Zusammenstoß mit den Klassizisten führte. Er war nicht nur der Autor vieler großer Gedichte, sondern schrieb auch Dramen und einige berühmte und beliebte Romane, vor allem *Les misérables (Die Elenden)* und *Notre-Dame de Paris. 1482 (Der Glöckner von Notre Dame)*.

Stendhal und Balzac, zwei Zeitgenossen Hugos, waren als Romanciers wesentlich bedeutender als er. Stendhal (1783 - 1842), mit wirklichem Namen Henri Beyle, vertrat die Auffassung, daß die Menschen von ihren Leidenschaften regiert werden und die Literatur dies zeigen müßte. Seine besten Romane sind *Le rouge et le noir (Rot und Schwarz)*, eine Geschichte über tödlichen Ehrgeiz, und *La chartreuse de Parme (Die Kartause von Parma)*, der seine lebenslange Liebe zu Italien widerspiegelt. Honoré de Balzac (1799 - 1850) schuf mit seinem Romanzyklus *La comédie humaine (Die menschliche Komödie)* ein detailliertes Panorama der französischen Gesellschaft in Paris und in der Provinz. Seine kreative Kraft und Darstellung der Leidenschaft sowie seine scharfen und ironischen Beobachtungen von Charakteren und dem gesellschaftlichen Sittenkodex machen ihn zu einem der herausragendsten Schriftsteller. Viele vergleichen ihn mit Tolstoj. Eine höchst interessante Figur versteckt sich hinter dem Pseudonym George Sand (1804 - 1876): Die Autorin führte abwechselnd eine kühne Boheme-Existenz in Paris (wo sie Liebesaffären unter anderen mit de Musset und Chopin hatte) und ein ruhiges

Oben: Illustration zu Victor Hugos *Les misérables (Die Elenden)*. Die dargestellte *misérable* ist das traurige, mißhandelte Mädchen Cosette. Diese berühmte Skizze aus dem 19. Jahrhundert erschien unlängst weltweit auf den Reklametafeln, um für die Rock-Musicalversion von Hugos großem, verständnisvollen Romanepos zu werben. Es schildert das französische Leben in der Zeit von 1820 bis 1830. Hugo war der führende Repräsentant der französischen Romantik in der Literatur. Neben *Les misérables* und *Notre-Dame de Paris. 1482 (Der Glöckner von Notre Dame)*, einem Roman über das mittelalterliche Paris, schrieb er Schauspiele und viele ausdrucksstarke Gedichte, in denen er auf romantische Weise sein Innerstes bloßlegte.

Rechts: Zu Beginn von Stendhals großem Roman *Le rouge et le noir (Rot und Schwarz)* trifft der niedriggeborene, aber ehrgeizige Julien Sorel die vornehme Madame de Rênal, die er später verführt. Diese Zeichnung stammt aus der Ausgabe von 1854. *La chartreuse de Parme (Die Kartause von Parma)*, Stendhals anderes Meisterwerk, spielt in dem von ihm so bewunderten Italien.

Unten: Albert Auguste Fouries künstlerische Beschwörung von Emma Bovarys Selbstmord. Gustave Flauberts Roman *Madame Bovary* (1857) schildert das Leben einer gelangweilten Ehefrau in der Provinz, die durch ihre fehlgeleiteten Wünsche zerstört wird. Die Handlung beruht zum Teil auf einer Tragödie, die sich tatsächlich im Dorf Ry östlich von Rouen abgespielt hat. Flaubert verabscheute bürgerliche Engherzigkeit, doch er hatte Verständnis für die menschliche Labilität und konnte sich in seine Heldin einfühlen. »Madame Bovary, c'est moi« (das bin ich), sagte er.

Landleben unter den Bauern in ihrem geliebten heimatlichen Berry, das sie in Romanen wie *Le mare au diable (Das Teufelsmoor)* idealisiert.

Zwei andere große Romanciers dominierten die zweite Hälfte des 19. Jahrhunderts: Gustave Flaubert (1821-1880) war ein herausragender Stilist und Realist, der ein genaues Bild der Bourgeoisie in seiner heimatlichen Normandie zeichnete, wie in *Madame Bovary*. Die ironische Geschichte über die romantische Enttäuschung einer jungen Frau in der Provinz wirkte damals so schockierend, daß der Dichter strafrechtlich verfolgt, aber schließlich freigesprochen wurde. Später schuf Emile Zola (1840-1902) den »naturalistischen« Roman. In *Thérèse Raquin* und in seinem Romanzyklus *Les Rougon-Macquart (Die Rougon-Macquart)* gibt er eine lebendige Darstellung der sozialen Zustände seiner Zeit. Besonders berühmt für seine ironischen Kurzgeschichten ist ein anderer naturalistischer Autor, Guy de Maupassant, ein Jünger Flauberts, und wie dieser kommt auch er aus der Normandie. Ebenfalls aus der Normandie stammt Barbey d'Aurevilly, ein Autor von ganz anderer Mentalität: er war ein extravaganter Romantiker und entschiedener Royalist, dessen eindringlich makabre Geschichten von ländlichen Leidenschaften handeln.

Charles Baudelaire (1821-1867), der führende Dichter seiner Zeit, war ein Mann von höchster Originalität und wird oft als Vorläufer der modernen Lyrik betrachtet. Mit *Les fleurs du mal (Die Blumen des Bösen)* und anderen Werken führten seine klangvollen Rhythmen und die melancholische Stimmung in die französische Lyrik eine neue Empfindlichkeit ein, die eher die Langeweile und den Überdruß des städtischen Lebens ausdrückte als die Freu-

Oben: Charles Baudelaire ist einer der größten Dichter Frankreichs. Seine Beschwörung des Bösen und Verkommenen schockte seinerzeit die Öffentlichkeit so sehr, daß er wie Flaubert wegen »Verstoßes gegen die Moral« angeklagt wurde. Anders als Flaubert verlor er und erhielt eine Geldstrafe. Einige seiner Gedichte kamen auf den Index, das Verbot wurde erst 1949 aufgehoben!

Oben rechts: Renoirs Porträt von Stéphane Mallarmé (1842 - 1898), der seinen Lebensunterhalt als Englischlehrer verdiente. Er war einer der Begründer des Symbolismus und hatte großen Einfluß auf die Dichter der Moderne. Seine schwierigen, elitären Verse strebten eine idealisierte Schönheit an.

Links: Emile Zola, hier von Manet porträtiert, war ein politischer Aktivist des linken Flügels. In seinen eindrucksvollen »naturalistischen« Romanen stellte er das Leben der Armen und die Ungerechtigkeiten der Gesellschaft im ausgehenden 19. Jahrhundert dar. Er bediente sich einer journalistischen Arbeitsweise und recherchierte in den Kohlegruben für *Germinal* und unter Bauern für *La terre (Die Erde)*. Seine Bücher sind suggestiv, melodramatisch und mitreißend.

Rechts: Der erfolgreiche Autor Alexandre Dumas père (1802 - 1870) wurde berühmt durch seine spannenden historischen Abenteuerromane *Les trois mousquetaires (Die drei Musketiere)* und *Le comte de Monte-Cristo (Der Graf von Monte Christo)*. Er war ein schwungvoller und phantasiereicher Erzähler.

den der Natur. Sein Werk beeinflußte die ebenso beschwörende Lyrik von Paul Verlaine und die des ungestümen und frühreifen Arthur Rimbaud, der im Alter von 19 Jahren aufhörte zu schreiben. Sie wiederum ebneten den Weg für den Symbolismus, dessen Hauptvertreter der Dichter Stéphane Mallarmé ist, ein Ästhet auf der Suche nach der idealen Schönheit. Etwas später gehörte Charles Péguy zu jenen Autoren, die um 1900 einen glühenden Katholizismus mit einer patriotischen Verehrung Frankreichs verbanden; unter ihnen war auch der rechtsgerichtete Romancier Maurice Barrès aus Lothringen.

Die herausragenden Größen in der Literatur des frühen 20. Jahrhunderts sind vier sehr ungleiche Persönlichkeiten: Proust, Valéry, Claudel und Gide. Das vielbändige, zum Teil autobiographische Meisterwerk von Marcel Proust (1871 - 1922) *A la recherche du temps perdu (Auf der Suche nach der verlorenen Zeit)* ist gleichermaßen ein genaues Porträt der mondänen Pariser Gesellschaft, in der er sich bewegte, und die individuelle Erkundung einer inneren, imaginären Welt, die um die Themen von Zeit und Erinnerung aufgebaut ist. Prousts Originalität beruht auf seiner poetischen Lebenssicht und seinem suggestiven Prosastil mit langen, komplexen Sätzen. Paul Valéry (1871 - 1945), auch er ein großer Stilist, war stark von Mallarmé beeinflußt und schrieb unter anderem Lyrik, die schwierig und manchmal obskur ist und sinnliche Schönheit mit philosophischen Gedanken verbindet - zum Beispiel in *Le cimetière marin (Der Friedhof am Meer)*, einem Monolog über den Tod. Paul Claudel (1868 - 1955), ein Berufsdiplomat, dessen Werk vom Katholizismus geprägt ist, schrieb Gedichte und Dramen mit religiöser Thematik wie das symbolbeladene Drama *Le soulier de satin (Der seidene Schuh)*. André Gide (1869 bis 1951), ein Freidenker, war zwischen der Annahme und Ablehnung seiner streng kalvinistischen Erziehung hin- und hergerissen und trat für die Überzeugung einer persönlichen Freiheit ein. Seine Erzählungen und Romane, beispielsweise *La porte étroite (Die enge Pforte)*, sprechen von einem Moralismus, der immer wieder alles in Frage stellte.

Während Matisse, Picasso und andere Maler der modernen Kunst den Weg bahnten, begann man auch in der Lite-

Oben: Gabrielle-Sidonie Colette (1873 - 1954), die führende Schriftstellerin ihrer Zeit, verfaßte Kurzgeschichten über die Liebe und andere persönliche Themen. Sie fiel durch ihre sinnliche Beschwörung von Tönen, Farben, Geschmacks- und Geruchseindrücken auf. Ihre Schilderungen von den Leiden des Erwachsenwerdens tragen autobiographische Züge, und in mehreren ihrer Bücher zeigt sich ihre Vorliebe für Katzen.

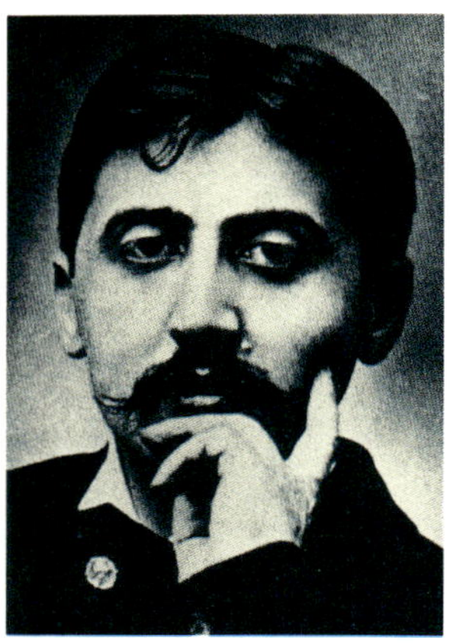

ratur neue ästhetische Kategorien zu entwickeln. Um 1910 verzichteten der Dichter Guillaume Apollinaire und andere auf die Interpunktion und entdeckten eine surrealistische Metaphorik. In den 20er Jahren kam schließlich der Surrealismus auf. Man versuchte, die chaotische Bilderwelt des Traums und des Unbewußten in der bildenden Kunst und in der Literatur darzustellen. André Breton, Louis Aragon und Paul Eluard waren die führenden Dichter des Surrealismus in der französischen Literatur. Aber in den Zwischenkriegsjahren erschienen auch bedeutende Werke leichter zugänglicher Autoren - unter ihnen Jules Romains mit *Les hommes de bonne volonté (Die guten Willens sind)*, Sidonie-Gabrielle Colette mit *Chérie* und *La chatte (Die Katze)*, die die beste Schriftstellerin dieser Zeit war, und Raymond Radiguet mit *Le diable au corps (Den Teufel im Leib)*, der im Alter von 20 Jahren starb. Zwei Autoren mit starker katholischer Tradition waren François Mauriac, der Konflikte zwischen Religion und leidenschaftlicher Sinnlichkeit behandelt, und Georges Bernanos. Er beschrieb die geistigen Kämpfe junger Priester. Zur selben Zeit pries in der Provence Jean Giono die rätselhaften kosmischen Verbindungen zwischen den Menschen und der Natur.

Kurz vor und während des Zweiten Weltkrieges traten einige wichtige Autoren in Erscheinung, die gleichermaßen Denker und Kritiker wie Romanciers und Dramatiker waren und die Sorgen der Zeit formulierten. André Malraux (1901 - 1976) schrieb politische und philosophische Romane, die auf seinen Erfahrungen in China in den 20er Jahren und im spanischen Bürgerkrieg beruhten. Jean-Paul Sartre wurde mehr als Philosoph und politischer Aktivist denn als Schriftsteller berühmt. Doch sein erster Roman *La nausée* (*Der Ekel*; 1938) verursachte einen ziemlichen Wirbel, und seine Dramen wie *Huis clos (Bei geschlossenen Türen)* hatten einen anhaltenden Erfolg. Albert Camus, der mit Sartre das Gefühl für die Absurdität des menschlichen Lebens teilte, war wahrhaftig ein großer Schriftsteller, der seinem mutigen Humanismus in Romanen wie *L'étranger (Der Fremde)* und *La peste (Die Pest)* sowie in einigen philosophischen Werken Ausdruck verlieh.

In der frühen Nachkriegszeit hatte die französische Lite-

Links Mitte: Sensibel und vielschichtig schilderte Marcel Proust Kindheits- und Jugenderinnerungen und verwob sie in den Riesenteppich seines siebenbändigen Werks *A la recherche du temps perdu (Auf der Suche nach der verlorenen Zeit)*, einem der größten Romane der Weltliteratur. Einige seiner stärksten Passagen beschwören die Besuche während seiner Knabenzeit in Illiers, dem Combray des Buches: Sein ritueller Spaziergang entlang einer Weißdornhecke wird im Roman zur zentralen Metapher für das Geheimnis der Zeit. Andere Schilderungen erinnern an Ferien an der Küste der Normandie in Cabourg (im Buch Balbec), wo die leidenschaftliche Gestalt der Albertine von einer seiner homosexuellen Beziehungen inspiriert wurde. Im realen Leben war Proust neurotisch und krank. Er legte sein Zimmer mit Kork aus, um Lärm fernzuhalten, und trug sogar im Sommer einen dicken Mantel. Er starb an Asthma.

Links: Albert Camus (1913–1960) wurde in Algerien geboren, das den Schauplatz seines bekanntesten Romans *La peste (Die Pest)* bot. Diese Studie des Lebens in einer von der Pest heimgesuchten Stadt läßt sich als Allegorie auf die Bedingungen der menschlichen Existenz lesen. Weitere berühmte Bücher von ihm sind *L'étranger (Der Fremde), La chute (Der Fall)* und *L'exil et le royaume (Das Exil und das Reich).* Camus war ein Agnostiker, dessen schriftstellerisches Werk seine qualvolle Suche nach dem Sinn der Existenz widerspiegelt. Er gehörte der Résistance an und erhielt 1957 den Nobelpreis für Literatur. Camus starb 1960 bei einem Autounfall.

Rechts: Alain Robbe-Grillet (1922 geboren) ist der führende Vertreter und Theoretiker der Schule des *nouveau roman,* die in den 50er und 60er Jahren die französische Literatur beherrschte. Ursprünglich Statistiker und Agronom, schrieb er Romane – *Le voyeur (Der Augenzeuge)* und *La jalousie (Die Jalousie oder Die Eifersucht)* sind die bekanntesten –, die Gefühle und Ereignisschilderungen geflissentlich ausschließen und nur von genau beschriebenen Gegenständen handeln. Robbe-Grillet hat diese Form des Schreibens leidenschaftlich vertreten und verurteilte jeden, der noch in herkömmlicher Weise zu schreiben wagte. Sein Einfluß ist heute verblaßt.

ratur noch immer Weltgeltung, und nicht weniger als fünf französische Schriftsteller erhielten damals den Nobelpreis für Literatur – Gide, Mauriac, Camus, der Lyriker Saint-John Perse und Sartre (der ihn aus politischen Gründen ablehnte). Später, mit dem Aufstieg des *nouveau roman* und des Strukturalismus in den 60er Jahren verschwand der Humanismus, der die Autoren geprägt hatte, und an dessen Stelle trat die Lust am trockenen, technischen Experimentieren mit Form und Sprache. Eine Zeitlang schienen diese Entwicklungen so dominierend, daß sie andere literarische Stile beinah erdrückten. Die *nouveau-roman*-Autoren – Alain Robbe-Grillet, Michel Butor, Nathalie Sarraute und andere – waren eine lose Gruppe und genau so wenig eine »Schule« wie die *nouvelle vague* im Film. Ihnen gemeinsam war die Ablehnung des erzählenden, gesellschaftlichen Kommentars und der Charakterporträtierung sowie der Manie für die genaue stoffliche Beschreibung von Objekten oder Eindrücken. Ihr halbwissenschaftlicher Ansatz rückte sie in die Nähe des Strukturalismus. Der weitaus Extremste unter ihnen war Robbe-Grillet, der die Tradition Balzacs oder sogar Prousts sowie jede Art von Roman, der Gefühle schilderte, heftig angriff. Seine eigenen Bücher wie *Le voyeur (Der Augenzeuge)* und *La jalousie (Die Jalousie oder Die Eifersucht)* sind in einer klangvollen, traumartigen Prosa geschrieben, die zum Beispiel für die detaillierte Beschreibung der Form eines Fensters oder der Physiognomie eines Tausendfüßlers verwendet wird. Michel Butors Romane handeln hauptsächlich von der Relativität von Zeit und Raum, während Nathalie Sarraute, eine psychologische Realistin, die Technik des Bewußtseinsstroms anwendet. Claude Simon, der 1985 den Nobelpreis für Bücher wie *Le palace (Der Palast)* und *La route de Flandres (Die Straße in Flandern)* erhielt, wurde fälschlicherweise den Autoren des *nouveau roman* zugerechnet; dasselbe trifft auch, trotz ihrer elliptischen Dialog- und Erzähltechniken, auf Marguerite Duras zu.

Natürlich fand der außergewöhnliche und esoterische Stil des *nouveau roman* beim Leser wenig Resonanz, und die Verkaufszahlen blieben zumeist gering. Heute ist diese Mode im großen und ganzen vorbei. Mehrere Jahre lang übten ihre Ideen und die des Strukturalisten Roland Barthes jedoch eine geistige Tyrannei auf junge Autoren aus, die nicht mehr wagten, auf traditionelle Art zu erzählen. Seitdem ist keine Gruppe oder ein Trend mehr auszumachen. Einige gute Einzelgänger haben über viele Jahre unbeeindruckt von der Mode ruhig in ihrem eigenen Stil weitergearbeitet - vor allem Michel Tournier, dessen Bearbeitung historischer Mythen gewisse Ähnlichkeiten zu Tolkien aufweist; J. M. G. Le Clézio mit seinen kosmischen Allegorien, die einen Angriff auf den Materialismus der modernen Gesellschaft darstellen; die verstorbene Marguerite Yourcenar, eine begabte Autorin historischer Romane, und Patrick Modiano, der ergreifend über die Besatzungszeit geschrieben hat. Beachtung verdienen mit ihren bösen Satiren auch Georges Perec und Jean Carrière, dessen *L'épervier de Maheux (Der Sperber von Maheux)* eine wirkungsvolle Parabel über die ländliche Armut in den Cevennen ist. Aber es läßt sich feststellen, daß fast alle guten französischen Romane der letzten Zeit - und davon gibt es nicht viele - entweder in der Vergangenheit, im Ausland oder in der privaten Welt der Kindheit spielen. Frankreich ist noch weit davon entfernt, einen neue Balzac oder Zola hervorzubringen, der ein Bild der heutigen Gesellschaft entwirft.

In der Tat neigen die Verleger genauso wie die Kritiker dazu, im modernen, sozialen Realismus geschriebene Werke abzulehnen. Dabei üben sie einen großen Einfluß auf den Lesergeschmack aus, besonders durch die großen jährlich verliehenen Literaturpreise - Goncourt, Fémina und andere. Ein neuer Roman, von dem normalerweise nur etwa 100 000 Stück verkauft würden, erklimmt mit bis zu 300 000 verkauften Exemplaren die Spitzen der Bestsellerlisten, wenn er den begehrten Goncourt gewinnt.

Das intellektuelle Leben

Der Begriff »intellektuell« wird in Frankreich, im Gegensatz zu vielen anderen Ländern, selten abwertend benützt. Die Intellektuellen sind eine anerkannte und beachtenswerte Klasse, die sehr auf ihren eigenen Status und ihre Aufgaben bedacht ist. Sie haben vielleicht keinen großen Einfluß auf öffentliche Ereignisse, aber es wird von ihnen erwartet, daß sie sich über sie äußern und sie öffentlich diskutieren. Man kann sie in ganz Frankreich in akademischen Zirkeln finden, doch diejenigen, die das Rampenlicht suchen, trifft man vor allem in Paris an der *Rive gauche*, wo sie Lehrstühle innehaben, von Teilzeitjobs in Verlagen oder Zeitungen leben, Romane oder Pamphlete schreiben oder in Radiodiskussionen und Fernsehtalkshows auftreten. Die meisten Intellektuellen tendieren politisch zur Linken, aber in den letzten Jahren ist eine lautstarke Rechte wiederaufgetaucht, und der Einfluß linker Ideen nimmt ab.

Die Kontroverse zwischen den Linken und den Rechten, vor allem der nationalistischen, katholischen Rechten, hat das intellektuelle Leben Frankreichs vom späten 19. Jahrhundert bis in die 30er Jahre unseres Jahrhunderts dominiert. Ihre Ursachen liegen teilweise in der Dreyfus-Affäre von 1894. Damals entdeckten die Intellektuellen ihre Macht, und der Begriff *»intellectuel«* fand erstmals eine breite Verwendung. Alfred Dreyfus war Armeehauptmann und Jude und wurde zu Unrecht der Militärspionage für Deutschland angeklagt und verurteilt. Die Intellektuellen eilten zu seiner Verteidigung, allen voran der Schriftsteller Emile Zola, dessen berühmter offener Brief *J'accuse! (Ich klage an!)* die Behauptung aufstellte, daß Dreyfus das Opfer einer rechten antisemitischen Verschwörung geworden sei. Der Skandal spaltete Frankreich in zwei Lager, die man grob als links und rechts bezeichnen könnte, und er dauerte bis 1906, als Dreyfus' Unschuld endlich bewiesen und er rehabilitiert wurde. Der Fall Dreyfus war einmalig: niemals davor oder danach mischten sich in Frankreich die Intellektuellen so entschieden in eine öffentliche Affäre ein.

Obwohl sie im Fall Dreyfus eine Niederlage erlitten hatte, war die nationalistische, katholische Rechte in den nächsten Jahrzehnten sowohl vor als auch nach dem Ersten Weltkrieg äußerst aktiv. Ihre Anführer waren der Romancier Maurice Barrès und der militante Nationalist Charles Maurras mit seiner *Action française*. In den 20er Jahren begannen dann kommunistische Intellektuelle in den Vordergrund zu treten wie der Schriftsteller Henri Barbusse; und in den 30ern liebäugelten sogar Autoren wie Gide und Malraux mit dem Kommunismus. (Malraux kämpfte im spanischen Bürgerkrieg als Pilot auf der republikanischen Seite.) Aber auch die pazifistischen Ideen des provenzalischen Autors Jean Giono gewannen Einfluß. Sowohl linke wie rechte Intellektuelle hatten in der Zeit, in der die Wahrscheinlichkeit eines Krieges immer größer wurde, eine gewisse Wirkung auf die öffentliche Meinung. Während der Besatzung spielten einige liberale Denker wie Albert Camus eine Schlüsselrolle in der Résistance, Teile der Rechten kollaborierten hingegen mit den neuen Machthabern. Dafür wurde der mit den Nationalsozialisten sympathisierende Autor Robert Brasillach nach der Befreiung hingerichtet; der begabte Romancier Drieu La Rochelle, der die *Nouvelle Revue Française* unter den Deutschen herausgab, beging dagegen Selbstmord.

Nach dem Krieg beherrschte Jean-Paul Sartre für einige Jahre die intellektuelle Szene mit einer Mischung aus existentialistischen Ideen und einer offenen Sympathie für den Kommunismus. Einige andere gingen noch weiter und traten der Kommunistischen Partei bei, viele aber verließen sie nach den sowjetischen Interventionen in Budapest (1956) und Prag (1968). Eine Zeitlang wurde der Algerienkrieg zur Zielscheibe von oppositionellen linken Intellektuellen, und 121 von ihnen unterschrieben 1960 ein Manifest, das die Wehrpflichtigen aufforderte, nicht zu kämpfen. Sie kritisierten auch den technokratischen Geist und die wachsende Konsummentalität der 70er und 80er Jahre. Als Mitterrand die Macht übernahm, wurde ihre Haltung zwiespältig, obwohl sie ihn fast alle gern gewählt hatten. Doch viele glaubten, daß ein anständiger Intellektueller nicht auf seiten der *pouvoir* (der Regierung) stehen sollte und seine Integrität am besten in der Opposition gewahrt würde. Aber während in den letzten 100 Jahren die französischen Intellektuellen selten lange brauchten, um zu großen öffentlichen Themen Stellung zu nehmen, waren sie genauso selten in der Lage, den Verlauf der Dinge zu ändern. (Dreyfus war eine Ausnahme.)

Jean-Paul Sartre ist in diesem Jahrhundert das beste Beispiel eines aktiven, politisch engagierten Intellektuellen in Frankreich. Er wurde vor allem bekannt durch seine existentialistischen Ideen von der Verantwortung und der Freiheit der Entscheidungsmöglichkeit, die er ausgehend von den deutschen Philosophen Husserl und Heidegger weiterentwickelte. Er und seine Lebensgefährtin Simone de Beauvoir pflegten in den Cafés von Saint-Germain-des-Prés zu sitzen, wo seine Anhänger oft den absoluten Freiheitsbegriff nach Sartres Definition als Rechtfertigung exzessiver Freiheit mißverstanden. Sartre selbst war in Wirklichkeit jedoch mehr am Marxismus interessiert und behauptete, daß der Existentialismus nur dessen Knecht sei. Aber allmählich brach er mit dem Kommunismus, obwohl er bis zu seinem Tod im Jahr 1980 weiterhin verschiedene linke und humanitäre Anliegen öffentlich unterstützte; beispielsweise setzte er sich bei Giscard für die Lage der vietnamesischen *boat people* ein. Man zollte Sartre großen Respekt, aber die offensichtlichen Gedankenumschwünge und Mehrdeutigkeiten in seinem Denken irritierten viele seiner Anhänger. Sein Fall war - wie oft gesagt wurde - die Tragödie eines Menschen mit einer tiefreligiösen Natur, der Gott getötet hatte. Trotzdem bestand sein intellektueller Einfluß darin, daß alte Ideen neu beurteilt wurden und ein freieres, kritischeres gesellschaftliches Klima entstand.

Die existentialistische Bewegung war in den späten 60er Jahren größtenteils abgeklungen, als ein neuer intellektuel-

Oben: Der Literaturkritiker Roland Barthes (1915 - 1980) gehört zu den bekanntesten Vertretern einer uneinheitlichen Gruppe von Intellektuellen, die vage als »Strukturalisten« bezeichnet werden. Sie hatten in den 70er Jahren bedeutenden Einfluß auf einige akademische und avantgardistische Kreise. Der Marxist Barthes wandte strukturalistische Ideen auf dem Gebiet der Semiotik an, der Lehre von den Zeichen und Symbolen, die seiner Meinung nach Gedanken und Handlungen prägten. Er schrieb in einem manierierten Stil voll neuer Wortschöpfungen, der oft parodiert wurde. Als hervorragender Wissenschaftler hatte er den Lehrstuhl für Semiotik am berühmten Collège de France inne.

Rechts: Simone de Beauvoir (1908 - 1986) und Jean-Paul Sartre (1905 - 1980), hier auf einer Kundgebung in Paris 1970, waren langjährige Lebensgefährten, heirateten aber nie. Beide gehörten der politischen Linken an, und sie drängten andere Intellektuelle, ihren »Elfenbeinturm« zu verlassen und wie sie politisch tätig zu werden. Dies war das Thema von de Beauvoirs Roman *Les mandarins (Die Mandarine von Paris).* Sie war auch eine aktive Feministin, und in *Le deuxième sexe (Das andere Geschlecht)* legte sie den französischen Frauen nahe, gegen den untergeordneten Status zu rebellieren, den ihnen eine von Männern beherrschte Welt aufgezwungen hatte. Sartre schrieb seinen ersten Roman *La nausée (Der Ekel)* als Gymnasiallehrer in Le Havre, und das Buch spielt in dieser Hafenstadt. Er und de Beauvoir vertraten eine Existenzphilosophie, die von vielen ihrer Anhänger gröblich mißverstanden wurde. Sartre war Marxist, wurde aber allmählich vom orthodoxen Kommunismus enttäuscht. Er war zwar kein Meister des literarischen Stils, aber ein origineller Denker von höchstem Rang. 1964 erhielt er den Nobelpreis für Literatur, den er aber aus politischen Gründen zurückwies.

Folgende Seiten: Ein typisches Café-Restaurant mit Tischen auf dem Gehsteig im Pariser Quartier Latin. Während viele von ihnen modernisiert wurden, behielt dieses bewußt seinen Vorkriegsstil bei. Obwohl in dieses Viertel viele Touristen kommen, ist dieser Teil von Paris immer noch ein Treffpunkt für Intellektuelle und Künstler, genauso wie kurz nach dem Krieg, als Jean-Paul Sartre in Saint-Germain-de-Prés hofhielt. Das literarische Café ist aus der Mode gekommen, aber bestimmte Restaurants bleiben Stammlokale der Intelligenz. Die Pariser mögen es, wenn die Cafés dicht besetzt und laut sind und schnell bedient wird.

ler Trend auftauchte: der Strukturalismus. Dabei handelte es sich weniger um eine Philosophie als um eine Methode. Er bildete auch keine »Schule«, denn seine führenden Vertreter waren höchst unterschiedlich - der Literaturkritiker Roland Barthes, die Philosophen Michel Foucault und Jacques Derrida, der Psychoanalytiker Jacques Lacan und der große Anthropologe Claude Lévi-Strauss. In gewisser Weise entstand der Strukturalismus aus dem Existentialismus, mit dem er eine atheistische Ablehnung der klassischen Betrachtung von Geschichte und Moral teilte. Aber während der Humanist Sartre das Individuum als freien Gestalter seines eigenen Schicksals ansah, hielten die Strukturalisten das Individuum für einen Gefangenen in einem vorbestimmten System. Foucault verkündete in seinem Werk *Les mots et les choses* (*Die Ordnung der Dinge*; 1966): »Der Mensch mit einem großen M ist eine Erfindung«. Ein gelehrtes Publikum reagierte mit fasziniertem Erschrecken darauf: Sartre hatte Gott getötet - diese neue Gruppe tötete auch den Menschen! Viele Kritiker sahen die Bewegung als ein Symptom für die verspätete Entdeckung der Anthropologie und einiger Bereiche der Sozialwissenschaften in Frankreich, auf die sich die Strukturalisten einfallsreich, aber mit typisch französischem Extremismus stürzten. Sie hatten großen Einfluß in akademischen Kreisen außerhalb Frankreichs, vor allem in den USA. Aber sie wurden auch wegen ihrer gewollten Nüchternheit, Arroganz und Obskurität kritisiert, und in den späten 80er Jahren schien die Mode im Sand zu verlaufen.

In einem immer nach intellektuellen Neuigkeiten hungrigen Paris sind seit der Mitte der 70er Jahre neue Trends aufgetaucht. Erst traten lautstark die sogenannten *nouveaux philosophes* (neue Philosophen) auf, mit André Glucksmann und Bernard-Henri Lévy an der Spitze. Diese jungen linksorientierten Männer verkündeten in ihren Büchern ihre Ernüchterung vom Marxismus oder linke Ideale. Die Linke schlug zurück, indem sie diese Angriffe als »einen von den Rechten inszenierten Medienkrawall« brandmarkte. 1979 erschien dann *la Nouvelle Droite* (die Neue Rechte).

CAFÉ LA NOUVELL

Die intellektuelle extreme Rechte hat sich seit dem Krieg ziemlich still verhalten. Nun, ermutigt durch den Niedergang der Linken, tauchte sie wieder auf und wurde ernstgenommen. Der führende Propagandist der Neuen Rechten, Alain de Benoist, verkündete eine ziemlich verworrene, von Nietzsche geprägte Doktrin eines mystischen Elitedenkens und Heidentums, die gar nicht nationalistisch im Sinn von Maurras war, sondern aus den geistigen Quellen früher europäischer Traditionen – hellenistischer, keltischer und germanischer – resultierte. Diese exzentrische Bewegung verflog rasch, und obwohl die Rechte intellektuell immer noch lautstark ist, ging von ihr seitdem kein wirklicher Impuls mehr aus. Um 1990 war das »ideologische Vakuum« das am häufigsten gebrauchte Schlagwort zur Beschreibung der *Rive-gauche*-Szene, in der alle »-ismen«, einschließlich des Marxismus, anscheinend ihre Fähigkeit, mitzureißen und aufzurütteln, verloren hatten.

Die Intellektuellen der *Rive gauche* pflegen engen Kontakt miteinander. Sie begegnen sich in ihren bescheidenen Wohnungen oder in den berühmten Treffpunkten wie den Cafés Lipp und Le Balzar. Es ist eine enge, narzistische Welt rivalisierender Cliquen und dauernder Intrigen. In London und New York gibt es natürlich ähnliche Zirkel, aber in Paris erhöhen die abgeschlossene Umgebung und die französische Vorliebe für Polemik die Hitze der Auseinandersetzung. Hier jagt man ständig Novitäten nach, aber die neuen Ideen sind saisonale Moden wie die Kollektionen der *haute couture.* Ein geistreicher Gelehrter schrieb: »Paris, von seinem eigenen Nabel besessen, verschlingt eine Ideologie pro Woche, eine Ontologie pro Monat.« Dieses Milieu erscheint manchmal auch als die letzte Bastion der französischen Engstirnigkeit, denn während die Intellektuellen glauben, sie seien in die Weltereignisse einbezogen, sind ihre Debatten oft nur auf Paris konzentriert. Früher, als das französische Gedankengut und die französische Kultur weltweit Anerkennung fanden, war das nicht so wichtig, aber heute haben die Pariser Diskussionen eine wesentlich geringere globale Wirkung.

In seiner Analyse über die Ursprünge der intellektuellen Macht in Frankreich hat Régis Debray die These aufgestellt, daß sich das Hauptzentrum der Meinungsverbreitung in den letzten 100 Jahren dreimal verschoben hat: das erste Mal um 1880 von der Kirche zu den Universitäten, dann in den 30er Jahren des 20. Jahrhunderts zu den großen Verlagshäusern mit ihren monatlichen oder vierteljährlichen Zeitschriften und seit ungefähr 1960 zum Fernsehen und den anderen Medien. Sicherlich sind Zeitschriften wie *Les Temps Modernes*, die Sartre einst herausgab, oder Gallimards *Nouvelle Revue Française* immer noch auflagenstärker und einflußreicher als in den meisten Ländern, aber in den letzten Jahren haben sie durch die schnellere Masseninformation der neuen Medien an Boden verloren. Nach Debrays Meinung wird die echte intellektuelle Auseinandersetzung durch die neuen Medien trivialisiert, denn sie wird von einer neuen Klasse der »Mediakraten« beherrscht, die ernsthafte Denker dazu verleiten, für hohe Summen und schnellen Ruhm ihre Talente zu prostituieren. Natürlich beschränkt sich dieses Problem nicht auf Frankreich, aber in Paris, wo die amerikanischen Medienmethoden erst spät auftauchten, war die Wirkung des Fernsehens auf ein ohnehin schon angespanntes, polemisches und exhibitionistisches Milieu verheerend. Die Medien beuten die Polemik zum Showgeschäft aus, und ein Massenpublikum genießt die Kämpfe. So konkurrieren Professoren und Schriftsteller miteinander, um als Stars in den Talkshows aufzutreten – vor allem für *Apostrophe*, die berühmte Literatursendung am Freitagabend, die mit bis zu sechs Millionen Zuschauern den intellektuellen Höhepunkt der Woche bildete. Ihr Moderator, Bernard Pivot, wurde von Debray als »Literaturdiktator« gebrandmarkt, gleichwohl ist Frankreichs Fernsehen nach dem Einstellen dieser Sendung 1990 sicherlich ärmer geworden.

Frankreichs populäre Kultur

Frankreichs populäre Kultur hat sich immer ihre eigenen Idole geschaffen. Manche, wie der Sänger Alain Souchon, waren im Ausland kaum bekannt; andere aber wurden Stars und in der ganzen Welt genauso berühmt wie in Frankreich. Sie wurden sogar zu Symbolen eines gewissen Frankreichbildes – die höflich-freche Gewandtheit eines Maurice Chevalier, der Sex-Appeal der Brigitte Bardot, die südländische Ausstrahlung von Yves Montand. Auch Juliette Greco und Charles Aznavour sind international bekannt.

In der Musik ist die Kluft zwischen dem »populären« und dem »ernsten« Geschmack in Frankreich vielleicht nicht so groß wie in anderen Ländern. Das mag auf die Tradition des *chanson* (das Wort bedeutet einfach »Lied«) zurückzuführen sein, ein absolut französisches *genre,* das intellektuelle Anerkennung fand. Das Chanson ist eine poetische Ballade und hat seine Wurzeln im Mittelalter; es ist sehr persönlich im Ausdruck, und oft schreiben die Sänger ihre Texte selbst. Manche, wie die Greco, begannen in den kleinen *boîtes* (Lokalen) am linken Seineufer von Paris und wechselten dann als Stars in die großen Konzertsäle über. Einige der namhaftesten Chansonniers waren nicht einfach nur Entertainer, sondern ernsthafte Poeten mit einer eigenen Vision von der Welt – zum Beispiel Georges Brassens, Charles Trenet und der Belgier Jacques Brel.

Rechts: Josephine Baker (1906–1975) war ein farbiger amerikanischer Showstar, der in Frankreich Triumphe feierte und sich dort niederließ. In den 20er Jahren zog sie von New York nach Paris und führte dort als vom Publikum vergötterte Tänzerin *le hot jazz* ein. Ihr extravaganter Stil stand im Gegensatz zu den klassischen französischen Chansons, die sie oft sang. Während des Zweiten Weltkrieges war sie in der Résistance tätig.

Unten: Edith Gassion (1915–1963) erhielt den Künstlernamen Piaf (Pariser Slang für »Spatz«) wegen ihrer kleinen, zerbrechlichen Figur und ihrer klagenden Stimme. Die Piaf war wohl die größte Chansonsängerin Frankreichs und wurde schon zu Lebzeiten eine Legende. Nach der Geburt von ihrer Mutter ausgesetzt, sang sie für ein paar Sous in den Straßen. Nachdem sie entdeckt und ausgebildet war, wurde sie rasch ein berühmter Star. Ihr theatralischer Stil, ihre klangvolle Stimme mit einem Anflug von Tragik gewannen die Herzen des Publikums, wo immer sie auftrat.

Unten: Yves Montand (1921 - 1991) - dieses Plakat stammt aus den 50er Jahren - stand regelmäßig an erster Stelle bei den Meinungsumfragen nach dem beliebtesten lebenden Franzosen. Er stammt von italienischen Bauern ab und wuchs in Marseille auf. Montand spielte in mehr als 60 Filmen und wurde mit seiner tiefen, rauhen Stimme auch als Chansonnier ein Star.

Unten: Brigitte Bardot war erst 17 Jahre alt und noch kaum bekannt, als sie auf dem Titelblatt von *Paris Match* erschien. Sie spielte in 50 Filmen, von denen nur wenige künstlerisch wertvoll sind, doch sie wurde von den Medien unbarmherzig als Sexsymbol ausgebeutet. In gewisser Weise entsprach das der Wahrheit, und sie versteckte ihr stürmisches Liebesleben niemals. Heute setzt sie sich energisch für den Schutz von Tieren ein.

Unten: Maurice Chevalier (1888 - 1972) war ein höflicher, eleganter Star der Pariser Varietés und der musikalischen Komödie. Er trat in vielen Filmen auf, sowohl in Frankreich als auch in Hollywood. Mit seinem Spazierstock, dem schräg aufgesetzten Hut und seinem verbindlichen Benehmen verkörperte er die französische Lebensart. In späteren Jahren schwand seine Popularität, weil er im Verdacht stand, für die Vichy-Regierung eingetreten zu sein.

Das Fernsehen

Obwohl das Fernsehen an sich keine Kunstform ist, ist es doch ein Schlüsselmedium für die Verbreitung von Kultur und Informationen. Doch in Frankreich erfüllt es diese Aufgabe nicht besonders gut. Jahrzehntelang befand es sich unter staatlicher Kontrolle, war kritiklos, einer Selbstzensur unterworfen und von geringem Prestige, so daß es nie Talente anzog oder Maßstäbe setzte, die einem guten Programm zugrunde liegen müssen. Heute, nachdem das staatliche Monopol aufgehoben wurde und einige Fernsehanstalten in privater Hand sind, ist *la télé* nun freier und offener. Aber die Sendungen wurden dadurch noch mittelmäßiger, denn der Wettbewerb drückte das Niveau auf den niedrigsten gemeinsamen Nenner des öffentlichen Geschmacks, da es galt, Einschaltquoten zu erzielen, die Werbeaufträge anlockten.

Das Fernsehen unterstand nach dem Krieg direkt dem Informationsministerium oder dem Ministerpräsidenten. In der Vierten Republik wurden regierungskritische Sendungen regelmäßig unterdrückt. De Gaulles Regierung verschlimmerte dann die Lage, indem sie mit ihren Anhängern die Schlüsselpositionen der öffentlichen Medien besetzte. Zu dieser Zeit wurden Sendungen über wirtschaftliche oder soziale Themen im voraus von dem zuständigen Ministerium überprüft, und die Nachrichtensendungen waren so zusammengestellt, daß sie die Regierung in einem guten Licht zeigten. Dagegen war der Anteil des Kulturprogramms unter dem Einfluß Malraux' groß - für Sendungen über Kunst und Geschichte wurden lange Sendezeiten vorgesehen. Das Fernsehen war zwar einfallslos, aber in der französischen pädagogischen Weise didaktisch; da es keine Konkurrenz mit kommerziellen Sendern um die Zuschauer gab, wurden wenig Zugeständnisse an den öffentlichen Geschmack gemacht und sehr wenig amerikanischer »Schund« importiert.

Viele Regisseure neigten jedoch zu liberalen oder linken Ansichten und zeigten sich zutiefst frustriert. Während der Mairevolte 1968 waren sie mit ihrer Geduld am Ende; sie veranstalteten praktisch einen Putsch und sagten für einige ruhmreiche Tage auf dem Bildschirm das, was sie wollten. Die Regierung schlug mit der Entlassung von mehr als 60 Radio- und Fernsehjournalisten zurück. Aber man zog doch Lehren aus den Vorfällen, und unter Pompidou und Giscard gab es einige Versuche, das Fernsehen trotz der Beibehaltung des staatlichen Monopols zu liberalisieren. Man erlaubte nun den Oppositonsführern, einschließlich der Kommunisten, an Live-Diskussionen teilzunehmen; die Praxis der direkten Einmischung von seiten der Ministerien wurde unterbunden, und Giscard teilte den Fernsehmonolithen in drei getrennte Anstalten auf, die alle noch dem Staat gehörten, aber in Konkurrenz zueinander standen und teilweise durch Werbung finanziert wurden. Mitterrand ging noch einen Schritt weiter: Er gründete eine neue, unabhängige Kommission, die ähnlich wie in Großbritannien die Ausgewogenheit und Objektivität der Programmgestaltung sicherstellen sollte. Daraufhin wurden die Nachrichtensendungen lebendiger, kritischer und für Ansichten von Minderheiten offener, und die leitenden Angestellten waren nicht länger ausschließlich Regierungsanhänger. Darüber hinaus genehmigte Mitterrand aus politischen Gründen zwei neue, private, kommerzielle Sender nach dem zweifelhaften italienischen Muster und brach damit das frühere Versprechen der Sozialisten, ein Ende des Monopols würde nicht zu einem Absinken der Programmqualität oder dem Ausverkauf an Großfinanziers führen. Chirac ging als Ministerpräsident mit der totalen Privatisierung des bedeutendsten staatlichen Senders, TF1, der unter anderem von dem britischen Medienzar Robert Maxwell erworben wurde, noch weiter.

Heute gibt es insgesamt sieben Fernsehsender, davon vier private und drei staatliche. Hierzu gehören ein Pay Channel, der hauptsächlich Spielfilme und Sport anbietet und etwa drei Millionen Teilnehmer hat, und ein staatlicher Regionalsender. TF1 hat mit großem Abstand die meisten Zuschauer, wesentlich mehr als der Hauptkonkurrent Antenne 2, der immer noch staatlich ist und ein eher anspruchsvolles Programm bietet. Aber bei fast allen Sendern gibt es so wenig Geldmittel für eigene Produktionen, daß sie hauptsächlich auf billige ausländische Importe, darunter viele amerikanische Familienserien, zurückgreifen müssen. Darüber hinaus sind die von ihnen produzierten Programme selten von besserer Qualität. Das französische Fernsehen zeichnet sich durch große Live-Diskussionen über politische oder literarische Themen aus, wobei dem nationalen Talent für leidenschaftliche Debatten viel Sendezeit eingeräumt wird. Kritische Dokumentarfilme über aktuelle Themen sind selten, und das Fernsehspiel wird kaum gefördert. Das Fernsehen ist längst nicht mehr so prüde wie früher und zeigt nun wie das Kino Nacktszenen und gelegentlich Sendungen über so diffizile Themen wie Aids oder Homosexualität. Damit hat es sich der französischen Gesellschaft angenähert, aber das Kulturprogramm erhält im Verhältnis zur leichten Unterhaltung wesentlich weniger Sendezeit als in den strengen Zeiten de Gaulles. Das französische Fernsehen, obwohl nun ohne Maulkorb, kann auf keine Tradition zurückgreifen und hat noch nicht das professionelle Niveau erreicht, das für ein qualitativ hochwertiges Programm nötig wäre. Im Vergleich mit der britischen BBC verlaufen die Einstellungen und die Ausbildung bei den Sendern planlos, und den leitenden Angestellten und Produzenten scheint das Engagement zu fehlen, das die Franzosen auf dem Kunstsektor und in der Industrie zeigen. Als positive Entwicklung ist das mehrsprachige europäische Satellitenprogramm, *la Sept*, anzusehen, das die französische und deutsche Regierung 1990 gegründet haben und das ausschließlich für kulturelle Programme genützt und - frei von den Zwängen durch Einschaltquoten - staatlich finanziert werden soll. Es ist eine Ironie, daß der vielverspottete Staat noch einmal eingreifen mußte, um einen Rest des französischen Fernsehens vor der Zerstörung durch den Kommerz zu bewahren.

Die Situation des Hörfunks ist etwas anders. Parallel zu den staatlichen Hauptsendern sendeten eine Reihe von beliebten kommerziellen Stationen - vor allem Europe 1, Radio Monte Carlo und Radio Luxembourg - gleich hinter den Grenzen Frankreichs und der Reichweite des Monopols ihre Programme. Die Regierung fand aber raffinierte Möglichkeiten, sie zu kontrollieren - hauptsächlich über den Erwerb von Aktienmehrheiten durch Holdinggesellschaften, die aber inzwischen privatisiert sind. Die staatlichen Sender wurden inzwischen ähnlich wie das Fernsehen liberalisiert. Zur selben Zeit genehmigte man lokale Radiostationen, und heute senden etwa 800 kleine Anlagen. Oft werden sie von Stadträten oder anderen örtlichen finanzkräftigen Gruppen betrieben, sie dürfen aber nicht kommerziell arbeiten. Die Qualität der Rundfunkprogramme ist oft kaum besser als die des Fernsehens, doch bringen die großen Sender wie Europe 1 ausgezeichnete Nachrichten und Kommentare, während zwei der staatlichen Sender auf klassische Musik spezialisiert sind.

Die Presse

Die Franzosen sind keine großen Zeitungsleser, und ihre Tageszeitungen haben nur bescheidene Auflagen. Interessanterweise machen die Provinzzeitungen, trotz der zentralistischen Tradition, mehr als zwei Drittel des gesamten täglichen Zeitungsabsatzes aus. Es gibt keine wirklich nationale Presse, und *Le Monde* ist die einzige Tageszeitung, die außerhalb von Paris größere Verbreitung findet. Die französische Tageszeitung mit der höchsten Auflage ist in der Tat kein Pariser Blatt, sondern *Ouest-France*, die in Rennes erscheint und den Nordwesten versorgt. Von ihr werden etwa 750 000 Exemplare verkauft, wohingegen keine Pariser Tageszeitung eine Auflage über 500 000 aufweist.

Oben: Ein typischer Zeitungsstand in Paris. Kioske dieser Art bieten eine riesige Auswahl an französischen und ausländischen Tageszeitungen, dazu Hunderte von Zeitschriften. »Was hat Saddam als nächstes vor«, steht auf dem umgekehrt aufgehängten Plakat, das für *L'Express* wirbt, eines der erfolgreichsten wöchentlich erscheinenden Nachrichtenmagazine. Nach dem Vorbild von *Time* und *Der Spiegel* angelegt, haben diese Wochenmagazine einen breiten Leserkreis, während die Pariser Tagespresse auffallend schwach ist: Tatsächlich verkaufen sich die in der Provinz erscheinenden Tageszeitungen besser und sind erfolgreicher, wenn auch nicht von besserer Qualität. Keine Pariser Tageszeitung vertreibt mehr als etwa 500 000 Exemplare täglich, und die äußerst seriös und trocken gestaltete *Le Monde* ist ebenso verbreitet wie andere Zeitungen.

Politisch tendieren die Tageszeitungen der Hauptstadt mehr zur Rechten als zur Linken. *Le Figaro*, nur mäßig anspruchsvoll und ein bißchen langweilig, gehört dem umstrittenen Finanzmagnaten Robert Hersant, der betont rechte Meinungen vertritt. Die Wirtschaftszeitung *Les Echos* ist im Besitz der britischen *Financial Times*; *La Croix* ist eine sehr gute katholische Tageszeitung und *France-Soir* eine mittelmäßige Abendzeitung. Im linken Spektrum müht sich *L'Humanité*, die Zeitung der Kommunistischen Partei, mit sinkenden Auflagen ab, während *Libération* in den letzten Jahren stark zugelegt hat. Sie ist eine gute, unabhängige und kritische Tageszeitung, die lebendig, aber seriös ist und mehr Einfluß besitzt, als man von ihren bescheidenen Verkaufszahlen erwarten würde. Das Flaggschiff der französischen Presse und eine der besten Zeitungen der Welt ist *Le Monde*. Sie hat ihren strengen Stil beibehalten: ohne Photos und mit langen, seriösen Artikeln, deren ausschweifende Sätze keine leichte Lektüre sind. Ihr politischer Standpunkt liegt normalerweise links von der Mitte. Sie ist unabhängig von Finanzmagnaten.

Die Schwäche der Pariser Tageszeitungen wird zum Teil durch den Aufstieg der wöchentlich erscheinenden Nachrichtenmagazine ausgeglichen. Zwei von ihnen, *L'Express* und *Le Point*, die beide rechts der Mitte stehen, ahmen das Rezept von *Time* und *Der Spiegel* nach: sie haben einen hohen Verkaufspreis und sind in Hochglanz mit viel farbigen Werbeanzeigen gedruckt, aber sie sind immer voller Neuigkeiten. Ihr Hauptkonkurrent, der prosozialistische *Le Nouvel Observateur*, ist intellektueller und hat einen etwas größeren Textanteil. Andere führende Wochenzeitschriften sind *Paris-Match*, bekannt für gute Photoreportagen, *L'Evénement du Jeudi* und *Le Canard Enchaîné*, eine berühmte französische Institution. Dieses satirische Blatt mit seinem spöttischen Stil macht jedoch ernsthaften, kritisch recherchierenden, politischen Journalismus, und seine Enthüllungen sind öfters imstande, die Regierung bloßzustellen. Es erfüllt somit eine nützliche Aufgabe in einem Land, wo ein furchtloser Journalismus dieser Art nicht allzu häufig anzutreffen ist. Sogar *Le Monde* bemüht sich trotz seiner breiten und gründlichen Berichterstattung selten um wirkungsvolle Untersuchungen über Skandale hinter den Kulissen, und die anderen Zeitungen tun dies noch weniger. Vielleicht liegt das zum Teil an dem traditionellen französischen Respekt vor den Machtinstitutionen – nicht nur vor der Regierung, sondern auch vor der Wirtschaft. Journalisten sind abhängig von ihren Kontakten zu offiziellen Quellen und zögern, sie durch peinliche Enthüllungen zu gefährden.

Die Stärke der regionalen Tagespresse geht auf die Besatzungszeit zurück, als Frankreich zweigeteilt war und Transportschwierigkeiten den Verkauf von Pariser Zeitungen in der Provinz verhinderten. Folglich konnten sich die lokalen Zeitungen eine Machtstellung aufbauen, die sie seitdem gehalten und sogar erweitert haben. Heute gibt es 72 regionale Tageszeitungen, denen es gelang, alle Versuche der Pariser, allen voran *Le Figaro*, in ihre Gebiete einzudringen, abzuwenden. Unter den führenden Zeitungen steht *Ouest-France* an der Spitze, danach folgen *La Voix du Nord* in Lille, *Le Dauphiné Libéré* in Grenoble und *Sud-Ouest* in Bordeaux. Diese und andere Tageszeitungen sind florierende Imperien mit guten, modernen Büros, die einige Pariser Zeitungen wie arme Verwandte aussehen lassen. Ihr redaktioneller Teil ist jedoch im allgemeinen inhaltsarm. *La Voix du Nord* und *Les Dernières Nouvelles d'Alsace* (Straßburg) sind manchmal kontrovers, aber da jede Zeitung in ihrem Gebiet nahezu eine Monopolstellung hat, vermeiden die meisten, den Leser zu verschrecken, und zielen auf größtmöglichen Anklang. Sie bringen kaum Auslandsmeldungen, behandeln nationale Nachrichten kritisch und füllen den Rest ihrer Seiten mit Reportagen über lokale Vorgänge.

VIERTER TEIL

DIE REGIONEN FRANKREICHS

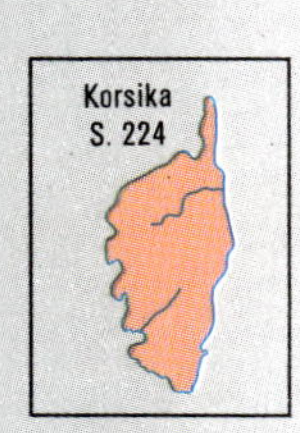

SYMBOLE FÜR ALLE LANDKARTEN DER REGIONEN

- Landeshauptstadt
- Regionalhauptstadt
- Departementshauptstadt
- Staatsgrenze
- Regionalgrenze
- Departementsgrenze
- Internationaler Flughafen
- Fährhafen
- A2 Autobahn
- N2 Andere Hauptstraße
- TGV-Eisenbahnstrecke
- Andere Eisenbahnstrecke
- Kanal
- Berggipfel (Höhe in Metern)

DIE ERNEUERUNG IN DEN REGIONEN

Unter dem Ancien régime erfreuten sich die alten Provinzen Frankreichs einer gewissen Autonomie, aber nach der Revolution wurden sie aufgeteilt und durch neugeschaffene *départements* ersetzt. Jeder dieser meist nach Flüssen benannten Verwaltungsbezirke unterstand einem von Paris ernannten Präfekten. Die politische und wirtschaftliche Zentralisierung gingen zunehmend Hand in Hand. Paris wurde zum Zentrum des Eisenbahnnetzes, das nur wenige gute Überlandverbindungen aufwies. Als die Schwerindustrie entstand, siedelte sich ein Teil der Firmen unweit der Kohlegruben im Nordosten an. Viele dieser Unternehmen gingen aber – wie die Großbanken – nach Paris, um in der Nähe der wichtigen Ministerien zu sein. Von 1851 bis 1931 wuchs die Bevölkerung des Pariser Großraums auf 4,4 Millionen an, die des Nordens und der Region von Lyon-Saint-Etienne auf 1,8 Millionen. Die Entwicklung der Industrie im Osten führte zum Begriff der »zwei Frankreiche«, wobei die Trennungslinie ungefähr von Caen nach Marseille verlief; die ärmeren Bauerndörfer sowie die Städte ohne Industrie lagen im Westen. Auch ließen die Vorrangstellung der Sorbonne und die Anziehungskraft der literarischen Salons die Provinzen kulturell verarmen, und malerische, alte Städte von historischer Bedeutung wie Rouen oder Dijon versanken in Langeweile und Lethargie.

Wirtschaftlicher Aufschwung und regionale Entwicklung

Merkwürdigerweise wendete sich das Blatt während der Besetzung durch die Nationalsozialisten im Zweiten Weltkrieg. Viele der von Paris abgeschnittenen Provinzen sahen sich gezwungen, selbst die Initiative zu ergreifen. Zur selben Zeit verließen nicht wenige dynamische Führungskräfte die von Problemen geplagte Hauptstadt, um sich anderswo niederzulassen. Nach dem Krieg brachte die starke Landflucht, verbunden mit dem Aufbau der Industrie, neues Leben in die stagnierenden Städte. Zahlreiche Orte, an der Spitze Grenoble und Toulouse, verdoppelten oder verdreifachten sogar ihre Größe. Der Monnet-Plan und die Staatspolitik räumten der regionalen Entwicklung eine hohe Priorität ein. Die Regierung förderte den Ausbau der Provinzuniversitäten, der viel schneller als der der Universitäten in Paris erfolgen sollte. Sie setzte sich auch für große, neue Kunstzentren in Provinzstädten ein, um ihnen mehr Gewicht zu geben. Subventionen und andere Anreize sollten Firmen dazu veranlassen, von Paris wegzuziehen oder neue Fabriken im wenig industrialisierten Westen und Südwesten aufzubauen: Die Bretagne, das Languedoc und das Zentralmassiv wurden neben anderen Regionen als Investitionsräume anvisiert, um die Landflucht in die Hauptstadt aufzuhalten. Eine Zeitlang war die Gründung neuer Unternehmen in der Pariser Region fast durchweg verboten. Angesichts der rasch expandierenden Wirtschaft in den späten 50er und in den 60er Jahren war diese Politik der regionalen Entwicklung sehr erfolgreich. Obgleich viele Firmen es noch vorzogen, neue Werke in Städten wie Reims oder Orléans zu errichten, die in der Nähe der Hauptstadt liegen, zogen andere weiter weg, beispielsweise nach Rennes oder Toulouse. Oft wurden sie von einer tatkräftigen Persönlichkeit in der Provinz umworben wie etwa Jacques Chaban-Delmas, dem gaullistischen Politiker und Bürgermeister von Bordeaux, der seinen Einfluß in Paris benutzte, um große Industrieinvestitionen in seine Stadt zu bringen.

Die Initiativen in den Regionen führten zwischen 1955 und 1975 zur Schaffung von rund 500 000 neuen Arbeitsplätzen. Dagegen verlor Paris zwischen 1962 und 1973 etwa 77 000 Arbeitsplätze in der Industrie. Die Stadt wuchs zwar immer noch und paßte sich schnell den modernen Bedingungen an, aber dadurch wurde sie auch zu beengt und chaotisch. Viele junge Berufstätige entwickelten als Entgegnung auf den traditionellen Hochmut der Pariser gegenüber der Provinz einen Snobismus gegenüber Paris. Diese neue Stimmung verband sich in den 70er Jahren eng mit dem Interesse an ökologischer Lebensqualität. Leitende Angestellte, Ingenieure und Hochschullehrer wurden sich mehr und mehr bewußt, daß das Leben in einer kleineren Stadt wie Avignon oder Annecy, im warmen Süden, nahe dem Meer oder in Skigebieten einen höheren Freizeitwert haben konnte als das in Paris. Außerdem galten solche Orte nicht mehr als kulturelles Hinterland, denn sie besaßen inzwischen genügend eigene Theater, Konzertsäle und Kunstgalerien. Zwischen 1975 und 1982 ergab die Mobilitätsziffer, die sich aus Zu- und Abwanderungen errechnet, für Paris zum erstenmal ein Minus von 291 000. Dieser Trend setzte sich fort und umfaßt heute nicht nur die Mittelschicht, sondern auch die Arbeiter.

Nach den Erfolgen im Süden und Westen richtete die Regierung in den ausgehenden 70er Jahren ihre Aufmerksamkeit auf ältere Industriegebiete wie Lothringen und Nord-Pas-de-Calais, die durch Rezession und Zechenstillegungen stark angeschlagen waren. Glücklicherweise nahm die Europäische Gemeinschaft zur gleichen Zeit eine Entwicklung, die das Interesse der Investoren wieder nach Osten lenkte, so daß sich die geographische Lage dieser gefährdeten Regionen als strategisch günstig erwies. Wirtschaftlich gesehen, sind heute die Gebiete in der gebirgigen, dünnbesiedelten Mitte Frankreichs am rückständigsten. An die Stelle der alten Ostwestlinie tritt nunmehr eine komplexere Aufteilung. Einige Jahre lang strebten Einwohner und Investoren an die Peripherie, vor allem an die Mittelmeerküste und ins Rhônetal, wo gute Verkehrsverbindungen zu anderen europäischen Ländern bestehen und außerdem Landschaft und Klima besondere Vorzüge aufweisen. Das gilt auch für die Aquitaine und einen großen Teil Westfrankreichs. Der lange Landstrich von den Ardennen bis zu den Zentralpyrenäen, zu dem der größte Teil des Zentralmassivs gehört, hat eine überalterte Bevölkerung, die ständig abnimmt, und vermag schwerlich neue Investitionen anzuziehen. Dies ist noch eine Sorge der Wirtschaftsplaner, obgleich sie ihre wichtigsten Ziele in den Regionen erreicht haben und Europa in ein neues Zeitalter der offenen Grenzen eingetreten ist.

Regionale Verwaltung und politische Dezentralisierung

Bis in die 80er Jahre wurde die französische Wirtschaftspolitik der regionalen Erneuerung nicht durch eine echte politische Dezentralisierung gestützt. Doch der ökonomische und kulturelle Aufschwung in den 60er und 70er Jahren führte zu einem neuen regionalen Bewußtsein. Dieses schlug sich nieder in der Folklore, zum Beispiel Volksmusik und -tänze, die wiederbelebt wurde, oder in den Versuchen, alte Dialekte und Regionalsprachen zu erhalten. Die Bewegung wurde zumeist von Intellektuellen getragen, und oft schien sie einen Ausgleich für den Mangel an politischer Autonomie zu bieten oder sogar eine Möglichkeit, um für sie zu kämpfen. Solche Strömungen waren besonders stark in der Bretagne, im Languedoc, in der Provence und im französischen Baskenland. In den meisten dieser Regionen und in Korsika bildeten sich separatistische Bewegungen, die mitunter zur Durchsetzung ihrer Ziele auch Gewalt an-

Französische Lokalverwaltung
Die örtliche Verwaltung in Frankreich ist kompliziert. Das Land ist in 96 *départements* eingeteilt, die heute 22 *régions* bilden. Die Departements, die unter Napoleon künstlich geschaffen wurden, haben alle in etwa dieselbe Größe (außer im Raum Paris, wo sie kleiner sind) und sind überwiegend nach einem Fluß des jeweiligen Gebietes benannt, beispielsweise Somme und Loire, manchmal auch nach einem Gebirge. Die Regionen wurden in den 60er Jahren geschaffen. Viele gründen sich auf alte Provinzen oder Herzogtümer, zum Beispiel die Bretagne und die Provence, aber einige wie Midi-Pyrénées und Centre sind völlig neue Konstruktionen. Die Reformen der 80er Jahre modifizierten die zentralistische Struktur der Lokalverwaltung. Jedes Departement wurde von Anfang an durch einen vom Staat ernannten Präfekten direkt von Paris aus verwaltet. Heute haben die örtlich gewählten Körperschaften in den Regionen und Departements sowie in den Stadträten mehr Macht und der Präfekt eher weniger. Trotz allem bleibt Frankreich immer noch sehr zentralistisch.

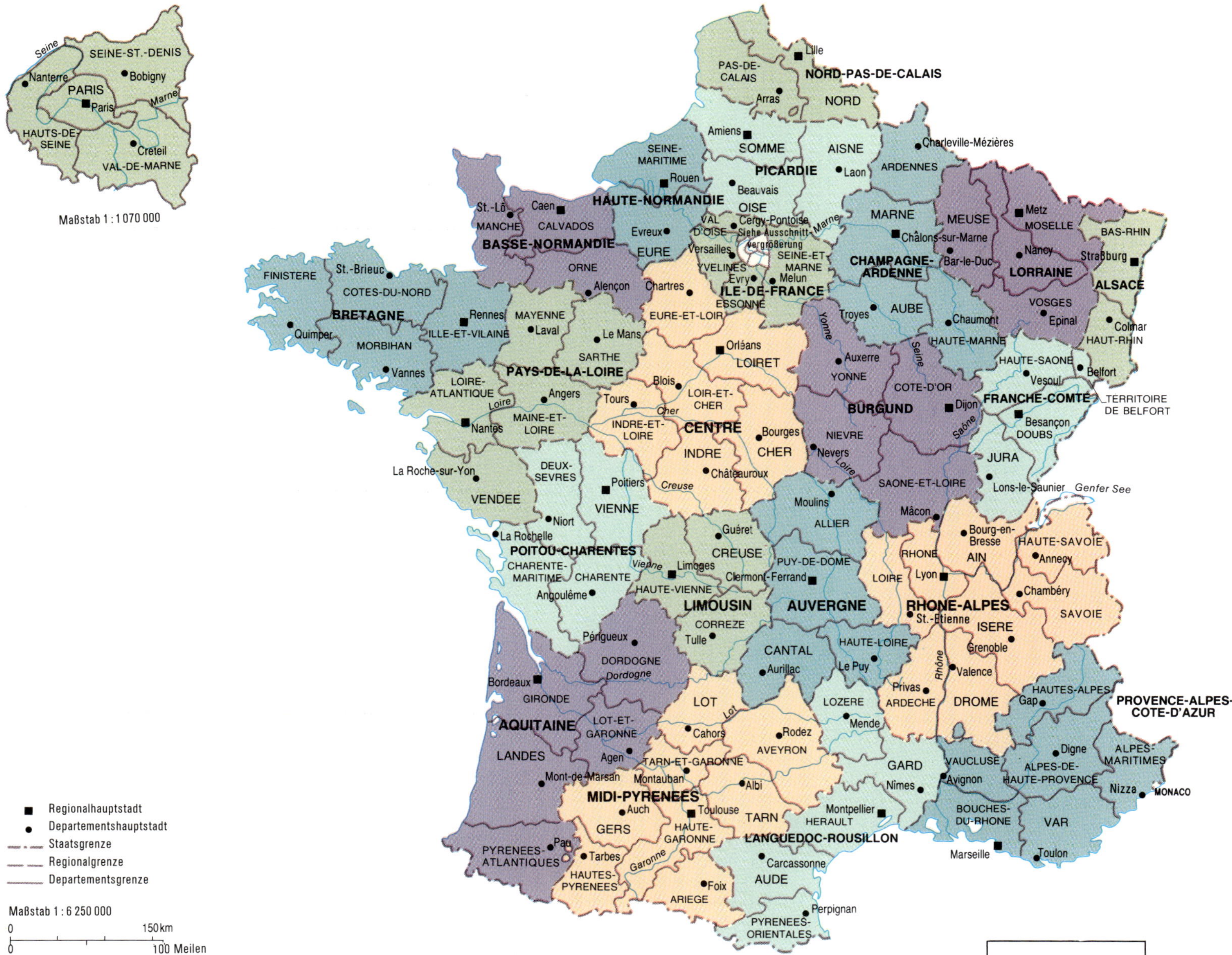

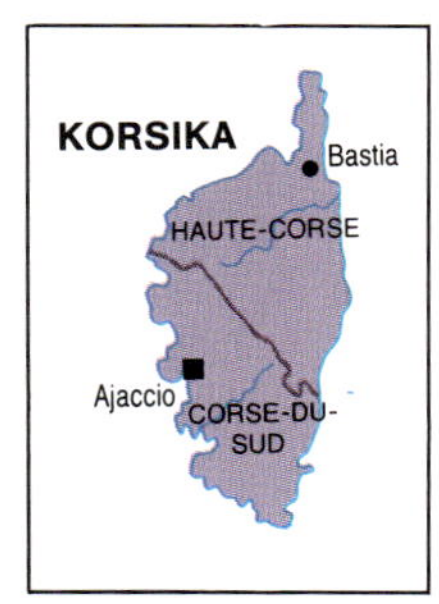

wendeten. Doch selbst die angestrebte landesinterne Autonomie wurde von den damaligen Mitte-Rechts-Regierungen verweigert. Sie hatten zwar einige Abteilungen der Staatsverwaltung sowie einige Grandes Ecoles und ähnliche Institutionen aus der Hauptstadt in die Region verlegt, hielten sie aber weiterhin unter ihrer Aufsicht. Die lokale Verwaltung von jedem der 96 Departements unterstand einem Präfekten, einem hohen Beamten, der mit seinem großen Mitarbeiterstab nur Paris gegenüber verantwortlich war. Jedes Departement hatte seinen eigenen, regional gewählten *conseil général* (Generalrat); da dieser aber nur über ein bescheidenes Budget verfügte, besaß er wenig Macht. Unterhalb der Ebene der Departements gab es die rund 36 500 *communes* (Gemeinden), zu denen Großstädte wie auch winzige Dörfer gehörten. Sie besaßen ebenfalls gewählte Räte, mußten aber ihr Budget einem Präfekten zur Genehmigung vorlegen. Überdies waren die Kommunaleinnahmen gesetzlich so begrenzt, daß für fast jedes Projekt die finanzielle Hilfe des Staates nötig war. Das machte die Gemeinden sowohl von den endlosen ministeriellen Verzögerungen und Einsprüchen als auch von der langsamen Bürokratie in der Hauptstadt abhängig.

Dennoch besaßen die Bürgermeister größerer Städte eine sehr persönliche, wenn auch geringe formale Autorität, wodurch sie in der Praxis oft gegen den Präfekten opponieren konnten. Ein Bürgermeister, der in der französischen Gesellschaft als führende Persönlichkeit meist hochangesehen ist, konnte oft über Jahrzehnte im Amt bleiben, wenn er alle sechs Jahre wiedergewählt wurde. Viele französischen Politiker versuchten, sich eine lokale Machtbasis zu schaffen, indem sie Bürgermeister großer Städte wurden, wie zum Beispiel Jacques Chaban-Delmas in Bordeaux, Gaston Defferre in Marseille, Pierre Mauroy in Lille und Jacques Chirac in der *mairie* von Paris. Nicht selten versuchten sich Präfekten und Bürgermeister zu arrangieren und zusammenzuarbeiten, da sie zwangsläufig die gleichen Zielsetzungen hatten, nämlich die wirtschaftliche Expansion, die Aufrechterhaltung von Ruhe und Ordnung und den richtigen Umgang mit der Bürokratie des Staates, deren Opfer sie in einem gewissen Sinn beide waren.

In vielen Fällen wirkte sich die dynamische Planung des Staatszentralismus wirtschaftlich vorteilhaft aus, beispielsweise im verschlafenen, rückständigen Languedoc, dem man ein großes Bewässerungsprojekt und die Entwicklung moderner Ferienorte vorschrieb. Oft aber wurden solche Programme von Pariser Technokraten durchgesetzt, die

eine Diskussion mit der Region für überflüssig hielten. Gespannte Beziehungen zwischen Präfekten und örtlichen Politikern führten häufig zu einer konservativen Einstellung und Lethargie, während die staatliche Bürokratie die regionale Initiative schwächte.

Unter zunehmendem Druck führten die Regierungen in den 60er und 70er Jahren einige Reformen durch. Sie schränkten die Aufsicht der Präfekten über das Gemeindebudget ein. Unter seiner Kontrolle wurden die örtlichen Dienstleistungen neu organisiert, um ein höheres Maß an Effizienz zu erzielen, und 1964 faßte man die 96 *départements* aus Gründen der Wirtschaftsplanung in 22 *régions* zusammen. 1972 gestand man diesen Regionen einen *conseil régional* (Regionalrat) zu, dessen Mitglieder aber nicht direkt gewählt wurden und keine wirklichen Befugnisse besaßen. Tatsächlich handelte es sich nur um die Augenwischerei einer Regierung, die Furcht davor hatte, daß »der Staat auseinanderflöge« (um einen gaullistischen Politiker zu zitieren), wenn mehr Autonomie gewährt würde. Als 1981 die Sozialisten an die Macht kamen, sahen sie sich zu einer Generalüberholung der Regionalverwaltung verpflichtet. Ministerpräsident Mauroy und Innenminister Gaston Defferre waren überzeugte »Regionalisten«, und sie zogen den eher vorsichtigen Mitterrand auf ihre Seite.

Die Reform wurde zwischen 1982 und 1986 in Etappen durchgeführt. Die Aufsicht des Präfekten über die Gemeinden wurde abgeschafft, und er erhielt offiziell die neue Bezeichnung »Vertreter des Staates« *(représentant de l'Etat)*. Seine Aufgabe beschränkte sich jetzt hauptsächlich darauf, den öffentlichen Dienst in der Region zu koordinieren und die kleineren Gemeinden zu beraten. Seine exekutiven Befugnisse gingen auf den gewählten Vorsitzenden des *conseil général* des Departements über, der der eigentliche Nutznießer der Reformen war. Darüber hinaus übertrug der Staat auch einige seiner eigenen Verpflichtungen auf jede der drei lokalen Verwaltungsebenen. Die Region erhielt die Verantwortung für die Berufsausbildung, für den Bau von *lycées* (Gymnasien) und viele Bereiche der Kultur, des Tourismus, des Straßenbaus und für die Förderung neuer Industrien. Dem Departement überließ er die wichtige Aufgabe, sich um das Sozialwesen zu kümmern. An die Kommunen schließlich ging der Auftrag, für die eigene Stadtplanung und für Umweltprojekte zu sorgen. Auch besaßen sie fortan die Erlaubnis, Baugenehmigungen zu erteilen. Alle regionalen Organe wurden mit neuen Vollmachten ausgestattet, um Sondermittel durch Anleihen oder höhere Steuern zu beschaffen, und – was am wichtigsten war – jede Region erhielt einen direkt gewählten Regionalrat, dessen Sitzungen öffentlich sind.

Die politische Rolle des Präfekten als Aufpasser des Innenministeriums war beendet, aber ihm unterstand weiterhin die Polizei und die Aufgabe, für Recht und Ordnung zu sorgen. Der Staat behielt auch noch die Aufsicht über viele wichtige Bereiche wie das Gesundheitswesen (im Gegensatz zum Sozialwesen), das Bildungswesen (im Gegensatz zu den Schulgebäuden) und die Gerichtsbehörden. Die Reformen wurden zum Teil uneinheitlich durchgeführt, und so kam es zu beträchtlichen Unterschieden in den Regio-

Oben: Das Dorf Kargenthal in Ostfrankreich. In Frankreich mit seiner starken ländlichen Tradition spielte das Dorf schon immer eine wichtige Rolle. Viele Dörfer haben ihren Ursprung im Mittelalter, und die Bewohner leben nach wie vor eng zusammen. Doch das moderne Leben hat Veränderungen gebracht. Einige Dörfer wurden von der Expansion der städtischen Ballungsräume erfaßt, und die Landflucht bewirkte einen Rückgang der dörflichen Bevölkerung. Ganz Frankreich wird in 36 500 *communes* eingeteilt, die sowohl einen Weiler als auch eine große Stadt umfassen können und eine gewisse Autonomie besitzen. Die Verbundenheit mit der angestammten Heimat ist so stark, daß selbst kleine Dörfer sich Versuchen widersetzen, in größeren Einheiten zusammengefaßt zu werden.

Rechts: Fast jedes Dorf hat sein Kriegerdenkmal, an dem am 8. Mai und am 11. November der Bürgermeister (mit Trikoloreschärpe) und andere Würdenträger Kränze niederlegen. Selbst in dem zentralistischen System blieb in Frankreich der örtlich gewählte Bürgermeister eine wichtige Persönlichkeit und übte die Macht als unbequemer Rivale des Präfekten aus.

Folgende Seiten: Vaux-le-Vicomte, ein Schloß südlich von Paris, erinnert wie viele andere eindringlich an die frühere Macht des Königs in Frankreich.

nen. In einigen Fällen behielten die Präfekten einen Großteil ihres Einflusses, während sich andernorts starke Vertreter des *conseil général* durchsetzten.

Die Schwäche der Reformen

Wenn auch viele Beobachter den Eindruck hatten, daß die Defferre-Reformen einen großen Schritt in die richtige Richtung bedeuteten, so wiesen andere auf ihre grundsätzlichen Schwächen hin. Zum Beispiel gelang es den Reformen nicht, eines der ärgsten Probleme anzugehen: die 36 500 einzelnen Gemeinden, die zu zahlreich und oft zu klein sind. Da jedoch jede eifersüchtig ihre Identität behauptet, waren die Bestrebungen der Regierungen seit den 60er Jahren, sie zu einem Zusammenschluß zu bewegen, nur von geringem Erfolg gekrönt. Viele winzige Dörfer erwiesen sich als unfähig, ihre neuen Planungszuständigkeiten auszuüben, und werden immer noch vom Präfekten kontrolliert. In den Städten stärkten die Reformen zumeist die Autorität der Bürgermeister, die ihre zusätzlichen Vollmachten für sich behielten, statt sie zu delegieren und damit Defferres Devise zu folgen, »die Demokratie dem Volk näherzubringen«.

Die Reformen haben in einigen Fällen auch zu kleinlichen Streitigkeiten und zu Korruption geführt. Zum Beispiel erwiesen sich zuweilen Bürgermeister, die ihren eigenen Wählern in Sachen wie Baugenehmigungen entgegenkommen wollten, als bestechlich. Außerdem ist die komplizierte neue Struktur kopflastig und kostspielig, wobei einige der neuen Zuständigkeiten sich überschneiden oder schlecht abgegrenzt sind. Nach Ansicht der Reformkritiker sind diese Schwierigkeiten darin begründet, daß die Regierung sich nicht zwischen Region und Departement entscheiden konnte und statt dessen beide Einteilungen förderte, deren Rivalität viel Schaden stiftet. Mauroy und Defferre wollten das Departement abwerten und der Region große Befugnisse übertragen, aber Mitterrand lehnte dies ab und erzwang mit Unterstützung hoher Funktionäre einen unbefriedigenden Kompromiß. Dadurch erhielt das Departement mehr Macht, während der Region die Mittel fehlen, ihrer Verpflichtung zur Entwicklung der Wirtschaft angemessen nachzukommen.

Somit ist es nicht gelungen, mit den Reformen ein starkes regionales System zu schaffen. Das französische Departement ist jedoch zu klein, um eine umfassende ökonomische Rolle zu spielen, und zu künstlich, um ein echtes Identitätsgefühl hervorzubringen; sie wurden durch Linienziehungen auf einer Landkarte geschaffen, wobei logistische Kriterien aus den 90er Jahren des 18. Jahrhunderts den Ausschlag gaben. Die Jakobiner und ihre Erben, die stets die Region als eine Herausforderung für Paris empfanden, vertraten die Ansicht, daß es die Stabilität des Staates unterhöhle, wenn die Regierung einer Partei und die Majorität von Regionen einer anderen angehöre. Doch nach 1988 gab es eine sozialistische Regierung, und außer zweien waren alle neuen Regionalräte in Händen von Mitte-Rechts-Anhängern. Zu einer Krise kam es gleichwohl nicht. Trotz all ihrer Fehler schwächten die Defferre-Reformen wenigstens das Ressentiment gegenüber Paris ab und gaben den Regionen ein stärkeres Gefühl der Selbstbestimmung. Unter der Perspektive eines neuen Europa knüpfen zum Beispiel das Languedoc wirtschaftliche Bande mit Katalonien, Rhône-Alpes mit der Lombardei und Lothringen mit dem Saarland. Um aber im neuen Europa wirklich effizient zu sein, gibt es zu viele Regionen. Einige haben zwar historische Wurzeln, aber andere wie Midi-Pyrénées sind künstliche Gebilde mit schlecht gezogenen Grenzen, während die Normandie in zwei Teile getrennt ist. Aus politischen, wirtschaftlichen und kulturellen Gründen wäre es vernünftig, die Zahl der Regionen auf etwa ein Dutzend zu verringern, indem man solche zusammenlegt, die Gemeinsamkeiten aufweisen. Die Darstellung der Regionen auf den folgenden Seiten bedient sich einer solchen Anordnung.

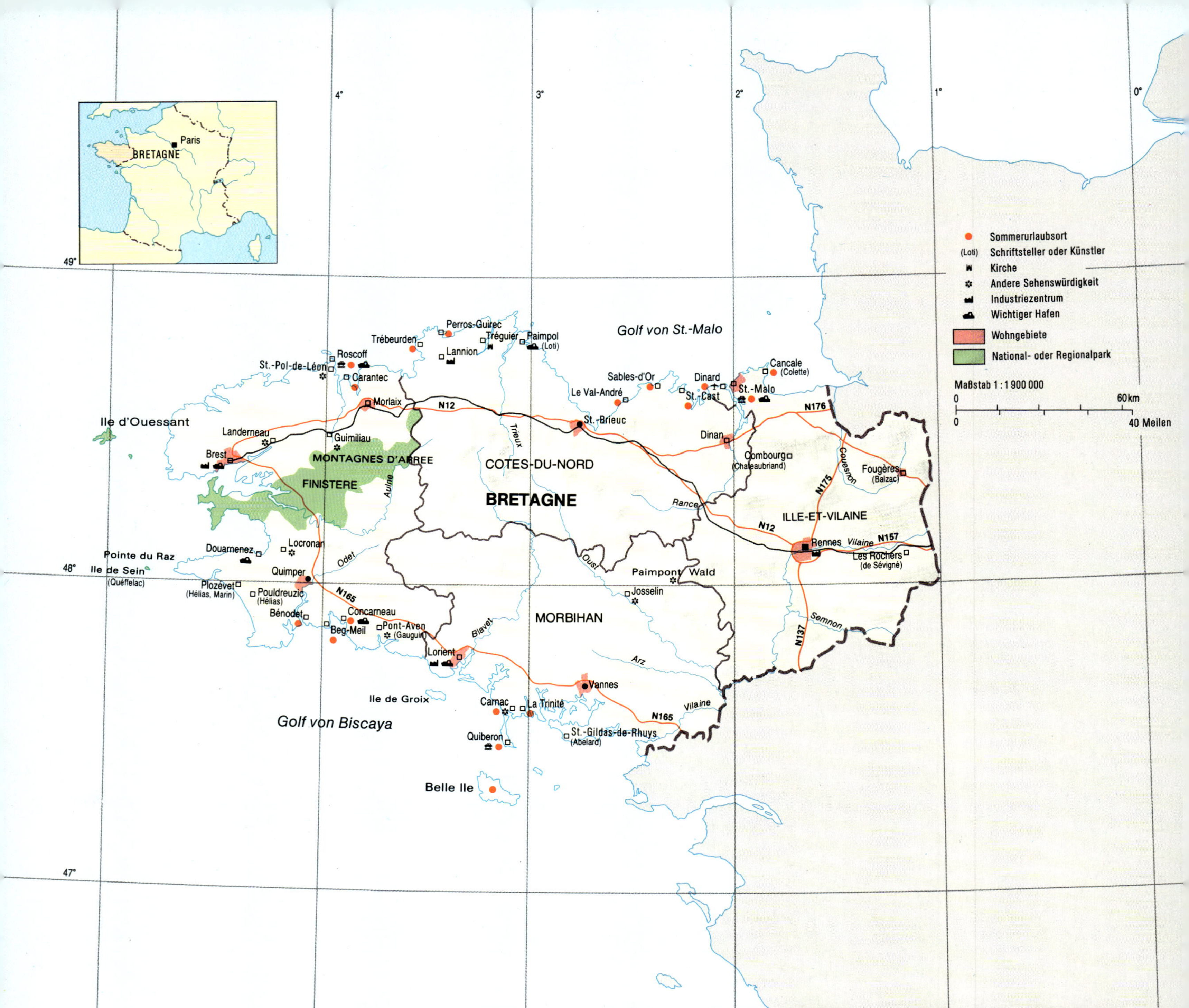

Rechts: Sport- und Fischerboote vor Anker in der inselreichen Bucht von Morbihan an der sanften Südküste der Bretagne nahe Vannes. Hier ist La Trinité ein führendes Zentrum für den Segelsport, der in Frankreich ungeheuer beliebt ist: Viele Pariser haben hier ihr Segelboot liegen. Im nahen Quiberon verbrachte Jacques Tatis Monsieur Hulot in dem Film von 1951 seine denkwürdigen Ferien. In diesem und anderen Urlaubsgebieten paßt sich die Architektur der modernen Villen dem einheimischen Stil an. Mit ihren weißen Mauern und Ziegeldächern sehen sie sauber und freundlich aus.

BRETAGNE

Bretagne
Die Bretagne ist die westlichste aller französischen Regionen und weist die längste Küstenlinie auf. Sie ist auch eine der eigenständigsten mit einem ausgeprägten Gefühl für ihre Identität, Kultur und Geschichte. Die wichtigsten Erwerbszweige der Bretonen sind Landwirtschaft, Fischfang, Tourismus und Elektronik.

Bevölkerung: 2,8 Millionen; Fläche: 27000 Quadratkilometer; Hauptstadt: Rennes mit 200000 Einwohnern. Andere wichtige Städte: Brest, große Hafenstadt mit 160000 Einwohnern; Lorient, Hafenstadt mit 64000 Einwohnern; Quimper mit 60000 Einwohnern; Saint-Brieuc mit 51000 Einwohnern; Saint-Malo, Hafenstadt mit 47000 Einwohnern; Vannes mit 45000 Einwohnern.

Unten: Traditionelle Fischerboote in einem südbretonischen Hafen. Die Fischfangindustrie ist seit einigen Jahren im Niedergang. Steigende Kosten, sinkende Preise, Überfischung im Atlantik, die ausländische Konkurrenz und das unerlaubte Fischen durch spanische Schiffe wirken sich sehr nachteilig aus. Es gibt nur noch 10000 bretonische Fischer. Aber die Hochseefischerei von Kabeljau und Thunfisch wird noch von Lorient, Douarnenez, Saint-Malo und anderen Häfen aus betrieben. Daneben bringt das Fischen vor der Küste einen großen Ertrag an Seezungen, Steinbutten, Sardinen, Garnelen, Hummern, Muscheln und anderen Delikatessen, die in den einheimischen Lokalen frisch auf den Tisch kommen. Die Bretagne ist auch bekannt für ihre Austern- und Miesmuschelzucht.

Die Bretagne – früher arm und isoliert, heute ziemlich wohlhabend – ist die einzige keltische Provinz Frankreichs, und in mancher Hinsicht hat sie mehr mit Irland oder Wales gemeinsam als mit dem übrigen Frankreich. Die Menschen (2,8 Millionen), die diese sturmumtoste Region bewohnen, sind ausdauernd und arbeitsam, aber auch träumerisch und versonnen. Sie haben ein starkes Identitätsgefühl und hängen fest an ihrer Tradition und Kultur.

Die Bretagne ist eine große, vorwiegend aus Granit bestehende Halbinsel, die in den Atlantik hineinragt. Die nördlichen und westlichen Teile ihrer stark zerklüfteten Küstenlinie von 3000 Kilometer Länge sind meist felsig. Einige Landspitzen zeichnen sich durch eine wilde, rauhe Schönheit aus, aber landeinwärts findet man rasch fruchtbare Ebenen. Die Südküste ist sanfter, hat flache, bewaldete Mündungsgebiete und ein milderes Klima. Außer der Hauptstadt Rennes liegen fast alle größeren Städte und Ansiedlungen an oder nahe der Küste: Seefahrt und Fischfang waren seit Jahrhunderten die beiden wichtigsten Erwerbszweige der Bretonen. Brest mit seinem großen Naturhafen ist noch immer der wichtigste Stützpunkt der französischen Marine am Atlantik, wenn er auch an Bedeutung verloren hat. Lorient ist sowohl Marinebasis wie Fischereihafen. Andere Fischerorte sind Douarnenez, Paimpol und die malerischen, alten Festungshäfen Concarneau und Saint-Malo. (Seeleute aus Saint-Malo kolonisierten als erste die Falkland-Inseln und nannten sie *Les Malouines,* wovon ihre spanische Bezeichnung *Las Malvinas* herstammt.)

Die Küste der Bretagne besitzt viele schöne Sandstrände, die die Touristen anziehen, aber die Sommersaison ist nur kurz. Dinard, Perros-Guirec und Bénodet sind größere Badeorte. La Trinité ist bei Seglern sehr beliebt. Im Gegensatz zu den gepflegten Küstengegenden wirkt das Hinterland ärmlich und verlassen – ein Hochland mit karger Scholle und Mooren, über die heftige Stürme brausen. Es erreicht seinen höchsten Punkt (400 Meter) in den ariden Montagnes d'Arrée. Die älteren bretonischen Häuser sind aus dem einfachen grauen Granit der Gegend, schmucklos, aber würdevoll. Doch überall finden sich auch moderne Landhäuser, besonders in den Ferienorten.

Das typische Atlantikklima ist mild und feucht; Sonne und Sturm wechseln häufig ab. Wie in anderen keltischen Ländern heißt es auch hier, daß sich mit dem Wetter das Temperament der Bewohner erklären ließe: sie sind gesprächig und leidenschaftlich wie die Iren, schrullig wie die Waliser, doch auch praktisch und fleißig wie die Schotten. Die Bretonen sind meist stämmig, haben hellen Teint, blaue oder graue Augen und gelten wie die meisten Seefahrer als kühn und zäh. Ihr langer Kampf mit den Elementen, der so viele Menschenleben forderte, verlieh ihnen ein tiefes Gefühl für das menschliche Schicksal und eine fast fatalistische Einstellung zum Tod – wie es Pierre Loti in seinem Roman *Pêcheurs d'Islande (Islandfischer)* über Hochseefischer in Paimpol beschreibt, die jedes Frühjahr nach Island ausfahren. Die steinernen Kalvarienberge und Ossuarien außerhalb vieler Kirchen, die stattliche Reihe von Lokalheiligen und die katholischen Feste, die sogenannten *pardons*, zeugen von einer besonderen religiösen Vergangenheit. Die Bretonen sind heute weniger religiös als früher, aber noch ist die Teilnahme am Gottesdienst – 25 Prozent in den Dörfern – doppelt so hoch wie der Durchschnitt.

Diese Religiosität verweist auf heidnische Wurzeln. Die frühesten Bewohner bauten lange Reihen Menhire und Dolmen (heute noch bei Carnac zu besichtigen), die die ersten keltischen Siedler für ihren eigenen Druidenkult übernahmen. Die große keltische Invasion erfolgte aus England und Irland im 5. Jahrhundert n. Chr. Diese Kelten führten das Christentum ein, schmückten aber auch die Sagen von Merlin und König Artus weiter aus, die die Bretonen mit dem Wald »Broceliande« verknüpfen, der vermutlich der Wald von Paimpont bei Rennes ist. Auch wenn Artus' Camelot mit größerer Wahrscheinlichkeit in England liegt, bleiben diese Legenden sowie jene von Tristan und seiner irischen Geliebten Isolde eine Grundlage der bretonischen Mythologie.

Die Bretagne war 700 Jahre lang ein unabhängiges Herzogtum, bevor sie 1532 an die französische Krone fiel, und selbst danach behielt sie ihr Parlament und ihre kommerzielle Bedeutung: bretonische Schiffe fuhren im 17. und 18. Jahrhundert nach Amerika und in den Fernen Osten. Nach der Revolution von 1789 wurde die Bretagne in *départements* aufgeteilt. Als sie 1964 eine der neu eingeteilten Regionen wurde, verlor sie ihre alte Hauptstadt Nantes, die dem Pays de la Loire zugeschlagen wurde – zum Ärger vieler Bretonen. Diese stolzen Bewohner haben wie die Schotten ein starkes Gefühl für ihre eigene Nationalität bewahrt, und seit dem Zweiten Weltkrieg hatten viele den Eindruck, von Paris zurückgesetzt oder – schlimmer noch – wie eine Kolonie behandelt zu werden. Eine ganz kleine Minderheit von Separatisten griff sogar zur Gewalt, erhielt aber nie viel Unterstützung. Die große Mehrheit der Bretonen betrachtet eine vollkommene Selbständigkeit als unrealistisch. Außerdem untersteht den Bretonen seit den Reformen der 80er Jahre in größerem Maße die Kontrolle über ihre eigenen Angelegenheiten, so daß sich der Groll gegenüber ihren »Kolonialherren« etwas gelegt hat.

Bereits in den 60er und 70er Jahren war die Regierung um Wirtschaftshilfe für diese Region bemüht, die keine industrielle Entwicklung erlebt hatte und unter ihrer peripheren Lage litt. Sie bewog französische Elektronik- und Autofirmen, in Rennes und anderen Städten Betriebe zu errichten, schuf Zentren und Forschungsinstitute für Kernkraft-

und Raumfahrttechnik und machte die Bretagne zum Vorreiter ihres anspruchsvollen Telekommunikationsprogramms. Damit lenkte die Regierung in diese Region mehr Geld als in jede andere.

Da das den vielen, die politische Dezentralisierung anstreben, nicht genügte, ergriffen einige findige Bretonen inzwischen selber die Initiative, um die Landwirtschaft zu modernisieren und den alten Überseehandel neu zu beleben, der bereits vor dem napoleonischen Zentralismus bestanden hatte. Im Hinblick darauf war man über den Beitritt der Briten und Iren zur Europäischen Gemeinschaft erfreut. Eine wichtige Persönlichkeit in lokalen Fragen ist Alexis Gourvennec aus dem nördlichen Finistère. In den 60er Jahren organisierte er die Gemüsebauern der fruchtbaren Gegend um Morlaix in einer einflußreichen Kooperative. Nun konnten sie ihre Bedingungen den Pariser Großhändlern diktieren, die sie lange Zeit ausgebeutet hatten. Danach gründeten er und andere ortsansässige Bauern »Britanny Ferries«, die höchst erfolgreiche Schiffahrtslinie, die heute bretonische Erzeugnisse nach Großbritannien und britische Touristen nach Frankreich befördert. Gourvennec ist begeistert von der Idee, eine große westliche Handelsroute von Spanien über die Bretagne nach Glasgow zu eröffnen: »Wir keltischen Länder haben einander zu lange nicht beachtet«, sagt er. »Wir müssen zu den historischen Bindungen unserer Vorfahren zurückkehren.«

Gourvennec trug auch zu einer radikalen Veränderung der bretonischen Landwirtschaft bei, denn die meisten Bauernhöfe waren zu klein, schlecht ausgerüstet und rückständig. Obwohl seit den 50er Jahren dreiviertel der Bauern und Landarbeiter nach Paris und in die Städte der Region abgewandert sind, erlebte die landwirtschaftliche Produktion einen Aufschwung. Heute stammen aus der Bretagne 22 Prozent der Milcherzeugnisse Frankreichs, 64 Prozent der Artischocken und des Blumenkohls und 45 Prozent der Schweine, Eier und des Geflügels. In einigen Bereichen war man zu erfolgreich, und die Bauern mit Milchviehhaltung sind jetzt verärgert, daß die EG sie zu Einschränkungen ihrer Überschußproduktion verpflichtet. Im Gegensatz dazu befindet sich die bretonische Fischindustrie im Niedergang – wie in vielen Teilen Europas.

Die regionale Küche verwendet sehr häufig Salzwasserfische und Schalentiere: unter anderem frische Austern und Garnelen, Miesmuscheln *marinière*, Muscheln mit Knoblauch gebacken, *cotriade* (ein gehaltvoller Fischeintopf), Hummer oder Seeteufel *à l'armoricaine* (in einer schmackhaften braunen Soße mit Knoblauch und Weinbrand). Fleischspezialitäten gibt es nur wenige, aber ein *gigot* (Keule) vom Lamm, das auf salzigen Wiesen weidete, ist hervorragend. Köstlich sind auch in der entsprechenden Jahreszeit die Erdbeeren aus Plougastel. *Crêperies*, die dünne, gefüllte Eierkuchen verkaufen, finden sich überall. Es gibt keinen Wein aus der Gegend, aber der einheimische *cidre* (Apfelwein) ist sehr beliebt.

Die moderne Zeit hat das herkömmliche Landleben erheblich verändert, und wenn auch einige Hochlandbauern noch arm sind, so leiden die meisten heute keine Not mehr. Jedoch ist dabei viel von dem malerischen alten Brauchtum verlorengegangen. Außer bei besonderen Anlässen tragen nur noch wenige Frauen die berühmten bretonischen *coiffes* (weiße Spitzenhauben). Moderne Kleidung, Autos, Möbel und Musik hielten ihren Einzug in die alten Lebensgewohnheiten. Immerhin haben in den letzten 20 Jahren vornehmlich jüngere Leute Versuche unternommen, die Volkskultur neu zu beleben. Dieser Bewegung liegt der Wunsch der Bretonen zugrunde, ihre nationale Identität zu bewahren. Trachtentanz- und Musikgruppen wurden wieder ins Leben gerufen, die die gemessenen, langsamen Tänze zu den Klängen der einheimischen *bombarde*, einer Art Oboe, und des *biniou*, des bretonischen Dudelsacks, aufführen. Und die weggeräumten rustikalen Möbel sind wieder in Mode gekommen.

Es gab auch Bestrebungen, die alte bretonische Sprache, die mit dem Walisischen verwandt ist, neu zu beleben. Ursprünglich versuchten die Franzosen, sie aussterben zu lassen, und jedes Kind, das sie in der Schule sprach, wurde bestraft. In den 60er Jahren lockerte sich diese Politik, und heute ist Bretonisch sogar ein Wahlfach für den *baccalauréat*. Selbst von älteren Menschen wird Bretonisch im Alltag kaum noch verwendet, nur einer von vier Bretonen beherrscht es noch. Der Anstoß zur Neubelebung kam hauptsächlich von einigen Intellektuellen. Pierre-Jakez Hélias, der bekannteste bretonische Schriftsteller unserer Zeit, dessen Buch *Le cheval d'orgueil (Das Pferd des Stolzes)* ein wunderbares Bild des bretonischen Landlebens vermittelt, schrieb auf Bretonisch und übersetzte dann selbst den Text ins Französische. Von dem Buch wurden 2,2 Millionen Exemplare verkauft, aber nur 750 davon in Bretonisch. Andere bretonische Autoren haben ausschließlich in Französisch geschrieben – darunter Chateaubriand, der große Romantiker, der in *Mémoires d'outre-tombe* (*Erinnerungen von jenseits des Grabes;* 1849) eindringlich seine Kindheit auf Schloß Combourg schildert.

Unten: Weizenernte auf der Crozon-Halbinsel im Departement Finistère. Die Bretagne ist eine der wichtigsten Agrarregionen Frankreichs, und viele Bauernhöfe sind zu leistungsfähigen Kooperativen zusammengefaßt. Nahe der Küste gedeihen auf den fruchtbaren Ebenen alle Getreidesorten sowie Zwiebeln, Blumenkohl und Artischocken. Auch Schweine, Geflügel und Milchprodukte gibt es in beträchtlicher Menge. Die im Küstenbereich liegenden Höfe erscheinen oft modern und wohlhabend, während die im Hochland noch immer klein und ärmlich sind.

Links: Verkauf einheimischer Körbe und Halfter in Finistère. Alte Handwerkstraditionen wie die Töpferei leben noch in einigen Gebieten fort. Aber die schönen alten Bauernmöbel werden nicht mehr hergestellt, obwohl die erhalten gebliebenen Stücke wie schwere Schränke, Truhen und Anrichten aus dunklem Eichenholz mit kunstvoll geschnitzten Oberflächen hohe Preise erzielen. Sogar die merkwürdigen alten Bettkästen, wahre Schlafschränke, findet man noch, allerdings werden sie oft für einen anderen Zweck umfunktioniert.

Rechts: Die alten bretonischen Spitzenhauben *(coiffes)* unterscheiden sich je nach Herkunftsort. Die hier gezeigte stammt aus Pont-Aven, während die aus Pont-l'Abbé hoch und dünn sind. *Coiffes* werden heute eigentlich nur noch zu besonderen Festen getragen. Man muß sie 30 Minuten bügeln, bevor man sie auf den kunstvollen Haartrachten befestigt.

Oben: Der alte befestigte Hafen von Saint-Malo liegt malerisch auf einem felsigen Vorsprung der Nordküste. Nach dem schweren Bombardement 1944 wurde er im alten Stil sorgfältig wiederaufgebaut. Seine Bewohner heißen Malouins. Manche unter ihnen waren Hochseefischer, und sie entdeckten die Falkland-Inseln, die sie *Les Malouines* (spanisch: *Las Malvinas*) nannten.

Links: Der berühmteste aller bretonischen Kalvarienberge ist dieser aus dem 16. Jahrhundert in Guimiliau, Finistère. Seine 200 Steinfiguren stellen die Kreuzigung dar. Die steinernen Kalvarienberge und Beinhäuser sind typisch für das tiefreligiöse Empfinden der Bretonen. Sie stammen meist aus dem 16. Jahrhundert und stehen neben den Kirchen oder vereinzelt am Meer als Gedenkstätten für ertrunkene Seeleute. Einige sind der Schauplatz von *pardons*, den christlichen Festen der Bretonen, zu denen sie zusammenkommen, um ihre Lokalheiligen zu verehren: Sie ziehen in ihrer Tracht durch die Straßen, tragen Fahnen, Kerzen und Statuen der Heiligen und singen geistliche Lieder.

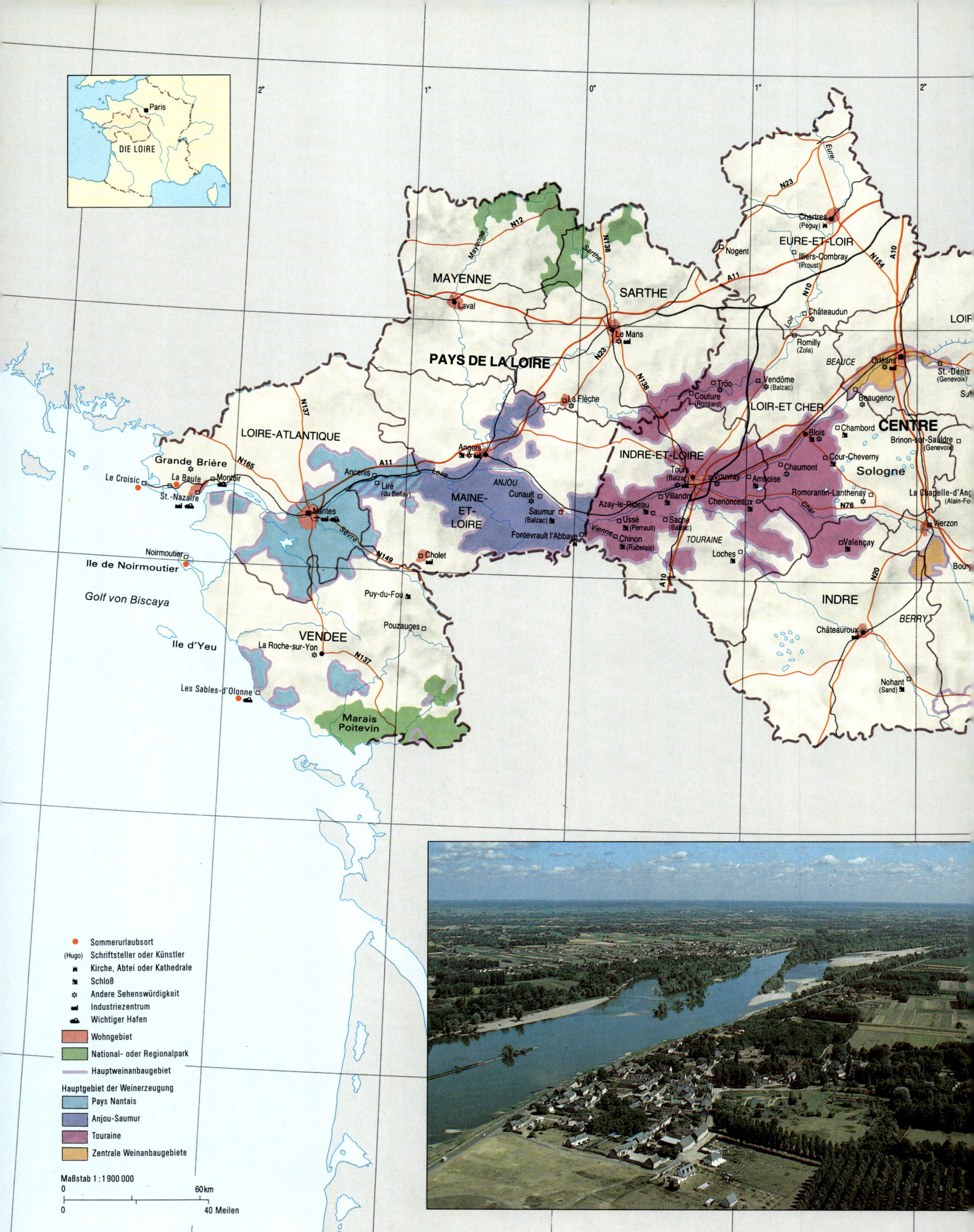
DIE LOIRE
Paris
MAYENNE
SARTHE
EURE-ET-LOIR
PAYS DE LA LOIRE
LOIRE-ATLANTIQUE
MAINE-ET-LOIRE
INDRE-ET-LOIRE
LOIR-ET CHER
CENTRE
INDRE
VENDEE
ANJOU
TOURAINE
BEAUCE
BERRY
Sologne
Grande Brière
Marais Poitevin
Golf von Biscaya
Ile de Noirmoutier
Ile d'Yeu
Laval
Le Mans
Chartres (Péguy)
Nogent
Illiers-Combray (Proust)
Châteaudun
Romilly (Zola)
Orléans
St.-Denis (Genevoix)
Beaugency
Vendôme (Balzac)
Trôo
Couture (Ronsard)
La Flèche
Angers
Ancenis
Liré (du Bellay)
Nantes
Le Croisic
La Baule
Montoir
St.-Nazaire
Noirmoutier
Cholet
Cunault
Saumur (Balzac)
Fontevrault l'Abbaye
Tours (Balzac)
Vouvray
Amboise
Villandry
Azay-le-Rideau
Ussé (Perrault)
Saché (Balzac)
Chinon (Rabelais)
Chenonceaux
Loches
Blois
Chambord
Chaumont
Cour-Cheverny
Brinon-sur-Sauldre (Genevoix)
Romorantin-Lanthenay
La Chapelle-d'Angillon (Alain-Fournier)
Vierzon
Valençay
Châteauroux
Nohant (Sand)
Puy-du-Fou
Pouzauges
La Roche-sur-Yon
Les Sables-d'Olonne
Mayenne
Sarthe
Loir
Loire
Eure
Cher
Vienne
Sèvre
N12
N138
N23
N10
N154
A10
A11
N165
N137
N149
N76
N20
Sommerurlaubsort
(Hugo) Schriftsteller oder Künstler
Kirche, Abtei oder Kathedrale
Schloß
Andere Sehenswürdigkeit
Industriezentrum
Wichtiger Hafen
Wohngebiet
National- oder Regionalpark
Hauptweinanbaugebiet
Hauptgebiet der Weinerzeugung
Pays Nantais
Anjou-Saumur
Touraine
Zentrale Weinanbaugebiete
Maßstab 1 : 1 900 000
0
60 km
0
40 Meilen

DIE LOIRE

Die Loire
In den beiden Regionen Centre und Pays de la Loire stehen viele berühmte Königsschlösser an den Ufern oder in der Nähe des breiten Flusses. Aus diesen Regionen stammen viele große Schriftsteller, darunter Rabelais, Balzac und Proust. An größeren Industrien haben sich hier Schiffsbau und Lebensmittelverarbeitung angesiedelt.

Centre Bevölkerung: 2,3 Millionen; Fläche: 39 000 Quadratkilometer; Hauptstadt: Orléans mit 105 000 Einwohnern. Andere wichtige Städte: Tours mit 136 000 Einwohnern und Bourges mit 79 000 Einwohnern.
Pays de la Loire Bevölkerung: drei Millionen; Fläche: 32 000 Quadratkilometer; Hauptstadt: Nantes mit 247 000 Einwohnern. Andere wichtige Städte: Le Mans mit 150 000 Einwohnern und Angers mit 141 000 Einwohnern.

Unten links: Die Loire durchfließt eine fruchtbare Ebene, in der Melonen, Aprikosen und gute Weine wachsen. Die Touraine, das Gebiet um Tours, wird »der Garten Frankreichs« genannt.

Unten: Eine schicke Höhlenwohnung in den Tuffwänden bei Montsoreau an der Loire, unweit von Saumur. Die vielen Höhlen in den Tälern von Loire und Loir waren seit dem Mittelalter bewohnt, wurden dann aber aufgegeben. Heute haben sich hier Anhänger der Umweltbewegung niedergelassen. In einigen Höhlen wird in großem Stil kommerzielle Champignonzucht betrieben.

Ganz unten: Ein mittelalterliches Bett in dem als Museum eingerichteten Landhaus von Rabelais' Familie in La Devinière in der Nähe von Chinon. Dieser rebellische, das Leben liebende Humanist wurde 1494 als Sohn eines wohlhabenden Rechtsanwalts hier in einem üppigen grünen Tal geboren, das ihm als Schauplatz für den komischen Krieg gegen Picrochole in seinem satirischen Meisterwerk *Gargantua et Pantagruel (Gargantua und Pantagruel)* diente. Ausgelassene Rabelais'sche Festmähler werden noch heute von der örtlichen Weinbrüderschaft in den »gemalten Höhlen« unterhalb von Chinons königlicher Festung veranstaltet.

Die Loire ist Frankreichs längster Fluß, der breit und träge – manchmal überrascht er jedoch durch Überflutungen und Strömungen – durch eine weite und fruchtbare Ebene dem Meer zufließt und bei der großen Hafenstadt Nantes in ihm mündet. Die beiden flachen Regionen, die er durchzieht und die das Loire-Gebiet ausmachen, sind Centre (2,3 Millionen Einwohner) und Pays de la Loire (drei Millionen Einwohner). Sie sind überwiegend von der Landwirtschaft geprägt, deren Ernteerträge zu den höchsten in Frankreich gehören. Die bedeutenden Städte dieser Regionen reihen sich entlang der Loire: Nantes und Angers, Tours und Orléans.

Dieser Fluß war Zeuge vieler Ereignisse der französischen Geschichte. Große Festungen und Paläste wurden an oder nahe seinen Ufern erbaut, zuerst als Schutz und Sicherung, dann als Lustschlösser für die französischen Könige. Aus dem Anjou (Hauptstadt Angers) ging eine mächtige mittelalterliche Dynastie hervor, deren Plantagenet-Herrscher eng mit der englischen Krone verbunden waren; Orléans hingegen war der Ort, an dem Jeanne d'Arc 1429 den Weg zu Frankreichs Sieg im Hunderjährigen Krieg einleitete. Am Rande des Loiretals erstrecken sich die monotonen Weinanbauflächen der Beauce, die Busch- und Waldlandschaft der Sologne und zum Meer hin die Vendée-Ebene.

Im Herzen der Region, um Tours, wurde die Provinz Touraine mit ihrem milden Klima lange als Kernland der echten französischen Tradition angesehen; hier spricht man das reinste Französisch. Auf dem fruchtbaren Boden gedeihen Melonen und Spargel, Erdbeeren und gute Weine wie der perlende weiße Vouvray und der kräftige rote Bourgeuil.

Die heitere Ruhe und Gelassenheit der Touraine ist auch der Literatur zugute gekommen. Tatsächlich hat die Region Centre mehr große Schriftsteller hervorgebracht als jede andere. Honoré de Balzac ist in Tours geboren, und wenn er auch später in Paris lebte, so hat er doch nie seine Liebe zur Touraine und ihrer Lebensart verloren, er »liebte sie, wie ein Künstler Kunst liebt«. Er hielt sich oft mit hochrangigen Freunden im Schloß von Saché (das heute ein Balzac-Museum ist) im Indretal auf, dem Schauplatz seines Romans *Le lys dans la vallée (Die Lilie im Tal).* Vor Balzac lebte der Renaissance-Poet Pierre de Ronsard in dem grünen Tal des kleinen Flusses Loir (ohne »e«!), nördlich von Tours, wo er in seinen Versen eine Quelle der »Belle Hélène« widmet. Es gibt seltsame Höhlen in dem Tuffgestein der Gegend, einige sind noch immer bewohnt. Heute ist Tours eine Industriestadt geworden, ebenso wie Orléans, die schnell wachsende Hauptstadt der Region. Große, moderne Firmen wie Saint-Gobain und Thomson haben sich hier niedergelassen, und Chinon besitzt sogar Atomkraftwerke. Im Schloß von Chinon starb Englands König Heinrich II., und hier hatte Jeanne d'Arc ihre erste Audienz bei dem Dauphin.

Nach Nordosten, um Chartres, hat die Kalksteinebene der Beauce eine fruchtbare, lehmige Erde, deren Hektarerträge an Weizen und Gerste zu den besten der Welt gehören. Doch trotz des Wohlstandes ist Frankreichs Selbstmordrate hier am höchsten, vielleicht wegen der deprimierenden Monotonie dieser Ebene, in der Emile Zola *La terre (Die Erde)*, sein treffendes, grausames Porträt des bäuerlichen Lebens um 1880, ansiedelte. Weiter nach Süden breitet sich die eigene, bestechende Schönheit der Sologne aus – eine ausgesprochen flache Gegend mit Heideland und Wald, mit schilfbewachsenen Lagunen und niedrigen, weißen, strohgedeckten Lehmhäusern. Sie ist ein großes Jagdgebiet mit einem reichen Bestand an Wildschweinen, Rotwild und Fasanen. Hier waren einst viele Einheimische als Wilddiebe unterwegs – wie es Maurice Genevoix in seinem Roman *Raboliot* (1925) beschreibt.

Ein wehmütiges Bild der Sologne zeichnet auch Alain-Fournier in *Le grand Meaulnes (Der große Meaulnes)*. Es verbindet romantische Phantasie mit genauen Erinnerungen an seine Kindheit, die er in dieser Gegend und etwas weiter südlich in Epineuil-le-Fleuriel, einem Dorf im Berry, verbrachte. Die hügelige Landschaft des Berry (seine Hauptstadt Bourges hat eine schöne gotische Kathedrale) war auch die bevorzugte Gegend von George Sand. Wenn sie auch eher als Pariser Bohemien bekannt ist, so war sie doch stark beeinflußt von ihrer ungebundenen Jugendzeit, die sie hier unter dem Landvolk verbrachte, rund um ihr Familienschloß Nohant; ihre Romane ließ sie voll idealisierter ländlicher Unschuld in dieser Gegend spielen. Selbst heute noch ist diese Ecke des Berry einer der am geringsten verschandelten Teile des ländlichen Frankreichs.

Zurück an die Loire: In Anjous historischer Hauptstadt, Angers, steht eine stattliche Zitadelle aus der Feudalzeit mit kostbaren Bildteppichen. Die Grafschaft und das spätere Herzogtum Anjou hatte seine Blütezeit vom 12. bis zum 15. Jahrhundert. Dem Haus Anjou entstammten König Heinrich II. von England und der »Gute König René«, der weit in der Ferne, in der Provence und in Sizilien, herrschte. Im Jahr 1259 fiel Anjou an Frankreich. Heute ist es wie die Touraine ein ruhiges und fruchtbares Gebiet und ein Zentrum für Gartenprodukte; in den Felsengewölben bei Saumur werden großflächig Champignons gezüchtet.

Das Gebiet der unteren Loire hat seinen Mittelpunkt in Nantes, das bis zur Revolution von 1789 zur Bretagne gehörte. Die Stadt hat einen geschäftigen Atlantikhafen, und in seinem Umfeld siedelten sich bedeutende neue Elektronik- und Raumfahrtunternehmen an, die den Niedergang der großen Schiffswerften von Saint-Nazaire ausgleichen. Weitere moderne Industrie hat sich drüben in Le Mans niedergelassen, bekannt ist die Stadt aber mehr durch ihre schöne Kathedrale und das jährliche 24-Stunden-Autorennen. Vom Unterlauf der Loire stammen trockene, weiße Weine, besonders der Muscadet. Das Agrargebiet versorgt eine blühende lokale Nahrungsmittelindustrie, die vor allem Gebäck sowie Konserven und tiefgefrorene Waren produziert. Nahe am Meer liegt der Naturpark Grande Brière, eine seltsame Marschlandschaft mit Torfmooren und petrifizierten Baumstämmen, die bis zu 5000 Jahre alt sind. Das nahegelegene La Baule ist einer von Frankreichs größten und beliebtesten Badeorten am Meer.

Es gibt etliche schöne Küstenabschnitte und große weitläufige Urlaubszentren wie Les Sables-d'Olonne an der Vendée-Küste südlich der den Gezeiten ausgesetzten Loiremündung. Aber die flache Vendée ist vor allem als Schauplatz der bitteren royalistischen und katholischen Aufstände gegen die Revolution nach der Hinrichtung Ludwigs XVI. im Jahr 1793 bekannt. Noch heute ist es ein Herzland des traditionellen Katholizismus: 1989, während der 200-Jahr-Feiern der Französischen Revolution, hielten einige rechtsgesinnte Bürgermeister es für »ungehörig«, die Revolution zu feiern, und nahmen nicht an ihnen teil. Auf dem halbverfallenen Schloß Puy-du-Fou zeichnet ein großartiges nächtliches Festspiel jeden Sommer die Saga der Vendée-Kriege nach, wenn auch sehr parteiisch.

Charakteristisch für die Küche der Loire-Region sind die zu vielen Fischgerichten gereichte *beurre-blanc*-Soße (aus geschmolzener, ganz weißer Butter), mit Erbsen servierte Ente aus Nantes, in Weißwein gekochter Meerwolf oder Aal, *rillettes* (feingehacktes Schweinefleisch) aus Le Mans, *coq au vin* (Hahn im Wein) aus der Touraine und die Wildgerichte der Sologne (geschmorter Fasan, Wildbret mit Kirschsoße). Zu den Qualitätsweinen der Loire gehören der weiße und rote Sancerre sowie Touraine und Anjou.

Loire-Schlösser

Die Ufer der Loire und ihrer Nebenflüsse säumt eine ganze Kette imposanter Schlösser. Die meisten wurden von französischen Königen erbaut. Sie liebten diese Region wegen ihres milden Klimas, ihrer guten Küche und Weine und wegen der Wälder, in denen es reichlich Wild gab, und außerdem war sie von Paris aus leicht zu erreichen. Die Schlösser dienten als herrschaftliche Jagdsitze oder als Sommerresidenzen – oder gar zu amourösen Zwecken, wenn eine Lieblingsmätresse diskret in einem von ihnen untergebracht wurde. Manchmal verlegte der König seinen ganzen Hof mit einem immensen Gefolge an Höflingen, Gepäck und Möbeln in ein Loire-Schloß.

Die frühesten mittelalterlichen Schlösser wurden für den Krieg, nicht für den Frieden gebaut, zum Beispiel Chinon, die wuchtige Festung auf einem Höhenzug, in der Englands König Heinrich II. 1189 starb. Im 15. Jahrhundert verlegte Karl VII. seinen Hof hierher, und 1429 kniete die 18jährige Jeanne d'Arc vor ihm, bat um eine Armee und bekam sie. 1465 errichtete Ludwig XI. das Schloß von Langeais, in dem Karl VIII. Anna von der Bretagne heiratete.

Die schönsten Schlösser wurden in der Renaissance gebaut, einige entstanden jedoch später in klassischem Stil. Eines der romantischsten, Ussé am Indre, ist mit Türmchen und Giebelchen verziert wie aus dem Märchenbuch. Es heißt, es habe Charles Perrault zu seinem *»Dornröschen«* inspiriert.

Unten: Das massive, rechteckige Schloß Saumur beherrscht die Loire. Es wurde im 14. Jahrhundert von Ludwig, dem Herzog von Anjou, erbaut. Der Dichter René le Bon nannte es »das Liebesschloß«. Es beherbergt heute ein Kunstgewerbe- und ein Pferdemuseum. Ein altes Haus in einer engen Gasse direkt unter dem Schloß war der Schauplatz für Balzacs Roman *Eugénie Grandet*, eine Studie über den Geiz und die Langeweile in der Provinz.

Links: Chambord, das bei weitem größte Schloß an der Loire, hat 440 Räume, 365 künstlerisch gestaltete Schornsteine und 85 Treppen. Es wurde von dem extravaganten Franz I. als Jagdschloß erbaut und steht in einem großen Wildpark. Im Sommer ist es von Besuchern überlaufen; eine großartige Ton- und Lichtschau veranschaulicht abends die Geschichte des Schlosses.

Oben: Die doppelläufige Wendeltreppe in Chambord, auf der zwei Personen sich beim Hinauf- und Herabgehen nur oben und unten begegnen, aber immer sehen können.

Oben rechts: Das elegante Renaissanceschloß Azay-le-Rideau, das sich im Indre spiegelt, wird als »liebliches Hausboot aus Stein« beschrieben. Innen ist es mit schönen Gobelins und Möbeln aus der Renaissance ausgestattet.

Rechts: Das kompakte Schloß Chaumont an der Loire, eine Festung aus dem 15. Jahrhundert, wird vor allem im Zusammenhang mit berühmten Frauen genannt, die es nicht leiden konnten. Katharina von Medici, die Witwe Heinrichs II., kaufte es, um sich an Diane de Poitiers, der Mätresse ihres verstorbenen Gemahls, zu rächen. Sie zwang ihre Rivalin, das liebliche Chenonceaux aufzugeben und in dem düsteren Chaumont zu wohnen, das sie hassen sollte. Auch Madame de Staël, die hier Aufenthalt nehmen mußte, als Napoleon sie aus Paris verbannte, gefiel das Schloß nicht.

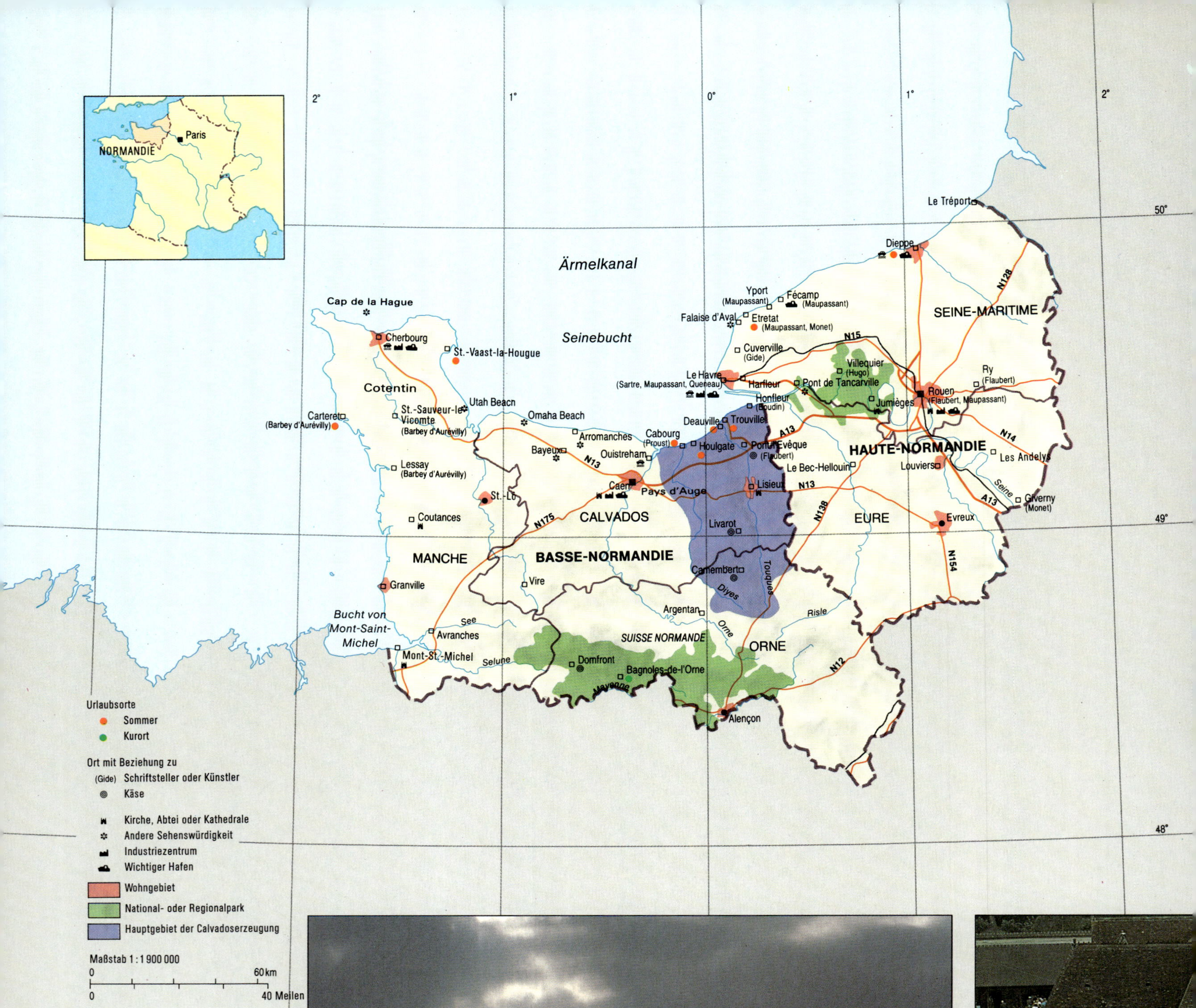

Rechts: Die Hafeneinfahrt von Le Havre, nach Marseille Frankreichs größter Hafen. Einige Überseeschiffe legen noch hier an, doch 80 Prozent des Umschlags im Hafen haben mit Öl zu tun, und in der Seinemündung wurden riesige Raffinerien angelegt.

Mitte: Pferde und Jockeys bereiten sich auf ein Rennen in Deauville vor, wo sich zur sommerlichen Rennsaison die elegante Welt versammelt. In der Basse-Normandie werden die besten Rennpferde Frankreichs gezüchtet, und normannische Vollblüter sind für ihre Anmut und Stärke bekannt.

Ganz rechts: In den zahllosen Obstgärten der Normandie wachsen kleine, bittere Äpfel für den Cidre (Apfelwein) aus dem der berühmte Calvados (Apfelschnaps) destilliert wird. Er erhielt seinen Namen nach dem Departement Calvados. Man trinkt ihn als *digestif*, er wird aber auch in der hervorragenden kalorienreichen Küche der Normandie verwendet.

NORMANDIE

Normandie
Alte Häuser mit Fachwerkgiebeln, Apfelgärten, Wiesen, auf denen Rennpferde und Milchkühe friedlich grasen, hohe gotische Kathedralen und eine Küste mit Kreideklippen – all das macht die Normandie zu einer malerischen Provinz, in der man sich wohl fühlen kann. Aber auch moderne Industrieanlagen wie Autofabriken und Atomkraftwerke sind hier zu finden.

Haute-Normandie Bevölkerung: 1,7 Millionen; Fläche: 12 300 Quadratkilometer; Hauptstadt: Rouen mit 120 000 Einwohnern. Andere wichtige Stadt: Le Havre mit 200 000 Einwohnern.
Basse-Normandie Bevölkerung: 1,4 Millionen; Fläche: 17 600 Quadratkilometer; Hauptstadt: Caen mit 117 000 Einwohnern.

Obgleich heute verwaltungstechnisch in die Regionen Haute-Normandie (1,7 Millionen Einwohner) und Basse-Normandie (1,4 Millionen Einwohner) geteilt, bewahrt diese alte Provinz ein starkes Gefühl ihrer Identität, die aus historischen Gründen in gewisser Weise eher nordisch als lateinisch ist. Man findet hier öfter als in anderen Teilen Frankreichs blonde und blauäugige und eher zurückhaltende Menschen. Tatsächlich weist dieser Teil des Landes starke Ähnlichkeiten mit Südengland auf – in der Bevölkerung, der Tradition als Seefahrer, dem Klima, der Küstenlinie mit den Kreideklippen und dem ländlichen Charakter.

Rouen, die stolze Hauptstadt der Haute-Normandie, hat einen großen Flußhafen mit einer wachsenden modernen Industrie. Doch sein mittelalterliches Zentrum hat trotz der starken Zerstörung durch Bombenangriffe im Zweiten Weltkrieg noch immer viele schöne Fachwerkhäuser rund um die hochaufragende Kathedrale und den Marktplatz, auf dem Jeanne d'Arc verbrannt wurde. Von Rouen mäandert die breite Seine vorbei an der halbverfallenen Benediktinerabtei Jumièges. Sie stammt aus dem 11. Jahrhundert und ist eine der vielen großen romanischen Kirchen, die die frühen Normannen bauten. Ein anderes Beispiel sind die in der Nähe liegende Ruine der Abtei Le Bec-Hellouin und das dazugehörige restaurierte Kloster.

Rechts: Das am häufigsten besuchte Touristenziel in Frankreich nach Versailles ist die Abtei von Mont-Saint-Michel. Sie erhebt sich unmittelbar vor der Küste auf einem 80 Meter hohen Granitfelsen und ist über einen Damm zu erreichen. In der romanischen Kirche aus dem 12. Jahrhundert halten Benediktinermönche noch immer täglich die Messe ab.

An der Seinemündung liegt Le Havre, einer von Europas bedeutendsten Häfen. Im Krieg zerstört, wurde er danach schmucklos wiederaufgebaut. Le Havre ist die einzige große französische Stadt, die seit 1945 ununterbrochen von Kommunisten verwaltet wird. Mittlerweile haben seine neuen Industrie-Vororte Harfleur vereinnamt, jenen Ort, an dem 1415 Shakespeares Heinrich V. seine Freunde versammelte, um sich noch einmal »in die Bresche« zu werfen. Die Küste in Richtung auf die bedeutenden Fischereihäfen Fécamp und Dieppe hat hohe Kreidefelsen, die bei Etretat in bizarren Formen ins Meer ragen.

Nach Westen zu erstreckt sich die Basse-Normandie mit Caen, ihrer Hauptstadt, als Mittelpunkt. Caen ist heute ein aufstrebendes Zentrum der modernen Industrie, beherbergt aber auch zwei großartige, gut restaurierte romanische Abteien. Caen wurde in den schweren Kämpfen von 1944 fast völlig zerstört und ist seitdem stilvoll wiederaufgebaut worden. Unten an der Küste liegen die Strände, wo die Invasion von 1944 stattgefunden hat: Omaha, Utah und andere. Arromanches besitzt ein interessant gestaltetes Museum über die gesamte Operation *(Musée du Débarquement)*. Die Küste östlich von Caen hat schöne, geschützte Sandstrände und eine Kette von geschäftigen Badeorten, unter denen Deauville der bei weitem eleganteste ist. Dahinter liegen die saftigen, grünen Pays d'Auge, das Inbild der ländlichen Normandie, und Lisieux mit seiner gotischen Kathedrale und modernen Basilika, wo die Pilger sich zu Ehren von Thérèse, der Schutzheiligen des Ortes, drängen.

Der Westen der Normandie – das Departement Manche mit dem betriebsamen Hafen Cherbourg auf der Halbinsel Cotentin – hat einen ganz anderen Charakter. Hier findet sich nicht mehr Kreide, sondern Granit, und die felsige Küste wie die schmucklosen Steinhäuser erinnern an die Bretagne. Auch die Bauern sind viel ärmer als jene des Calvados rund um Caen. Aber hier stehen zwei überwältigende Bauwerke: die schlanke, hohe gotische Kathedrale von Coutances und die berühmte gotische Abtei auf dem Mont-Saint-Michel, die von ihrer Felseninsel vor der Küste aufragt und immer von Touristen belagert wird.

Aus der Normandie stammt eine große Zahl bedeutender Schriftsteller, und mancher von ihnen hat sich kritisch geäußert. Guy de Maupassant, der in Fécamp geboren ist, fand die einheimische Bauernschaft hinterlistig und eigensinnig. Sein Freund und Mentor, Gustave Flaubert, der in Rouen lebte, zeichnete vor allem in *Madame Bovary* ein wenig freundliches Bild von der engherzigen normannischen Mittelschicht. Der Roman soll auf einem wahren Ereignis beruhen, das sich im Dorf Ry abspielte. Ganz anders schrieb der dandyhafte, exzentrische Barbey d'Aurevilly.

Die Normandie hat auch große Maler hervorgebracht. Poussin und Millet stammen von hier, Boudin wurde in Honfleur geboren und verbrachte dort sein Leben. Viele der führenden Impressionisten arbeiteten in der Normandie – besonders Claude Monet, dessen Wassergarten bei seinem Haus in Giverny wiederhergestellt wurde.

Die Normandie ist eine der fruchtbarsten Agrarregionen Frankreichs; hier gibt es herzhafte Käse (zum Beispiel Camembert, Pont l'Evêque, Livarot) und Apfelschnäpse. Die größte Käsefabrikation der Welt in Domfront produziert täglich 350 000 Camemberts. Mehr als ein Viertel der französischen Rindfleisch- und Molkereierzeugnisse haben ihren Ursprung in den üppigen Weidegründen der Normandie.

ILE-DE-FRANCE

Das Herzland des königlichen Frankreich war in früher Zeit das kleine Gebiet zwischen den Flüssen Seine, Oise und Marne, das als die »Insel von Frankreich« bekannt wurde. Heute nimmt die Region der Ile-de-France (10,2 Millionen Einwohner) eine viel größere Fläche ein. Sie umfaßt das Ballungszentrum Paris und einige ländliche Bezirke im Umkreis. Nur 2,1 Millionen wohnen im Stadtkern von Paris, das einen eigenen Bürgermeister und Stadtrat hat. Er umschließt die ovale Zone innerhalb der alten Stadttore und des neuen Boulevard Périphérique (Autobahn). Der Rest lebt in den Hunderten von Gemeinden im Einzugsbereich. Dazu gehören so elegante, alte Städte wie Versailles, aber auch die gesichtslosen Beton-Schlafstädte, die erst nach dem Krieg entstanden.

Das gesamte Areal besteht aus kunterbunt zusammengewürfelten Vierteln, die in verschiedenen Abschnitten gebaut wurden. Die Zwischenkriegsjahre brachten eine große Zahl von planlosen *pavillons* – häßliche Bungalows mit kleinen Gärten – in einer Gegend hervor, die jetzt die inneren Vororte ausmacht. Um der großen Wohnungsnot abzuhelfen, wurden in den 50er und 60er Jahren hier und da, wo immer am Rande der alten Vororte Platz verfügbar war, neue »soziale« Wohnblöcke hochgezogen: Sarcelles war die berüchtigtste dieser Neubausiedlungen. Zur gleichen Zeit entstanden für die Wohlhabenderen hauptsächlich im Westen von Paris nach Versailles hin gepflegte Grundstücke mit Einfamilienhäusern im kalifornischen Stil und Appartements mit privaten Tennisplätzen und Swimmingpools. Dann setzte eine sinnvoller koordinierte Planung ein, und seit den 70er Jahren wurden fünf gut entworfene »neue Städte« mit je 100 000 bis 150 000 Einwohnern am Rand des Ballungszentrums gebaut, dessen Größe seit dem Krieg von fünf auf neun Millionen angestiegen ist (mehr infolge der französischen Landflucht und der magnetischen Anziehungskraft von Paris als aufgrund demographischen oder wirtschaftlichen Wachstums). Das ganze Gebiet ist von neuen Autobahnen durchzogen und wird von dem neuen unterirdischen Schnellverkehrsnetz RER mit einer Art Schnellbahn versorgt.

Hier und da überleben ein paar der interessanten alten Orte – Enghien-les-Bains, der einzige Badeort in der Pariser Region, die majestätische frühgotische Kathedrale in Saint-Denis, das bescheidene Schloß Malmaison, wo Napoleon mit Joséphine lebte, und die Festung Mont Valérien, wo die Nationalsozialisten etwa 4500 Mitglieder der Résistance hinrichteten (heute eine Gedenkstätte). Die harmonisch gruppierten 30 Hochhäuser aus Stahl und Glas im neuen Geschäftsviertel von La Défense gehören inzwischen genauso zur Kulisse von Paris wie der Eiffelturm.

Jenseits des Großraums Paris erstreckt sich das Kalksteinbecken der Ile-de-France mit seinen Buchen- und Eichenwäldern, den sogenannten »grünen Lungen von Paris«, denn sie tragen dazu bei, die Luft dieses industriellen Ballungszentrums zu reinigen. Die Wälder waren einst königliche Jagdreviere voller Rotwild. Heute sind sie staatseigen und stehen allen offen. Jenseits der Ausläufer von Paris hat sich die Ile-de-France ihren ländlichen Charme bewahrt: halbverfallene Abteien am Ufer der Flüsse, große Schlösser mit kunstvoll angelegten Parks und waldreiche Täler wie die Chevreuse, Ziel der Pariser für Sonntagsausflüge und Picknicks, die sie häufig und mit dem Auto unternehmen. Die Landwirtschaft spielt noch eine wichtige Rolle: Rund um Provins gibt es große Weizenfelder, und Gärtnereien verkaufen auf dem Markt Champignons und Schnittblumen. Südöstlich von Paris liegt die Brie, eine Landschaft, die für ihren großen, milden, runden Käse bekannt ist.

In der Ile-de-France ließen die Könige von Frankreich ihre Paläste bauen; am bedeutendsten ist Versailles. Franz I. errichtete das große Renaissanceschloß in Saint-Germain-en-Laye an der Stelle eines viel älteren Baus, in dem Maria Stuart, die Königin von Schottland, ihre Kindheit verbrachte und der englische König Jakob II. starb. Wie Saint-Germain liegt auch Rambouillet am Rande eines schönen Waldes. Das Schloß stammt aus dem 14. Jahrhundert (wurde aber seitdem sehr modernisiert) und ist jetzt die offizielle Sommerresidenz des Staatspräsidenten.

Den zweiten Rang in der Region Paris nimmt nach Versailles Fontainebleau ein. Napoleon schätzte das große, von Franz I. erbaute Renaissanceschloß mehr als Versailles und machte es zu seiner königlichen Residenz. In Fontainebleaus großen Wäldern, vornehmlich Eichen und Buchen, trainieren Kletterer an den bizarr geformten Sandsteinfelsen. Ein anderes Schloß in der Gegend, Vaux-le-Vicomte, ließ sich der Finanzminister Ludwigs XIV. erbauen. André Le Nôtre legte die kunstvollen formalen Gärten auf verschiedenen Ebenen an. Unter den bedeutenderen Abteien der Ile-de-France ist das Zisterzienserkloster Port-Royal-des-Champs zu nennen. Im 13. Jahrhundert gegründet, wurde es im 17. Jahrhundert das Zentrum der jansenistischen Bewegung. Heute stehen nur noch seine Ruinen. Auch die Abtei von Royaumont nördlich von Paris, ebenfalls eine Zisterzienseranlage aus dem 13. Jahrhundert, ist teilweise verfallen. Aber das reizende Kloster blieb erhalten und dient jetzt als Kultur- und Konferenzzentrum.

Das klare, flimmernde Licht der Ile-de-France hat zahlreiche Maler angezogen. Barbizon, ein Dorf in der Nähe von Fontainebleau, wurde im 19. Jahrhundert zum Zentrum einer Schule von Landschaftsmalern, unter denen an erster Stelle Théodore Rousseau und J.-F. Millet zu nennen sind; aber auch Corot arbeitete hier. In den 70er Jahren des 19. Jahrhunderts verließen die Impressionisten und Postimpressionisten Paris: Pissaro und Cézanne zogen nach Cergy-Pontoise, Renoir und Monet nach Bougival und Argenteuil, damals Dörfer an der Seine, wo sie oft Bootsszenen malten. Heute sind aus ihnen Pariser Vororte geworden. Sisley, der englische Impressionist, lebte und malte in Moret am Fluß Loing, und in Auvers-sur-Oise verbrachte der verstörte van Gogh seine letzten Monate und nahm sich dort das Leben.

Auch mancher Pariser Schriftsteller ließ sich von dieser ruhigen Landschaft inspirieren und fand hier Selbstbesinnung. Als Jean-Jacques Rousseau des Snobismus, den die literarischen Salons pflegten, überdrüssig geworden war, zog er sich sechs Jahre in das von Wald umschlossene Dorf Montmorency zurück und arbeitete hier seine Philosophie vom Naturrecht aus. Sein Häuschen steht noch, fast erdrückt von dem expandierenden Vorort. Der romantische Vicomte de Chateaubriand pflanzte liebevoll Bäume um sein Landgut La-Vallée-aux-Loups (»Ich kenne sie alle mit Namen ... sie sind meine Familie«): Hier tröstete ihn Madame Récamier, deren Schlafzimmer heute besichtigt werden kann. In Medan, unweit der Seine, kaufte Emile Zola ein großes viktorianisches Giebelhaus, wo er einige seiner Romane schrieb. Die Züge zwischen Paris und Rouen fuhren an seinem Garten vorbei und lieferten ihm das Material für seinen Roman *La bête humaine* (*Die Bestie im Menschen*; 1890).

Ile-de-France
Der Pariser Ballungsraum mit etwa neun Millionen Menschen nimmt einen ziemlich großen Teil der kompakten kleinen Region Ile-de-France ein. Heute lebt weniger als ein Viertel der Pariser in der Stadt selbst, innerhalb der alten Stadttore. Die übrigen wohnen draußen in den sich immer weiter ausdehnenden Vororten, die ihre selbständigen Verwaltungen haben. Das Kalksteinbecken dieser Region ist von Wäldern bedeckt, den einstigen Jagdgebieten der Könige, die die großen Paläste und Schlösser Versailles, Fontainebleau, Rambouillet und andere bauten.

Bevölkerung: 10,2 Millionen; Fläche: 12 000 Quadratkilometer; Hauptstadt: Paris mit 2,1 Millionen Einwohnern.

Unten: In Frankreich mag es allgemein nicht mehr so üblich sein, sich ins Café zu setzen, doch in Paris sind Hunderte von Straßencafés stets gut besucht – die Pariser erscheinen zur Stunde des Aperitifs, die Touristen zu jeder Zeit.

Unten: Einen Hauch von Glanz verleiht der Eingang zum Modehaus Christian Dior der Champs-Elysées-Gegend, die zum Markt für Billigwaren abgesunken ist. Auf der breiten, majestätischen Allee haben sich Fast-food-Läden, Autosalons und Kinozentren breitgemacht. In den Seitenstraßen blieben einige große, alte Luxushotels erhalten; die meisten sind heute in britischem Besitz.

Moderne Pariser Bauwerke

Unten: Der neue Komplex von La Villette, entworfen von Adrien Fainsilber. Der frühere Schlachthof wurde in ein hochmodernes Museum für Wissenschaft und Industrie umgewandelt, das dreimal so groß ist wie der Centre Pompidou. In der danebenstehenden Géode, einer gigantischen Kugel aus reflektierendem Stahl, ist ein Panoramakino untergebracht.

Paris ist eine Stadt großer historischer Bauwerke von oft kühner Architektur. Es waren die französischen Könige, die im Hinblick auf ihren eigenen Ruhm diese Tradition begannen: Ludwig XIV. zum Beispiel ließ die Anlage des Hôtel des Invalides in grandiosem Stil bauen. Der Eiffelturm wurde 1887 bis 1889 in ganz anderem Geist errichtet: Er setzte das Zeichen für die Jahrhundertfeier einer Revolution, die die Monarchie gestürzt hatte.

Die Präsidenten von Frankreich haben nun die alte Tradition wiederbelebt – in einer prosperierenden Zeit, da Paris daran interessiert ist, seinen Platz als großartigste und innovativste Hauptstadt Europas zu behalten. De Gaulle tat trotz seiner Liebe zur *grandeur* wenig für die Architektur. Doch sein Nachfolger, Georges Pompidou, leitete die neue Entwicklung ein, als er den Anstoß für das modernistische Kunstzentrum gab, das seinen Namen trägt. Wie die meisten neuen Projekte war es nicht das Werk französischer, sondern ausländischer Architekten.

Ein Projekt dieser Art braucht fünf bis zehn Jahre bis zu seiner Vollendung. Von einem Präsidenten begonnen, wird es oft erst unter seinem Nachfolger beendet, und beide werden versuchen, das Verdienst für sich in Anspruch zu nehmen. So vollendete Giscard d'Estaing den Centre Pompidou und nahm dann zwei eigene Projekte in Angriff: die Museen d'Orsay und La Villette; es blieb seinem Nachfolger François Mitterrand überlassen, sie auszuführen.

Mitterrand, ein Liebhaber moderner Architektur, hat Milliarden von Francs in ehrgeizige Objekte gesteckt. Seine Absicht war es, eine kulturelle Wiederbelebung Frankreichs zu fördern. Aber die Kritiker beschuldigen ihn der Selbstverherrlichung, er »leide an einem Ludwig-XIV.-Komplex«. Neben der Louvre-Pyramide, der Opéra de la Bastille und La Grande Arche hat er ein neues Haus für die Bibliothèque Nationale initiiert und im Hof des Palais Royal aus dem 17. Jahrhundert einige heftig umstrittene modernistische Skulpturen aufstellen lassen.

Oben links: Die Cité de la Musique, die 1991 in La Villette vollendet wurde. Sie birgt das Pariser Konservatorium und enthält eine Konzerthalle für das moderne Orchester von Pierre Boulez.

Oben rechts: Die neue Oper an der Bastille, entworfen von dem kanadischen Architekten Carlos Ott. Da das in den 60er Jahren des 19. Jahrhunderts gebaute Palais Garnier den heutigen Ansprüchen nicht mehr genügte, wurde das neue Haus geplant, um Paris großangelegte moderne Aufführungen bieten zu können. Die Opéra de la Bastille wurde 1989 zur 200-Jahr-Feier der Französischen Revolution eröffnet.

Links: Von Präsident Georges Pompidou stammt die Idee für den Centre Pompidou, der 1977 auf dem Plateau Beaubourg eröffnet wurde und der bekannteste Pariser Nachkriegsbau ist. Das kulturelle Vielzweckzentrum wurde von dem englisch-italienischen Architektenteam Richard Rogers und Renzo Piano entworfen. Sein gesamter Versorgungsapparat – Wasserrohre, elektrische Kabel usw. – ist in leuchtenden Farben an der Außenfront verlegt. Das trug ihm den spöttischen Beinamen »aufgeputzte Ölraffinerie« ein.

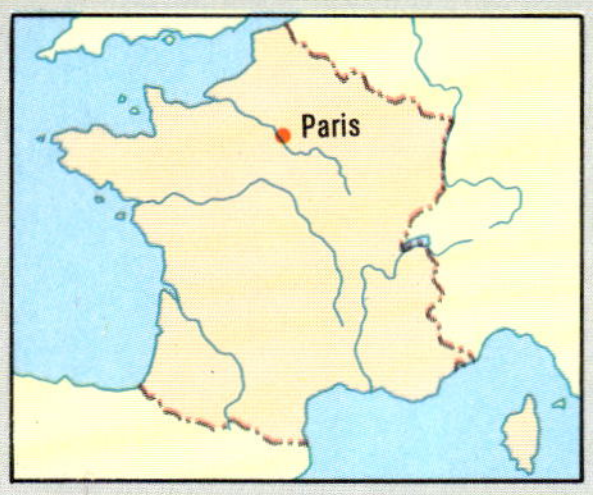

Ganz unten: La Grande Arche, formell 1989 zur 200-Jahr-Feier eröffnet, ist ein gewaltiger Kubus in weißem Marmor mit Seitenlängen von 100 Metern und einem hohlen Innenraum. Der Büroblock wurde von dem Dänen Otto von Spreckelsen entworfen und steht in dem neuen Hochhausviertel von La Défense, westlich der Pariser Stadtmitte.

Unten: Die Pyramide im Haupthof des Louvre, 21 Meter hoch, ist vielleicht der kontroverseste der Pariser Neubauten. Von Präsident Mitterrand in Auftrag gegeben und von dem chinesisch-amerikanischen Architekten I. M. Pei entworfen, wurde die Konstruktion nach dem Vorbild der antiken Pyramiden von Giseh in Ägypten erbaut. Sie ist so angelegt, daß sie das Licht reflektiert, und wirkt am besten von innen, wo das Haupteingangsfoyer des Louvre in großartiger Weise verbessert wurde. Doch viele Pariser haben das Gefühl, daß sie sich nicht harmonisch in ihre klassische Umgebung einfügt.

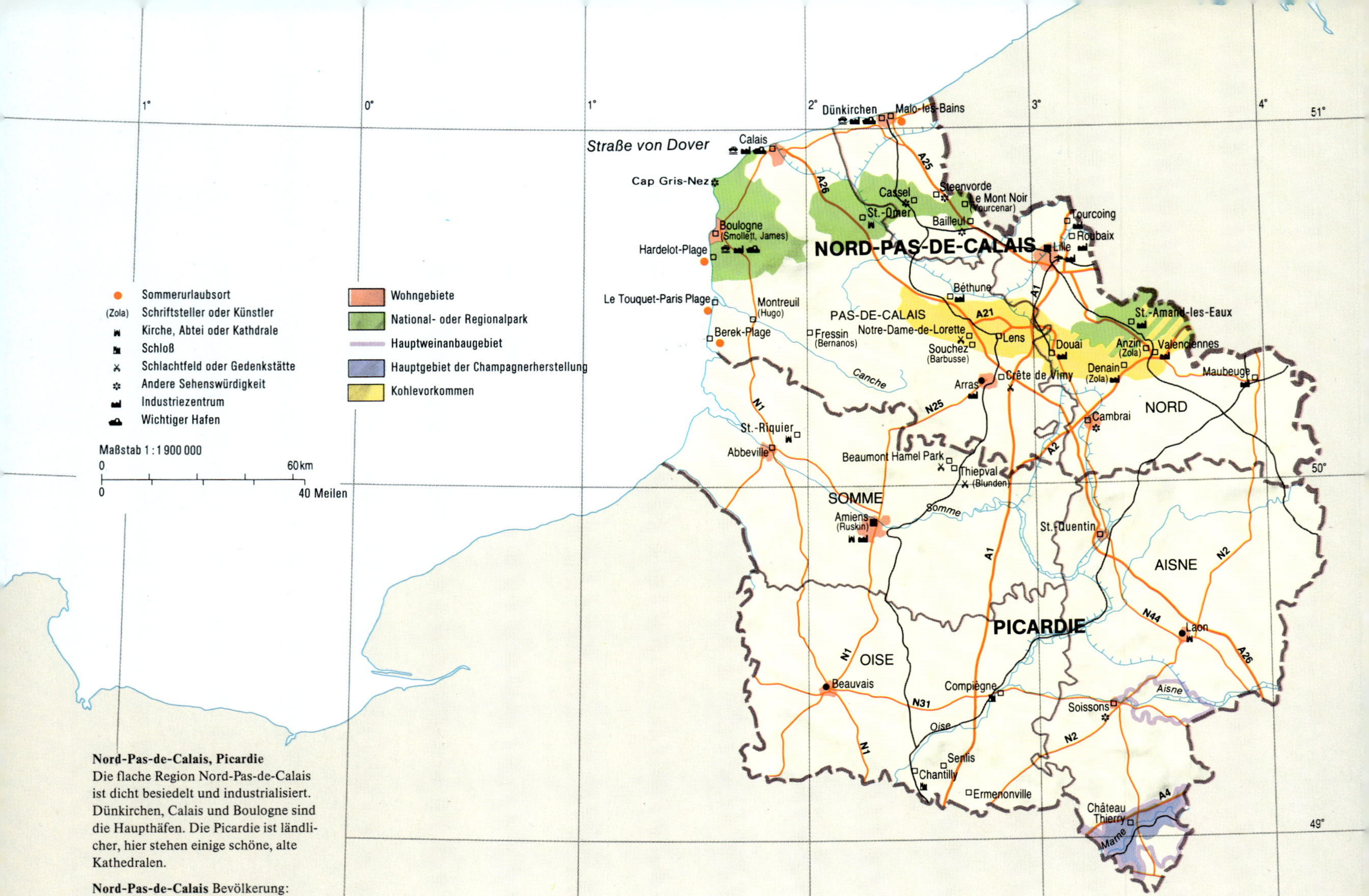

Nord-Pas-de-Calais, Picardie
Die flache Region Nord-Pas-de-Calais ist dicht besiedelt und industrialisiert. Dünkirchen, Calais und Boulogne sind die Haupthäfen. Die Picardie ist ländlicher, hier stehen einige schöne, alte Kathedralen.

Nord-Pas-de-Calais Bevölkerung: 3,9 Millionen; Fläche: 12 000 Quadratkilometer; Hauptstadt: Lille mit 157 000 Einwohnern. Andere Städte: Roubaix mit 102 000 Einwohnern, Tourcoing mit 97 000 Einwohnern und Calais mit 77 000 Einwohnern.
Picardie Bevölkerung: 1,7 Millionen; Fläche: 19 400 Quadratkilometer; Hauptstadt: Amiens mt 136 000 Einwohnern.

Unten: Das Rathaus von Calais mit seinem hohen, verzierten Turm. Davor steht Rodins berühmte Plastik *Die Bürger von Calais* (1884 ff.) zu Ehren der sechs Männer, die 1347 ihr Leben opfern wollten, wenn die belagernde englische Armee die Stadt verschone.

Unten rechts: Einige der blutigsten Grabenkämpfe des Ersten Weltkrieges fanden im Departement Somme und im Artois statt. Heute erinnern daran mehrere Kriegsdenkmäler auf den Höhenzügen und viele Tausende Friedhöfe, wie dieser hier in der Picardie.

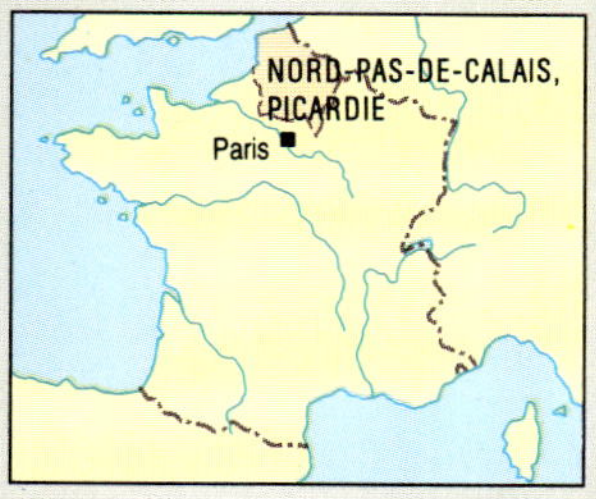

NORD-PAS-DE-CALAIS, PICARDIE

Unten: Karnevalsveranstaltungen haben in diesen Regionen eine lange Tradition. Hier gehen junge Männer bei der Parade in Amiens auf Stelzen (sie wurden einst in den nahegelegenen Marschen als Fortbewegungsmittel benutzt).

Die Friedhöfe von zwei Weltkriegen und die Halden der Kohlegruben, die schon aufgegeben sind oder jetzt stillgelegt werden, liegen als Symbole ihrer schweren Vergangenheit verstreut über der weiten, windigen Ebene der Region Nord-Pas-de-Calais (3,9 Millionen Einwohner). Dieses dichtbesiedelte Gebiet war (ähnlich wie die daran angrenzende Picardie) über Jahrhunderte eine europäische Durchgangsstraße sowohl für Händler als auch für bewaffnete Invasoren. Hier hatte über lange Zeit die französische Schwerindustrie ihr Hauptzentrum, bis Bergbau, Stahlwerke, Schiffsbau und Textilproduktion ihren Niedergang erlebten. Doch heute hat es angesichts der Eröffnung des Kanaltunnels von Calais nach Dover und der neuen Verbindungen durch Hochgeschwindigkeitszüge eine glänzende Zukunft im neuen europäischen Binnenmarkt von 1992.

Der nördliche Streifen vom großen Industriehafen Dünkirchen bis nach Lille, der Hauptstadt, ist flämischen Ursprungs und dem angrenzenden belgischen Flandern ziemlich ähnlich. Die flache Landschaft hat ihre eigene schwermütige Schönheit. Die Menschen, zäh, warmherzig und aufgeschlossen, haben schon lange als Ausgleich zu ihrer harten, von der Industrie geprägten Existenz ein vielfältiges gesellschaftliches Leben entwickelt, in dem Vereine und Klubs eine große Rolle spielen. Auch ihr Sinn für die heimische Volkstradition ist ungewöhnlich stark. Sie pflegen ihre besonderen Sportarten und Hobbies (Puppenspiel, Taubenzucht, Bogenschießen, Blasmusik) und haben Vergnügen an ihren Karnevalsveranstaltungen, wenn jede Stadt mit ihrem eigenen Riesen einen bunten Umzug veranstaltet - ein kostümiertes, groteskes Wesen, das ihren mittelalterlichen Gründer oder Beschützer symbolisiert. In Bailleul und Cambrai finden sich die besten. Die Flamen haben in 800 Jahren 22 Invasionen erlebt, und sie behaupten, daß sie deshalb so stark an ihrer Kultur hängen, weil sie dadurch ihre Identität bewahren.

Das Gebiet wurde oft von den Engländern verwüstet und war im 17. Jahrhundert von den Spaniern besetzt, bis Lille 1713 an Frankreich abgetreten wurde. Dann kamen die Engländer 1914 bis 1918 als Verbündete zurück; viele starben in den Grabenkämpfen in Flandern und an der Somme in der Picardie. Heute bewahren das große britische Denkmal auf der Höhe über Thiepval und das kleinere kanadische auf der Höhe von Vimy, die 2500 genau ausgerichteten Commonwealth-Friedhöfe und die Millionen französischer und deutscher Gräber die furchtbare Erinnerung an den vierjährigen Alptraum. Dichter, die unter dem Eindruck des Krieges schrieben wie der Engländer Wilfred Owen (1893 - 1918), haben diese schmerzlich beschworen. Aber das eindringlichste Bild jener Schlachten vermittelt Henri Barbusse in seinem Roman *Le feu (Das Feuer)*, der im Gebiet von Vimy, unterhalb des hohen französischen Denkmals von Notre-Dame-de-Lorette, spielt. Im Zweiten Weltkrieg hatten diese Städte wiederum viel zu leiden. Dünkirchen ging in die Geschichte ein als Ort der heldenhaften Evakuierung der britischen Armee zwischen dem 25. Mai und dem 5. Juni 1940, als etwa 350 000 Soldaten von einer Flotte von Schiffen gerettet wurden.

Die Industrie war der größte Aktivposten der Region Nord-Pas-de-Calais, aber auch ihre verwundbare Stelle. Lille war seit dem Mittelalter ein bedeutendes Textilzentrum, und seine Händler reisten um die ganze Welt. Im 19. Jahrhundert entstand hier die Schwerindustrie, die sich auf die lokalen Stahlwerke und die Kohlezechen südlich von Lille stützte. Diese Welt aus Plackerei und bitterer Armut fing Zola in seinem Roman *Germinal* ein. Heute werden die Arbeiter besser bezahlt, aber die Arbeit ist knapp geworden. Die Nachfrage nach Stahl ist zurückgegangen, die Werften in Dünkirchen haben geschlossen, und die Arbeitsplätze in den nahezu erschöpften Kohlegruben wurden seit 1947 von 220 000 auf 7000 reduziert. Die Textilfirmen hat man zwar mit Erfolg modernisiert, doch unter Verlust vieler Arbeitsplätze. Die regionale Arbeitslosigkeit und die Abwanderungsrate liegen weit über dem französischen Durchschnitt. Das Image, das das Gebiet hat, macht es nicht leicht, Investoren für eine neue Industrie zu gewinnen. »Wir werden in den Pariser Medien dargestellt als eine Gegend mit grauem Himmel, Zolaschen Slums, Alkoholismus und schlecht gepflasterten Straßen. Das entspricht nicht der Wirklichkeit - aber was können wir tun?«, wird ein Angestellter aus dem Kohlegebiet zitiert.

Im Kontext eines neuen Europa sind die Aussichten für die Region jedoch nun etwas rosiger. Lille wurde als Mittelpunkt der neuen europäischen Hochgeschwindigkeitszugstrecke gewählt, wo der TGV *(Train à Grande Vitesse)* von London nach Paris auf die andere TGV-Linie von der Ruhr trifft, die Amsterdam mit Brüssel verbindet. In der Region hofft man, zur Drehscheibe des reichsten urbanisierten Gebietes der Welt zu werden, dem sogenannten Goldenen Dreieck der EG.

Lille, die würdevolle alte flämische Stadt mit ihren hellroten Ziegelhäusern, in der de Gaulle geboren wurde, ist ein lebendiger Ort mit einem gut ausgestatteten Kunstmuseum. Die Restaurants hier kennen keine Sperrstunden. Die Stadt hat auf die großen Herausforderungen bereitwillig reagiert und unter ihrem selbstbewußten sozialistischen Bürgermeister Pierre Mauroy, dem Ministerpräsidenten von 1981 bis 1984, neue Geschäftszentren geschaffen. Diese industrielle Region war lange Zeit die Hauptbastion der Sozialisten in Frankreich. Im nicht immer bequemen Bündnis mit den Kommunisten kontrollierten sie den Regionalrat und die meisten Stadträte. Sie vertraten jedoch stets eine sehr flexible Politik, und selbst mancher kommunistische Politiker hat die kapitalistische Entwicklung begrüßt. Calais, Frankreichs größter Passagierhafen, fürchtete den Tunnel nach England als gefährlichen Konkurrenten, aber der kommunistische Bürgermeister der Stadt fand sich mit dem Projekt ab und begann mit einigem Erfolg, britische und amerikanische Finanziers zu umwerben. Während das von der Kohle geprägte Binnenland weiterhin stagniert, flossen den Häfen neue Investitionen zu. Der Getränkehersteller Coca-Cola errichtete in Dünkirchen eine Fabrik.

Besonders die Briten, zu deren Besitz Calais von 1346 bis 1558 gehörte, sind als Wirtschaftsinvasoren zurückgekehrt. Sie haben Immobilien gekauft, Supermärkte, Casinos und große Hotels gebaut oder übernommen. Unübersehbar ist ihre Präsenz um Calais und um den wichtigen Fischereihafen Boulogne, die »opalene« Küste hinunter bis nach Le Touquet-Paris Plage, das die Engländer Ende des 19. Jahrhunderts als eleganten Badeort mitbegründeten, später aber verließen. Der Tunnel hat zudem Tausende von Engländern veranlaßt, in dem reizvollen Hinterland von Boulogne und Le Touquet Land- und Bauernhäuser als Ferien- oder Wochenendsitze zu kaufen, denn hier liegen die Preise um ein Drittel niedriger als jenseits des Kanals.

Diese Küstenregion mit ihren Kreideklippen und schönen Stränden ist hügeliger und malerischer als das flache Flandern. Sie ist auch reich an literarischen Erinnerungen. Georges Bernanos (1888–1948) lebte in Fressin, dem Schauplatz seiner ernsten Romane um die geistigen Kämpfe junger Priester. In dem mauerbewehrten, auf einem Hügel gelegenen Montreuil wandelte sich Victor Hugos Valjean vom kleinen Dieb zum edlen Kämpfer für *Les misérables (Die Elenden).*

In verschiedenen alten Städten der Region sieht man noch schöne Beispiele der flämischen Giebelarchitektur, wie sie ähnlich in Holland und den norddeutschen Hansestädten zu finden ist. Besonders malerisch sind in Arras zwei vornehme Plätze, die von großen und eleganten Häusern des 17. Jahrhunderts mit Ziergiebeln und überdachten Arkaden eingerahmt sind. Saint-Omer und Saint-Riquier besitzen herrliche alte Kirchen. Doch die großartigsten Kathedralen stehen in der Picardie – in Laon, wo auf einem Hügel die gotische siebentürmige Notre-Dame-Kirche imposant aufragt, und in Amiens, der Hauptstadt der Region. Seine Kathedrale, vielleicht die kostbarste gotische in Frankreich, inspirierte John Ruskin so, daß er ein Buch über sie schrieb. Er liebte besonders die Madonna am Südportal mit ihrem »fröhlichen Lächeln einer Soubrette«.

Ganz im Süden der Picardie, nicht weit entfernt vom Großraum Paris, liegen zwei berühmte Städte. Chantilly ist bekannt für seine eleganten Pferderennen und sein in einem See gelegenes Renaissanceschloß, dessen Museum meisterlich illuminierte Manuskripte zeigt. Das noch größere Schloß von Compiègne nutzten Napoleon I. und Napoleon III. als Residenz. In einer Lichtung des nahegelegenen Waldes wird an die Stelle erinnert, wo am 11. November 1918 der Waffenstillstand unterzeichnet wurde, mit dem der Erste Weltkrieg endete, und wo später Hitler im Juni 1940 die Kapitulation Frankreichs entgegennahm.

Die hügelige Picardie (1,7 Millionen Einwohner) ist eine fruchtbare Agrarregion mit großen Höfen, auf denen Getreide und Zuckerrüben angebaut werden. Weder diese Region noch Nord-Pas-de-Calais sind für ihre Küche berühmt, aber die flämische Methode, Rindfleisch in Bier zu schmoren, ergibt ein sehr schmackhaftes Gericht. Köstlich sind auch *ficelle picarde*, ein Omelett mit Schinken und Soße, und *hochepot*, ein gehaltreicher Fleischeintopf.

Rechts: Mers-les-Bains in der Somme ist einer der vielen, etwas altmodisch wirkenden Familienbadeorte, die an den Sandstränden dieser Küste liegen. Der bekannteste ist Le Touquet-Paris Plage, der um die Jahrhundertwende sehr elegant war und in letzter Zeit wieder beliebt geworden ist.

ELSASS, LOTHRINGEN, CHAMPAGNE-ARDENNE

Elsaß, Lothringen, Champagne-Ardenne
Elsaß, auf der linken Rheinseite gelegen, hat einen deutschen Charakter. Seine berühmten Weingärten liegen unterhalb der bewaldeten Vogesen, die sich bis in das stark industrialisierte Lothringen erstrecken. Die wellige Kalksteinlandschaft der Champagne-Ardenne bietet ertragreiches Bauernland.

Elsaß Bevölkerung: 1,6 Millionen; Fläche: 8200 Quadratkilometer; Hauptstadt: Straßburg mit 252 000 Einwohnern.
Lothringen Bevölkerung: 2,3 Millionen; Fläche: 23 500 Quadratkilometer; Hauptstadt: Metz mit 118 000 Einwohnern. Andere wichtige Stadt: Nancy mit 99 000 Einwohnern.
Champagne-Ardenne Bevölkerung: 1,3 Millionen; Fläche: 25 600 Quadratkilometer; Hauptstadt: Châlons-sur-Marne mit 54 000 Einwohnern. Andere wichtige Stadt: Reims mit 182 000 Einwohnern.

Elsaß (1,6 Millionen Einwohner) und Lothringen (2,3 Millionen Einwohner) sind ihrem Wesen nach sehr verschieden, teilen aber das Schicksal, die einzigen französischen Regionen zu sein, die an Deutschland grenzen, und das hat ihre Geschichte stark beeinflußt. Obwohl sie seit 1648 effektiv mit Frankreich vereint waren, mußten sie häufig deutsche Bedrohungen und Invasionen erleiden und wurden von 1871 bis 1918 und noch einmal von 1940 bis 1945 von Deutschland annektiert. Erinnerungsstücke der vergangenen Kriege liegen auf beiden Seiten, zum Beispiel die Befestigungen der Maginot-Linie, die so zuversichtlich in den 30er Jahren unseres Jahrhunderts gebaut wurden, um *les boches* abzuhalten, die aber 1940 von den deutschen Panzern im Nu umgangen wurden. Ihre Festungen sind inzwischen Touristenattraktionen. Heute ist die großartige Hauptstadt des Elsaß, Straßburg, der Sitz des Europäischen Parlaments und des Europarats. Zugleich ist diese Stadt in hohem Maße Symbol der deutsch-französischen Nachkriegsaussöhnung und der europäischen Einheit.

Die zwei Provinzen sind durch den langgestreckten Mittelgebirgszug der Vogesen voneinander getrennt, der eher aus hohen Hügel als aus Bergen besteht, denn sie erheben sich nirgendwo über 1425 Meter. Ihre abgerundeten Gipfel kann man zu Fuß erreichen, und eine gute Straße verläuft entlang ihres Hauptkamms. Kiefernwälder bedecken den größten Teil des Gebirges, aber es gibt auch Bergweiden und Skihänge. An den Osthängen liegen die elsässischen Weinberge direkt über der Rheinebene, überragt von kühn auf Felsen thronenden Burgen wie der feudalen Haut-Barr (Hohbarr) und der mittelalterlichen Stil imitierenden Haut-Koenigsbourg (Hohkönigsburg) oder der legendenumwobenen Pilgerkapelle Sainte Odile aus dem 11. Jahrhundert.

Die Elsässer sind alemannischen Ursprungs und nahe verwandt mit den angrenzenden Badensern und Deutschschweizern; ihr Dialekt ist sehr ähnlich, ebenso wie ihre deutschklingenden Orts- und Familiennamen. Tatsächlich ist das Elsaß von allen Regionen des französischen Festlandes nach Aussehen und Lebensstil die am wenigsten französische. Die hübschen Dörfer mit ihren Fachwerkhäusern und blumengeschmückten Balkonen gleichen denen auf der anderen Rheinseite sehr. Die Trachten, die Art, Feste zu feiern, und sogar der Wein selbst (weiß und fruchtig von Riesling-Trauben) erinnern an Südwestdeutschland. Doch die Elsässer haben so stark unter den deutschen Besatzungen gelitten, daß sie bereitwillig die Pariser Nachkriegspolitik der Französisierung akzeptierten. Elsässisch wird nicht in der Schule gelehrt, jedoch in ländlichen Gebieten noch viel gesprochen.

Straßburg ist eine außerordentlich reizvolle Stadt an den Ufern der Ill mit Giebelhäusern aus dem 16. Jahrhundert. Ihr wunderbares gotisches Münster aus rotem Sandstein ist berühmt wegen seiner astronomischen Uhr und dem schlank aufragenden Turm. Im 15. Jahrhundert beschäftigte sich Gutenberg, der von Mainz nach Straßburg gekommen war, hier mit dem Problem des Buchdrucks. Auch Goethe wohnte und studierte in dieser Stadt und erlebte seine Liebesaffäre mit Friederike, der Pfarrerstochter, im nahegelegenen Sesenheim. Die »elsässische Weinstraße« windet sich südlich von Straßburg entlang malerischer Dörfer wie Ribeauvillé und Riquewihr. Kayersberg, nahe Colmar, war der Geburtsort des Missionsarztes Albert Schweitzer (1875–1965). Größer und viel industrialisierter als Colmar ist Mühlhausen mit einer Peugeotfabrik und einem Museum mit über 400 Oldtimern (die Sammlung Schlumpf).

Das Elsaß erlebt durch seine zentrale Lage im neuen Europa einen Aufschwung an moderner Industrie und zieht pro Kopf mehr Investitionen aus dem Ausland – besonders aus Japan, den USA und Deutschland – an als jedes andere Gebiet Frankreichs. Hier stehen auch viele der größten Brauereien des Landes, denn es wird neben Wein auch viel Bier getrunken. Die Menschen sind kontaktfreudig und künstlerisch begabt, ihr traditionelles Talent als Holzschnitzer und Steinmetzen kann man an dem verzierten Renaissance- und Barockdekor ihrer schönen Kirchen und weltlichen Gebäude sehen, zum Beispiel an der Metzig in Molsheim mit ihrer Doppeltreppe und dem hohen Giebel.

Im Gegensatz zum Elsaß ist Lothringen im großen und ganzen ärmer und karger. Die Unterschiede mögen zum Teil auf die frühe Ansiedlung der Schwerindustrie und auf das rauhere Klima dieses weiten, kargen Hochplateaus zurückzuführen sein. Nichtsdestotrotz ist das südliche Lothringen eine freundliche, hügelige Region mit Wäldern und Seen, Obstgärten und Kornfeldern sowie einigen berühmten Kurorten. Lothringen blickt auf eine bemerkenswerte Geschichte zurück. Im Mittelalter war es der Mittelpunkt des Königreichs Lotharingien, ein zu dieser Zeit mächtiges Herzogtum; im 18. Jahrhundert erlebte es eine goldene Zeit unter Herzog Stanislaus, der seine Hauptstadt Nancy zu einer der schönsten Städte Frankreichs machte.

Lothringen hat lange, unter anderem bedingt durch seine Lage an der Grenze, den französischen Patriotismus gepflegt: es ist das Land von Jeanne d'Arc (geboren in Domrémy-la-Pucelle), von Verdun und dem doppeltgekreuzten Lothringerkreuz, das de Gaulle als Symbol für das Freie Frankreich übernahm. Maurice Barrès, der rechtsgerichtete Nationalist, kam aus der Gegend von Nancy und machte sie zum Schauplatz seiner patriotischen Romane. Sein Buch *La colline inspirée* spielt auf dem Hügel von Sion, dem Pilgerziel französischer Patrioten.

Oben: »Klein-Venedig«, eine der reizvollsten Ecken von Colmar, einer entzückenden mittelalterlichen Stadt voller Fachwerkgiebelhäuser, wie sie für das Elsaß typisch sind. Colmar besitzt zwei bedeutende Kunstwerke: Mathias Grünewalds *Isenheimer Altar* (1513–1515) und Martin Schongauers *Madonna im Rosenhag* (1473).

Links: Erntezeit in Riquewihr, einem malerischen, alten Dorf an der elsässischen »Weinstraße«. Durch die Vogesen vor dem Westwind geschützt, reifen die Trauben in diesen Weingärten spät und werden nicht vor Mitte Oktober gelesen. Die »edlen« Reben wie Gewürztraminer und Riesling liefern Weine, die sehr trocken, aber fruchtig und aromatisch sind. Sie werden vielfach in der Küche der Region verwendet.

Unten: Das große Beinhaus in Douaumont nordöstlich von Verdun enthält rund 100 000 Gebeine von 800 000 Franzosen und Deutschen, die in den Kämpfen um Verdun 1916 bis 1918 fielen. Heute sind die alten Forts zu besichtigen, und die Idee der Aussöhnung steht im Vordergrund. Vor dem Beinhaus befindet sich die Tafel, die 1987 von Präsident Mitterrand und Bundeskanzler Kohl aufgestellt wurde, um ihre Völker zu unverbrüchlicher Freundschaft aufzurufen.

Urlaubsorte
- Sommer
- Winter
- Kurort

Ort mit Beziehung zu
- (Hugo) Schriftsteller oder Künstler
- Wein
- Bier
- Kirche, Abtei oder Kathedrale
- Schloß
- Schlachtfeld oder Gedenkstätte
- Andere Sehenswürdigkeit
- Industriegebiet
- Wohngebiet
- National- oder Regionalpark
- Hauptweinanbaugebiet

Hauptgebiete der Weinverarbeitung zu
- Champagner
- anderem
- Kohlevorkommen
- Eisenerzvorkommen

Maßstab 1 : 1 900 000
0 60km
0 40 Meilen

Oben: Die alte, befestigte Kleinstadt Neuf-Brisach (Neubreisach) östlich von Colmar, nahe der deutschen Grenze, wurde im 17. Jahrhundert von dem großen Festungsbaumeister Vauban erbaut. Mit ihren rechtwinkligen Straßen hat sie ihren alten Charakter bewahrt. An dieser vom Krieg oft heimgesuchten deutsch-französischen Grenze wurden mehrere Festungen errichtet. Bei dem nahegelegenen Markolsheim befindet sich eines der Forts der Maginot-Linie aus den 30er Jahren, das heute eine Gedenkstätte und ein Museum ist.

Metz mit seiner hohen gotischen Kathedrale und herrlichen Bauten ist heute die offizielle Hauptstadt Lothringens. Es ist lebendig und progressiv, während ihre Rivalin Nancy ruhiger und eher konservativ ist. Ein bedeutendes Erbe der Herzöge von Lothringen ist das große Schloß in Lunéville, das nach dem Vorbild des Versailler Schlosses erbaut wurde. In den südlichen Ausläufern der Vogesen liegen zahlreiche kleine textilverarbeitende Orte, die bessere Tage gesehen haben. Einer von ihnen, Epinal, hat eine lange Tradition in der Herstellung von populären Drucken und Stichen mit stereotypen Figuren: *»image d'Epinal«* bedeutet mittlerweile im Französischen *»cliché«*.

Im dichtbesiedelten nördlichen Lothringen, im Eisenerzgürtel um Longwy und Thionville und dem Kohlegebiet um Forbach, befindet sich eine alte Schwerindustrie. Hier wurden Frankreichs größte Eisen- und Stahlfabriken errichtet. Aber die Bergwerke erschöpften sich, die Stahlbetriebe hatten nicht genug in ihre Modernisierung investiert, und in den 70er Jahren traf sie eine schwere Rezession. Seitdem wurden die Stahlbetriebe neu strukturiert und die Zahl ihrer Beschäftigten von 90 000 auf 20 000 verringert – jetzt arbeiten sie mit Gewinn. Es gab große, neue Investitionen in die Hochtechnologie, vor allem aus Deutschland, während 25 000 Lothringer heute Arbeit jenseits der Grenze in Luxemburg und dem Saarland gefunden haben.

Die lothringische Küche kennt keine Spezialitäten außer der allgegenwärtigen *quiche*. Typisch für das Elsaß sind *coq au Riesling* (Hahn in Riesling), herzhafte Würste, Wild in schweren Soßen, Platten mit *choucroute* (Sauerkraut mit Schweinefleisch) und *foie gras* (Gänseleber).

Der südwestliche Teil der Champagne-Ardenne (1,3 Millionen Einwohner) ist eine weite, hügelige und kalkhaltige Ebene, deren Name auf das lateinische *campania* (flaches Land) zurückgeht. Ihre großen Bauernhöfe sind durch Getreide und Zuckerrüben wohlhabend geworden, aber die weiten Eichen-, Buchen- und Pappelwälder wurden das Opfer von Bodenerosion, da es keine planmäßige Wiederaufforstung gibt. Die Trauben des bekanntesten Schaumweins der Welt, des Champagners, werden ausschließlich in einem kleinen, hügeligen Gebiet südlich von Reims angebaut. Reims ist die größte Stadt der Region und hat eine weltberühmte, alte Kathedrale – wie auch Troyes, das führende Zentrum der Strumpfwarenfabrikation.

In der südlichen Champagne ragt ein 44 Meter hohes Lothringerkreuz aus Granit auf dem Gipfel eines Hügels über Colombey-les-deux-Eglises auf, dem Dorf, in dem Charles de Gaulle begraben liegt. Es ist heute eine Touristenattraktion. Sein Landhaus ist taktvollerweise so geblieben, wie es war, einschließlich des Alkoven-Arbeitszimmers, wo er seine Memoiren schrieb.

Nach Norden zu, in den Ardennen, wandelt sich die Landschaft zu einer bewaldeten Ebene, die sich bis über Südbelgien erstreckt. Hier in Sedan brach die deutsche Armee zweimal durch, 1870 und 1940; und da, wo sich die Maas zwischen hohen Felsklippen durchschlängelt, spielt der hervorragende Roman *Un balcon en forêt (Ein Balkon im Wald)* von Julien Gracq, der von der mystischen Verbundenheit eines Soldaten mit der Natur handelt. Der stürmische Dichter Arthur Rimbaud wuchs in Charleville-Mézières auf, wo er die »keuchende Bourgeoisie« satirisch darstellte und im Alter von 17 Jahren *Le bateau ivre (Das trunkene Schiff)* schrieb.

Die Champagne

Die Champagne ist eine Region Frankreichs, um Reims gelegen, in der nach einem besonderen Verfahren ein edler, perlender Wein produziert wird. Nur der Wein aus dieser Gegend trägt rechtens den Namen Champagner. Wenn andere Länder ihre Schaumweine als Champagner bezeichnen, so ist dies eine Fälschung, und die französischen Hersteller haben sie bereits schon öfter erfolgreich vor Gericht verklagt.

Ein geheimnisvoller Nimbus umgibt den Champagner mehr als jedes andere Getränk. Leicht, berauschend und moussierend ist er *das* festliche Getränk zum Beispiel zu Hochzeiten oder besonderen Anlässen. Seine perlende Qualität wurde von Dom Pérignon, einem einheimischen Benediktiner-Kellermeister, im 17. Jahrhundert erfunden. Sein Geheimnis liegt teils in einer besonderen Gärmethode, aber auch in dem einzigartigen Zusammenwirken von Kreideboden und Klima in dem Gebiet südlich von Reims und um Epernay. Die Südhänge, im Winter kalt, im Sommer heiß, sind durch Wälder geschützt, die die Sonne speichern. Diese Kombination ist so subtil und unterschiedlich, daß jeder Weinberg seinen eigenen, ausgeprägten Geschmack hervorbringt. Der Wein dieser Gegend ist fast ausschließlich weiß. Roséfarbener Champagner, der bei den Franzosen als ein recht gewöhnliches Getränk gilt, entsteht, indem man eine bestimmte Menge roten Wein aus dem Dorf Bouzy hinzufügt.

Die Trauben müssen sorgsam gelesen werden, fast stets mit der Hand *(links).* Außer den einheimischen Weinlesern kommen während der Saison noch Arbeitskräfte aus dem Ausland oder aus den Industriegebieten des Nordens zur Ernte. Die Trauben werden dann zur Gewinnung des Saftes schnell in langen, großen Holzpressen gekeltert *(unten links).* Danach findet die erste Gärung statt, heute meist in Bottichen aus rostfreiem Stahl. Eine zweite, langsame Gärung in der Flasche bringt dann den Wein zum Perlen. Obwohl dieses Verfahren auch anderswo für moussierende Weine verwendet wird, führt man es in der Champagne auf ganz besondere Weise durch: nach der *méthode champenoise.* Mehrere Monate lang steht jede Flasche auf dem Kopf und wird täglich mit der Hand leicht gerüttelt *(unten rechts).* Ein Fachmann bewegt täglich bis zu 30 000 Flaschen. Das Sediment sinkt in den Flaschenhals und wird regelmäßig überprüft – hier *(unten)* über einer Kerzenflamme –, bevor es beseitig wird. Um den Alkoholgehalt zu erhöhen, wird die Flasche dann mit Zucker aufgefüllt und wieder verkorkt. Die Weinbauern verkaufen an die Erzeuger und Händler in Reims und Epernay. Diese lagern den Wein und lassen ihn in riesigen labyrinthartigen Kellern im Kalksteinboden reifen, bevor er zum Verkauf gelangt. Wenn er schließlich auf den Tisch kommt, trägt er eines der berühmten Erzeugeretiketts *(Mitte).* Deutsche, Briten und Amerikaner sind die Hauptimporteure. Aber auch die Franzosen trinken im Durchschnitt jährlich zwei Flaschen Champagner, und er ist bei allen Schichten beliebt. In Reims kann man Arbeiter sehen, die ihn zum Frühstück in den Cafés trinken.

BURGUND, FRANCHE-COMTE

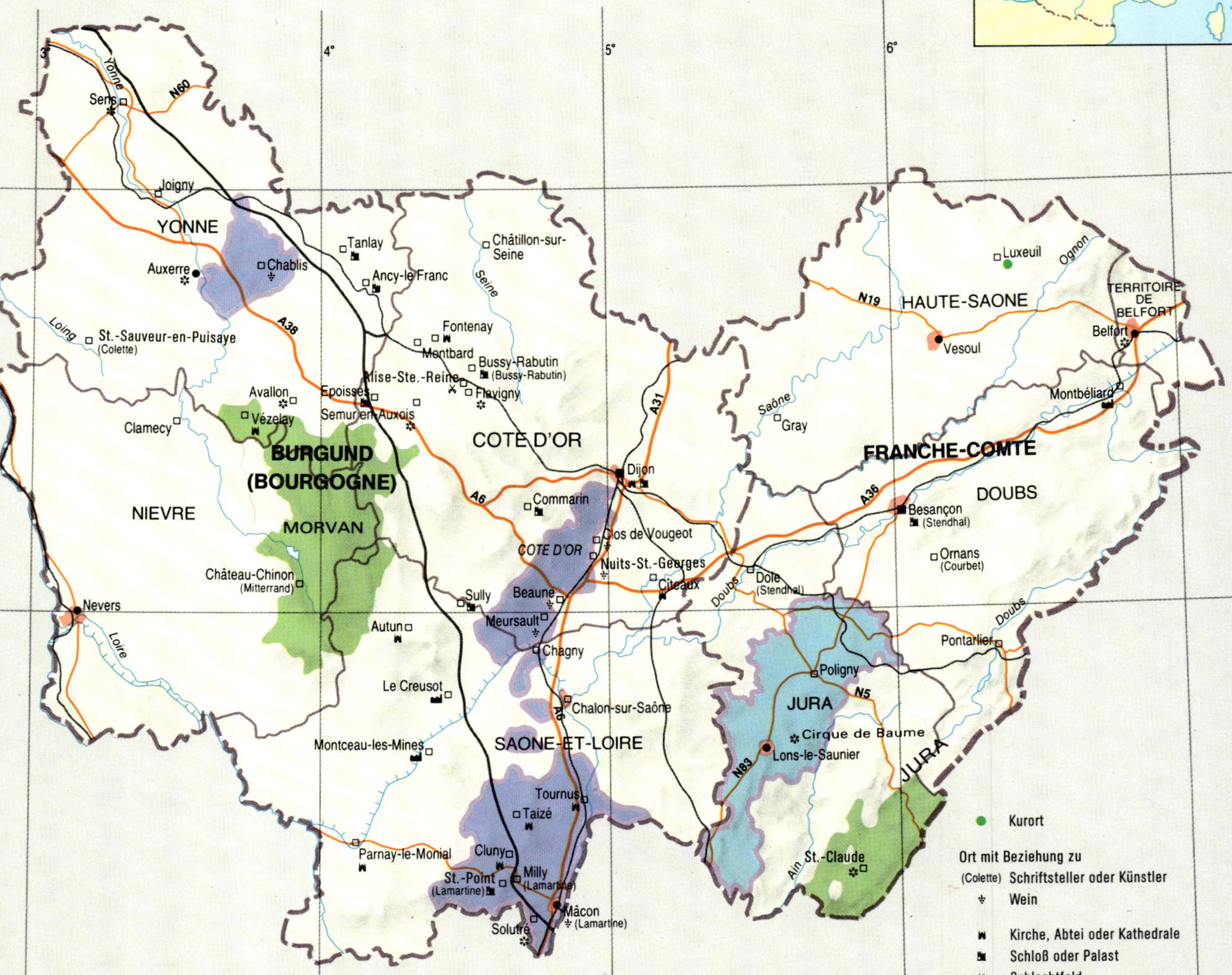

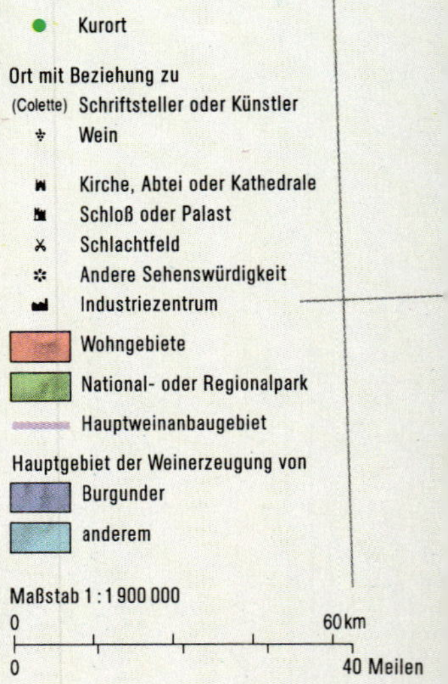

Burgund steht zwar im Ruf trinkfreudiger Geselligkeit, aber nur auf zwei oder drei kleinen Gebieten dieses ehemaligen Herzogtums wird Wein angebaut. Die übrige Landschaft ist eher wegen ihrer prachtvollen Abteien und Schlösser bemerkenswert sowie wegen ihrer bedeutenden Geschichte, die bis zur Steinzeit zurückzuverfolgen ist: Die Siedlung auf dem Fels von Solutré in der Nähe von Mâcon wird auf etwa 15 000 v. Chr. datiert.

Dort, wo die nordfranzösische Ebene in Hügelland übergeht, liegt Burgund (1,6 Millionen Einwohner), ein heiter anmutendes welliges Land, teilweise bewaldet und mit einer produktiven Landwirtschaft (das weiße Charolais-Rind liefert Frankreichs bestes Rindfleisch). Der Großteil der Region ist sanft, außer dem wilden Morvan, einem beeindruckenden, felsigen Granitmassiv mit Wasserfällen, Seen, Buchen- und Eichenwäldern. In der nahen Bergfestung von Alesia leistete der Anführer der Gallier, Vercingetorix, 52 v. Chr. letzten Widerstand gegen Julius Caesar. Später wurde Burgund ein wichtiger Mittelpunkt des mittelalterlichen Christentums. Die Zisterzienser erbauten 1098 das *maison mère* ihres Ordens in Cîteaux, und im 12. Jahrhundert war die große Abtei in Cluny der wirkungsreichste geistige Brennpunkt Europas. Heute sind nur noch Reste dieser Gebäude erhalten. Aber die wunderbare Blüte der romanischen Architektur dieser Zeit kann man an der Basilika in Vézelay, in Autun, Tournus und anderswo sehen. Inzwischen ist Burgund wieder Schauplatz religiöser Erneuerung: die Kirche in Taizé, die 1940 von einem protestantischen Pfarrer gegründet wurde, ist das führende ökumenische Zentrum in Europa geworden.

Im Mittelalter war Burgund ein mächtiges, unabhängiges Herzogtum. Es hatte aber durch seine zentrale Lage auch teil an der Eleganz und dem Lebensgenuß, die in Frankreich Tradition waren. Seine herrschaftlichen Renaissanceschlösser wie etwa Sully, Tanlay und Ancy-le-France zeugen von dem Geschmack und dem Ansehen ihrer früheren adligen Besitzer. Burgunds kleine Städte sind malerisch; einige große klassische Gebäude wie der herzogliche Palast in Dijon und das Hospice de Beaune sind für die schönen Farbmuster ihrer Ziegeldächer berühmt.

Burgund, Franche-Comté
Burgund, einst ein mächtiges Herzogtum, gehört zu den geschichtsträchtigsten Regionen Frankreichs. Hier stehen einige der großartigsten Abteien, Kirchen und Schlösser. Es ist auch das Land der guten Küche und berühmt für seine Weine. Zur dünn besiedelten Region Franche-Comté gehört ein Teil des schönen Juragebirges entlang der Grenze zur Schweiz. Beide Regionen werden überwiegend landwirtschaftlich genützt und haben kaum Industrie.

Burgund Bevölkerung: 1,6 Millionen; Fläche: 31 600 Quadratkilometer; Hauptstadt: Dijon mit 145 000 Einwohnern.

Franche-Comté Bevölkerung: 1,1 Millionen; Fläche: 16 200 Quadratkilometer; Hauptstadt: Besançon mit 119 000 Einwohnern.

Die Weinfelder der Côte d'Or, die sorgfältig bearbeitet werden müssen, liefern teuren Wein von sehr guter Qualität. Im Winter werden die Reben fachmännisch geschnitten und gespritzt, zum Teil noch nach traditionellen Methoden wie hier in einem Feld bei Clos de Vougeot *(rechts)*. Geerntet wird vorzugsweise von Hand *(unten)*, denn die Trauben würden von den Traubenpflückmaschinen, die man heute in Gebieten verwendet, wo die eher billigen Weine wachsen, beschädigt werden. Nach der Ernte kommen die Weinverkoster und die Auktionen. Sie bilden den Vorwand für drei großartige Bankette, die sogenannten *Trois Glorieuses*, dem Schauplatz burgundischen Frohsinns und Gesangs *(oben)*.

In einigen Schlössern wohnten Schriftsteller. Aus den Gedichten des romantischen Dichters Alphonse de Lamartine, der eher ernst und kaum typisch für die lustigen, bodenständigen Burgunder war, spricht dennoch ein herzliches Gefühl für seine Heimat an den Mâconhügeln, wo sein Schloß in Saint-Point noch immer steht. Landestypischer war vielleicht der extravagante Exzentriker Graf Roger de Rabutin. Ludwig XIV. verbannte ihn auf sein Schloß in Bussy-Rabutin, weil er in einer Schrift das höfische Leben verspottet hatte. Hier nahm er einsame Rache, indem er die Wände mit Karikaturen und Epigrammen auf seine ehemaligen Mätressen und andere Personen vom lasterhaften Hofe des Sonnenkönigs verzierte. Eine dritte Autorin, Colette, ist in einem bescheidenen Haus voller Hunde, Katzen und Kinder in Saint-Sauveur-en-Puisaye geboren und aufgewachsen. Sie hat ihre zauberhafte Kindheit mit ihrer Mutter wunderbar beschrieben.

Aus dem Mâcon kommen gute Rotweine, aus der Umgebung von Chablis im Norden ausgezeichnete trockene Weißweine. Aber das »große« Gebiet der Burgunderweine ist die Côte d'Or, ein sonniger Osthang, der sich von Dijon bis südlich von Chagny hinzieht. Ihre hauptsächlich roten Weine sind kräftig, vollmundig – und teuer. Die meisten tragen Namen, die sich aus dem jeweiligen Dorf und seinem wichtigsten Weinberg zusammensetzen, zum Beispiel Gevrey-Chambertin oder Vosne-Romanée. Diese Gemeinden betreiben den Anbau in kleinem Umfang, im Gegensatz zu den großen *châteaux*-Gütern wie im Bordelais. Das Zentrum eines traditionellen Winzerhauses war der Keller (dort werden Bankette und Feste gefeiert), während die Wohnräume erst später hinzukamen.

Diese gesellschaftlichen Funktionen sind ein wesentliches Charakteristikum des ländlichen Lebens. In den 30er Jahren, während einer Rezession im Weinhandel, kamen die Winzer auf die Idee, als Werbung für ihre Weine eine Confrérie des Chevaliers du Tastevin zu gründen, die auf mittelalterliche Ritterorden zurückging. Sie erwarben das wunderbare alte Herrenhaus Clos de Vougeot, das inmitten der Weinberge liegt, und veranstalten seitdem dort regelmäßig Bankette mit Kostümen, Trompetern, ausgelassenen Trinkliedern und anderem Folklore-Schnickschnack. Prominente Gäste werden eingeladen, und in der Tat sehen es viele führende Politiker und Hollywoodstars als eine Ehre an, wenn sie als Mitglied in die Confrérie aufgenommen werden. Diese Festessen sind deshalb auch gastronomisch erstklassige Ereignisse und damit eine wertvolle Werbung für die Weinproduzenten.

Der Spaß erreicht seinen Höhepunkt im November mit den *»Trois Glorieuses«*, drei aufeinanderfolgenden Banketten zur Feier der neuen Weinernte. Das erste wird in Clos de Vougeot abgehalten, das zweite im Hospice de Beaune in Verbindung mit einer großen Weinauktion, die die besten Einkäufer der Welt anzieht, und das dritte findet im Weinort Meursault zur Mittagszeit statt. Bei diesen Anlässen sowie bei kleineren, lokalen Festen, die das ganze Jahr über stattfinden, herrscht echte Fröhlichkeit. Die Teilnehmer tragen begeistert die berühmten Volkslieder der Gegend vor, wie zum Beispiel *Joyeux enfants de la Bourgogne* und *Chevaliers de la table ronde*.

Guter Wein ist meist auch von einer guten Küche begleitet, und Burgund ist eine der gastronomisch reichsten Regionen Frankreichs. Mit Petersilie gewürzter Schinken in Weißwein gebacken, Schnecken mit Kräutern und Froschschenkel mit Knoblauch sind genauso beliebt wie die allgegenwärtigen in Rotwein geschmorten Gerichte wie *coq au vin* und *bœuf bourguignon.* Es finden viele, alljährlich wiederkehrende gastronomische Feste statt, vor allem in Dijon, der leicht verschlafenen Hauptstadt der Region, die für ihren aromatischen Senf berühmt ist. Den Namen eines ehemaligen Bürgermeisters, Canon Kir, bewahrt sein Lieblingsaperitif – Cassis, ein schwarzer Johannisbeerlikör, gemischt mit trockenem Weißwein.

Als industrielle Region ist Burgund von weit geringerer Bedeutung. Früher gab es etwas Schwerindustrie, hauptsächlich um das Bergbaugebiet von Le Creusot, wo die Familie Schneider einen großen Stahlkonzern, Creusot-Loire, aufbaute. Aber als die Minen erschöpft waren, brachen Creusot-Loire und andere ältere Werke zusammen, während sich neue, moderne Industrien, wie zum Beispiel Kodak in Chalon, nur zögernd niederließen. Sogar Präsident Mitterrand, der viele Jahre lang Bürgermeister von Château-Chinon im Morvan war, gelang es nicht, die Lage wesentlich zu verbessern.

Die kleinere Region Franche-Comté (1,1 Millionen Einwohner) ist weniger bekannt als Burgund. Diese ehemalige »freie Grafschaft«, die lange Zeit umstritten war, wurde von Ludwig XIV. 1678 endgültig den Habsburgern entrissen. Ihre prächtige Hauptstadt, Besançon, wird von einer schönen, von Vauban erbauten Zitadelle über den Flußwindungen des Doubs gekrönt. Stendhal ließ einen Teil seines Romans *Le rouge et le noir (Rot und Schwarz)* in dieser Stadt, einen anderen Teil im nahegelegenen Dole, das er Verrières nennt, spielen. Gustave Courbet stammte aus dem bezaubernden alten Ort Ornans, den er so oft malte.

Zur Region gehört auch die französische Hälfte des Jura, ein Gebirgsstock, der bis in die Schweiz verläuft. Das herrliche, von tiefen Tälern eingeschnittene, hügelige Hochplateau ist als Ferienziel sehr beliebt. Wunderbar liegt Saint-Claude, der für seine Pfeifenherstellung berühmte Ort. In Belfort steht eine weitere beeindruckende Vauban-Festung. Durch eine riesige Löwenstatue über der Stadt wird der heldenhaften Niederschlagung der preußischen Belagerung von 1870 gedacht. Im nahegelegenen Montbéliard eröffnete die Familie Peugeot 1810 eine Stahlfabrik und fügte später ein Autowerk hinzu, das immer noch das Hauptproduktionszentrum von Peugeot ist.

Links: Von der mächtigen romanischen Abtei Cluny ist heute außer einem achteckigen Turm und einigen Ruinen nichts mehr erhalten. Von den Benediktinern 1089 bis 1130 erbaut, war die Abteikirche mit ihren fünf Schiffen und fünf Glockentürmen über sechs Jahrhunderte lang die größte der Welt. Im Mittelalter war Cluny eines der mächtigsten Zentren der Christenheit sowohl für Kunst und Wissenschaft als auch im Bereich der Religion. Die Abtei war ungeheuer reich, was aber schließlich zu Dekadenz und Verfall führte. Sie wurde in den Religionskriegen geplündert und während der Französischen Revolution fast völlig zerstört.

Rechts: Das Hôtel-Dieu in Beaune ist mit seinem gemusterten Dach aus buntglasierten Ziegeln ein besonders schönes weltliches Gebäude. Es ist auch als Hospice de Beaune bekannt und diente bis 1948 als Hospital für die Armen. Heutzutage finden hier im November die berühmten Weinauktionen und das große Bankett statt.

Unten: Die majestätische Kirche Sainte Madeleine überragt das befestigte Bergdorf Vézelay. Ihre Geschichte verlief tragisch. Von Benediktinern 864 gegründet, fiel die Kirche 1120 einem Feuer zum Opfer, bei dem 1000 Pilger umkamen. Sie wurde rasch wieder errichtet, während der Französischen Revolution aber erneut zerstört und dann in den 40er Jahren des 19. Jahrhunderts von Viollet-le-Duc wieder aufgebaut. Sie ist berühmt für ihr romanisches Tympanon und das schöne Tonnengewölbe.

RHONE-ALPES

Mit 5,2 Millionen Einwohnern ist Rhône-Alpes nach der Ile-de-France die bevölkerungsreichste Region Frankreichs. Sie ist eine der wohlhabendsten und einflußreichsten, vor allem aufgrund zweier großer, dynamischer Industriestädte: Lyon, ihrer Hauptstadt, und Grenoble. Landschaftlich gesehen, ist sie eine Mischung aus drei sehr unterschiedlichen Gebieten: dem großen Flußtal, dem östlichen Teil des Zentralmassivs und den Savoyer- und Dauphiné-Alpen.

Die Rhône tritt durch den Genfer See in die Region ein. Die Stadt Genf auf der Schweizer Seite ist so nahe, daß einige ihrer Vororte schon in Frankreich liegen und ihre reiche Wirtschaft zur Prosperität von Rhône-Alpes beiträgt. Viele Arbeiter pendeln über die Grenze, eine keineswegs neue Art des Verkehrs: Um sich der Schikane durch die strengen Calvinisten der Stadt zu entziehen, verlegte der freidenkerische Philosoph Voltaire 1760 seinen Wohnsitz in ein Schloß nahe Ferney (heute Ferney-Voltaire), das gerade noch in Frankreich liegt und wo er bis kurz vor seinem Tod lebte. Er gründete dort Manufakturen, um den Flüchtlingen aus Genf Arbeit zu geben.

Lyon, das sich mit Marseille um den Titel der »zweiten Stadt« Frankreichs streitet, wurde von den Römern kolonisiert. Sie nannten die Stadt Lugdunum. Seit dem Mittelalter war sie ein bedeutendes Handelszentrum und profitierte von ihrer günstigen Lage am Zusammenfluß von Rhône und Saône. Prächtige Gebäude säumen die Ufer. Lyon ist von alters her für die Seidenweberei berühmt. Im 19. Jahrhundert wurde es zum Bankenzentrum (der große Crédit Lyonnais wurde hier gegründet), verlor allerdings diese Stellung aufgrund des Pariser Zentralismus. Heute sind Chemie und Maschinenbau in der stark industrialisierten Stadt führend. Ihre Bürger galten einst als spießige Konformisten, doch in letzter Zeit ist Lyon lebendiger und internationaler geworden. Die Stadt wahrt ihren Ruf als Zentrum der französischen Gastronomie.

Hinter Lyon fließt die Rhône an dem faszinierenden alten Ort Vienne vorbei, wo noch Überreste der römischen Kolonialisierung zu sehen sind. Weiter im Süden, um Tain-l'Hermitage, liegen einige der besten Côtes-du-Rhône-Weinberge. Das Rhônetal ist sehr fruchtbar, aber teilweise stark industrialisiert – nicht nur im Raum Lyon, sondern auch im Dorf Creys-Malville, wo sich Europas führendes Kernkraftwerk vom Typ »schneller Brüter« befindet.

Eine andere und viel ältere Industrie hat sich im Westen um die Großstadt Saint-Etienne angesiedelt, die einst mit ihren Kohlezechen, die heute allerdings erschöpft sind, aufblühte. Einige altmodische Fabriken, die Gewehre, Fahrräder und Nähmaschinen fertigten, haben ebenfalls geschlossen. Es war nicht einfach für diese ehemalige kommunistische Bastion, die Rezession zu überwinden und neue Investoren anzuziehen. Sowohl um die Stadt wie südlich im Departement Ardèche, wo die Ardèche sich ihren Weg durch felsige Schluchten bahnt, ist die Landschaft reizvoll und hügelig.

Nördlich von Lyon erstreckt sich sehr fruchtbares Agrarland, zum Beispiel die Bresse-Ebene, wo hochwertiges Geflügel, Eier und Milchprodukte erzeugt werden. Die lokale Küche spiegelt diese hervorragenden Qualitäten wider. Pérouges ist ein malerisches, mittelalterliches Dorf auf einem Hügel; Bourg-en-Bresse besitzt mit der Klosterkirche von Brou eine der schönsten gotischen Kirchen Frankreichs mit wunderbar geschnitztem Chorgestühl und Grabsteinen aus weißem Marmor. Westlich der breiten Saône in den sanften Monts du Beaujolais bauen die Winzer leichte

Rhône-Alpes
Die verschneiten Alpen erheben sich im Osten der Region an der italienischen Grenze: Der Mont Blanc ist Europas höchster Berg. Im Westen fließt die Rhône von Genf auf ihrem Lauf zum Mittelmeer durch die bedeutende Stadt Lyon. In der Region hat sich viel moderne Industrie angesiedelt. Das Beaujolais ist eines der bedeutendsten Weinanbaugebiete.

Bevölkerung: 5,2 Millionen; Fläche: 43 700 Quadratkilometer; Hauptstadt: Lyon mit 418 000 Einwohnern (einschließlich der Vororte: 1,2 Millionen). Andere wichtige Städte: Saint-Etienne mit 206 000 Einwohnern, Grenoble mit 160 000 Einwohnern.

Links: Schafe in Haute-Savoie sammeln sich, um ihre Sommerweiden zu verlassen und für den Winter in die klimatisch gemäßigteren Täler zurückzukehren. Diese saisonalen Wanderungen der Herden sind noch in vielen Berggegenden Frankreichs üblich.

Unten: Annecy liegt am Ufer eines ruhigen Sees in den Dauphiné-Alpen. Es ist eine schöne, alte Stadt mit Arkaden, engen Straßen und stillen Kanälen, weist aber auch moderne Industrie auf.

Links: Chamrousse, ein populärer Wintersportort, nur 20 Kilometer von Grenoble entfernt, war Schauplatz der Olympischen Winterspiele 1968. Das Skifahren in den französischen Alpen entwickelte sich erst nach 1918, gewann aber so schnell an Beliebtheit, daß Chamonix 1924 zum Austragungsort der ersten Winterolympiade gewählt wurde. Heute ist Chamonix am Fuß des Mont Blanc der größte Skiort in der Region, Megève und Courchevel sind die elegantesten Wintersportorte.

Rechts: Eines der vielen Dinge, die Grenoble als »erstes« hatte, war seine Schwebebahn. Ihr moderner Nachfolger bringt die Touristen hinauf zur Bastille, wo sich ihnen die Aussicht auf das Alpenpanorama, neue Wolkenkratzer und alte Häuser mit ihren roten Dächern bietet. In einem davon wurde 1783 Stendhal geboren; er äußerte sich in seinen Memoiren wenig wohlwollend über die Bewohner der Stadt, und das haben sie ihm nie vergeben.

und fruchtige Rotweine an. »Drei große Flüsse fließen nach Lyon«, heißt das Sprichwort, »die Rhône, die Saône und der Beaujolais-Wein.« Jeder der neun großen *crus* des Weines stammt aus einem Dorf – Juliénas, Fleurie, Brouilly und so weiter; sie sind entlang einer Route ausgeschildert, und man kann sie besuchen und ab und zu einen Schluck in den vielen *caves* (Weinkellern) und Bistros trinken. Die Bewohner des Beaujolais sind noch lebenslustiger und gastfreundlicher als die in den Weingebieten des Burgunds, mit einem derben Humor, ganz ähnlich wie sie in *Clochemerle* beschrieben werden, dem satirischen Roman des Lyoner Journalisten Gabriel Chevallier.

Die Alpenregion schließt im Osten die ehemaligen Provinzen Dauphiné (Hauptstadt Grenoble) und Savoyen (Hauptstadt Chambéry) ein. Die Grafen von Dauphiné traten 1349 ihr Territorium an Frankreich ab. Das Herzogtum Savoyen hielt sich wesentlich länger: bis ins 16. Jahrhundert war es unabhängig, dann wurde es mit dem Königreich Piemont auf der anderen Seite der Alpen vereinigt, und erst 1860 stimmten die Savoyarden für den Beitritt zu Frankreich. Der Stolz Savoyens sind die hohen, schneebedeckten Alpen, die mit dem Mont Blanc (4807 Meter) den höchsten Punkt des gesamten Massivs erreichen. Eine Drahtseilbahn, die als die höchste der Welt gilt, führt bis zur Aiguille du Midi (3842 Meter), genau unterhalb des Mont Blanc. Von hier hat man einen atemberaubenden Rundblick. Die Dauphiné-Alpen sind zwar nicht so hoch, wirken aber mit ihren schroffen Felsen und Gletschern genauso dramatisch.

Das Hochland unterhalb dieser Gipfel gehörte einst zu den ärmsten und isoliertesten Gegenden Frankreichs. Doch obwohl sie arm waren, hatten die Dörfer der Savoyen mit ihren Holzchalets einen schweizerischen Charme, während die Dörfer des Dauphiné mit den aus dortigem Stein gebauten Häusern sehr viel kärglicher aussehen. Ihre Erscheinung hat sich bis heute gehalten, doch mit dem Aufkommen des Massentourismus hat sich der Lebensstandard etwas verbessert. Die ersten Bergsteigertouristen, darunter viele Engländer, kamen bereits im 18. Jahrhundert.

Riesige Projekte für Wasserkraftwerke haben die Landschaft weiter verändert und neue Arbeitsplätze und Industrien geschaffen. Wie die Skiurlaubsorte trugen sie zwar dazu bei, die Armut und Isolation der Bauern zu beenden, zerstörten jedoch auch die Landschaft. Der gigantische Staudamm bei Tignes bestreitet weitgehend die Elektrizitätsversorgung von Grenoble.

Doch nicht alle Touristen kommen hierher, um Wintersport zu treiben. Savoyen hat auch einige herrliche Seen, an deren Ufer sich im Sommer die Urlauber drängen. Im Norden grenzt es an den Genfer See mit Evian, einem der mondänsten französischen Kurorte. Annecy, eine reizende alte Stadt, liegt, von Bergen eingerahmt, an möglicherweise Frankreichs schönstem See gleichen Namens. (Hier drehte Eric Rohmer *Le genou de Claire/Claires Knie).* Aix-les-Bains, ein anderer berühmter Badeort, der bis in die römische Zeit zurückgeht, erstreckt sich am Lac du Bourget, dessen Farbe mit dem Wetter von funkelnder Helle bis zu einem finsteren Schwarz wechseln kann. Hier machte Lamartine Bootsausflüge mit seiner geliebten Julie und schrieb später, als sie im Sterben lag, sein trauriges Gedicht *Le Lac (Der See).* In den 30er Jahren des 18. Jahrhunderts lebte Jean-Jacques Rousseau, dessen Philosophie von der Liebe zur Natur inspiriert wurde, in dieser Gegend. Außerhalb von Chambéry wohnte er mit seiner »Gönnerin« Madame de Warens in einem gepflegten Steinhaus, das heute ein Museum birgt.

Grenoble mit seiner herrlichen Gebirgslage hat sich in Frankreich einen legendären Ruf als industriell aufblühende Stadt und innovativer Wegbereiter erworben. Bis in die 70er Jahre des letzten Jahrhunderts war es ein verschlafenes Städtchen, das sich auf die Handschuhherstellung spezialisiert hatte. Dann begann man aus den Wasserkraftwerken der nahegelegenen Berge Strom zu gewinnen. Das zog neue Industrien an, die immer im Vorfeld der Forschung standen – Hydraulik, Turbinentechnik und heute Elektronik und Nuklearforschung. Seit 1945 ist die Bevölkerungszahl rapide angestiegen und beträgt nun 160 000 Einwohner. Die Universität gilt als Schrittmacher auf wissenschaftlichem Gebiet. Ein Grund für den Erfolg der Stadt ist ihr Freizeitwert für die Bewohner: Wissenschaftler und leitende Angestellte sind von der Gebirgslage mit hervorragenden Skihängen vor der Haustür angezogen. Seit den 60er Jahren hat sich in Grenoble eine offene, mobile und ungezwungene Gesellschaft herausgebildet, was für die französische Provinz eigentlich untypisch ist.

Das hohe, felsige Vercors-Massiv in der Nähe von Grenoble war ein wichtiger Stützpunkt der Résistance zwischen 1943 und 1944; heute fährt man hier Ski. Nördlich der Stadt liegt das Chartreuse-Massiv, wo in den 70er Jahren des vorigen Jahrhunderts das erste Wasserkraftwerk erbaut wurde. Es ist auch der Ort eines berühmten Kartäuserklosters, dessen Mönche immer noch ihre traditionellen gelben und grünen Chartreuse-Liköre aus Gebirgskräutern herstellen. Grenoble ist für sein sahniges Kartoffelgericht *gratin dauphinois* und Savoyen für Fische aus einheimischen Gewässern und Käse, vor allem Gruyère, bekannt.

Oben: Eine Figur aus dem 19. Jahrhundert trägt einen Helm aus der Zeit der Französischen Revolution – sie gehört in die beachtliche Marionettensammlung des Museé Gadagne in Alt-Lyon, das ein lebendiges Bild der Stadtgeschichte vermittelt. Lyon stand der Revolution kritisch gegenüber, und Robespierre rächte sich deshalb während der Schreckensherrschaft an seinen Bewohnern, indem er auf der Place des Terreaux viele guillotinieren ließ.

Rechts: Lyons stattliches Rathaus hat eine Fassade aus dem 17. Jahrhundert, die von Hardouin-Mansart, dem Architekten Ludwigs XIV., entworfen wurde. Davor steht ein monumentaler Brunnen mit vier sich aufbäumenden Pferden. Zu jenen, die hier ihren Amtssitz hatten, gehörte Edouard Herriot, der Vorsitzende der Radikalsozialisten. Er war von 1940 bis 1957 Bürgermeister von Lyon mit einer Unterbrechung im Zweiten Weltkrieg, jener Zeit, da Klaus Barbie Gestapo-Chef des Lyoner Gebiets war. Barbies Prozeß, der viel Aufsehen in der Öffentlichkeit erregte, fand 1987 im Palais de Justice am rechten Ufer der Saône statt.

Oben: Die Kirche Saint Jean steht am Ufer der Saône im Stadtteil Saint Jean in Alt-Lyon – ein faszinierendes Viertel mit alten Gassen, gesäumt von stattlichen Renaissancehäusern, von denen viele geschmackvoll restauriert wurden. Hier lebten im 15. Jahrhundert die reichen Seidenhändler, während die Seidenarbeiter in elenden Hütten auf dem Hügel schufteten. Seltsame Passagen, die sogenannten *traboules*, durchschneiden die Höfe und Flure vieler Gebäude und tragen zur geheimnisvollen Atmosphäre Alt-Lyons bei. Heute spielt sich in diesem Viertel mit lauten Bars und Diskotheken auch das Nachtleben der jungen Leute ab. Aber es gibt noch immer viele der winzigen, bescheidenen Bistros, die *bouchons*, in denen das Essen gut, billig und typisch *lyonnais* ist.

Kurort

Ort mit Beziehung zu
(Vallès) Schriftsteller oder Künstler
Teppiche und Gobelins

Kirche
Schloß
Schlachtfeld oder Gedenkstätte
Andere Sehenswürdigkeit
Industriezentrum
Wohngebiet
National- oder Regionalpark
Hauptweinanbaugebiet
Hauptgebiet der Weinerzeugung

Maßstab 1 : 1 900 000
0 60 km
0 40 Meilen

Rechts: Das Hochplateau des Zentralmassivs besteht aus einer kahlen Kette erloschener Vulkane, die bis vor 4000 Jahren noch aktiv waren. Viele der Berggipfel, die sogenannten *puys*, sind kraterförmig, doch gibt es auch spitze Felsnadeln oder Pyramiden. Die höchsten Punkte sind der Puy de Sancy (1886 Meter) und der hier abgebildete Puy Mary (1787 Meter). Die Gegend eignet sich gut für den Skilanglauf. Aufgrund der vulkanischen heißen Quellen gibt es auch eine Reihe von Heilbädern.

DAS ZENTRALMASSIV

Das Zentralmassiv
Das Zentralmassiv, ein riesiges Granitmassiv, erstreckt sich über weite Teile von Süd- und Mittelfrankreich. Sein Zentrum liegt in der Auvergne, aber es reicht bis ins Limousin hinein und noch weiter nach Süden. Das Land ist bewaldet, und zu seiner vielfältigen Landwirtschaft gehören Viehhaltung, Getreide- und Tabakanbau. Hauptindustrien sind Gummi und Chemie in Clermont-Ferrand sowie Porzellan in Limoges.

Auvergne Bevölkerung: 1,3 Millionen; Fläche: 26 000 Quadratkilometer; Hauptstadt: Clermont-Ferrand mit 151 000 Einwohnern.
Limousin Bevölkerung: 730 000; Fläche: 16 900 Quadratkilometer; Hauptstadt: Limoges mit 144 000 Einwohnern.

Unten: Ein Mohnfeld im Limousin. Die Landwirtschaft ist hier noch immer die wichtigste Erwerbsquelle. Im Flachland gedeihen Birnen, Äpfel und Kirschen, Weizen, Mais, Zuckerrüben und Tabak. Im Hochland wird Viehhaltung betrieben – vor allem Schafe, aber auch Rinder. Sie sind Fleischlieferanten und bilden darüber hinaus den Grundstock für die berühmten Käse der Auvergne. Die Kuhhirten lebten früher bei ihren Herden in einsam gelegenen Steinhütten. Heute bevorzugen sie eine etwas bequemere Umgebung.

Den Großteil des Zentralmassivs bilden die Regionen Auvergne (1,3 Millionen Einwohner) und Limousin (730 000 Einwohner). Das ausgedehnte Hochland besteht aus einem Hauptgrat aus einer hohen Kette erloschener Vulkane, die sich bei Puy de Sancy bis auf 1886 Meter erheben. Das Zentralmassiv ist eines der wildesten, eigentümlichsten und am wenigsten bevölkerten Gebiete Frankreichs mit einer wunderschönen und abwechslungsreichen Landschaft – rauschende Eichen-, Kiefern- und Kastanienwälder, im Hochland Seen voller Forellen und kahle Hügel über grünen Tälern, in denen Obstgärten angelegt sind. Vor dem Aufkommen moderner Transport- und Kommunikationsmittel war die Gegend sehr isoliert, und die oft langen und harten Winter trugen ebenfalls dazu bei, den Charakter dieser zähen bäuerlichen Bevölkerung zu formen.

Die Auvergner verkörperten lange Zeit den typisch französischen Bauern – stämmig im Wuchs, mürrisch, mißtrauisch gegenüber Fremden und nicht immer besonders sauber. Wie die Schotten waren sie sprichwörtlich sehr sparsam, was sie zum Inhalt endloser Witze werden ließ. In gewisser Weise haben sich diese Eigenschaften erhalten, aber das moderne Leben hat die Menschen umgänglicher gemacht. Der Einfluß des Tourismus und der Bau guter Straßen haben ihre Isolation aufgehoben: sie wurden freundlicher und offener. Überall entstanden hübsche, neue Villen neben den gedrungenen und kargen traditionellen Häusern, die aus dem örtlichen Basalt oder Granit gebaut werden und tiefgezogene Schieferdächer haben.

Seit dem letzten Jahrhundert hat die Armut die Menschen gezwungen, in großer Zahl aus dieser Region abzuwandern. Sie gingen hauptsächlich nach Paris, das heute noch mehr Auvergner zählt als die Hauptstadt der Region, Clermont-Ferrand (151 000 Einwohner). In Paris eröffneten viele von ihnen kleine Geschäfte, die sogenannten *bougnats*, in denen der Verkauf von Kohle und Brennholz mit der Bewirtschaftung eines bescheidenen Cafés oder Bistros verbunden wird. Inzwischen existieren die *bougnats* nicht mehr, aber die Auvergner sind in der Pariser Gastronomie außerordentlich erfolgreich geblieben und besitzen oder betreiben etwa 60 Prozent aller Pariser Cafés. Sie haben sich auch eine echte Treue zu den *pays*, die sie verlassen mußten, bewahrt: in Paris treffen sie sich in Gruppen, heiraten untereinander, und im Alter gehen viele wieder in die Auvergne zurück. Aber die Jungen wandern immer noch aus, und das Limousin weist mit nur 44 Einwohnern pro Quadratkilometer die geringste Bevölkerungsdichte des französischen Festlandes auf.

Traditionelle Folklore wird hier gewissenhafter gepflegt als in anderen Gegenden Frankreichs, besonders auch durch Laiengruppen, die sich ernsthaft bemühen, vom Aussterben bedrohte Überlieferungen wiederzubeleben. Die *bourrée* der Auvergne ist ein altertümlicher, walzerähnlicher Tanz, der angeblich lokalen keltischen Ursprungs ist. Die meisten Leute vom Land kennen ihn noch und tanzen ihn auf Festen und Hochzeiten entweder in moderner oder traditioneller Kleidung – die Männer in geblümten Westen, breitkrempigen Hüten und leuchtenden Schals, die Frauen in langen, bunten Röcken – zur Melodie einer einheimischen *vielle*, einer Art Viola, und einer *cabrette*, ein dem Dudelsack ähnliches Instrument. Auch einige alte Handwerke wie das Klöppeln von Spitzen und die Papierherstellung werden lebendig gehalten und offiziell unterstützt.

Die Landwirtschaft bildet immer noch das ökonomische Rückgrat der Region. Im Norden, in der Umgebung von Vichy, gedeihen auf der fruchtbaren Limagne-Ebene Getreide, Tabak, Zuckerrüben und Obst, während in den hü-

Unten: Zwar wurde die Landwirtschaft modernisiert, aber es gibt noch viele Kleinbauern, die ihren Lebensunterhalt mit einem Stück Weingarten, ein paar Schafen und anderen Tieren mühsam verdienen. Wegen ihrer Armut verachten die Auvergner jede äußerliche Zurschaustellung und verschönern nur selten ihre schmucklosen Hausfronten.

Links: Die byzantinische Kirche aus dem 10. Jahrhundert wird über 267 Stufen erreicht. Sie steht auf einem hohen, felsigen *puy* in der Stadt Le Puy, die nach diesen seltsamen vulkanischen Formationen benannt ist. Ein anderer *puy* in der Stadt, der Rocher Corneille, wird von einer gewaltigen, roten, gußeisernen Notre-Dame-Statue gekrönt, die 110 Tonnen wiegt. Bedeutend schöner ist Le Puys romanische Kathedrale. Die Herstellung von feinen Seiden- und Baumwollspitzen ist noch immer ein aktiv betriebenes lokales Gewerbe.

Rechts: Ein Handwerker beim Emaillieren in Limoges, Frankreichs Hauptzentrum für Emailwaren und Porzellan. Die örtliche Porzellanindustrie geht auf die Entdeckung der großen Kaolinlager in der Gegend im Jahr 1768 zurück. Aber schon Jahrhunderte früher kannte man das Emaillieren, das noch immer eher eine Kunst als eine Industrie ist. Viele Kunsthandwerker haben ihre eigenen kleinen Werkstätten, die den Besuchern offenstehen.

Auch das Innere ist einfach: alte Bauernhäuser haben nur ein Wohnzimmer mit einem großen Kamin und keinen eigenen Schlafraum, sondern Alkoven und Bettschränke.

Unten: In den Ebenen wird Tabak angepflanzt. Hier sortiert ein Kleinanbauer die Blätter. Heute ist der Prozeß im allgemeinen viel industrialisierter. Die Pflanzer verkaufen ihre Erzeugnisse an die Regierung, die das Monopol für die französische Tabakindustrie hält.

Unten Mitte: Zu den bäuerlichen Traditionen, an denen man festhält und die sogar neu belebt werden, gehört die *bourrée*, ein Volkstanz um Werbung und Liebe, bei dem Koketterie, Flirt und Galanterie nicht zu kurz kommen.

geligeren Gebieten Schaf- und Rinderzucht betrieben wird. Hier sind die großen Rindermärkte im Frühjahr und Herbst eine lebendige Tradition, und die kräftigen Limousin-Rassen erfreuen sich großer Nachfrage für den Export. Auch die Milchwirtschaft ist weit verbreitet, und die Region produziert viele Käsesorten, darunter den großen, ziemlich harten Cantal. Die einheimische Küche ist schlicht, aber mit bäuerlichem Einfallsreichtum gelingt es ihr, aus preiswerten Zutaten schmackhafte Gerichte zu bereiten. Kutteln und Blutwurst sind genauso beliebt wie dicke Fleischsuppen, gefüllter Kohl und (im Limousin) gebratene Lerchen.

Das wichtigste Industriegebiet liegt bei Clermont-Ferrand, der größten Stadt des Zentralmassivs. Hier wurde in den 30er Jahren des 19. Jahrhunderts eine Gummiindustrie begründet und 1886 von der Familie Michelin übernommen, die sie zu einer der führenden Autoreifenfirmen der Welt ausbaute. Sie ist immer noch in Familienbesitz und hat ihre Zentrale und ihr Hauptwerk in der Stadt. Mittlerweile betätigt sich Michelin auch in den Sparten Kunststoff, Chemie und Metallverarbeitung. Einige andere Städte haben ihre traditionellen Gewerbe bewahrt – Gerbereien in Le Puy und Besteckherstellung in Thiers. Aubusson war seit dem 15. Jahrhundert ein berühmtes Zentrum der Gobelinweberei. Nach dem Krieg erlebte es eine neue Blüte, dank den Bemühungen des großen, 1966 verstorbenen Künstlers Jean Lurçat, der ein Gobelinatelier aufbaute. Limoges, die Hauptstadt des Limousin, war seit dem späten 18. Jahrhundert Sitz einer hochwertigen Porzellanmanufaktur, die auf die örtlichen Kaolinvorkommen zurückgriff.

Das Limousin ist die ärmste aller französischen Regionen, und der ländlichen Auvergne geht es kaum besser. In einem Versuch, der Region neues Leben einzuhauchen und die beunruhigende Entvölkerung einiger Gebiete einzudämmen, haben die Regierungen seit den 60er Jahren finanzierte Entwicklungsprogramme initiiert – neue Landstraßen wurden gebaut, Handwerke und Kleinindustrien gefördert und Tourismus und Forstwirtschaft (das Massiv hat riesige Wälder, aber bisher keine Papierfabriken) entwickelt. Diese Initiativen, die sporadisch Erfolge verzeichnen konnten, kamen vor allem von den rechtsgerichteten Regierungen, denn durch Zufall stammten drei der führenden modernen Mitte-Rechts-Politiker Frankreichs aus dem Zentralmassiv – Valéry Giscard d'Estaing, Jacques Chirac und der verstorbene Georges Pompidou, der im Cantal geboren wurde und dessen geschickter, bodenständiger Konservatismus typisch für die Auvergner war. Die Auvergne wählt noch immer treu die Rechte, aber 1986 war das Limousin eine der zwei Regionen Frankreichs, die einen linken Regionalrat wählten – was zum Teil auch als Symptom der Frustration angesichts ihrer schlimmen wirtschaftlichen Lage zu verstehen ist.

Der Tourismus umfaßt Skilanglauf im Winter sowie im Sommer Wanderungen um die hohen Vulkangipfel, die sogenannten *puys.* Dieses vulkanische Gebiet ist reich an heißen Quellen und hat deshalb mehr Kurorte als jedes andere Gebiet Frankreichs. Vichy ist das größte, bedeutendste und luxuriöseste Kurbad; Royat, La Bourboule und Le Mont-Dore sind ebenfalls sehr bekannt.

Im Zentralmassiv gibt es weniger historische Bauten als in vielen anderen Regionen, aber es finden sich schöne romanische Kirchen in Orcival und Souvigny, das freundliche, im Renaissancestil erbaute Bergdorf Salers und die Ruinen des Troubadourschlosses Ventadour. Auch haben die vergangenen Kriege ihre Spuren hinterlassen. Auf der Hochebene Gergovie bei Clermont griff 52 v. Chr. Julius Caesar den gallischen Anführer Vercingetorix an, und in Oradur-sur-Glane nahe Limoges wurden am 10. Juni 1944 von einer deutschen SS-Division 642 Dorfbewohner ermordet. Es waren zumeist Frauen und Kinder, die in eine Kirche gesperrt und mit Rauchbomben angegriffen wurden. Die verkohlten Ruinen des Dorfes hat man als Gedenkstätte für dieses furchtbarste Massaker der Nationalsozialisten in Frankreich erhalten.

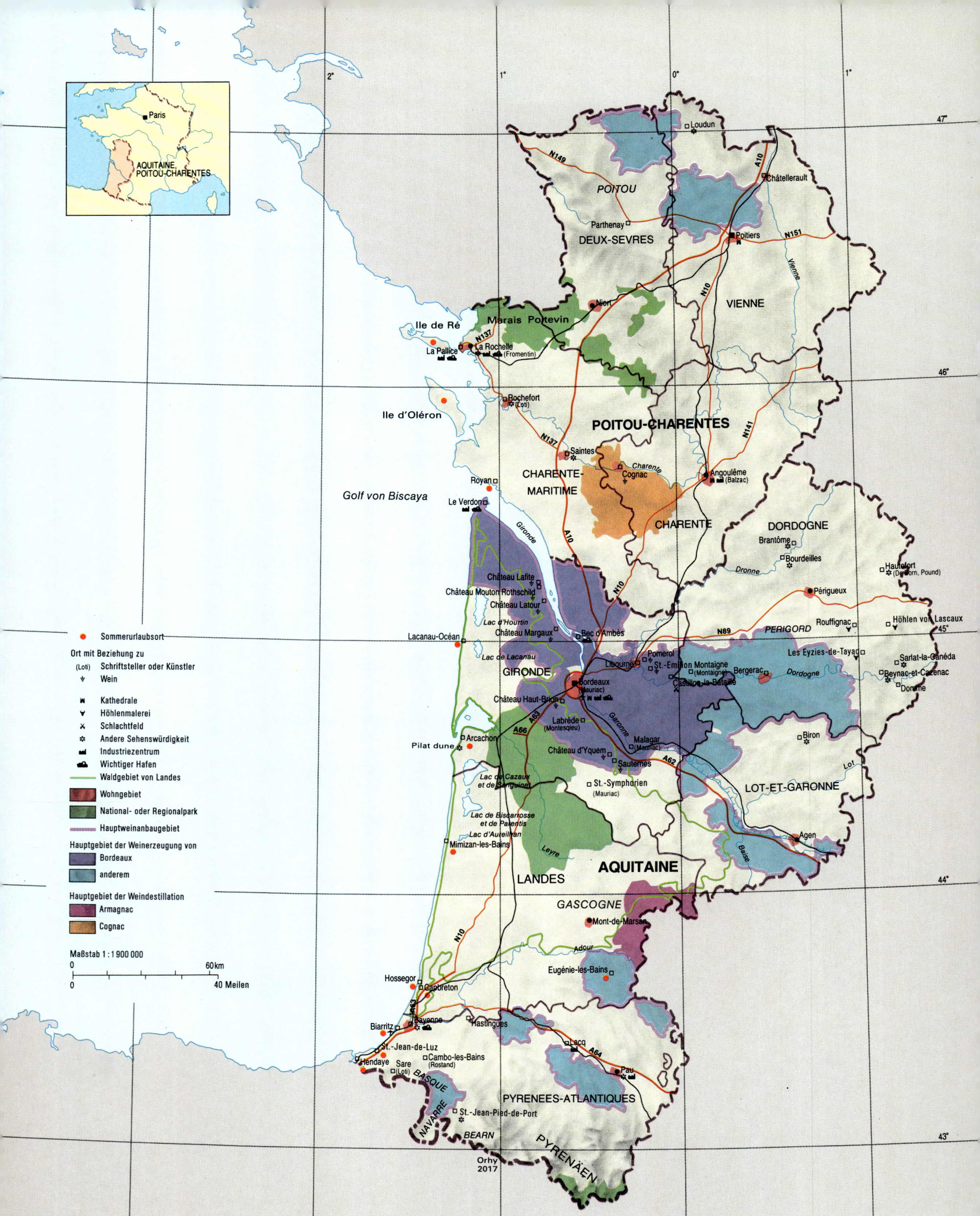

Paris
AQUITAINE, POITOU-CHARENTES
2°
1°
0°
1°
47°
46°
45°
44°
43°
Loudun
N149
A10
Châtellerault
POITOU
Parthenay
DEUX-SEVRES
Poitiers
N151
Vienne
N10
VIENNE
Niort
Marais Poitevin
Ile de Ré
N137
La Rochelle
(Fromentin)
La Pallice
Rochefort
(Loti)
Ile d'Oléron
POITOU-CHARENTES
N141
N137
Saintes
Charente
Cognac
Angoulême
(Balzac)
Royan
CHARENTE-MARITIME
Golf von Biscaya
Le Verdon
Gironde
A10
CHARENTE
DORDOGNE
Brantôme
Bourdeilles
Dronne
Hautefort
(De Born, Pound)
Château Lafite
Château Mouton Rothschild
Château Latour
N10
Périgueux
Lac d'Hourtin
Château Margaux
Bec d'Ambès
N89
PERIGORD
Rouffignac
Höhlen von Lascaux
Lacanau-Océan
Pomerol
Libourne
St.-Emilion
Montaigne
(Montaigne)
Castillon-la-Bataille
Bergerac
Dordogne
Les Eyzies-de-Tayac
Sarlat-la-Canéda
Beynac-et-Cazenac
Domme
Lac de Lacanau
GIRONDE
Bordeaux
(Mauriac)
Château Haut-Brion
A63
A66
Labrède
(Montesquieu)
Garonne
Arcachon
Pilat dune
Malagar
(Mauriac)
Château d'Yquem
Sauternes
A62
Biron
Lac de Cazaux et de Sanguinet
St.-Symphorien
(Mauriac)
Lot
LOT-ET-GARONNE
Lac de Biscarrosse et de Parentis
Lac d'Aureilhan
Mimizan-les-Bains
Leyre
Agen
Baïse
LANDES
AQUITAINE
GASCOGNE
Mont-de-Marsan
N10
Adour
Eugénie-les-Bains
Hossegor
Capbreton
A63
Biarritz
Bayonne
Hastingues
St.-Jean-de-Luz
Lacq
A64
Hendaye
Sare
(Loti)
Cambo-les-Bains
(Rostand)
Pau
BASQUE
PYRENEES-ATLANTIQUES
NAVARRE
St.-Jean-Pied-de-Port
BEARN
PYRENÄEN
Orhy
2017
Sommerurlaubsort
Ort mit Beziehung zu
(Loti) Schriftsteller oder Künstler
Wein
Kathedrale
Höhlenmalerei
Schlachtfeld
Andere Sehenswürdigkeit
Industriezentrum
Wichtiger Hafen
Waldgebiet von Landes
Wohngebiet
National- oder Regionalpark
Hauptweinanbaugebiet
Hauptgebiet der Weinerzeugung von
Bordeaux
anderem
Hauptgebiet der Weindestillation
Armagnac
Cognac
Maßstab 1 : 1 900 000
0
60 km
0
40 Meilen

AQUITAINE, POITOU-CHARENTES

Rechts: Die befestigte Porte Saint-Jacques aus dem 15. Jahrhundert in Cognac erinnert wie vieles andere an die militärische Vergangenheit dieser Region.

Unten: Ein Winzer prüft in Bordeaux ein Faß Rotwein, der in einem der berühmten Lagerhäuser längs der Garonne reifte.

Den Römern wegen ihrer langen Meeresküste und der vielen Flüsse als Aquitania, »Land des Wassers«, bekannt, erstreckte sich diese riesige historische Provinz nördlich bis Poitiers und umfaßte die heutigen Regionen Aquitaine (2,7 Millionen Einwohner) und Poitou-Charentes (1,6 Millionen Einwohner). Der größte Teil davon stand 300 Jahre lang unter englischer Herrschaft, von 1152, als Heinrich II. Eleonore von Aquitanien heiratete, bis 1453, als die Engländer Ende des Hundertjährigen Krieges schließlich geschlagen wurden. Sie hinterließen viele Spuren: zum Beispiel das Dorf Hastingues im Béarn, wo John of Hastings ein befestigtes Tor errichtete, das noch steht. Aber heute sind die alten Feindseligkeiten vergessen.

Die heutige Aquitaine ist eine reiche und vielseitige Region. Durch Bordeaux, die elegante Hauptstadt, und ihre Weinberge fließt die Garonne in einen breiten Mündungstrichter, wo sie Gironde heißt. Von dort verläuft eine lange, flache und sandige Küste entlang der ausgedehnten Kiefernwälder der Landes südlich bis zum mondänen Badeort Biarritz, dem ungewöhnlichen und anziehenden Baskenland und den hohen schneebedeckten Pyrenäen an der Grenze zu Spanien. Im Landesinneren liegen das sanfte Béarn und der westliche Teil des alten Herzogtums Gascogne (heute mehrheitlich in der Region Midi-Pyrénées) mit der Dordogne im Nordosten. Aquitaine ist ein ruhiges,

Rechts: An der Nive gelegene Häuser aus dem 16. Jahrhundert in Saint-Jean-Pied-de-Port im Baskenland. Diese Stadt am Fuß der Pyrenäen mit ihrer herrlichen Befestigungsanlage war auf der alten Pilgerroute nach Compostela der letzte Rastort auf französischem Boden. Am nahegelegenen Paß von Roncevaux wurde 778 die Nachhut Karls des Großen von den Basken vernichtet, als er von einem Feldzug gegen die Sarazenen aus Spanien zurückkehrte.

Aquitaine, Poitou-Charentes
Aquitaine, eine der großen historischen Regionen Frankreichs, besitzt eine lange, flache Küstenlinie am Atlantik, die sich von den Pyrenäen an der spanischen Grenze bis zur breiten Trichtermündung der Garonne erstreckt. Ihre Hauptstadt Bordeaux ist ein Handelsplatz für die berühmten Weinanbaugebiete der Umgebung. Im Süden befinden sich die ausgedehnten Kiefernwälder der Landes. Im Osten fließt die liebliche Dordogne. Das Klima ist mild und die Landwirtschaft ertragreich. Auch moderne Industrien haben sich angesiedelt, hauptsächlich in Bordeaux. Poitou-Charentes im Norden besitzt weites, fruchtbares Flachland. Hierzu gehören die Gegend der Weinbrenner um Cognac und die mächtige, alte Hafenstadt und Hugenottenfestung La Rochelle.

Aquitaine Bevölkerung: 2,7 Millionen; Fläche: 41 300 Quadratkilometer; Hauptstadt: Bordeaux mit 211 000 Einwohnern. Andere wichtige Stadt: Pau mit 85 000 Einwohnern.
Poitou-Charentes Bevölkerung: 1,6 Millionen; Fläche: 25 800 Quadratkilometer; Hauptstadt: Poitiers mit 83 000 Einwohnern. Andere wichtige Stadt: La Rochelle mit 78 000 Einwohnern.

sonniges Land, das vom Atlantikwind gekühlt wird und dadurch nicht so trocken und heiß und viel grüner ist als die Provence. Sie strahlt Wohlstand und einen guten Lebensstil aus. Aus ihrer reichen Landwirtschaft stammen vor allem Luxusprodukte: *foie gras* (Gänseleber) und Trüffeln, Enten und Lämmer sowie Jahrgangsweine. Land- und Forstwirtschaft sowie Tourismus waren lange Zeit die Haupteinkommensquellen, aber heute hat sich an manchen Orten auch eine moderne Industrie entwickelt mit großen Flugzeugbau- und Elektronikwerken bei Bordeaux und Pau, darunter Dassault, die Militärflugzeuge produzieren. Diese Firmen sind zum Teil an die Stelle der niedergehenden traditionellen Industrien wie Lederwaren und Möbelherstellung getreten. Umfangreiche Erdgaslager, die man in den 50er Jahren in Lacq bei Pau entdeckte, haben neue, bedeutende, gasabhängige Industrien angezogen, aber inzwischen erschöpfen sich die Vorkommen.

Bordeaux, die mit Abstand größte Stadt der Region, wurde unter den Römern, die es Burdigala nannten, ein blühendes Zentrum; später, während des Hundertjährigen Krieges, hielt der englische »Schwarze Prinz«, Eduard, Prinz von Wales, dort hof. Seine Museen und seine romanisch-gotischen Kirchen sind berühmt. Im 18. Jahrhundert entstanden die vielen stattlichen Gebäude, die heute noch für die Stadt typisch sind, wie zum Beispiel das Grand Théâtre und die Bourse. Nach dem Zweiten Weltkrieg erlebte Bordeaux unter dem energischen, lange regierenden gaullistischen Bürgermeister Jacques Chaban-Delmas, einem ehemaligen Ministerpräsidenten, eine neue Blütezeit. Er nutzte seinen Einfluß in Paris, um moderne Industrien anzuziehen, und hat viel dazu beigetragen, neues Leben in die bedächtige Stadt der Wein- und Holzhändler zu bringen.

Diese Gewerbe haben weiterhin ihre Bedeutung behalten, vor allem der Weinhandel. Der Weinanbau geht bis in römische Zeiten zurück. Bereits im Mittelalter betrieb man von hier aus einen geschäftigen Export, besonders nach England. Die meisten der Spitzenrotweine kommen aus der Region Médoc nördlich von Bordeaux, wo die Weinberge zu großen Landgütern des Adels gehören wie Mouton-Rothschild und Château Lafite. Andere gute Weine werden östlich der Stadt bei Pomerol und Saint-Emilion angebaut, wo die Weingüter eher kleiner sind. Trockene Weißweine kommen aus dem Gebiet Entre-deux-Mers, während süßere aus der Gegend um Sauternes stammen, wo der Château d'Yquem, Frankreichs bester Süßwein, in den Fässern lagert. Der Weinhandel von Bordeaux wird ab und an von Skandalen wegen Etikettenschwindels erschüttert, aber er bleibt außerordentlich einträglich: die großen Jahrgänge, die mit dem Alter reifen, erreichen Weltspitzenpreise für (nicht moussierende) Weine.

Bauholz stammt hauptsächlich aus den Landes, wo sich in einer Ebene der größte Kiefernwald Westeuropas über 240 Kilometer erstreckt. Noch im 19. Jahrhundert bestand dieses Gebiet nur aus Sumpf und Gestrüpp. Die Stürme vom Meer bliesen den Küstensand ins Landesinnere, der dann die Flüsse blockierte. Dadurch entstand ein Sumpfgebiet, das die Bauern nur mit Hilfe von Stelzen begehen konnten. Schließlich befestigten Techniker die Dünen mit Anpflanzungen von Ried, Ginster und Kiefern und forsteten später die gesamte Ebene auf. Heute bringt das Holz weniger ein, und einige große Landbesitzer haben Waldflächen in Getreidefelder und Weiden für die Schafzucht umgewandelt. Aber viele alte *maisons landaises* – aus Holz gebaute Bauernhöfe mit langen, tiefgezogenen Dächern – blieben erhalten.

Dies ist das *pays* des Schriftstellers François Mauriac, der es so lebendig und poetisch porträtierte. 1885 in Bordeaux geboren, blieb er eng mit dem Garonnetal, wo er ein Haus besaß, und dem Wald bei Saint-Symphorien, wo er die Sommer seiner Kindheit verbrachte, verbunden. In seinen Büchern wird dieser Wald gegensätzlich dargestellt: idyllisch und sinnlich im autobiographischen *Le mystère Fronte-*

Delikatessen aus dem Südwesten

In einem Land, wo Agrarwirtschaft und Küche so variantenreich und hochentwickelt sind, hat jede Region ihre speziellen Produkte, die ihren Weg in die einheimischen Gerichte finden. So auch im Südwesten – in der Aquitaine, in Poitou-Charentes und dem westlichen Zentralmassiv. Nahe den Pyrenäen werden Wildtauben in großen Netzen gefangen (eine beliebte Freizeitbeschäftigung) und dann im eigenen Saft geschmort. Um Bordeaux kocht man die dort gefangenen Neunaugen in Rotwein. Eingesalzenes Gänsefleisch und Steinpilze sind überall beliebt. In der Dordogne wie in großen Teilen der Aquitaine ist die auf den einheimischen Produkten basierende Küche schwer und nahrhaft, wenn auch ein wenig einförmig – Scheiben von Entenbrust, *confit* (Eingemachtes) von Ente oder Gans, heiße Gänseleber mit Trauben in einer Weinsoße. Im Limousin füllt man die Gänse mit den dort vorkommenden Kastanien. Auf der hügeligen Ebene des Poitou wächst Getreide; hier züchtet man auch Vieh. Die nahrhafte Milch der einheimischen Ziegen gilt als ideal für Kinder. In der Charente, grüner und südlicher gelegen, gedeihen süße, rosafarbene Melonen, Feigen und große Artischocken. Ihre Küste ist Frankreichs Zentrum für die Zucht von Austern und Muscheln. Viele dieser Produkte wandern in die heimatliche Küche – Muschel oder Aal werden in Weißwein, Schnecken in Rotwein gedünstet.

Rechts: Ein Markt für Gänseleber in der Dordogne. Dieser Delikatesse zuliebe werden die Gänse in industriellem Maßstab in großen Farmen, aber auch in kleinen Bauernhöfen zwangsgefüttert. Die Gänse werden mit Mais gestopft; dies geschieht, indem ihnen ein Schlauch, der mit einer elektrischen Pumpe verbunden ist, in den Schlund geschoben wird. Die geschwollene Leber kann 800 Gramm wiegen und rund 500 DM pro Kilo einbringen. Die Bauern behaupten, daß die Gänse ihre Mahlzeiten mögen, und es gibt in Frankreich kaum eine Lobby, die gegen das Stopfen der Gänse auftritt.

Unten: Der blaugeäderte Roquefort mit seinem einzigartigen scharfen Geschmack unterscheidet sich von anderen Käsesorten wie der Champagner von herkömmlichen Weinen. Er wird aus der Milch von Schafen hergestellt, die im Hochland weiden, und er reift in den Kalkhöhlen des Dorfes Roquefort, Departement Aveyron. Ein seltener Schimmelpilz, der in diesen Höhlen wächst, wird dem jungen Käse zugesetzt, um sein spezielles Aroma zu erreichen.

Oben: Speziell abgerichtete Schweine suchen Trüffeln in der Dordogne. Aus dieser Gegend kommen die besten Trüffeln Frankreichs. Diese Edelpilze wachsen an den Wurzeln von Eichen und anderen Laubbäumen. Sie erzielen hohe Preise, denn sie sind sehr schwer zu finden, und werden wegen ihres feinen, pikanten Aromas geschätzt. Man verwendet sie zu Omeletts, Gänseleber und Fleisch- oder Geflügelgerichten.

Unten: Ein Fachmann verkostet Cognac in einem Weinkeller. Über 200 Firmen erzeugen Cognac in der Stadt gleichen Namens. Jeder Cognac wird aus Trauben des umliegenden Charente-Gebietes hergestellt. Seine Qualität hängt zum Teil vom Boden ab, zum Teil von der Methode des Destillierens und Lagerns. Er reift in besonderen Fässern, wodurch die zunächst farblose *eau-de-vie* ihre leuchtende Bernsteinfarbe erhält.

Links: Walnußernte in der Dordogne. Die Walnüsse werden gepflückt und dann geschält *(oben).* Die Walnuß ist in Frankreich so verbreitet, daß sie einfach *noix* (Nuß) heißt, als ob es keine andere gäbe. Die Nüsse werden roh gegessen oder gepreßt, um Salat- oder Kochöl herzustellen. Walnußbrot, das man mit zerkleinerten Nüssen würzt, ist heute sehr beliebt.

nac; erdrückend klaustrophobisch in seinem Meisterwerk *Thérèse Desqueyroux (Die Tat der Therese Desqueyroux)*. Heute wirken die Landes nicht finster. Die in weitem Abstand gewachsenen hohen Strandkiefern und alten Eichen, die trägen Bäche und die einsamen Lagunen schaffen eine stille und geheimnisvolle Welt, fremd und schön. Entlang der Küste ziehen sich breite Sandstrände hin, eingerahmt von hohen Dünen und Süßwasserseen, die bei den Touristen sehr beliebt sind. In Arcachon, das einst ein schicker Winterkurort war, stehen noch einige neobarocke Villen.

Östlich des Baskenlandes liegt Béarn, ein üppiges ländliches Gebiet grüner Hügel, in dessen schnellen Flüssen, die von den Pyrenäen herabstürzen, Lachse springen. Die anmutige Hauptstadt Pau hat eine schöne Burg. Von hier aus herrschten einst die Herren von Béarn, Foix und Navarra über weite Teile des südlichen Frankreich: Heinrich IV., der populärste aller französischen Könige, ist hier geboren. Nachdem Wellingtons Offiziere bei der Rückkehr von Spanien das Béarn entdeckt hatten, verlockten die milden Winter viele Briten, sich hier niederzulassen. In den 60er Jahren des 19. Jahrhunderts war ein Drittel der Bevölkerung von Pau britisch und machte es damit zur größten britischen Siedlung außerhalb des Empires. Inzwischen sind die meisten Engländer fortgezogen, doch ihre Tradition des Golfspielens und der Fuchsjagden blieb erhalten.

Heute ist die alte Provinz Périgord das beliebteste Gebiet für Touristen. Sie wurde jetzt in das Departement Dordogne umbenannt, nach dem schönen Fluß, der sich durch sie schlängelt. Dieses Kerngebiet ländlicher Tradition in Frankreich besitzt prähistorische Höhlenmalereien, alte Burgen auf Hügeln, von Mauern umschlossene Dörfer, die aus dem goldfarbenen Stein der Gegend gebaut wurden, Eichen- und Kastanienwälder und vieles mehr, was Zehntausende von Ausländern dazu bewegt, hier Ferienwohnungen oder Alterssitze zu kaufen. Auch der amerikanische Dichter Ezra Pound liebte die Dordogne und beschrieb sie eindringlich. In der Dordogne werden Trüffeln geerntet, und einige Bauern stopfen Gänse zur Gewinnung von *foie gras*.

Im Norden liegt die Hauptstadt von Poitou-Charentes, die Universitätsstadt Poitiers. Schönster Ort aber ist der beeindruckende alte Seehafen La Rochelle mit seinen Hafenbefestigungen aus dem 14. Jahrhundert und dem Rathaus aus der Renaissance. In dieser ehemaligen Hochburg der Hugenotten, die von Richelieu 1627 belagert und ausgehungert wurde, lebt immer noch eine blühende protestantische Gemeinde. Unter den anderen Städten besitzt Saintes Zeugnisse aus den Tagen, da es eine römische Stadt war, und einen schönen mittelalterlichen Stadtkern; Angoulême, mit seiner Kathedrale aus dem 12. Jahrhundert, war früher ein Zentrum der Papierherstellung. Die engstirnige Bourgeoisie der Stadt wurde von Balzac in *Illusions perdues (Verlorene Illusionen)* treffend satirisch dargestellt. Nahe Niort erstreckt sich das eigentümliche Marais Poitevin, ein isoliertes Sumpfgebiet, das von baumumsäumten Kanälen durchzogen ist, auf denen die Bauern alles in flachen Kähnen transportieren, selbst ihre Kühe.

Der größte Stolz der Region, der Cognac, kommt aus dem gleichnamigen Ort am Fluß Charente. Hier begannen die einheimischen Winzer im 17. Jahrhundert, nachdem sie Probleme beim Export ihres faden Weißweins hatten, den Wein auf ein Siebtel seines Volumens zu destillieren. Ihre holländischen und englischen Kunden sollten ihn eigentlich mit Wasser verdünnen, fanden aber Geschmack an dem puren Feuerwasser, das die Holländer *brandewijn* (gebrannter Wein) tauften. Heute ist jeder destillierte Wein ein Weinbrand, den Namen Cognac darf aber nur der aus diesem Gebiet tragen. Er wird nach strengsten Regeln hergestellt und reift in besonderen Fässern aus Limousin-Eiche. Über 200 einheimische Betriebe, von großen Namen wie Rémy Martin bis hinunter zu winzigen Höfen, produzieren ihn, und 80 Prozent davon werden exportiert.

Die Basken

Die Basken sind eine besondere Rasse unbekannten Ursprungs, von gewinnendem Wesen und charakterfest. Manche sprechen noch immer das Baskische, das mit keiner anderen Sprache verwandt und voller tz- und x-Laute ist. Mit Eifer halten sie an ihren alten Bräuchen fest – den temperamentvollen Volkstänzen, dem Pelotaspiel, der Baskenmütze, den roten, weißen und grünen Trachten. Die französischen wie die spanischen Basken sind begeisterte Anhänger des Stierkampfs. Daneben haben sie einen weniger harten Sport: das Kuhrennen *(course des vaches)*. Ausgelassene Jungkühe werden von falschen Toreros auf sanfte Weise angestachelt.

Die sauberen Dorfhäuser, meist im Chaletstil gebaut, haben rote Dächer und weiße Mauern mit sich kreuzenden Balken. Auf den Friedhöfen tragen manche Gräber das baskische Kreuz, ein linksdrehendes Hakenkreuz, das aus vorchristlicher Zeit stammt. Die Basken sind aber trotz ihrer geheimnisvollen Vergangenheit ein realistisch denkendes Volk, das starke Gefühle durch Gesang und Tanz zum Ausdruck bringt. Bei Festen schwenken sie mit großer Hingabe ihre rotweißgrüne Nationalfahne, aber im Gegensatz zu den baskischen Separatisten in Spanien sind die meisten französischen Basken damit zufrieden, ein Teil Frankreichs zu sein.

Unten: Dieser von Fischern mit einem Sarg aufgeführte Begräbnistanz ist typisch baskisch wie auch der komische Tanz mit einem ausgestopften Schwein und die lustigen Tänze mit großen Sprüngen, begleitet von merkwürdigen Schreien, die die baskischen Bauern ausstoßen, um sich in ihren Gebirgstälern miteinander zu verständigen.

Oben: Der Lieblingssport der Basken ist *pelota*, ein schnelles Spiel ähnlich wie Squash. Es wird im Freien gegen eine hohe Wand *(fronton)* gespielt, wie sie sich in jedem Dorf befindet. Die Spieler, gewöhnlich drei auf jeder Seite, schlagen einen harten Ball mit einem schmalen Weidenkorb, der am Gelenk befestigt ist, oder mit der behandschuhten Hand, ja sogar, trotz der Blasen, mit der bloßen Hand. Baskische Auswanderer haben in Amerika eine noch schnellere Abart des Spieles erfunden: *cesta punta*.

Unten: Der Buchenwald von Iraty liegt hoch oben in den Pyrenäen an der spanischen Grenze. In diesem Hochland, durch das einsame Pfade nach Spanien führen, hat das Schmuggeln eine lange Tradition. Viele Dorfbewohner verdienten ihren Lebensunterhalt durch den Schleichhandel mit Schafen, Rindern und Weinbrand. Heute wechseln meist technische und elektronische Waren die Grenzen, aber der Gemeinsame Markt der Europäischen Gemeinschaft droht, den Schmugglern das Handwerk zu legen.

Unten: Ein traditioneller Pferdemarkt. Die Händler tragen die typische Baskenmütze. Landwirtschaft ist der übliche Erwerbszweig der Basken. Sie züchten Pferde, daneben Schafe und Milchkühe und bauen Mais und Äpfel an. Das dörfliche Handwerk hat noch immer sein Auskommen. Unter anderem werden die elastischen *espadrilles* (Schuhe) mit geflochtenen Sohlen hergestellt, die viel getragen werden. Auch Fischfang wird betrieben. Der Thunfisch aus dem stürmischen Golf von Biscaya ist Bestandteil von baskischen Gerichten wie *ttoro*, einem nahrhaften Fischeintopf.

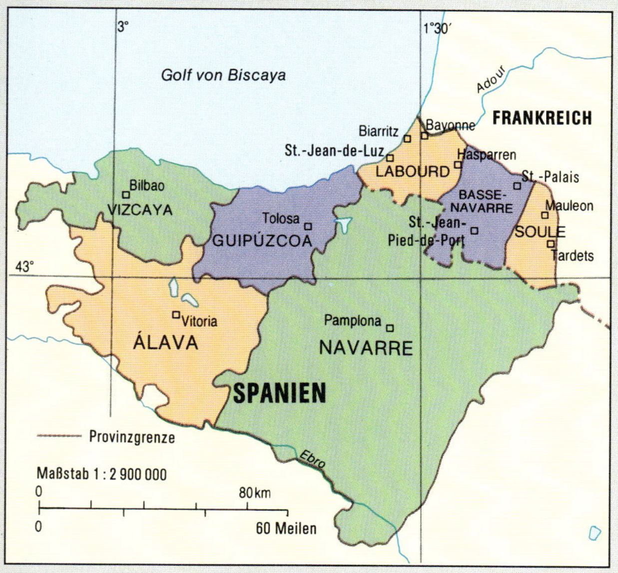

Links: Ein lebhafter Tanz aus der Provinz Navarre. Die Trachten der baskischen Volkstänzer sind bunt und vielfältig. Mit ihrem Tücherschwenken, Stockschlagen und ihren Glöckchen an den Knöcheln erinnern einige Tänze an den englischen Moriskentanz. Im Gebiet von Soule führen Tänzer mittelalterliche Scharaden auf, sogenannte *mascarades* und *pastorales*.

Die baskischen Gebiete Frankreichs und Spaniens
Die meisten der etwa eine Million zählenden Basken leben in Spanien in und um Industriestädte wie Bilbao. Die französischen Vettern jenseits der Grenze sind geringer an Zahl und bodenständiger. Die Küste um Biarritz ist sehr beliebt und wird im Sommer von vielen Touristen besucht. Das wahre *pays basque* liegt landeinwärts, wo sich alte Dörfer an die Vorberge der Pyrenäen schmiegen. Sie sind idyllisch, gäbe es nicht das feuchte, oft stürmische Wetter.

LANGUEDOC, MIDI-PYRENEES

Die Grenzen von Languedoc-Roussillon (2,1 Millionen Einwohner) und Midi-Pyrénées (2,3 Millionen Einwohner) umfassen die gesamte ehemalige historische Provinz Languedoc. Ihre Hauptstadt war Toulouse am westlichen Rand, aber als ihr Herzland galten die Küstenebenen Richtung Montpellier, heute Bas-Languedoc genannt. Dieses sonnenverdorrte Land, von Weingärten überzogen und von den dürren, steinigen Ausläufern der Cevennen eingerahmt, ist der Inbegriff des südlichen Frankreichs. Es war einst der Mittelpunkt eines ausgedehnten, aber unbestimmten Gebiets, das Okzitanien hieß, wo die *langue d'oc* gesprochen wurde. Heute noch bedienen sich viele ältere Leute vom Land dieser alten Sprache, die mit dem Provenzalischen verwandt ist.

Die Ebene des Bas-Languedoc ist eine der ältesten Durchgangsrouten Europas für Händler, Invasoren und heute für Touristen. 600 v. Chr. besiedelten es Phokäer aus Griechenland, die den Anbau von Wein und Oliven einführten. Dann kamen die Römer, sie machten Narbonne zur Hauptstadt dieser Schlüsselprovinz ihres Reiches, der Gallia Narbonensis. Im Mittelalter drangen die Sarazenen ein, ein kriegerisches, aber hochentwickeltes Volk, das einen tiefen, prägenden Einfluß auf die Kultur hatte, die im 11. und 12. Jahrhundert eine Blütezeit erlebte, als Languedoc unter den Grafen von Toulouse ein mächtiges, unabhängiges Reich war. Aber dann provozierten im frühen 13. Jahrhundert die ketzerischen Ansichten der Katharer den Zorn des Papstes und des Königs von Frankreich. Sie wurden in einer Kampagne, die religiösen Kreuzzug mit imperialistischer Expansion vereinte, grausam niedergeschlagen. Etwa 200 Katharer verbrannte man lebendig in ihrer einsamen Bergfestung Montségur, deren Ruine noch steht. In Béziers wurden 1209 über 15 000 Männer, Frauen und Kinder niedergemetzelt. Selbst heute sind diese Vorgänge von den Bewohnern des Languedoc, wo die Erinnerung an die Stammesgeschichte weit zurückreicht, weder vergessen noch vergeben, und die Verstimmung gegenüber Paris besteht weiter.

Dieser Groll hat sein Zentrum bei den Bewohnern der Weinanbaugebiete, die 40 Prozent allen französischen Weins und den Großteil der billigeren Tafelweine produzieren. An diesen sonnigen Hängen ließ sich Wein so einfach und preiswert anbauen, daß die Region sich nie um eine Industrialisierung kümmerte. Die zahllosen kleinen Winzer zeigten erst Reaktion, als ihre Interessen bedroht schienen. Seit den späten 50er Jahren hat die Regierung sie aufgerüttelt, indem sie der Region einige große Entwicklungsprojekte aufzwang. Von der Rhône wurde in westlicher Richtung ein breiter Bewässerungskanal mit dem Ziel gezogen, die *vignerons* dazu zu bewegen, vom Wein zu nützlicheren Produkten überzuwechseln. Um den Tourismus anzukurbeln, baute man entlang der Küste, von der Rhône bis zu den Pyrenäen, eine Kette von acht ausgedehnten Urlaubsorten. Die einheimische Bevölkerung wurde bei diesen Projekten jedoch kaum konsultiert und reagierte zuerst verärgert. Sie demonstrierten gegen den Kanal, erwarteten aber weiterhin Subventionen für Weinüberschüsse, sobald eine Rekordernte die Preise fallen ließ.

In den vergangenen zehn Jahren ist eine neue, realistischere Generation von Lokalpolitikern im Languedoc an die Macht gekommen. Die Winzer bearbeiten ihre schlechtesten Rebstöcke heute nicht mehr, und die Qualität der Weine hat sich verbessert: einige, wie zum Beispiel der Corbières oder der Costières du Gard, sind ziemlich gut,

Links: Der Cirque de Gavarnie in den Hochpyrenäen südlich von Lourdes ist ein riesiges natürliches Amphitheater an der spanischen Grenze mitten in den Bergen, die bis auf über 3300 Meter ansteigen. Hier bieten sich prachtvolle Ausblicke auf Schnee, Eis, Felsen und Wasserfälle. Einer davon, die Grande Cascade, weist mit über 400 Metern die größte Fallhöhe in Europa auf. Im Dorf Gavarnie steht eine Wallfahrtskirche aus dem 14. Jahrhundert.

Rechts: Die majestätischen mittelalterlichen Mauern von Aigues-Mortes geben den Hintergrund für diese *course à la cocarde*, einen Sport, der im Raum Nîmes sehr beliebt ist: Amateurtoreros wetteifern darum, Rosetten von den Hörnern der Stiere zu reißen. Der Sport ist nicht so blutig wie die echten Stierkämpfe im spanischen Stil, die in den römischen Arenen von Nîmes und Arles veranstaltet werden.

Languedoc, Midi-Pyrénées
Toulouse, heute ein Zentrum der Hochtechnologie, war die mittelalterliche Hauptstadt der alten Provinz Languedoc. Das moderne Languedoc liegt weiter östlich, mehr zur Küste hin. Es umfaßt alte römische Städte wie Nîmes und Narbonne sowie die Cevennen und den französischen Teil von Katalonien. Nach Westen steigen die Pyrenäen hoch an, nach Norden erstreckt sich das Kalksteinplateau des südlichen Zentralmassivs mit seinen Schluchten, Höhlen und Burgen.

Languedoc-Roussillon Bevölkerung: 2,1 Millionen; Fläche: 27 300 Quadratkilometer; Hauptstadt: Montpellier mit 201 000 Einwohnern. Andere wichtige Städte: Nîmes mit 130 000 Einwohnern und Perpignan mit 113 000 Einwohnern. **Midi-Pyrénées** Bevölkerung: 2,3 Millionen; Fläche: 45 300 Quadratkilometer; Hauptstadt: Toulouse mit 354 000 Einwohnern.

aber immer noch sehr preiswert. Darüber hinaus haben Regionalreformen dem Languedoc zumindest ein gewisses Gefühl gegeben, über sein Schicksal selbst bestimmen zu können. Nach dem Krieg wählte diese rückständige Region viele Jahre lang die Linke, weniger aus Überzeugung, sondern aus Aversion gegen die Mitte-Rechts-Regierung in Paris; viele Orte wurden sogar von den Kommunisten verwaltet. Aber in den 80er Jahren pendelten sie nach rechts: Die Ressentiments richteten sich nun nicht mehr so sehr gegen Paris, sondern entzündeten sich vielmehr innerhalb der Region zwischen dem rechtsgerichteten Regionalrat und Georges Frèche, dem resoluten sozialistischen Bürgermeister der Hauptstadt Montpellier.

Die anmutige Stadt Montpellier hat einen interessanten, gut restaurierten Altstadtkern mit engen, autofreien Straßen und einer der ältesten Universitäten Europas, die im Bereich der Medizin einen guten Ruf hat. Die ehemals verschlafene Weinhandelsstadt entwickelt sich rapide zu einem Zentrum der modernen Hochtechnologieforschung und -industrie: das Werk von IBM ist mit 3000 Angestellten das größte in Frankreich. Montpellier hat gerade einige monumentale Bauprojekte nach Entwürfen des katalanischen Architekten Ricardo Bofil verwirklicht. Keine andere Stadt Frankreichs ist im vergangenen Jahrzehnt so rasch gewachsen.

Nîmes, eine alte, protestantische Stadt, verbindet gleichermaßen eine mittelalterliche Altstadt und moderne Industrie mit grandiosen römischen Zeugnissen. In dieser Ebene finden sich viele historische Stätten. Die wuchtige feudale Burg von Uzès ist noch immer Wohnsitz einer herzoglichen Familie, die bis auf Karl den Großen zurückgeht. In der Nähe befindet sich der spektakuläre Pont du Gard, ein dreistöckiger römischer Aquädukt, der 19 v. Chr. erbaut wurde. Die früher in Beaucaire alljährlich abgehaltene Messe war einst die wichtigste in Europa; in der alten Kirche in Saint-Gilles stehen einige der besten mittelalterlichen Skulpturen Frankreichs; inmitten salziger Sümpfe am Meer liegt der kleine mittelalterliche Ort Aigues-Mortes von einer Stadtmauer umschlossen. Von hier trat Ludwig der Heilige den siebten und achten Kreuzzug an. Unweit davon entstand als abrupter moderner Kontrast das riesige, 1960 erbaute Urlaubszentrum La Grande Motte mit seinen Reihen von abgestumpften Pyramidenhäusern und Ferienappartements. Die Anlage eines anderen bekannten Urlaubsorts, Cap d'Agde, imitiert ein einheimisches Fischerdorf. Er ist Europas größtes FKK-Ferienzentrum mit Unterbringungsmöglichkeiten für 20000 Gäste.

Sète, eine malerische, alte Hafenstadt direkt an der Küste, erinnert mit seinen Kanälen an Venedig. Hoch über dem Meer liegt ein stiller Friedhof. Paul Valéry, der in der Stadt geboren und begraben ist, ließ hier sein bekanntestes Gedicht *Le cimetière marin (Der Friedhof am Meer)* spielen. Die unvollendete gotische Kathedrale mit dem Bischofspalast überragt die Altstadt der einstigen römischen Kapitale Narbonne. In Carcassonne hat sich die größte aller mittelalterlichen Festungen Frankreichs erhalten: innerhalb der Ringmauern leben immer noch 500 Menschen. Albi, weiter im Norden, mit seiner wunderbaren Kathedrale aus rötlichem Backstein besitzt ein Museum mit Gemälden des berühmten Sohnes der Stadt, Henri de Toulouse-Lautrec.

Das Land hat einige merkwürdige alte Traditionen und Feste beibehalten. In einigen Dörfern werden die Leute in Schlammhaufen geworfen, mit Eiern beschossen oder in Weintümpel gerollt. Wilde Stiere werden durch die Straßen gejagt, und Stierkämpfe sind beliebt. In den Bergen der Cevennen im Norden sind die Bauern zurückhaltender, viele sind immer noch protestantisch, und ihre einstige Verfolgung ist im Musée du Désert nahe Anduze anschaulich dargestellt. Die Cevennen, ein massiger Block aus Schiefer und Granit, bieten großartige, abwechslungsreiche Landschaften – manchmal wild, andernorts grün, wo tiefe

Rechts: Eine alte Brücke überspannt die Garonne in Toulouse. Dahinter liegt eine der alten Kirchen der Stadt im Herzen des mittelalterlichen Viertels mit seinen stattlichen Patrizierhäusern aus zartrosa Ziegeln. Sie stehen eng aneinandergedrängt in den schmalen Gassen, und in vielen wohnen noch die Nachfahren der großen Patrizierfamilien, die Toulouse in seiner Glanzzeit beherrschten.

Oben: Das Château de Champs (15. Jahrhundert) liegt in dem wildromantischen Hochland des Departements Lozère, das die geringste Bevölkerungsdichte in Frankreich aufweist (14 Einwohner pro Quadratkilometer). Es besitzt mehr Schafe als Menschen und nur eine Verkehrsampel.

Unten: Ein Markt für Antiquitäten in Collioure, dem bekanntesten und malerischsten der Urlaubsorte an der Côte Vermeille, die nach ihren rotbraunen Felsen benannt ist. Dieses alte Fischerdorf lockte unter anderem Matisse, Dufy und Picasso an. 1905 entstand hier als neue Richtung der französischen Malerei der Fauvismus. Collioure wird von einer Burg der Tempelritter (12. Jahrhundert) überragt.

Oben: Mittelalterliche Skulpturen mythologischer Chimären verzieren den Kreuzgang des anmutigen Augustinerklosters in Toulouse (14. Jahrhundert), das heute eines der besten Museen Frankreichs beherbergt.

Folgende Seiten: Die mittelalterliche Burgruine Castelbouc liegt in einer dramatischen Landschaft tief in der Tarnschlucht.

Täler mit Kiefern und Kastanien bewaldet sind. Hier unternahm Robert Louis Stevenson 1878 seine berühmte *Travel with a Donkey (Reise mit dem Esel durch die Cevennen)*. Im Norden wird das hohe Kalksteinplateau der Causses von der tiefen und spektakulären Tarnschlucht eingeschnitten, und in der riesigen Aven-Armand-Höhle faszinieren die seltsamen Formen der langen Stalagmiten.

Roussillon, im Süden des Languedoc, ist der französische Teil Kataloniens. Bevor es sich 1659 Frankreich anschloß, gehörte es den Königen von Aragon. Es ist sehr katalanisch geblieben – in seinem Dialekt, seinen *sardana*-Tänzen und seinen von Arkaden gesäumten Plätzen. Um Perpignan, der Hauptstadt mit schattenspendenden Palmen, erstreckt sich eine fruchtbare Ebene, wo Frühgemüse und -obst angebaut werden. Im Süden hat die zerklüftete Côte Vermeille gelbrote Felsen, und im Westen erheben sich die Pyrenäen mit ihren schneebedeckten Gipfeln. Dort schmiegt sich die Abtei Saint-Martin-de-Canigou an die Hügel. Odeillo, auf dem ländlichen Hochplateau der Cerdagne, ist Standort des bedeutendsten Sonnenkraftwerks in Europa.

Viel weiter im Westen liegt Toulouse, die stolze historische Stadt, die heute eine neue Zukunft als Mittelpunkt der Hochtechnologie, besonders der Flugzeugindustrie, hat. Toulouse war im frühen Mittelalter neben Paris die wichtigste Stadt Frankreichs, Hauptstadt des unabhängigen Languedoc. Dieses Goldene Zeitalter endete, als es im 13. Jahrhundert brutal von der französischen Krone annektiert wurde; selbst heute noch ist die Aversion gegenüber Paris stärker als in den meisten anderen Städten Frankreichs. Im Ersten Weltkrieg wurde es ein Zentrum des Flugzeugbaus, als die Regierung einige Schlüsselindustrien der Rüstung dorthin umsiedelte, um möglichst weit von den Deutschen entfernt zu sein. Daraus entwickelte sich das wichtigste staatliche Flugzeugwerk, heute unter dem Namen Aérospatiale bekannt. Hier entstehen Flugzeuge wie die Caravelle, die Concorde (in Zusammenarbeit mit den Briten) und nun auch die verschiedenen Airbus-Versionen. Durch Regierungsprogramme hat Toulouse seine Wirtschaft diversifiziert. Es ist heute in Frankreich führend im Bereich der naturwissenschaftlichen Forschung, der Luft- und Raumfahrt sowie der Elektronik. Einst langsam und verschlafen, ist es inzwischen sehr modern und kosmopolitisch und entwickelt dynamische neue Beziehungen über die Pyrenäen hinweg zu Spanien. Aber Toulouse ist nach wie vor eine freundliche, sehr kultivierte Stadt mit einem bezaubernden mittelalterlichen Kern aus alten Bürgerhäusern, die alle aus dem örtlichen rosaroten Ziegel erbaut sind – *la ville rose* nennt sie sich selbst. Beeindruckend sind ihre Musiktradition und ihre alten Kirchen.

Westlich von Toulouse macht das historische Languedoc bald der Gascogne Platz, einem vage begrenzten, ebenfalls historischen Gebiet, dessen Hauptstadt Auch war. Die Gascogner standen im Ruf, klug, mutig und unbeherrscht zu sein, Eigenschaften, die in der Literatur Dumas' d'Artagnan und Rostands *Cyrano de Bergerac*, zwei »typische« Gascogner, verkörpern. Sie fanden beide am Armagnac Gefallen, einem Weinbrand, der sich zwar etwas vom Cognac unterscheidet, aber oft genauso gut ist. Er wird in dem hügeligen Land nördlich von Auch hergestellt. Im Südwesten liegen die Industriestadt Tarbes und der Wallfahrtsort Lourdes. Hier in den Bergen gibt es gute Skimöglichkeiten und eine eindrucksvolle Landschaft wie zum Beispiel den Cirque de Gavarnie, ein natürliches Amphitheater mit fast 1500 Meter hohen Felsen. Nördlich von Toulouse fließt der Lot vorbei an alten Burgen und Bergdörfern, inmitten einer der reizvollsten Gegenden Frankreichs.

Das bekannteste Gericht des Languedoc ist *cassoulet*, ein dicker Eintopf aus weißen Bohnen und eingemachtem Gänse-, Schweine- und Hammelfleisch und pikanten Würsten. Knoblauch und Olivenöl haben in der lokalen Küche ihren festen Platz. Die Küste bietet vor allem in Sète eine Auswahl würziger Fischspezialitäten.

PROVENCE

Von der Region Provence-Côte d'Azur (4,1 Millionen Einwohner) schwärmen viele Menschen, und neben Paris ist sie mit Abstand das Ziel der meisten Touristen. Die Provence bietet eine so dichte und vielseitige Palette an Attraktionen, wie man sie in Europa nur selten findet. Sie ist ein Land des klaren Lichts (das Cézanne und van Gogh faszinierte), der kühnen, sinnenfreudigen Farben und würzigen Gerüche, alter Geschichte, lebendiger Volkstraditionen und moderner Kultiviertheit.

Die Provence wurde zum erstenmal um 600 v. Chr. von Phokäern aus Griechenland kolonisiert. Sie gründeten Massilia (Marseille), Nikaia (Nizza) und andere Orte. Zur selben Zeit verbündeten und vermischten sich wandernde Kelten mit den einheimischen ligurischen Stämmen und schufen somit den Grundstock der provenzalischen Bevölkerung. 125 v. Chr. eroberten die Römer die Region und bauten Arenen, Theater, Bäder, Tempel und Villen, von denen heute noch viele vorhanden sind. Etwa 300 Jahre später errichtete Kaiser Konstantin einen Palast in Arles und machte es zur wichtigsten Stadt der Provence. Von hier aus verbreitete sich das frühe Christentum in der Region, bis die Sarazenen das Land eroberten.

Im 11. Jahrhundert gründeten die Grafen der Provence ein autonomes Reich mit Aix-en-Provence als Hauptstadt. Aix-en-Provence erlebte ein Goldenes Zeitalter unter dem kultivierten und fröhlichen »Guten König René« (der in Wirklichkeit ein Graf war) aus dem Haus Anjou. Aber sein Nachfolger vermachte das Reich überstürzt an Ludwig XI., und so wurde die Provence ein Teil Frankreichs. Die Gegend um Nizza, die jahrhundertelang dem italienischen Haus Savoyen unterstand, kam jedoch erst 1860 an Frankreich. Bald darauf wurde diese berühmte Küste, die damals als Riviera, heute als Côte d'Azur bekannt ist, der luxuriöseste Lieblingsaufenthalt der Reichen und Adligen. Heute ist sie dagegen mehr auf Massentourismus und einträglichen Konferenzrummel ausgerichtet.

Ihr Mittelpunkt ist Nizza, das 350 v. Chr. von den Griechen gegründet und später von den Römern kolonisiert wurde. Es ist der älteste Erholungsort an dieser Küste. Im späten 18. Jahrhundert kamen die ersten Engländer während der Wintersaison, und in den 20er Jahren des 19. Jahrhunderts finanzierten sie den Bau einer Küstenstraße, die heute die berühmte, nach ihnen benannte Promenade des Anglais ist. Inzwischen ist es nicht nur ein Touristenzentrum, sondern auch eine geschäftige Handelsmetropole. Nizza ist eine Stadt der modernen Kunst, aber auch der Hochtechnologieindustrie. Lange stand es im Ruf, eine korrupte Stadtverwaltung und eine mit der Mafia verbundene Kriminalität zu haben – wie es Graham Greene, der in der Umgebung lebte, in seinem Buch *J'accuse* (*Ich klage an*; 1982) anprangerte. Der über einen langen Zeitraum regierende Bürgermeister Jacques Médecin trat 1990 zurück und flüchtete außer Landes, als endlich die Anklage wegen Korruption gegen ihn vorbereitet wurde.

Unter den anderen Orten der Côte d'Azur ist das blumenreiche Menton zu nennen mit seiner vornehmen und altmodischen Atmosphäre. Cannes hingegen ist ein schikkes, glitzerndes Schaufenster des modernen Tourismus. Westlich von Cannes führen die zerklüfteten roten Felsen der Esterel-Küste nach dem von Römern gegründeten Fréjus mit einem bemerkenswerten Baptisterium aus dem 5. Jahrhundert und einer gotischen Kathedrale.

Noch weiter westlich liegt der alte Fischerort Saint-Tropez an einer herrlichen, offenen Bucht. Seine Geschichte

Oben: Segelschiffe ankern vor der zerklüfteten Küste von Porquerolles, der größten der drei reizvollen Iles d'Hyères, deren Felsenkliffe mit der üppigen subtropischen Vegetation kontrastieren. Lange waren sie ein Schlupfwinkel für Piraten, heute werden sie von Touristen besucht. Port-Cros, die zweite Insel, ist bergig und wirkt geheimnisvoll. Die dritte Insel – Ile du Levant – ist teils Flottenstützpunkt, teils Nudistenkolonie.

Rechts: Arleserinnen in einheimischer Tracht. Diese Tracht wird im Alltag nicht mehr getragen, denn sie ist zu aufwendig: man braucht über eine Stunde, um die Haare für die Haube zu frisieren. Aber Arles bleibt ein betriebsamer Mittelpunkt provenzalischer Volkstradition. Die Frauen genießen noch immer den Ruf großer Schönheit wie in den Tagen, da Alphonse Daudet *L'Arlésienne (Die Arleserin)* schrieb.

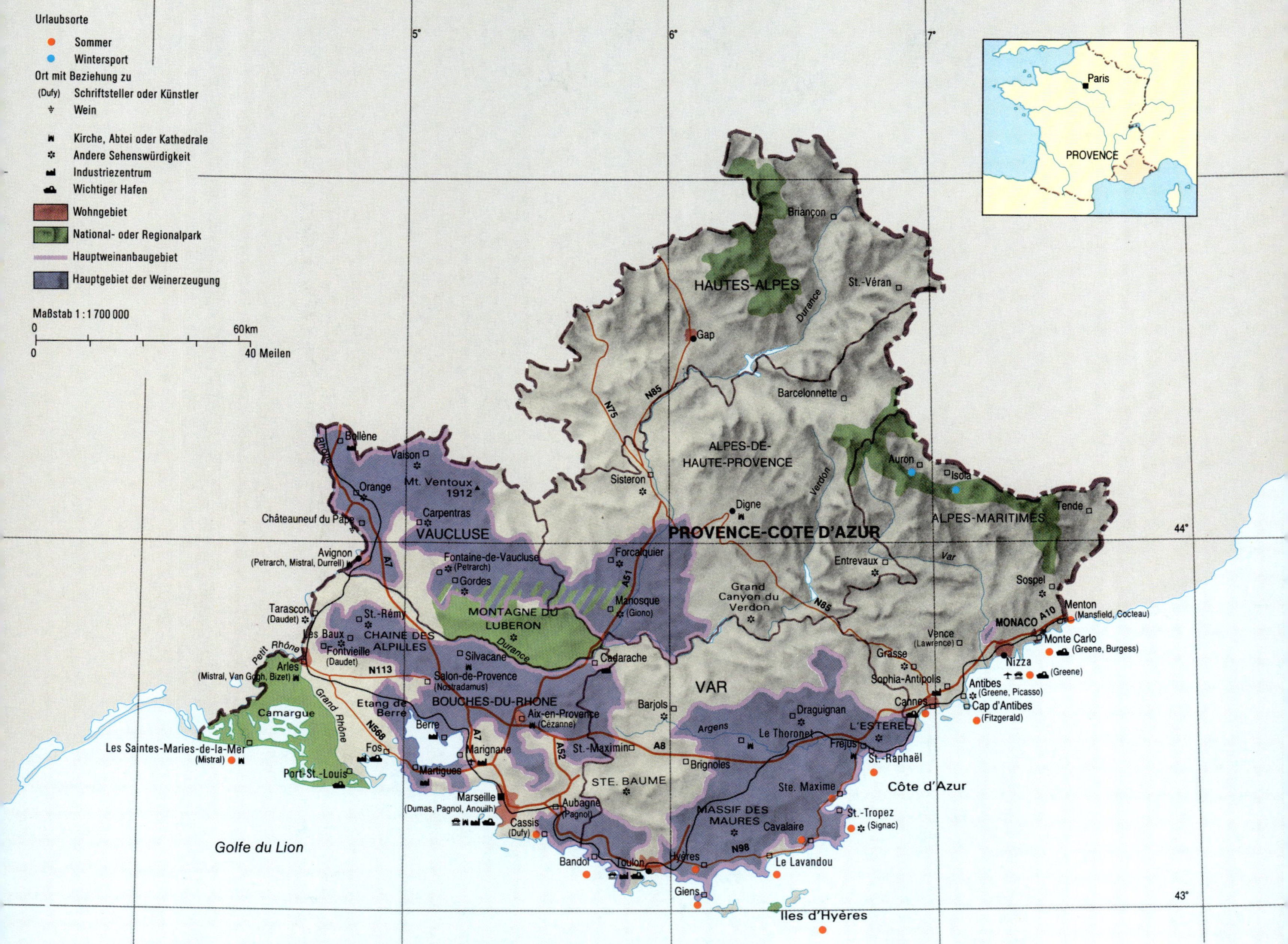

Links: Herden halbwilder weißer Pferde tummeln sich auf dem salzhaltigen Marschland der Camargue, einer einsamen Gegend, wo Lagune und Ebene im Rhônedelta zusammentreffen. Es ist eine Region von eigenartiger Schönheit, geheimnisumwoben, reich an Traditionen und berühmt wegen ihrer Tierwelt. In dem als Naturschutzgebiet ausgewiesenen Teil leben viele Vogelarten, darunter Scharen von Flamingos, die jeden Sommer hierherziehen. Die Herden schwarzer Kampfstiere und die Pferde werden von Hirten betreut, sogenannten *gardians*, die mit Cowboys vergleichbar sind und in einsamen, strohgedeckten Hütten draußen in den Marschen leben.

Provence
Das Kernland der Provence ist ihr westlicher Teil zwischen Marseille und Avignon, wo römische Baudenkmäler, mittelalterliche Klöster und Paläste von ihrer bedeutenden Geschichte Zeugnis ablegen. Die Hafenstadt Marseille ist ihre moderne Hauptstadt, in älterer Zeit hatte Aix-en-Provence diese Rolle inne. In Avignon residierten von 1309 bis 1376 die Päpste. Hier fließt die Rhône durch eine fruchtbare Ebene, die von öden, felsigen Bergen unterbrochen wird, und erreicht das Meer unweit von den Marschen der Camargue. Im Osten führt eine reizvoll gebuchtete Küste zur Côte d'Azur, deren berühmte Badeorte – Nizza, Cannes und andere – noch immer ihren Zauber ausstrahlen. Diese Küste ist überlaufen, aber ihr weites Hinterland mit Kalksteinplateaus, das sich von den Alpen westwärts bis zum Rhônetal erstreckt, ist einsam und noch nicht vom Tourismus beeinträchtigt.

Provence – Côte d'Azur Bevölkerung: 4,1 Millionen; Fläche: 32 400 Quadratkilometer; Hauptstadt: Marseille mit 878 000 Einwohnern. Andere wichtige Städte: Nizza mit 338 000 Einwohnern, Toulon mit 181 000 Einwohnern, Aix mit 124 000 Einwohnern und Avignon mit 91 000 Einwohnern.

verlief sehr abwechslungsreich: erst war es ein griechischer Handelsposten, dann eine autonome Republik und im frühen 20. Jahrhundert ein Treffpunkt für Künstler und Schriftsteller, bevor es 1956 der junge Regisseur Roger Vadim als Drehort für seinen Film *Et Dieu créa la femme (Und immer lockt das Weib)* wählte. Star des Films war seine Frau, die noch kaum bekannte Brigitte Bardot. Der *succès fou* dieses Films machte Saint-Tropez zum Symbol einer neuen, freizügigen, hedonistischen Epoche. Der Kult dauert an, wenn er auch heute etwas abgenützt ist.

Entlang dieser herrlichen Küste, gegenüber den idyllischen Iles d'Hyères, liegt das Massif des Maures. Die Straße führt weiter zu dem großen Marinestützpunkt Toulon, wo der junge Bonaparte seine erste militärische Auszeichnung errang und wo viele Jahre später sich die Vichy-Flotte selbst versenkte. Im Binnenland bewahrt das bizarre Felsmassiv Sainte Baume eine frühchristliche Legende: Die heilige Maria Magdalena lebte angeblich 30 Jahre allein in einer Höhle auf diesen Höhen, die nun ein Wallfahrtsort ist. Nahe Aubagne, inmitten der Weiler und wilden Kalksteinhügel, verbrachte Marcel Pagnol seine Kindheit; seine urwüchsigen Geschichten vom Landleben spielen in dieser Gegend der Provence. Hier liegt er auch begraben.

Das heiße, rücksichtslose und aufregende Marseille ist die zweitgrößte Stadt Frankreichs sowie der bedeutendste Hafen am Mittelmeer. Es hat eine großartige Lage an einer weiten Bucht, umgeben von kahlen Kalksteinhügeln. Von Griechen aus Kleinasien 600 v. Chr. gegründet, wurde es die wichtigste griechische Kolonie im Westen. Es war immer eine mächtige Handelsstadt, die ihre Blütezeit im späten 19. Jahrhundert nach der Eröffnung des Suezkanals und der französischen Eroberung Nordafrikas erlebte. Der Umschlag des Hafens ist seither zurückgegangen, aber eine Reihe großer Industrien hat überlebt, darunter die Herstellung des *pastis*. Der berühmte Bürgermeister der Stadt zwischen 1953 und 1986, Gaston Defferre, war ein sozialistischer Parteiführer mit großem Einfluß. Die Marseiller haben bis heute viel von dem heißblütigen, bodenständig-humorvollen Charakter behalten, wie er von Pagnol in seiner *Marius*-Trilogie beschrieben wird. Der Drogenhandel ist zurückgegangen, aber organisierte Kriminalität und Spannungen zwischen den islamischen Einwanderern und den Anhängern der Front National findet man hier immer noch.

Das ausgedehnte Hinterland erstreckt sich nach Norden zu der schönen Zisterzienserabtei bei Le Thoronet, zum Lubéron-Gebirge, das heute bei den Pariser Intellektuellen als Urlaubsziel beliebt ist, und zu dem unberührten Hochland, wo Jean Giono in Manosque lebte und auch starb. Er schrieb sehr einfühlsam über diese Landschaft und ihre einfachen Bauern. In Avignon dominiert der majestätische Papstpalast in einer faszinierenden Altstadt, die alljährlich Europas größtes Theaterfestival beherbergt. (Aber die sagenhafte Brücke über die Rhône steht seit dem 17. Jahrhundert nur noch zur Hälfte.) Aix-en-Provence strahlt eine patrizische Anmut aus mit seinem intimen, mittelalterlichen Altstadtkern, einer berühmten schattigen Allee, dem Cours Mirabeau, einer schönen Kathedrale und einer bekannten Universität. Im lieblichen und anziehenden Arles werden in der römischen Arena noch Stierkämpfe abgehalten. Die Stadt hat einige der besten Museen Frankreichs – darunter das von dem großen provenzalischen Schriftsteller Frédéric Mistral gegründete Folkloremuseum.

Das halbverfallene Dorf und die feudale Burg von Les Baux hoch auf einem Felsen der zerklüfteten Chaîne des Alpilles ist einer der bewegendsten Orte in Frankreich und hat eine weit in die Geschichte zurückreichende Vergangenheit. Im Süden liegt die Camargue, ein flacher Landstrich mit Lagunen und Sümpfen. In dem Küstenort Les Saintes-Maries-de-la-Mer halten jedes Jahr die Zigeuner ein großes Fest ab. In der burgartigen Wehrkirche des Ortes läßt Mistral die Heldin seines Versepos *Mirèio* sterben. Alphonse Daudet, ein anderer Schriftsteller, machte das nahe-

Unten: Die Bravade ist ein berühmtes Volksfest in Saint-Tropez, das aus dem 16. Jahrhundert stammt und alljährlich stattfindet. Eine bewaffnete Wache in der Uniform jener Zeit feuert mit Platzpatronen Salven inmitten einer fröhlichen Menge ab. Die Büste des Saint Torpetes wird in einer Parade durch die Stadt getragen. Saint-Tropez war ursprünglich ein griechischer Handelsstützpunkt und später ein ruhiges Fischerdorf, bis es schließlich von Künstlern wie Matisse und Bonnard und Schriftstellern wie der Colette entdeckt wurde. Brigitte Bardot und Roger Vadim machten es dann mit ihrem Film *Et Dieu créa la femme (Und immer lockt das Weib)* weithin bekannt.

Oben: Am Strand von Cannes haben viele der alten Luxushotels – angeführt vom Carlton und dem Martinez – ihre Privatstrände. Die palmengesäumte Promenade La Croisette gilt als die glanzvollste von ganz Frankreich, und Cannes bleibt der mondänste Badeort an der Côte d'Azur. Bis 1834 war es nur ein Fischerdorf, dann entwickelte es sich durch den Aufenthalt britischer Aristokraten zu einem eleganten Winterkurort.

Links: Hohe Absätze und Bikini in einer schicken Boutique gehören zu Cannes' auffälliger Selbstinszenierung, die während der Filmfestspiele im Mai ihren Höhepunkt erreicht. Cannes besitzt noch einen treuen Gästekreis aus meist älteren Adligen, aber heute werden die Tourismuseinnahmen meist mit Geschäftskongressen der Spitzenmanager erzielt.

Oben links: Lavendel wird auf dem Hochland der Provence um Riez angebaut und ist am schönsten im Juli, wenn er blüht. Er findet zum Teil Verwendung in der Parfümindustrie von Grasse, wo die Parfümerzeugung im 16. Jahrhundert aus Italien eingeführt wurde. Heute jedoch verwenden die Fabriken hauptsächlich importierte Blumen oder synthetische Essenzen.

Links: Der Vieux Port im Herzen von Marseille. Einst der Haupthafen der Stadt wird er jetzt vorwiegend von Freizeitkapitänen und einigen Fischern benutzt; der moderne Hafen liegt im Norden. Der Vieux Port macht den Zauber von Marseille aus; hier bieten zahlreiche Hafenbistros ihre *bouillabaisse* an.

Rechts: Arles, von der Kathedrale Saint-Trophîme überragt, erscheint mit seinen schönen Kirchen, Museen und römischen Monumenten als Inbegriff der Provence. Nachdem Konstantin III. im 4. Jahrhundert hier einen Palast erbauen ließ, war es kurze Zeit die Hauptstadt des Römischen Reiches. Danach wurde es zu einem Brennpunkt der frühen Christenheit: Der heilige Augustinus wurde hier 597 zum Erzbischof von Canterbury geweiht. In jüngerer Zeit war Arles ein Zentrum für Künstler, Musiker und Schriftsteller.

gelegene Tarascon zum Schauplatz seiner *Tartarin*-Romane, in denen er den impulsiven provenzalischen Charakter mit sanfter Ironie porträtiert. Tarascon hat eine großartige, von einem Wassergraben umschlossene Renaissanceburg.

Die Einwohner der Provence sprechen Französisch mit einem starken Akzent (*»beieng«* statt *»bien«*), der in den Städten rauh und krächzend, in den ländlichen Gebieten sanfter klingt. In alten Zeiten sprach jedermann Provenzalisch, eine dem Okzitanischen ähnliche, wohltönende Sprache. Im 19. Jahrhundert unternahm eine Gruppe von Schriftstellern, die »Félibrige«, unter der Federführung von Mistral, der selbst nur Provenzalisch schrieb, große Anstrengungen, es wiederzubeleben. Aber sie hatten, wie andere nach ihnen, außerhalb der intellektuellen Zirkel wenig Erfolg. Heute sprechen nur wenige Leute Provenzalisch. Die Tradition hat sich in der ländlichen Architektur besser erhalten. Bauernhöfe und Landhäuser sind zumeist aus Stein, mit schrägen Dächern aus roten Terrakottaziegeln, gebaut; die Nordwand bleibt oft ohne Fenster als Schutz vor dem Mistral, dem eisigen Nordwind, der im Winter sporadisch durch die Region fegt. Viele Gegenden haben heute strikte Gesetze, nach denen neue Gebäude sich dem traditionellen Stil anpassen müssen.

Zwangsläufig sind einige der Volkstraditionen aus dem Alltag verschwunden. Nur noch selten tragen die Frauen die alte provenzalische Tracht und den Kopfschmuck. Aber wie in anderen Regionen, zum Beispiel in der Bretagne, treten in jüngster Zeit verstärkt Bemühungen auf, die alten Bräuche bei Festen und Hochzeiten wiederzubeleben. Viele neue Folkloregruppen wurden gegründet und haben gelernt, die *farandole* zur Musik des *tambourin* (einer flachen Trommel) und des *galoubet* (einer Flöte) zu tanzen. Einige dieser Instrumente werden nach wie vor hergestellt. Auch feiert jedes Dorf immer noch alljährlich ein großes Fest mit Wettkämpfen und Spielen, einem Festessen der ganzen Gemeinde und Folkloreaufführungen.

Eine andere Tradition, die sich erhalten hat, sind die *santons*, die für Weihnachtskrippen oder nur als profaner Ziergegenstand hergestellt werden. Diese kostümierten Tonfiguren, die in Marseille ihren Ursprung haben, waren anfangs nur für religiöse Zwecke bestimmt, aber heute umfassen sie typische provenzalische Charaktere. Andere Kunstgewerbe, wie Schnitzereien aus Olivenholz, Keramiken und gewebte provenzalische Stoffe in leuchtenden Farben, wurden ebenfalls wiederentdeckt.

Die Wirtschaft der Provence hängt sehr stark von der Landwirtschaft und dem Tourismus ab, erst an dritter Stelle folgt die moderne Industrie. Die Landwirtschaft ist so unterschiedlich wie die Böden und die Landschaft. Das untere Rhônetal ist Frankreichs leistungsfähigster Obst- und Gemüsegarten, der Melonen, Spargel, Pfirsiche und vieles mehr liefert. Die Provence mit ihren kalkhaltigen Böden ist auch Frankreichs wichtigster Produzent von Oliven und Olivenöl und bringt, vor allem im Rhônegebiet, einige gute Weine hervor (zum Beispiel Châteauneuf-du-Pape). In den grünen Tälern um Grasse werden Rosen, Jasmin, Mimosen und andere Blumen in großem Umfang gezüchtet: heutzutage eher für die Schnittblumenmärkte als für die Parfümfabriken von Grasse. Zitronen und Orangen sind eine Spezialität der milden Küste bei Menton.

Ein Teil der Industrie, die Schiffswerften von Marseille und Toulon, ist im Niedergang begriffen. Aber im Westen um den Berre-See und den neuen Hafen von Fos haben sich neue, große Ölraffinerien, Stahl- und petrochemische Werke angesiedelt sowie Europas größte Hubschrauberfabrik, während in den Tälern der Rhône und der Durance neue Wasserkraftwerke und Atomreaktoren errichtet wurden. Außerdem erlangte die Côte d'Azur eine überraschende Perspektive als Gebiet für die Hochtechnologie und Forschung, die sich im »internationalen Wissenschaftspark« Sophia-Antipolis, nahe Cannes, konzentrieren.

Bergdörfer der Provence

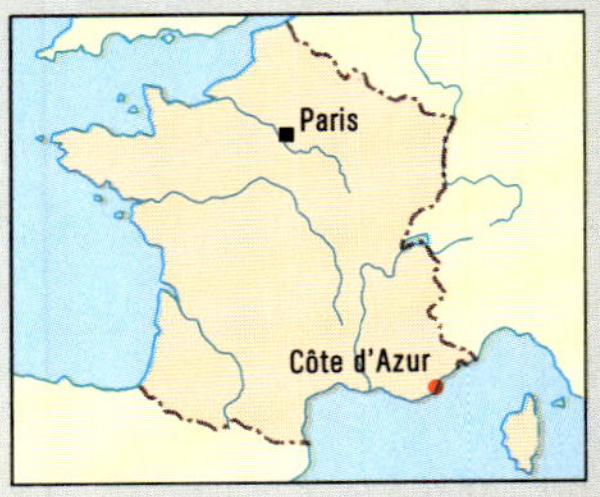

In der Provence liegen wie in einigen anderen Gegenden Südfrankreichs alte Wehrdörfer auf Bergkuppen oder an terrassierten Hängen. Es gibt sehr malerische unter ihnen wie Eze, eine Ansiedlung hoch über der Côte d'Azur. Einige befinden sich zwar in der Nähe großer Städte, scheinen aber Welten davon entfernt zu sein. Andere sind aus heimischem Gestein erbaut und erwecken den Eindruck, als seien sie Teil der Felsen, auf denen sie stehen, manche werden von einer Burgruine gekrönt. Wieder andere haben so enge Gassen, daß Autos nicht hineinpassen: In solchen Dörfern findet sich ein Labyrinth unregelmäßiger Stufen, Torbögen, Arkaden und kleiner Plätze mit Brunnen.

Die Dörfer wurden aus Schutz gegen Piraten und mittelalterliche Marodeure in erhöhter Lage gebaut. Die Bauern bearbeiteten am Tage ihre außerhalb liegenden Felder, nachts schliefen sie innerhalb der Befestigungen. Erst im sicherer gewordenen 19. Jahrhundert zogen sie in die Täler.

Durch die Landflucht der letzten Jahrzehnte drohte vielen Dörfern die Verödung, und einige sind heute verlassene Geisterorte, verfallen und totenstill. Doch moderne Trends brachten vielen eine neue Existenzmöglichkeit. Manche entwickelten sich zu geschäftigen Urlaubszentren: Die Häuser wurden sorgfältig restauriert, an den Straßen öffneten Bistros und Boutiquen. Städter der Mittelschicht kauften sich ein, als es nach dem Krieg Mode wurde, Ferienhäuser oder Alterssitze auf dem Land zu suchen. Als Refugium der Pariser Intellektuellen sind sie ziemlich elegant – eine künstliche Entwicklung, aber besser, als sie dem Verfall preiszugeben.

Rechts: Eine Gasse in Eze, einem alten Dorf in der Nähe von Monaco, das schwindelerregend auf einem Felsvorsprung 400 Meter hoch fast senkrecht über dem Meer liegt.

Oben: Ein alter Brunnen auf der Hauptstraße von Saint-Paul-de-Vence, einem berühmten Bergdorf in der Nähe von Nizza. Seine Befestigungsanlagen aus dem 16. Jahrhundert verweisen auf die Zeit, als es noch ein französischer Grenzposten war, der über dem Vartal das gegnerische Savoyen im Auge hatte. Während es in der Zwischenkriegszeit eine Künstlerkolonie war, ist es heute voller Touristenboutiquen. Die schöne Galerie der Fondation Maeght, die J. L. Sert entwarf, enthält Arbeiten von Chagall, Kandinsky, Miró und anderen. Das kleine Hotel Colombe d'Or zeigt Werke von Picasso, Utrillo und Braque, mit denen der Besitzer befreundet war.

Links: Nur 19 Kilometer von dem geschäftigen Leben Nizzas entfernt und doch völlig entlegen auf einem Felsvorsprung in einem tiefeingeschnittenen Tal, bewahrt das mittelalterliche Peillon seinen malerischen Reiz, auch wenn heute die meisten Einwohner nach Nizza zur Arbeit fahren und keine echten Einheimischen mehr sind.

Unten: Tourette-sur-Loup ist ein anmutiges altes Wehrdorf auf einem Hügel über dem Louptal westlich von Vence. Es ist ein betriebsamer Mittelpunkt für Künstler und Handwerker, deren Atelierboutiquen seine ringförmige Hauptstraße säumen. Sie verkaufen Puppen, gewebte Tuche, Stoffe, Metallschmuck und vieles andere. Hinter dem Altar in der Kirche aus dem 15. Jahrhundert befindet sich eine Rarität: ein heidnischer galloromanischer Schrein mit einer Inschrift für den Gott Merkur.

ÜBERSEEGEBIETE (DOM-TOMS)

Überseegebiete (DOM-TOMs)
Zu den Überseedepartements (Départements d'Outre Mer = DOMs), die Frankreich integriert sind, gehören drei in der Karibik (Guadeloupe, Martinique, Französisch-Guayana) und eines im Indischen Ozean (Réunion). Die Überseeterritorien (Territoires d'Outre Mer = TOMs) liegen vorwiegend im Pazifik (Französisch-Polynesien).

Rechts: Segelyachten in einem Urlaubsort auf Guadeloupe. Der Tourismus, besonders aus Nordamerika, wurde hier und auf Martinique zu einem wichtigen Erwerbszweig. Neben dem Klima, den Sandstränden und der exotischen Vegetation bieten diese französisch geprägten Inseln auch eine weit bessere Küche als die in der englischsprachigen Karibik.

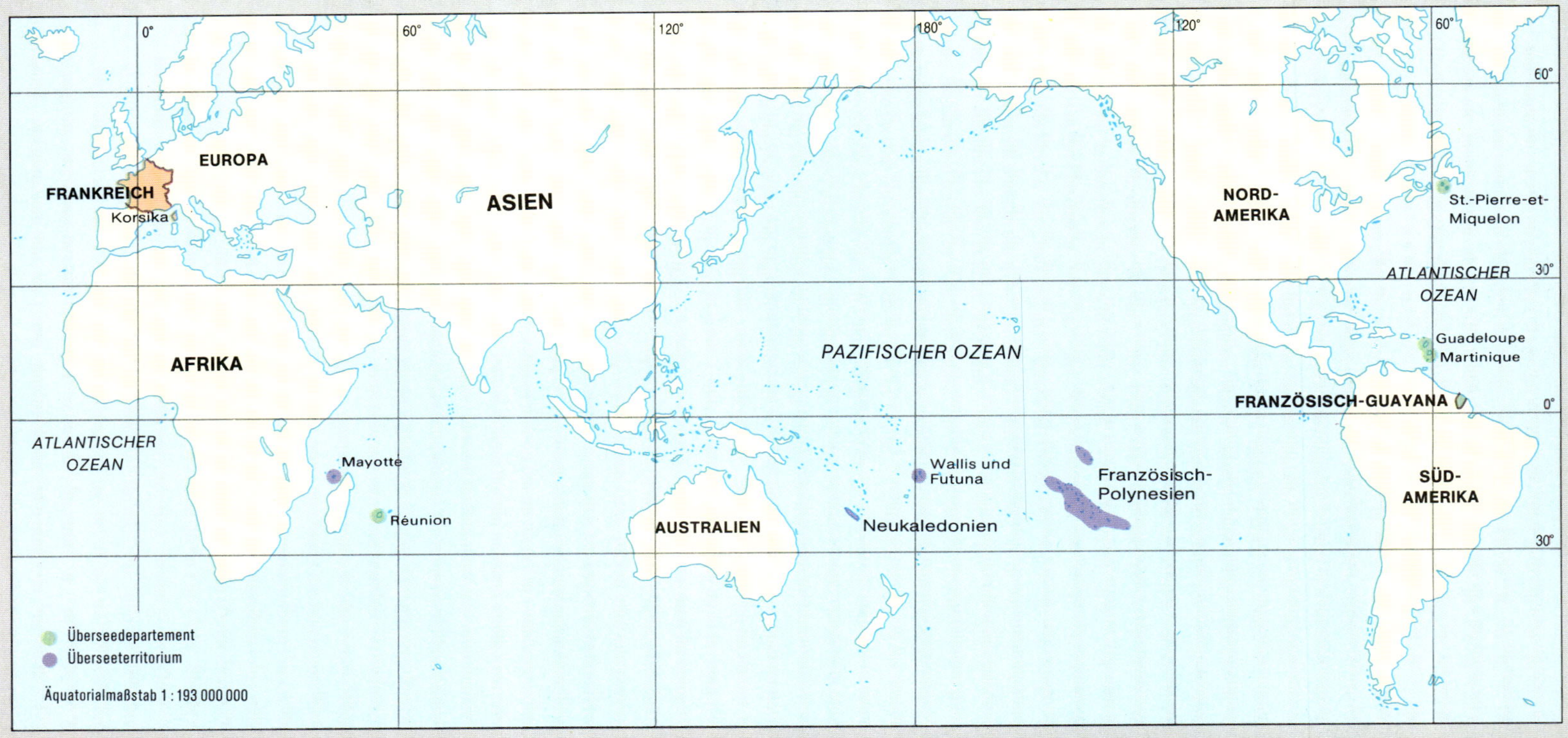

Während der 50er und 60er Jahre unseres Jahrhunderts löste Frankreich seinen ausgedehnten Kolonialbesitz in Afrika und Indochina auf und entließ die Länder in die Unabhängigkeit. Einige kleinere Überseegebiete, nahezu alles Inseln, behielt es jedoch, indem es sie – mit Zustimmung der jeweiligen Bevölkerung – in die Republik integrierte. Es handelt sich dabei um die sogenannten DOM-TOMS. Die Bezeichnung ist ein Akronym aus den Anfangsbuchstaben zweier territorialer Gruppen. Die Départements d'Outre Mer (DOMs), meist in der Karibik gelegen, wurden 1946 Teil des französischen Mutterlandes. Ihre Bewohner sind französische Bürger mit vollen Rechten, sie wählen Vertreter in das Parlament nach Paris und genießen dieselbe lokale Selbstverwaltung, wie sie in Frankreich besteht. Die Territoires d'Outre Mer (TOMs) liegen vorwiegend im Pazifischen Raum, besitzen große lokale Autonomie, wählen ebenfalls Deputierte und Senatoren nach Paris, sind aber nicht völlig integriert. Einige andere kleine Inseln haben einen davon etwas abweichenden Status.

Die karibischen DOMs (Guadeloupe, Martinique und Französisch-Guayana auf dem Festland) wurden im 17. Jahrhundert von den Franzosen kolonisiert. Heute existieren separatistische Bewegungen, aber die meisten Leute ziehen es vor, Teil Frankreichs zu bleiben, wenn auch nur wegen der ökonomischen Vorteile. Frankreich verteilt großzügige Subventionen an diese DOMs, deren Bewohner voll in den Genuß der französischen Sozialleistungen kommen.

Das Kerngebiet der TOMs ist Französisch-Polynesien – fünf Inselgruppen, deren Hauptinsel Tahiti ist. Nicht nur die Franzosen haben diese abgelegenen, exotischen Gegenden lange mit romantischer Sehnsucht betrachtet. In Neukaledonien agiert eine starke Unabhängigkeitsbewegung, was zu Unruhen geführt hat. Auf vielfache Weise sind diese DOM-TOMs eine Belastung für Frankreich, aber sie bieten auch gewisse strategische Vorteile: Die Ariane-Weltraumraketen werden von Guayana aus gestartet, und Atomwaffen werden auf dem Mururoa-Atoll im Pazifik getestet.

Außen links: Eine typisch französische Kolonialvilla auf Réunion, um 1860 erbaut. Die Bewohner tragen Schirme – meist bunt gemustert – gegen die heiße Sonne und plötzliche Regengüsse.

Links: Ein Holzhaus aus der Kolonialzeit auf Martinique. Französische Siedler legten auf der Insel große Obst- und Zuckerrohrplantagen an. Das Zuckerrohr wurde zur Herstellung von Rum verwendet. Es gibt noch einige reiche französische Farmer, und Bananen und Rum sind weiterhin die wichtigsten Exportartikel der Insel. Rum, genannt *le p'tit punch,* ist der landesübliche Aperitif und kostet beinahe nichts. Der Tourismus ist für die Wirtschaft von großer Bedeutung.

Oben: Junge Männer treffen sich im Freien auf Réunion. Nachdem die Franzosen die Insel im 17. Jahrhundert besiedelten, führten sie afrikanische Sklaven für die Arbeit auf den Kaffee- und Zuckerrohrplantagen ein. Die Sklaverei wurde 1848 abgeschafft, aber viele heutige Bewohner stammen von Sklaven ab. Die Bevölkerung ist afrikanischer, französischer und asiatischer Abstammung, auch Mischehen kommen häufig vor. Viele junge Leute gehen zum Studium oder zur Arbeit nach Frankreich, wo sie meist weit besser akzeptiert werden als die nordafrikanischen Muslims.

Oben: Dieses Rathaus auf Guadeloupe hat zwar eine phantasievolle koloniale Fassade, wird aber genauso verwaltet wie irgendein Hôtel de ville im französischen Mutterland – bis zu den detailliertesten Anweisungen der Ministerien aus dem fernen Paris. Die Bewohner haben als vollberechtigte französische Staatsbürger den gleichen Anspruch auf *liberté, égalité* und *fraternité* und teilen viele der Sitten und Gebräuche. Man sieht Bürger mit langen Baguettes, in den Hotels gibt es Bidets, und Gauloises rauchende alte Männer spielen im Schatten Boules.

KORSIKA

Korsika
Die Insel wurde 1768 von den Genuesen an Frankreich verkauft und gehört seitdem fest zur französischen Republik. Sie hat jedoch ein stärkeres Identitätsbewußtsein als jede andere französische Region. Ihre Bewohner sind introvertiert, leidenschaftlich und mitunter gewalttätig. Unter allen französischen Regionen weist sie die geringste Bevölkerungsdichte auf. Die Berge im Nordwesten und Südosten bilden zwei Hauptmassive, und bis vor nicht allzulanger Zeit war das Inselinnere praktisch unpassierbar. Heute gibt es nur wenig Industrie und etwas Landwirtschaft, aber viele Touristen. Bonifacio, Sartène und Corte sind die interessantesten alten Städte.

Bevölkerung: 246 000; Fläche: 8 600 Quadratkilometer; Hauptstadt: Ajaccio mit 55 000 Einwohnern. Eine andere wichtige Stadt: Bastia mit 45 000 Einwohnern.

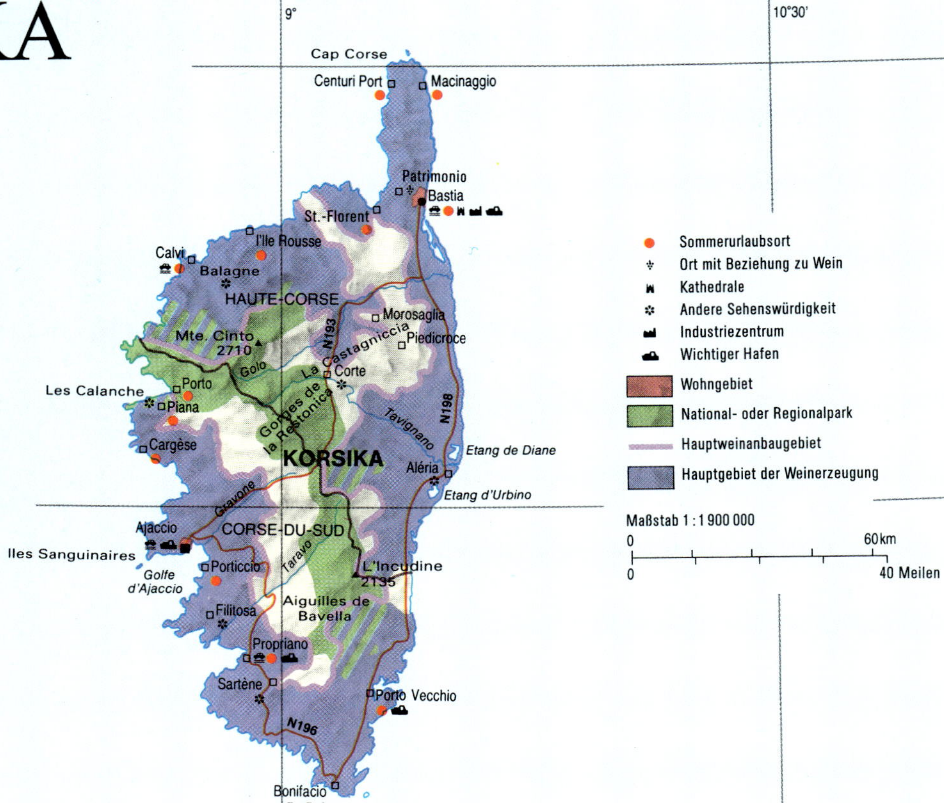

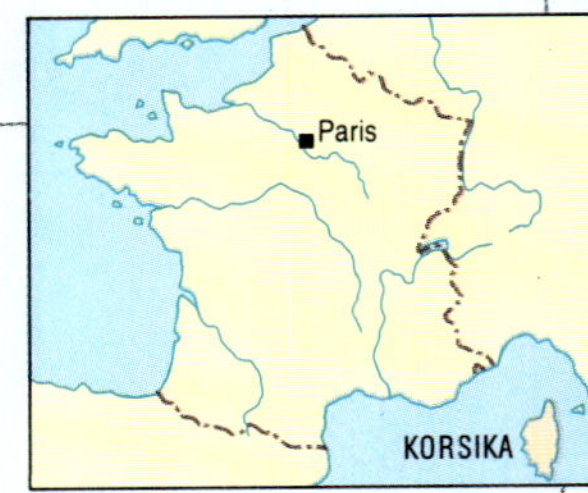

Korsika, eine zerklüftete Gebirgsinsel von beeindruckender landschaftlicher Schönheit, ist immer noch dünn besiedelt und erstaunlich unverbaut. Der Großteil der Ostküste ist flach und gerade; aber entlang der Westküste wechseln sandige Buchten mit steilen Klippen und bewaldeten Landspitzen, die von genuesischen Burgen gekrönt sind. Das wilde Heideland ist voller Kastanien-, Eichen- und Kiefernwälder, Schafweiden auf dem Hochland, Schluchten mit rauschenden Sturzbächen, undurchdringlicher stachliger Birnen- und Eukalyptuswälder an den sonnigeren Hängen; und überall findet man das rauhe Buschland vor, den *maquis*, der im Frühling ein Meer aus wilden Blumen und duftenden Kräutern hervorbringt, aber im Sommer ausgetrocknet ist und häufig von Bränden heimgesucht wird.

Zu den zahlreichen Eroberern der Insel gehörten in der Antike die Griechen und Römer, die an der Ostküste die Reste eines Ortes, Aléria, hinterlassen haben; im 11. Jahrhundert kamen die Pisaner und bauten Kapellen, von denen einige heute noch stehen, und die Genuesen, die die Pisaner verdrängten und bis 1755 herrschten. Dann war Korsika nach einem Volksaufstand 14 kurze Jahre unter der Führung von Pascal Paoli unabhängig, der heute als Nationalheld verehrt wird. Ein bekannter Korse, Napoleon Bonaparte, 1769 in Ajaccio geboren, kämpfte für Frankreich gegen sein Heimatland und ist deshalb auf der Insel nicht allzu beliebt.

Obwohl die Korsen sich nicht als Franzosen fühlen, wollen nur wenige die völlige Unabhängigkeit von Frankreich; die meisten wären mit einer Autonomie zufrieden. Trotzdem unternimmt die extremistische Befreiungsfront weiterhin Bombenanschläge, die sich vor allem gegen »ausländische« (das heißt französische) Investitionen richten. Die Korsen sind ein stolzes Volk mit strenger Sippenloyalität und einem unversöhnlichen persönlichen Ehrenkodex, dessen Verletzung durchaus mit Gewalt geahndet werden kann. Die Blutrache, *vendetta*, wird nicht mehr so häufig wie früher ausgeübt, aber alte Familienfehden ziehen sich nach wie vor über Generationen hin. Gewalt, Raub und organisierte Kriminalität sind keine Seltenheit.

Viele Korsen sind besorgt, daß die Insel durch einen massiven Ausbau ruiniert werden könne, und stimmen deshalb gegen viele neue Tourismusprojekte; dadurch gibt es nur wenige moderne Hotels. Neben dem Tourismus ist der Anbau von Wein und Zitrusfrüchten die Haupterwerbsquelle. Die schweren Rotweine wie der Patrimonio passen gut zu den deftigen einheimischen Gerichten wie Bohnensuppe, gefüllte Ferkel, Ziegeneintopf und Wildschwein.

Ajaccio und Bastia, beide schön gelegen, aber staubig, sind die einzigen größeren Städte. Calvi ist der bevorzugte Urlaubsort, gefolgt von Porticcio und Porto Vecchio. Landschaftlich am eindrucksvollsten ist die Gegend um Porto und die Halbinsel Cap Corse. Der faszinierende alte Hafenort Bonifacio liegt malerisch auf einem hohen Kalksteinkliff. Sartène und Corte, die antiken Hauptstädte der Insel, sind schöne, aber schmucklose Binnenorte: hier hat sich die korsische Tradition am stärksten erhalten.

Oben: Die schwerbefestigte Zitadelle von Calvi, im späten 15. Jahrhundert von den Genuesen erbaut, überragt eine kleine Stadt, die heute Korsikas wichtigster Badeort ist – mit langem Sandstrand, der sich um eine malerische Bucht zieht. Im Jahr 1794 belagerten und eroberten die Briten die Zitadelle nach einer Beschießung, bei der Lord Nelson, damals noch Kapitän, das rechte Auge verlor. Ein Rundgang über die Wälle bietet beeindruckende Ausblicke. Die Balagne, das Hinterland, besitzt üppige Obstgärten und unberührte alte Dörfer.

BIBLIOGRAPHIE

Vor den Franken und allgemeine Geschichte

Bertier de Sauvigny, G. A. de, *Die Geschichte der Franzosen: von den Galliern bis de Gaulle,* München 1988.
Bloch, M., *French Rural History: an Essay on its Basic Characteristics,* London 1966.
Braudel, F., *Frankreich,* 3 Bde., Stuttgart 1990 - 1991.
Bulst, N./Voss, J./Riemenschneider, R., *Geschichte Frankreichs,* 3 Bde., München 1978.
Drinkwater, J. F., *Roman Gaul: the Three Provinces 588 BC - AD 260,* Beckenham 1983.
Duby, G. (Hrsg.), *Histoire de la France,* 3 Bde., Paris 1982.
ders. (Hrsg.), *Histoire de la France urbaine,* 5 Bde., Paris 1978 - 1985.
Duby, G./Wallon, A. (Hrsg.), *Histoire de !a France rurale,* 4 Bde., Paris 1975 - 1977.
Favier, J. (Hrsg.), *Geschichte Frankreichs,* 6 Bde., Stuttgart 1989 ff.
Guilaine, J., *La France d'avant la France: du néolithique à l'âge du fer,* Paris 1980.
Haensch, G./Tümmers, H. (Hrsg.), *Frankreich,* München 1991.
Loth, W. u. a., *Frankreich-Ploetz,* Freiburg 1988.
Pitte, J. R., *Histoire de paysage français,* 2 Bde., Paris 1983.
Planhol, X. de, *Géographie historique de la France,* Paris 1988.
Rivet, A. L. F., *Gallia Narbonensis,* Paris 1988.
Sandars, N. K., *Bronze Age Cultures in France,* Cambridge/England 1957.
Scarre, C. (Hrsg.), *Ancient France. Neolithic Societies and Their Landscapes, 6000 - 200 BC,* Edinburgh 1983.
Sieburg, H. O., *Geschichte Frankreichs,* Stuttgart, Berlin 1989.
Wightman, E. M., *Gallia Belgica,* London 1985.

Zeit des Mittelalters

Assunto, R., *Die Theorie des Schönen im Mittelalter,* Köln 1982.
Bates, D., *Normandy before 1066,* London 1982.
Bloch, M., *Die Feudalgesellschaft,* Frankfurt am Main 1982.
Bullough, D., *Karl der Große und seine Zeit,* München 1979.
Contamine, P., *War in the Middle Ages,* London 1984.
Dixon, P., *Barbarian Europa,* Oxford 1976.
Duby, G., *Die drei Ordnungen. Das Weltbild des Feudalismus,* Frankfurt am Main 1986.
ders., *Europa im Mittelalter,* Stuttgart 1986.
ders., *Krieger und Bauern. Die Entwicklung der mittelalterlichen Wirtschaft und Gesellschaft bis um 1200,* Meisenheim 1990.
ders., *Die Kunst des Mittelalters,* 3 Bde., Stuttgart 1984 - 1985.
ders., *Ritter, Frau und Priester. Die Ehe im Frankreich des 11. und 12. Jahrhunderts,* Frankfurt am Main 1985.
ders., *Die Zeit der Kathedralen. Kunst und Gesellschaft 980 - 1420,* Frankfurt am Main 1989.
Ehlers, J., *Geschichte Frankreichs im Mittelalter,* Stuttgart 1987.
Geary, P. J., *Before France and Germany: The Creation and Transformation of the Merovingian World,* Oxford 1982.
Hallam, E. M., *Capetian France, 987 - 1328,* London 1980.
Lambert, M. D., *Ketzerei im Mittelalter, Häresien von Bogumil bis Hus,* o. O. 1981.
Le Goff, J., *Das Hochmittelalter,* Frankfurt am Main 1965.
ders., *Les intellectuels au moyen âge,* Paris 1985.
LeRoy Ladurie, E., *Montaillou,* Paris 1982.
Martin, V., *Les origines du gallicanisme,* 2 Bde., Paris 1939.
Schramm, P. E., *Der König von Frankreich. Das Wesen der Monarchie vom 9. bis zum 16. Jahrhundert,* 2 Bde., Weimar 1939.

Vom Mittelalter bis zur Französischen Revolution

Benedict, P. (Hrsg.), *Cities and Social Change in Early Modern France,* London 1989.
Bonney, R., *Society and Government in France under Richelieu and Mazarin, 1624 - 61,* London 1988.
Braudel, F., *Sozialgeschichte des 15. - 18. Jahrhunderts,* 2 Bde., München 1985 - 1986.
Briggs, R., *Early Modern France,* Oxford 1977.
Cameron, K. (Hrsg.), *From Valois to Bourbon: Dynasty, State and Society in Early Modern France,* Exeter 1989.
Elias, N., *Die höfische Gesellschaft,* Frankfurt am Main 1983.
Girsberg, H., *Der utopische Sozialismus des 18. Jahrhunderts in Frankreich,* Wiesbaden 1973.
Goubert, P., *The Ancien Régime. French Society, 1600 - 1750,* London 1974.
LeRoy Laudrie, E., *Die Bauern des Languedoc,* München 1990.
Marat, J.-P., *Die Ketten der Sklaverei,* Gießen 1975.
Mettam, R., *Government and Society in Louis XIV's France,* London 1977.
Vierhaus, R. (Hrsg.), *Der Adel vor der Revolution,* Göttingen 1971.

Von der Französischen Revolution bis 1945

Baker, K./Lucas, C./Furet, F. (Hrsg.), *The French Revolution and the Creation of Modern Political Culture,* 3 Bde., Oxford 1988 - 1990.
Becker, J., *The Great War and the French People,* Leamington Spa 1985.
Bleckmann, A., *Das französische Kolonialreich und die Gründung neuer Staaten,* Köln 1969.
Bloch, Ch., *Die III. französische Republik - Entwicklung und Kampf einer parlamentarischen Demokratie 1870 - 1940,* Stuttgart 1972.
Bonnet, G., *Vor der Katastrophe - Erinnerungen des französischen Außenministers 1938 - 1939,* Köln 1951.
Cobban, A., *A History of Modern France,* 3 Bde., London 1990.
Dru, A., *Erneuerung und Reaktion. Die Restauration in Frankreich 1800 - 1830,* München 1967.
Dupeux, G., *French Society, 1789 - 1970,* London 1976.
Durant, W., *Die Französische Revolution und der Aufstieg Napoleons,* Frankfurt am Main 1982.
Erbe, M., *Geschichte Frankreichs von der Großen Revolution bis zur Dritten Republik,* Stuttgart 1982.
Epting, K., *Frankreichs goldene Jahre: La Belle Epoque,* Stuttgart 1962.
Euler, H., *Napoleon III. - Versuch einer Deutung,* München 1972.
Fischer, M., *Mittelklasse als politischer Begriff in Frankreich seit der Revolution,* Göttingen 1974.
Hirschfeld, G./Marsh, P. (Hrsg.), *Kollaboration in Frankreich,* Frankfurt am Main 1991.
Jones, C., *The Longman Companion to the French Revolution,* London 1988.
Kedward, R., *Occupied France: Collaboration and Resistance 1940 - 1944,* London 1985.
Kuhn, A., *Die französische Revolution 1848,* München 1975.
Kundel, E. (Hrsg.), *Karl Marx/Friedrich Engels: Tagebuch der Pariser Kommune,* Frankfurt am Main 1971.
Lucius, P. E., *Bonaparte und die protestantischen Kirchen Frankreichs,* Tübingen 1903.
Magraw, R., *France, 1815 - 1914, The Bourgeois Century,* London 1983.
Maurois, A., *Napoleon in Selbstzeugnissen und Bilddokumenten,* Reinbek 1966.
Plessis, A., *The Rise and Fall of the Second Empire, 1852 - 1871,* Cambridge/England 1985.
Price, R., *A Social History of Nineteenth-Century France,* London 1987.
Rioux, J.-P., *La France de la Quatrième République,* 2 Bde., Paris 1980 und 1983.
Siebert, F., *Aristide Briand 1862 - 1932 - ein Staatsmann zwischen Frankreich und Europa,* Stuttgart 1973.
Sieburg, H. O., *Napoleon und Europa,* Köln 1971.
Soboul, A., *Kurze Geschichte der Französischen Revolution,* Berlin 1986.
Thalheimer, S., *Recht und Gerechtigkeit - Ein Beitrag zur Geschichte des Falles Dreyfus.* München 1969.
Tulard, J., *Napoleon oder der Mythos des Retters,* Berlin 1982.
Weber, E., *Peasants into Frenchman: The Modernization of Rural France 1870 - 1914,* Oxford 1977.
Zeldin, T., *France 1848 - 1945,* 2 Bde., Oxford 1973 - 1977.
Ziebura, G., *Léon Blum, Theorie und Praxis einer sozialistischen Republik,* Berlin 1963.

Von 1945 bis zur Gegenwart

Baring, A./Tautil, Ch., *Charles de Gaulle, Größe und Grenzen,* Köln, Berlin 1963.
Berner, W., *Die Einheitsfront-Politik der KP Frankreichs 1965 - 1967,* Köln 1967.
Elsenhaus, H., *Frankreichs Algerienkrieg 1954 - 1962; Entkolonisierungsversuch einer kapitalistischen Methode; zum Zusammenbruch der Kolonialreiche,* München 1974.
Favier, P./Martin-Roland, M., *La Décennie Mitterrand,* Bd. 1, Les Ruptures, Paris 1990.
Frears, J. R., *France under the Giscard Presidency,* London 1981.
Gaulle, Ch. de, *Memoiren 1942 - 1946; die Einheit, das Heil,* Düsseldorf 1961.
Johnson, R. W., *The Long March of the French Left,* London 1981.
Monnet, J., *Erinnerungen eines Europäers,* Baden-Baden 1988.
Poincaré, R., *Im Dienste Frankreichs - neun Jahre Erinnerung,* Dresden 1928.
Reynaud, P., *Ehrgeiz und Illusion. Die Außenpolitik de Gaulles,* München, Zürich 1964.
Schütze, G., *Der schmutzige Krieg - Frankreichs Kolonialpolitik in Indochina,* München 1959.
Siegfried, A., *Frankreichs vierte Republik, 1944 - 1959,* Stuttgart 1959.
Touraine, A., *The May Movement: Revolt and Reform,* New York 1971.
Tournoux, J. R., *Pétain und de Gaulle,* Düsseldorf 1966.

Gesellschaft und Allgemeines

Ardagh, J., *France Today,* London 1988.
Beauvoir, S. de, *Das andere Geschlecht,* Hamburg 1953.
Bernard, B., *Sarcellopolis,* Paris 1964.
Bernstein, R., *Fragile Glory: a Portrait of France and the French,* New York 1991.
Bulst, N., *Familie zwischen Tradition und Moderne. Studien zur Geschichte der Familie in Deutschland und Frankreich vom 16. bis zum 20. Jahrhundert,* Göttingen 1981.
Closets, F. de, *Toujours plus!,* Paris 1982.
Crozier, M., *Etat modeste, Etat moderne,* Paris 1987.
ders., *The Bureaucratic Phenomenon,* London 1964.
Duroselle, J. B./Goguel, F./Hoffmann, S. u. a., *France, Change and Tradition,* Cambridge/Mass. 1963.
Gregoire, M., *Le Métier de femme,* Paris 1965.
Kosciusko-Morizet, J.-A., *La »Mafia« polytechnicienne,* Paris 1973.
Léger, D./Hervieu, B., *Le Retour à la nature,* Paris 1979.
Minc, A., *La Machine égalitaire,* Paris 1987.
Peyrefitte, A., *Was wird aus Frankreich,* Berlin 1978.
Rambali, P., *French Blues,* London 1989.
Rouède, A., *Le Lycée impossible,* Paris 1967.
Sampson, A., *Die neuen Europäer,* München 1969.
Simon, P., *Rapport sur le comportement sexuel des Français,* Paris 1972.
Vincent, G., *Les Français, 1946 - 75,* Paris 1977.
Vireu, F. de, *La Fin d'une agriculture,* Paris 1967.
Zeldin, T., *Ich liebe das Leben und das Leben liebt mich. Was es heißt, Franzose zu sein,* Reinbek 1989.

Kulturelles und intellektuelles Leben

Barthes, R., *Kritik und Wahrheit,* Frankfurt am Main 1988.
Cohen-Solal, A., *Sartre. 1905 - 1980,* Reinbek 1988.
Debray, R., *Le Pouvoir intellectuel en France,* Paris 1979.
Foucault, M., *Die Ordnung der Dinge,* Frankfurt am Main 1974.
Französische Dichtung, 4 Bde., München 1991.
Glucksmann, A., *Die Meisterdenker,* Reinbek 1987.
Levy, B.-H., *Das Testament Gottes. Der Mensch im Kampf gegen Gewalt und Ideologie,* Berlin 1984.
Ory, P./Sirinelli, J.-F., *Les Intellectuels en France, de l'Affaire Dreyfus à nos jours,* Paris 1986.
Painter, G., *Marcel Proust,* 2 Bde., Frankfurt am Main 1980.
Stackelberg, J. v. (Hrsg.), *Das französische Theater vom Barock bis zur Gegenwart,* 2 Bde., Bielefeld o. J.

Regionen

Ardagh, J. (Hrsg.), *The Collins Guide to France,* London 1985.
ders., *Provence, Languedoc and Côte d'Azur,* London 1990.
ders., *Rural France,* London 1983.
ders., *Writer's France,* London 1989.
Champigneulle, B., *Normandie,* München 1980.
Domke, H., *Aquitanien,* München 1987.
ders., *Burgund,* München 1990.
ders., *Frankreichs Süden,* München 1985.
DuMont Kunstreiseführer, Köln.
Frappat, P., *Grenoble, le mythe blessé,* Paris 1979.
Gravier, J. F., *Paris et le désert français,* Paris 1972.
Greene, G., *Ich klage an,* Darmstadt, Wien 1982.
Guadagna, I., *Auf Korsika,* München 1981.
Kramer, C./Müller-Marlin, J., *21mal Frankreich,* München 1989.
Mayle, P., *Toujours Provence,* London 1991.
Mérindol, P., *Lyon, le sang et l'argent,* Paris 1978.
Michelin Reiseführer in deutsch, Karlsruhe.

FACHBEGRIFFE

Fett gedruckte Begriffe im Text verweisen auf ein eigenes Stichwort.

Académie française Sie wurde im 17. Jahrhundert gegründet und ist Frankreichs führende und angesehenste Akademie. Ihre 40 Mitglieder, die sich untereinander wählen, sind vorwiegend Schriftsteller, aber auch Naturwissenschaftler, Diplomaten und Geistliche. Frauen sind nur äußerst selten zugelassen.

Action française Eine rechte, nationalistische und antisemitische politische Gruppe, die 1899 gegründet wurde und bis 1944 bestand. Sie unterhielt eine Zeitung gleichen Namens, die der Schriftsteller Charles Maurras herausgab.

Albigenser Häresie Diese Form des **Manichäismus** und der Lehre der Katharer breitete sich, vermutlich von Bulgarien kommend, zwischen 1145 und 1155 in Südfrankreich aus. Besonders stark vertreten in der Gegend von Albi (daher der Name), erstreckte sich das Ketzertum über das gesamte Feudalgebiet von Toulouse und darüber hinaus. Papst Innozenz III. rief 1208 zu einem Kreuzzug gegen die Albigenser auf, und Simon IV., Graf von Montfort, führte 1209 Ritter aus dem Norden in grausame Kampagnen zur Unterdrückung der Ketzer. Die Albigenserkriege endeten 1229, und das letzte Bollwerk der Albigenser in Montségur fiel 1244.

Ancien régime (»Alte Regierungsform«) Mit diesem Ausdruck bezeichneten 1789 französische Revolutionäre das von ihnen gestürzte absolutistische Regime. Er beinhaltet sowohl gesellschaftliche und wirtschaftliche Verhältnisse (zum Beispiel Feudalismus) als auch das politische System des Absolutismus. Heute wird die Bezeichnung allgemein für das französische Regierungssystem vom 16. Jahrhundert bis 1789 verwendet.

Antiklerikalismus Die Opposition gegen die institutionalisierte Religion war schon im Mittelalter bekannt, wurde aber besonders im 18. Jahrhundert intellektuell anerkannt und in der Gesellschaft weit verbreitet. Der Antiklerikalismus wurde während der Französischen Revolution zu einer bedeutenden politischen Kraft, als die katholische Kirche zu sehr mit der Konterrevolution identifiziert wurde.

Ariane Der Name für Weltraumraketen, die in den letzten Jahren von der Europäischen Weltraumorganisation in Französisch-Guayana gestartet wurden, wobei die Franzosen die technische Leitung innehatten.

Armagnac Ein Branntwein, der im Departement Gers (Landschaft Armagnac) in Südfrankreich hergestellt wird. Er konkurriert in der Qualität mit dem Cognac.

Aufklärung Mit diesem Begriff wird eine geistige Bewegung im 18. Jahrhundert bezeichnet, die begann, die überlieferte Wahrheit zu hinterfragen und eine naturwissenschaftliche Haltung zu Phänomenen der Natur und der Gesellschaft einzunehmen. Sie fand ihren Ausdruck in den Schriften der *philosophes* (Philosophen) wie Voltaire, Montesquieu, Denis Diderot und Jean-Jacques Rousseau. Die Aufklärung war jedoch nicht nur eine intellektuelle Strömung; sie hatte auch prägenden Einfluß auf Kunst, Literatur und Musik und förderte eine eher rationale, säkularisierte Weltbetrachtung.

autoroutes Das französische Wort für Autobahnen. Frankreich verfügt über ein Netz von etwa 7000 Kilometern. Für die Benutzung der meisten sind hohe Mautgebühren zu bezahlen.

baccalauréat Das Schulabschlußexamen, das unserem Abitur entspricht. Es wird gewöhlich im Alter von 18 oder 19 Jahren abgelegt, ist Voraussetzung für ein Universitätsstudium und garantiert gleichermaßen einen Studienplatz an der Universität.

baguette (wörtlich »Stab« oder »Stock«) Ein langes, schlankes, knuspriges Weißbrot.

Bartholomäusnacht Das Massaker an schätzungsweise 2700 führenden **Hugenotten** in Paris am 24. August 1572. Angeblich um einem Staatsstreich der Hugenotten zuvorzukommen, führte das Massaker zum Tod von zahlreichen hugenottischen Würdenträgern, die sich in der Hauptstadt aufhielten, um an der Hochzeit der Tochter der Regentin Katharina von Medici mit dem Hugenotten Heinrich von Navarra (dem zukünftigen Heinrich IV.) teilzunehmen. Das Ereignis war die schlimmste Ausschreitung in den **Religionskriegen** und verschärfte den interkonfessionellen Streit; in einer Reihe von Provinzstädten fand das Massaker Nachahmung.

Bastille Eine massive Festung, die im 14. Jahrhundert als Teil der Pariser Stadtmauer gebaut wurde. Ihre Erstürmung durch die Pariser Massen am 14. Juli 1789 wurde Teil der Revolutionslegende. Die Angreifer eroberten sie aus militärischen Gründen, vor allem um mitzuhelfen, die Stadt gegen königliche Truppen zu verteidigen. Sie wurde jedoch zu einem Symbol für den Sturz des **Ancien régime** und wurde sofort zerstört.

belle époque (wörtlich »schöne Epoche«) Etwa die Zeitspanne zwischen 1880 und 1914, die in Paris eine relativ sorgenfreie Epoche mit einer blühenden Kunst und kultivierten Gesellschaft war.

bistro(t) Ursprünglich ein Schnellrestaurant für Kutscher (das Wort kommt aus dem Russischen und bedeutet »schnell«), bezeichnete es später eine einfache Bar oder ein Café. Heute versteht man darunter auch ein kleines, stimmungsvolles, oft recht schickes Restaurant.

bocage Ein normannisches Wort für die durch Hecken und Bäume in Parzellen unterteilte Wiesen- und Weidelandschaft im Nordwesten Frankreichs.

»boîte« (wörtlich »Schachtel«) Eine umgangssprachliche Bezeichnung für eine Nachtbar.

»bon chic, bon genre« (**»BCBG«**) Dieser moderne, umgangssprachliche Ausdruck ist fast unübersetzbar. Er bezeichnet die Vertreter der wohlhabenden, konventionellen Oberklasse und des oberen Mittelstands; am ehesten kommt er der Bedeutung von »Schickimicki« nahe.

bougnats Kleine, traditionelle Geschäfte, wie sie meist von Auvergnern in Paris geführt werden. Sie verkaufen Kohle und Brennholz und sind mit einem kleinen Café kombiniert. Es gibt allerdings nur noch wenige davon.

bouillabaisse Eine würzige Fischsuppe mit Knoblauch, ursprünglich aus der Marseiller Gegend. Sie ist nicht billig und gilt bei vielen als die Königin der klassischen französischen Gerichte.

boules Ein Spiel, das mit Metallkugeln gespielt wird und eine Variante von ***pétanque*** ist.

bourgeoisie, grande, bonne, petite Bezeichnungen für einige Schichten des französischen Mittelstands: *Grande* umfaßt die einflußreiche, fast schon aristokratische Oberklasse; *bonne* betrifft den oberen oder mittleren Mittelstand (freie Berufe usw.); *petite* ist der untere Mittelstand (Ladenbesitzer, Handwerker, Büroangestellte).

bourrée Ein ländlicher Volkstanz aus der Auvergne mit der dazu entsprechenden Musik.

Calvados Ein Apfelschnaps, benannt nach dem Departement in der Normandie, wo er hauptsächlich produziert wird.

Canard Enchaîné, Le Eine satirische Pariser Wochenzeitung von großem Einfluß und Ansehen in politischen Kreisen.

cassoulet Ein nahrhafter Eintopf aus weißen Bohnen, Schweinswurst, eingemachtem Gänsefleisch usw. Das Gericht kommt ursprünglich aus der Gegend um Toulouse.

Centre Pompidou Großes Kulturzentrum in auffallend modernem Design. Es wurde 1987 in der Stadtmitte von Paris eröffnet. Es ist im allgemeinen besser bekannt als Centre Beaubourg.

chanson (wörtlich »Lied«) Eine besondere französische Gattung der poetischen Ballade, die bis ins Mittelalter zurückreicht. Berühmte moderne Vertreter sind unter anderen Edith Piaf, Charles Trenet und Jacques Brel.

charcuterie Das Wort bezeichnet sowohl Fleisch- und Wurstwaren aus Schweinefleisch als auch das Geschäft, in dem sie verkauft werden.

chasse Sehr beliebte Pirschjagd auf Wild, Fasanen, Kaninchen usw. Sie wird zu Fuß und mit dem Gewehr ausgeführt.

civitas (Plural: *civitates*) Eine politisch-geographische Verwaltungseinheit im Römischen Reich. Viele der *civitates* von Gallien entsprechen den Stammeseinheiten, wie sie vor der Kolonisierung bestanden; sie erhielten Privilegien und Steuerfreiheit.

Cognac Dieser Weinbrand gilt als der beste der Welt. Er wird in und um die Stadt Cognac im Südwesten Frankreichs aus Trauben hergestellt, die auf den lokalen Weinfeldern wachsen.

Comédie Française Frankreichs führendes Staatstheater. Es wurde 1680 gegründet.

Comité de Salut Public (Wohlfahrtsausschuß) Das oberste Exekutivorgan des **Nationalkonvents** zwischen 1793 und 1795. Es bestand zunächst aus neun, später aus zwölf Mitgliedern unter der zeitweisen Führung von Robespierre.

Comité de Sûreté Générale (Allgemeiner Sicherheitsausschuß) Der aus Mitgliedern des **Nationalkonvents** gewählte Ausschuß, der vom Oktober 1792 bis 1795 für Polizei und Justiz zuständig war.

communes (Kommunen) Die Grundeinheit der französischen Lokalverwaltung; sie bezieht sich sowohl auf kleine Dörfer als auch auf Großstädte wie zum Beispiel Paris. Es gibt etwa 36 500 *communes*, jeweils mit einem gewählten Rat.

Confédération Française Démocratique du Travail (CFDT) Eine der beiden führenden prosozialistischen, nichtkommunistischen Gewerkschaften in Frankreich.

Confédération Générale du Travail (CGT) Die größte französische Gewerkschaft; sie steht den Kommunisten nahe.

Convention nationale *siehe* **Nationalkonvent**

Cordeliers Ein radikaler politischer Klub in Paris von 1790 bis 1794. In seinen Zielen demokratischer als die **Jakobiner**, forderten seine Mitglieder eine radikale Republik und gesellschaftliche Gleichstellung. Sie leiteten ihren Namen von einem Kloster der Franziskaner (die in Frankreich als *cordeliers* – »Strickträger« – bezeichnet wurden) ab, in dem sie tagten.

course des vaches Unblutiger Stierkampf, bei dem Färsen verwendet werden. Er ist in den Landes und der baskischen Region im Südwesten Frankreichs beliebt.

couture Das Wort bezeichnet das Nähen und Schneidern; *haute couture* umfaßt die Welt der Mode.

Crédit Lyonnais Eine der größten französischen Banken. Sie wurde in Lyon gegründet und besitzt heute eine Zentrale in Paris.

cru Mit dieser Bezeichnung wird Wein nach Lage, Wachstum usw. klassifiziert.

cuisine bourgeoise Die französische Kochkunst, wie sie in vielen Restaurants mittlerer Preislage und in den Küchen des Mittelstandes praktiziert wird.

cuisine paysanne Die einfache, derbe und wohlschmeckende Küche mit vielen bäuerlichen Zutaten.

Departement Eine Einheit der Lokalverwaltung: Das französische Mutterland ist in 96 Departements unterteilt, die in 22 Regionen zusammengefaßt sind.

Direktorium *(directoire)* Die oberste Regierungsbehörde während der republikanischen Regierung Frankreichs zwischen der Auflösung des **Nationalkonvents** 1795 und dem Auftreten Napoleon Bonapartes 1799. Im Versuch, eine starke Exekutive zu kontrollieren, erwies sich jedoch die Regierung, deren Geschichte von Staatsstreichen begleitet ist, als zu schwach.

Drei Stände *siehe* **Generalstände**

drugstore, le Das Wort wurde aus dem Amerikanischen übernommen, erhielt aber in Frankreich eine andere Bedeutung. *Le drugstore* ist ein modernes Restaurant, zu dem mehrere Boutiquen gehören; beide haben bis spät in die Nacht geöffnet. Heute ist es in vielen größeren Städten verbreitet.

Druiden Eine weise Priesterklasse im **keltischen Gallien**, die seit dem 3. Jahrhundert v. Chr. bestand. Unter Kaiser Tiberius wurden die Druiden ab 9 n. Chr. zugunsten des kaiserlich-römischen Kults unterdrückt.

Ecole Nationale d'Administration Frankreichs hochangesehene Verwaltungsakademie für Postgraduierte. Sie wurde 1946 in Paris gegründet. Ihre Absolventen nehmen meist wichtige Stellungen von großem politischen Einfluß ein.

Ecole Normale Supérieure Eine traditionsreiche Elitehochschule in Paris, die zukünftige Lehrer für die Universität und höhere Schule *(lycée)* ausbildet.

Edikt von Nantes Der königliche Erlaß Heinrichs IV. vom 13. April 1598, der den französischen **Hugenotten** ein gewisses Maß an Toleranz, bürgerlichen Freiheiten und Sicherheiten gewährte. Das Edikt bedeutete das Ende der **Religionskriege.** Im Laufe des 17. Jahrhunderts verloren die Hugenotten allmählich ihre Rechte wieder, und am 18. Oktober 1685 hob Ludwig XIV. offiziell das Edikt auf und verbot den Protestantismus in Frankreich. Diese Maßnahme führte zur Flucht von über 200 000 Hugenotten aus Frankreich.

Entente cordiale 1904 Der Vertrag vom 8. April 1904 zwischen England und Frankreich entschied über wichtige koloniale Streitfragen zwischen den beiden Mächten und schuf die Grundlage für die spätere politische und militärische Zusammenarbeit. Frankreichs Bündnis mit Rußland 1907 führte zum Zusammengehen der drei sogenannten »Ententemächte« gegen Österreich, Deutschland und Italien in der kritischen Phase vor dem Ersten Weltkrieg.

Erklärung der Menschenrechte Dekret der Nationalversammlung vom 26. August 1789, das die Grundlage der neuen, liberalen Verfassung bildete. Zu den Menschenrechten gehören unter anderem: Gleichheit vor dem Gesetz, Toleranz gegenüber Religionen, Meinungs- und Pressefreiheit, Steuergleichheit.

Europäische Gemeinschaft für Kohle und Stahl (Montanunion) 1951 von Frankreich, Deutschland, Italien und den Beneluxstaaten gegründet, um die Montanindustrie zu koordinieren. Die EGKS war eine Vorläuferin des »Gemeinsamen Marktes«, der jetzigen Europäischen Gemeinschaft.

Existentialismus Philosophisches System deutschen Ursprungs, das von Jean-Paul Sartre und anderen in den 40er und 50er Jahren entwickelt wurde und großen intellektuellen Einfluß ausübte.

»faire le pont« (wörtlich »eine Brücke bauen«) Diese Wendung bezeichnet den viertägigen Wochenendurlaub, wenn ein Feiertag auf einen Dienstag oder einen Freitag fällt.

Fauvismus Einflußreicher neuer Malstil, der von Henri Matisse und anderen zwischen 1898 und 1910 entwickelt wurde.

Figaro, Le Führende Pariser Tageszeitung mit überwiegend konservativer Einstellung.

film d'auteur Das in Frankreich übliche Konzept vom Kino als persönliche kreative Ausdrucksform. Der Regisseur ist »Autor« eines Films, wie der Romancier Autor eines Romans ist. Der Autorenfilm wurde zu einer internationalen Stilrichtung im Film.

Force Ouvrière (FO) Eine der zwei führenden nichtkommunistischen Gewerkschaften, die der Sozialistischen Partei nahe steht.

Forces Françaises Libres (FFL) *siehe* **Freies Frankreich**

franglais Modischer Trend in den Nachkriegsjahren, englische und amerikanische Wörter und Ausdrücke in das Alltagsfranzösisch aufzunehmen (und ziemlich oft ungenau zu verwenden).

Franken Konföderation einer Anzahl früher unabhängiger Stämme (darunter die Salier und Ripuarier), die sich seit dem 3. Jahrhundert n. Chr. am Niederrhein bildete. Sie verunsicherte das römische Gallien über ein Jahrhundert, bevor die Römer begannen, mit ihr zusammenzuarbeiten, indem sie sie zum Beispiel anwarb, den Hunnen Attila 451 zurückzuschlagen. Der salische Franke Chlodwig war der Begründer der Merowingerdynastie (ab 481).

Freies Frankreich (Forces Françaises Libres; FFL) Eine von General de Gaulle angeführte Armee, die sich weigerte, die Kapitulation Vichy-Frankreichs gegenüber Deutschland anzuerkennen, und nach dem Juli 1940 weiterkämpfte. Zuerst nur im Exil tätig, wurden die Freien Franzosen mit der Zeit militärisch aktiver und verbanden sich immer wirkungsvoller mit den **Forces Françaises de l'Interieur (FLL**; Französische Streitkräfte des Inneren), die den Widerstand in Frankreich anführten.

Galeries Lafayette Eines der größten und ältesten Pariser Warenhäuser.

Gallier *siehe* **Keltische Gallier**

garrigue Steiniges, von Sträuchern bedecktes Hügelland nahe der Mittelmeerküste, vor allem im Languedoc und in der Provence.

Generalstände Die Versammlung der Vertreter der Stände in Frankreich vor der Französischen Revolution, gebildet aus dem Klerus (Erster Stand), dem Adel (Zweiter Stand) und der übrigen Bevölkerung (Dritter Stand). Aus dem 14. Jahrhundert stammend, wurden sie zuletzt 1789 einberufen und in die Nationalversammlung umgewandelt.

Girondisten Parlamentarische Gruppierung in der Nationalversammlung von 1791 bis 1793. Viele Mitglieder kamen aus dem Departement Gironde - daher der Name. Die Girondisten traten für ein eher föderales und gemäßigtes Regierungssystem ein, während ihre Hauptgegner, die **Jakobiner**, von denen sie Mitte 1793 verfolgt wurden, ein zentralisiertes, autoritäres Regime verfochten.

gîte (wörtlich »Unterkunft«) Unter dem Ausdruck versteht man heute Bauernhäuser oder kleine Häuser auf dem Lande, die an Urlauber vermietet werden.

Grandes Ecoles Eine Anzahl von elitären Fachhochschulen, die neben dem Universitätssystem bestehen und deren Diplome meist viel wertvoller sind als ein gewöhnlicher Grad. Am einflußreichsten ist die Ecole Polytechnique.

Grands Corps de l'Etat Eine Gruppe bedeutender Staatsorgane (wie Conseil d'Etat und Corps des Mines), die sich größtenteils aus Absolventen der elitären Fachhochschulen zusammensetzen. Sie bestehen aus hochtalentierten Spitzenkräften, die zur Durchführung fachspezifischer Aufgaben herangezogen werden.

Guillotine Hinrichtungsart durch Enthaupten, die auf den Pariser Chirurgen Antoine Louis zurückgeht, aber später nach dem Pariser Arzt und Mitglied der Nationalversammlung J. I. Guillotine benannt wurde. Auch wenn sie bald in Verruf geriet, so galt die Guillotine als egalitäre und humanere Hinrichtungsmethode als die unter dem **Ancien régime** üblichen.

haute cuisine Exquisiter, kalorienreicher und teurer Kochstil, der im 19. Jahrhundert von großen Küchenchefs wie Escoffier begründet wurde. Heute ist er durch die ***nouvelle cuisine*** aus der Mode gekommen.

Hugenotten Die Herkunft des Namens ist unklar. Er bezeichnet jedoch die französischen Calvinisten seit der Mitte des 16. Jahrhunderts.

Humanité, L' Die Pariser Tageszeitung der Kommunistischen Partei.

Immortel (wörtlich »Unsterblicher«) Volkstümlicher Name für ein Mitglied der **Académie française.**

Impressionisten Innovative Gruppe französischer Maler von großem Einfluß, die in Paris in den 70er Jahren des vergangenen Jahrhunderts in Erscheinung trat. Zu ihr gehörten unter anderen Auguste Renoir, Claude Monet und Camille Pissaro. Die Impressionisten verband ihr gemeinsames Anliegen, unmittelbare visuelle Eindrücke festzuhalten, wobei Licht und Farbe betont wurden.

Jakobiner Mitglieder der Jakobinerklubs, die sich in ganz Frankreich in den 90er Jahren des 18. Jahrhunderts trafen. Sie leiteten ihren Namen von dem früheren Kloster der Dominikaner (in Paris »Jakobiner« genannt) ab, in dem sich der Pariser Klub traf. Auf dem Höhepunkt der **Schreckensherrschaft** verfochten die Jakobiner die Auffassung von einer starken Zentralgewalt, die von Paris ausging.

Kastellan Kommandant einer Burg oder ihr Pächter, der sie für seinen obersten Lehnsherrn befehligt. Kastellane in befestigten, gut ausgerüsteten Burgen waren zu Zeiten der zentralistischen mittelalterlichen Monarchien sehr unbeliebt, denn sie konnten einer Belagerung lange Zeit widerstehen.

Keltische Gallier Die Kelten gehören zu den Indogermanen, die seit dem 2. Jahrtausend v. Chr. in Europa lebten. Sie hatten sich seit dem 1. Jahrtausend v. Chr. im heutigen Frankreich sowie in Teilen Belgiens, Westdeutschlands und Norditaliens niedergelassen. Ab dem 2. Jahrhundert v. Chr. kolonisierten die Römer diese Gebiete und nannten sie Gallien, wonach die Bevölkerung als keltische Gallier bekannt wurde.

Kohabitation Bezeichnung für die Periode zwischen 1986 und 1988, als der sozialistische Präsident Mitterrand keine andere Wahl hatte, als die Regierung mit dem Mitte-Rechts-Ministerpräsidenten Jacques Chirac zusammenzuführen.

»Königskrankheit« Name für Skrofeln - eine tuberkulöse Anschwellung der Lymphdrüsen, zum Beispiel am Hals. Seit dem 13. Jahrhundert standen die Könige von England und Frankreich in dem Ruf, die wunderbare Kraft zu besitzen, durch ihre Berührung die Skrofeln zu heilen. Daher stammt die Bezeichnung »Königskrankheit«. Diese angebliche Kraft wurde ein wesentlicher Faktor in der Theorie und Verbreitung des Gottesgnadentums. Die Könige von England praktizierten den Ritus bis 1714, die Könige von Frankreich bis 1830.

Konkordat von 1801 Die offizielle Übereinkunft vom 16. Juli 1801 zwischen dem Ersten Konsul Napoleon Bonaparte und Papst Pius VII. Es erlaubte die ungehinderte Wiedereinsetzung des katholischen Glaubens nach den antiklerikalen Auswüchsen Ende des 18. Jahrhunderts. Die »Mehrheit des französischen Volkes« (nicht der Staat) bekannte sich zum Katholizismus und religiöse Toleranz wurde gewahrt. Das Konkordat war ein bedeutender Faktor in der Stabilisierung des napoleonischen Regimes.

Kubismus Einflußreiche Richtung der modernen Kunst, die in Paris zwischen 1907 und 1914 von Pablo Picasso, Georges Braque und anderen als Gegenreaktion zum **Impressionismus** entwickelt wurde. Der Kubismus reduziert Gegenstände auf geometrische Formen und zeigt sie in verschiedenen Kontexten. Die Farbe tritt hinter der Form zurück.

langue d'oc, langue d'oïl Bezeichnungen für die zwei Hauptsprachen des mittelalterlichen Frankreich. Das Wort »ja« lautete im Süden »oc« und im Norden »oïl« (heute »oui«). Die erstere, unter dem Namen Okzitanisch bekannter, gab der Provinz Languedoc den Namen.

***légion d'honneur* (Ehrenlegion)** Von Napoleon begründeter Verdienstorden. Die Auszeichnung wird für militärische oder zivile Dienste verliehen, zuweilen auch an Ausländer.

Libération Eine radikal ausgerichtete Pariser Tageszeitung.

limes Die militärische Grenze des römischen Gallien, die die römische Provinz von Germanien trennte. Sie wurde seit dem 3. Jahrhundert zunehmend durchlässiger, als germanische Stämme in Gallien eindrangen.

Maginot-Linie Verteidigungssystem aus Bunkern und Befestigungen, das nach 1931 entlang der französisch-deutschen Grenze auf Befehl des Verteidigungsministers André Maginot errichtet wurde. Die Linie erstreckte sich jedoch nicht entlang der französisch-belgischen Grenze, über die die deutsche Armee 1940 in Frankreich eindrang und damit die Truppen an der Maginot-Linie völlig umging.

Maisons de la Culture Große Kulturzentren für verschiedene Aufgaben. Auf Initiative von de Gaulles Kulturminister André Malraux in den 60er Jahren in mehreren französischen Städten errichtet.

maisons landaises Traditionelle Bauernhäuser mit niedrigem Dach und Nebengebäuden in den Landes in Südwestfrankreich.

Manichäismus Aus Persien stammende dualistische Lehre, die später unter anderem die **Albigenser** vertraten. Danach war der Teufel der Schöpfer der Materie und eine Art zweiter Gott.

maquis Ein korsisches Wort für Land mit wildwachsenden Sträuchern und niedrigen Bäumen. Die Bezeichnung wurde in den Jahren 1940 bis 1944 auf die Mitglieder der bewaffneten **Résistance** in Frankreich übertragen, die sich oft in solch schwer zugänglichem Terrain versteckten.

Monde, Le Die französische Tageszeitung mit dem höchsten Prestige; erscheint in Paris jeden Nachmittag.

Monnet-Plan Von Jean Monnet 1946 ins Leben gerufene zentrale Planungsbehörde mit einer Reihe nationaler Fünfjahrespläne. Sie hat viel für den wirtschaftlichen Aufschwung in Frankreich geleistet, besonders in den ersten Nachkriegsjahren.

Nationale Front (Front National) Rechtsextreme politische Partei mit stark rassistischen Tendenzen. Sie entwickelte sich in den 80er Jahren unter der Führung des Demagogen Jean-Marie Le Pen.

Nationalkonvent Verfassungsgebende Versammlung von 1792 bis 1795. Sie wurde beim Sturz Ludwigs XVI. geschaffen, um eine neue, republikanische Verfassung zu kreieren, und auf der Basis des allgemeinen männlichen Wahlrechts gegen die Gesetzgebende Nationalversammlung gewählt.

Naturalismus Eine literarische Richtung, die in Frankreich Emile Zola in der Periode von 1865 bis 1895 vertrat und in seinen Romanen zum Ausdruck brachte. Die Theorie betont die naturwissenschaftliche Beobachtung des Lebens, gleich, ob es sich um dessen anziehende oder abstoßende Aspekte handelt.

nouveau philosophes Ein Trend unter den Pariser Intellektuellen seit den späten 70er Jahren. Angeführt wurde er von einer Gruppe junger Schriftsteller, die lautstark gegen die marxistische Ideologie, in der sie erzogen wurden, rebellierten.

nouveau roman Eine um 1950 entstandene experimentelle Romanform. Einer der Hauptvertreter war Alain Robbe-Grillet.

nouvelle cuisine Ein leichter, moderner und erfindungsreicher Kochstil, der in den 70er Jahren von einigen französischen Starköchen kreiert wurde. Seither ist er weltweit in teuren Restaurants zu finden.

Nouvelle Droite Eine rechte intellektuelle Bewegung, die in den späten 70er und frühen 80er Jahren in Paris für kurze Zeit aufkam.

nouvelle vague Der Name bezeichnete die heterogene »neue Welle« begabter junger Filmregisseure (Jean-Luc Godard, François Truffaut, Alain Resnais und andere), die das französische Kino in den Jahren nach 1956 erneuerten und den ***film d'auteur*** schufen.

pagus siehe ***pays***

pardon Ein traditionelles katholisches Fest im Freien. Solche Feste werden hauptsächlich in der Bretagne gefeiert.

Pariser Kommune Der revolutionäre Gemeinderat in Paris von März bis Mai 1871. Die Kommune nahm sich die radikale Pariser Regierung der **Schreckensherrschaft** von 1793/1794 zum Vorbild. Sie attackierte die Nationalversammlung wegen des Friedensschlusses mit Deutschland nach der militärischen Niederlage im französisch-preußischen Krieg und forderte eine radikale Umgestaltung. Die Dritte Republik zerschlug die Kommune brutal mit über 20 000 Toten in Straßenkämpfen und bei Vergeltungsmaßnahmen.

Paris-Match Eine Pariser Wochenzeitschrift, die bekannt ist für ihre Bildreportagen.

pastis Alkoholisches Getränk auf Anisbasis, das gewöhnlich als Aperitif genommen wird und besonders in der Provence, seinem Ursprungsland, sehr verbreitet ist.

pays Eine nicht genau definierte Bezeichnung für eine »natürliche Region« und deren Bewohner, die eine gewisse gemeinsame Identität und Tradition sowie ähnliche Interessen aufweisen. Das Wort leitet sich vom lateinischen *pagus* (Plural *pagi*) ab, das eine solche Region unterhalb der mehr formalen ***civitas***, der Grundverwaltungseinheit im römischen Gallien, bezeichnete.

pelota Ein schnelles Ballspiel, das im Freien gespielt wird und im Baskenland sehr beliebt ist. Es ist am ehesten mit Squash zu vergleichen.

pétanque Ein im Freien ausgeübtes, langsames Spiel mit Metallkugeln, das besser unter dem Namen seiner Variante ***boules*** bekannt ist. Aus ihm entwickelte sich Bowls.

pied-noirs (wörtlich »Schwarzfüßer«) Spottname für ehemalige französische Siedler in Algerien, die heute fast alle nach Frankreich zurückgekehrt sind.

puy Berg vulkanischen Ursprungs im Zentralmassiv, entweder kraterförmig oder spitz zulaufend.

Religionskriege Die Reihe von Bürgerkriegen, die Frankreich zwischen 1562 und 1598 an den Rand des Abgrunds brachten. Religiöse Zwistigkeiten zwischen Katholiken und **Hugenotten** überdeckten oft wichtige dynastische Spannungen und interne politische Machtauseinandersetzungen innerhalb des Hochadels. Die Thronbesteigung Heinrichs IV. 1589 und die anschließenden militärischen Erfolge bis 1594 sowie die Einführung des **Edikts von Nantes** beendeten die Unruhen.

Résistance Bezeichnet allgemein den Widerstand in Frankreich gegen die deutsche Besatzung in den Jahren 1940 bis 1944.

Rive gauche Das linke Ufer der Seine (das auf ihrer Südseite liegt) im Herzen von Paris. Hier befinden sich die wichtigsten Universitäts- und Verlagsgebäude. Der Begriff bezeichnet das intellektuelle und studentische Paris im Gegensatz zu den mehr kommerziellen oder bürgerlichen Bezirken am rechten Ufer.

sans culottes (wörtlich »ohne Kniehosen«) Mit dem Ausdruck sind jene gemeint, die keine Kniehosen, das Zeichen des Adels, trugen, sondern lange Arbeitshosen *(pantalons)*. Die Bezeichnung bezog sich auf die politisch radikalen kleinen Geschäftsleute und Handwerker, die in der Pariser Politik und der militanten Straßenszene, vor allem während der **Schreckensherrschaft**, eine aktive Rolle spielten.

Schreckensherrschaft *(»terreur«)* Die Politik drakonischer Unterdrückung, die während des Kriegsnotstands 1793/1794 angeordnet und vom Wohlfahrtsausschuß (**Comité de Salut Public**) durchgeführt wurde. Die Schreckensherrschaft verhinderte, daß Frankreich unter den alliierten militärischen Angriffen zerbrach, doch der Preis dafür war hoch: 40 000 Menschen wurden guillotiniert oder erschossen, und Hunderttausende starben bei der blutigen Unterdrückung von konterrevolutionären Aufständen, besonders in Westfrankreich.

Sicherheitsausschuß *siehe* **Comité de Sûreté Générale**

SNCF (Société Nationale des Chemins de Fer Français) Die staatseigene französische Eisenbahngesellschaft.

»Sonnenkönig« Ludwig XIV., seit seiner Jugend mit dem Emblem der Sonne verbunden, trug den Beinamen »Roi Soleil«. Die Sonne wurde in der königlichen Propaganda zu einem Symbol seiner Macht und war im Design und der Dekoration des Versailler Schlosses ein immer wiederkehrendes Motiv.

Stavisky-Affäre Politischer und finanzieller Skandal 1933/1934, in dem es hauptsächlich um politische Korruption ging. Involviert waren der russisch-jüdische Geschäftsmann Sergej Alexandre Stavisky sowie prominente radikalsozialistische Politiker. Antisemitische rechte militante Gruppen benützten die Affäre (und den mysteriösen Tod von Stavisky), um die parlamentarischen und demokratischen Grundlagen der Dritten Republik anzugreifen, die auch in den Augen der Linken ihren Ruf befleckt hatte.

Strukturalismus Wissenschaftliche Denkweise in der Psychologie, der Literaturwissenschaft und der Völkerkunde, die in den 70er Jahren aufkam und in französischen akademischen und literarischen Kreisen viel Beachtung fand. Roland Barthes und Claude Lévi-Strauss gehörten zu ihren führenden Vertretern. Der Strukturalismus gewann auch außerhalb Frankreichs Einfluß, doch ging seine Wirkung seither zurück.

théâtre du boulevard (Boulevardtheater) Üblicher Ausdruck für das kommerzielle Theater in Paris, das leichte Unterhaltung auf dem Spielplan hat im Gegensatz zu den anspruchsvolleren, staatlich subventionierten oder den Randtheatern.

Trois Glorieuses, Les 1. Bezeichnung für die dreitägigen Pariser Straßenkämpfe vom 27. bis 29. Juli 1830, die den Sturz der Restaurationsmonarchie von Karl X. bewirkten und zur Einsetzung der Juli-Monarchie unter Louis Philippe führten. 2. Name der drei üppigen Bankette, die im November in Burgund zur Zeit der jährlichen Weinauktionen abgehalten werden.

vendetta Korsischer Name für eine bittere, lange währende Fehde zwischen verfeindeten Familien. Es gibt sie auf der Insel noch immer, wenn sie auch nicht mehr so üblich sind und so tödlich ausgehen wie früher.

Vercingetorix Anführer des Stammes der Arverner, der 52 v. Chr. den Widerstand der Gallier gegen die römische Invasion organisierte. Er wurde von Julius Caesar in Alesia belagert und gefangengenommen, im Triumphzug Caesars nach Rom geführt und hingerichtet.

Vertrag von Verdun Mit diesem Vertrag wurde 843 zwischen den drei Söhnen Ludwigs des Frommen (und damit Enkeln Karls des Großen) das Karolingische Reich in drei Blöcke geteilt und die Grundlage für die Herausbildung von Frankreich und Deutschland gelegt. Zwischen einem östlichen Block (unter Ludwig dem Deutschen) und einem westlichen Teil (unter Karl dem Kahlen) schob sich ein schmaler Territorialstreifen von der Nordsee bis zum Mittelmeer, den Lothar regierte.

Vichy Kurbad in der französischen Provinz. Hier ließ sich 1940, nach der Niederlage Frankreichs gegen die Deutschen und der Auflösung der Dritten Republik, der kollaborierende *Etat Français*, das sogenannte Vichy-Regime, bis zu seinem eigenen Sturz im Jahr 1944 nieder.

Volksfront Sie besteht aus einem linken Bündnis zwischen Sozialisten und Kommunisten als Opposition gegen den Aufstieg der rechten Ideologien und Bewegungen. Die beiden Parteien bildeten 1934 ein Wahlbündnis, das im Mai 1936 seine Früchte trug, als Léon Blum mit Unterstützung der Kommunisten der erste sozialistische Ministerpräsident wurde und ein bedeutendes Sozialprogramm einführte. Blum trat 1937 zurück, und obwohl er 1938 versuchte, eine Volksfrontregierung wiederzubeleben, gelang es ihm nicht, die beträchtlichen internen und internationalen Probleme, mit denen Frankreich sich konfrontiert sah, zu überwinden.

Wohlfahrtsausschuß *siehe* **Comité de Salut Public**

BILDQUELLENVERZEICHNIS

Die Karten wurden gezeichnet von Euromap, Pangbourne, Lovell Johns, Oxford, und Alain Mais Hornchurch.

Abkürzungen:
o = oben, ol = oben links, or = oben rechts, M = Mitte, u = unten usw.
BAL = Bridgeman Art Library, London; DF = Documentation Français, Paris; DHG = Denis Hughes-Gilbey, Alton, Hants; DP = Daniel Philippe, Brüssel; E = Explorer, Paris; J-LC = Jean-Loup Charmet, Paris; M = Magnum, London und Paris; RH = Robert Harding Picture Library, London; RMN = Réunion des Musées Nationaux, Paris; RV = Roger-Viollet Collection, Paris.

Innenspiegel: Karte von Frankreich aus dem *Atlas of Blaeu,* Amsterdam 1647.

Seite
2 - 7 Le Sueur: Szenen aus der Französischen Revolution, 18. Jh., Gouache: Musée Carnavalet/J-LC.
11 NOAA-9 Satellitenaufnahme von Europa, 1987: Science Photo Library, London.
12/13 Mont Blanc: Zefa Photo Library, London.
15 o Roville: C. Delu/E.
15 u Kliffe bei Dieppe: Walter Rawlings/RH.
17 Chalets in Itterswiller: F. Jalain/E.
18 Cité des Sciences et de l'Industrie, Paris: Y. Arthus-Bertrand/E.
19 Karikatur Napoleons, Deutsch, 1814: J-LC.
20 o Diadem: Zeichnung David Ashby/Garden Studio.
20/21 Carnac: RH.
21 *Venus von Laussel:* Musée de Bordeaux/Claus Hansmann, München.
22/23 Lascaux-Höhle: Norbert Aujoulat, Département d'Art Parlétal-CNP.
24 o Galloromanische Familie, Relief aus dem 1. Jh. n. Chr.: Musée de Picardie, Amiens/Lauros-Giraudon.
24 Ml Münzen (Museum Lyon): Zeichnung von David Ashby/Garden Studio.
26 or Pont du Gard: Michael Holford, Loughton.
26 Mr Maison Carré, Nîmes: DHG.
26/27 Zeichnung von David Ashby/Garden Studio.
27 o Römisches Theater, Arles: DP.
27 Ml Mosaik, Nîmes: N. Thibaut/E.
27 ur Amphitheater, Nîmes: Claus Hansmann, München.
30 o Reiterstatuette, 9. - 10. Jh., Bronze: Louvre/RMN.
30 Mr Monogramm Karls des Großen, 9. Jh.: Musée de la Cathédrale, Reims/Photo Bulloz, Paris.
30 ur Medaillon Karls des Großen, 9. Jh.: Musée d'Histoire de France, Archives Nationales/Photo Bulloz, Paris.
31 or Teppich von Bayeux: Tapabor, Paris.
31 ul Saint-Germain-des-Prés: Photo Bulloz, Paris.
31 ur Schloß von Falaise: F. Jalain/E.
33 Lothar (Musée Lapidaire, Reims): Zeichnung von David Ashby/Garden Studio.
34 o Hugo Capet, *Chronik von Saint-Denis:* Bibliothèque Nationale, Paris/BAL.
34 M Monogramm von Hugo Capet, 989: Musée d'Histoire de France, Archives Nationales/Photo Bulloz, Paris.
35 o Turnier, *Le livre des tournois du Roi René,* 14. Jh.: Bibliothèque Nationale, Paris/BAL.
35 ul *Ritter der Tafelrunde:* Bibliothèque Nationale, Paris/E.
35 ur Lanzenstechen: E.
36 o »Der erste Kreuzzug«, aus *The Book of Godefroy de Bouillon:* Bibliothèque Nationale, Paris/BAL.
38 u Schloß von Montségur: Patrice Thomas/E.
38 Mr Siegel des Templerordens: Archives Nationales, Paris/J-LC.
38 or Siegel von Philipp II. August: Archives Nationales, Paris/J-LC.
39 Papstpalast, Avignon: Labat/E.
40 M Fenster 42, Kathedrale von Chartres: Sonia Halliday und Laura Lushington, Weston Turville.
40 u Fenster 45, Kathedrale von Chartres: Sonia Halliday und Laura Lushington, Weston Turville.
40/41 Rekonstruktion der Kathedrale von Chartres: Nick Shewring/Garden Studio.
40/41 Zeichnungen von David Ashby/Garden Studio.
42/43 Inneres der Sainte-Chapelle, Paris: Fred Mayer/M.
44 u Karl VI., Miniatur aus *Chronique de Monstrelet,* 15. Jh.: Musée Condé-Chantilly/J-LC.
44 o Helm aus der Schlacht von Azincourt (Musée Cluny): Zeichnung von David Ashby/Garden Studio.
46 ul Jeanne d'Arc, Randzeichnung aus dem Parlamentsregister von Paris 1418 - 1436: Archives Nationales/J-LC.
46 M Teufel, aus *Vigils des Morts,* 15. Jh.: E.
46/47 Schlachtszene, *Froissart*-Chroniken, 15. Jh.: E.
47 ol Jeanne d'Arc, 15. Jh.: Musée de l'Histoire de France, Archives Nationales/J-LC.
47 or Hexe, Martin le Franc: *Le champion des dames,* 15. Jh.: Musée Condé-Chantilly/Giraudon.
48 Mr Kalenderszene aus *Les rusticans* von P. de Crescenzi, 1460: Musée Condé-Chantilly/Giraudon, Paris.
48 ur Anna von der Bretagne, Medaillon (Original Louvre): Zeichnung von David Ashby/Garden Studio.
49 o »Duc de Berry bei Tisch«, Januarblatt aus *Très riches heures du duc de Berry:* Musée Condé-Chantilly/Giraudon, Paris.
49 u *Guillaume Juvénal des Ursins* von Jean Fouquet: Louvre/RMN.
50 o Rabelais, Französische Schule, 17. Jh.: Versailles/RMN.
50 u *Das Bad,* Gobelin, Paris 15. Jh.: Musée Cluny, Paris: Claus Hansmann, München.
51. *Tod Heinrichs II.* von A. Paré, Holzschnitt; J-LC.
52 M *Karl IX.* von F. Clouet, Miniatur: Kunsthistorisches Museum, Wien/Claus Hansmann, München.
52 ul Edikt von Nantes, 1598: Musée de l'Histoire de France, Archives Nationales/Photo Bulloz, Paris.
52/53 o Massaker, Holzschnitt, 16. Jh.: Bibliothèque Mazarine/J-LC.
52/53 u Prozession der Katholischen Liga zum Palais de Grève, Französische Schule, 16. Jh.: Musée Carnavalet/J-LC.
53 or Porträt der Katharina von Medici, Aquarell, 1581: Bibliothèque Nationale, Paris/J-LC.
54 ol Kinderzeichnung von Ludwig XIII.: J-LC.
54 ul Mazarin, Miniatur aus *Les panégyriques des hommes illustrés de notre siècle* von Puget de la Serre, 1655: Bibliothèque Mazarine/J-LC.
54 or Porträt Richelieus auf dem Totenbett von Philippe de Champaigne: Académie française/J-LC.
56 oM *Gazette de France,* 1788: Tapabor, Paris.
56 or Théophraste Renaudot: Bibliothèque Nationale, Paris/J-LC.
56 ur Comédie Française, 1670: J-LC.
57 o Ludwig XIV. besucht die Gobelin-Manufaktur. Gobelin: Photo Bulloz, Paris.
57 u *Die Belagerung von Namur* von Jean-Baptiste Martin: RMN.
58 Mr *René Descartes* von Frans Hals: Louvre/RMN.
59 ol *Voltaire* von Pajou, 1815: Comédie Française/J-LC.
59 oM *Jean-Jacques Rousseau* von M. G. de Latour: Photo Bulloz, Paris.
59 or *Denis Diderot* von L. M. Van Loo: Louvre/RMN.
60 o *Madame de Pompadour* von Jean-Marc Nattier: Versailles/Photo Bulloz, Paris.
60 ul *Ludwig XV.* von A. F. Calles, 1779: Privatsammlung/J-LC.
60 ur *Petit Trianon* von J. C. Nattès: Bibliothèque Historique de la ville de Paris/J-LC.
60/61 Schlafraum des Königs in Versailles: RMN.
61 o *Ludwig XIV. als Apollo* von Henry Gissey, 17. Jh.: mit freundlicher Genehmigung von H. M. Queen Elizabeth II., Royal Library, Windsor.
61 u *Schloß Versailles* von P.-D. Martin, 1722: Giraudon, Paris.
62 o Revolutionskarikatur, 1789: J-LC.
62 u »Fest des höchsten Wesens«, 1794: Musée Carnavalet/J-LC.
64 o Ludwig XVI. im Temple: Musée Carnavalet/Photo Bulloz, Paris.
64 ul Grenadier der Bastille (Original Musée Carnavalet): Zeichnung von David Ashby/Garden Studio
64 ur Hinrichtung Ludwigs XVI.: Bibliothèque Nationale, Paris/BAL.
64/65 o Erstürmung der Bastille: J. N. Labat/E.
65 o Konterrevolutionär aus der Vendée: Tapabor, Paris.
65 u Parade mit den Köpfen der Verräter: J-LC/E.
67 o Karikatur Napoleons: J-LC.
67 M *Porträt Napoleons* von Boilly: Coll. SAG Prince Imperial/J-LC.
67 u Treffen der Herrscher: Musée Carnavalet/Photo Bulloz, Paris.
68 Louis Philippe ca. 1830: J-LC.
68/69 Les Trois Glorieuses, 1830: Musée Carnavalet/E.
70 l *Le Vanneur* von Jean-François Millet: Louvre/Photo Bulloz, Paris.
70/71 *Les Glaneuses* von Jean-François Millet: Musée d'Orsay/RMN.
74 o Unterricht im Freien: CAP/RV.
74 u Titelseite des *Figaro Illustré,* 1900: J-LC.
75 o Der Dreyfus-Skandal, um 1900: Bibliothèque Municipale de la Ville de Paris/J-LC.
75 ul »J'Accuse« in *L'Aurore,* 1898: Tapabor, Paris.
75 uM *Le Petit Journal,* 1895: J-LC.
75 ur Karikatur von Dreyfus: Tapabor, Paris.
76/77 Pläne von Paris durch die Jahrhunderte: The Maltings Partnership.
78 l Galeries Lafayette, Paris: RV.
78 r *Le Petit Journal,* März 1905: J-LC.
79 Plakat für Rudge Fahrräder: J-LC.
80 o Madame Curie: J-LC.
80 ul Louis Pasteur: Institut Pasteur/E.
80/81 u *Montgolfier-Ballon* von A. Carnicero: Prado Museum/BAL.
81 o Lumière von Auzolle, 1896: J-LC.
81 Mr »Le Photographe«: Tapabor, Paris.
81 r Jacques Daguerre, Druck: Bibliothèque Nationale, Paris/J-LC.
82 l *Stairs of the Opera* von Béroud, 1877: Musée Carnavalet/J-LC.
82 r Sarah Bernhardt als Gismonda, Plakat 1895: Bibliothèque des Arts Décoratifs/J-LC.
82/83 o *Boulevard des Capucines* von Jean Béraud, 1889: Musée Carnavalet/J-LC.
83 ul *Riviera, 1910* von D. Siglaras: J-LC.
83 ur *Le Frou-Frou,* Plakat: Tapabor, Paris.
84 *Deutsche im Elsaß* von Hansi, 1915: Bibliothèque des Arts Décoratifs/J-LC.
85 Ruinen von Verdun: Archives Larousse, Paris.
86 o Georges Clemenceau: Tapabor, Paris.
86 ul Kolonialausstellung, Plakat 1931: Coll. Sauvel/E.
86 ur Touring-Club de France, Plakat: Coll. Sauvel/E.
87 *Le Rire,* 1933: J-LC.
89 o *Le Maréchal Pétain* von Armand Praviel: Tapabor.
89 u Plakat der LVF: Musée de la Résistance, Ivry/J-LC.
90/91 o FFI an der Front vor Lorient: Henri Cartier-Bresson/M.
90/91 u Befreiung von Paris, 25. August 1944: Robert Capa/M.
91 Befreiung von Lyon, 1944: Tapabor.
93 o Résistance-Denkmal, Larzac: Robert Cundy/RH.
93 u Bestrafung einer Kollaborateurin: Robert Capa/M.
94 o Dien-Bien-Phu-Plakat, Paul Colin: Musée des Deux Guerres Mondiales: J-LC.
94 u Algerische Rebellion: Nicolas Tikhomiroff/M.
95 De-Gaulle-Plakat, 1969: J-LC.
96 ol Studentenplakat: J-LC/E.
96 or Politisches Plakat: E.
96 u Demonstration: Marc Riboud/M.
97 o Georges Pompidou: Martine Franck/M.
97 u François Mitterrand: Jean Gaumy/M.
98 Jacques Chirac: Richard Kalvar/M.
99 o Die Nationalversammlung, Paris: Edgar Chino/E.
99 u Protest in Marseille: Richard Kalvar/M.
101 *Libération* von Paul Colin, 1944: Musée des Deux Guerres Mondiales: J-LC.
103 o Frauen aus der Montagne Noire: P. Zachmann/M.
103 u Le Sénat: J. C. Morin/DF.
105 o Beim Pflügen: RH.
105 u Auktion: Richard Kalvar/M.
106 Clochard: H. Gruyaert/M.

108 Edith Cresson: Abbas/M.
109 Universität Talence: Guy de Querrec/M.
111 l Valéry Giscard d'Estaing: L'Ecole Polytechnique, Paris.
111 r L'Ecole Polytechnique, Paris.
112/113 Bellevue, Marseille: Abbas/M.
113 Lycée Regional, Tours: Robert Francis/RH.
114 Pardon de Sainte-Anne-la-Palud: B & J Dupont/E.
114/115 o Lourdes: F. Jalain/E.
114/115 u Taizé: Richard Kalvar/M.
115 o Marcel Lefebvre ordiniert Priester: J. Gaumy/M.
115 u Les Saintes-Maries-de-la-Mer, Camargue: RH.
116/117 Tunesische Arbeiter: Steve McCurry/M.
117 r Plakat der Nationalen Front: Richard Kalvar/M.
118 o Schuhgeschäft: Harry Gruyaert/M.
118 u Pariser Markt: Bruno Barbey/M.
120 o Käseladen, Reims: J. Jalain/E.
120/121 Bäcker: Chouraki-Marie Créteil/DF.
122/123 Alle Photos von DHG.
125/125 Schwimmbad Deligny, Paris: G. Pinkhassov/M.
125 o Montmartre Weinfest: L. Freed/M.
125 u Boules: DHG.
126 ul Karte der Tour de France, 1904, aus *L'Auto:* RV.
126/127 o Radfahrer, 1988: Y. Arthus-Bertrand/E.
126 uM Ankunft bei der ersten Tour de France, 1901: RV.
126 ur Erschöpfte Radfahrer, 1982: H. Gruyaert/M.
127 o Mont Ventoux: DP.
127 u Tour 1982 in Paris: H. Gruyaert/M.
128/129 Alle Photos mit freundlicher Genehmigung des Clubs Méditerranée, Paris.
130 ol *Les Choses* von Paul Poiret, 1911, gezeichnet von George Le Pape: V & A/BAL.
130 or Yves Saint Laurent: Martine Franck/M.
130 ul Coco Chanel, 1964: Henri Cartier-Bresson/M.
130 ur Tweed von Madeleine Vionnet, Harpers Bazaar, 1938: V&A/BAL.
131 l Dior-Linie von 1954: Popperfoto, London.
131 r Werkstatt von Christian Lacroix: Françoise Huguier/DF.
132 o Concorde: W. Geierspenger/E.
132 Ml TGV: M. Henri/DF © SNCF CAV.
132 Mr Verkehrsstau: P. Zachmann/M.
132 ul In einem TGV-Waggon: P. Olivain/DF © SNCF CAV.
132 ur Pariser Metrostation: E. Chino/E.
133 Marguerite Yourcenar: Marc Riboud/M.
134 *Comédie Française* von J. B. Meunier: J-LC.
135 *Molière* von Pierre Mignard: J-LC.
136 Ariane Mnouchkine: Martine Franck/M.
137 Pierre Boulez mit dem Modell des IRCAM: Martine Franck/M.
138 Ballets Roland Petit, Marseille: Richard Kalvar/M.
139 Musikfestival: Leonard Freed/M.
140/141 *La grande Odalisque* von J. A. D. Ingres: BAL.
142 o *La Loge* von Auguste Renoir: Courtauld Institute Galleries, University of London/BAL.
142 u *Paysage à Eragny* von Camille Pissaro: Musée d'Orsay, Paris/BAL.
143 o *Mont Sainte Victoire* von Paul Cézanne: Metropolitan Museum of Art, New York/BAL.
143 ul *Monet malt in seinem Boot* von Edouard Manet: Bayerische Staatsgemäldesammlung München/BAL.
143 ur *Frau mit Schirm,* 1886 von Claude Monet, Musée d'Orsay/BAL.
144 l Louis Malle, 1966: Martine Franck/M.
144 r Alain Resnais: Martine Franck/M.
145–147 Alle Photos: The Kobal Collection, London.
149 ol Porträt von Balzac von F. Vallotton: RV.
149 ul Illustration zu *Le lys dans la vallée:* J-LC.
149 or Titelseite von *La comédie humaine:* J-LC.
149 ur Illustration aus *L'illustre Gaudissart:* RV.
150 Illustration aus *Les misérables* von Emile Bayard: Bibliothèque Nationale, Paris/RV.
151 o Illustration aus Stendhals *Le rouge et le noir:* RV.
151 u *Der Tod von Madame Bovary* von A. A. Fourie: Musée des Beaux-Arts, Rouen: Giraudon/BAL.
152 Porträt von Emile Zola von Edouard Manet: Musée d'Orsay/BAL.
153 ol *Baudelaire* von Gustave Courbet: Musée Fabre, Montpellier/BAL.
153 ul Alexandre Dumas: RV.
153 or *Stéphane Mallarmé* von Auguste Renoir: Schloß Versailles/BAL.
154 ol Colette: RV.
154 or Albert Camus: Henri Cartier-Bresson/M.
154 ul Marcel Proust: RV.
155 Alain Robbe-Grillet: Carlos Santos/M.
156 Roland Barthes: Henri Cartier-Bresson/M.
157 Simone de Beauvoir und Jean-Paul Sartre: Bruno Barbey/M.
158/159 Café de la Nouvelle Mairie, Paris: F. Jalain/E.
160 l Edith Piaf als »Spatz von Paris« von Georges Bastia: J-LC.
160 r Josephine Baker: Kharbine-Tapabor, Paris.
161 o Yves Montand: J-LC.
161 M Brigitte Bardot, Paris Match: J-LC.
161 u Maurice Chevalier: de Selva/Tapabor, Paris.
162 Zeitungskiosk, Paris: Linda Proud, Oxford.
166/167 Kargenthal: DP
167 u Gedenkzeremonie, Lodève: Michael H. Black/RH.
168/169 Vaux-le-Vicomte: DP.
170 Bucht von Morbihan: DP.
171 Fischerboote, La Turballe, Bretagne: DHG.
172/173 u Ernte, Crozon-Halbinsel, Bretagne: D. Hughes/RH.
173 ol Bretonische Körbe: Henri Cartier-Bresson/M.
173 or Bretonische Haube: DHG.
173 M Saint-Malo: DP.
173 u Kalvarienberg in Guimiliau, Finistère: Claus Hansmann, München.
174 Loiretal: C. Delu/E.
175 o Höhlenwohnung, Montsoreau: Roy/E.
175 u Rabelais-Museum in Seuilly-sur-Loire: F. Jalain/E.
176/177 Saumur: DP.
176 Chambord: DP.
177 M Treppe in Chambord: RH.
177 or Azay-le-Rideau: RH.
177 ur Chaumont: DP.
178 Le Havre, Normandie: RH.
178/179 Treffen beim Pferderennen in Deauville: D. Stock/M.
179 o Mont-Saint-Michel, Normandie: Delu/E.
179 u Cidre-Äpfel, Normandie: DHG.
180/181 Straßencafé, Beaubourg, Paris: F. Chazot/E.
181 Modehaus Dior, Paris: F. Jalain/E.
182 ol Cité de la Musique: A. Wolf/E.
182 or L'Opéra de la Bastille: D. Bravermann/DF.
182 u Centre Pompidou: J. L. Bonin/E.
182/183 o Cité des Sciences et de l'Industrie: Stéphane Coutourier/DF.
182/183 u La Défense: Mission de Coordination de Grands Travaux Diffuses/DF.
183 Louvre-Pyramide: Leonard Freed/M.
184/185 Französische Kriegsgräber, Picardie: RH.
184 *Die Bürger von Calais* von Auguste Rodin, Bronze, Calais: RH.
185 Karnevalszug in Amiens: Roy/E.
186/187 Strand von Mers-les-Bains, Somme: L. Girard/E.
188 o Colmar: Ch. Errath/E.
188 u Riquewihr, Elsaß: F. Jalain/E.
189 Kriegsgedenkstätte Douaumont: F. Chazot/E.
190 Neuf Brisach: DP.
191 ol Weinernte, Epernay: Moët et Chandon.
191 or Erhitzen des Flaschenhalses über einer Kerze: Champagne Bureau, London.
191 ul Pressen der Chardonnay-Trauben, Epernay: Moët et Chandon.
191 ur Drehen der Flaschen, Epernay: Moët et Chandon.
193 o *Les-Trois-Glorieuses*-Fest, Beaune: G. Peress/M.
193 M Spritzen der Reben, Burgund: DHG.
193 u Traubenlese: G. Peress/M.
194 o Abtei Cluny: F. Jalain/E.
194 u Vézelay: F. Jalain/E.
195 Hospice de Beaune: DHG.
196 o Schafherde, Haute-Savoie: R. Cundy/RH.
196 u Altstadt von Annecy: Roy/E.
197 l Skifahrer: J. Delaborde/E.
197 r Téléphérique, Grenoble: A. le Toquin/E.
198/199 Saint Jean, Lyon: N. Bouchu/E.
198 Guignol: Musée Gadagne, Lyon/E.
199 Hôtel de Ville, Lyon: P. D. Forestier/E.
200 Puys-Landschaft: H. Berthoule/E.
201 Mohnfeld: Goudouneix/E.
202 Le Puy, Zentralmassiv: RH.
202/203 Bauernhof, Auvergne: DHG.
203 M Volkstanz, Auvergne: DHG.
203 o Tabak: DHG.
203 u Emailarbeit in Limoges: Roy/E.
205 ol Bordeauxweinkeller: DHG.
205 or Porte Saint-Jacques, Cognac: DHG.
205 u Saint-Jean-Pied-de-Port, Pyrenäen: F. Jalain/E.
206 Roquefortkäsekeller: Yves Cavaille/E.
207 ol Gänselebermarkt: F. Jalain/E.
207 or Trüffelschwein: Fred Mayer/M.
207 Mr Beim Walnußschälen: DHG.
207 ul Walnußpflücken: DHG.
207 ur Cognac: P. Tetrel/E.
208/209 Iraty, Baskenland: Roy/E.
208 ul Tanz: La danse du coffre, Guetary: Roy/E.
208 ur Pelota: F. Jalain/E.
209 or Pferdemarkt, Garris: Roy/E.
209 ul Baskische Tänzer: F. Jalain/E.
210 Cirque de Gavarnie, Hautes Pyrénées: P. Tetrel/E.
211 Aigues-Mortes: W. Rawlings/RH.
212 ol Château de Champ, Cozère: Luc Godard/E.
212 or Musée des Augustins, Toulouse: Thouvenin/E.
212 u Antiquitätenmarkt in Collioure: W. Rawlings/RH.
213 Toulouse: Thouvenin/E.
214/215 Castelbouc: E.
216 o Porquerolles: DP.
216 u Römisches Theater, Arles: Leonard Freed/M.
217 Pferde in der Camargue: José Dupont/E.
218 o Lavendelfelder, Provence: J. P. Nacivet/E.
218/219 Hafen von Marseille: Conde/E.
219 ol Privatstrände, Cannes: Daniel Thierry/DF.
219 Ml Boutique an der Riviera: Leonard Freed/M.
219 or Volksfest in Saint-Tropez: Bruno Barbey/M.
219 u Arles: N. Thibaut/E.
220 Brunnen in Saint-Paul-de-Vence: G. Boutin/E.
220/221 Tourrette-sur-Loup: DP.
221 ol Eze: G. Thouvenin/E.
221 or Peillon: K. Straiton/E.
222/223 Réunion: P. Plisson/E.
223 o Martinique: G. Boutin/E.
223 M Partybesucher, Réunion: G. Boutin/E.
223 u Kolonialhaus, Martinique: M. Moisnard/E.
223 Mr Guadaloupe: Gilbert le Cossec/E.
224 Zitadelle von Calvi, Korsika: G.-M. Labat/E.

REGISTER GEOGRAPHISCHER NAMEN

Ein Stichwort, das sich auf eine geographische Lage außerhalb Frankreichs bezieht, umfaßt in Klammern eine nähere Bezeichnung sowie den Ländernamen wie zum Beispiel Sardinien (Insel) (Italien). Ein mit einem * versehenes Stichwort bezeichnet ein kleineres Gebiet, zum Beispiel eine Landschaft, ein historisches Territorium (Herzogtum, Grafschaft, Provinz), eine Region oder ein Departement.

REGISTER

Kursive Seitenzahlen weisen auf Bildlegenden hin.

M

N

O

P

Q

R

S

GALLIA
LE ROYAUME DE FRANCE.
OCEANUS BRITANNICUS
AQUITANICUS
OCEANUS
Tintagel cast
Plymouth
Dartmouth
The landes end
Sorlinges
Start point
Lezard point
Nieuport
Port laud
Alderney
Garnesey
S. Marten
I. Jarsey
Trinita
Cherbourg
Barflen
CONSTAN
Costan
Barcalou
Granville
Ville Dieu
Avranches
Coquelin
AUGE
BESSIN
NORMAN
Caen
Belem
Honfleur
Havre de Grace
Tonques
Fecam
Alençon
Vire
Condé
Falaise
Plainpol
Heysant
Le four
Brest
Conquet
Landernau
Lesneven
S. Pol de Leon
Morlaix
Lion
S. Landesay
Triguer
Pontrion
Lavolin
S. Brieux
Guingamp
Moncontour
Quintin
BRETAIGNE
HAULTE B.
BASSE BRETAIGNE
La Baza frede
S. Matthieu
Audierne
Quimpercoren
Quimperlay
Le Favoet
Gemene
Blavet
Granchamp
P. Corbin
Chastelparret
Vannes
Lopezzan
Rohan
Ploermel
Malestroit
Redon
Roche Bernard
S. Malo
Cancalle
Dol
Dinan
Antren
Fougeres
Plegueen
Tintemac
Hede
Montfort
Vitre
Renes
Breal
Ch. Giron
S. Sulpice
Bellay
Cha Briant
Craon
Belle Ille
Nantes
Ingrande
Chalonne
Loire flu
Bour neuf
Bremia
Anvers
Angiers
IOU
ANIOU
Sable
Flesche
LE MAINE
Mans
Mayenne
Laval
Tours
TOURAI
Saumur
Moncontour
Loudun
Mirebeau
Chastelleraut
Poictiers
POICTOU
Pictones
Partenay
Lusignan
Niort
Fontenay
Lusson
Maillezay
Talmont
S. Michiel
I. Nermonstier
Bonges
Apremont
Isle de Rez
S. Martin
Rochelle
S. Jan d'Angely
Isle d'Oleron
Oleron
S. Denis
Chateillon
Cherante
Brouage
Marennes
Soubize
XAN
TOIN
GE
Saintes
Cognac
Angoulesme
Angoumois
Rochefoucaut
La Tramblade
Pons
Royan
Guaronne fl.
Talemond
Blaie
Bourg
Libourne
Medoc
Bordeaux
Bergerac
Perigeux
Castelnau
Bazas
Cadillac
Langon
La Reol
Agen
Les Lanes
GUIENNE
GUASCOGNE
ALBRET
Tartas
Dax
Bayonne
Armignac
Nogaro
Bigorre
Tarbe
Comingeois
Thoulouse
Pais de Bearn
Oleron
Orthes
Lescar
Pau
BISCAIÆ
Vitoria
PARS
Pampelona
Logronno
Fuentarabia
S. Jan de Luz
HISPANIAE PARS
Montes
Miliaria Gallica communia
5 10 15 20
Miliaria Germanica communia
Amsterodami
Excudebat Guilielmus
Blaeuw
Sub Signo Solaris